都立新宿高等学校

〈収録内容〉

2024 年度 ………………………………………… 数・英・国
※国語の大問2は、問題に使用された作品の著作権者が二次使用の許可を
ため、問題を掲載しておりません。

2023 年度 ……………………………

2022 年度 ……………………………… ・国

2021 年度 ………………………………………… 数・英・国

2020 年度 ………………………………………… 数・英・国

2019 年度 ………………………………………… 数・英

【都立共通】

スピーキングテスト
練習問題 ……………………………… Part A・B・C・D

2024 年度 ………………………………………… 理・社

2023 年度 ………………………………………… 理・社

2022 年度 ………………………………………… 理・社

2021 年度 ………………………………………… 理・社

2020 年度 ………………………………………… 理・社

2019 年度 ………………………………………… 理・社

便利な DL コンテンツは右の QR コードから

⇒ 

※データのダウンロードは 2025 年 3 月末日まで。
※データへのアクセスには、右記のパスワードの入力が必要となります。 ⇒ 884697

本書の特長

実戦力がつく入試過去問題集

▶ 問題 …………… 実際の入試問題を見やすく再編集。
▶ 解答用紙 …… 実戦対応仕様で収録。
▶ 解答解説 …… 詳しくわかりやすい解説には、難易度の目安がわかる「基本・重要・やや難」の分類マーク㆑き（下記参照）。各科末尾には合格へと導く「ワンポイントアドバイス」を配置。採点に便利な配点つき。

入試に役立つ分類マーク 

基本 確実な得点源！
受験生の 90%以上が正解できるような基礎的、かつ平易な問題。
何度もくり返して学習し、ケアレスミスも防げるようにしておこう。

重要 受験生なら何としても正解したい！
入試では典型的な問題で、長年にわたり、多くの学校でよく出題される問題。
各単元の内容理解を深めるのにも役立てよう。

やや難 これが解ければ合格に近づく！
受験生にとっては、かなり手ごたえのある問題。
合格者の正解率が低い場合もあるので、あきらめずにじっくりと取り組んでみよう。

合格への対策、実力錬成のための内容が充実

▶ 各科目の出題傾向の分析、合否を分けた問題の確認で、入試対策を強化！
▶ その他、学校紹介、過去問の効果的な使い方など、学習意欲を高める要素が満載！

解答用紙ダウンロード 解答用紙はプリントアウトしてご利用いただけます。弊社ＨＰの商品詳細ページよりダウンロードしてください。トビラのＱＲコードからアクセス可。

UD FONT 見やすく読みまちがえにくいユニバーサルデザインフォントを採用しています。

次のページもご覧ください ▶▶▶

都立 新宿（しんじゅく） 高等学校

https://www.metro.ed.jp/shinjuku-h/

〒160-0014 新宿区内藤町 11-4
☎ 03-3354-7411
交通 ＪＲ・私鉄各線新宿駅、東京メトロ新宿三丁目駅 徒歩４分
京王新線・都営地下鉄新宿駅 徒歩７分
西武線西武新宿駅 徒歩 11 分

普通科

進学重視型単位制

制 服 標準服あり

[カリキュラム] ◇三学期制◇

・主に国公立大学への進学を目指す**「進学重視型単位制」**を導入。１・２年次は、必修選択の芸術を除いて、全員が共通の科目を履修する。
・1・２年次では、放課後に第２外国語などの自由選択科目が設置されている。
・３年次は、12 単位分が必履修科目。残りは、各自の進路に応じて選ぶ 14 単位分の必修選択科目と 12 単位の自由選択科目を設置。
・授業は**習熟度別少人数クラス編成**によって行われるものが多く、生徒一人ひとりの理解が進むよう工夫されている(古典、英語、数学、化学で実施)。**土曜日**にも午前中４時間の**授業**を実施(年間 18 回)。

[部活動]

・約12割が参加。(複数あり)
・最近の主な実績は以下のとおり。
＜令和５年度＞
女子バレーボール部が、東京都春季二部大会で優勝した。
＜令和４年度＞
チアリーディング部がチアリーディング関東大会で優勝した。**卓球部**が東京都卓球大会男子で優勝した。**化学部**が日本生物オリンピック本選で銀賞を受賞した。
＜令和３年度＞
生物部が第 14 回高校生バイオコンで審査員特別賞を受賞。**チアリーディング部**がチアリーディングジャパンカップ 2021 日本選手権大会で第３位になった。

★設置部（※は同好会）
陸上競技、ソフトテニス、硬式テニス、卓球、バレーボール、バスケットボール、水泳、軟式野球、硬式野球、サッカー、剣道、バドミントン、ソフトボール、チアリーディング、ダンス、弓道、山岳、放送、化学、生物、音楽、演劇研究、美術、写真、茶道、華道、管弦楽、軽音楽、料理研究、漫画研究、ESS、囲碁将棋、映画研究

[行 事]

５月 運動会
６月 新宿・戸山部活動対抗戦
７月 臨海教室（１年）
９月 朝陽祭(文化祭)、修学旅行(２年)
12月 合唱コンクール（１・２年）
１月 マラソン大会（１・２年）
３月 球技大会

[進 路]（令和５年３月）

・生徒の全員が進学を希望。進路の実現を**「補欠なき団体戦」**と捉え、生徒・教職員・保護者・卒業生が一体となって取り組む。
・勉強合宿・夏期講習への参加・指定外部模試の受験などが義務付けられ、高いレベルで切磋琢磨する。
・**自習室**は平日午後８時まで開放。質問を受けるチューター（本校卒業の大学一年生）も配置している。

★卒業生の進路状況
＜卒業生307名＞
大学262名、短大０名、専門学校０名、就職０名、その他45名

★卒業生の主な合格実績
東京大、京都大、北海道大、東北大、茨城大、埼玉大、筑波大、千葉大、お茶の水女子大、東京医科歯科大、東京海洋大、東京外国語大、東京学芸大、東京工業大、東京農工大、横浜国立大、一橋大、東京都立大、国立看護大学校、早稲田大、慶應義塾大、上智大、青山学院大、学習院大、中央大、東京理科大、法政大、明治大、立教大

♣指定校推薦枠のある大学・短大など♣
東京都立大（5）、早稲田大（7）、慶應義塾大（4）、立教大（2）、中央大（5）、東京理科大（4）、明治大（2） 他

[トピックス]

・大正 10 年、東京府立第六中学校として開校。令和４年には創立 100 周年を迎えた伝統校。
・平成 15 年に進学重視型の単位制高校に。18 年には文部科学省指定の学力向上拠点形成事業推進校、19 年には東京都の**進学指導特別推進校**となり、進学指導に力を入れている。１～３年次の英・数・国・理にまたがる習熟度別授業、土曜授業、年間 1,700 時間を超す講習、週末課題など、幅広い対応がなされている。
・自律的生活習慣や規範意識の育成に力を入れており、頭髪を染めることは禁止している。
・平成 16 年に完成した７階建ての校舎は全室空調完備。東京都心に位置しながら新宿御苑に隣接しているため、四季折々の美しい自然に恵まれた静かな修学環境が保たれている。

[学校見学]（令和５年度実施内容）

★夏の学校見学会 7月１回、8月２回（ホームページより登録、抽選）
★自校作成問題説明会 12月１回（要予約）
★学校説明会 10月２回（要予約）
★朝陽祭 9月
★学校訪問受付（入試説明・校内見学）４月～毎週木曜日（要予約）

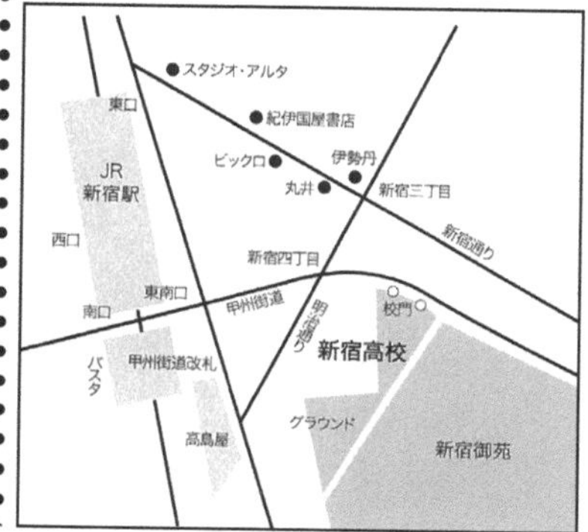

入試!インフォメーション

※本欄の内容はすべて令和６年度入試のものです。

受検状況

科名・コース名	募集人員	推薦に基づく入試				第一次募集・分割前期募集			
		募集人員	応募人員	応募倍率	合格人員	募集人員	受検人員	受検倍率	合格人員
普　通	316	32	245	7.66	32	284	610	2.15	288

入学者選抜実施方法

	科名・コース名	推薦枠		調査書の活用		満点					備考
		割合(%)	特別推薦の有無	観点別学習状況の評価	評定	調査書点	集団討論・個人面接	小論文	作文	実技検査	
推薦	普　通	10	−	−	○	450	180	270	−	−	

	科名・コース名	分割募集	男女枠緩和	学力検査		調査書		学力検査:調査書	満点					備考
				教科	学校指定による傾斜配点	教科の評定の扱い			学力検査	調査書点	面接	小論文・作文	実技検査	
						学力検査を実施する教科	学力検査を実施しない教科							
第一次・分割前期	普　通	−		5*		1倍	2倍	7:3	700	300	−	−	−	*国数英は自校作成。

〈本校の期待する生徒の姿〉

本校は「進学重視型単位制高校」「進学指導特別推進校」として、きめ細かい習熟度別授業を行い、多様な選択科目を設置して「生徒一人一人が希望する進路実現」を目指している学校です。教育目標「全員指導者たれ」の下で、次代を担(にな)う、心優しくたくましいリーダーを育てるため、学力向上を第一としつつ、生活面、学校行事、部活動等においても生徒を鍛えて伸ばすことを重視しています。

このような特色をもつ本校は、以下の項目に該当する生徒の入学を期待しています。

1　学習成績が優秀であり、入学後も学習に対する向上心をもち、難関大学への進学を目指す生徒

2　社会や自然に対する幅広い知的興味や探求心をもち、自ら学び、自ら考え、判断し、表現できることを目指す生徒

3　挨拶・時間厳守・人の話を聞くこと・きちんとした服装や頭髪等、集団の一員としてのマナーを身に付けている生徒

4　部活動や生徒会・委員会活動及び奉仕活動等に積極的に取り組んだ経験をもち、学習との両立を前提に、高校生活においても様々な分野で活躍することに意欲をもつ生徒

※　特に推薦選抜においては、本校入学後も上記の項目において、リーダーとしての役割を果たすことに意欲をもつ生徒が望ましい。

難易度（偏差値）	A－2（69－67）	併願校選択例	青山学院、錦城、中央大、東洋、法政大

過去問の効果的な使い方

① **はじめに**　入学試験対策に的を絞った学習をする場合に効果的に活用したいのが「過去問」です。なぜならば，志望校別の出題傾向や出題構成，出題数などを知ることによって学習計画が立てやすくなるからです。入学試験に合格するという目的を達成するためには，各教科ともに「何を」「いつまでに」やるかを決めて計画的に学習することが必要です。目標を定めて効率よく学習を進めるために過去問を大いに活用してください。また，塾に通われていたり，家庭教師のもとで学習されていたりする場合は，それぞれのカリキュラムによって，どの段階で，どのように過去問を活用するのかが異なるので，その先生方の指示にしたがって「過去問」を活用してください。

② **目的**　過去問学習の目的は，言うまでもなく，志望校に合格することです。どのような分野の問題が出題されているか，どのレベルか，出題の数は多めか，といった概要をまず把握し，それを基に学習計画を立ててください。また，近年の出題傾向を把握することによって，入学試験に対する自分なりの感触をつかむこともできます。

過去問に取り組むことで，実際の試験をイメージすることもできます。制限時間内にどの程度までできるか，今の段階でどのくらいの得点を得られるかということも確かめられます。それによって必要な学習量も見えてきますし，過去問に取り組む体験は試験当日の緊張を和らげることにも役立つでしょう。

③ **開始時期**　過去問への取り組みは，全分野の学習に目安のつく時期，つまり，9月以降に始めるのが一般的です。しかし，全体的な傾向をつかみたい場合や，学習進度が早くて，夏前におおよその学習を終えている場合には，7月，8月頃から始めてもかまいません。もちろん，受験間際に模擬テストのつもりでやってみるのもよいでしょう。ただ，どの時期に行うにせよ，取り組むときには，集中的に徹底して取り組むようにしましょう。

④ **活用法**　各年度の入試問題を全問マスターしようと思う必要はありません。できる限り多くの問題にあたって自信をつけることは必要ですが，重要なのは，志望校に合格するためには，どの問題が解けなければいけないのかを知ることです。問題を制限時間内にやってみる。解答で答え合わせをしてみる。間違えたりできなかったりしたところについては，解説をじっくり読んでみる。そうすることによって，本校の入試問題に取り組むことが今の自分にとって適当かどうかが，はっきりします。出題傾向を研究し，合否のポイントとなる重要な部分を見極めて，入学試験に必要な力を効率よく身につけてください。

数学

各都道府県の公立高校の入学試験問題は，中学数学のすべての分野から幅広く出題されます。内容的にも，基本的・典型的なものから思考力・応用力を必要とするものまでバランスよく構成されています。私立・国立高校では，中学数学のすべての分野から出題されることには変わりはありませんが，出題形式，難易度などに差があり，また，年度によっての出題分野の偏りもあります。公立高校を含め，ほとんどの学校で，前半は広い範囲からの基本的な小問群，後半はあるテーマに沿っての数問の小問を集めた大問という形での出題となっています。

まずは，単年度の問題を制限時間内にやってみてください。その後で，解答の答え合わせ，解説での研究に時間をかけて取り組んでください。前半の小問群，後半の大問の一部を合わせて50%以上の正解が得られそうなら多年度のものにも順次挑戦してみるとよいでしょう。

英語

英語の志望校対策としては，まず志望校の出題形式をしっかり把握しておくことが重要です。英語の問題は，大きく分けて，リスニング，発音・アクセント，文法，読解，英作文の5種類に分けられます。リスニング問題の有無(出題されるならば，どのような形式で出題されるか)，発音・アクセント問題の形式，文法問題の形式(語句補充，語句整序，正誤問題など)，英作文の有無(出題されるならば，和文英訳か，条件作文か，自由作文か）など，細かく具体的につかみましょう。読解問題では，物語文，エッセイ，論理的な文章，会話文などのジャンルのほかに，文章の長さも知っておきましょう。また，読解問題でも，文法を問う問題が多いか，内容を問う問題が多く出題されるか，といった傾向をおさえておくことも重要です。志望校で出題される問題の形式に慣れておけば，本番ですんなり問題に対応することができますし，読解問題で出題される文章の内容や量をつかんでおけば，読解問題対策の勉強として，どのような読解問題を多くこなせばよいかの指針になります。

最後に，英語の入試問題では，なんと言っても読解問題でどれだけ得点できるかが最大のポイントとなります。初めて見る長い文章をすらすらと読み解くのはたいへんなことですが，そのような力を身につけるには，リスニングも含めて，総合的に英語に慣れていくことが必要です。「急がば回れ」ということわざの通り，志望校対策を進める一方で，英語という言語の基本的な学習を地道に続けることも忘れないでください。

国語

国語は，出題文の種類，解答形式をまず確認しましょう。論理的な文章と文学的な文章のどちらが中心となっているか，あるいは，どちらも同じ比重で出題されているか，韻文(和歌・短歌・俳句・詩・漢詩)は出題されているか，独立問題として古文の出題はあるか，といった，文章の種類を確認し，学習の方向性を決めましょう。また，解答形式は，記号選択のみか，記述解答はどの程度あるか，記述は書き抜き程度か，要約や説明はあるか，といった点を確認し，記述力重視の傾向にある場合は，文章力に磨きをかけることを意識するとよいでしょう。さらに，知識問題はどの程度出題されているか，語句(ことわざ・慣用句など)，文法，文学史など，特に出題頻度の高い分野はないか，といったことを確認しましょう。出題頻度の高い分野については，集中的に学習することが必要です。読解問題の出題傾向については，脱語補充問題が多い，書き抜きで解答する言い換えの問題が多い，自分の言葉で説明する問題が多い，選択肢がよく練られている，といった傾向を把握したうえで，これらを意識して取り組むと解答力を高めることができます。「漢字」「語句・文法」「文学史」「現代文の読解問題」「古文」「韻文」と，出題ジャンルを分類して取り組むとよいでしょう。毎年出題されているジャンルがあるとわかった場合は，必ず正解できる力をつけられるよう意識して取り組み，得点力を高めましょう。

出題傾向の分析と 合格への対策

▼年度別出題内容分類表……

分野		出題内容	2020年	2021年	2022年	2023年	2024年
数と式		数の性質		○			
		数・式の計算	○	○			
		因数分解					
		平方根	○	○	○	○	○
方程式・不等式		一次方程式		○	○	○	○
		二次方程式	○	○			○
		不等式					
		方程式・不等式の応用	○				
関数		一次関数	○	○	○	○	○
		二乗に比例する関数	○	○	○	○	○
		比例関数	○				
		関数とグラフ	○	○	○	○	○
		グラフの作成					
図形	平面図形	角度	○	○	○	○	○
		合同・相似	○	○	○	○	○
		三平方の定理	○		○	○	○
		円の性質	○		○	○	○
	空間図形	合同・相似	○		○	○	○
		三平方の定理	○		○	○	○
		切断					
	計量	長さ	○		○	○	○
		面積	○	○	○	○	○
		体積	○	○	○	○	○
		証明	○	○	○	○	○
		作図	○	○	○	○	○
		動点					
統計		場合の数					
		確率	○	○	○	○	○
		統計・標本調査					
融合問題		図形と関数・グラフ	○	○	○	○	○
		図形と確率					
		関数・グラフと確率		○			
		その他					
その他							

都立新宿高等学校

――出題傾向とその内容――

都立独自入試校の入試問題には特徴として「受験生の思考過程や推論の過程を重視する」というねらいがある。本校でも証明や解答に至る途中式や計算の過程を記述する問題が③において出題された。

出題内容は，①が平方根，連立方程式，式の値，確率，角度，作図の小問群，②は図形と関数・グラフの融合問題で，図形的な性質を利用して，直線の式や与えられた面積の比を満たす点の座標を求める問題，③は平面図形の総合問題(折り返した図形)で，穴埋め式の証明と，相似や三平方の定理を利用した面積や線分の長さの計量問題，④は空間図形の総合問題で，相似や三平方の定理を利用した線分の長さ，体積の計量問題であった。

――来年度の予想と対策――

学習のポイント★★★

来年度も問題の量，レベル，形式に大きな変化はないだろう。本年度と同様，数量・図形に関する知識と理解度を試す問題が出題されるだろう。また，数学的な考え方がどの程度養われているかをみるために，途中式や計算を交えて，適切な表現力や数学的な発想・処理能力を問われる問題が出題されるであろう。まずは，教科書で各単元の基本事項をしっかりおさえ，一つひとつを確実に理解し，あいまいな点は残さないようにすること。また，規則性に関する問題や図形に関する問題は，図を実際に書いてみて，具体的にイメージをつかむことが大事。日頃の学習においても，すでにわかっていることを書き出し，新たな数量関係を見つけ出す練習をしておこう。さらに，証明問題も単に合同・相似に留まらず，図形の根本的な性質を活用できる力を養っておこう。

英語 出題傾向の分析と合格への対策

▼年度別出題内容分類表……

	出題内容	2020年	2021年	2022年	2023年	2024年
話し方・聞き方	単語の発音					
	アクセント					
	くぎり・強勢・抑揚					
	聞き取り・書き取り	○				
語い	単語・熟語・慣用句		○	○	○	○
	同意語・反意語					
	同音異義語					
読解	英文和訳(記述・選択)					
	内容吟味	○	○	○	○	○
	要旨把握	○	○	○	○	○
	語句解釈	○	○	○	○	○
	語句補充・選択	○	○	○	○	○
	段落・文整序	○			○	○
	指示語					
	会話文	○	○	○	○	○
文法・作文	和文英訳					
	語句補充・選択					
	語句整序	○	○	○	○	○
	正誤問題					
	言い換え・書き換え					
	英問英答			○		
	自由・条件英作文	○	○	○	○	○
文法事項	間接疑問文		○	○	○	○
	進行形	○		○	○	○
	助動詞	○	○	○	○	○
	付加疑問文					
	感嘆文					○
	不定詞	○	○	○	○	○
	分詞・動名詞	○	○	○	○	○
	比較	○	○	○	○	○
	受動態	○	○	○	○	○
	現在完了	○	○	○	○	○
	前置詞	○		○	○	○
	接続詞	○	○	○	○	○
	関係代名詞	○		○	○	○

都立新宿高等学校

――出題傾向とその内容――

ここ数年出題傾向は大筋では変わっていない。大問構成はリスニングテスト，対話文読解問題，長文読解問題2題の計4題。英作文は長文読解問題の小問としての出題で，条件は35語以上45語以内であった。

文章については，大問3にやや専門的な内容の英文(本年度は数の仕組み)が使われるのが特徴的である。小問については，純粋な文法問題と言えるのは語句整序のみで，他はほとんどが内容理解を問うものであった。また，小問の選択肢の各英文は，接続詞や不定詞などが使われ，一文が比較的長くなっている。全体的に時間配分に注意して解く必要のある小問が数多く出題される。

――来年度の予想と対策――

学習のポイント★★★

読解力を中心とした総合的な力が要求される出題に変化はないだろう。

対策としては，文法事項の確実な習得のうえで，長文を多読し，文脈をつかむ練習が必要になる。段落どうしの関係や，登場人物の心情をつかみながら読む練習などもしよう。段落ごとに中心となる文を探し，それをもとに要約する練習をしておくとよいだろう。

読む内容については，様々な種類の文を読むことが必要だが，説明文は時事系・科学系の文章がひんぱんに用いられることに注意。新聞やテレビのニュースにも日頃から気を配り，今話題となっている事に興味を持っておこう。

英作文対策として，普段から自分の考えを英語で表現する練習を積み重ねよう。作った英文を先生にチェックしてもらうことも必要である。

出題傾向の分析と合格への対策

▼年度別出題内容分類表……

		出題内容	2020年	2021年	2022年	2023年	2024年
内容の分類	読解	主題・表題					
		大意・要旨	○	○	○	○	○
		情景・心情	○	○	○	○	○
		内容吟味	○	○	○	○	○
		文脈把握	○	○	○	○	○
		段落・文章構成		○			○
		指示語の問題					
		接続語の問題					
		脱文・脱語補充	○	○	○	○	○
	漢字・語句	漢字の読み書き	○	○	○	○	○
		筆順・画数・部首					
		語句の意味					○
		同義語・対義語					
		熟語	○	○	○	○	
		ことわざ・慣用句					
	表現	短文作成					
		作文（自由・課題）	○	○	○	○	○
		その他					
	文法	文と文節					
		品詞・用法	○	○	○	○	
		仮名遣い		○	○		○
		敬語・その他					
	古文の口語訳						
	表現技法		○	○	○		○
	文学史						
問題文の種類	散文	論説文・説明文	○	○	○	○	
		記録文・報告文					
		小説・物語・伝記	○	○	○	○	○
		随筆・紀行・日記					
	韻文	詩					
		和歌（短歌）					
		俳句・川柳					
	古文		○	○	○	○	○
	漢文・漢詩						

都立新宿高等学校

――出題傾向とその内容――

本年度は独立した漢字の問題，文章題3題の，4つの大問で構成されていた。

漢字の読み・書きは基本的なものが大半だが，やや難解なものもある。四字熟語も必出だ。

論説文の問題には本年度も要旨を踏まえた上での200字以内の作文が課されていた。小説では人物の心情の他，表現の特徴や文脈を汲みとる問題と幅広く出題された。論説文は筆者の主張を丹念に読み解くことが求められた。古文を含んだ論説文は現代語訳や注を活用すれば十分読み取れる問題である。

ただし，50分で現代文3本と数問の記述式問題，200字の課題作文を解くのは容易ではない。

――来年度の予想と対策――

学習のポイント★★★

次年度も，漢字の問題と現代文の問題が200字の作文という出題パターンに大きな変化はないであろう。現代文と古文の融合問題がよく出されるが，現代語訳を使用し丁寧に読み解けば，現代文の読解と同様の手順で解ける。また，和歌・俳句の基本事項も整理し確認しておこう。

長文読解問題については，やや難度の高い記号選択式と記述式を併用した問題集で，さまざまな文章に慣れておきたい。その際，問題に使われる文が比較的長めのものを使うこと。また，選択式の問題を解く際にも，記述式のように解答の根拠を本文にもどって確認するとよい。課題作文の対策では，テーマを決めて，具体例を出しながら自分の考えを200字でまとめる練習をするとよい。

過去問題演習を通して，それぞれの大問に対して時間配分を確立しておきたい。

理科 ●●●•• 出題傾向の分析と合格への対策 ••●●●

出題傾向とその内容

〈最新年度の出題状況〉

大問1は，全領域からの小問で，大問2の生徒研究ではクジャク石に含まれる銅の割合の計算，光の屈折の作図などの出題があった。大問3の地学は，透明半球での太陽の日周経路の観察，北極側から見た地球の自転，緯度の高低と夜の長さの考察であった。大問4の生物は，光合成の対照実験では顕微鏡操作と光合成の条件，光の明るさと光合成量・呼吸量の関係の考察であった。大問5の化学は，電解質と非電解質，溶解度曲線の温度と水溶液の濃度の変化のグラフの考察と溶質を全て取り出すための計算問題があった。大問6の物理は，斜面上での台車の運動と斜面上の台車の力の分解，作用・反作用の法則，位置／運動エネルギー，仕事とエネルギーの考察があった。探究の過程重視で，実験データや資料の読解力，分析力，判断力，科学的思考力等が試され，地学と化学で文章記述があった。

〈出題傾向〉

毎年，各学年の教科書の第一分野・第二分野からバランスよく出題される。大問1は各分野の基礎的問題で，大問2は資料や実験データの読みとり，計算，作図など科学の方法の基本的問題である。大問3から大問6は，各領域ごとに，一つのテーマについて，実験や観察から調べていきデータ(資料)をもとに考察し，総合的に活用して解く問題であり，論理的な問題解決能力が要求される。出題内容は，実験操作，モデル化，化学反応式，計算，グラフ化，データや資料の読みとりなどである。

物理的領域　大問は，6年は斜面上の台車の運動と力の分解，作用・反作用，位置／運動エネルギー，仕事，5年は電圧と電流と抵抗，電力の実験とグラフ，電力量，4年は斜面を下る小球の運動，力学的エネルギー，3年はフレミングの左手の法則，電磁誘導，右ねじの法則，回路の抵抗であった。

化学的領域　大問は，6年は電解／非電解質，溶解度曲線の温度と水溶液の濃度・溶質の取り出し，5年はイオンの粒子モデルと塩化銅／水の電気分解，4年は電池の電極での化学変化，水の電気分解，中和実験でのイオン数，3年は熱分解のモデル・実験方法・pH，質量変化の規則性であった。

生物的領域　大問は，6年は光合成の対照実験・顕微鏡操作，光の明るさと光合成量・呼吸量の関係，5年は消化の対照実験・柔毛での吸収・血液の循環・細胞の呼吸，4年は花のつくりと生殖，メンデルの実験の応用，3年は光合成の対照実験，光の明るさと光合成量・呼吸量の関係であった。

地学的領域　大問は，6年は透明半球の太陽の日周経路，北極側からの地球の自転，緯度の高低と夜の長さ，5年は露点の測定実験と湿度，雲の発生実験と寒冷前線，4年は火成岩と堆積岩，地質年代の示準化石や脊椎動物，柱状図，3年は空気中の水蒸気量，寒冷前線，季節と気圧配置であった。

来年度の予想と対策

実験・観察を扱った問題を中心に，基礎的理解力と並んで，後半の大問4題では，複数の実験や観察について考察しながら教科書の発展応用問題を解くといった総合的な問題解決能力を試す出題が予想される。グラフや作図，化学反応式など自ら発想して解答を得るなど，探究の過程重視と思われる。

教科書を丁寧に復習し，基礎的な用語は正しく理解し押さえておこう。日頃の授業では，仮説，目的，方法，結果，考察等の探究の過程を意識して，実験や観察に積極的に参加しよう。実験装置は図を描き，実験・観察結果は図や表，グラフ化など分かり易く表現し，記録しよう。考察は結果に基づいて自分で文章を書く習慣を身につけよう。資料から情報を読み取る学習においても，身近に発生している現象と重ねあわせて考察し，生じた疑問をさらに調べるといった自ら学ぶ姿勢を身につけたい。

⇨学習のポイント

・教科書の「実験・観察すべて」が基礎・基本。用語，図表，応用発展，資料がすべてテスト範囲。
・過去問題を多く解き，応用問題にも挑戦しよう。日常生活や社会にかかわる探究活動も大切!!

年度別出題内容の分析表 理科

※★印は大問の中心となった単元／　　は出題範囲縮小の影響がみられた内容

		出題内容	27年	28年	29年	30年	2019年	2020年	2021年	2022年	2023年	2024年
第一分野	第1学年	身のまわりの物質とその性質	○	○	○			★			○	
		気体の発生とその性質	○	○	○	○	○	○		○	○	
		水溶液		○		○	○	○		○	○	★
		状態変化	○	○	○		○	○		○		
		力のはたらき(2力のつり合いを含む)		○			○		○	○		
		光と音	○	○	○	○	○	○	○	○	○	○
	第2学年	物質の成り立ち	○	○	★	○	○	○	○	○	○	○
		化学変化，酸化と還元，発熱・吸熱反応	○	○	○	○	○	○		○		○
		化学変化と物質の質量	★				★		★			○
		電流(電力，熱量，静電気，放電，放射線を含む)	○	★	○	○	○	★	○	○	★	○
		電流と磁界			○	★	○		★			
	第3学年	水溶液とイオン，原子の成り立ちとイオン	○		○	○		○	○	○	★	○
		酸・アルカリとイオン，中和と塩	○	★	○		○		○	○		
		化学変化と電池，金属イオン				★				★		
		力のつり合いと合成・分解(水圧，浮力を含む)		○	○					○	○	○
		力と物体の運動(慣性の法則を含む)	○		★	○	○		○	★	○	★
		力学的エネルギー，仕事とエネルギー	★		○	○	★	○		○		○
		エネルギーとその変換，エネルギー資源		○		○		○				
第二分野	第1学年	生物の観察と分類のしかた										
		植物の特徴と分類	○							○		
		動物の特徴と分類	○		○			○	○			○
		身近な地形や地層，岩石の観察	○		○	○		○		○		○
		火山活動と火成岩		○	○	○		○		○	○	
		地震と地球内部のはたらき		○			★		○			
		地層の重なりと過去の様子	★		○	★	○			★		○
	第2学年	生物と細胞(顕微鏡観察のしかたを含む)										○
		植物の体のつくりとはたらき	★	○		★	○		★	○	○	★
		動物の体のつくりとはたらき	○	○	★	○	○	★	○	○	★	○
		気象要素の観測，大気圧と圧力	○		○				○		★	○
		天気の変化	○	○	★	○	○	○	★	○	○	
		日本の気象							○			
	第3学年	生物の成長と生殖		○		○		○		○	○	
		遺伝の規則性と遺伝子		★	○		★		○	★		
		生物の種類の多様性と進化			○					○		
		天体の動きと地球の自転・公転		○			○		○		○	★
		太陽系と恒星，月や金星の運動と見え方	○	★	○	○		★		○		
		自然界のつり合い		○		○	○				○	○
自然の環境調査と環境保全，自然災害							○	○				
科学技術の発展，様々な物質とその利用					○	○		○	○			
探究の過程を重視した出題			○	○	○	○	○	○	○	○	○	○

— 東京都公立高校 —

社会

出題傾向の分析と合格への対策

出題傾向とその内容

〈最新年度の出題状況〉

本年度の出題数は，例年同様，大問6題，小問20題である。解答形式は，マークシートの記号選択式が17題で，記述問題は各分野1題ずつ計3題であった。大問は，日本地理1題，世界地理1題，歴史2題，公民1題，地理分野・歴史分野・公民分野の各出題で構成された大問が1題である。基礎・基本の定着と，資料を読みとり，考察する力を試す総合的な問題が出題の中心となっている。

地理的分野では，略地図を中心に，表・グラフといった統計資料を用いて，諸地域の特色・産業・貿易・気候・人々のくらしなどが問われている。歴史的分野では，説明文・略年表などをもとに，日本の歴史が総合的に問われている。公民的分野では，基本的人権・財政・国際問題等の中から基礎的な知識が問われている。

〈出題傾向〉

全体として，3分野について基礎的な知識をみるとともに，資料を活用して社会的事象を考察し，適切に表現する能力をみる出題である。

地理的分野では，地形図・略地図・表・グラフ・雨温図などを読みとらせることで，知識の活用が行えるかを確認している。出題の形式がやや複雑なので，応用力を重要視していると言えるだろう。

歴史的分野では，テーマ別の通史という形で出題することにより，歴史の流れを理解しているかを確認している。即ち，歴史全体を大きくつかむ力を重要視していると言えるだろう。

公民的分野では，現代の日本の状況をきちんと分析する力を重要視していると言えるだろう。

なお，問題の大部分がマークシートでの解答となっていることに留意して，練習を重ねておこう。

来年度の予想と対策

来年度も，形式・内容ともに，大きな変化はないものと思われる。したがって，対策としては，まず，教科書を十分に読んで基礎力をつけることが必要である。基礎をしっかり固めて，入試過去問題集のとりくみをくり返せば，高得点も不可能ではない。

具体的には，地理では，地図帳や資料集を活用し，地図や統計，各種資料などを読み取る力を養う必要がある。歴史では，各時代のキーワードとなる語句を整理し，政治・外交・社会・文化などの特色や流れを総合的につかむようにしよう。その際，世界史の流れと関連づけて把握すると，理解が深まるであろう。公民では，当然知っておくべき知識を簡潔に整理すると同時に，新聞やテレビのニュースなどで世の中の動きにも目を向ける必要があると言えるだろう。

なお，例年出題されている記述問題の対策として，複数の資料からそれぞれ読みとれることを記した上で，文章にまとめる練習を十分にしておきたい。

⇨学習のポイント

- 地理では，地形図や各種の地図に慣れ，世界各国・日本各地の特徴をつかもう！
- 歴史では，略年表に慣れて，時代の流れをつかもう！　また世界史も視野に置こう！
- 公民では，政治・経済の基礎を幅広く理解し，地方自治・国際社会等の問題にも目を配ろう！

年度別出題内容の分析表　社会

※　　は出題範囲縮小の影響がみられた内容

分野	区分	出題内容	27年	28年	29年	30年	2019年	2020年	2021年	2022年	2023年	2024年
地理的分野	日本	地形図の見方	○	○	○	○	○	○	○	○	○	○
		日本の国土・地形・気候	○			○			○	○		○
		人口・都市	○	○	○		○	○	○		○	
		農林水産業	○	○		○	○		○		○	○
		工業	○	○			○	○	○	○	○	○
		交通・通信						○	○	○	○	○
		資源・エネルギー			○							
		貿易			○						○	
	世界	人々のくらし・宗教									○	○
		地形・気候	○	○	○	○	○	○	○	○	○	○
		人口・都市		○				○	○	○	○	
		産業	○	○	○	○	○	○	○	○	○	○
		交通・貿易	○		○	○	○	○	○	○		○
		資源・エネルギー										
	地理総合				○		○	○				
歴史的分野	日本史―時代別	旧石器時代から弥生時代	○	○								
		古墳時代から平安時代	○	○	○	○	○	○	○	○	○	○
		鎌倉・室町時代	○	○		○	○	○	○	○	○	○
		安土桃山・江戸時代	○	○	○	○	○	○	○	○	○	○
		明治時代から現代	○	○	○	○	○	○	○	○	○	○
	日本史―テーマ別	政治・法律	○	○	○	○	○	○	○	○	○	○
		経済・社会・技術	○	○	○	○	○	○	○	○	○	○
		文化・宗教・教育	○	○	○	○	○	○	○	○	○	○
		外交	○	○			○					○
	世界史	政治・社会・経済史					○	○	○	○	○	○
		文化史				○						
		世界史総合										
	歴史総合											
公民的分野		憲法・基本的人権		○	○	○	○			○	○	○
		国の政治の仕組み・裁判		○	○		○	○	○	○		○
		民主主義										○
		地方自治	○			○			○			
		国民生活・社会保障		○			○					
		経済一般	○	○	○	○	○	○	○	○	○	
		財政・消費生活	○	○	○	○	○	○	○	○	○	○
		公害・環境問題		○		○					○	
		国際社会との関わり	○		○	○	○	○			○	○
時事問題												
その他												

―東京都公立高校―

2024年度　合否の鍵はこの問題だ!!

都立新宿高等学校

数　学　4〔問2〕

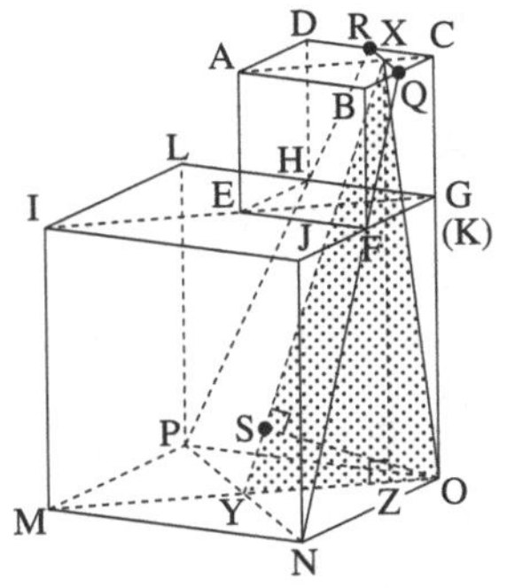

4〔問2〕　4点I，M，O，Cを通る平面を考える。平面と線分QR，NPとの交点をそれぞれX，Yとし，△OXYの面積を2通りの方法で表すことで，線分OSの長さを求める。対称性より，点X，Yはそれぞれ線分QR，NPの中点であり，線分AC，MO上にある。点Xから線分MOに垂線XZをひくと，$OZ=CX=\frac{1}{\sqrt{2}}CR=\frac{1}{\sqrt{2}}\times 1=\frac{\sqrt{2}}{2}$(cm)　$OY=\frac{1}{\sqrt{2}}OP=\frac{1}{\sqrt{2}}\times 4=2\sqrt{2}$(cm)より，$YZ=2\sqrt{2}-\frac{\sqrt{2}}{2}=\frac{3\sqrt{2}}{2}$(cm)　△XYZで，三平方の定理により，$XY^2=XZ^2+YZ^2=6^2+\left(\frac{3\sqrt{2}}{2}\right)^2=\frac{81}{2}$　XY＞0より，$XY=\frac{9\sqrt{2}}{2}$(cm)　△OXYで，底辺をOYとすると，面積は，$\frac{1}{2}\times OY\times OC=\frac{1}{2}\times 2\sqrt{2}\times 6=6\sqrt{2}$($cm^2$)…①　底辺をXYとすると，面積は，$\frac{1}{2}\times XY\times OS=\frac{1}{2}\times\frac{9\sqrt{2}}{2}\times OS=\frac{9\sqrt{2}}{4}OS$($cm^2$)…②　①，②より，$\frac{9\sqrt{2}}{4}OS=6\sqrt{2}$　これを解いて，$OS=\frac{8}{3}$(cm)

◎　空間図形の問題は，ある平面で切って，立体の断面図を考えることが基本となる。この場合，対称性を利用して，計算が簡単になるような平面を考える。また，線分の長さは，合同・相似，三平方の定理を利用して解く場合が多いが，この問題のように，垂線の長さを求める問題は，三角形の高さ，または，角錐の高さを求める問題に置き換えることで，求めることができるものもある。

英語 3

本問題は，一般的な高校入試の内容とは少し異なる。長文であり比較的難しいテーマ，複雑な構文が使われ，高い理解力などが必要とされる。この特徴を理解して，学習を進めていくことが肝心だ。

まず，中学で学習する文法事項や語い力の基礎固めが重要である。これらの知識を前提として，実際の英文読解が成り立つ。次に，幅広い読解力を養成したい。これには，継続して多くの英文に触れ，その大意を早く正確に把握する訓練が欠かせない。科学，歴史，文芸など，さまざまなジャンルの英語素材を活用し，単語の意味や接続詞の使い分け，文法事項の再確認にも注力しよう。さらに，応用力も重要だろう。単なる知識の確認だけでなく，内容の理解度を問う設問に対応するため，深い理解力を身につけたい。過去問の演習を通じて出題の意図を把握し，問題集の設問に対する的確な解答作成を繰り返すことで，思考力や表現力の向上も図れるだろう。最後に，模擬試験の受験にも力を入れよう。実際の入試形式に即した演習を重ねることで，時間配分や心理的な対策を立てられる。成績が思わしくないときには，学習方法の見直しのきっかけになるかもしれない。

これらのアドバイスを参考に，自分に合った学習計画を立ててみるとよい。本校に合格するには，地道な努力と継続的な学習が不可欠である。全力で取り組めば，必ず合格できるはずだ。

国語 3〔問7〕

記述は配点が高いので，しっかり書きあげたい。本文の内容をよく把握したうえで，設問のポイントをおさえよう。筆者は，歴史の「道筋」を見通す(パースペクティブ)には「進歩」よりも「発展」が適切だと述べている。それは歴史が，さまざまな要因との相互関係が絡み合ったことを考慮した吟味によって，意味や価値を生むものだからだ。「進歩」は時間の経過によって生じる価値の向上を指し，相互関係が見られるものではない。しかし，技術がもたらす恩恵には価値があり，これもパースペクティブと言えるのではないか，というのが筆者の考えである。こうした価値の向上という「進歩」について，あなたがどう考えるか具体例を挙げて説明しよう。時代とともに価値の向上が見られるケースを具体例に挙げたい。生活の中で恩恵がもたらされた技術は何か，という捉え方をすると具体例が見つかりやすいかもしれない。「進歩」をパースペクティブとするか否かという意見も明確に示しておこう。二百字と短い作文なので，一段落構成で書いてかまわないし，二つに分けてもよい。二段落構成にするなら，一段落目に，「進歩」をパースペクティブとするかについての考えを示して，具体例をあげて説明してしまうと，書くべきことを取りこぼさずに済む。二段落めは自分の考えを簡潔に力強く述べる。内容をふまえ，効果的な構成を考えよう。

大切なことはメモしておこうネ！

スピーキングテスト

★★★★★★★★★★★★★★★★★★★★★★★★★★★★★★★★★★★

練　習　問　題

スピーキングテスト(ESAT−J)は，
PartA，PartB，PartC，PartDの
4つのパートに分かれています。

【PartA】
英文を声に出して読むパートです。
2問の出題が予想されます。

【PartB】
図，表，イラストなどの与えられた情報をもとに
質問に答える問題と，あなたから問いかける問題です。
5問の出題が予想されます。

【PartC】
4コマイラストについて，ストーリーを英語で話す問題です。
1問の出題が予想されます。

【PartD】
質問に対して，自分の考えと理由を英語で述べる問題です。
1問の出題が予想されます。

本書では，各パート1問ずつの練習問題を収録しています。
アプリではさらに多くの練習ができます。
詳しくは巻頭「収録内容」ページの下部QRコードから
アクセスしてご確認ください。

東京都中学校英語スピーキングテスト（ＥＳＡＴ－Ｊ）について

東京都立高等学校入学者選抜では，東京都中学校英語スピーキングテスト（ＥＳＡＴ－Ｊ）の結果を令和5年度入学者選抜（令和4年度実施）から活用しました。

1　実施方法について

中学校英語スピーキングテストのために用意されたタブレットとヘッドセット（マイク付きヘッドフォン）を使います。

タブレット（タブレットのサイズ　幅197.97×奥行119.82×高さ8.95mm　重さ約320g）

・バックアップのための音声が録音されます。
・録音の状況を、「見て」確認できます。
・画面上で文字の大きさを選択できます。
・指示文にはルビが付いています。
・問題のイラストを白黒で見やすいように表示します。

ヘッドセット（装着時にマイクは左側にきます。）

・耳をしっかり覆い、集中できるように設計されています。

2　問題の構成と評価の観点について

Part	出題形式	出題数	評価の観点		
			コミュニケーション達成度	言語使用	音声
A	英文を読み上げる	2			○
B	質問を聞いて応答する／意図を伝える	5	○		
C	ストーリーを英語で話す	1	○	○	○
D	自分の意見を述べる	1	○	○	○

3　令和６年度の実施ついて（予定）

実施日　令和６年１１月２４日（日）　予備日：令和６年１２月１５日（日）

<スピーキングテスト　練習問題>

【Part A】

聞いている人に，意味や内容が伝わるように，英文を声に出して読んでください。はじめに準備時間が30秒あります。録音開始の音が鳴ってから解答を始めてください。解答時間は30秒です。

英語部員のあなたは，他の部員に向けて，祖母の家に遊びに行った思い出について短いスピーチをすることになりました。次の英文を声に出して読んでください。
(準備時間30秒／解答時間30秒)

I have a grandmother in Aomori. Last fall, my family and I stayed at her house for two days. She has a large apple field there. My grandmother made an apple cake for us. It looked interesting for me to make it, so I helped her then. The cake was delicious.

【Part B】

画面上の情報を見て，英語で話してください。準備時間は10秒です。録音開始の音が鳴ってから解答を始めてください。解答時間は10秒です。

あなたは地域のお祭りに友だちと一緒に参加しようとしていて，そのチラシを見ながら，友だちと話しています。友だちからの質問に対して，画面上のチラシをもとに，英語で答えてください。
(準備時間10秒／解答時間10秒)

Question: What time should you get to the hall if you want to join the City Festival?

City Festival

Date : May 3　　Place : City Hall　　Time : From 1:00 p.m.

◆You need to come to the hall 15 minutes before the starting time.

(4)　スピーキングテスト　練習問題　　　　　東京都

【Part C】

これから画面に表示される１コマめから４コマめのすべてのイラストについて，ストーリーを英語で話してください。はじめに準備時間が30秒あります。録音開始の音が鳴ってから解答を始めてください。解答時間は40秒です。

あなたは，昨日あなたに起こった出来事を留学生の友だちに話すことになりました。イラストに登場する人物になったつもりで，相手に伝わるように英語で話してください。
(準備時間30秒／解答時間40秒)

【Part D】

質問に対して，自分の考えとそう考える理由を英語で述べる問題です。はじめに準備時間が１分あります。解答時間は40秒です。録音開始の音が鳴ってから解答を始めてください。

あなたは友人と高校入学後の学校生活について話をしています。次の質問について自分の考えを述べ，その理由を説明してください。
(準備時間１分／解答時間40秒)

Question: Do you want to join a club in high school? Answer the question and explain why you think so.

スピーキングテスト　練習問題

解 答 例 と 解 説

＜解 答 例＞

【Part A】 解説参照

【Part B】 We should get to the hall at 12:45 pm.

【Part C】 One day, I decided to study. I needed my pencil, so I looked for it on the desk, but I couldn' t find it. It was night when I found it. I was tired and sleepy and went to bed.

【Part D】 I want to belong to a club. Playing baseball is very fun for me. Also, I want to make a lot of friends. This is my idea.

＜解 説＞

【Part A】

≪問題文訳≫

私には青森に祖母がいます。この間の秋，家族と私で2日間彼女の家に泊まりました。彼女はそこに大きなリンゴ農園を持っています。祖母は私たちにリンゴケーキを作ってくれました。それを作るのが私には面白そうに見えたので彼女を手伝いました。ケーキは美味しかったです。

≪解説≫

発音は概ね正しく，強勢，リズムや抑揚が，聞き手の理解の支障とならないことを目指そう。言葉や言い回しを考えたり，言い直したりするために，間(ま)を取っても良いが，発話中の間は，不自然に長くならないようにする。

全体を通して発音の誤りが生じていたり，抑揚がほとんどなかったり，言いよどみが多かったり，聞き手が話についていくのが難しいほど沈黙が長かったりすると減点となるので注意する。

【Part B】

≪図の訳≫

都 市 祭 り

日時：5月3日　　場所：シティホール　　時間：午後 1:00 から

◆開始時刻の 15 分前までにホールへ来る必要があります。

≪質問文訳≫

もし，都市祭りに参加したいのであれば，あなたは何時にそのホールへ着くべきですか？

≪解答例訳≫

私たちは午後12時45分にはホールに着くべきです。

≪解説≫

設問の問いかけに対して適切な内容を答えるようにしよう。

時間は午後1：00からとあり，下部に「開始時刻の15分前までにホールへ来る必要があります。」と記載されている。よって，午後12時45分にはホールに着くべきと答える。

【Part C】

≪解答例訳≫

ある日，私は勉強をすることにしました。鉛筆が必要だったので，机の上を探したのですが，見つかりませんでした。見つけたとき，夜でした。私は疲れて眠くなり，ベッドに入りました。

≪解説≫

各コマのイラストから読み取れる事実を伝えるようにしよう。語彙や文構造，文法の使い方の誤りは減点となるので注意する。

【Part D】

≪質問文訳≫

あなたは高校で部活動に加入したいと思いますか？質問に答えて，なぜそう考えるのか説明してください。

≪解答例訳≫

私は部活動に加入したいです。私にとって野球をすることはとても楽しいです。また，私は多くの友達を作りたいです。これが私の考えです。

≪解説≫

自分の考えを伝え，それをサポートする理由を伝えよう。幅広い語彙・表現や文法を柔軟に使用して答えると良い。質問に対する答えになっていなかったり，理由が不明瞭であったりすると減点となるので注意する。

都立新宿高等学校

2024年度

★★★★★★★★★★★★★★★★★★★★★★★★

入　試　問　題

2024年度

●くわしい解説……29ページ

＜数学＞

時間　50分　　満点　100点

【注意】答えに根号が含まれるときは，**根号を付けたまま，分母に根号を含まない形で表しなさい。**
また，**根号の中を最も小さい自然数にしなさい。**

1　次の各問に答えよ。

〔問1〕　$\left(\dfrac{\sqrt{6}-2}{\sqrt{2}}\right)^2+\left(\dfrac{\sqrt{6}-1}{\sqrt{3}}\right)\times 2\sqrt{3}$　を計算せよ。

〔問2〕　連立方程式　$\begin{cases} 0.25x+y=0.75 \\ \dfrac{x-2y}{5}=\dfrac{21}{25} \end{cases}$　を解け。

〔問3〕　xについての二次方程式　$x^2+ax+b=0$　の解が1と2であるとき，

$\dfrac{(a+b)(2a+b)}{(a+b+2)(2a+b+2)}$　の値を求めよ。

〔問4〕　箱の中に，-2，-1，0，2，3，5の数字を1つずつ書いた6枚のカード
[-2]，[-1]，[0]，[2]，[3]，[5]が入っている。

この箱の中にある6枚のカードから，カードを1枚取り出し，取り出したカードに書いてある数字をaとし，取り出したカードを箱の中に戻して，もう一度箱の中にある6枚のカードから，カードを1枚取り出し，取り出したカードに書いてある数字をbとするとき，$4 \leqq (a+b)^2 \leqq 16$となる確率を求めよ。

ただし，どのカードが取り出されることも同様に確からしいものとする。

〔問5〕　右の**図1**で，四角形ABCDはAB＝CDの四角形である。

頂点Bと頂点Dを結ぶ。

辺ADの中点をE，辺BCの中点をF，線分BDの中点をGとし，点Eと点F，点Fと点Gをそれぞれ結ぶ。

$\angle ABD=48^\circ$，$\angle BDC=86^\circ$のとき，$\angle EFG$の大きさは何度か。

図1

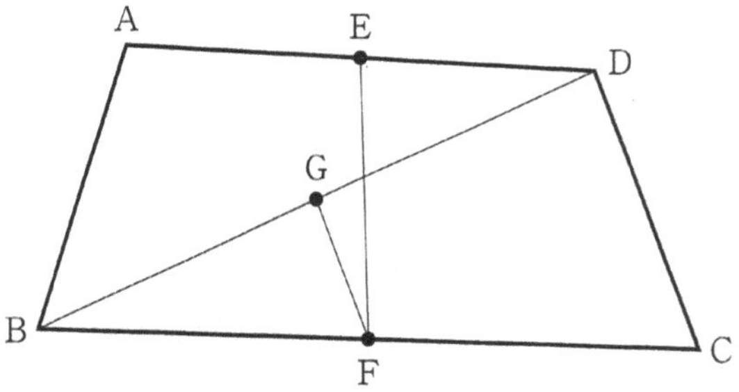

〔問6〕　右の**図2**は，おうぎ形OABである。

点Pは線分OA上にある点で，点Oと点Aのいずれにも一致しない。

点Qは$\overset{\frown}{AB}$上にある点で，点Aと点Bのいずれにも一致しない。

点Rは線分OB上にある点で，点Oと点Bのいずれにも一致しない。

点Pと点Q，点Qと点Rをそれぞれ結ぶ。

解答欄に示した図をもとにして，四角形OPQRがひし形となる点P，点Q，点Rをそれぞれ，定規とコンパスを用いて作図によって求め，

図2

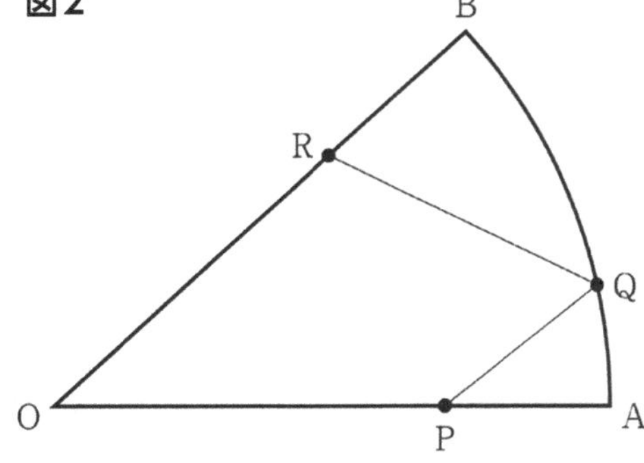

点P，点Q，点Rの位置を示す文字P，Q，Rも書け。
ただし，作図に用いた線は消さないでおくこと。

2　右の図で，点Oは原点，曲線fは関数$y=3x^2$のグラフ，曲線gは関数$y=ax^2$のグラフを表している。点Aは曲線f上にあり，x座標は1である。

2点O，Aを通る直線ℓと曲線gとの交点をB(4，12)とする。

y軸上にあり，y座標が9である点をCとする。

2点B，Cを通る直線をmとする。

次の各問に答えよ。

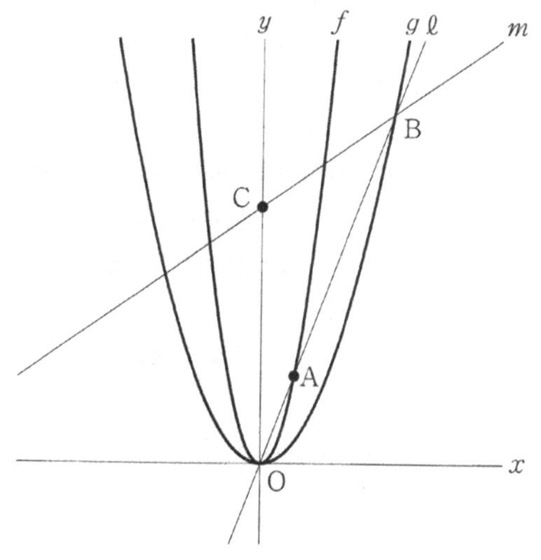

〔問1〕　曲線gと直線mとの交点のうち，点Bと異なる点の座標を求めよ。

〔問2〕　点Aを通り直線mに平行な直線と，点Cを通り直線ℓに平行な直線との交点をDとした場合を考える。

次の(1)，(2)，(3)に答えよ。

(1)　2点C，Dを通る直線の式を求めよ。

(2)　線分CD上にあり，点Cと点Dのいずれにも一致しない点をEとし，点Aと点Eを結んだ場合を考える。

四角形ABCEの面積と四角形OAEDの面積の比が4：3のとき，点Eの座標を求めよ。

(3)　点Aと点Cを結び，点Bを通りy軸に平行な直線を引き，x軸との交点をFとした場合を考える。

四角形OFBCの面積と△ABCの面積の比を，最も簡単な整数の比で表せ。

3　右の**図1**で，△ABCは正三角形である。

辺BC上にあり頂点B，頂点Cのいずれにも一致しない点をDとし，頂点Aが点Dと一致するように折り返したときの折り目と重なる直線と辺ACとの交点をE，辺ABとの交点をFとする。

次の各問に答えよ。

図1

〔問1〕　AF：AE=4:5，△BDFの面積が$32\sqrt{3}$cm^{2}のとき，△CEDの面積は何cm^{2}か。

〔問2〕　AB＝8cm，BD：DC＝1：3のとき，線分CEの長さは何cmか。

ただし，線分CEの長さを$x$cmとして，答えだけでなく，答えを求める過程が分かるように，途中の式や計算なども書け。

〔問3〕　右の**図2**は，**図1**において，3点A，B，Cを通る円をかき，頂点Aと点Dを結び，線分ADをDの方向に延ばした直線と円との交点をGとし，頂点Bと点G，頂点Cと点Gをそれぞれ結んだ場合を表している。

AG＝BG＋CGが成り立つことを［　　］の中のように証明する。

［①］～［⑩］に当てはまる最も適切なものを，［　　］語群の中の**ア**～**フ**の中からそれぞれ**1つずつ**選び，記号で答えよ。

ただし，同じものを2度以上用いて答えてはならない。

図2

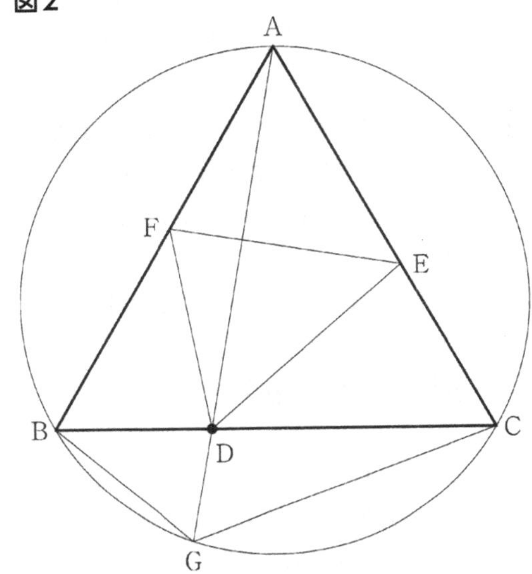

語群

ア	AB	**イ**	HG	**ウ**	DC	**エ**	DE	**オ**	BC	**カ**	CG
キ	CH	**ク**	DH	**ケ**	CGH	**コ**	CBG	**サ**	AGC	**シ**	ADE
ス	ABC	**セ**	BCG	**ソ**	1組の辺とその両端の角がそれぞれ等しい						
タ	2組の辺とその間の角がそれぞれ等しい			**チ**	2組の角がそれぞれ等しい						
ツ	3組の辺の比がすべて等しい			**テ**	合同	**ト**	相似	**ナ**	直角三角形		
ニ	正三角形	**ヌ**	直角二等辺三角形			**ネ**	二等辺三角形	**ノ**	30		
ハ	45	**ヒ**	60	**フ**	90						

【証明】

線分AG上にありAH＝BGとなる点をHとし，頂点Cと点Hを結ぶ。

△AHCと△BGCにおいて，仮定より，AH＝BG……(1)

△ABCは正三角形であるから，AC＝［①］……(2)

$\overset{\frown}{CG}$に対する円周角の定理により，∠CAH＝∠［②］……(3)

(1)，(2)，(3)より，［③］ので，△AHCと△BGCは［④］である。

よって，［⑤］＝CG

したがって，△CGHは［⑥］である。

また，$\overset{\frown}{AC}$に対する円周角の定理により，

∠［⑦］＝∠ABC＝［⑧］°であるから，

△CGHは［⑨］である。よって，［⑩］＝CG……(4)

(1)，(4)より，AG＝AH＋HG＝BG＋CGである。

4 右の**図1**に示した立体ABCD－EFGHは，1辺の長さが2cmの立方体である。

右の**図2**に示した立体IJKL－MNOPは，1辺の長さが4cmの立方体である。

右の**図3**に示した立体は，**図2**の立方体の面IJKLに**図1**の立方体の面EFGHを，頂点Gと頂点Kが一致し，頂点Fが辺JK上に，頂点Hが辺KL上にあるように重ね合わせた立体である。

図3において，辺BCの中点をQ，辺CDの中点をRとし，頂点Nと点Q，頂点Nと頂点P，頂点Pと点R，点Qと点Rをそれぞれ結ぶ。

次の各問に答えよ。

〔問1〕 **図3**において，頂点Fと頂点Hを結んだ場合を考える。

立体CRQ－GHFの体積と立体KHF－OPNの体積の比を，最も簡単な整数の比で表せ。

〔問2〕 **図3**において，頂点Oから四角形NQRPに引いた垂線と四角形NQRPとの交点をSとした場合を考える。

線分OSの長さは何cmか。

〔問3〕 **図3**において，頂点Iと頂点Oを結び，四角形NQRPと線分IOとの交点をTとし，頂点Mと点T，頂点Nと点T，頂点Pと点Tをそれぞれ結んだ場合を考える。

立体T－MNOPの体積は何cm^3か。

図1

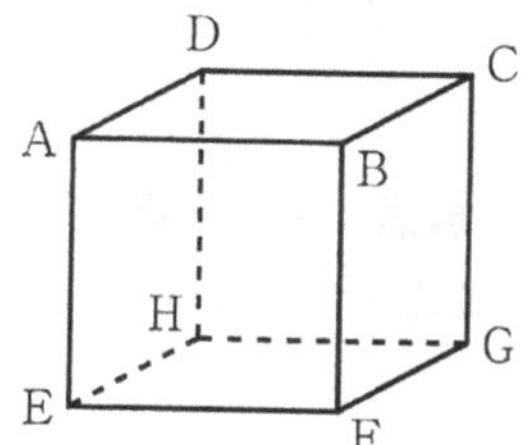

図2

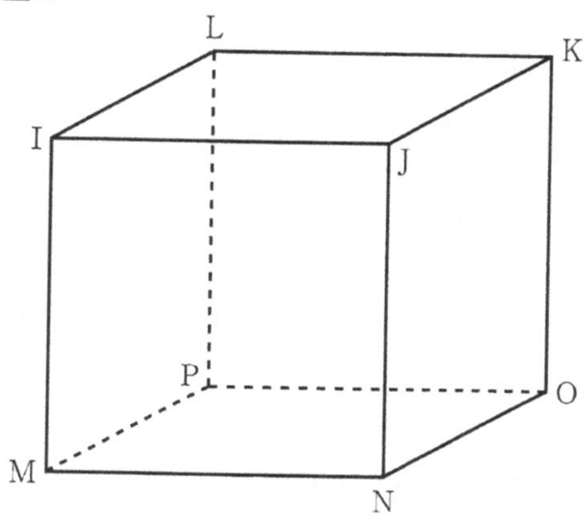

図3

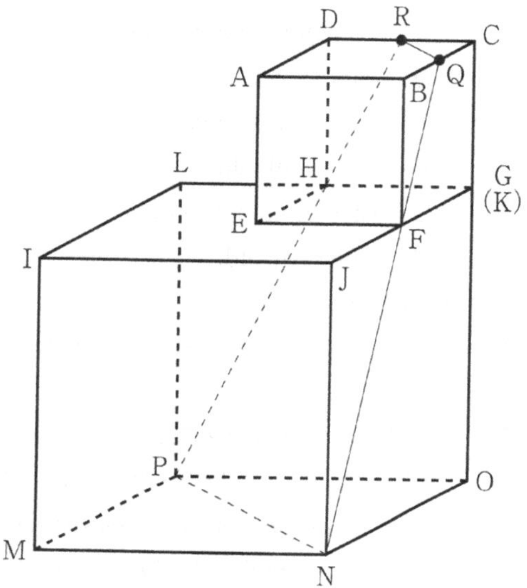

＜英語＞　時間　50分　満点　100点

1 リスニングテスト(**放送**による**指示**に従って答えなさい。)

〔**問題A**〕 次の**ア**～**エ**の中から適するものをそれぞれ**一つずつ**選びなさい。

＜対話文 1＞

ア One dog.
イ Two dogs.
ウ Three dogs.
エ Four dogs.

＜対話文 2＞

ア Tomatoes.
イ Onions.
ウ Cheese.
エ Juice.

＜対話文 3＞

ア At two.
イ At one thirty.
ウ At twelve.
エ At one.

〔**問題B**〕 ＜Question 1＞では，下の**ア**～**エ**の中から適するものを**一つ**選びなさい。
＜Question 2＞では，質問に対する答えを英語で書きなさい。

＜Question 1＞

ア Two months old.
イ One week old.
ウ Eleven months old.
エ One year old.

＜Question 2＞

(15秒程度，答えを書く時間があります。)

2 次の対話の文章を読んで，あとの各問に答えよ。

(＊印の付いている単語・語句には，本文のあとに〔**注**〕がある。)

*Yuichi is a high school student in Tokyo. Cindy is an *exchange student from New Zealand. They are talking in their classroom after school.*

Cindy　：Yuichi, what are you doing?
Yuichi　：Um ... I started studying, but I don't *feel like studying now.
Cindy　：So, you're using your smartphone now. What are you studying?
Yuichi　：English. You know, my older sister is studying in Australia.
Cindy　：Uh-huh.

Yuichi : She is so cool, and I want to be like her.
Cindy : In that case, you need to study hard!
Yuichi : You're right, but I have difficulty in keeping studying. I don't know why.
Cindy : How about setting goals? If you make clear goals, you will *be motivated to study.
Yuichi : Setting goals? Is that really helpful?
Cindy : I think so.
Yuichi : Look! Mr. Gray is coming down the hallway.

Mr. Gray is an English teacher from America, and comes and talks to them.

Mr. Gray : What are you doing?
Cindy : We are just talking about studying.
Yuichi : Cindy told me that if I set goals, I can study harder.
Cindy : Mr. Gray, your Japanese sounds perfect. I think you studied it hard. Did you set any goals when you studied?
Mr. Gray : My goal was to be No.1 on the test. My father told me that he would buy me a new video game if I came top in the class.
Yuichi : I think I can study hard if my parents buy me something I want.
Mr. Gray : Setting goals helped me study hard, but it doesn't mean having goals is always necessary when you study.
Yuichi : What do you mean by that? We don't need goals?
Mr. Gray : I don't mean that. Your *habits are more important than your goals.
Yuichi : I don't have good study habits, so I can't study.
Mr. Gray : I think you have bad habits now. You need to change bad habits into good ones.
Cindy : How can we make good habits?
Mr. Gray : You should look carefully at your way of action and put it into a system.
Cindy : A system?
Mr. Gray : Some people say there are (1)four steps when we *form habits. All habits follow these four steps.
Yuichi : Are habits made up of steps? What are they?
Mr. Gray : It is easier to understand if I explain how bad habits are formed. For example, Yuichi, did you study yesterday?
Yuichi : I started, but I felt bored soon.
Mr. Gray : That's the first step.
Cindy : Yuichi felt bored. Is it a step?
Mr. Gray : Yeah. Yuichi, how did you feel next?
Yuichi : I wanted to do something different for fun.
Mr. Gray : (2)So,【① the ② Yuichi ③ something ④ was ⑤ do ⑥ bored ⑦ feeling ⑧ to ⑨ sign for 】else, and this sign made him *eager to do something different. This is

the second step.

Cindy : I get it now.

Mr. Gray : Then, I think Yuichi took action. You [3-a].

Cindy : I guess Yuichi took out his smartphone and watched videos.

Yuichi : You're right.

Cindy : This action is the third step, right?

Mr. Gray : Exactly. Yuichi, did you enjoy using your smartphone?

Yuichi : Well, uh ... I had a little fun.

Mr. Gray : So, you felt happy because you did something. This is the final step. You repeat these four steps many times, and stop studying because of your smartphone.

Yuichi : Yes, I have done this many times.

Mr. Gray : To make good habits, you [3-b].

Cindy : What should we do?

Mr. Gray : How about thinking about your study plan, Cindy? Do you have any?

Cindy : I decided to study Japanese every day.

Mr. Gray : You [3-c]. It is helpful to think about time and place. You should say, for example, you will study Japanese for fifteen minutes daily at six a.m. in your room.

Cindy : That *makes sense. When I have clear study plans, I feel I have to study.

Mr. Gray : After you study, you can do anything you want.

Yuichi : Really? Can I use my smartphone?

Mr. Gray : I mean you can use your smartphone for fifteen minutes or so after studying. By connecting the thing you need to do with the thing you want to do, the habit that you have can be attractive.

Cindy : I see. What else should we do?

Mr. Gray : So, what do you do first when you start studying?

Cindy : Of course, I prepare necessary things like notebooks, textbooks and dictionaries.

Mr. Gray : If you decide to study Japanese in the morning, put them on your desk before you go to bed. It is easier for you to start studying when they are ready.

Cindy : OK. I got it.

Mr. Gray : Finally, you should record the things you did and check your *progress. You can do it on paper or on your smartphone. You will feel satisfied when you make progress.

Cindy : I know what you mean. If we are satisfied, we can keep studying.

Yuichi : I didn't know these four steps. I was often disappointed in myself when I couldn't keep studying.

Mr. Gray : You [3-d]. Don't look at goals only. Look at the system, too. If you want to stop your bad habits, you need to change your [4].

Yuichi : Thank you. I will try it. Anyway, did you get a new video game for being No.1 on the test?

Mr. Gray：I got the highest *score, but I didn't ask my father to buy me one.

Cindy　：Why not?

Mr. Gray：I realized that I was happier when I made efforts for myself.

Yuichi　：Did you? I hope I can be just like you.

〔注〕 exchange student　交換留学生
be motivated to ～　～する気になる
eager to ～　～したいと思う
score　得点
feel like ～ ing　～したい気がする
habit　習慣
make sense　理にかなう
form　形成する
progress　進歩

〔問1〕 (1)four stepsについて，YuichiがMr. Grayとの会話の内容を次のようなメモにまとめた。［①］～［③］に入る内容の組み合わせとして最も適切なものを，下の**ア**～**カ**の中から**一つ**選べ。

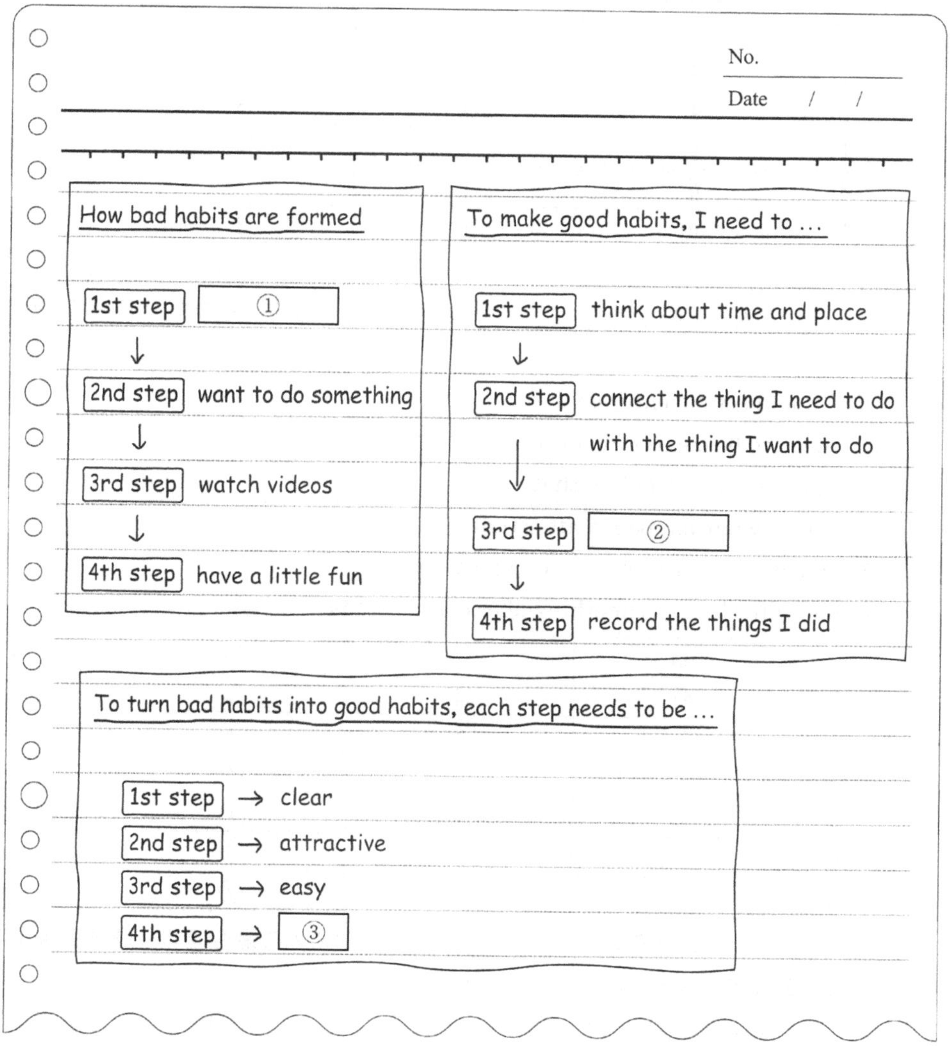

No.
Date　/　/

How bad habits are formed

- 1st step ［①］
- ↓
- 2nd step want to do something
- ↓
- 3rd step watch videos
- ↓
- 4th step have a little fun

To make good habits, I need to …

- 1st step think about time and place
- ↓
- 2nd step connect the thing I need to do with the thing I want to do
- ↓
- 3rd step ［②］
- ↓
- 4th step record the things I did

To turn bad habits into good habits, each step needs to be …

- 1st step → clear
- 2nd step → attractive
- 3rd step → easy
- 4th step → ［③］

	①	②	③
ア	start studying English	allow yourself to use smartphone	satisfying
イ	start studying English	get up early in the morning	surprising
ウ	feel bored	prepare before you go to bed	satisfying
エ	feel bored	allow yourself to use smartphone	interesting
オ	think about study plan	prepare before you go to bed	surprising
カ	think about study plan	get up early in the morning	interesting

〔問２〕　(2)So,【①the　②Yuichi　③something　④was　⑤do　⑥bored　⑦feeling　⑧to　⑨sign for】elseとあるが，本文の流れに合うように，【　　】内の単語・語句を正しく並べかえたとき，【　　】内で**２番目**と**４番目**と**８番目**にくるものの組み合わせとして最も適切なものを，次の**ア**～**カ**の中から**一つ**選べ。

	２番目	**４番目**	**８番目**
ア	④	①	⑤
イ	④	⑦	⑨
ウ	④	⑨	⑧
エ	⑥	①	⑤
オ	⑥	⑦	⑧
カ	⑥	⑨	④

〔問３〕　[3-a]～[3-d]の中には，それぞれ次の①～⑥のいずれかの英語が入る。それぞれに入る英語を並べた組み合わせとして最も適切なものを，下の**ア**～**カ**の中から**一つ**選べ。

① should set a clearer goal
② need to be clearer about it
③ don't have to feel like that
④ know what happened after that
⑤ know why these steps are important
⑥ need to change something about these steps

	3-a	3-b	3-c	3-d
ア	④	②	①	③
イ	④	⑥	②	③
ウ	④	⑥	③	①
エ	⑤	②	①	③
オ	⑤	②	③	①
カ	⑤	⑥	②	①

〔問４〕　本文の流れに合うように，[4]の中に入る最も適切な**連続する３語を本文中からそのまま**抜き出せ。

〔問５〕　次の英文は本文の内容に関するものである。[　　]の中に入る最も適切な**１語を本文中からそのまま**抜き出せ。

It is a good idea to connect a habit you have now with a habit you want to start. For example, you can say you will study English for fifteen minutes after you brush your teeth in the morning. You brush your teeth without any [ ]. Then you can start studying English easily if they are connected.

〔問6〕 本文の内容と合っているものを，次の**ア**～**オ**の中から**一つ**選べ。

ア When Cindy studied at home, she usually started studying before she prepared necessary things, but Mr. Gray told her to set a clear study plan first.

イ Mr. Gray believed that setting goals was helpful, but he didn't have any clear goals before he became No.1 on the test in his high school days.

ウ Mr. Gray told Yuichi that it was OK for him to use his smartphone while he was studying, so he took out his smartphone and started watching videos.

エ Mr. Gray got the highest score on the test, but he didn't ask his father to buy a new video game because he found making efforts made him happier.

オ Mr. Gray said that recording things on a smartphone was not a good idea to check progress on study because you would not be motivated to study.

3 次の文章を読んで，あとの各問に答えよ。
(＊印の付いている単語・語句には，本文のあとに〔**注**〕がある。)

One, two, three, four .... We know what comes next. Early humans probably counted in the same way. However, when they counted up larger *quantities and wrote them down, they designed a system that we still use today — tally marks.

Tally marks are lines used to show numbers. Each line shows the *value "1." You just add another line to the *preceding one. However, that soon creates a problem because it becomes hard to tell [1]. So, there are ways of grouping lines into more convenient groups. Japanese people usually draw the Chinese character "正." In South America, (2)<u>people first draw a square, and then a line from the top left corner to the lower right</u>. Sometimes they draw the fifth line from the other top corner. The most common way in North America and most of Europe is to draw every fifth line to cross through the preceding four.

Many centuries later, we humans invented writing systems, including *numerals that showed larger numbers. One of them was the Roman numeral system which was developed in ancient Rome and was used by many Europeans for a long time. It used seven letters of the alphabet to show numbers.

I	V	X	L	C	D	M
1	5	10	50	100	500	1000

To make up a number, you just add the values of the letters together. The higher values come first. For example, XII is 10 + 1 + 1 = 12, and LXVI is 50 + 10 + 5 + 1 = 66. However, you cannot put more than the same three letters *in a row. How do you write 4 and 9 in the Roman numeral system? You write 4 as IV and 9 as IX. This means that if a symbol with a smaller value is placed before a symbol with a larger one, you need to *subtract the smaller value from the larger one. This rule is followed only when you write 4, 9, 40, 90, 400 and 900. The number 4,000 cannot be written in Roman numerals because you have to write it as MMMM, and this goes against (3)the rule. So, *generally, Roman numerals go up to 3,999.

Doing *calculations with Roman numerals was very difficult because the Roman numeral system did not use *place value. Let's do a simple calculation, such as 651 + 1,839, with Roman numerals. If you compare it with the one you make today, you will need a lot of time and effort to get the answer.

	Roman		Arabic
	DCLI		651
+	MDCCCXXXIX	+	1839
	MMCDXC		2490

Roman numerals are made up of seven symbols. On the other hand, Arabic numerals are made up of ten. As you know, from right to left, the first number counts the *units 0 to 9, the second counts the tens, from 10 to 90, the third the hundreds, and so on. The big difference is that the Arabic numeral system has a "zero" in it. The symbol "0" in a numeral tells you that the *position is "empty." Thanks to this symbol, you can make a difference between numbers such as "2,049" and "2,490" without using other numerals. If you show these two numbers with Roman numerals, you have to write them as "[4]" and "MMCDXC" by using six different symbols. On the other hand, you only have to use the same four symbols in Arabic numerals. In this way, the Arabic numeral system can make even large numbers easier to read with only ten symbols.

Some people say that the Arabic numeral system was first developed in India in the 3rd century *BCE. It was then introduced into the Arabic world around the 7th or 8th century. The system first reached Europe around the year 1000, but it did not draw much attention. At the end of the 12th century, the son of a rich Italian *merchant visited North Africa during his father's business trip. His name was Leonardo of Pisa. He was also called *Fibonacci. He was surprised to see Arab merchants were able to perform calculations very quickly. (5)He realized that【 ① be ② by ③ convenient ④ it ⑤ math problems ⑥ solve ⑦ to ⑧ using ⑨ would 】the Arabic numeral system. Back in Italy in 1202, he wrote a math book. It was a guide for merchants who tried to record numbers with Arabic numerals. In this book, he wrote about the importance of zero. Soon after he *published the book, math made great *progress all over Europe, and people began to understand the convenience of the Arabic numeral system. However, they needed a few more centuries to use the modern number system.

Roman numerals are still used today. You can find them on clock faces, in the titles of movies, and in the names of kings or queens. What would you think if you had to use only Roman numerals in your daily life?

〔注〕

quantity 数量	value 値	preceding 前の	numeral 数字
in a row 連続して	subtract 引く	generally 一般的に	calculation 計算
place value 位取り	unit 一の位	position 位	BCE 紀元前

merchant　商人　　Fibonacci　フィボナッチ(イタリアの数学者)
publish　出版する　　progress　進歩

〔問1〕 本文の流れに合うように，[1]の中に英語を入れるとき，最も適切なものは，次のうちではどれか。

ア there are too many lines
イ how many lines there are
ウ where you drew the lines
エ which line to draw next

〔問2〕 (2)people first draw a square, and then a line from the top left corner to the lower right とあるが，それを描いたものとして最も適切なものを，次の**ア**～**カ**の中から**一つ**選べ。

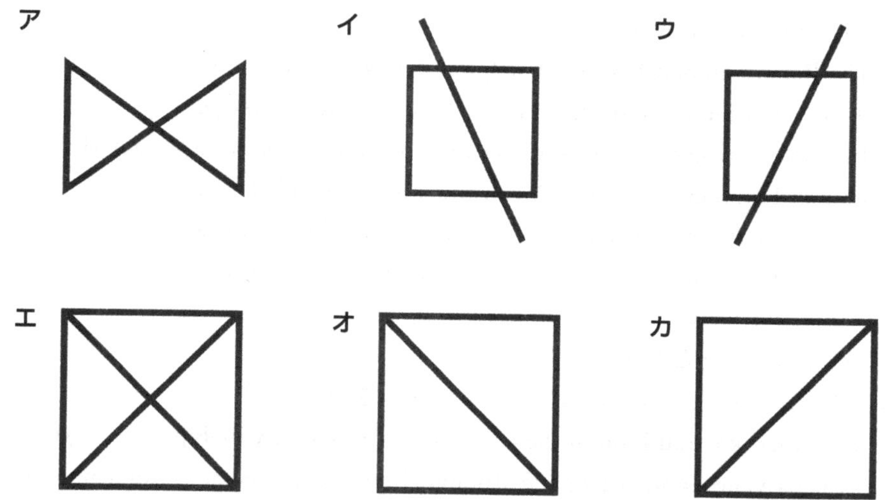

〔問3〕 (3)the rule とあるが，その内容を示す部分を**本文中から12語**で抜き出し，その**最初と最後の1語**を書け。ただし，「，」「．」などは語数に含めない。

〔問4〕 本文の流れに合うように，[4]の中にローマ数字を入れるとき，最も適切なものは，次のうちではどれか。

ア MMXLIX
イ MMXCIV
ウ MMCDIX
エ MMCMXL

〔問5〕 (5)He realized that【 ① be ② by ③ convenient ④ it ⑤ math problems ⑥ solve ⑦ to ⑧ using ⑨ would 】 the Arabic numeral system. とあるが，本文の流れに合うように，【　　】内の単語・語句を正しく並べかえたとき，【　　】内で**2番目**と**5番目**と**8番目**にくるものの組み合わせとして最も適切なものを，次の**ア**～**カ**の中から**一つ**選べ。

	2番目	5番目	8番目
ア	⑤	③	④
イ	⑤	④	③
ウ	⑤	⑨	⑦
エ	⑨	②	⑦
オ	⑨	⑤	②
カ	⑨	⑦	②

〔問6〕 本文の内容と合っているものを，次の**ア**～**オ**の中から**一つ**選べ。

ア When early humans wrote large numbers, they used tally marks which were not used after the ancient Romans invented the Roman numeral system.

イ You cannot write five thousand in the Arabic numeral system because it does not have any numerals to show the number.

ウ The Roman numeral system has fewer symbols than the Arabic numeral system, but it can show more numbers than the Arabic numeral system.

エ In Europe, people have used the Roman numeral system longer than the Arabic numeral system which has place value and the symbol of zero.

オ Just after Fibonacci published a math book, Europeans started to use the Arabic numeral system because they understood its convenience.

4 次の文章を読んで，あとの各問に答えよ。
(＊印の付いている単語・語句には，本文のあとに〔**注**〕がある。)

My name is Suzuka, and I am in the third year of university in Japan. Last year, I studied in America for a year as an *exchange student. I stayed in *Irvine, California with my host family. Irvine has warm and dry summers, and its winters are usually cool and cloudy. This climate is perfect for outdoor activities, so I could enjoy hiking, riding my bike, and relaxing on the many nearby beaches. The students in my university were very friendly and kind to me. They studied hard to *keep up with their studies. I was surprised to find that there were five libraries in the university, and that they were usually open until midnight to support the students. I sometimes used one of them until late in the evening, and hundreds of students were still there for research.

A few weeks after I started to attend school, Emma, one of my university friends, asked me to do volunteer work for elementary school kids. We were going to support their learning in class. On our way to their school, I asked Emma,

"Do you often do volunteer activities?"

"Yes, I have done many volunteer activities since I was a kid."

(1)"What a surprise!"

"Before our country was *established, people had to help each other because there were no governments to help them. They say that was the beginning of volunteer activities in this country."

"Now I understand why many students in America do volunteer work."

When we visited their school, they welcomed us with open arms. I felt happy that many children enjoyed studying with us. Sometimes they asked me to teach them Japanese. Before I went to America, I could not imagine myself doing this!

Many university students in America study hard. I heard that graduating from a university in America is more difficult than entering one. In addition, when they try to get a job, things they did in university can be judged *severely. I was sure that I studied harder than any other student in Japan, so I never imagined (2)students in America would do more.

The members of my host family thought becoming *independent was very important. One day, when I was helping my host mother prepare dinner, she said, "Do you like rice or potatoes?" I said, "[3]" I just meant to help my busy host mother. However, Ryan, her six-year-old son, asked me, "Suzuka, do you really want to eat something everyone in the family will eat? Do you always answer your mother like that?" The host mother also said to me, "Thank you for thinking about me, Suzuka, but I just want to make you something you like. So please tell me what you really want to eat." I learned they made their own *choice *even though the matter was small.

Many students I met in America thought it is *embarrassing if you are over eighteen years old and your parents are still taking care of you at home. When I was at home, I was never worried about everyday meals. My parents did everything for me, but I almost never helped them cook, clean, or do other *housework. I believed that their kindness was natural, and that doing housework was my parents' business, not [4]. I really did not realize how much my parents took care of me until I went abroad. (5)I was such a big baby!

In one year, I learned a lot of important things. I got such valuable experiences by going abroad. Now back in Japan, I study harder than before and *take a more active part in class. I also do volunteer activities and help my parents do the housework. Sometimes I feel it is interesting to prepare dishes I have never made. My family looks especially happy when I cook for them. There are not many things I can do, but I want to do something more for my parents because they gave me the chance to study abroad. When I get a job after graduation, I would like to take my parents on a trip to California as a way of saying thank you to them.

〔注〕 exchange student　交換留学生　　Irvine, California　カリフォルニア州アーバイン
keep up with ～　～についていく　　establish　樹立する　　severely　厳しく
independent　自立した　　choice　選択　　even though ～　たとえ～でも
embarrassing　恥ずかしい　　housework　家事
take an active part in ～　～に積極的に参加する

〔問1〕 (1)"What a surprise!"とあるが，その理由として最も適切なものは，次のうちではどれか。

ア　Suzuka found out why there were many students in America doing volunteer work.

イ　Suzuka thought that many university students in America did volunteer activities.

ウ　Suzuka did not know when volunteer work started in America until Emma told her about it.

エ　Suzuka did not think that Emma had a lot of experiences in doing volunteer activities.

〔問2〕 (2)students in America would do moreとあるが，この内容を最もよく表しているものは，次のうちではどれか。

ア　Students in America made more effort to get into university than Suzuka.

イ　Students in America studied harder than Suzuka.

ウ　Students in America thought more about their future job than Suzuka.

エ　Students in America were more independent than Suzuka.

〔問3〕 本文の流れに合うように，［ 3 ］に英文を入れるとき，最も適切なものは，次のうちではどれか。

ア　I'm fine with the same dish everyone else wants.

イ　I don't like potatoes, so I'd like to have rice, please.

ウ　I'd like to have potatoes, a salad, and a cup of coffee.

エ　Thank you for asking me, but I'll do it by myself.

〔問4〕 本文の流れに合うように，［ 4 ］に入る最も適切な**1語**を書け。

〔問5〕 (5)I was such a big baby!とあるが，この内容を最もよく表しているものは，次のうちではどれか。

ア　Suzuka depended on her parents even though she was over eighteen.

イ　Suzuka had to thank her parents because they raised her so well.

ウ　Suzuka was born big because both of her parents were very big.

エ　Suzuka was happy that she received everything from her parents.

〔問6〕 本文の内容と合っているものを，次の**ア～オ**の中から**一つ**選べ。

ア　Suzuka sometimes studied in some of the libraries in her university in America for her research until their closing time.

イ　A few weeks after Suzuka started her university life in America, she asked Emma to teach Japanese to elementary school children as a volunteer.

ウ　The members of Suzuka's host family thought that it was important to make a decision by themselves even though the matter was small.

エ　Before Suzuka went abroad, she felt that it was embarrassing for her parents to take care of her because she was over eighteen years old.

オ　After Suzuka came back to Japan, she helps her parents do the housework but never makes a meal for her family.

〔問7〕 Suzukaは大学卒業後，両親をカリフォルニアに連れていくことにした。そこでは留学時にお世話になったホストファミリーの家にも寄るつもりである。あなたがSuzukaだとしたら，ホストファミリーにどのようなEメールを送るか。与えられた英文に続けて，下の［　　　］の中に入る英文を，あなた自身の言葉を用いて，**35語以上45語以内**の英文で書け。

二つ以上の英文になっても構わない。次の〔例〕のように，「 , 」「 . 」などは語数に含めない。短縮形は1語と数える。

〔例〕 Hello, ＿ I'm ＿ Jane. ＿ Nice ＿ to ＿ meet ＿ you.

E-mail

Subject: Hello! This is Suzuka.

Dear Brown Family,

How have you been? I always remember the days I spent with you all.

This summer, I will take my parents to California.

I'm looking forward to seeing you again soon.

Sincerely,
Suzuka

憬の対象として見る像。

〔問3〕(3)たをやめの　袖かもみぢか　明日香風（あすかかぜ）　いたづらに吹く　霧の遠方（をちかた）をすべて現代仮名遣いに直して**三十一文字**で書け。ただし、各句ごとの空白は字数に含まない。

〔問4〕(4)つまり私たちは定家の目を通して「古典」を見ているのです。とあるが、なぜそのように言えるか。次のうちから最も適切なものを選べ。

ア　現在伝わる「古典」の多くは、書写を繰り返す際にそのまま書き写したものではなく、定家自らの判断を加えた「古典」が流布したものだから。

イ　現在伝わる「古典」の多くは、『万葉集』をはじめとする様々な「古典」を定家が大量に書写することで、広く人々に読まれるようになったから。

ウ　現在伝わる「古典」の多くは、定家が「古典」の書写を繰り返す中で、漢字本文の誤写をしないようにできるだけ正確な複写を心がけたものだから。

エ　現在伝わる「古典」の多くは、最古の古典学者である定家が書写した「古典」そのものが、将軍や天皇に献上されるなどして権威を持つことになったから。

〔問5〕(5)『万葉集』の成立事情については、定家は俊成よりもさらに急進的な考え方をしました。とあるが、定家がどのように考えたのかを［　　］のように説明するとき、［　　］に入る最も適切な語句を本文中から**三十七字**で抜き出して書け。

> 定家は［　　］考え方から、編纂の時代について再評価することで、家持が編纂者ではないかと推測するようになった。

〔問6〕(6)平安時代末期から鎌倉時代初期の動乱の時代の中で、定家は『万葉集』そのものを見つめて判断するという道を選んだのです。とあるが、この定家の姿勢を筆者はどのように考えているか。次のうちから最も適切なものを選べ。

ア　戦争や天災の絶えない荒廃した時代において、『万葉集』は日本最古の勅撰和歌集であるという正当性を、後世の人々に向けて主張したい、と考えている。

イ　時代が移り変わりゆく中で、『万葉集』の本来の姿を見つめ直すことによって成立に関する考えを展開し、文化を支えようとしていた、と考えている。

ウ　時代を経るに従って、『万葉集』が徐々に改変され本来とは異なるかたちになってしまったことを嘆き、原典に当たって和歌そのものを味わうべきだ、と考えている。

エ　時代の激動期に没落していくかつての歌道の名門貴族として、『万葉集』を和歌の標準的なスタイルとして残したい、という強い意志があった、と考えている。

〔注〕嫡男（ちゃくなん）――長男。
志貴皇子（しきのみこ）――日本の飛鳥時代から奈良時代の皇族。
広瀬本――『万葉集』の写本の一つ。
フェイドアウト――映像が徐々に消えていくこと。
柿本人麿（かきのもとのひとまろ）――飛鳥時代の歌人。
歌枕――和歌によく詠まれる名所。
藤原清輔（ふじわらのきよすけ）――平安時代の歌人。
赤人（あかひと）――山部赤人。奈良時代の歌人。
逸文――一部分だけが残る文章。
左大臣橘諸兄（たちばなのもろえ）――奈良時代の歌人。
家持（やかもち）――奈良時代の歌人。

〔問1〕(1)それは平安時代後期に多様となった『万葉集』を一つの姿に「整定」することでもありました。とあるが、どういうことか。次のうちから最も適切なものを選べ。

ア　Aに「漢字で書かれた原文（漢字本文）を解読して、歌の〈ことば〉を再現することがまず必要となります」とあるように、藤原定家が『万葉集』の漢字で書かれた和歌を『新古今和歌集』に本歌取りすることで、その和歌集に権威を与えた、ということ。

イ　Aに「万葉歌人たちに共通する知識や〈ことば〉についての感覚がわからなくなる」とあることから、古代的な歌の形体をもつ『万葉集』の技法を『新古今和歌集』の中に取り入れることによって、和歌の新しいスタイルを提示した、ということ。

ウ　Bに「漢字本文を解読して日本語として読み下すことが必要です」とあることから、読み下しに様々な知識を必要とする『万葉集』をわかりやすい仮名書きにしたことで、歌人たちの心を引きつけ『新古今和歌集』が当時の主流となった、ということ。

エ　Bに「「やまと歌」は時代とともに「解釈」が変化する」とあるように、『万葉集』に様々な解釈が生じていたため、藤原定家が『新古今和歌集』における本歌取りでの詠み方を決定することで『万葉集』の在るべきかたちを示した、ということ。

〔問2〕(2)『万葉集』の歌を本歌取りした歌から、定家の〈古代〉像を窺（うかが）うことができます。とあるが、定家の〈古代〉像とはどのような像か。次のうちから最も適切なものを選べ。

ア　「たをやめの袖」で若い宮女を詠んだように、京から遠く離れていた「古代」の明日香を現在の歌に詠むことで古代の目で今を捉えようとする像。

イ　「紅葉」がはかなく散る様子を表現することで、『万葉集』こそが最も「古代」的な日本人の心情をあらわした文化のルーツであると捉える像。

ウ　「明日香風」で寂しさを表現することで、かつての和歌の技法に表現の理想を見出し本歌取りによって「古代」を回顧的に見ようとする像。

エ　「霧」でよく見えないという表現にあるように、当時とは時代性が異なる「古代」を遠い存在ではあるけれどひとつの憧今日、私たちは定家の手を経た本で、『古今和歌集』『後撰和歌集』『伊勢物語』『源氏物語』などの「古典」を読んでいます。(4)つまり私たちは定家の目を通して「古典」を見ているのです。これほどまでに広い範囲で「古典」を書写し、後世に強い影響を残した定家は、日本最初の「古典学者」と言うことができます。

定家は、宮廷や貴族が武士に政治的実権を奪われてゆく中で、「古典」を精神の拠り所としたのであり、「古典」を完備することによって文化の源泉であろうとしたのです。

『万葉集』も「古典」の一角でした。現存する定家の手を経た系統の写本（伝冷泉為頼筆本、広瀬本など）によれば、定家の『万葉集』は、題詞を低い位置に書き、巻二十の末尾九四首の欠けた（他本によってこれを補う）、白河院政のもとで標準的なものとなっていたスタイルを踏襲しました。しかし、漢字本文を『万葉集』の本体と見た＊藤原清輔の考え方も取り入れ、読み下し文を原則として片仮名で記すという新しい試みもしました。

定家が俊成の本や金沢本を尊重していたことは明らかになっていますが（広瀬本は金沢本の漢字本文の初歩的な誤写をそのまま受け継いでいます。小川「『書物』としての万葉集古写本」）、何回『万葉集』を書写し、どの程度漢字本文に手を加え、読み下し方を改めたかについては、まだ研究が始まったばかりの段階です。

定家自筆の『万葉集』の写本（巻子本）は、定家から鎌倉将軍の源実朝に贈られ（『吾妻鏡』）、後代には、江戸幕府の第二代将軍の徳川秀忠から後水尾天皇に献上されるなど（『徳川実紀』）、大きな権威を持ちました。

(5)『万葉集』の成立事情については、定家は俊成よりもさらに急進的な考え方をしました。貞永元年（一二三二）、七十一歳の折に書かれた論文「万葉集長歌短歌説」では、原典（『万葉集』）に当たるべきであると主張し、人麿と＊赤人を同時代の歌人とするなど事実関係に誤りのある『古今和歌集』の仮名序は、《『万葉集』を開いて見た人のことばとは思えない》とまで言い切りました。

さらに、定家には現在では＊逸文しか伝わっていない『京極中納言入道抄』という著作があります（有職故実書『拾芥抄』に引かれています）。『万葉集』の年代を知るためには、『万葉集』そのものに当たるべきであるという主張が、「万葉集長歌短歌説」と同じ文言で書かれていますが、その後に、それにはない文章が続いています。その文章は、孝謙天皇の御世に、＊左大臣橘諸兄はじめ高位の人々が集まって『万葉集』を編纂したとする『栄花物語』の説を、『万葉集』には諸兄没後の歌も収められていると批判して、＊家持が『万葉集』を記したのではないかと推測するものです。

本来「勅撰」の書物というものは、天皇が高位の人々に勅命を下して編纂させるものです（増田繁夫氏「勅撰和歌集とは何か」）。この常識を当てはめて、聖武天皇勅撰説に立つ人々は、橘諸兄に編纂の勅命が下されたと考えていました。この考えに疑いを示したということは、定家が、『万葉集』が勅撰和歌集であることも疑っていた可能性があります。

(6)平安時代末期から鎌倉時代初期の動乱の時代の中で、定家は『万葉集』そのものを見つめて判断するという道を選んだのです。

（小川靖彦「万葉集と日本人」による）

〔(訳)　たおやめ〈少女〉の袖であろうか、それとも紅葉であろうか。霧の立ち込めている遠くの方で明日香風が空しく吹いている。〕※「たをやめ」を「少女」とするのは、藤原為家(定家の嫡男)が『万葉集』の歌句に略注を加えた『万葉集佳詞』による。

この歌は*志貴皇子の歌を本歌取りしています(訓は*広瀬本による)。

たをやめの　袖吹き返す　明日香風　都を遠み　いたづらに吹く
(『万葉集』巻一・五一)

〔(訳)　たおやめ〈少女〉の袖を吹き返す明日香風は、今は都が遠くなったので空しく吹いている(たおやかな女性の袖を吹き返すことはもはやない)。〕※現代の訓では初句「采女の」

志貴皇子の歌は、明日香の都の若い宮女たちが袖を風に翻している華やかな姿を描きながら、それを*フェイドアウトして、遷都後の空しく風が吹くばかりの寂しい情景を詠んでいます。

定家の歌は、まず風に翻っているのが宮女たちの袖か紅葉かわからないと言います。これは*柿本人麿の「石見相聞歌」の第二長歌の(訓は広瀬本による)、

……大船の　渡の山の　もみぢ葉の　散りし乱れに　妹が袖　さやにも見えず……
(『万葉集』巻二・一三五)

〔(訳)　……(大船の)渡の山〈石見国(今の島根県西部)の*歌枕〉の紅葉が散った乱れに、妻の振る袖がはっきりとは見えず……〕

と、自分を慕って妻が袖を振っているのが、紅葉が散るのにまぎれて見えないことを言った歌句を踏まえているのかもしれません。そして、さらに見ようと目を凝らしてみても、霧の彼方に明日香風が吹くばかりです。

定家の歌は、志貴皇子が想起した明日香の都の宮女たちの情景を、袖と紅葉の紛い、霧というフィルターによってさらに捉え難いものとしています。定家にとって、〈古代〉の情景ははるか遠くにあって偲ぶものであったのです。『万葉集』の歌を本歌取りした定家の歌に、「昔」「ひさしき世」ということばが散見することにも、それが表れています。

定家は『新古今和歌集』を編纂している時期に『伊勢物語』を書写しています。その後、少し間をおいて、四十代末に五代集(『万葉集』『古今和歌集』『後撰和歌集』『拾遺和歌集』『後拾遺和歌集』)の秀句を抜き書きした『五代簡要』(『万物部類倭歌抄』とも言います)を編み、五十代には『万葉集』を書写し(広瀬本の祖本。「広瀬本万葉集解説」参照)、そして、六十代から『古今和歌集』『後撰和歌集』や、『伊勢物語』『源氏物語』などを熱心に書写しました。『古今和歌集』については、記録に残るだけでも十四回も書写しています(西下経一氏『古今集の伝本の研究』)。当初は俊成の写本に従いましたが、書写を繰り返す中で、これを自分の見識に基づく新しい姿に変えてゆきました。

定家はもとになる本を単純にコピーしたのではなく、常にその時の自分の最新の見解を加えて、これらの「古典」の本文を定めていったのです。

A

『万葉集』を「読む」ためには、漢字で書かれた原文（漢字本文）を解読して、歌の〈ことば〉を再現することがまず必要となります。その解読は『万葉集』の時代から遠ざかるにしたがって難しくなります。〈ことば〉と〈文字〉のずれを埋めていた、万葉歌人たちに共通する知識や〈ことば〉についての感覚がわからなくなるからです。

（小川靖彦「万葉集と日本人」による）

B

『万葉集』を「読む」ためには、「訓む」こと、つまり漢字本文を解読して日本語として読み下すことが必要です。そして、「訓む」ことは機械的に漢字本文を〈ことば〉に起こしてゆく作業ではなく、「解釈」を伴う創造的な行為なのです。『万葉集』の場合は、「読む」ことは「訓む」ことと一体であるのです。そのため、『万葉集』の「やまと歌」は時代とともに「解釈」が変化するだけではなく、本文（読み下し）そのものさえも大きく変化してきました。

（小川靖彦「万葉集と日本人」による）

C

『新古今和歌集』以後の中世の歌集・歌論書・歌学書のほとんどが、『新古今和歌集』の本文（読み下し）を踏襲しました。現代の読み下し方は、鎌倉時代の仙覚に始まりますが、江戸時代まで異端の説でした。『新古今和歌集』の本文が歌人や歌学者の心を引きつける魅力的なものであったことに加え、『新古今和歌集』が大きな権威を持っていたからです。

『新古今和歌集』の撰者たちは、このように、時間性を強く持つとともに、その時間を、鮮やかな空間表現が生き生きと感じさせるような読み下しを意識的に選びました。目に見えるような鮮明な空間表現によって推移する時間に形を与え、深い情趣を感じさせるというのは『新古今和歌集』の詠法にほかなりません。この詠法の〈始まり〉を示すような『万葉集』の歌と読み下しを意識的に選び取ったのです。(1)それは平安時代後期に多様となった『万葉集』を一つの姿に「整定」することでもありました。

『新古今和歌集』の撰者に任命された時、俊成の*嫡男の定家は四十歳でした。これ以前の二十代の頃から定家は『万葉集』の歌を「本歌取り」した和歌を詠んでいます。生涯を通じて、定家は『万葉集』のさまざまな歌を本歌取りしました。本歌取りは、古歌の歌句を利用するだけでなく、これを通じて古歌の世界を取り込み和歌の表現を重層的なものとする技法です。定家はこれを得意としました。

本歌取りするためには、古歌についての十分な知識が必要です。『万葉集』について、定家が長歌までも一首全体を深く読み込んだ上で本歌取りしていることが、五月女肇志氏によって明らかにされています（『藤原定家論』）。

(2)『万葉集』の歌を本歌取りした歌から、定家の〈古代〉像を窺うことができます。定家はそれらの歌の中で、しばしば本歌の世界をはるか遠いものとして詠んでいます。その典型が建仁元年（一二〇一）に後鳥羽院が主催した「老若五十首歌合」のために作った次の歌です。

(3)たをやめの　袖かもみぢか　明日香風　いたづらに吹く　霧の遠方

（『拾遺愚草』中・院五十首・秋・一八〇六）

ることによって統一すること。

ウ　実現しなかったことも含めさまざまな可能性がありえた歴史を、図らずも一つの方向へ導くこと。

エ　失われた過去の歴史を観察し、誰もが認識できうるものとして記述していくこと。

〔問5〕(5)一見同様な現象や事態、たとえば中国で発明された印刷術とドイツで発明された印刷術、別々の民族における狩猟採集から農耕経済への移行、これらはそれだけを取り上げるのではなく、それらと関連するもろもろの事象とともにパースペクティブの中で勘案せねば正しい歴史的な位置づけ・意味づけはできない。とあるが、「パースペクティブの中で勘案せねば正しい歴史的な位置づけ・意味づけはできない。」と筆者が述べたのはなぜか。次のうちから最も適切なものを選べ。

ア　中国で発明された印刷術がドイツに伝わることによって、技術が広まったという国境を越えた歴史観があれば、物事の因果関係を正しく見ることができるから。

イ　印刷術の発明という一つの歴史的事象であっても、中国とドイツにおけるそれぞれの背後に在る要因を考慮しないと、全体の展望をもつことができないから。

ウ　別々の地域における狩猟採集から農耕経済への移行は、一見同一な発展事項に見えるが、相互に関係していない点に注目することが歴史家の正しい態度だから。

エ　狩猟社会から農耕社会への進歩は、同時発生的に世界中で起きた現象だが、それぞれの共通性のみを取り出して調べなければ視野の広さを失ってしまうから。

〔問6〕本文の段落の内容を説明したものとして最も適切なのは、次のうちではどれか。

ア　第一段は、冒頭の段落として個人の具体的な例を挙げ「歴史」というものが公的であることを定義しつつ、「歴史」が扱う対象をまとめている段落である。

イ　第四段は、歴史家に共通している見方としての「歴史観」というものを否定し、筆者の定義する新しい「歴史観」について提案している段落である。

ウ　第八段は、歴史観という言葉を歴史学の上で使ってはならないとし、かつ歴史を「道筋」とする考え方にも難点があって成立しないと示している段落である。

エ　第九段は、前段落で書かれた現代歴史学における「道筋」という考え方について、「パースペクティブ」という言葉を用いて内容を深めている段落である。

〔問7〕波線部「進歩」というのも一種のパースペクティブだとすれば、それを採用しても悪いことはない。とあるが、ここでの「進歩」についてあなたはどのように考えるか。具体例を挙げて根拠とし、あなた自身の経験や見聞を含めて二百字以内で書け。ただし、「パースペクティブ」という言葉を必ず用いること。

4

次のA～Cの文章を読んで、あとの設問に答えよ。（*印の付いている言葉には、本文のあとに〔注〕がある。）

マルクス主義―ドイツのカール・マルクスが提唱した社会主義思想。
唯物史観―カール・マルクスが提唱した歴史観。
教条的―ある教義を絶対的なものとする姿勢。
アナール派―フランスで主流となっていた歴史学派。

〔問1〕 (1)それが歴史的事実の成立条件だというのである。とはどういうことか。次のうちから最も適切なものを選べ。

ア 複数の歴史家による共同作業を通じて「事実」が同一過去をもつことで、村や国の私的領域を越えて共通理解されていく、ということ。

イ それぞれの人間が想起する過去の一面的な相の中から歴史家が研究をすることで、最も妥当な「事実」を選び出していく、ということ。

ウ 個人的な感懐を歴史に転化するために記憶違いを修正することで、インパーソナルな次元を超えた「事実」にしていく、ということ。

エ 個々の人間の記憶が共通の認識のもとに統合されていくことで、普遍性を獲得し主観を超えた「事実」となっていく、ということ。

〔問2〕 (2)では歴史家は、どんなふうに公的な歴史を描けばよいのだろうか。という問いに対する答えについて、［　　］のように説明するものとする。［　］に入る最も適切な語句を本文中から**三十七字**で抜き出して書け。

［　］という方法で描いていかなければならない。

〔問3〕 (3)進歩史観やそれにもとづく「歴史法則」「発展段階説」などは、女性史とも民衆史とも、まったく相容（あいい）れないのである。とあるが、筆者がこのように述べたのはなぜか。次のうちから最も適切なものを選べ。

ア 女性史や民衆史は、進歩史観の方法を当てはめるところから出発し、今日では信用を失ってしまったから。

イ 「女性」や「民衆」についての歴史は、国が経済的に発展していくというような歴史原則に則って語られてこなかった存在だから。

ウ 女性史や民衆史は、国家の指導的立場にある権力者に対抗していった人々について取り上げているから。

エ 「女性」や「民衆」は、歴史学の主流であったアナール派や系（セリー）の歴史学から否定されてきた存在だから。

〔問4〕 (4)こうした歴史の「パースペクティブ的特質」を深く哲学的に考察してきたのが、現代ドイツの哲学者J・リューゼンである。とあるが、筆者が考えるリューゼンが述べた「パースペクティブ的特質」とはどのようなものか。次のうちから最も適切なものを選べ。

ア 本来は関連性があるとは言い切れない個々の出来事を、過去から未来まで秩序立てて語ること。

イ 歴史という奇跡的事項の羅列を、その中から共通項を見つけとなっている現代歴史学において、歴史法則はもとより歴史観という言葉にも、歴史の対象に向き合うのに予断を持たせるような語弊があるのなら、歴史の「道筋」と言い換えてもよいだろう。（第八段）

そもそも方向性の感覚を持たない歴史（家）は歴史（家）ともいえないのであろう。どこから来てどこに向かっていくのか、そうした「パースペクティブ」がなければ、どんな歴史も意味がない。前工業化から工業化へ、農村主体の世界から都市化された世界へ、絶対王政から民主政へ、口頭伝承から書記伝達へ、これらをかならずしも「進歩」と見る必要はないかもしれないが、各地域・時代におけるそうした「道筋」の様態および意味するところを、共通性と差異を勘案しながら解明する必要があるからである。（第九段）

(4)こうした歴史の「パースペクティブ的特質」を深く哲学的に考察してきたのが、現代ドイツの哲学者Ｊ・リューゼンである。彼は次のように述べる。すなわち、歴史はいつの時点を取っても偶然性に満ちていて、もしかしてまったく別様にも展開しえたのに、偶然のいたずらで、ある一つの方向に進む、ということを繰り返してきただけなのかもしれない。しかしそうしたものを、歴史家は固有の歴史叙述によって、時間的パースペクティブの中で方向性と関連性を認識できるように、また特定の出来事や要素を互いに結びつけられるよう叙述し、過去が現在と未来へと意味深く結ばれるよう、その叙述によって組織化しなければならない。そうすれば、その時々の出来事の発展の様が、さまざまな――失われた可能性・実現しなかった可能性も考慮に入れた――可能性の背景の前で歴史的に明瞭に洞察されるものになる、と。（第十段）

「進歩」というのも一種のパースペクティブだとすれば、それを採用しても悪いことはない。これを時間の経過とともに価値が向上するとの見方と解すれば、これはある意味、日常的に根づいている感覚で、たとえば学校教育の基本的考え方でもある。さらに、進歩史観を全体としては否認する人でも、技術や自然科学のもたらす恩恵については、進歩を承認せざるをえないだろう。むろんそれは歴史全体の進歩ではなく、部分的なものではあるが。（第十一段）

むしろ歴史家の「道筋」を見通す能力、「パースペクティブ」の考え方によりふさわしいのは、「進歩」ではなく「発展」という概念・カテゴリーだろう。それは一筋の糸ではなく、もろもろの糸が諸段階を経て進むときの相互関係、その繋（つな）がりを見失わずにパースペクティブの中で出来事の意味と価値を吟味する、ということである。(5)一見同様な現象や事態、たとえば中国で発明された印刷術とドイツで発明された印刷術、別々の民族における狩猟採集から農耕経済への移行、これらはそれだけを取り上げるのではなく、それらと関連するもろもろの事象とともにパースペクティブの中で勘案せねば正しい歴史的な位置づけ・意味づけはできない。歴史の道筋についてのしっかりした見通しによってのみ、それがいかなる「発展」なのか、その意味・価値が明らかにされるのだから。（第十二段）

（池上俊一「歴史学の作法」による）

〔注〕間主観的――複数の個別的主観の間の関連を問題にするさま。
野家啓一（のえけいいち）――日本の哲学者。
小林秀雄（こばやしひでお）――日本の文芸評論家、作家。
イデオロギー――思想や信念をまとめたもの。

が歴史的事実の成立条件だというのである。（第二段）

(2)では歴史家は、どんなふうに公的な歴史を描けばよいのだろうか。そのときに問題になるのが、いわゆる「歴史観」である。「歴史観」とは、歴史の変化ないし展開は何のために、何に向かって、いかなる軌道を描いて進行していくのか、そしてまた、その変化ないし展開は、どんな要因によってもたらされるのか、という点をめぐる基本的考え方・解釈原理である。この歴史観にもとづいて、歴史家は無数の事実を取捨選択することになる。史料に相対するその当初の姿勢もこの歴史観が決めていこう。（第三段）

しかし、歴史の見方を歴史観と呼びうるのは、ある一人の歴史家のあまりに独創的で奇矯な歴史の見方ではなく、それがそのテーマに関連する領域についての、多くの歴史家、そして教養人に共通する見方になっている場合のみである。すなわち、私の歴史が皆の歴史になるため、多くの同時代人に共有されうる装置が「歴史観」にほかならない。それは必ずしも固定したものではなく、時間の経過とともに過去との個人的・集団的対話を介して変容していくだろう。（第四段）

歴史観は、しばしば歴史的事象の個々を分別し意味づける規則として凝固・定式化されて「歴史法則」となるが、あらかじめ決まっている法則など、それこそ非歴史的だし、実際の歴史にあるわけがないと、その*イデオロギー性を批判するのが現在の大方の歴史学者の態度である。今や、*マルクス主義の*唯物史観など*教条的な歴史法則はもとより、経済状態や交換形式、生産者と消費者の距離などに着目したドイツ歴史学派の発展段階説も信用を失っている。（第五段）

また、近年まで世界の歴史学を率いてきた*アナール派では、発展段階説や進歩史観に則（のっと）った法則はまったく容認されない。それどころか、歴史人類学や系（セリー）の歴史学は、それぞれ違った方向からそれを断ち切っている。前者は、社会人類学や象徴人類学の手法を歴史社会に適用して時間の直線的流れを否定するところから出発しており、後者は、そもそも限定された範囲での数量の増減を跡づけるのみで、全体の方向については何も語らないからである。また女性史や民衆史もそうである。というのも、国民国家や資本主義への発展を担（にな）いそれに貢献した指導的政治家や思想家やエリート層、そしてその発展の段階を画する政治的事件や制度をテーマとする発展史において、無視されたり阻害要因と位置づけられたりした人々、彼ら／彼女らの文化や日常の生活・習慣、それらを主題にするのが、そもそも女性史や民衆史の目標だったからだ。(3)進歩史観やそれにもとづく「歴史法則」「発展段階説」などは、女性史とも民衆史とも、まったく相容（あいい）れないのである。（第六段）

しかしながら、社会史といえども、その研究対象が前代から何を受け継ぎ、あるいは改変し、後代へと伝えたのか、その結びつきの関係を確定し引き出さなければ、歴史として理解可能にならない。民衆の生活や文化が、不変の静態的な基層として実体化されてはならない。歴史は予見できる未来や目標に向かっているとはもはやいえなくなったとしても、それでもその変化の仕組みや方向性や意味を見つけるのが歴史家の仕事なのであれば、歴史の変化・発展についての視野を持ち、その上で出来事を読み解き評価していくしかない。（第七段）

客観性、公平性が重んじられますます精緻な実証的専門研究が主流

〈国語〉

時間　五〇分　満点　一〇〇点

【注意】　答えは**特別の指示**のあるもののほかは、各問の**ア・イ・ウ・エ**のうちから、最も適切なものをそれぞれ**一つずつ**選んで、その記号を書きなさい。また、答えに字数制限がある場合には、**、や。や「などもそれぞれ一字と数えなさい。**

1

次の各文の――を付けた漢字の読みがなを書き、かたかなの部分に当たる漢字を楷書で書け。

(1) 鍋の中の残りで雑炊を作る。
(2) 累卵の危うさを感じる。
(3) 前任者の更迭を受けて要職に就く。
(4) 友人を玩弄するのはいけないことだ。
(5) 私の不安とはウラハラに、彼は約束を守った。
(6) 母校が優勝したというロウホウがもたらされる。
(7) 先達を尊敬し、教えを受けることをシジする、という。
(8) 条約の締結で世界情勢はイチヨウライフクとなるだろう。

2

※問題に使用された作品の著作権者が二次使用の許可を出していないため、問題を掲載しておりません。

(出典：木内昇「かたばみ」による)

3

次の文章を読んで、あとの各問に答えよ。(*印の付いている言葉には、本文のあとに〔注〕がある。)

「歴史」というのは、個々人の思い出、記憶と違って、公的な出来事である。おなじ出来事でも公的な意味を帯びたものである。共同的・社会的関心に照らして意義のあるもの、その意味形象だけが歴史学の対象としてふさわしい。そこには、私的領域を越えたインパーソナルな次元がいつも包み込まれている。そうした次元・領域とは、たとえばもろもろの社会集団であり、村や都市であり、地域であり、国家であり、ヨーロッパのような文化圏であり、最終的には、世界の人類、ということになろう。(第一段)

こうして空間的にも時間的にも、物語の構成は、一人の歴史家が行うにしても、実際は*間主観的行為なのである。*野家啓一(のえけいいち)によると、この「想起の共同体」に支えられて個人的記憶の欠落や記憶違いは補塡・修正され、またこうした共同作業を通じて構成された歴史的事実は、個人的思い出のレベルを超えて「間主観的妥当性」を獲得する。つまり過去というのは、複数の人間の多様な想起的射映の「志向的統一」だ、ということになる。それぞれの人間が想(おも)い起こすのは過去の一面的な相にとどまるが、同一過去には多様な相・現れがあると皆が意識してそれらが調和的に統一されるとき、歴史的事実が確定するのだろう。おなじく野家によると、*小林秀雄(こばやしひでお)の「思い出」論は、そのままでは「歴史」に転成せず、甘美な個人的感懐であっても間主観的な歴史ではない。歴史に転成するためには何より「物語り行為」による媒介が不可欠であり、それによってはじめて断片的思い出は構造化され、また共同化される。その過程で母親の感懐の微妙な私秘的彩(いろど)りは言葉の砥石(といし)でそぎ落とされるが、逆に普遍性と抽象性を獲得し、独立した作品となって「記憶の共同体」へと登録される。(1)それ

大切なことはメモしておこうネ！

2024年度

解答と解説

《2024年度の配点は解答欄に掲載してあります。》

＜数学解答＞

1 〔問1〕 3

〔問2〕 $x=\frac{19}{5}$, $y=-\frac{1}{5}$

〔問3〕 -2

〔問4〕 $\frac{17}{36}$

〔問5〕 19度

〔問6〕 右図

2 〔問1〕 $\left(-3,\ \frac{27}{4}\right)$

〔問2〕 (1) $y=3x+9$

(2) $(-1,\ 6)$

(3) 28：9

3 〔問1〕 $50\sqrt{3}\,\mathrm{cm}^2$

〔問2〕 $\frac{14}{5}$cm （途中の式や計算は解説参照）

〔問3〕 ① オ　② コ　③ タ　④ テ　⑤ キ　⑥ ネ　⑦ サ

⑧ ヒ　⑨ ニ　⑩ イ

4 〔問1〕 1：8

〔問2〕 $\frac{8}{3}$cm

〔問3〕 $\frac{128}{15}\mathrm{cm}^3$

○配点○

1 〔問6〕 7点　〔問2〕 各2点×2　他 各4点×4

2 〔問1〕・〔問2〕(1) 各6点×2　他 各7点×2

3 〔問1〕 6点　〔問2〕 10点　〔問3〕 各1点×10　4 各7点×3　計100点

＜数学解説＞

1 （平方根，連立方程式，二次方程式，確率，角度，作図）

〔問1〕 $\left(\frac{\sqrt{6}-2}{\sqrt{2}}\right)^2+\left(\frac{\sqrt{6}-1}{\sqrt{3}}\right)+\left(\sqrt{6}-\frac{1}{\sqrt{3}}\right)\times2\sqrt{3}=\frac{1}{2}(\sqrt{6}-2)^2+2(\sqrt{6}-1)=\frac{1}{2}(6-4\sqrt{6}+4)+2\sqrt{6}-2=5-2\sqrt{6}+2\sqrt{6}-2=3$

〔問2〕 $0.25x+y=0.75$…①，$\frac{x-2y}{5}=\frac{21}{25}$…②とする。①×4より，$x+4y=3$…①′　②×25より，$5x-10y=21$…②′　①′×5−②′より，$30y=-6$　$y=-\frac{1}{5}$　$y=-\frac{1}{5}$を①′に代入して，$x+4\times\left(-\frac{1}{5}\right)$

$=3\quad x=\dfrac{19}{5}$

基本　〔問3〕 $x^2+ax+b=0$に$x=1$を代入すると，$1+a+b=0\quad a+b=-1$…①　$x=2$を代入すると，$4+2a+b=0\quad 2a+b=-4$…②　①，②より，$\dfrac{(a+b)(2a+b)}{(a+b+2)(2a+b+2)}=\dfrac{(-1)\times(-4)}{(-1+2)\times(-4+2)}=-2$

重要　〔問4〕 $2^2\leqq(a+b)^2\leqq 4^2$より，$a+b$の絶対値が2以上4以下であればよい。これを満たすa，bの組み合わせは，$(a,\ b)=(-2,\ -2)$，$(-2,\ -1)$，$(-2,\ 0)$，$(-2,\ 5)$，$(-1,\ -2)$，$(-1,\ -1)$，$(-1,\ 3)$，$(-1,\ 5)$，$(0,\ -2)$，$(0,\ 2)$，$(0,\ 3)$，$(2,\ 0)$，$(2,\ 2)$，$(3,\ -1)$，$(3,\ 0)$，$(5,\ -2)$，$(5,\ -1)$の17通り。カードの取り出し方は全部で，$6\times6=36$(通り)　よって，求める確率は，$\dfrac{17}{36}$

〔問5〕 点Eと点Gを結ぶ。点E，Gは，それぞれ線分AD，BDの中点だから，中点連結定理により，EG//AB，$\mathrm{EG}=\dfrac{1}{2}\mathrm{AB}$…①　平行線の同位角は等しいから，$\angle\mathrm{EGD}=\angle\mathrm{ABD}=48°$　点F，Gは，それぞれ線分BC，CDの中点だから，FG//CD，$\mathrm{FG}=\dfrac{1}{2}\mathrm{CD}$…②　よって，$\angle\mathrm{BGF}=\angle\mathrm{BDC}=86°$，$\angle\mathrm{DGF}=180°-86°=94°$　①，②より，EG＝FGなので，△GFEは二等辺三角形である。よって，$\angle\mathrm{EFG}=\{180°-(48°+94°)\}\div2=19°$

〔問6〕 ひし形の性質を利用する。ひし形は，「対角線が互いの中点で交わり，直交する」四角形である。よって，∠AOBの二等分線と$\overset{\frown}{\mathrm{AB}}$との交点をQとし，線分OQの垂直二等分線と線分OA，OBとの交点をそれぞれP，Rとすればよい。

2　(図形と関数・グラフ，放物線と直線の交点，直線の式，面積の比と座標)

〔問1〕 点Bは曲線g上にあるので，$y=ax^2$に$x=4$，$y=12$を代入して，$12=a\times4^2\quad a=\dfrac{3}{4}$　よって，曲線gの式は$y=\dfrac{3}{4}x^2$　直線BCは，傾きが，$\dfrac{12-9}{4-0}=\dfrac{3}{4}$で，切片が9の直線だから，その式は$y=\dfrac{3}{4}x+9$…①　求める点は曲線g上にあるから，$\left(t,\ \dfrac{3}{4}t^2\right)$とおいて，①に代入すると，$\dfrac{3}{4}t^2=\dfrac{3}{4}t+9$　$t^2-t-12=0\quad(t+3)(t-4)=0\quad t=-3,\ 4\quad t<0$より，$t=-3$　したがって，求める交点の座標は，$\left(-3,\ \dfrac{27}{4}\right)$

基本　〔問2〕 (1)　四角形ABCDは平行四辺形だから，(点Cのx座標と点Bのx座標の差)＝(点Dのx座標と点Aのx座標の差)…①，(点Cのy座標と点Bのy座標の差)＝(点Dのy座標と点Aのy座標の差)…②である。①より，(点Dのx座標)$=1-(4-0)=-3$　②より，(点Dのy座標)$=3-(12-9)=0$　よって，D$(-3,\ 0)$　直線CDは，傾きが，$\dfrac{9-0}{0-(-3)}=3$で，切片が9の直線より，$y=3x+9$

重要　(2)　(四角形OBCD)＝△OBC＋△OCD$=\dfrac{1}{2}\times9\times4+\dfrac{1}{2}\times9\times3=\dfrac{63}{2}$　(四角形ABCE)：(四角形OAED)＝4：3のとき，(四角形OAED)$=\dfrac{3}{7}$(四角形OBCD)$=\dfrac{3}{7}\times\dfrac{63}{2}=\dfrac{27}{2}$　点Eの座標を$(t,\ 3t+9)$とすると，平行線と面積の関係から，△OAE＝△OADより，(四角形OAED)＝△OAE＋△OED＝△OAD＋△OED$=\dfrac{1}{2}\times3\times3+\dfrac{1}{2}\times3\times(3t+9)=\dfrac{9}{2}t+18$　$\dfrac{9}{2}t+18=\dfrac{27}{2}$を解いて，$t=-1$　よって，E$(-1,\ 6)$

(3)　F$(4,\ 0)$より，(四角形OFBC)$=\dfrac{1}{2}\times(9+12)\times4=42$　直線ADは，傾きが，$\dfrac{3-0}{1-(-3)}=\dfrac{3}{4}$より，直線ADの式は，$y=\dfrac{3}{4}x+b$とおいて，D$(-3,\ 0)$を代入すると，$0=\dfrac{3}{4}\times(-3)+b\quad b=\dfrac{9}{4}$　よって，$y=\dfrac{3}{4}x+\dfrac{9}{4}$　直線ADとy軸との交点をGとすると，AD//BCより，△ABC＝△GBC$=\dfrac{1}{2}$

$\times\left(9-\frac{9}{4}\right)\times 4=\frac{27}{2}$　よって，面積の比は，$42:\frac{27}{2}=28:9$

3 (平面図形，面積，線分の長さ，証明)

基本 〔問1〕 △BDFと△CEDで，△ABCは正三角形だから，∠FBD＝∠DCE＝60°…(ⅰ)　折り返した図形だから，∠FDE＝∠FAE＝60°　△BDFで，内角の和は180°だから，∠DFB＝180°－(60°＋∠BDF)＝120°－∠BDF…(ⅱ)　3点B，D，Cは一直線上にあるから，∠EDC＝180°－60°－∠BDF＝120°－∠BDF…(ⅲ)　(ⅱ)，(ⅲ)より，∠DFB＝∠EDC…(ⅳ)　(ⅰ)，(ⅳ)より，2組の角がそれぞれ等しいから，△BDF∽△CED　DF＝AF，DE＝AEより，相似比は，DF：ED＝AF：EA＝4：5　相似な図形の面積の比は相似比の2乗に等しいから，△BDF：△CED＝$4^2:5^2$＝16：25　よって，△CED＝$\frac{25}{16}\times 32\sqrt{3}=50\sqrt{3}$ (cm^2)

やや難 〔問2〕 (途中の式や計算など)(例)点Eから辺BCに垂線を引き，辺BCとの交点をNとすると，△CENは，∠CNE＝90°，
∠ECN＝60°の直角三角形であるから，CN＝$\frac{1}{2}x$(cm)，EN＝$\frac{\sqrt{3}}{2}x$(cm)と表せる。したがって，CD＝6cmより，DN＝$6-\frac{1}{2}x$(cm)　AC＝8cmより，DE＝AE＝$8-x$(cm)　よって，△DENについて，三平方の定理より，$DN^2+EN^2=DE^2$　$\left(6-\frac{1}{2}x\right)^2+\left(\frac{\sqrt{3}}{2}x\right)^2=(8-x)^2$　$\left(36-6x+\frac{1}{4}x^2\right)+\frac{3}{4}x^2=64-16x+x^2$　$10x=28$より，$x=\frac{14}{5}$　よって，CE＝$\frac{14}{5}$

〔問3〕 【証明】線分AG上にありAH＝BGとなる点をHとして，頂点Cと点Hを結ぶ。△AHCと△BGCにおいて，仮定より，AH＝BG…(1)　△ABCは正三角形であるから，AC＝①<u>BC</u>…(2)　$\overset{\frown}{\text{CG}}$に対する円周角の定理により，∠CAH＝∠②<u>CBG</u>…(3)　(1)，(2)，(3)より，③<u>2組の辺とその間の角がそれぞれ等しい</u>ので，△AHCと△BGCは④<u>合同</u>である。よって，⑤<u>CH</u>＝CG　したがって，△CGHは⑥<u>二等辺三角形</u>である。また，$\overset{\frown}{\text{AC}}$に対する円周角の定理により，∠⑦<u>AGC</u>＝∠ABC＝⑧<u>60°</u>であるから，△CGHは⑨<u>正三角形</u>である。よって，⑩<u>HG</u>＝CG…(4)　(1)，(4)より，AG＝AH＋HG＝BG＋CGである。

4 (空間図形，体積の比，線分の長さ，体積)

〔問1〕 直線OC，NQ，PRは1点で交わり，その交点をUとすると，立体U－CRQ，U－GHF，U－OPNは相似な三角錐で，相似比は，CR：GH：OP＝1：2：4　相似な立体の体積の比は相似比の3乗に等しいから，体積の比は，$1^3:2^3:4^3$＝1：8：64　よって，(立体CRQ－GHF)：(立体KHF－OPN)＝(8－1)：(64－8)＝7：56＝1：8

重要 〔問2〕 線分QR，NPの中点をそれぞれX，Yとし，点Xから線分OYに垂線XZをひくと，YZ＝$2\sqrt{2}-\frac{\sqrt{2}}{2}=\frac{3\sqrt{2}}{2}$(cm)より，△XYZで，三平方の定理により，$XY^2=XZ^2+YZ^2=6^2+\left(\frac{3\sqrt{2}}{2}\right)^2=\frac{81}{2}$　XY＞0より，XY＝$\frac{9\sqrt{2}}{2}$(cm)　△OXYの面積は，底辺をOYとすると，$\frac{1}{2}\times 2\sqrt{2}\times 6=6\sqrt{2}$ (cm^2)　底辺をXYとすると，$\frac{1}{2}\times XY\times OS=\frac{1}{2}\times\frac{9\sqrt{2}}{2}\times OS=\frac{9\sqrt{2}}{4}OS$ (cm^2)　$\frac{9\sqrt{2}}{4}OS=6\sqrt{2}$より，OS＝$\frac{8}{3}$(cm)

やや難　〔問3〕 4点I，M，O，Cを通る平面を考える。線分FHの中点をVとすると，点Vは線分EGの中点，点Eは線分IGの中点，点Yは線分OMの中点である。GI//OMより，IT：TO＝IV：OY＝$\frac{3}{4}$GI：$\frac{1}{2}$OM＝3：2　よって，立体T－MNOPの体積は，$\frac{2}{5}$(立体I－MNOP)＝$\frac{2}{5}\times\left\{\frac{1}{3}\times(4^2\times4)\right\}=\frac{128}{15}$(cm^3)

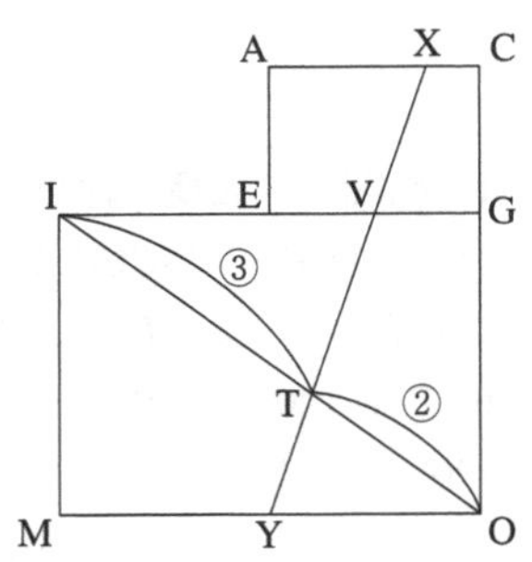

★ワンポイントアドバイス★

1〔問4〕は，$a+b$の値が負の数のときがあることに注意しよう。2〔問2〕(2)は，平行線の性質を利用しよう。3〔問2〕は，折り返した図形より，線分DEをxを用いて表してみよう。4〔問3〕は，4点I，M，O，Cを通る平面上で考えてみよう。

＜英語解答＞

1 〔問題A〕 ＜対話文1＞ イ　＜対話文2＞ ウ　＜対話文3＞ エ
〔問題B〕 ＜Question 1＞ ア　＜Question 2＞ (例)To give it a name.

2 〔問1〕 ウ　〔問2〕 エ　〔問3〕 イ　〔問4〕 way of action
〔問5〕 difficulty　〔問6〕 エ

3 〔問1〕 イ　〔問2〕 オ　〔問3〕 最初 you　最後 row　〔問4〕 ア
〔問5〕 カ　〔問6〕 エ

4 〔問1〕 エ　〔問2〕 イ　〔問3〕 ア　〔問4〕 mine　〔問5〕 ア
〔問6〕 ウ　〔問7〕 (正答例) I will show them around Irvine and take them to the university I attended. We will go to see a baseball game in Los Angeles because my parents love baseball very much. Can you recommend some places for my parents to visit?

○配点○

1 各4点×5　2 各4点×6　3 各4点×6
4 問7　8点　他 各4点×6　計 100点

＜英語解説＞

1 (リスニングテスト)

放送台本の和訳は，2024年度都立共通問題38ページに掲載。

2 （会話文：語句補充・選択，語句整序，文整序，内容吟味，要旨把握，関係代名詞，不定詞，動名詞，助動詞，間接疑問，受動態，進行形）

ユウイチは東京の高校生です。シンディはニュージーランドからの交換留学生です。放課後，彼らは教室で話しています。

シンディ：　ユウイチ，何をしてるの？
ユウイチ：　ええと…勉強を始めたけど，今は勉強したい気がしないんだ。
シンディ：　だから，今はスマートフォンを使っているのね。何を勉強しているの？
ユウイチ：　英語だよ。きみはわかっているけど，ぼくの姉がオーストラリアで勉強している。
シンディ：　そうね。
ユウイチ：　彼女はとてもかっこよくて，ぼくも彼女のようになりたいんだ。
シンディ：　それなら，一生懸命に勉強しなければ！
ユウイチ：　その通りだけど，勉強を続けることが難しいんだ。なぜだかわからない。
シンディ：　目標を立ててみるのはどう？　明確な目標を作ると，勉強する気になるよ。
ユウイチ：　目標を立てる？　それは本当に役に立つのかな？
シンディ：　そう思う。
ユウイチ：　見て！グレイ先生が廊下をやって来るよ。

グレイ先生はアメリカからの英語の先生で，やって来て彼らに話しかけます。

グレイ先生：何をしているのですか？
シンディ：　勉強について話をしていたところです。
ユウイチ：　シンディが私に，目標を立てればもっと一生懸命勉強できると言ってくれました。
シンディ：　グレイ先生，先生の日本語は完璧です。先生は一生懸命日本語を勉強したのだと思います。勉強するときに何か目標を立てましたか？
グレイ先生：私の目標は，テストで1位になることでした。クラスでトップになったら，父が私に新しいテレビゲームを買ってくれると言ってくれました。
ユウイチ：　もし私の両親が何か私の欲しいものを買ってくれるなら，一生懸命勉強できると思います。
グレイ先生：目標を立てることは，一生懸命勉強することに役立ちましたが，勉強するときにいつも目標が必要だという意味ではありません。
ユウイチ：　それはどういう意味ですか？　私たちに目標は必要ないのですか？
グレイ先生：そういう意味ではありません。目標よりもあなたたちの習慣の方が重要です。
ユウイチ：　私には良い勉強習慣がないから，勉強できないのです。
グレイ先生：今あなたには悪い習慣があると思います。悪い習慣を良い習慣に変える必要があります。
シンディ：　私たちはどのように良い習慣を作ることができるのですか？
グレイ先生：自分の行動の様式を注意深く見るべきで，そしてそれを手順にするべきです。
シンディ：　手順？
グレイ先生：ある人々は，私たちが習慣を形成する時，そこには(1)<u>4つのステップ</u>があると言います。すべての習慣は，これら4つのステップの結果として起こります。
ユウイチ：　習慣はステップでできているんですか？　それらは何ですか？
グレイ先生：悪い習慣がどのように形成されるかを説明すれば，より理解しやすいですね。たとえば，ユウイチ，昨日は勉強しましたか？

ユウイチ：　始めましたけれども，すぐに退屈を感じました。
グレイ先生：それが最初のステップです。
シンディ：　ユウイチが退屈を感じた。これがステップなのですか？
グレイ先生：そうです。ユウイチ，次にどう感じましたか？
ユウイチ：　楽しみのために，何か違うことをしたくなりました。
グレイ先生：だから，(2)【退屈を感じることが，ユウイチにとって何か別のことをするという合図であり】，この合図が彼に何か別のことをしたいと思わせました。これが2つ目のステップです。
シンディ：　今わかりました。
グレイ先生：それから，ユウイチは行動を起こしたのだと思います。あなたたちは3-a［そのあと何が起こったのか，わかっていますね］。
シンディ：　ユウイチはスマートフォンを取り出して，動画を見たと思います。
ユウイチ：　その通り。
シンディ：　この行動が3番目のステップですね？
グレイ先生：その通りです。ユウイチ，スマートフォンを使って楽しみましたか？
ユウイチ：　うーん…　ちょっと楽しかったです。
グレイ先生：だから，何かをしたのであなたは幸せを感じました。これが最後のステップです。あなたは，これらの4つのステップを何度も繰り返し，あなたのスマートフォンのせいで勉強することをやめてしまいます。
ユウイチ：　はい，私はこれを何度もやってしまいました。
グレイ先生：良い習慣を作るためには，あなたは3-b［これらのステップについて何か変える必要があります］。
シンディ：　私たちはどうすればいいのですか？
グレイ先生：あなたの勉強計画について考えてみるのはどうですか，シンディ？　何かありますか？
シンディ：　私は毎日日本語を勉強することに決めました。
グレイ先生：あなたは3-c［それについてより明確にする必要があります］。時間と場所について考えると，手助けになります。例えば，自分の部屋で午前6時に15分間日本語を勉強する，という方がいいですね。
シンディ：　それは理にかなっています。明確な勉強計画があると，私は勉強しなければいけないと感じます。
グレイ先生：勉強の後は，なんでもやりたいことができます。
ユウイチ：　本当ですか？　スマートフォンを使ってもいいのですか？
グレイ先生：勉強の後に15分ぐらいスマートフォンを使ってもいいという意味です。やるべきこととやりたいことを結びつけることで，あなたが持っている習慣を魅力的にできます。
シンディ：　わかりました。私たちは他に何をすればいいですか？
グレイ先生：では，勉強を始めるときに，最初に何をしますか？
シンディ：　もちろん，ノートや教科書，辞書のような必要な物を準備します。
グレイ先生：日本語を朝に勉強すると決めるならば，寝る前にそれらを机の上に置いておきましょう。それらが準備できていると，あなたにとって勉強を始めるのがより簡単になります。
シンディ：　はい。わかりました。

グレイ先生：最後に，あなたがやったことを記録して，進歩を確認するべきです。確認は紙やスマートフォンでできます。進歩する時，あなたは満足を感じるでしょう。

シンディ：　何を意味するのかわかりました。私たちが満足させられれば，勉強を続けられますね。

ユウイチ：　これらの4つのステップを知りませんでした。勉強を続けられなかった時，よく自分自身にがっかりしていました。

グレイ先生：あなたは$_{3\text{-}d}$ そのように感じる必要はありません。目標だけを見ないでください。手順にも注目してください。もしあなたの悪い習慣をやめたいなら，自分の$_4$ 行動の様式を変える必要があります。

ユウイチ：　ありがとうございます。試してみます。ところで，先生はテストで1位になったので，新しいテレビゲームを手に入れましたか？

グレイ先生：私は最高の得点は取ったけれども，父にそれを買うようには頼みませんでした。

シンディ：　なぜしなかったのですか？

グレイ先生：自分自身のために努力する時，私はより充実しているのだと気づきました。

ユウイチ：　そうなのですね？　私も先生のようになれるといいなと思います。

〔問1〕（正答）ウ　　（正答と問題文訳）

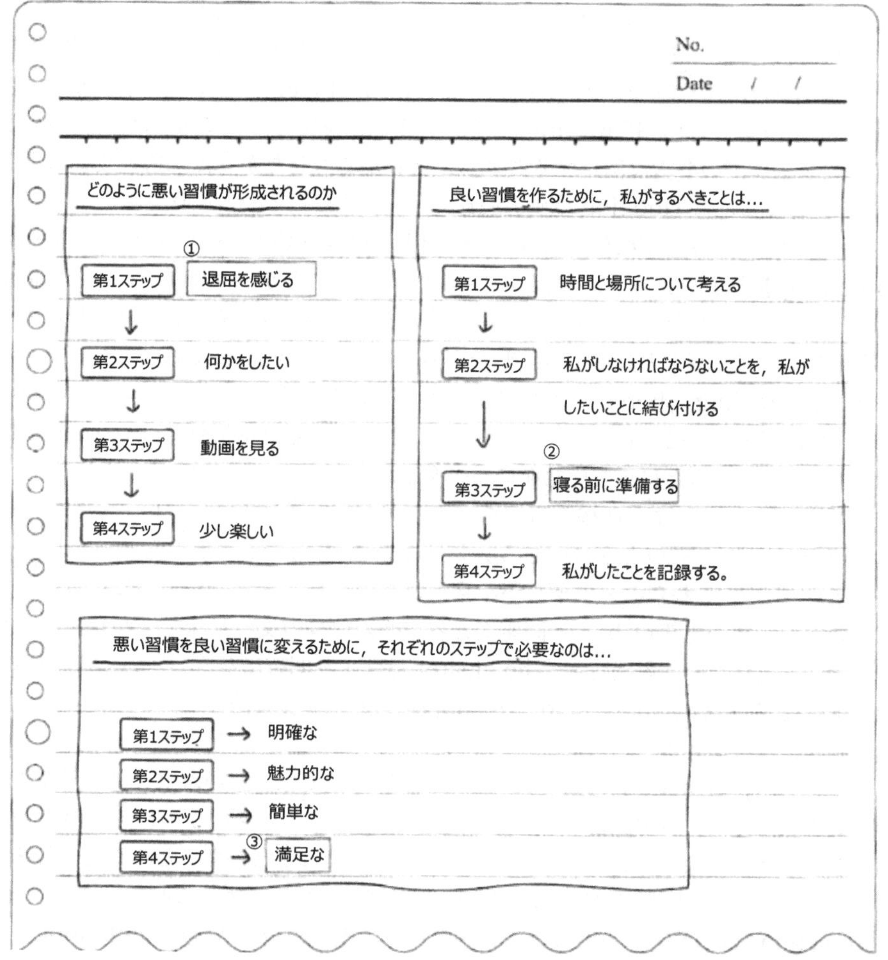

（選択肢訳）

	①	②	③
ア	英語の勉強を始める	スマートフォンを使うことを自分自身に許可する	満足な
イ	英語の勉強を始める	朝早く起きる	驚くべき
㋒	退屈を感じる	寝る前に準備する	満足な
エ	退屈を感じる	スマートフォンを使うことを自分自身に許可する	興味ある
オ	勉強の計画について考える	寝る前に準備する	驚くべき
カ	勉強の計画について考える	朝早く起きる	興味ある

空欄①は悪い習慣が形成される第1ステップを指している。これは，問題の会話文の第2パラグラフ(グレイ先生，ユウイチ，シンディの三人が会話している)の第18番目のユウイチの発話 I started, but～「(勉強を)始めたけれども，すぐに退屈を感じた」と次のグレイ先生の発話 That' s the first～「それが最初のステップ」の2文から，「第1ステップは退屈を感じること」だとわかる。また，空欄②は良い習慣を作るための第3ステップであり，これは問題本文の同じパラグラフ第44番目のシンディの発話 Of course, I～「(勉強を始める時に)ノートや教科書，辞書など，必要な物を準備する」と，次のグレイ先生の発話 If you decided～「寝る前にそれらを机の上に置く」から，「第3ステップは寝る前に準備すること」だとわかる。さらに，空欄③は悪い習慣を良い習慣に変えるために必要な第4ステップの要素であり，これは問題本文の同じパラグラフの第47番目のグレイ先生の発話第3文 You will feel～「進歩する時，満足を感じる」と，次のシンディの発話第2文 If we are～「私たちが満足を感じるのであれば，勉強を続けられる」から「第4ステップの要素は満足すること」だとわかる。したがって，選択肢ではウが適当。選択肢アとイの①にある studying は動名詞形で「勉強すること」という意味になる。

基本　〔問2〕（正答)エ　(正答文)So,【⑦feeing ⑥bored ④was ①the ⑨sign for ②Yuichi ⑧to ⑤do ③something】else　(正答文訳)だから，退屈を感じることが，ユウイチにとって何か別のことをするという合図でした。　まず，この下線の文の下線より後の部分は過去形なので，単語を並べ換える文は過去形だと推測でき，したがって動詞は ④was になる。また，文脈から退屈を感じたこと ⑦feeling ⑥bored について会話されている。そして，選択肢⑧の to は不定詞の用法で動詞の原形を合わせ ⑧to ⑤do とすると，これに続く語は選択肢では ③something が適当。これらの手がかりをもとに正しい語順に並べ換えたい。

〔問3〕（正答)イ　① より明確な目標を立てるべき　② それについてより明確にする必要がある(3-c)　③ そのように感じる必要はない(3-d)　④ そのあと何が起こったのかわかる(3-a)　⑤ これらのステップがなぜ重要なのかを知る　⑥ これらのステップについて何か変える必要がある(3-b)　問題文と各空欄の前後の文の意味を合わせて検討し，適当な箇所に適文を入れたい。選択肢②の be clearer は「より明確になる」という状態を表している。また，選択肢⑤の why these steps are important は間接疑問の形で，＜疑問詞＋主語＋動詞…＞の語順になっている。

〔問4〕（正答)way of action(行動の様式)　空欄4の前では，悪い習慣を良い習慣に変えるためのポイントについて，「明確化，やるべきこととやりたいことを結びつける，準備する，満足感を得る」と具体的に会話されている。そして，空欄の文はこれらをまとめる文だと考えられ，正答は「(良い習慣を作りたいのであれば)自分の行動の様式を変える必要がある」としている。way of action は問題本文の第2段落第13番目グレイ先生の発話 You should look～の文中で使われている。

〔問5〕（正答）difficulty　（問題文と正答訳）今の習慣と始めたい習慣を結び付けることは良いアイデアです。例えば，朝歯をみがいた後，15分間英語の勉強をする，のように言えます。自分の歯は何の[問題]もなくみがきます。それから，もしそれらが結び付いていれば，あなたは英語の勉強を容易に始められます。　問題文の最初の文 It is a～の「今の習慣と始めたい習慣を結び付けることは良いアイデア」とは，「すでに持っている習慣は常にできるので，ここから始めたい習慣へ流れを作る」という意味だと考えられる。問題文を読むと，空欄の文は「今の習慣，つまり歯みがきは何の[　　]もなくできる」であり，正答は空欄に difficulty を置いている。difficulty は「困難，難儀，問題点」などの意味がある名詞。問題文の最後の文 Then you can～にある they are connected は受動態で「結び付けられた，つなげられた」といった意味になる。

〔問6〕ア　シンディは家で勉強するとき，必要なものを準備する前に勉強を始めることが多かったが，グレイ先生は彼女へ最初に明確な学習計画を立てるよう言いました。　イ　グレイ先生は，目標を立てることが役に立つと信じていましたが，高校時代に試験で一番になる前には，何も明確な目標を持っていませんでした。　ウ　グレイ先生は，ユウイチが勉強している間にスマートフォンを使ってもいいと言ったので，ユウイチはスマートフォンを取り出して動画を見始めました。　エ　グレイ先生は試験で最高点を取りましたが，父親に新しいテレビゲームを買うようには言いませんでした，なぜなら努力することが自分をより充実させることに気が付いたからです。(○)　オ　グレイ先生は，勉強の進歩を確認するために，スマートフォンにものを記録することは良いアイデアではないと言いました，なぜなら，あなたは勉強する気にならないからです。　問題の会話文の第2パラグラフ第51番目のユウイチの発話第3文 Anyway, did you～にはグレイ先生に対して「テストで1位になったから新しいテレビゲームを手に入れたか？」と聞いていて，その次のグレイ先生の発話 I got the～では「最高得点は取ったが，父にそれを買うように頼まなかった」とあり，さらに第54番目のグレイ先生の発話 I realized that～には「自分自身のために努力する時，自分はより充実するのだと気が付いた」とあるので，選択肢エの内容が適当。選択肢エの文の made him happier は make AB（AをBにする）の形で，ここでは A=him　B=happier となって「彼をより幸せにする」という意味になる。

[3]　(長文読解：語句補充・選択，要旨把握，内容吟味，語句整序，不定詞，関係代名詞，接続詞，現在完了)

（全訳）1，2，3，4... 私たちは次に何がくるかはわかりますね。初期の人類もおそらく同じ方法で数えていました。しかし，より大きな数量を数えて，それらを書き記そうとした時，彼らは今日まで私たちが使っている仕組みを作り出しました，それはターリーマークです。

ターリーマークは数を示すために使われる線です。一本の線は値1を示します。前の線にもう一本線を加えていくだけです。しかし，これはすぐに問題が起きます，なぜなら，$_1$[何本の線がある]か，伝えることが困難になるのです。そこで，線をより便利なグループに分ける方法があります。ふつう日本人は漢字の「正」を描きます。南アメリカでは，(2)<u>人々は，最初に正方形を，それからその左上の角から右下に線を描きます</u>。時には，別の上の角から5本目の線を引くこともあります。北アメリカやヨーロッパの大部分で最も一般的な方法は，5本目の線を前の4本の線を横切るように描くことです。

何世紀も後，私たち人類は，より大きな数を表す数字を含めて，書く仕組みを発明しました。その1つが古代ローマで開発されたローマ数字の仕組みで，長い間多くのヨーロッパ人によって使われました。それは，数を表すために7個のアルファベットの文字を使いました。

数を作るために，文字である値を一緒に加えるだけです。より大きな値が先にきます。たとえば，XIIは10＋1＋1＝12で，そしてLXVIは50＋10＋5＋1＝66です。ただし，連続して同じ3文字より多くを置くことはできません。4と9をローマ数字の仕組みでどのように書きますか？ 4は IV と，9は IX と書きます。つまり，小さな値の記号が大きな値の記号の前に置かれる場合，大きな値から小さな値を引く必要があります。この規則には4，9，40，90，400そして900を書く際にだけ従うことになります。数字の4,000はローマ数字で書くことができません，なぜなら，それをMMMM のように書く必要があり，これは(3)その規則に反することになるからです。そのため，一般的にローマ数字は 3,999 に達するまでになります。

ローマ数字で計算が非常に難しかったのは，ローマ数字の仕組みでは位取りを使わなかったからです。ローマ数字で 651＋1,839 のように簡単な計算をしてみましょう。もし，これを今日あなたが行うものと比べると，答えを得るために多くの時間と労力が必要でしょう。

ローマ数字は7個の記号で作られています。一方で，アラビア数字は10個で作られています。ご存じのように，右から左へ，最初の数字は一の位0から9までを数え，2番目は十の位の数字10から90までを数え，3番目は百の位のようになります。大きな違いは，アラビア数字の仕組みには，その中に「ゼロ」があることです。数字の中の記号「0」は，その位が「空き」であることを伝えています。この記号のおかげで，「2,049」と「2,490」のような数の違いを，他の数字を使わずに作れます。もしこれら二つの数をローマ数字で表すと，6つの別の記号を使って「4 MMXLIX」と「MMCDXC」のように書く必要があります。一方，アラビア数字では同じ4つの記号を使うだけです。このように，アラビア数字の仕組みは，10個の記号だけで，大きな数でさえもより簡単に読めるようにできます。

アラビア数字の仕組みは，紀元前3世紀にインドで最初に開発されたと言われています。その後，7か8世紀頃にアラブ世界に導入されました。その仕組みはヨーロッパには1,000年頃に最初に到達しましたが，それはあまり注目されませんでした。12世紀末，裕福なイタリア人商人の息子が，父の商用の旅でアフリカ北部を訪れました。彼の名はレオナルド・オブ・ピサでした。また，彼はフィボナッチとも呼ばれていました。彼はアラブの商人たちがとても早く計算できるのを見て驚きました。(5)彼は，アラビア数字の仕組みを【使うことで，数学の問題を解くのに都合がよくなるだろう】と気が付きました。1202年にイタリアへ戻り，彼は数学の本を書きました。それは，アラビア数字で数を記録しようとする商人たちのための案内でした。この本の中で，彼はゼロの重要性について書きました。彼が本を出版したあとすぐに，ヨーロッパ中で数学が大きな進歩を遂げ，そして人々はアラビア数字の仕組みの利便性を理解し始めました。しかし，最新の数の仕組みを使うには，あと数世紀かかりました。

ローマ数字は今日でも使われています。時計の文字盤，映画のタイトル，そして王や女王の名称などに見られます。もしあなたが日常生活でローマ数字しか使えないとしたら，どう思いますか？

〔問1〕 ア 多すぎる線がある。 イ 何本の線がある。(○) ウ どこに線を描いたのか。
エ 次に描くべき線はどれなのか。 空欄のある文の段落の最初の文 Tally marks are～から空欄のある文までに，「ターリーマークは数を示すために使われる。一本の線は値1を示し，前の線にもう一本線を加えていくだけ。しかし，これではすぐに問題が起きる」とあり，空欄はこの「問題」を具体的に示していると考えられるので，文脈から選択肢イの内容が適当。

〔問2〕 (正答)オ 下線部(2)の意味は，「最初に正方形を描き，それからその左上の角から右下に線を描く」なので，これを表す図は選択肢オが適当。

〔問3〕 (正答)最初 you 最後 row 下線(3)の文 The number 4,000～の意味は，「4,000はローマ数字で書くことができない，なぜなら，MMMM と書くからこの規則に反する」で

「MMMMが規則に反する」ことになる。この規則とは，問題本文の第4段落第4文 However, you cannot put more than the same three letters in a row.（ただし，連続して同じ3文字より多くを置くことはできない）を指していると考えられる。したがって，この文から規則を説明している箇所を抜き出すと，you～row（12文字）になる。

〔問4〕（正答）ア　ローマ数字を構成するためのルールは，問題本文第4段落第2文の The higher values～に「大きな値が先にくる」と，第4文 However, you cannot～「連続して同じ3文字より多くを置けない」，また第7文 This means that～「小さな値の記号が大きな値の記号の前に置かれる場合，大きな値から小さな値を引く」とある。これらをもとに，問題にあるアラビア数字とローマ数字の対応表を使うと，2,049は MMXLIX（M=1,000 XL=40 IX=9）となる。

〔問5〕（正答）カ　（正答文）He realized that【④it ⑨would ①be ③convenient ⑦to ⑥solve ⑤math problems ②by ⑧using】the Arabic numeral system.（正答訳）彼は，アラビア数字の仕組みを【使うことで，数学の問題を解くのに都合がよくなるだろう】と気が付きました。　選択肢では solve と be が動詞となる。ここで solve の目的語は math problem が適当だと考えられる。また，by と using があり by using～（～を使うことで）とすると選択肢にはこれに続く語はなく，カッコの最後に置いて by using the Arabic numeral system とすると文脈に沿う。さらに，文中に He realized とあるので過去形の文であり，that 以下のカッコ内も過去形の文となるので動詞（+助動詞）would be が候補となる。これらを手掛かりに，単語を並べ換えると正答を得られるだろう。

〔問6〕ア　初期の人類が大きな数を書く時，古代ローマ人がローマ数字の仕組みを発明した後に使われなくなったターリーマークを使っていました。　イ　アラビア数字の仕組みでは5,000を書くことができません，なぜなら，アラビア数字には数を示すためのどのような数字もないからです。　ウ　ローマ数字の仕組みはアラビア数字の仕組みに比べて記号が少ないですが，アラビア数字の仕組みよりも多くの数を表すことができます。　エ　ヨーロッパでは，人々は位取りとゼロの記号があるアラビア数字の仕組みよりも，ローマ数字の仕組みのほうを長く使ってきました。（○）　オ　フィボナッチが数学の本を出版した直後，ヨーロッパ人はアラビア数字の利便性を理解したので，それを使い始めました。　問題本文の第3段落第2文 One of them～には「古代ローマで開発されたローマ数字の仕組みは，長い間多くのヨーロッパ人に使われていた」とあり，第8段落最初の文 Roman numerals are～には「ローマ数字は今日でも使われている」とある。一方，問題本文第7段落第9文 Back in Itay～と第12文 Soon after he～には，「1202年にイタリアへ戻り，彼（フィボナッチ）は数学の本を書いた。彼が本を出版するとすぐに，ヨーロッパ中で数学が大きな進歩を遂げた」とあるので，この頃からヨーロッパでアラビア数字が使い始められたと考える。したがって，アラビア数字よりもローマ数字の方が長く使われているので，選択肢ではエの内容が適当。選択肢アの tally marks which were not used の which は関係代名詞で，which～が tally marks（ターリーマーク）を説明し，「使われなかったターリーマーク」という意味になる。

4（長文読解：語句解釈，内容吟味，要旨把握，語句補充・選択，自由・条件英作文，慣用句，比較，感嘆文，接続詞，動名詞，助動詞，受動態）

（問題文訳）私の名前はスズカです，日本の大学3年生です。去年，アメリカの交換留学生として，1年間アメリカで勉強しました。私はカリフォルニア州アーバインに，ホストファミリーとともに住んでいました。アーバインには温かく乾燥した夏があり，その冬はいつも涼しく曇っています。この気候は屋外での活動に最適で，私はハイキングや自転車に乗ること，多くの近くのビーチでリラックスすることを楽しみました。私の大学の学生たちは，私にとても友好的で親切でした。彼らは勉強についていくために，一生懸命勉強していました。大学には5つの図書館があり，それらは学生を支援するためにいつも深夜まで開いていることを知って，私は驚きました。私も時々晩に遅くまで図書館の一つを使っていました，そして，数百人の学生たちが研究のためにまだそこにいました。

数週間後，私は学校に行き始め，大学の友人の一人のエマが，小学生のためのボランティア活動をするよう私に聞いてきました。私たちは授業で彼らの学習を支援することにしました。私たちが彼らの学校に行く途中，私はエマに尋ねました。

「ボランティア活動をよくするの？」

「そうね，子供のころからたくさんボランティア活動をしてきたの」

(1)「それは驚きね！」

「私たちの国が樹立される前は，人々を助けるための統治機関がなかったので，人々は互いに助け合わなければならなかった。それがこの国のボランティア活動の始まりだと言われているの」

「多くのアメリカの学生たちが，なぜボランティアをするのかが今わかった」

私たちが彼らの学校を訪問すると，彼らは私たちを大歓迎してくれました。私は多くの子供たちが私たちと一緒に勉強して楽しんでくれたので，とてもうれしく感じました。時々，子供たちが日本語を教えるよう私に頼みました。アメリカに行く前に，このようなことをするとは自分では想像できませんでした！

アメリカの多くの学生は，とても熱心に勉強します。私は，アメリカの大学を卒業することは，入学することよりさらに難しいと聞きました。加えて，彼らが仕事を得ようとする時には，大学で活動したことを厳しく評価されるでしょう。私は日本では他の学生たちよりも一生懸命勉強していると思っていたので，(2)アメリカの学生たちがさらにしているだろうとは，まったく想像していませんでした。

私のホストファミリーの人たちは，自立していることがとても大切だと考えていました。ある日，ホストマザーの夕食の準備を手伝っている時，彼女は「お米かジャガイモは好きですか？」と言いました。私は「3 他のみんなが欲しがっている同じ料理で構いません」と答えました。私は忙しいホストマザーを助けたかっただけなのです。けれども，6歳の息子のライアンが私に「スズカ，家族のみんなが食べようとしているものを，本当に食べたいの？　いつもお母さんにそんなふうに答えるの？」と聞いてきました。ホストマザーも私に「スズカ，私のことを気にかけてくれてありがとう，でも，スズカが好きな何かを作ってあげたいだけなの。だから，何を本当に食べたいのか教えてください」と言いました。私は，たとえ小さなことでも，彼らは自分自身の選択をするのだと学びました。

アメリカで出会った多くの学生は，18歳を過ぎてから，家で両親がまだ自分の世話をしていることは恥ずかしいと考えていました。私が家にいた時，日々の食事について全く心配したことがありませんでした。両親が私のためにすべてやってくれていたのですが，私は料理，掃除や他の家事をほとんど手伝ったことがありませんでした。私は，両親の親切は当然で，そして家事をすることは4 私の ではなく，私の両親の仕事だと信じていました。私が海外へ行くまでに，両親がどれほど私の世話をしてくれたのか，まったくわかっていませんでした。(5)私は大きな赤ちゃんみたいだったのです！

1年間，私は多くの大切なことを学びました。私は海外へ行くことで，そのような貴重な経験ができました。今，日本に戻って，以前よりも一生懸命勉強しています，そして，授業にもより積極的に参加しています。また，ボランティア活動もしていて，両親がする家事も手伝っています。

時々，以前に作ったことがない料理を作ることが，面白いと感じることがあります。私が家族のために料理すると，みんなは特に喜んで見えます。私ができることはそれほど多くはありませんが，両親が外国で勉強する機会を私に与えてくれたので，私は両親のためにもっと何かしたいです。卒業後に就職したら，両親への感謝を伝える方法の一つとして，両親をカリフォルニアへ旅行に連れていきたいです。

〔問1〕 ア　スズカは，なぜアメリカの多くの学生がボランティア活動をしているのかわかりました。　イ　スズカは，アメリカの多くの大学生がボランティア活動をしていると考えていました。　ウ　スズカは，エマが彼女へそのことについて教えるまで，アメリカでボランティア活動がいつ始まったのかを知りませんでした。　エ　スズカは，エマがたくさんのボランティア活動の経験があるとは思っていませんでした。(○)　下線部(1)の文は，その前の文のエマの発話“Yes, I have～「子供のころからたくさんボランティア活動をした」を受けた発話となる。このエマの発話に「驚いた」ので，選択肢エが適当。

〔問2〕 ア　アメリカの学生は大学に入るために，スズカよりも一生懸命努力していた。　イ　アメリカの学生は，スズカよりも一生懸命に勉強していた。(○)　ウ　アメリカの学生は，自分たちの将来の仕事のことについて，スズカよりも考えていた。　エ　アメリカの学生は，スズカよりも自立していた。　問題で問われているのは do の解釈。この do は，下線の文の前半 I was sure～student in Japan「私は日本の他の学生たちよりも一生懸命勉強していると思っていた」を受けているので，study のことだと考えられ，したがって選択肢イが適当。

〔問3〕 ア　他のみんなが欲しがっている同じ料理で構いません。(○)　イ　ジャガイモは好きではありません，だからご飯がほしいので，お願いします。　ウ　ジャガイモとサラダ，そして一杯のコーヒーが欲しいです。　エ　私に聞いてくれてありがとうございます，しかし自分でそれを行います。　文脈から空欄3にはアの内容が適当。選択肢エの asking me の asking は動名詞のはたらきがあり「私にたずねること」という意味になる。

〔問4〕 (正答)mine　空欄には my business 相当の意味の語句が入ると考えられる。これを一語で言い換えると　所有代名詞の mine(私のもの)が適当。

〔問5〕 ア　スズカは18歳を過ぎていたにもかかわらず，両親を頼っていました。(○)　イ　スズカは両親に感謝しなければなりませんでした，なぜなら，両親がとても良く彼女を育てたからです。　ウ　両親ともにとても大きかったので，スズカは大きく生まれました。　エ　スズカは両親から全てのものを受け取って幸せでした。　下線の文のある段落の最初の文 Many students I～から下線の文の前までには，「アメリカで出会った多くの学生は，18歳を過ぎても家で両親がその人を世話していることは恥ずかしいと考えていた。スズカが家にいた時，家事を手伝ったことがなかった。家事は両親の仕事だと思っていた」とある，これらのことを受けて，下線の文「私は大きな赤ちゃんみたいだった」があるので，選択肢の中ではアの内容が適当。

〔問6〕 ア　スズカは時々，自分の研究のために，アメリカの彼女の大学のいくつかの図書館で閉館時間まで勉強しました。　イ　スズカがアメリカの大学生活を始めてから数週間後，彼女はエマにボランティアとして小学生に日本語を教えるよう頼みました。　ウ　スズカのホストファミリーのメンバーは，たとえ小さな問題でさえも，自分自身で決めることが大切だと考えていました。(○)　エ　スズカが外国へ行く前，自分が18歳を過ぎていたので，自分を世話する両親に対して恥ずかしいと感じていました。　オ　スズカが日本へ戻った後，彼女は両親が家事をするのを手伝いましたが，家族のために決して食事を作りませんでした。　問題本文第5段落第4文 I just meant～から第6文 The host mother～までには，「忙しいホストマザーを助けたかっただけ。しかし，6歳の息子のライアンが『スズカ，みんなが食べるものを食べたいの？』

と聞いた。ホストマザーも『何を本当に食べたいのか教えて』と言った」とあり，これは「ホストファミリーは小さな事でも自分で選択することが大切だと考えており，スズカに対して自分の好きなものを言うよう促している」と考えられるので，選択肢ウが適当。

〔問7〕（正答例）I will show them around Irvine and take them to the university I attended. We will go to see a baseball game in Los Angeles because my parents love baseball very much. Can you recommend some places for my parents to visit?（42語）（問題文と正答訳）Eメール／題名　こんにちは！　スズカです／ブラウンさんご家族へ，／いかがお過ごしですか？　私は，みなさんと一緒に過ごした日々をいつも思い出します。この夏，私は両親をカリフォルニアへ連れて行きます。私は彼らにアーバインのあちらこちらを見せて，私が通っていた大学に連れて行きます。私たちはロサンゼルスで野球を見に行きます，なぜなら，両親は野球がとても好きだからです。私の両親が訪れるための，いくつかの場所を推薦してくれますか？／すぐにまたお会いできることを楽しみにしています。／心をこめて，／スズカ

★ワンポイントアドバイス★

2問2などで出題された語句整序問題は，まず文脈から単語を並べ換える部分の意味を想定するほうが，単語だけ見て語順を検討するよりも時間がかからないと考えられる。文脈から単語の組み合わせを決めることができる。

＜国語解答＞

1　(1)　ぞうすい　(2)　るいらん　(3)　こうてつ　(4)　がんろう
(5)　裏腹　(6)　朗報　(7)　師事　(8)　一陽来復

2　〔問1〕①　エ　②　ア　〔問2〕　ウ　〔問3〕　エ　〔問4〕　イ
〔問5〕　ア　〔問6〕　ウ　〔問7〕　ウ

3　〔問1〕　エ
〔問2〕（例）　歴史の変化・発展についての視野を持ち，その上で出来事を読み解き評価していく
〔問3〕　イ　〔問4〕　ア　〔問5〕　イ　〔問6〕　エ
〔問7〕（例）　私は「進歩」を「パースペクティブ」として認めてよいと考える。つまり歴史の道筋としての「進歩」を歴史の見方の基準にするということである。たとえば乗り物の歴史を考えてみると，馬が乗り物だった時代があってその後汽車や電車，車が乗り物となり，今では飛ぶ車まで計画されている。
　より早く，より大量に，より効率的に物を運ぶことが「進歩」であるなら，それを歴史の方向性として認めることができるのだ。

4　〔問1〕　エ　〔問2〕　エ
〔問3〕　たおやめのそでかもみじかあすかかぜいたずらにふくきりのおちかた
〔問4〕　ア
〔問5〕『万葉集』の年代を知るためには，『万葉集』そのものに当たるべきであるという
〔問6〕　イ

○配点○
1　各2点×8　2　問1　各2点×2　他　各4点×6　3　問7　10点　他　各4点×6
4　問3　2点　他　各4点×5　計100点

＜国語解説＞

1　(漢字の読み書き)

(1)「雑」は「ゾウ」と読む。雑木林(ゾウキバヤシ)，雑巾(ゾウキン)。 (2) きわめて不安定で，ちょっとしたきっかけから最悪の事態を引き起こしかねない状態を「累卵の危うき」という。 (3) 人事異動によって，その地位や職務の人が変わること。「迭」は「送」とは異なる。「しんにょう＋失」である。 (4) 価値の低いものとして，相手の人格を無視した扱い方をすること。 (5) 言行などが一致しないこと。 (6) いい知らせ。「朗」と「郎」を混同しないこと。 (7) 生涯の師として，その教えを受けること。 (8) 冬が終わって春になる日。逆境や不運などよくないことが続いた後，ようやく幸運が向いてくる意味。

2　(小説―情景・心情，内容吟味，文脈把握，語句の意味，表現技法)

〔問1〕 ①「やたらに」は，むやみに。根拠も秩序もない様子。 ②「太鼓判を押す」は，決して間違いないと保証すること。

基本　〔問2〕 傍線(1)の記述を読むと，苦しい戦争を乗り越えて，当たり前の日常生活を送れるようになったことを幸せに感じていることが読み取れる。また，自分の人生には挫折もあったが，その全てが「誰も真似できない尊いものなのだ」と考えており，その価値を感じている。

〔問3〕 権蔵はかつてキャッチボールをして寝込んだあとに，「早朝に近くの空き地まで行って練習を続けた」とある。清太を驚かせたいと頑張っていた権蔵に付き合っていた悌子は，権蔵の頑張りの成果を見せるよい機会だと感じたのだ。

〔問4〕「こそばゆい」とは，くすぐったい，てれくさいという意味だ。権蔵は「親子でしっかり投げ合いたい」と言った。息子と向き合うのは改まっては照れくさいことであるが，その時間を求めている。「清太とまた，ぶつかったり，喧嘩したり，泣いたり笑ったりするための，最初の一歩」にしたいという言葉からは，息子と向き合い，その関係を深めていこうと考えていることが読み取れる。

重要　〔問5〕 権蔵が平気そうに「元からこれくらい投げられたぜ」と強がる様子が，権蔵の練習に付き合って来た悌子にはおかしかった。「そうだっけ」という息子も，父が強がっていることを見抜いており，その思いを二人は共有したのである。

〔問6〕 清太は寝込んだ父を知っているので，父とのキャッチボールを不安に感じ戸惑っていた。しかし自分の相手ができるまでになった父を見直し，嬉しくも感じている。そして，父とキャッチボールをすることで，「足下が定まらない感じでいた」自分が「そんなこと，なかったんだな」と感じるようになれたことから，清太は何か大切なことに気づけたようである。この父との素晴らしい時間を尊く感じて大切にしたいという気持ちから発された言葉であろう。

〔問7〕 この文章は悌子の視点から描かれている。しかし，登場人物のせりふや，権蔵と清太の会話，その動作が詳しく描かれているのでそこから，登場人物のそれぞれの心情が読み取れるようになっている。アは登場人物の心情が描かれてはいないので不適切。動作から察することができるように工夫されているのである。イは「茶々を入れて」が権蔵の行為なので不適切。エはカタカナ表記を戦後の開放感と結びつけている点が合わない。

3 (論説文―大意・要旨，内容吟味，文脈把握，段落・文章構成，作文)

重要 〔問1〕 指示語「それ」が指し示す内容は，同段落内に「それぞれの人間が想い起こす……歴史的事実が確定する」や「断片的思い出は構造化され……逆に普遍性と抽象性を獲得し」であり，ここを読み解く。ある過去が「間主観的行為」を経て歴史になるというのは，つまり個々の人間の記憶が複数の人々との共同作業によって補填・修正され，志向的統一を遂げて歴史になるということだ。個人的な過去がその枠を超えて共同化しうるのは，個人的な要素がそぎ落とされると同時に代わりに普遍性と抽象性を獲得するからである。これらをふまえて選択肢を選ぼう。

基本 〔問2〕 傍線(2)以降，「歴史観」について論が展開されていくのだが，さまざまな「歴史観」が示されていったあとで「変化の仕組みや方向性や意味を見つけるのが歴史家の仕事なのであれば，歴史の変化・発展についての視野を持ち，その上で出来事を読み解き評価していくしかない」と，歴史家の仕事について述べられているこの部分から指定字数で抜き出せよう。

〔問3〕 傍線(3)の前を読み解く。女性史や民衆史は，国の発展に関わる発展史においては発展の裏側にあるものだ。彼らのような無視・阻害された人々の文化・生活・慣習を主題にしたものは，国の発展を担った人物や事件や制度をテーマにする歴史原則では語られないのである。

〔問4〕 傍線(4)の後にある彼の言葉を読み解く。歴史は偶然性に満ちていて，その偶然には関連性は見いだせないが，それらを「時間的パースペクティブの中で方向性と関連性を認識できるように，また特定の出来事や要素を互いに結びつけられるよう叙述し，過去が現在と未来へ意味深く結ばれるよう，その叙述によって組織化し」ていくのが歴史家の仕事だと述べている。この歴史家の行為にパースペクティブ特質が見られる。すなわち，関連性のない個々の歴史を結びつけて，順序立てて過去から未来に繋げていくというパースペクティブな行為が歴史家の仕事なのだ。イ「共通項を見つける」とする点，ウ「図らずも一つの方向へ導く」とする点，エ「失われた過去の歴史を観察」するという点が不適切。

〔問5〕 同段落内に，歴史家に必須の「道筋」を見通す能力(パースペクティブ)は，「発展」という概念に支えられているとある。ある歴史の「発展」は，「一筋の糸ではなく，もろもろの糸が諸段階を経て進むときの相互関係，その繋がりを見失わずにパースペクティブの中で出来事の意味と価値を吟味する」ことで，その意味や価値が明確となるのだ。たとえば，印刷術という歴史的事象が生まれた背景にはその土地や時代，文化といったさまざまな要因が存在しているので，それらとの関係性も含めて全体的に印刷術という歴史を考えて初めて，正しく印刷術の歴史を意味づけすることができるのだ。したがって，抱えてきた文化や背景が異なる中国とドイツの印刷術を同様に語ることはできない。アは中国の印刷術がドイツに伝わったとする点，ウは相互に関係していない点に注目することを正しいとする点，エは共通性のみを取り出して調べるとする点が不適切だ。

〔問6〕 八段落目で，歴史家が歴史の「道筋」を読み解くことの重要性を述べたことを受けて，九段落では，歴史家がもつべき，歴史の対象はどこから来てどこに向っていくのかという考え方を「パースペクティブ」という語を挙げて説明している。なお，九段落以降も「パースペクティブ的特質」の重要性が展開されていく。ア「個人の具体的な例」は挙げられていない。イは否定しているのが「歴史家に共通している見方としての『歴史観』」ではないから不適切。ウは「歴史観という言葉を歴史学上で使ってはならない」とするのが不適切。

やや難 〔問7〕 歴史の「道筋」というパースペクティブを「進歩」ととらえうるのは，時間の経過とともに価値の向上が見られるケースだ。そうした具体例を挙げて説明しよう。時代と共に，より便利に，より快適に，より高度になった事象を挙げ，その進んできた道筋を方向性として意味づけできると,「進歩」をパースペクティブとすることが可能になる。

4 (論説文・古文―大意・要旨,内容吟味,文脈把握,脱文・脱語補充,仮名遣い)

〔問1〕『新古今和歌集』の撰者たちは,『万葉集』の「目に見えるような鮮明な空間表現によって推移する時間に形を与え,深い情緒を感じさせ」る歌の読み下しを意識的に選んだとある。藤原定家が,そのような情緒を感じる歌と読み下し文を意識的に選び取って本歌取りしたことで,多様だった『万葉集』の読み方の形が定まったのである。アのように,本歌取りしたことで権威が与えられたわけではない。イ「和歌の新しいスタイルを提示した」とは書かれていない。ウ「仮名書きにしたことで」主流になったわけではない。

基本〔問2〕定家は,遠い明日香の情景を「霧というフィルターによってさらに捉え難いもの」としているが,これは「定家にとって,〈古代〉の情景ははるか遠くにあって偲ぶものであった」ことの表れである。

〔問3〕歴史的仮名遣いの「ぢ・づ」は「ジ・ズ」,「ゑ・ゐ・を」は「エ・イ・オ」と直す。

〔問4〕傍線(4)の前段落に「定家はもとになる本を単純にコピーしたのではなく,常にその時の自分の最新の見解を加えて,これらの『古典』の本文を定めていった」とあることをふまえて選択肢を選ぶ。

〔問5〕傍線(5)の直後に「原点(『万葉集』)にあたるべきであると主張し」とあるのが,定家の考え方であるが,これでは指定字数に合わない。さらに読み進めると次段落に「『万葉集』の年代を知るためには,『万葉集』そのものに当たるべきであるという主張が,『万葉集長歌短歌説』と同じ文言で書かれています」とあるので,ここから抜き出せる。また,この段落の末尾には「家持が『万葉集』を記したのではないかと推測するものです」とあり,設問の点線部内の結論と一致しているので,そこからこの段落を見出すこともできよう。

〔問6〕筆者は,定家のことを「日本最初の『古典学者』」としている。続けて「定家は,宮廷や貴族が……文化の源泉であろうとした」と述べ,定家の数々の取り組みをたどっている部分を読み解けば,定家が武士の世に移り変わる時代に,「古典」を見つめることでその文化を守り支えていこうとしていたことが読み取れる。アは正当性を主張したという点が不適切。ウのように「嘆く」という要素は感じられない。エのように「和歌の標準的なスタイル」を『万葉集』としたわけではないから誤り。

★ワンポイントアドバイス★

やや難解な長文であるから,落ち着いて読解しなくてはならない。選択肢の場合,正答の根拠をおさえることが欠かせないが,迷った場合は,誤答となる要素を選択肢から見い出すといった消去法も用いて効率よく解いていきたい。

MEMO

大切なことはメモしておこうネ！

都立新宿高等学校

2023年度

★★★★★★★★★★★★★★★★★★★★★★★

入　試　問　題

●くわしい解説……37ページ

＜数学＞

時間50分　満点100点

【注意】 答えに根号が含まれるときは，**根号を付けたまま，分母に根号を含まない形で表しなさい。**
また，**根号の中を最も小さい自然数にしなさい。**

1　次の各問に答えよ。

〔問1〕 $\sqrt{8}\times\sqrt{6}+\frac{\sqrt{12}}{3}-\frac{4}{\sqrt{3}}-\sqrt{\left(-\frac{2}{\sqrt{3}}\right)^2}$ を計算せよ。

〔問2〕 連立方程式 $\begin{cases} 2x-3y=18 \\ ax+by=20 \end{cases}$ と $\begin{cases} 5x+2y=7 \\ bx-ay=10 \end{cases}$ が同じ解をもつとき，a，bの値を求めよ。

〔問3〕 $x=\frac{-3+\sqrt{2}}{2}$，$y=\frac{-3-\sqrt{2}}{2}$のとき，x^2-y^2-4y-6　の値を求めよ。

〔問4〕 1から6までの目が出る大小1つずつのさいころを同時に1回投げる。
大きいさいころの出た目の数をa，小さいさいころの出た目の数をbとするとき，$2a+5b$が11の倍数となる確率を求めよ。
ただし，大小2つのさいころはともに，1から6までのどの目が出ることも同様に確からしいものとする。

〔問5〕 右の**図1**で，3点A，B，Cは，1つの円周上にある点で，互いに一致しない。
点Cを含まない$\overset{\frown}{\mathrm{AB}}$を2等分する点をD，点Bを含まない$\overset{\frown}{\mathrm{AC}}$を2等分する点をEとする。
点Aと点B，点Aと点C，点Aと点D，点Aと点Eをそれぞれ結ぶ。
$\angle\mathrm{BAC}=40°$のとき，$\angle\mathrm{DAE}$の大きさは何度か。

図1

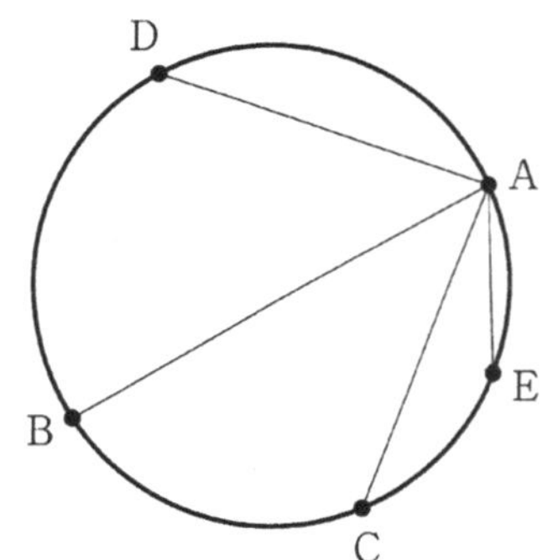

〔問6〕 右の**図2**で，点Cは，線分OA上にも線分OB上にもない点である。
点Cを通り線分OAにも線分OBにも交わる直線ℓを引き，線分OAとの交点をP，線分OBとの交点をQとする。
解答欄に示した図をもとにして，OP＝OQとなる直線ℓを，定規とコンパスを用いて作図し，直線ℓを示す文字ℓ，点Pと点Qの位置を示す文字P，Qも書け。
ただし，作図に用いた線は消さないでおくこと。

図2

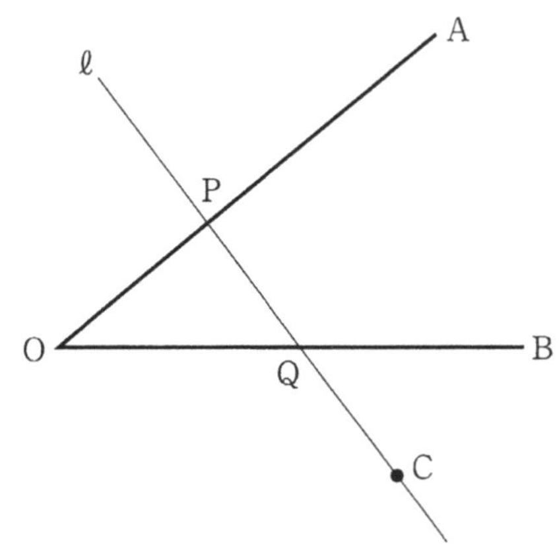

2　右の**図1**で，点Oは原点，曲線fは関数$y=ax^2\left(a>\frac{2}{9}\right)$のグラフ，曲線$g$は関数$y=\frac{2}{9}x^2$のグラフを表している。

点A，点Bはともに曲線f上にあり，点Aのx座標は負の数，点Bのx座標は正の数で，点Bのy座標は点Aのy座標より大きい。

点Pは曲線g上にあり，x座標が正の数で，y座標が点Aのy座標と等しい。

2点A，Bを通る直線をℓとする。

点Aと点P，点Bと点Pをそれぞれ結ぶ。

原点から点(1，0)までの距離，および原点から点(0，1)までの距離をそれぞれ1cmとして，次の各問に答えよ。

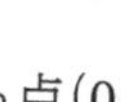

図1

〔問1〕　**図1**において，$a=2$，点Aのx座標が-1，△APBの面積が$\frac{9}{4}$cm²のとき，直線ℓの式を求めよ。

〔問2〕　右の**図2**は，**図1**において，$a=\frac{1}{2}$の場合を表している。

次の(1)，(2)に答えよ。

(1)　**図2**において，点Bと点Pのx座標が等しく，直線ℓの傾きが1の場合を考える。

線分APの長さは何cmか。

ただし，答えだけでなく，答えを求める過程が分かるように，点Aのx座標を$-t(t>0)$として，途中の式や計算などの続きと答えを書き，解答を完成させよ。

図2

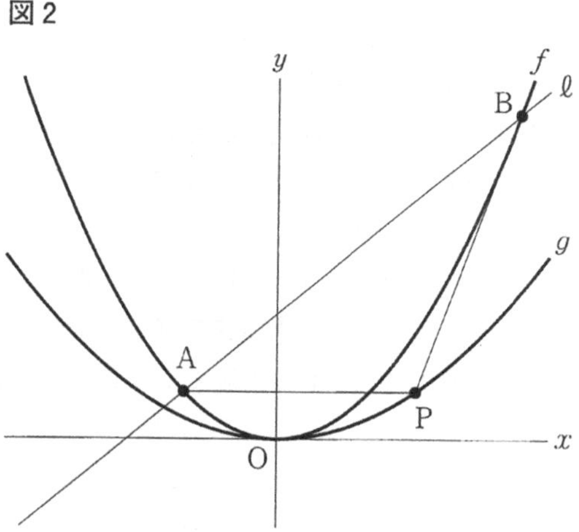

【解答】　点Aのx座標を$-t(t>0)$とする。

（2）　右の**図3**は，**図2**において，点Aのx座標が$-\frac{1}{3}$，直線ℓの式が$y=\frac{1}{3}x+\frac{1}{6}$のとき，$y$軸上にあり$y$座標が$\frac{1}{6}$より大きい点をQとし，点Aと点Q，点Bと点Qをそれぞれ結んだ場合を表している。

△APBの面積と△ABQの面積の比が5：7のとき，点Qのy座標を求めよ。

図3

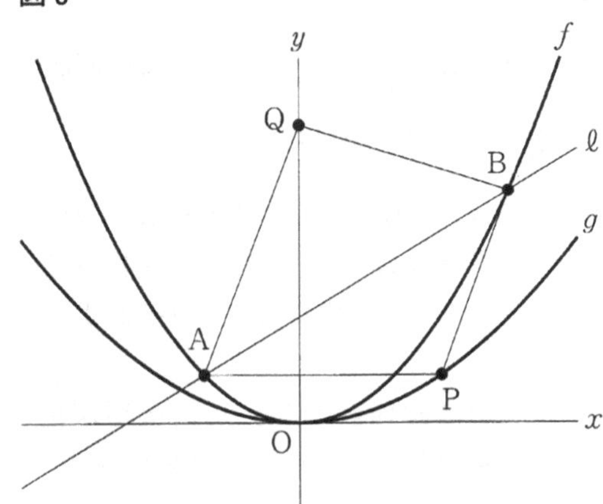

3　右の**図1**において，△ABCは，AB＝8cm，BC＝4cm，∠ABC＝90°の直角三角形であり，点Oは辺ACを直径とする円の中心である。

頂点Bを通り辺ACに垂直な直線を引き，辺ACとの交点をP，円Oとの交点のうち頂点Bとは異なる点をDとする。

頂点Cと点Dを結ぶ。

次の各問に答えよ。

図1

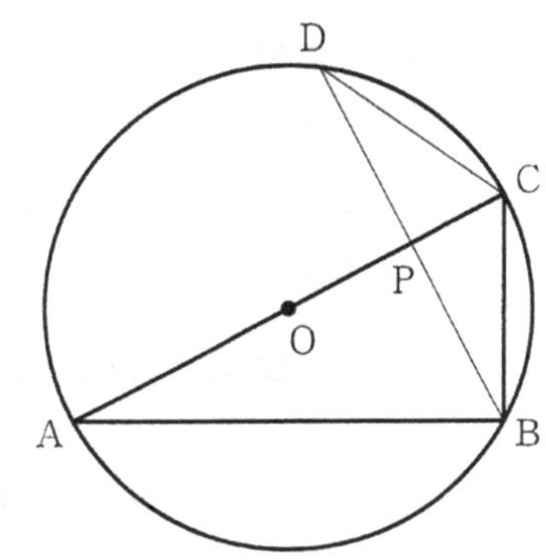

〔問1〕　点Dは，線分ACを対称の軸として頂点Bと線対称な点であることを，下の[　　]の中のように証明する。

下の[①]～[⑦]に当てはまる最も適切なものを，次の[　　]の語群の中の**ア**～**ト**の中からそれぞれ**1つずつ**選び，記号で答えよ。また，同じ番号には同じ記号が入り，同じものを2度以上用いて答えてはならない。

語群

ア　CBP	**イ**　ABP	**ウ**　CAB	**エ**　BPC	**オ**　BDC	**カ**　BCP
キ　APB	**ク**　ACD	**ケ**　ABC	**コ**　相似	**サ**　同位角	**シ**　錯角
ス　対頂角	**セ**　三平方の定理	**ソ**　円周角の定理	**タ**　円周角の定理の逆		
チ　中点連結定理	**ツ**　直角三角形	**テ**　正三角形	**ト**　二等辺三角形		

【　証　明　】

頂点Bを含まない$\overset{\frown}{AD}$において，[①]より　∠ABD＝∠[②]

頂点Aを含まない$\overset{\frown}{BC}$において，[①]より　∠BAC＝∠[③]

△ABPにおいて，∠BAP＋∠[④]＝90°，また∠[④]＋∠CBP＝90°

このことから，∠BAP＝∠ ⑤ より　∠CDP＝∠ ⑤
また，∠CDP＋∠DCP＝90°より　∠ ⑤ ＋∠BCP＝90°
このことから，∠DCP＝∠ ⑥ となる。
△BCDにおいて，線分CPは∠DCBの二等分線で，線分BDに垂直だから△PCBと△PCDにおいて，∠CPB＝∠CPD＝90°…（1），∠DCP＝∠ ⑥ ，CPは共通である。
　よって，1組の辺とその両端の角がそれぞれ等しいから，△PCB≡△PCDである。
△BCDは， ⑦ であり，BP＝DP…（2）　である。
　（1），（2）より，点Dは，線分ACを対称の軸として頂点Bと線対称である。

〔問2〕　右の**図2**は，**図1**において，頂点Bを含まない$\overset{\frown}{AD}$上にある点をEとし，頂点Aと点E，頂点Cと点Eをそれぞれ結び，線分ECと線分BDとの交点をQとした場合を表している。
　点Aと点Qを結んだ場合を考える。
　AE＝4cmのとき，△ACQの面積は何cm^2か。

図2

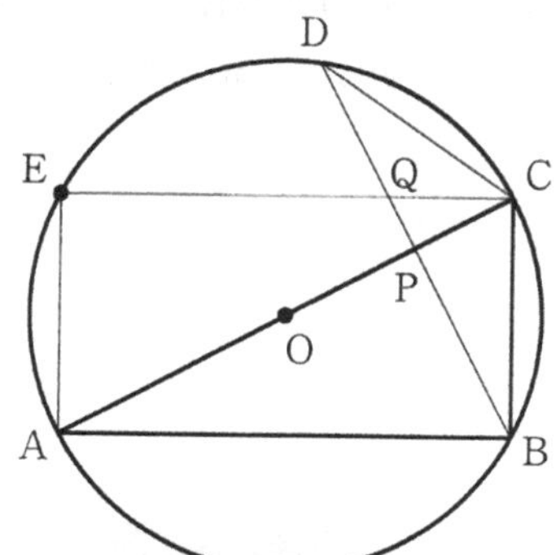

〔問3〕　右の**図3**は，**図2**において，点Dと点Eを結び，線分AEをEの方向に延ばした直線と，線分CDをDの方向に延ばした直線との交点をRとした場合を表している。
　AE＝4cmのとき，線分ERの長さは何cmか。

図3

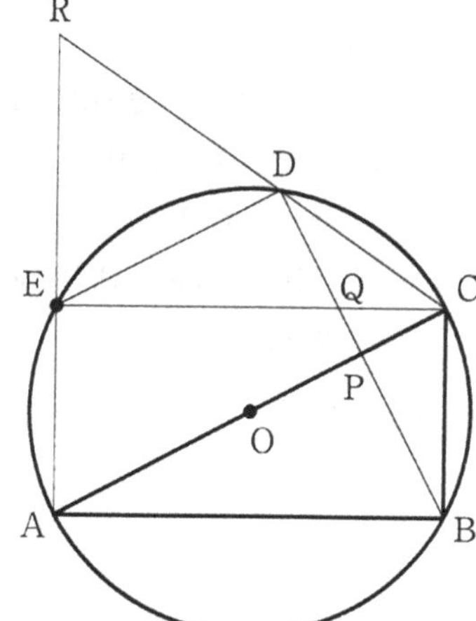

4　右の**図1**で，立体ABC－DEFは，側面が全て長方形で，AB＝AC＝AD＝8cm，BC＝12cmの三角柱である。

辺DAをAの方向に延ばした直線上にありAO＝6cmとなる点をOとし，頂点Bと点O，頂点Cと点Oをそれぞれ結ぶ。

辺BC上にある点をGとし，点Gを通り辺BEに平行な直線を引き，辺EFとの交点をHとし，頂点Dと点Hを結ぶ。

次の各問に答えよ。

〔問1〕　点Oと点Hを結んだ場合を考える。

BG＝2cmのとき，線分OHの長さは何cmか。

図1

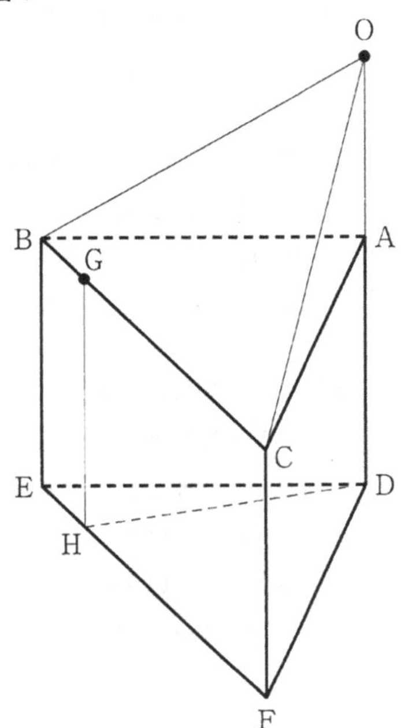

〔問2〕　右の**図2**は，**図1**において，点Oと点Gを結び，線分OG上にある点をP，線分GH上にある点をQとし，点Pと点Qを結び，PG＝GQの場合を表している。

次の(1)，(2)に答えよ。

(1)　頂点Aと点P，頂点Aと点Qをそれぞれ結んだ場合を考える。

BG＝4cm，PG＝6cmのとき，△APQの面積は何cm^2か。

図2

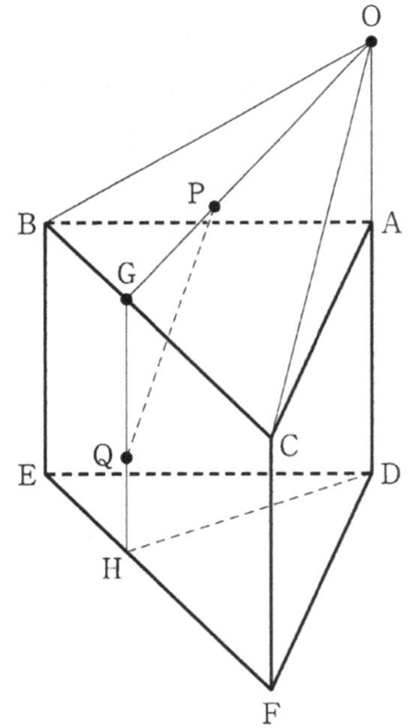

（2） 右の**図3**は，**図2**において，線分PQをQの方向に延ばした直線と，線分DHをHの方向に延ばした直線との交点をRとし，頂点Dと点P，頂点Fと点P，頂点Fと点Rをそれぞれ結んだ場合を表している。

BG＝6cm，PG＝4cmのとき，立体P－DRFの体積は何cm^3か。

図3

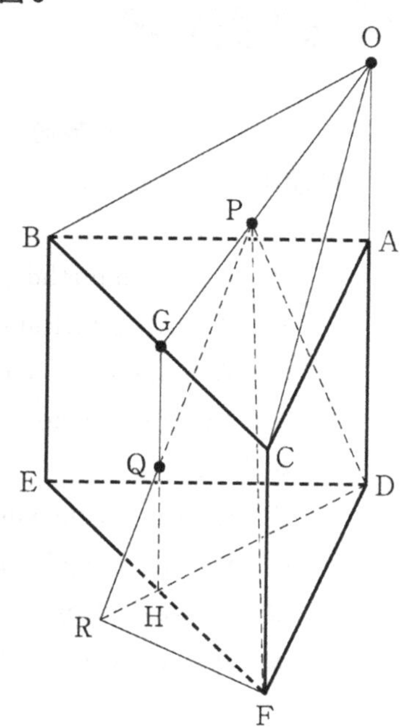

＜英語＞

時間　50分　　満点　100点

1　リスニングテスト(**放送**による**指示**に従って答えなさい。)

〔**問題A**〕　次の**ア**～**エ**の中から適するものをそれぞれ**一つずつ**選びなさい。

＜対話文1＞

ア　To have a birthday party.
イ　To write a birthday card for her.
ウ　To make some tea.
エ　To bring a cake.

＜対話文2＞

ア　He was giving water to flowers.
イ　He was doing his homework.
ウ　He was eating lunch.
エ　He was reading some history books.

＜対話文3＞

ア　He got there by train.
イ　He took a bus to get there.
ウ　He got there by bike.
エ　He walked there.

〔**問題B**〕　＜Question 1＞では，下の**ア**～**エ**の中から適するものを**一つ**選びなさい。
＜Question 2＞では，質問に対する答えを英語で書きなさい。

＜Question 1＞

ア　Studying English.
イ　Students' smiles.
ウ　Sports festivals.
エ　Students' songs.

＜Question 2＞

（15秒程度，答えを書く時間があります。）

2　次の対話の文章を読んで，あとの各問に答えよ。
（＊印の付いている単語・語句には，本文のあとに〔**注**〕がある。）

*Bob is university student from *Concord, Massachusetts. He is staying at Mr. and Mrs. Mori's house. Their son, Kensuke, is a high school student. One day, in May, they're showing Bob around their *neighborhood.*

Bob　　：It's nice to walk in this area. It feels like home.
Mr. Mori：[1-a] That's great! And it's just the right season for walking outside.

Mrs. Mori: We hope you like our neighborhood, Bob.

Kensuke : Look! The new leaves are very beautiful!

Bob : Amazing! I cannot believe we are in Tokyo. Before I came to Japan, I saw photos of a lot of tall buildings in Tokyo. I didn't expect to see a beautiful view like this. You live in a place that is rich in nature.

Mr. Mori : I have to work in the city every day. So, I need some peace and *comfort. I feel relaxed when I walk around here.

Mrs. Mori: Me, too. We decided to live here because it was greener than many parts of the city. But this place had (2)problems when we came. Together with our neighbors, we have solved some problems. So, it's better now.

*They come to a *path along a *stream and start to walk.*

Mrs. Mori: This stream starts from a *spring and runs into the Atarashi River.

Bob : The sounds of the water are very *refreshing!

Mr. Mori : Yes. They haven't changed since we first came.

Kensuke : Bob, have you ever seen *fireflies?

Bob : No. Why?

Kensuke : We can see them at a spot near here in early summer. They need this type of clean water to live. If we continue to walk this way, we will get to the place.

Bob : Really?

Mr. Mori : Yes. [3]

Some of them left their *garbage and made the stream dirty. They didn't *care about the environment.

Kensuke : When I was a junior high school student, a friend of mine was interested in *creatures living in clean rivers in Japan. His parents told him that they watched fireflies around here when they were children. So, he wanted to see them with his own eyes in his neighborhood. He wanted me to help him, and I agreed. First, we studied about fireflies.

Bob : [1-b]

Kensuke : We tried, but we sometimes asked our science teacher for help. He taught us several things to do. Then, we started to clean up this stream once a week, but it didn't go well. There were only two of us. We picked up a lot of garbage, but when we came back the next week, there was more. We were very disappointed.

Bob : [1-c]

Kensuke : We almost gave up, but my parents helped us.

Mr. Mori : We wanted to improve the environment in our neighborhood to enjoy nature more.

Mrs. Mori: We had a meeting to introduce the activities of our son and his friend. There were many people who wanted to support their activities. They also wanted to make our neighborhood a better place by themselves. We *exchanged opinions and made plans. Some people made *signboards with the message, "Let's make our stream clean." Other people *scattered natural *bait for young fireflies in the water.

Mr. Mori : And, we collected *signatures to show the local government that people wanted to make the stream safe and clean for not only fireflies but also other living things. They hoped that children would enjoy playing around here, too. We have created a wonderful environment.

They stop at an area. A signboard stands there.

Bob : [1-d]

Kensuke : "You will be able to see fireflies in the evening next month." It is necessary to keep the stream clean if we want fireflies and other living things to live here. I felt great when I finally saw fireflies here, three years after I started cleaning up with my friend.

Bob : Did it take you such a long time? I'm really *impressed! My town, Concord, is famous for its history and nature. I thought it was natural for us to enjoy the rich environment, but today, (4)I realized one thing. Maybe a lot of people have been caring about it for a long time. I'll try to do something for it when I return.

〔注〕

Concord, Massachusetts マサチューセッツ州コンコード		neighborhood 近所
comfort 心地よさ	path 小道	stream 小川
spring 泉	refreshing 心地よい	firefly ホタル
garbage ゴミ	care about ～ ～を気にかける	creature 生き物
exchange 交換する	signboard 立て看板	scatter 撒く
bait えさ	signature 署名	impressed 感銘を受けた

〔問1〕 [1-a] ～ [1-d] の中には，それぞれ次の①～⑥のいずれかの英文が入る。それぞれに入る英文を並べた組み合わせとして最も適切なものを，次の**ア**～**カ**の中から**一つ**選べ。

① Does it?
② What does it say?
③ What did you do then?
④ How do you like it?
⑤ Did you study by yourselves?
⑥ Did you have time to do all the work?

	1-a	1-b	1-c	1-d
ア	①	③	⑥	④
イ	①	⑤	③	②
ウ	①	⑥	⑤	④
エ	④	③	⑥	②
オ	④	⑤	③	①
カ	④	⑥	⑤	①

〔問2〕 (2)problems とあるが，その一例を次のように書いたとき，［　　　］に入る最も適切なものは，下のうちではどれか。

When the Mori family moved into the area, ［　　　］.

ア the water in the stream was not so clean
イ the sound of the stream was too noisy
ウ they didn't expect such a beautiful view
エ nobody wanted to walk around the neighborhood

〔問3〕 本文の流れに合うように，［　3　］の中に次の①～④の英文を入れるとき，その最も適切な順番を表しているものを，下の**ア**～**カ**の中から**一つ**選べ。

① The reason was too many people visiting here.
② My neighbor said it was not a good place for them.
③ For example, there were a lot of cans and bottles in the stream.
④ But when we moved here 10 years ago, we couldn't see them at all.

ア	① → ③ → ② → ④
イ	① → ④ → ③ → ②
ウ	② → ③ → ① → ④
エ	② → ④ → ③ → ①
オ	③ → ② → ① → ④
カ	④ → ② → ③ → ①

〔問4〕 (4)I realized one thingとあるが，one thingの内容を最もよく表しているものを，次の**ア**～**オ**の中から**一つ**選べ。

ア It is difficult to tell people who don't care about the environment how to protect it.
イ If you want to enjoy much green and clean water, you should move from the city area to the country.
ウ When you live in an area with beautiful nature, it is easy to keep it safe and clean.
エ If the town has a famous history, you should visit many of its tourist spots to learn about it.
オ If a place is a good place to live, you should not forget to try to keep it that way.

〔問5〕 本文の内容と合っているものを，次の**ア～オ**の中から**一つ**選べ。

ア Before Bob came to Tokyo, he knew nothing about it, and he was looking forward to seeing new things.

イ Mr. Mori worked in a city area during the day and needed a place to feel relaxed, and Mrs. Mori agreed.

ウ When Kensuke was a junior high school student, his science teacher told him and his friends to clean the stream and everyone did it.

エ The local government didn't allow people to visit the area around the stream because they didn't want anybody to leave garbage there.

オ All the people living in the area saw fireflies for the first time in their life when fireflies began to fly around the stream.

〔問6〕 次の英文はBobが散歩から帰ったあとで両親に送ったメールである。[　　]に入る最も適切な**1語を本文中からそのまま**抜き出せ。

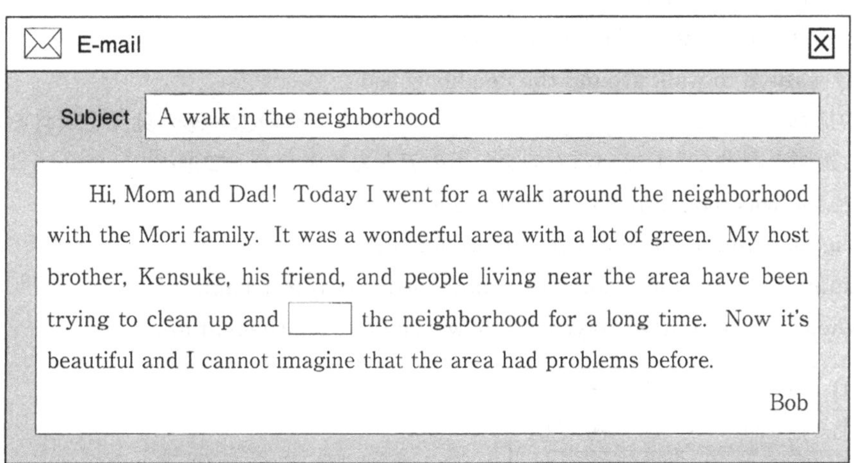

E-mail

Subject　A walk in the neighborhood

Hi, Mom and Dad! Today I went for a walk around the neighborhood with the Mori family. It was a wonderful area with a lot of green. My host brother, Kensuke, his friend, and people living near the area have been trying to clean up and [　　] the neighborhood for a long time. Now it's beautiful and I cannot imagine that the area had problems before.

Bob

3 次の文章を読んで，あとの各問に答えよ。
(＊印の付いている単語・語句には，本文のあとに〔**注**〕がある。)

*Two-dimensional codes, also known as 2D codes, are necessary in our daily lives. You may use them when you get information, pay for something with your smartphone, or buy electronic tickets for trains and planes. There are many kinds of 2D codes around the world, but do you know one of them was invented by a Japanese engineer?

The engineer began to develop the 2D code in the summer of 1992 with only one other person as his team member. [　1-a　], his company used *barcodes to *keep track of car parts at factories. However, each barcode could hold only 20 *alphanumeric characters of information, so one product needed many barcodes. Workers in the factories used barcode readers to *scan the barcodes of each product before they sent it out. During busy seasons, they got tired of scanning thousands of barcodes. (2)<u>They wanted【 ① also　② more information　③ be</u>

④ that ⑤ only ⑥ read ⑦ but ⑧ a new code ⑨ hold ⑩ could not 】quickly.

How did he invent the 2D code? The barcode held information in one direction — from left to right. He had to put a lot of information into a code, so he tried to make it a *grid. That means the 2D code could hold information in two directions — across and down. However, the system was not simple, so a reader would need some time to scan that type of code. He thought hard about how to scan the information designed in a grid, at a higher speed.

One day, the idea for the technology came to him. While he was playing a game of *Go*, he looked at the *arrangement of the black and white stones on the grid. He realized that it could be a solution to the problem of how to carry lots of information at one time. So, he created a new code which was made of small black and white *dots. [1-b], he was successful in scanning it in 0.03 *seconds. The reading time was similar to that of the barcode.

He built two kinds of technology into the 2D code to scan it exactly and quickly. [1-c], look carefully at the 2D code. You can see large black squares on three corners of the code. This is the *position detection pattern. Thanks to this pattern, readers could quickly *recognize the code and high-speed scanning became possible. However, developing the shape of the position detection pattern was very difficult because when a similar-looking figure was near the code, [3]. To stop this kind of wrong reading, the shape of the pattern had to be unique. So, his team decided to do research on the *ratio of black to white areas in pictures and characters printed in books, magazines, and newspapers. They studied more than 5,000 pages day after day. Three months later, they finally found the ratio that least appeared on various print products. In this way, the *widths of the black and white areas in the position detection pattern were set and readers became able to recognize the code from any direction.

The second technology is an *error correction function. He was worried about *stains on the 2D code because his team created it to use in factories. In the code, they added some information that does not seem [4-a] but is connected to the original information. Let's say you have a code that includes these numbers: 1, 2, and 3. This code also has another number, 6, which is not [4-b]. If a part of the code is covered with stains and a scanner cannot read the number 2, the program of the reader will try to guess what the number is by using the number 6. With this function, scanners can read the code without making any mistakes if less than 30% of the code is damaged. It is said that 60% of the information in the 2D code is not [4-c].

(5)In August 1994, the first 2D code in Japan came out, but it had a problem. When you scanned the code printed on a piece of paper, scanners could easily read it. But if it was printed on a *curved surface of things like a can, it was difficult to scan. So, another technology was added into the code. It was an *alignment pattern, a small black square put at the lower right of the 2D code. This figure helped repair *distortion and allowed exact reading of the code.

After he improved it, the code you know well came into use. It can hold up to 4,296 alphanumeric characters, or even 1,817 kanji characters. His company got the *patent for it, but they decided to make it free to the *public because the inventor wanted everyone to be able to use it. [1-d], the Japanese 2D code grew into a popular code used by people all over the world.

〔注〕
two-dimensional code　2次元コード
barcode　バーコード
keep track of ～　～を管理する
alphanumeric　英数字の
scan　読み取る
grid　碁盤の目
arrangement　配置
dot　点
second　秒
position detection pattern　位置検出パターン
recognize　認識する
ratio　比率
width　幅
error correction function　誤り修正機能
stain　汚れ
curved surface　曲面
alignment pattern　位置合わせパターン
distortion　歪(ゆが)み
patent　特許
public　一般の人々

〔問1〕 [1-a] ～ [1-d] の中には，それぞれ次の①～④のいずれかの英語が入る。それぞれに入る英語を並べた組み合わせとして最も適切なものを，下の**ア**～**カ**の中から**一つ**選べ。

① After a while
② At that time
③ For the first one
④ In this way

	1-a	1-b	1-c	1-d
ア	①	③	②	④
イ	①	④	②	③
ウ	①	④	③	②
エ	②	①	③	④
オ	②	①	④	③
カ	②	③	④	①

〔問2〕 (2)They wanted【 ① also　② more information　③ be　④ that　⑤ only　⑥ read　⑦ but　⑧ a new code　⑨ hold　⑩ could not 】quickly. とあるが，本文の流れに合うように，【　】内の単語・語句を正しく並べかえたとき，【　】内で**1番目**と**5番目**と**9番目**にくるものの組み合わせとして最も適切なものを，次の**ア**～**カ**の中から**一つ**選べ。

	1番目	**5番目**	**9番目**
ア	④	③	⑨
イ	④	⑥	②
ウ	④	⑨	③
エ	⑧	③	⑨
オ	⑧	⑥	②
カ	⑧	⑨	③

〔問3〕 本文の流れに合うように，[3] の中に英語を入れるとき，最も適切なものは，次のうちではどれか。

ア the position detection pattern would not be valuable

イ the scanning speed of the reader would become slower

ウ the reader would take it for the position detection pattern

エ the reader could not scan the two-dimensional code at all

〔問4〕 本文の流れに合うように，[4-a] ～ [4-c] の中に共通して入る最も適切な**1語を本文中からそのまま**抜き出せ。

〔問5〕 (5)In August 1994, the first 2D code in Japan came out とあるが，the first 2D code の例として最も適切なものは，次のうちではどれか。

〔問6〕 本文の内容と合っているものを，次の**ア～オ**の中から**一つ**選べ。

ア The Japanese engineer took two years to invent the Japanese-style two-dimensional code with another team member.

イ The reader can scan the two-dimensional code as fast as the barcode because the system of the 2D code is as simple as that of the barcode.

ウ The reader can recognize the two-dimensional code from any direction thanks to the alignment pattern at the lower right of the code.

エ If the 2D code is printed on a curved surface of a can and 20% of it is covered with stains, the reader cannot scan the 2D code exactly and quickly.

オ The Japanese engineer wanted to protect the 2D code with a patent because the 2D code could hold the information of about 200 barcodes.

4 次の文章を読んで，あとの各問に答えよ。
（＊の付いている単語・語句には，本文のあとに〔注〕がある。）

When Ayako was young, her parents always read to her until she went to sleep. Mother always read story books. Father read not only stories but also *poems. Sometimes her grandmother took care of her when her parents were busy with work. Ayako liked listening to Grandma's bedtime story. She often said, "Please tell me the story, Grandma!"

After she entered elementary school, she liked to spend her time reading books. There were a lot of books in Ayako's house. Most of them were books for children which her parents bought for her. Also, there were some old books written in English. Around 1950, foreign books were not so common. One day, she asked her grandmother [1-a]. She answered, "These are your father's books. I don't think he can *throw them away." Then, she told Ayako about her father's dream.

"Your father liked English *literature. He really loved English poems. I often heard him *recite them. I think he wanted to study literature at university, but he didn't. He gave up his dream to help us make a living."

In 1962, Ayako became a university student. She decided to study English literature because she thought English would be useful for her future. One day, when she was reading some poems, she found one poem. "This is the poem Dad sometimes recited to me before I went to sleep." Then she remembered [1-b] when she was a child. It was full of love from both her parents and grandmother. Thanks to them, she loved reading. She enjoyed the *rhythm of poems, too. "The English poems Dad recited sounded so beautiful though I did not understand the language. I learned right from wrong from books and Grandma's story. I went through many *emotions, like *happiness, *anger, *sadness, by reading books. I want to do a job related to books. (2)<u>I want children to have that kind of experience with books.</u>" However, she did not know [1-c] to realize her dream. She started a part-time job at the library at her university because she thought it would be helpful.

After graduating from university, Ayako had a chance to study library science at a university in the United States. There she visited a public library and found a *separate area for children. The tables and chairs were child-size. On the low shelves, there were a lot of picture books. The children there were enjoying a story told by one lady. After she finished the story-telling time, the children went to the shelves, took out picture books they liked, and began to read. She watched over the children. She was a children's *librarian at that library. The service was only for children. It was new to Ayako. She thought, "This is the job for me! [3]"

However, it was difficult for Ayako to realize her dream. She came back to Japan in 1968. At that time there were not many libraries that needed a children's librarian. *Fortunately she found a job and started to work as a librarian for children at one public library, but she found there was little *possibility of continuing the same job. So, she decided to start a home library.

She taught English at a high school and saved money to realize her dream. After several years, with three hundred books in a small room at her house, Ayako started her own home library. First, it opened only on Saturday afternoons. *Gradually, children came to her library. The room used for her home library became too small. She thought, "I need a larger room or, if possible, a building for my library. But I can't do it alone." She had several friends who had a home library like her. She decided to ask them for help. She began to work with them and continued the job as a children's librarian.

In 1994, she finally built a library building only for children. Her library had child-size tables and chairs, and low shelves filled with picture books. (4)"This【 ① I　② since　③ is　④ have　⑤ been　⑥ of　⑦ dreaming　⑧ the library　⑨ that day 】in America!"

"Why did you build a library for children? "Ayako is often asked.

Her answer is: "Reading good stories has great *benefit for everyone, especially for children because it improves their ability to use their *imagination and understand the feelings of other people. They will learn other people have opinions, *desires, and *values that are different from them. One U.S. president said, 'Reading is important. If you know [1-d], then the whole world opens up to you.' I just want to give children a place and an *opportunity to read books."

〔注〕

poem　詩	throw ~ away　~を捨てる	literature　文学
recite　暗唱する	rhythm　リズム	emotion　感情
happiness　喜び	anger　怒り	sadness　悲しみ
separate　別の	librarian　図書館員	fortunately　運よく
possibility　可能性	gradually　次第に	benefit　利益
imagination　想像力	desire　願望	value　価値観
opportunity　機会		

〔問1〕 [1-a] ~ [1-d] の中には，それぞれ次の①~⑥のいずれかの英語が入る。それぞれに入る英語を並べた組み合わせとして最も適切なものを，次の**ア**~**カ**の中から**一つ**選べ。

① how to write
② how to read
③ what to do
④ whose books they were
⑤ how many books there were
⑥ how much she enjoyed the time

	1-a	1-b	1-c	1-d
ア	④	⑤	③	①
イ	④	⑥	③	②
ウ	④	⑥	②	①
エ	⑤	④	③	②
オ	⑤	⑥	④	①
カ	⑤	⑥	④	②

〔問２〕 (2)I want children to have that kind of experience with books.とあるが，この内容を最もよく表しているものは，次のうちではどれか。

ア　I hope all the children will be able to go to university to learn English literature.

イ　I hope all the children will be able to do a part-time job to realize their dream.

ウ　I hope all the children will be able to enjoy reading books or listening to stories.

エ　I hope all the children will be able to understand poems written in English.

〔問３〕 本文の流れに合うように［　3　］に英文を入れるとき，最も適切なものは，次のうちではどれか。

ア　I want to become a librarian like her after I go back to Japan.

イ　I want to publish picture books for children.

ウ　I want to become an English teacher for children.

エ　I think this service for children is better in Japan than in America.

〔問４〕 (4)"This【 ① I　② since　③ is　④ have　⑤ been　⑥ of　⑦ dreaming　⑧ the library　⑨ that day 】in America!" とあるが，本文の流れに合うように，【　】内の単語・語句を正しく並べかえたとき，【　】内で**２番目**と**５番目**と**７番目**にくるものの組み合わせとして最も適切なものを，次の**ア**～**カ**の中から**一つ**選べ。

	２番目	**５番目**	**７番目**
ア	④	⑥	②
イ	④	⑥	⑧
ウ	④	⑥	⑨
エ	⑧	①	②
オ	⑧	④	⑥
カ	⑧	⑤	⑥

〔問５〕 次の①～⑥の英文を，出来事が起きた順に並べたものとして，最も適切なものを，次の**ア**～**カ**の中から**一つ**選べ。

①　Ayako worked at a high school as an English teacher.

②　Ayako became a librarian for children at a public library.

③　Ayako went to the United States to study library science.

④　Ayako learned her father gave up his dream for his family.

⑤　Ayako realized her experience as a child was quite precious.

⑥　Ayako became a children's librarian of her own library.

ア	③ → ① → ⑤ → ② → ⑥ → ④
イ	③ → ② → ① → ⑤ → ⑥ → ④
ウ	③ → ② → ⑤ → ① → ④ → ⑥
エ	④ → ⑤ → ③ → ② → ① → ⑥
オ	④ → ⑤ → ③ → ① → ② → ⑥
カ	④ → ③ → ① → ② → ⑤ → ⑥

〔問6〕 本文の内容と合っているものを，次の**ア**～**カ**の中から**一つ**選べ。

ア Ayako liked to listen to her father's story about his dream when she was an elementary school student.

イ Ayako decided to go to the United States because she wanted to find the poem her grandmother often recited at her bed.

ウ Ayako decided to build a library for children because she believed books would increase the happiness and imagination of children.

エ Ayako's father wanted to study library science at university so she chose it.

オ Ayako learned what she should do from the story-telling, so she decided to become a librarian.

カ Ayako remembered her precious experience with literature when she read a book written by one U.S. president.

〔問7〕 次の質問に対するあなたの考えを，あなた自身の言葉を用いて，あなた自身の体験を含めて**35語以上45語以内**の英文で書け。

Some people read for pleasure. Some people read to learn about something. What do you read for?

二つ以上の英文になっても構わない。次の〔例〕のように，「，」「．」などは語数に含めない。短縮形は1語と数える。

〔例〕 Hello,　I'm　Jane.　Nice　to　meet　you.

ア 「師走の月夜」は趣深いものだと思っていたが、光源氏による批判の言葉を読んで、やはり優雅な風景だと理解したということ。

イ 雪と月との組み合わせは調和しないと思っていたが、『源氏物語』「朝顔」巻を読んで、実は美しいものだと理解したということ。

ウ 白一色の世界は美しさに欠けると思っていたが、光源氏による批判の言葉を読んで、自然と人事の対比の妙を理解したということ。

エ 月夜の雪景色は寒々しいものだと思っていたが、『源氏物語』「朝顔」巻を読んで、厳寒を強調した冬の美しさを理解したということ。

〔問4〕(3)実は『源氏物語』「朝顔」巻の場面、先に述べた光源氏による批判のくだりの続きにも、同じ色の対比がある。とあるが、「光源氏による批判」に相当する部分を、本文の『源氏物語』の引用部分から二十字以内でそのまま抜き出して書け。

〔問5〕 Ⅰ 、 Ⅱ に入る適切な語句を、それぞれ本文中より抜き出して書け。なお、 Ⅰ には**四字**の語句が、 Ⅱ には**漢字二字**の語句が入るものとする。

〔問6〕(4)その考えは、二人の才女と二つの作品の関係について、これまでにない新しい見方を拓(ひら)くことだろう。とあるが、「これまでにない新しい見方」とはどういうものか。次のうちから最も適切なものを選べ。

ア 相手より優れた作品を書いているという自負心を持つことが、誰も知らなかった新しい美の発見につながったという見方。

イ 共通する自然観を基盤として作品が作られることによって、二つの才能が同時代に存在することができたという見方。

ウ それぞれの作品が影響を与えて高め合っており、才能のある二人の間には感性の相互交流があったという見方。

エ 互いに相手の批判を素直に受け入れながら、自己の作品の完成度を極限まで高めようとしていたという見方。

草子』はその『源氏物語』を受け入れて、新しい美の境地に至った。

(4)その考えは、二人の才女と二つの作品の関係について、これまでにない新しい見方を拓く（ひら）ことだろう。そしてこの見方こそが豊かな発見を秘めているように思うのだが、どうだろうか。

（山本淳子「枕草子のたくらみ」による）

〔注〕斎院（さいいん）—京都の賀茂（かも）神社に奉仕した皇女。
御簾（みす）—すだれ。部屋の仕切りや日よけなどにする。
有明（ありあけ）の月—夜が明けても空に残っている月。
葡萄染（えびぞめ）の固紋（かたもん）—着物の色と模様の種類。
指貫（さしぬき）—裾を紐で指し貫いて絞れるようにした男性用の袴。
直衣（なほし）—男性貴族が着用した平常服。
単衣（ひとえ）—裏地のない着物。
しどけなく—くつろいだ様子で。乱雑に。
遣水（やりみづ）—庭の中に水を引き入れて作った流れ。
宿直（とのゐ）—夜間、宮中や役所などに仕事で泊まり込むこと。

〔問1〕(1)紫式部はこの章段を見落としていたのだろうか。とあるが、筆者がこのように述べたのはなぜか。次のうちから最も適切なものを選べ。

ア　『枕草子』に月夜の雪景色の美しさを述べた章段があることにはあえて触れず、『源氏物語』では紫式部の強い対抗心から、清少納言を責める目的で痛烈に批判しているから。

イ　『枕草子』に月夜の雪景色の美しさを述べた章段があることに気付かないまま、紫式部は『枕草子』に清少納言のセンスの底の浅さが見られると、安易に批判しているから。

ウ　『枕草子』に月夜の雪景色の美しさを述べた章段があることを承知していながら、紫式部はあえて無視を決め込んで、清少納言を不当に批判しているから。

エ　『枕草子』に月夜の雪景色の美しさを述べた章段があるにもかかわらず、『源氏物語』では雪と月の不似合いを指摘している記述だけに触れて、清少納言を一方的に批判しているから。

〔問2〕(i)ばかり、(ii)推測について次の①、②に答えよ。

①　(i)ばかりとあるが、これと同じ意味・用法のものを、次の各文の——を付けた「ばかり」のうちから選べ。

ア　今できあがったばかりの作品を提出する。

イ　五年ばかり前のできごとだ。

ウ　結果ばかりを気にしてはいけない。

エ　とび上がらんばかりに喜んだ。

②　(ii)推測とあるが、この熟語と同じ構成のものを、本文中の波線部**ア**から**エ**のうちから選べ。

ア　批判

イ　大胆

ウ　早計

エ　公表

〔問3〕(2)清少納言はそれを読み、なるほどと納得して『枕草子』第二八三段を書いた。とあるが、「なるほどと納得」したとはどういうことか。次のうちから最も適切なものを選べ。

筆の時期はわからない。むしろ確実なのは、二つの作品には、両方が並んで書かれた時期があったということだ。またどちらも、断続的に書いてはエ公表するかたちをとっていた可能性がすこぶる高い。とすれば、『枕草子』を受けて『源氏物語』が書かれただけではなく、『源氏物語』の言葉に触発されて『枕草子』が応えたという可能性も否定できない。

順序立てて(ii)推測してみよう。まず『河海抄』や『紫明抄』の言うとおり、清少納言が『枕草子』のある本の「すさまじきもの」に「師走の月夜」と記していたとする。それを見た紫式部は、『源氏物語』「朝顔」巻で光源氏に反論を吐かせた。(2)清少納言はそれを読み、なるほどと納得して『枕草子』第二八三段を書いた。二人は互いの作品を読み合い、美意識のやりとりをしていたという推測である。

これには、あながち推測ばかりではないと思わせる要素もある。一つには、第二八三段が『枕草子』の中でも特に物語めいた随想的章段であることだ。『源氏物語』に触発されて着想したと言えはしないか。また一つには、この段が自然と人とを対比させ、雪と月光が白一色であるのに対して登場人物たちは彩り豊かな装束を着込んでいること、自然の無彩色の中でそんな装束がひときわ鮮やかに映える美しさを示していることである。(3)実は、『源氏物語』「朝顔」巻の場面、先に述べた光源氏による批判のくだりの続きにも、同じ色の対比がある。月光輝く雪の庭に下りて、雪玉遊びに興じる童女たちの描写である。

月は隈なくさし出でて、一つ色に見えわたされたるに、萎れたる前栽の陰心苦しう、*遣水もいといたうむせびて、池の氷もえも言はずごきに、童べ下ろして、雪まろばしせさせ給ふ。をかしげなる姿、頭つきども、月に映えて、大きやかに馴れたるが、さまざまの衵乱れ着、帯しどけなき*宿直姿なまめいたるに、こよなうあまれる髪の末、白きにはましてもてはやしたる、いとけざやかなり。

（月はくまなく輝きどこもかしこも光一色で、雪に枝をたわませた植え込みの姿は痛ましく、遣水も滞って音を立て、池の氷も何とも言えず荒涼とした風情をたたえている。光源氏様は、そんな庭の中に童女たちを下ろし、雪玉作りをおさせになる。かわいらしげな背恰好の童女たちは、子どもらしい髪形が月に映える。いっぽう大人びて馴れた童女たちは、色とりどりの童装束を乱れ着て帯をしどけなく結び、まるで寝乱れたように着崩した姿が若々しいうえ、装束の裾から長々とこぼれ出た髪の裾が、白い世界にひと際ひきたてられて鮮やかだ）

（『源氏物語』「朝顔」）

雪と月で一面真っ白な庭に、少女たちが着こむ装束の色が生き生きとした優雅さを添える。黒髪がまた、くっきりと鮮やかに目を射る。［Ⅰ］との色の対比という点で、この場面は『枕草子』第二八三段と［Ⅱ］を共有していると言ってよい。

紫式部と清少納言といえば、『紫式部日記』の記す感情的な記事がどうしても表に立ってしまう。しかし作品の中では、対抗し高め合う、いわば切磋琢磨の関係もあったのではないだろうか。月下の雪景色という美景を、『源氏物語』は『枕草子』を超えようとして考案し、『枕た本文を携えた本が存在したのかもしれない。とすれば注釈書たちが示唆するとおり、紫式部は『枕草子』を熟読し、その美意識を超えようとして「朝顔」巻の場面を作ったのかもしれない。

ただ、もしそれが当たっていたとするならば、『枕草子』の次の章段をどう理解すればよいのだろうか。雪と月を不釣り合いと言っているはずの『枕草子』が、ここでは月夜の雪景色をことのほか美しいものとして記しているのである。

屋の上はただおしなべて白きに、あやしき賤の屋も雪にみな面隠しして、＊有明の月の隈なきに、いみじうをかし。白銀などを葺きたるやうなるに、水晶の瀧など言はましやうにて、長く短く、ことさらにかけ渡したると見えて、言ふにも余りてめでたきに、下簾もかけぬ車の、簾をいと高う上げたれば、奥までさし入りたる月に、薄色、白き、紅梅など、七つ八つばかり着たる上に、濃き衣のいと鮮やかなるつやなど月に映えてをかしう見ゆる傍らに、＊葡萄染の固紋の＊指貫、白き衣どもあまた、山吹、紅など着こぼして、＊直衣のいと白き、紐を解きたればぬぎ垂れられていみじうこぼれ出でたり。

（建物の上は一面真っ白で、粗末な家々もみな雪化粧に隠れ、有明の月に皓皓と照らされて息をのむほど素敵だ。銀の瓦で葺いたような屋根から、水晶の滝とでも言いたくなる氷柱が長く短く、まるで技巧を凝らして並べ下げたようで言葉にもできない美しさだ。そこへ下簾も掛けない牛車が一台、御簾をうんと高く上げてあるので奥まで差し込んだ月光に、中の女の装束が照らされている。薄紫、白、紅梅など七、八枚ほども重ねた上に、濃紫の鮮やかな光沢が月に映えて素敵だ。そして彼女の傍らには男が、葡萄染めの固紋の指貫に何枚もの白い＊単衣を着こみ、山吹や紅の衣を直衣の裾から着こぼして、真っ白な直衣は紐をほどいているので＊しどけなく肩に掛かり、下の衣が覗いている）

（『枕草子』第二八三段「十二月二十四日、宮の御仏名の」）

雪の明け方、牛車でのデート風景である。屋根も氷柱も月光も白一色の世界。そこへ恋人たちを乗せた車が一台、イ大胆にも車内のカーテンにあたる下簾も掛けず、御簾も「いと高う上げ」ていて、中の男女の装束の色が白銀の世界に映える。

(1)紫式部はこの章段を見落としていたのだろうか。ならば『枕草子』を批判したのはウ早計で、紫式部のミスだったことになる。あるいはこうした章段もあると知ってはいたが無視を決め込んだのだろうか。とすればそれは、あまりに不当で、むしろ不自然なことではないだろうか。

ここには、全く別の可能性が考えられないか。『枕草子』と『源氏物語』では、『枕草子』のほうが時代的に先行する作品だと見られがちだが、詳細にはどうだろう。『枕草子』の当の第二八三段について見れば、執筆の時期を特定する手がかりはなく、『枕草子』全体の成立について言われる長徳二（九九六）年から寛弘年間（一〇一二年まで）頃までの間に書かれたという以外、わからない。一方『源氏物語』も、寛弘二（一〇〇五）年に紫式部が中宮彰子に出仕する少し前から世に出回り始め、その後も書き継がれたと知られる(i)ばかりで、「朝顔」巻の執

〔問5〕本文中の記述として正しいものを、次のうちから選べ。

ア　物理学者に共通する理論への審美眼に「オッカムの剃刀」と呼ばれるものがある。美しく楽しさを感じさせる理論は簡潔で、虚飾を拒絶する自然の普遍的な真理を科学的に保証している。

イ　科学とは「自然が見せる多様な現象」と「現象を過不足無く説明できる原理や法則」とを適切に対応させる知的作業である。両者の結び付きが強固なものを、絶対的な科学的真実と呼んでいる。

ウ　演繹法と帰納法はどちらも「自然現象」と「説明原理」を結び付ける思考法である。しかし思考の順序が違っているので、対象によってどちらかの方法を選ぶ必要がある。

エ　いかなる論理的方法を用いても自然を把握しきることは不可能である。科学は万能ではないことを理解し、自然の奥深さと謙虚に向き合っていくことが大切だ。

〔問6〕(5)以上、演繹法・帰納法のいずれも、人間の認識に限界があることを物語っており、「科学ですべてを知り尽くせる」と傲慢になってはいけないとの警告を発していると言えよう。とあるが、「『科学ですべてを知り尽くせる』と傲慢になってはいけない」ということについてあなたはどのように考えるか。本文の内容を踏まえ、あなた自身の経験や見聞を含めて二百字以内で書け。なお、書き出しや改行の際の空欄、、や。や「などもそれぞれ一字と数えよ。

4　次の文章を読んで、あとの各問に答えよ。(*印の付いている言葉には、本文のあとに〔注〕がある。)

『枕草子』は、「冬は、いみじう寒き。夏は、世に知らず暑き」(第一一四段「冬は」)と言っているように、厳寒と酷暑がお気に入りだった。このうち冬についての諸段は『源氏物語』に影響を与えたとされている。光源氏が元*斎院・朝顔の姫君への積年の思いを終わらせる「朝顔」巻、光源氏は自邸にいて、庭の雪景色を見るために「*御簾巻き上げさせ給ふ」。南北朝期の『源氏物語』注釈書『河海抄』はここに注を付け、参考とすべき例として、いわゆる「香炉峰の雪」の場面(第二八〇段「雪のいと高う降りたるを、例ならず御格子まゐりて」)で清少納言が御簾を掲げたことを挙げている。

それだけではない。この場面で光源氏は冬の夜の澄みきった月と雪の光り合う様子を愛で、それを「すさまじき例に言ひおきけむ人の心浅さよ(雪と月を不釣り合いなものの例と言い残した人の浅はかさよ)」と言っている。誰かさんは雪と月を合わないと言ったが、そのセンスはうすっぺらいと(ア)批判したのである。ここにまた『河海抄』は注を付け、「清少納言枕草子」と記している。さらに『河海抄』から遡り鎌倉時代の『源氏物語』注釈書である『紫明抄』は、「清少納言枕草子云はく、すさまじき物、師走の月夜」と記している。つまり、雪と月が合わないと言ったのは『枕草子』であり、紫式部は清少納言のセンスの底の浅さを、光源氏の科白によって批判しているのだと言うのである。残念なことに、現存する『枕草子』諸本の「すさまじきもの」には「師走の月夜」に触れた本文が見当たらない。が、『枕草子』には様々な本があったと伝えられているので、中世頃にはそうし

〔問1〕(1)アインシュタインは方程式を眺めてしばらく沈黙した後、「なんとまあ汚い」と述べたのみであったという。とあるが、アインシュタインは「方程式」をどのように評価したと筆者は考えているか。次のうちから最も適切なものを選べ。

ア　自分が気に入っているだけの自己満足でしかなく、さまざまな状況に対応できる汎用性がない。

イ　普遍性は備えているかもしれないが簡潔さに欠けていて、科学的真実を表したものとは思えない。

ウ　単純を好む自然のあり方に沿ってはいるが、簡略化しすぎて自然の真実から離れてしまっている。

エ　多様な現象に適用できる可能性を持っているが、整合性に欠ける点があって未完成なものである。

〔問2〕(2)だから、凡庸な私たちは、偉大な方程式をさまざまな現象に適用して、その美をさらに磨き上げるほんの一助をするのがせめてもの役割なのだろう。とあるが、「偉大な方程式をさまざまな現象に適用して、その美をさらに磨き上げる」とはどういうことか。五十字以上六十字以内で説明せよ。

〔問3〕(3)以上のように、演繹法に対して注意すべき点がいくつもあって用心すべきであると言っておきたい。とあるが、筆者が述べている「演繹法に対して注意すべき点」として**適切でないもの**を、次のうちから選べ。

ア　人智を離れた「神の摂理」などを前提にすると、科学的ではなくなってしまうという点。

イ　前提となる原理や仮説の正しさは経験的なものであって、絶対ではないという点。

ウ　具体的な事象の分析を丁寧に積み重ねなければ、普遍的な原理に達することができないという点。

エ　前提に合った結果ばかりを準備しておくと、前提が持つ普遍性が保たれなくなるという点。

〔問4〕(4)最終理論は永遠に得られないのである。とあるが、筆者がこのように述べたのはなぜか。次のうちから最も適切なものを選べ。

ア　科学の発展とは、採用する前提をより一般的なものへと拡張することを通して、自然を斉一なものとして定義することであり、無限に広がる自然を完全に理解することは、現実的に不可能だから。

イ　科学の発展とは、前提となる原理をさらに広い概念へと拡張することで、より多様な現象が統一的に捉えられることであり、奥深い謎に満ちた自然に対して、科学は常に進化途上にあると言えるから。

ウ　自然が見せる多様な現象は、現象を過不足無く説明できる原理や法則と結び付き、科学的真実と認められるようになるので、新たな実験や観測が行われる限り、科学的方法は増え続けるから。

エ　自然が見せる多様な現象は、これまでの経験事実と合致したものであるが、私たちの経験はあくまで部分なので、自然を網羅的に捉えることはできず、包括的な法則を発見することができないから。

にしているのだから、その実在性については疑いはない。演繹法のように架空の前提から出発していないだけに、具体的で確実な自然の一部を捉えているという側面で強みがある。より包括的な法則が発見されれば過去の理論は意味がなくなってしまうが、実験で得られた事実（個々の成果）は現象のほんの一部であっても意味を失わない。そして、得られた現象の特徴を整理して普遍化（一般化）させるという手続きを経るから信用度が高い。*寺田寅彦はそのことを強調しており、そんな想いで実験家になった研究者は多くいる。

　しかしながら、やはり人が行う実験や観測は部分に過ぎず、物理量の考え得る全領域を調べ尽くせるわけではない。異なった状況設定、異なった物理環境、異なった手順、異なった観点、異なった手法、についてすべて完璧に確かめられるわけではない。また、手に入る試料も実験の手段・手法や精度も時代に制約されている。従って、得られた実験結果は部分でしかなく、それを集大成して創り上げた理論も自然のすべてを検証したとは断言できない。部分の現象から得られた法則から、必ず普遍的に適用可能な原理に到達できると断言できる者は果たしているだろうか。

　例えば、通常の化学反応実験では左右（左手系と右手系）の対称性を持ったものが同数できてしまうのだが、二〇〇一年のノーベル化学賞ではどちらか一方だけしかできない方法の発見に対して授与された。その方法には酸化法と還元法（日本の*野依博士は還元法）があって、それぞれ応用範囲が限られる。その有効性は疑うべくもないが、より簡便でより安価でより応用範囲が広い方法はまだ別にあるかもしれない。現象から原理への道は多くあるのだ。二〇一〇年のノーベル化学賞では炭素同士を効率よく結合させるクロスカップリング法に授与されたが、*根岸氏はパラジウムを使って成功し、*鈴木氏はホウ素を使ってより応用範囲が広く実用化しやすい方法に改良した。以上のような例から、自然はまだまだ奥深い謎を秘めていて、帰納的方法は私たちの行為が部分に過ぎないことを意識させてくれている。

　(5)以上、演繹法・帰納法のいずれも、人間の認識に限界があることを物語っており、「科学ですべてを知り尽くせる」と傲慢になってはいけないとの警告を発していると言えよう。おそらく科学者自身がそのような限界を一番よく知っているはずなのだが、ときに「何でも知っている」かのように振る舞う科学者にお目にかかって文句を言いたくなる。人々も科学の限界をよく心得、科学者や科学の成果を見る目を養う必要があることを強調しておきたい。

（池内了「物理学の原理と法則」による）

［注］アインシュタイン―ドイツ生まれの物理学者。一九二一年、ノーベル物理学賞受賞。
オッカム―十四世紀のイギリスの哲学者・神学者。
大杉栄―二十世紀初頭の日本の思想家。
アリストテレス―古代ギリシアの哲学者。
ガリレオ―十六世紀から十七世紀のイタリアの物理学者・天文学者・数学者。
フランシス・ベーコン―十六世紀から十七世紀のイギリスの哲学者。
寺田寅彦―十九世紀から二十世紀の日本の物理学者。
野依博士―野依良治。日本の化学者。
根岸氏―根岸英一。日本の化学者。
鈴木氏―鈴木章。日本の化学者。

誰もが承認する前提と厳密な論理から得られる結果だから、その結論は承認せざるを得ないわけである。

　と言っても、その前提（採用した原理や仮説）が正しいということは必ずしも保証されていない。その多くはこれまでの経験事実と合致しており、それを否定する明確な理由がないから受け入れているだけで、絶対確実というわけではない。私たちの経験はあくまで部分であり、すべてを知り尽くしているわけではないからだ。また、「あらまほしい」とか「あるはずの」とか「あるべき」というような命題が前提の場合には、それをあからさまに否定できないので、うかうかすると導かれる結論までそのまま受け入れざるを得なくなるから用心が必要である。他に「神の摂理」とか「自然の理法」などを前提とされてはどんな結論でも導き出すことができるので、科学で使うべき論法ではない。あるいは説明すべき結果をすでに知っていて、前提に合った現象のみを導き出している可能性もある。(3)以上のように、演繹法に対して注意すべき点がいくつもあって用心すべきであると言っておきたい。

　アリストテレスの演繹法は、目的論（自然はその目的を実現するよう秩序立てられているとする立場）で結果と前提が反転していることが多い。例えば、アリストテレスは重い石ほど速く落ちることの説明のために、地球は重い石を好むという前提を置き、それ故重いほど強く引きつけるからとした。あたかも地球に好悪（こうお）の意志があるかのような前提だが、誰も否定できない。それを疑ったのがガリレオ*で、彼は重いレンガと軽いレンガを用意し、重いレンガが軽いレンガより速く落ちるなら、二つをヒモで結んで落としたらどうなるかという問題を出した。より重くなるのだからより速く落ちると答えるかもしれないが、遅く落ちる軽いレンガを結び付けたのだからブレーキがかかって遅くなるのではないかと問い返したのである。アリストテレスの前提では、どちらが正しいか答えられない。そこでガリレオは、地球は物体の重さに好悪を持たないはずで、すべての物体は同じ速さで落ちるはずなのだが、空気の抵抗で落下の遅速の差が生じると考えるべきだ、と主張したのであった。

　演繹法で採用する前提（原理）を、より一般的なものへと拡張していくことにより、より多様な現象が統一的に捉えられることを、ガリレオの相対性原理から、特殊相対性原理を経て一般相対性原理への拡張に見ることができる。このように、より広い概念へと拡張すれば、より斉一的に自然を捉えられるという科学の発展から、科学は常に進化途上にあると言える。(4)最終理論は永遠に得られないのである。

　もう一つの科学の方法である帰納法は、主として実験・観測的分野で採用されている方法で、個々の特殊で具体的な事象の共通性と異質性を弁別する中で、普遍的な法則や命題や原理を導き出そうとする思考法である。これをキャッチフレーズ風に言えば「特殊から普遍に至る」ということになる。変わった動物・植物・鉱物などのサンプルを多数蒐集（しゅうしゅう）して標本とし、共通する性質で分類するという博物学に起源がある。科学革命が進行し始める中で、与えられた条件下での現象の観測・観察に止（とど）まらず、環境条件を自ら設定して自然を振る舞わせる実験へと一歩進めたフランシス・ベーコン*が帰納法を提唱したと言われる。

　具体的な自然を相手にした実験・観測によって得られた事実を足場

躍している、とかを総合判断するうちにその論文の優劣の理由が明らかになってくる。科学は、出発点である直感の意外性、理論を組み上げる論理性、導かれる結論の強固性の三つが揃って初めて楽しむことができ、それらを満足させないと安心できないのである。逆に言えば、三つの要素が簡潔に表現された論文には美を感じ、要点だけを抜き出したコンパクトな数学的記述を見ると、それだけで科学的真実が記述されていると思ってしまうのだ。

　物理学者誰もが一致して美しいと推薦するだろう方程式を挙げておこう。

ニュートンの運動方程式　熱力学第一法則（熱エネルギー保存則）
マクスウェルの電磁場方程式　アインシュタインの一般相対性理論
シュレジンガー方程式　ディラックの相対論的電子の方程式
ボルツマン方程式　フォッカー＝プランク方程式

　いずれも、物理量の時空間における振る舞いを記述しており、余分なものが剥ぎ取られ簡潔にして要なのである。時間についての初期条件と空間についての境界条件を変えることで、実に多様な現象に適用できる。むろん、適用範囲が広いからこれらの方程式が重要と見做し、それ故に美しいと誤認している可能性も否定できない。私たちは、多くの役に立てば立つほど愛おしく思い、そのパフォーマンスの多様さを美と解釈してしまう癖があるからだ。＊大杉栄は「美はただ乱調にある。諧調は偽りである」と言ったそうだが、方程式の美は「ただ諧調にある」のである。

　物理学者なら誰しもが、自分の名前が付くような方程式を発見したいと望んでいるが、それはほんの限られた天才以外には不可能である。(2)だから、凡庸な私たちは、偉大な方程式をさまざまな現象に適用して、その美をさらに磨き上げるほんの一助をするのがせめてもの役割なのだろう。

　科学とは、一方で「自然が見せる多様な現象」があり、他方で「現象を過不足無く説明できる原理や法則」があって、この二つをいかに整合的に結び付けるかについての人間の知的営みと言えるだろう。端的に言えば、「自然現象」と「説明原理」との関係のことで、それを明快に結び付けた言説のことを便宜上「真実」と呼んでいるのである。

　その科学の営みには二つの方法があり、一つは「説明原理」から「自然現象」を導く演繹法、もう一つは逆の「自然現象」から「説明原理」へと遡る帰納法である。一般に人間はどちらか一方の思考法を得意としており、科学者個々人はその性格に応じていずれかの方法を採用している。

　演繹法とは、自らが普遍的と考える前提(原理、仮説)から出発し、論理を合理的に正しく展開することを通じて、最終的に特殊な結果(自然現象、実験や計算結果)に到達するという理論家が採用する思考法で、数学の証明がその典型である。キャッチフレーズ風に言えば「普遍から特殊へ」となる。＊アリストテレスが、誰もが承認する公理から出発して現実に生じている諸現象を解釈したことに起源がある。アインシュタインの特殊・一般の二つの相対性理論は、原理と論理の組み立てのみで創り上げた純粋に演繹的方法の産物と言われている。

を対比して描き、ステージがどうやって創られるかということを、解説するように読者に伝えている。

エ　桐絵の心理描写を中心にストーリーが進行されているが、多くの登場人物の会話を取り入れることで、それぞれの人物の思いが的確に表現されている。

3

次の文章を読んで、あとの各問に答えよ。（*印の付いている言葉には、本文のあとに〔注〕がある。）

イギリスの著名な物理学者であるゴールド*がアインシュタインと会見する機会があったとき、自分では気に入っていて自信のある方程式を彼に示して、「どう思われますか?」と問うた。(1)アインシュタインは方程式を眺めてしばらく沈黙した後、「なんとまあ汚い」と述べたのみであったという。アインシュタインの物理観は、理論は多くの状況に対応し得る普遍性を含んでいる上に、簡潔に表現されていなければならないというものであり、前者は満たしていたが、後者の審美眼の基準には合格しなかったのである。

これはアインシュタインだけでなく、すべての物理学者が共有している理論の良否の判断基準であり、数少ない仮説の下で／可能な限り簡潔な表現で／普遍的な意味を内包する理論、そんな理論こそが最高であると考えている。これを「オッカムの剃刀*」と言う。それはその理論の真実性（真贋）を保証しているのではないけれど、「普遍にして簡潔」という基準を満たさなければ真実に遠いと思ってしまうのだ。実際、自分が考案した長々とした方程式について、自分ながら正しいと思えなかったという経験がある。自然はムダをしない、自然は節約をする、自然は饒舌ではない、自然は単純を好む、という「オッカムの剃刀」の判断基準（精神）を正しいとする感覚が働いているためで、その感覚が正しいという先見的理由はないが、やはり真実はそういうものだろうと思ってしまう。

実際、これまでの物理学の歴史はその感覚が当を得ていることを証明してきた。最小作用の原理は、自然は作用が最小となる経路を採るとする原理であり、古典力学や量子力学はこれに従って組み立てられている。なぜ、この原理を採用すべきか証明できないのだが、物理学の指導原理として正しいことを認めざるを得ない。最も単純で簡明であるからこそ、最も多様な展開が可能となるのだろうか。

私たちが「オッカムの剃刀」と言っているのは、自然は虚飾を好まないという単純化の原理のことであり、これまでに成功してきた理論の基本方程式の美しさとして表現されていると言えるかもしれない。ここで「美しさ」という、論理的ではなく感性的な言葉を使ったが、人間は美しいものを見ると楽しさを感じるものである。だから、提案された理論を物理学者が見て、直感的に「これはホンモノだな」とか「これはウソ臭いな」と判断するのは、それを見て楽しさを感じるかどうかなのではないかと思う。その感覚こそ物理学者に共通する理論への審美眼の一種であり、まだ詳細を調べていないにもかかわらず、概ね真実を穿っていることを多く経験している。なぜ、そうなのか直ちには説明できないが、審美眼（美的感覚）は物理の本質を見抜く重要な要素なのである。

論文を読んでいるうちに、論理に矛盾や飛躍があって整合的でないとか、些細な部分だが実験事実との食い違いに気づくとか、結論が飛この表現から読み取れる高尾の様子として最も適切なのは、次のうちではどれか。

ア　真由とミチルを心配して助力を願っていた桐絵の期待に応えられたことと、新しいスターが誕生する場面に立ち会えたことに、大きな喜びを表している。

イ　歌と踊りと演奏が一体化したステージに手応えを感じ、もっと周囲の反応を引き出そうと考えて、ふだんはいがみ合っている二人に協力するよう命じている。

ウ　真由とミチルなら代役を十分に果たせるとの予想が的中し、自分の助言も的確であったことに満足して、ためらうことなくこのまま続けて歌うよう促している。

エ　代役として期待していなかった二人の活躍を褒めるとともに、オーケストラに合図を送って、フルコーラスを歌う機会を与えることで感謝の念を示そうとしている。

〔問5〕(5)プロデューサーが苦笑いしながらオケをふり向く。とあるが、このときのプロデューサーの気持ちに最も近いのは、次のうちではどれか。

ア　真由とミチルに大きな期待は持っていなかったが、二人の才能を踏まえて行動した高尾に感心する気持ちになっている。

イ　城田の言葉に従って真由とミチルに経験を積ませようと考えたが、二人の予想以上の才能に驚きの気持ちを感じている。

ウ　全く期待していなかった二人の歌唱力の高さに驚きつつも、周囲の人たちが送る賛辞の大きさに戸惑いの気持ちを感じている。

エ　二人はあくまでリハーサルの代役に過ぎないのに、わざわざフルコーラスを演奏した高尾にあきれる気持ちになっている。

〔問6〕(6)満面の笑みのまま隣に立つ相手を見やったかと思うと、慌てたように表情を引っこめて、ぷいっと顔を背ける。とあるが、この表現から読み取れる真由とミチルの様子として最も適切なのは、次のうちではどれか。

ア　歌っている間は相手への不信感を隠して笑顔でいられたが、互いの顔を見ると抑えきれずに態度に表れている。

イ　日ごろ反発している相手といつの間にか協力して歌っていたことに今さら気が付いて、互いに相手を意識している。

ウ　納得のいくパフォーマンスができたのはすべて相手のお陰だと感謝の念を抱いたが、照れくささを感じて素直になれないでいる。

エ　練習の成果を周囲の人たちに認めてもらえたことを喜びつつも、自分一人でもやれると互いに相手を邪魔に思っている。

〔問7〕本文の内容や表現について述べたものとして最も適切なのは、次のうちではどれか。

ア　桐絵以外の登場人物の心情の変化を詳細に描くことは避けて、桐絵からの視点に限定して描写することで、人間関係がはっきりと見えるようになっている。

イ　「!」や「?」を用いることで感情の変化が明確になっており、特に桐絵の繊細な心情の移り変わりと、真由とミチルの複雑な感情が読み取りやすくなっている。

ウ　スポットライトを浴びる人たちとそれを裏で支える人たちと

に表情を引っこめて、ぷいっと顔を背ける。

ふだんでも、せめてこれくらいの距離感でいてくれたらいいのに、と桐絵は思った。仲良くなれとは言わない。ただ、つっかかったり煽ったり、無視したり仏頂面でいるのをやめて、お互いの才能を認めた上で良いライバルになれたらいちばんいいのに。

（村山由佳「星屑」による）

〔注〕オケ――オーケストラの略。
城田さん――ミチルと真由が所属するプロダクションの大物演歌歌手。

〔問1〕(1)やがて万里子が下手へ去り、次の歌手が現れて歌いだす間に、桐絵はまず自分の気持ちを鎮めようと必死になって深呼吸をした。とあるが、桐絵が「自分の気持ちを鎮めよう」としたわけとして最も適切なのは、次のうちではどれか。

ア　思いがけない事態に緊張してしまっていたが、二人にとっての大きなチャンスと受け止めて最大限利用しようと考えたから。

イ　城田は真由とミチルの未熟さを知らないが、二人の状態を理解している自分は恥をかく覚悟をしなければならないと考えたから。

ウ　大事な時に上司の峰岸がいないことを腹立たしく思ったが、結局頼れるのは峰岸だけなので怒りを抑えようと考えたから。

エ　突然の出来事に対して動揺しているが、真由とミチルのためにもマネージャーとして自分が冷静である必要があると考えたから。

〔問2〕(2)思いきって、真由とミチルの背中を押す。とあるが、このときの桐絵の気持ちに最も近いのは、次のうちではどれか。

ア　日ごろ反目している二人に大きな不安を抱いているが、迷っている場合ではないことを自覚してあえて力強く二人を励ます気持ち。

イ　緊張感のある苦しい状況ではあるが、困難を乗り越えることでスターへの第一歩を踏み出せると二人に期待する気持ち。

ウ　初めての経験ではあるが才能がある二人なので、ステージを楽しむことさえできれば問題ないと自信を深めている気持ち。

エ　才能があると思っている二人をプロデューサーが子ども扱いしているので、なんとか見返してやりたいと意気込む気持ち。

〔問3〕(3)真由とミチルが、きょとんとした顔で、言われたとおり入れ替わる。とあるが、この表現から読み取れる真由とミチルの様子として最も適切なのは、次のうちではどれか。

ア　自分たちでも気になっていたことをはっきり言われたので、納得して行動する様子。

イ　突然指を差されて言われたので慌ててしまい、間が抜けた表情で行動する様子。

ウ　なぜ入れ替わるのか理由はわからないが、とりあえず指示のままに行動する様子。

エ　予想外に厳しい口調で指摘されて、反感を持ちながらも仕方なく行動する様子。

〔問4〕(4)おおー、と拍手が沸く中、高尾がニヤリとこちらをふり返り、戸惑う二人に向かって顎をしゃくってよこす。とあるが、こちらをふり返り、戸惑う二人に向かって顎をしゃくってよこす。

はっきりと視線を交わし合った真由とミチルが、笑み崩れながら二番を歌い始めた。

信じがたい光景を、桐絵は息を吞んで見つめていた。まさかあの二人が——犬と猿とまで言われた真由とミチルが、ともに笑顔で歌って踊る場面がめぐってこようとは。

こんな奇跡のような出来事はもう二度と起こらない。後にも先にもこれっきりだ。間が悪いというのか何というのか、どうしてこういう時に限って峰岸はいないのか。あの尊大な男がこれを見たらどれほどびっくりしたことか、口をぽかんと開けてステージを見上げる横顔までありありと思い浮かんで、桐絵は、実際にそれを見られなかったことが悔しくてたまらなかった。

とうとう二番のサビまで完璧に歌い終えた少女たちが、演奏終了に合わせてぴたりとポーズを決めたとたん、周りから今日一番の拍手が湧き起こった。はにかみながら四方へお辞儀をする二人に、すごいすごい、良かったよ、とねぎらいの声も飛ぶ。

「ニクいねえ、高尾先生。フルコーラスのサービスとはこれまた。」

(5)プロデューサーが苦笑いしながらオケをふり向く。

「だって、きみたちも見たかったろう？　途中で止めたりしたらきっと大ブーイングだ。」

指揮棒を手にした高尾が身体を揺らして笑った。

「二人とも、ご苦労さんだったね。素晴らしいパフォーマンスだった。」

上気した頰の二人がそれぞれに強く頷いて、頭を下げる。

「ありがとうございました！」

「はい、お疲れさん。」

もう下がっていいよ、とプロデューサーに言われて舞台袖の階段を下りてくる真由とミチルを、桐絵は両腕を大きく広げて迎えた。

「素晴らしかったわよ、あなたたち！」

「ほんと？」

とミチル。

「もちろんよ。二人とも、最高に光り輝いてた。見てて涙が出ちゃった。」

「何それ、親戚のオバサンじゃあるまいし。」

さっそく憎まれ口を叩く真由も、そのじつ、晴れがましさを隠しきれずに小鼻がぴくぴくしている。

同じ代役でも、他の歌手の代わりでは決してこうはいかなかった。二人ともが筋金入りのピンキーガールズ・ファンだからこそ、歌のパートも振り付けも完璧に覚えていて、皆の前で堂々と披露することができたのだ。

「あなたたちこそ、どうだった？」二人を見比べながら、桐絵は訊いた。

「スポットライトを浴びてみた感想は？」

「楽しかった！」

と真由。

「もう、最高！」

とミチル。

(6)満面の笑みのまま隣に立つ相手を見やったかと思うと、慌てたようている足もとの床に小さい×印を貼りつける。

カメラに映りにくく、観客からも見えにくいその印は〈バミリ〉と呼ばれる。場を見る、からきた言葉かもしれない。生放送の開始より前にピンキーガールズが到着したら、立ち位置だけ確認してもらった上で×印を剥がすのだろうが、もし放送開始後の到着となった場合は貼ったままだ。

こういうことはしょっちゅう起こる。桐絵自身、様々なタレントたちを送迎する中で何度も遭遇した。マネージャーや付き人がいる以上、タレント自身の理由による遅刻はむしろ稀で、たいていは前の番組が押したり道路が渋滞していたりといった事情なのだが、一緒に移動しているとこちらまで胃に穴が空きそうになる。

息せき切って局や会場へ駆けつけ、ぶっつけ本番でステージ上へ出ていって、目の端でバミリを確認しながら最高のパフォーマンスを見せる歌手たち。

その姿を目にするたび、ああ、かなわない、と思う。年齢も性別も関係ない。何があっても尻込みすることなくスポットライトの真下へ出てゆけるという時点で、彼らはまぎれもなくスターなのだ。

マイクが二本、真由とミチルのそれぞれに手渡される。

プロデューサーがオケのほうをふり向いた。

「じゃあ、高尾先生！　お願いしますよ。」

先程から、真由とミチルを眺めながらずっとにこにこしていた高尾が、二人に向かって人差し指を振った。

「きみたち、並び順はそれでいいのかな。」

え、と二人がまた顔を見合わせる。

「逆のほうがいいと思うよ。」

(3)真由とミチルが、きょとんとした顔で、言われたとおり入れ替わる。

「よし、始めよう。」高尾はおごそかに言った。「うまく歌おうなんて思わなくていいからね。ただ、できるだけ振りもつけて思いっきり歌ってくれると、僕らもカメラさんも、みんなが助かる。頼んだよ。」

オケのほうへ向き直った高尾が、スッとタクトを振り上げる。振り下ろすと同時に、耳に馴染んだヒット曲のイントロが流れだした。

マイクを握った二人ともが、緊張の面持ちで、けれど少しはにかみながら踊り出す。

桐絵は、目を瞠った。まるでこの日のために練習してきたかのようだ。ステップも、手の動きも、振り付けを忠実になぞっている。

さらには歌いだしたとたん、周囲からどよめきと歓声が上がった。上のパートが真由、下がミチル、迷いもなく二声に分かれている。完璧なハーモニーと言っていい。

ピンキーガールズの二人のうち、観客席から見て左がユウ、右がマイ。マイのほうが低いパートを歌う。この並び順でなければ、真由もミチルも、こうまで迷いもなく自分の声に合ったパートを歌うことはできなかったはずだ。桐絵は舌を巻いた。高尾がわざわざ立ち位置を入れ替わらせたのはこのためか。

互いにタイミングをはかろうと、二人ともマイク越しに何度も目と目を見交わす。周りの歓声が届くたび、緊張がほぐれて笑みがこぼれ出す。サビまで含めてワンコーラスが終わり、どちらもが名残惜しそうにマイクを持つ手を下ろしかけたのに、なんと、オケはそのまま続けて間奏を奏で始めた。(4)おおー、と拍手が沸く中、高尾がニヤリとからけっこう頼ってしまっていることを思い知らされる。
「どうしよう。」
真由がすがるような目を向けてくる。
「ねえ、どうする？　どうすればいいの？」
犬猿の仲のはずのミチルにまで話しかける。めずらしく素直だ。
下唇をぎゅっと噛みしめていたミチルが、そちらを見て、次に桐絵を見た。
やがて、低い声で言った。
「やるしか、なか。」
「ミチル。」
「うん。こうなったら、うちらがやるしかなかろうもん。大丈夫、リハーサルやろ？　テレビに出るわけやないけん。」
後半は真由に向かって言い切る。
そうこうするうちに、出番が来てしまったようだ。
「さあて、そこの二人。こっちへ上がってきてもらおうか。」プロデューサーが手招きする。「大丈夫、取って食いやしないよ。」
声と口調は優しい。まだ十代半ばの少女たちを相手に、子どもをあやすように笑いかけてくれる。
「二人とも、ピンキーガールズの歌は知ってるだろ？　オケの演奏に合わせて、適当に歌ったりリズム取ったりしてくれたらそれでいいから。――さあ、ほら、急いで。」
急いで、の言葉に、桐絵の身体は反応した。番組プロデューサーが急げと言ったら、それは絶対なのだ。出演者一人ひとりの都合など二の次だ。

(2)思いきって、真由とミチルの背中を押す。
「さ、行きなさい。」
「桐絵さん……。」
「そうよ、大丈夫。あんたたち、ピンキーガールズの大ファンでしょ。こんなのって最高の機会じゃないの。せっかくだもの、うんと楽しんでおいで。」
真由とミチルが、目と目を見交わす。この緊急事態を前に、初めて協力する気になったようだ。かすかに頷き合って、真由、ミチルの順に袖の階段を上がり、プロデューサーに手招きされるままステージ中央に並んで立つ。
まぶしいスポットライトの下、見た目の印象も、服装も、まったく違う二人が並ぶのを、桐絵は固唾を呑んで見つめた。勇ましいことを言って送り出したものの、今にも心臓が止まりそうだ。
こうなると、舞台の奥でオケの指揮をするのが、ふだんから馴染みの高尾良晃であることがたまらなくありがたい。祈る思いで見上げる桐絵の視線を受け止めて、高尾が頷いてよこす。かすかに笑ったようだ。
観客席から向かって右の上手側に真由、下手側にミチルが立っている。中学生にしては背の高い真由と、高校生にしてはやや小柄なミチルとで、見た目にはちょうどバランスが取れている。
「もうちょっと、こっちへ寄ってくれるかな。はい、そこでオッケー。」
二人に指図しながら、プロデューサーが袖へと呼びかけた。
「おい、ここバミっとけ！」
若いディレクターがビニールテープを手に飛んできて、二人の立っ

＜国語＞

時間　五〇分　満点　一〇〇点

【注意】 答えは**特別の指示**のあるもののほかは、各問の**ア・イ・ウ・エ**のうちから、最も適切なものをそれぞれ**一つずつ**選んで、その記号を書きなさい。また、答えに字数制限がある場合には、**、や。や「などもそれぞれ一字と数えなさい。**

1 次の各文の――を付けた漢字の読みがなを書き、かたかなの部分に当たる漢字を楷書で書け。

(1) 山肌に地層が露呈している。

(2) 寸法に合わせて布地を裁つ。

(3) 訓練のためにサイレンを吹鳴する。

(4) 全国に救援物資を逓送する体制を整える。

(5) 学校の伝統はレンメンと受け継がれている。

(6) 世界経済は安定したままショウコウを保っている。

(7) 合図と同時にイチモクサンに走り出した。

(8) 思春期では理性と感情がニリツハイハンすることは珍しくない。

2 次の文章を読んで、あとの各問に答えよ。（＊印の付いている言葉には、本文のあとに〔**注**〕がある。）

（大手プロダクションでレッスンを受ける十六歳のミチルと十四歳の真由（まゆ）は、マネージャーの桐絵（きりえ）と共に歌番組の見学をしていたところ、リハーサルに間に合わない人気デュオ、ピンキーガールズの代わりにステージに立つよう頼まれる。）

いきなり何を言いだしてくれるのだ、と桐絵は震えた。これはあくまでもリハーサルだし、舞台に立つのは＊オケやカメラが一応の感覚をつかむためであって、実際にテレビに映るわけではない。が、真由もミチルも、まだまだ未熟もいいところなのだ。人前で、しかも名だたる歌手たちのそろっている前で、歌を披露できるような状態にはない。

「＊城田（しろた）さん、あの……。」

桐絵は舞台を見上げて言った。つい、懇願するような口調になってしまう。

「お気持ちはありがたいんですが、さすがにこの子たちはまだ、」

「お気持ち？　何をばかなこと言ってんの。」

ぴしゃりと遮られた。

「あなたたちのためなんかじゃないわよ。後学のために見学させて頂いてるんなら、隅っこに突っ立ってるだけじゃなくて、ちょっとくらい番組のために協力しなさいって言ってるの。」

桐絵の隣で、真由がごくりと唾を飲みこむ。その向こう側に立つミチルもまた緊迫の面持ちだ。

「よし、わかった。じゃあ、そこのお二人さんに頼むとしよう。ちょっと待ってて。」

プロデューサーが言い、また城田万里子（まりこ）との打ち合わせに戻る。

(1)やがて万里子が下手へ去り、次の歌手が現れて歌いだす間に、桐絵はまず自分の気持ちを鎮（しず）めようと必死になって深呼吸をした。

こんな時に限って峰岸（みねぎし）がいない。何かと腹の立つ上司だが、ふだん

大切なことはメモしておこうネ！

T.G

2023 年 度

解　答　と　解　説

《2023年度の配点は解答欄に掲載してあります。》

＜数学解答＞

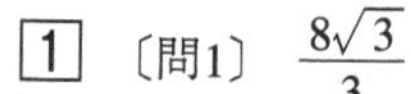

1 〔問1〕 $\frac{8\sqrt{3}}{3}$

〔問2〕 $a=4$，$b=-2$

〔問3〕 $-\sqrt{2}$

〔問4〕 $\frac{1}{9}$

〔問5〕 110度

〔問6〕 右図

2 〔問1〕 $y=\frac{1}{2}x+\frac{5}{2}$

〔問2〕 (1) 10cm （途中の式や計算は解説参照）

(2) $\frac{5}{9}$

3 〔問1〕 ① ソ　② ク　③ オ　④ イ　⑤ ア　⑥ カ　⑦ ト

〔問2〕 4cm^2

〔問3〕 6cm

4 〔問1〕 $4\sqrt{15}$cm

〔問2〕 (1) $12\sqrt{2}\text{cm}^2$　(2) $\frac{198\sqrt{7}}{7}\text{cm}^3$

○配点○

1 〔問2〕 各3点×2　〔問6〕 7点　他 各5点×4

2 〔問2〕(1) 10点　他 各7点×2

3 〔問1〕 各1点×7　他 各7点×2

4 〔問2〕(2) 8点　他 各7点×2　計100点

＜数学解説＞

1 （平方根，連立方程式，式の値，確率，円の性質と角度，作図）

〔問1〕 $\sqrt{8}\times\sqrt{6}+\frac{\sqrt{12}}{3}-\frac{4}{\sqrt{3}}-\sqrt{\left(-\frac{2}{\sqrt{3}}\right)^2}=2\sqrt{2}\times\sqrt{6}+\frac{2\sqrt{3}}{3}-\frac{4\sqrt{3}}{3}-\sqrt{\frac{4}{3}}=4\sqrt{3}+\frac{2\sqrt{3}}{3}-\frac{4\sqrt{3}}{3}-\frac{2\sqrt{3}}{3}=\frac{8\sqrt{3}}{3}$

〔問2〕 $2x-3y=18$…①，$ax+by=20$…②，$5x+2y=7$…③，$bx-ay=10$…④とする。①，③を連立方程式として解く。③×3＋①×2より，$19x=57$　$x=3$　これを③に代入して，$15+2y=7$　$y=-4$　$x=3$，$y=-4$を②，④に代入すると，$3a-4b=20$…②′　$4a+3b=10$…④′　②′，④′をa，bについての連立方程式として解く。④′×4＋②′×3より，$25a=100$　$a=4$　これを④′に代入して，$16+3b=10$　$b=-2$

基本　〔問3〕 $x+y=\frac{-3+\sqrt{2}}{2}+\frac{-3-\sqrt{2}}{2}=-3$，$x-y=\frac{-3+\sqrt{2}}{2}-\frac{-3-\sqrt{2}}{2}=\sqrt{2}$より，$x^2-y^2-4y-6=(x+y)(x-y)-4(y+1)-2=-3\times\sqrt{2}-4\times\left(\frac{-3-\sqrt{2}}{2}+1\right)-2=-3\sqrt{2}-4\times\frac{-1-\sqrt{2}}{2}-2=-3\sqrt{2}+2+2\sqrt{2}-2=-\sqrt{2}$

〔問4〕 大小2つのさいころの目の出方は，全部で，$6\times6=36$(通り)　そのうち，$2a+5b$が11の倍数となるのは，$(a,\ b)=(1,\ 4)$，$(3,\ 1)$，$(4,\ 5)$，$(6,\ 2)$の4通り。よって，求める確率は，$\frac{4}{36}=\frac{1}{9}$

〔問5〕 $\angle\mathrm{ACD}=a°$，$\angle\mathrm{ABE}=b°$とすると，等しい弧に対する円周角は等しいから，$\angle\mathrm{ACB}=2a°$，$\angle\mathrm{ABC}=2b°$　△ABCで，内角の和は180°だから，$40+2a+2b=180$　$a+b=70$　$\angle\mathrm{DAB}=\angle\mathrm{ACD}=a°$，$\angle\mathrm{CAE}=\angle\mathrm{ABE}=b°$より，$\angle\mathrm{DAE}=40°+(a+b)°=40°+70°=110°$

〔問6〕 △OPQは二等辺三角形だから，∠POQの二等分線と直線ℓは垂直になる。(手順)① ∠AOBの二等分線をひく。 ② 点Cから①の半直線に垂線をひく。 ③ ②の直線と線分OA，OBとの交点をそれぞれP，Qとする。

2 (図形と関数・グラフ，直線の式，線分の長さ，面積の比と座標)

基本　〔問1〕 点Aのy座標は，$y=2x^2$に$x=-1$を代入して，$y=2\times(-1)^2=2$　よって，A$(-1,\ 2)$　点Pのx座標は，$y=\frac{2}{9}x^2$に$y=2$を代入して，$2=\frac{2}{9}x^2$　$x^2=9$　$x>0$より，$x=3$　よって，P$(3,\ 2)$　点Bの座標を$(s,\ 2s^2)$とすると，$\triangle\mathrm{APB}=\frac{9}{4}\mathrm{cm}^2$のとき，$\frac{1}{2}\times\{3-(-1)\}\times(2s^2-2)=\frac{9}{4}$　$4(s^2-1)=\frac{9}{4}$　$s^2=\frac{25}{16}$　$s>0$より，$s=\frac{5}{4}$　よって，B$\left(\frac{5}{4},\ \frac{25}{8}\right)$　直線ℓの式は，傾きが，$\left(\frac{25}{8}-2\right)\div\left\{\frac{5}{4}-(-1)\right\}=\frac{9}{8}\div\frac{9}{4}=\frac{1}{2}$より，$y=\frac{1}{2}x+b$とおいて，点$(-1,\ 2)$を通るから，$x=-1$，$y=2$を代入して，$2=\frac{1}{2}\times(-1)+b$　$b=\frac{5}{2}$　したがって，$y=\frac{1}{2}x+\frac{5}{2}$

〔問2〕 (1) (例)点Aのx座標を$-t(t>0)$とする。y座標は$\frac{t^2}{2}$　よって，点Pのy座標も$\frac{t^2}{2}$，x座標は$\frac{3}{2}t$　点Bと点Pのx座標が等しいとき，$\angle\mathrm{APB}=90°$　直線ℓの傾きが1なので，△APBは直角二等辺三角形となる。したがって，AP＝BPとなればよい。点Bのx座標は$\frac{3}{2}t$，y座標は$\frac{9}{8}t^2$である。よって，$\mathrm{AP}=\frac{5}{2}t$，$\mathrm{BP}=\frac{5}{8}t^2$である。AP＝BPになるには，$\frac{5}{8}t^2=\frac{5}{2}t$　両辺を$\frac{8}{5}$倍して，$t^2=4t$　$t^2-4t=0$　$t(t-4)=0$　$t>0$より，$t=4$となる。よって，$\mathrm{AP}=\frac{5}{2}\times4=10$

重要　(2) 直線ℓとy軸との交点をCとすると，C$\left(0,\ \frac{1}{6}\right)$　点Aのy座標は，$y=\frac{1}{2}x^2$に$x=-\frac{1}{3}$を代入して，$y=\frac{1}{2}\times\left(-\frac{1}{3}\right)^2=\frac{1}{18}$　よって，A$\left(-\frac{1}{3},\ \frac{1}{18}\right)$　点Pのx座標は，$y=\frac{2}{9}x^2$に$y=\frac{1}{18}$を代入して，$\frac{1}{18}=\frac{2}{9}x^2$　$x^2=\frac{1}{4}$　$x>0$より，$x=\frac{1}{2}$　よって，P$\left(\frac{1}{2},\ \frac{1}{18}\right)$　点Pを通り直線ℓに平行な直線mとy軸との交点をRする。直線mの式は，傾きが$\frac{1}{3}$より，$y=\frac{1}{3}x+c$とおいて，点P$\left(\frac{1}{2},\ \frac{1}{18}\right)$を通るから，$x=\frac{1}{2}$，$y=\frac{1}{18}$を代入して，$\frac{1}{18}=\frac{1}{3}\times\frac{1}{2}+c$　$c=-\frac{1}{9}$　よって，$y=\frac{1}{3}x-\frac{1}{9}$　したがって，

$R\left(0,\ -\frac{1}{9}\right)$　平行線と面積の関係により，$\triangle APB=\triangle ARB$だから，$\triangle APB:\triangle ABQ=5:7$のとき，$\triangle ARB:\triangle ABQ=CR:CQ=5:7$　点Qのy座標をqとすると，$\left\{\frac{1}{6}-\left(-\frac{1}{9}\right)\right\}:\left(q-\frac{1}{6}\right)=5:7$　$5\left(q-\frac{1}{6}\right)=7\times\frac{5}{18}$　$q=\frac{5}{9}$　以上より，点Qのy座標は$\frac{5}{9}$

3　(平面図形，証明，面積，線分の長さ)

〔問1〕 頂点Bを含まない$\overset{\frown}{AD}$において，①<u>円周角の定理</u>より，$\angle ABD=\angle$②<u>ACD</u>　頂点Aを含まない$\overset{\frown}{BC}$において，<u>円周角の定理</u>より，$\angle BAC=\angle$③<u>BDC</u>　$\triangle ABP$において，$\angle BAP+\angle$④<u>ABP</u>$=90^\circ$　また，$\angle$<u>ABP</u>$+\angle CBP=90^\circ$　このことから，$\angle BAP=\angle$⑤<u>CBP</u>より，$\angle CDP=\angle$<u>CBP</u>　また，$\angle CDP+\angle DCP=90^\circ$より，$\angle$<u>CBP</u>$+\angle BCP=90^\circ$　このことから，$\angle DCP=\angle$⑥<u>BCP</u>となる。$\triangle BCD$において，線分CPは$\angle DCB$の二等分線で，線分BDに垂直だから，$\triangle PCB$と$\triangle PCD$において，$\angle CPB=\angle CPD=90^\circ$…(1)，$\angle DCP=\angle$<u>BCP</u>，CPは共通である。よって，1組の辺とその両端の角がそれぞれ等しいから，$\triangle PCB\equiv\triangle PCD$である。$\triangle BCD$は，⑦<u>二等辺三角形</u>であり，$BP=DP$…(2)である。(1)，(2)より，点Dは，線分ACを対称の軸として頂点Bと線対称である。

重要　〔問2〕 円周角の定理により，$\angle CEA=90^\circ$であり，$BC=EA$より，直角三角形の斜辺と他の1辺がそれぞれ等しいから，$\triangle ABC\equiv\triangle CEA$である。よって，向かい合う2組の辺が等しく，$\angle ABC=90^\circ$だから，四角形ABCDは長方形である。$\triangle BCP$と$\triangle ACB$において，$\triangle BCD$は二等辺三角形より，$\angle PBC=\angle BDC$　$\overset{\frown}{BC}$に対する円周角は等しいから，$\angle BAC=\angle BDC$　よって，$\angle PBC=\angle BAC$…(3)　$\angle BPC=\angle ABC=90^\circ$…(4)　(3)，(4)より，2組の角がそれぞれ等しいから，$\triangle BCP\backsim\triangle ACB$　よって，$CP:CB=BC:AC$　ここで，$\triangle ABC$で，三平方の定理により，$AC^2=AB^2+BC^2=8^2+4^2=80$　$AC>0$より，$AC=\sqrt{80}=4\sqrt{5}$(cm)なので，$CP:4=4:4\sqrt{5}$　$4\sqrt{5}CP=16$　$CP=\frac{4\sqrt{5}}{5}$(cm)　$EC/\!/AB$より，三角形と比の定理により，$CQ:AB=CP:AP$　$CQ:8=\frac{4\sqrt{5}}{5}:\left(4\sqrt{5}-\frac{4\sqrt{5}}{5}\right)$　$CQ:8=\frac{4\sqrt{5}}{5}:\frac{16\sqrt{5}}{5}=1:4$　$CQ=2$(cm)　したがって，$\triangle ACQ=\frac{1}{2}\times CQ\times AE=\frac{1}{2}\times2\times4=4$(cm^2)

やや難　〔問3〕 $\angle BCE=90^\circ$より，線分BEは円Oの直径であり，$\angle BDE=90^\circ$　2組の角がそれぞれ等しいから，$\triangle ABC\backsim\triangle APB$なので，$CB:BP=AC:AB$　$4:BP=4\sqrt{5}:8$　$4\sqrt{5}BP=32$　$BP=\frac{8\sqrt{5}}{5}$(cm)　$BE=AC=4\sqrt{5}$cm，$BD=2BP=2\times\frac{8\sqrt{5}}{5}=\frac{16\sqrt{5}}{5}$(cm)なので，$\triangle BDE$で，三平方の定理により，$DE^2=BE^2-BD^2=(4\sqrt{5})^2-\left(\frac{16\sqrt{5}}{5}\right)^2=\frac{144}{5}$　$DE>0$より，$DE=\frac{12\sqrt{5}}{5}$(cm)　$\angle BDE=\angle BPA=90^\circ$より，同位角が等しいから，$ED/\!/AC$　よって，三角形と比の定理により，$RE:RA=ED:AC$　$RE:(RE+4)=\frac{12\sqrt{5}}{5}:4\sqrt{5}=3:5$　$5RE=3(RE+4)$　$2RE=12$　$RE=6$(cm)

4　(空間図形，線分の長さ，面積，体積)

基本　〔問1〕 $\triangle DEF$は二等辺三角形だから，辺EFの中点をMとすると，$DM\perp EF$である。$\triangle DEM$で，三平方の定理により，$DM^2=DE^2-EM^2=8^2-6^2=28$　$DM>0$より，$DM=\sqrt{28}=2\sqrt{7}$(cm)　$\triangle DHM$で，三平方の定理により，$DH^2=DM^2+HM^2=(2\sqrt{7})^2+(6-2)^2=44$　$DH>0$より，$DH=\sqrt{44}=2\sqrt{11}$(cm)　$\triangle OHD$で，三平方の定理により，$OH^2=OD^2+DH^2=(8+6)^2+(2\sqrt{11})^2=240$　$OH>0$より，$OH=\sqrt{240}=4\sqrt{15}$(cm)

〔問2〕 (1)　問1と同様に辺EFの中点をMとする。△DHMで，三平方の定理により，$DH^2 = DM^2 + HM^2 = (2\sqrt{7})^2 + (6-4)^2 = 32$　DH＞0より，$DH = \sqrt{32} = 4\sqrt{2}$(cm)　GQ＝PG＝6cmより，GQ＝OA，GQ//OAなので，向かい合う辺が等しくて平行なので，四角形OGQAは平行四辺形である。よって，OG//AQ　平行線と面積の関係から，
$\triangle APQ = \triangle AOQ = \frac{1}{2} \times OA \times DH = \frac{1}{2} \times 6 \times 4\sqrt{2} = 12\sqrt{2}$(cm²)

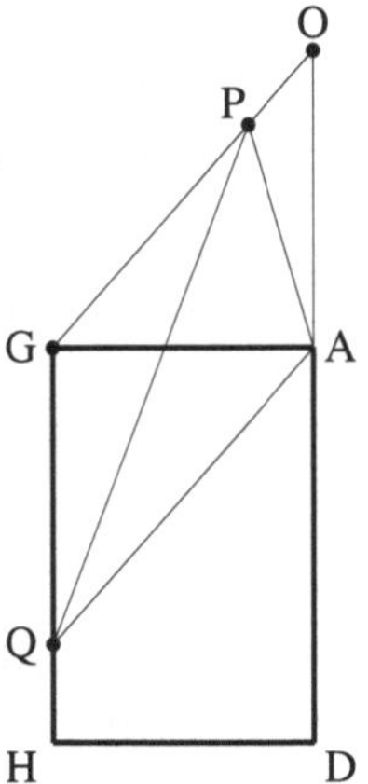

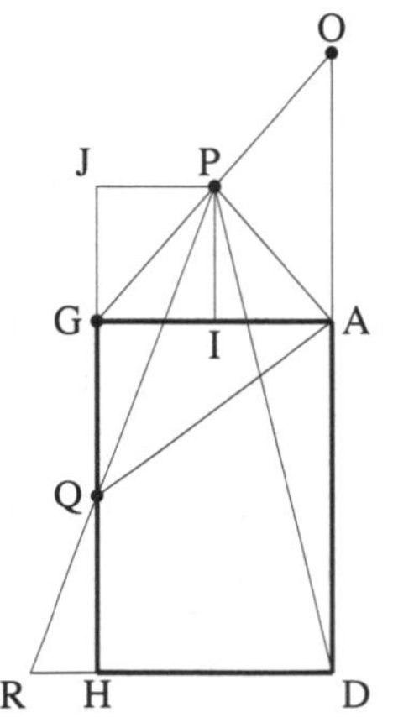

やや難
(2)　点G，Hはそれぞれ辺BC，EFの中点だから，$AG = DH = DM = 2\sqrt{7}$ cm　△OGAで，三平方の定理により，$OG^2 = OA^2 + AG^2 = 6^2 + (2\sqrt{7})^2 = 64$　OG＞0より，OG＝8(cm)　よって，点Pは線分OGの中点である。点Pから線分AG，直線HGにそれぞれ垂線PI，PJをひくと，四角形PJGIは長方形である。PI//OAより，三角形と比の定理により，PI：OA＝GP：GO＝1：2　$PI = \frac{1}{2}OA = \frac{1}{2} \times 6 = 3$(cm)　同様に，GI：GA＝1：2より，$GI = \frac{1}{2}GA = \frac{1}{2} \times 2\sqrt{7} = \sqrt{7}$(cm)　よって，JG＝PI＝3cm，$JP = GI = \sqrt{7}$cm　PJ//DRより，PJ：HR＝JQ：QH　$\sqrt{7}$：HR＝(3＋4)：4　$7HR = 4\sqrt{7}$　$HR = \frac{4\sqrt{7}}{7}$(cm)　よって，$DR = 2\sqrt{7} + \frac{4\sqrt{7}}{7} = \frac{18\sqrt{7}}{7}$(cm)　したがって，$\triangle DPR = \frac{1}{2} \times DR \times JH = \frac{1}{2} \times \frac{18\sqrt{7}}{7} \times (3+8) = \frac{99\sqrt{7}}{7}$(cm²)　FH⊥DH，FH⊥GHより，FH⊥(面DPR)より，立体P－DRFの底面を△DPRとすると，高さはFHである。以上より，求める立体の体積は，$\frac{1}{3} \times \triangle DPR \times FH = \frac{1}{3} \times \frac{99\sqrt{7}}{7} \times 6 = \frac{198\sqrt{7}}{7}$(cm³)

★ワンポイントアドバイス★

1〔問5〕は，点D，点Eが弧を2等分する点であることに着目しよう。2〔問2〕(1)は，条件より，AP＝BPであることに気付こう。3〔問2〕は，相似を利用して線分CQの長さを求めよう。4〔問2〕(1)は，3点A，P，Qを通る平面を考えて，ある性質を見つけよう。

＜英語解答＞

1　〔問題A〕　＜対話文1＞　ア　　＜対話文2＞　エ　　＜対話文3＞　ウ
〔問題B〕　＜Question 1＞　イ　　＜Question 2＞　To visit other countries.

2　〔問1〕　イ　〔問2〕　ア　〔問3〕　カ　〔問4〕　オ　〔問5〕　イ
〔問6〕　improve

3　〔問1〕　エ　〔問2〕　カ　〔問3〕　ウ　〔問4〕　necessary
〔問5〕　イ　〔問6〕　ア

4　〔問1〕　イ　〔問2〕　ウ　〔問3〕　ア　〔問4〕　カ　〔問5〕　エ
〔問6〕　ウ　〔問7〕　(正答例)I read for pleasure. When I read a story, I feel like the

hero in it. I feel all the emotions the hero feels. I am happy when the hero feels happy. It is very exciting and I really enjoy reading. (41語)

○配点○
[1] 各4点×5　[2] 各4点×6　[3] 各4点×6
[4] 問7　8点　その他　各4点×6　満点100点

＜英語解説＞

[1] (リスニングテスト)

放送台本の和訳は，36ページに掲載。

[2] (会話文：語句補充・選択，要旨把握，段落・文整序，内容吟味，単語・熟語・慣用句，語句解釈，進行形，関係代名詞，進行形，現在完了)

(全訳)*ボブはマサチューセッツ州コンコード出身の大学生です。彼はモリさん夫妻の家に滞在しています。彼らの息子ケンスケは，高校生です。5月のある日，彼らはボブに近所を案内しています。*

ボブ：　この辺りを歩くのはいいですね。家のような気分です。
モリ(夫)：1-a[そうですか？]　それはよかった！ちょうど外を歩くのにいい季節ですね。
モリ(妻)：私たちの近所を気に入ってほしいと思っています，ボブ。
ケンスケ：見て！新しい葉がとてもきれいだよ！
ボブ：　すごいね！ぼくたちが東京にいるとは信じられない。日本に来る前に，東京にあるたくさんの高い建物の写真を見た。こんな美しい景色が見られるとは思ってもいなかった。みなさんは，自然が豊かなところに住んでいるのですね。
モリ(夫)：私は毎日都会で仕事をしなければなりません。だから，いくらかの安らぎと心地よさが必要なのです。この辺りを歩いていると，私はリラックスできますね。
モリ(妻)：私もです。私たちがここに住もうと思ったのは，他の多くの都市の場所よりも，緑が多かったからです。けれども，私たちが来たとき，この場所には(2)<u>問題</u>がありました。近所に住む人々と一緒に，私たちはいくつかの問題を解決しました。だから，今はより良くなっています。

彼らは小川に沿った小道に出て，歩き始めました。

モリ(妻)：この小川は泉から始まってアラタシ川に流れ込んでいるんですよ。
ボブ：　水の音はとても心地がいいですね！
モリ(夫)：そうですね。私たちが初めて来たときから変わっていませんね。
ケンスケ：ボブ，ホタルを見たことある？
ボブ：　いいえ，なぜ？
ケンスケ：初夏になると，ここの近くの所で見ることができるよ。ホタルは，生きるためにこのようなきれいな水が必要なんだ。この道を歩き続ければ，その場所に着くよ。
ボブ：　本当？
モリ(夫)：そうですよ。3[④でも，10年前に私たちがここに引っ越してきたときには，ホタルをまったく見ることができませんでした。②近所の人が，ここはホタルにとってはいい場所ではないと言っていました。③例えば，小川にたくさんの缶や瓶がありました。①その理由は，あまりにも多くの人々がここを訪れたからなのです。]中にはゴミを置き去りにして小川を汚している人もいました。彼らは環境を気にかけませんでしたね。

ケンスケ：ぼくが中学生の頃，友達が日本のきれいな川に住む生き物に興味を持っていたんだ。彼の両親は，自分たちが子どもの頃，この辺りでホタルを見ていたと彼に言った。だから，彼は近所で自分の目でホタルを見たかった。彼はぼくに手伝って欲しかったので，ぼくはそれに応じた。ぼくたちはまず，ホタルについて勉強したんだ。

ボブ：　1-b 自分たちで勉強したの？

ケンスケ：ぼくたちはやろうとしたけれども，時々理科の先生に手伝ってくれるようにお願いをした。理科の先生はぼくたちに，いくつかのことをするように教えてくれた。それから，週に一度，この小川の掃除をやり始めたけれども，うまくいかなかったんだ。ぼくたちは2人しかいなかった。たくさんのゴミを拾ったけれども，次の週に戻ってくると，もっと増えていた。ぼくたちは，とても残念だった。

ボブ：　1-c その時はどうしたの？

ケンスケ：ぼくたちはほとんどあきらめたけれども，ぼくの両親がぼくたちを助けてくれた。

モリ(夫)：私たちは，もっと自然を楽しむために，近所の環境を良くしたかったのです。

モリ(妻)：私たちは，息子と友人の活動を紹介する集まりを開きました。彼らの活動を応援したい人々がたくさんいました。また，彼らは自分たち自身でこの地域を良くしていきたいという思いもありました。私たちは意見を交換して計画を作りました。ある人々は「私たちの小川をきれいにしよう」というメッセージのある立て看板を作りました。別の人々は水の中にいるホタルの幼虫に天然のえさを撒きました。

モリ(夫)：そして，ホタルだけでなく，他の生き物にも安全できれいな小川にしたいという気持ちを自治体に伝えるために，私たちは署名を集めました。そして，彼らは子どもたちがこのあたりで楽しく遊べるようにとも願いました。私たちは，素晴らしい環境を作りました。

彼らはある場所で立ち止まる。そこには看板が立っている。

ボブ：　1-d どんなことが書いてあるの？

ケンスケ：「来月から夜にはホタルが見られるようになります」。もしホタルや他の生き物をここに住まわせたいのであれば，小川をきれいに保つ必要がある。ぼくが友人と一緒に掃除を始めてから3年後，ついにここでホタルを見たときは感動した。

ボブ：　そんなに長い時間がかかったの？　ぼくは本当に感銘を受けた！ぼくの住んでいるコンコードという町は，歴史と自然で有名です。豊かな環境を楽しむことは，ぼくたちにとって当然のことだと思っていたけれども，今日，(4)ひとつ気がつきました。多くの人がそれについて昔から気にしていたのかもしれない。ぼくが帰ったら，自然に対して何かしようと思います。

〔問1〕 ①　そうですか？（1-a）　②　どんなことが書いてあるのか？（1-d）　③　その時どうしたか？（1-c）　④　どうですか？　⑤　自分たちで勉強したのか？（1-b）　⑥　すべての仕事をやる時間はあったか？　各選択肢の意味と空欄の前後の文の意味を考え合わせて，適当な選択肢の文を各空欄に当てはめたい。選択肢ではイが適当。

〔問2〕 (問題文と正答訳)モリさんの家族がこの地に引っ越してきたとき，小川の水はあまりきれいではなかった。　ア　小川の水はあまりきれいではなかった(○)　イ　小川の音がとてもうるさかった　ウ　このような美しい景色を期待していなかった　エ　誰も近所を歩きたがらなかった　対話の問題文全体の大意は，「以前は小川でホタルを見ることができたが，一時小川が汚れてホタルが住めなくなった。モリさん家族がその土地に来た時には小川が汚れていたので，きれいにする活動を通して，再び小川にホタルが住むようになった」と考えられるので，文脈からアが適当。

〔問3〕　正答　カ(④→②→③→①)　①　その理由は，あまりにも多くの人々がここを訪れたから。　②　近所の人が，ここはホタルにとってはいい場所ではないと言った。　③　例えば，たくさん缶や瓶が小川にあった。　④　でも，10年前にここに引っ越してきたときは，まったく見ることができなかった。　各英文の意味を理解し，話の流れを作るように文を並べ換えたい。

〔問4〕　ア　環境について無関心な人々に，環境を守る方法を伝えるのは難しい。　イ　緑が多く，きれいな水を楽しみたいのなら，都会から地方に引っ越したほうがいい。　ウ　美しい自然があるところに住むならば，自然を安全で清潔に保つことは簡単だ。　エ　有名な歴史がある町なら，その歴史を学ぶために町の多くの観光地を訪れるべきだ。　オ　もしその場所が住みやすい場所であれば，その場所をそのように維持する努力を忘れてはいけない。(○)　下線部の文 I thought it～では「豊かな環境があることは当然だと思っていたが，ひとつ気がついた」とあるので，「豊かな環境が当然，しかし～と気がついた」と言い換えられる。文脈から～にあてはまる内容は選択肢オが適当。選択肢アの people who don't～の who は関係代名詞で who don't～が people を説明し「環境に無関心な人々」となる。

〔問5〕　ア　ボブは東京に来る前，東京について何も知らなかったので，新しいものを見ることを楽しみにしていた。　イ　モリさん(夫)は昼間都会で仕事をしていて，リラックスできる場所が必要なので，モリさん(妻)も賛成してくれた。(○)　ウ　ケンスケが中学生のとき，理科の先生が「小川をきれいにしなさい」と彼と彼の友だちに言って，みんなはそれをやった。　エ　自治体は，だれにも小川にゴミを放置してほしくないので，小川の周辺に人々が立ち入ることを許さなかった。　オ　小川の周りにホタルが飛び始めたとき，その地域に住む人たちはみんな人生で初めてホタルを見た。　問題本文第6番目のモリ(夫)の発話 I have to～では，「私は毎日都会で仕事をしているから，安らぎと心地よさが必要。この辺りを歩くとリラックスできる」とあり，その次のモリ(妻)の発話 Me, too. We～では「私も」と同意していることから，選択肢イが適当。選択肢オの people living～の living～は people を修飾する形容詞用法で「～に住む人々」となる。

〔問6〕　(正答)improve(向上する・改善する)　(問題文と正答訳)Eメール／表題 ご近所への散歩／こんにちは，ママとパパ！今日はモリさんの家族と一緒に，近所を散歩してきました。緑がたくさんある素晴らしい地域でした。私のホストブラザーであるケンスケとその友人，そしてこの地域の近くに住む人々が，長い間この近隣地域をきれいにし，改善しようとしてきました。今はきれいで，以前はこの地域に問題があったとは思えません。／ボブ　空欄のある文の意味は「この地域に住む人々が，長い間この近隣地域をきれいにし，□しようとしてきた」となる。空欄の文の文脈から，「きれいにし続けてきた」ことを言い換えるような単語だと想定される。正答の improve(改善する・向上させる)は，問題の会話文第21番目の文 We wanted to～にあり，「私たちの近隣地域の環境を改善する」とある。問題文(Eメール本文)の第4文 My host brother～にある have been trying は現在完了の継続用法で「いままで努力を続け，現在も続けている」という表現になっている。

3　**(長文読解：語句補充・選択，語句整序，要旨把握，助動詞，不定詞，接続詞，比較，受動態)**

(全訳)2Dコードとしても知られる2次元コードは，私たちの日常生活に必要なものです。あなたは，情報を得るとき，スマートフォンで何かを支払いをするとき，または電車や飛行機の電子チケットを買うとき，2Dコードを利用しているかもしれません。世界にはさまざまな2Dコードがありますが，そのうちの1つが日本の技術者により発明されたことをあなたはご存じですか？

その技術者は，1992年の夏，彼のチームメンバーとして他のたった一人と一緒に，2Dコードの開発を始めました。1-a当時，彼の会社では，工場で車の部品を管理するために，バーコードを使っていました。しかし，それぞれのバーコードには，20文字の英数字の情報しか入れられず，1つの製品に多くのバーコードが必要でした。工場で働く人たちは，製品を出荷する前に，それぞれの製品のバーコードを読み取るために，読み取り装置を使いました。繁忙期には，何千枚ものバーコードを読み取ることに疲れてしまいました。(2)彼らは，【より多くの情報を持てるだけでなく，】素早く【読み取ることが可能な新しいコード】を求めていたのです。

2Dコードはどのようにして発明されたのでしょうか？　バーコードは，左から右への一方向に情報を持ちました。彼は多くの情報をコードに入れる必要があったので，それを碁盤の目にしようと試みました。これは，2Dコードは横と縦の2つの方向で情報を持つことができることを意味します。しかし，その仕組みは単純ではないので，読み取り機がそのようなコードを読み取るために，ある程度の時間が必要でした。碁盤の目にデザインされた情報を，より高速に読み取るにはどうしたらいいのかについて，彼は一生懸命考えました。

ある日，彼はその技術のアイデアを思いつきました。彼は碁の対局中に，黒と白の石が格子状に配置されているのを見たのです。彼は，一度にたくさんの情報を持つにはどうしたらいいかという問題の解決策になりそうだと思ったのです。そこで彼は，白と黒の小さな点から作られた新しいコードを作りました。1-bしばらくすると，0.03秒の速さでコードを読み取ることに成功しました。これは，バーコードの時間と同じような読み取り時間です。

彼は，2Dコードを正確かつ迅速に読み取るために，2Dコードへ2種類の技術を組み込みました。1-c最初の1つは，2Dコードを注意して見てください。コードには3つの隅に大きな黒い四角が見えます。これが位置検出パターンです。このパターンのおかげで，読み込み装置はコードを素早く認識し，高速読み取りが可能になったのです。しかし，位置検出パターンの近くに似たような図形があると，3読み取り装置はそれを位置検出パターンとして扱ってしまうため，位置検出パターンの形を開発するのは非常に難しいことでした。このような誤った読み取りを防ぐためには，パターンの形を独特なものにする必要がありました。そこで，彼のチームは，書籍や雑誌，新聞に印刷されている絵や文字の白と黒の領域の比率を研究することにしました。毎日毎日，5千ページ以上も研究しました。3ヵ月後，彼らはついにさまざまな印刷物に最も現れなかった割合を見つけました。こうして，位置検出パターンの白と黒の領域が設定され，読み取り装置はどの方向からでもコードを認識できるようになったのです。

2つ目の技術は，誤り修正機能です。彼のチームは2Dコードを工場で使うために作ったものなので，彼は汚れを心配していました。そのコードには，4-a必要なさそうなある情報を追加しましたが，追加された情報は元の情報とつながっていました。例えば，1 2 3という数字が入ったコードがあるとします。このコードにはもう一つ，6という数字もありますが，これは4-b必要ではありません。もし，コードの一部が汚れに覆われて，読み取り装置が数字の2を読み取れない場合，読み取り装置のプログラムは6の数字を使って，読めなかった数字が何であるかを推測しようとします。この機能により，コードの30％以下が破損している場合でも，読み取り装置は間違えずにコードを読み取ることができます。2次元コードの情報の60％は必要ないと言われています。

(5)1994年8月，日本で初めての2次元コードが登場しましたが，これには問題がありました。紙に印刷されたコードを読み取ると，読み取り装置はそれを簡単に読み取ることができました。しかし，缶のような曲面に印刷されたものは，読み取りが困難でした。そこで，コードに別の技術が加えられました。それは，2Dコードの右下に置かれた小さな黒い四角の位置合わせパターンです。

この形は歪みの修復の助けとなり，正確にコードを読み取ることが可能になったのです。

それを改良した結果，みなさんがよく知っているコードが使われるようになりました。そのコードは，英数字4,296文字，漢字でも1,817文字まで収容できます。そのための特許は彼の会社が取得したのですが，発明者はそれをみんなで使うことができるようにしたかったので，一般の人々には無料とすることに決めました。1-d このようにして，日本の2Dコードは，世界中の人々に使われる一般的なコードに成長したのです。

〔問1〕 ① しばらくすると(1-b)　② 当時(1-a)　③ 最初の1つは(1-c)　④ このようにして(1-d)　各選択肢の意味と空欄の前後の文の意味を考え合わせて，適当な選択肢の語句を各空欄に当てはめたい。選択肢でエが適当。

〔問2〕 (正 答)They wanted【⑧a new code ④that ⑩could not ⑤only ⑨hold ②more information ⑦but ①also ③be ⑥read】quickly. (彼らは，【より多くの情報を持てるだけでなく,】素早く【読み取ることが可能な新しいコード】を求めていた)　したがって選択肢カが適当。並び換える単語・語句に not, only, but, alsoが含まれていることから not only～but also…構文を想定して単語・語句を組み立てたい。

〔問3〕 ア 位置検出パターンに価値がないだろう　イ 読み取り装置の読み取る速度が遅くだろう　ウ 読み取り装置はそれを位置検出パターンとして扱うだろう。(○)　エ 読み取り装置はまったく2次元コードを読み取ることができない。　空欄の文の次の文 To stop this～は，「このような誤読(wrong reading)を防ぐためには」であり，この文に続くように空欄を埋めたい。

〔問4〕 正答は necessary。それぞれ空欄の文は，「そのコードには 4-a ではなさそうだが，元の情報とつながる情報を追加する」，「このコードにはもう一つ6という数字があるが，これは 4-b ではない」，「2次元コードの情報の6割は 4-c ないと言われている」となる。空欄には文脈から「必要(necessary)」が適当と考えられる。問題本文中では，最初の文 Two-dimensional codes～に necessary が使われている。

〔問5〕 正答はイ。初めての2Dコードについては，問題本文の第5段落 He built two～に記載されている。出題に関係ありそうな部分をまとめると，「コードの3つの隅に黒い四角の位置検出パターンがある。また，位置検出パターンの近くに似たような図形(黒い四角)があると，それを位置検出パターンと誤認する」となる。この情報から，三つに隅の黒い四角があり，これらの位置検出パターン近くに黒い四角のような図形がない形だと考えられ，したがって選択肢ではイが適当。

〔問6〕 ア 日本人技術者は，別の一人のチームメンバーと2年をかけて日本式2次元コードを発明した。(○)　イ 2次元コードはバーコードのそれと同じようにシンプルな仕組みなので，読み取り装置はバーコードと同じように高速で読み取ることができる。　ウ 2次元コードの右下に位置合わせパターンがあるので，2次元コードはどの方向からでも認識できる。　エ もし，2Dコードが缶の曲面に印刷され，その20%が汚れで覆われている場合，読み取り装置は2Dコードを正確かつ迅速に読み取ることができない。　オ この2Dコードに約200個分のバーコードの情報を持たせることができるため，日本の技術者はその2Dコード特許で保護したいと考えた。　問題本文第2段落最初の文 The engineer began～には，「その技術者は，1992年の夏，彼のチームメンバーの一人と一緒に，2Dコードの開発に取り組んだ」とあり，また問題本文第7段落最初の文 In August 1994,～には，「1994年8月，日本で初めての2Dコードが登場した」とあり開発には2年かかったことから，選択肢ではアが適当。選択肢エの curved surface の curved は分詞の形容詞用法で surface を説明し「曲がった面(曲面)」となる。

4　(長文読解：語句補充・選択，内容吟味，語句整序，段落・文整序，自由・条件英作文，不定詞，分詞・動名詞，比較，間接疑問文)

(問題文訳)アヤコが幼い頃，両親はいつも寝るまで本を読んでくれました。母はいつも物語を読みました。父は物語だけでなく，詩も読んでくれました。両親が仕事で忙しいときは，時々祖母がアヤコの面倒を見てくれました。アヤコは，祖母の寝る時の物語を聞くのが好きでした。彼女は「お話しして，おばあちゃん！」とよく言いました。

小学校に入学してからは，本を読むことに時間を使うことが好きになりました。アヤコの家には，たくさんの本がありました。そのほとんどは，両親がアヤコのために買ってくれた子供向けの本でした。また，英語で書かれた古い本もありました。1950年頃には，洋書はあまり一般的ではありませんでした。ある日，彼女は祖母に「1-aこれらは誰の本なの？」と尋ねました。祖母は，「あなたのお父さんの本よ。お父さんはそれらの本を捨てられなかったのだと思う」と言いました。それから，父親の夢の話をアヤコにしました。

「あなたのお父さんは英文学が好きだったの。英語の詩が本当に大好きだった。よく詩を暗唱しているのを聞いたよ。大学で文学を学びたかったと思うけれども，そうはしなかった。私たちの生活を助けるために，夢をあきらめたのね」

1962年，アヤコは大学生になりました。英語は彼女の将来に役立つと思い，英文学を学ぶことにしました。ある日，彼女が詩を読んでいるとき，一つの詩を見つけました。「これは，私が寝る前に父が時々私に暗唱していた詩だ」その時，彼女は自分が子供の頃，1-bどれだけ楽しい時間を過ごしたかを思い出しました。両親も祖母も愛にあふれていました。両親と祖母のおかげで，彼女は本を読むことが大好きでした。詩のリズムも楽しかった。「お父さんが暗唱する英語の詩は，言葉はわからないけれども，とても美しく響いた。本やおばあちゃんの話から，正しいことや間違っていることを学んだ。本を読むことで，喜び，怒り，悲しみなどの多くの感情を経験した。私は本に関わる仕事がしたい。2子どもたちに，本でそういう体験をしてほしい」。しかし，彼女は夢を実現するために1-c何をすればいいのかわかりませんでした。彼女が大学の図書館でアルバイトを始めたのは，役に立つかもしれないと思ったからでした。

大学卒業後，アヤコはアメリカの大学で図書館学を学ぶ機会を得ました。そこで訪れた公共図書館で，子どもたちのために別になっている場所を見つけました。テーブルも椅子も子どもの大きさです。低い棚にはたくさんの絵本があります。子どもたちは，一人の女性が語る物語を楽しんでいました。彼女が絵本の読み聞かせの時間を終えると，子どもたちは本棚に向かい，好きな絵本を取り出して読み始めました。彼女はその子どもたちを見守っていました。彼女は，その図書館の子供たちのための図書館員でした。サービスは子どもたちだけのためでした。アヤコにとって新鮮でした。彼女は，「これが私にとっての仕事！3日本に帰ったら，彼女のような図書館員になりたい」と思いました。

しかし，その夢を実現するのはアヤコにとって困難でした。1968年，彼女は日本に帰ってきました。当時はまだ，子供たちのための図書館員が必要な図書館が多くはなかったのです。運よく彼女は仕事を見つけて，ある公立図書館で子供たちのための図書館員として働き始めましたが，同じ仕事を続けられる可能性はほとんどないことがわかりました。そこで，ホームライブラリーを始めることにしました。

彼女は高校で英語を教えて，夢を実現するためにお金をためていきました。数年後，自宅の小さな部屋に300冊の本が置かれ，アヤコは彼女自身のホームライブラリーを始めました。最初は土曜日の午後にだけ開館していました。次第に子どもたちが彼女のライブラリーを訪れるようになりました。ホームライブラリーとして使っている部屋が手狭になりました。彼女は，「もっと広い部屋か，可能であれば私の図書館のための建物が必要だ。でも，一人ではどうにもならない」と考えました。彼女の周りには，彼女と同じようにホームライブラリーを持っている友人が何人かいました。その人たちに助けを求めることにしました。彼女は彼らと一緒に仕事を始め，子供たちのための図書館員としての仕事も続けました。

1994年，彼女はついに子どものためだけの図書館の建物を建てました。彼女の図書館には，子どもの大きさのテーブルと椅子，そして絵本でいっぱいの低い棚がありました。(4)「これが，アメリカでの【その日から私が夢見てきてた図書館だ】！」

「なぜ，子供たちのための図書館をつくったのですか」と，アヤコはよく聞かれます。

彼女の答えは，「良い物語を読むことは，誰にとっても大きな利益があります，特に子どもにとっては，なぜなら想像力を働かせ他人の気持ちを理解する能力を高めるからです。子供たちは他人が自分たちとは違う意見や願望，価値観を持っていることを学びます。アメリカの大統領の一人は，『読書は大切だ。もしあなたが1-d 読み方 を知っているならば，あなたの前にすべての世界が広がるだろう』と言いました。私はただ，子どもたちに本を読む場所と機会を与えたいだけなのです」

〔問1〕 ① 書き方　② 読み方(1-d)　③ 何をすればいいのか(1-c)　④ これらは誰の本か(1-a)　⑤ 何冊の本があったのか　⑥ どれだけ楽しい時間を過ごしたか(1-b)　各選択肢の意味と空欄の前後の文の意味を考え合わせて，適当な選択肢の語句を各空欄に当てはめたい。選択肢ではイが適当。

〔問2〕 ア 私は子どもたち全員が大学に行って英文学を学ぶことができるように願っている。　イ 私は子どもたちの夢をかなえるために，子どもたちはアルバイトができるように願っている。　ウ 私は子どもたちが本を読んだり，物語を聞いたりすることを楽しめるように願っている。(○)　エ 私は子どもたちが英語で書かれた詩が理解できるように願っている。　下線部では「そのような体験をしてほしい」とある。そのような体験とは，下線部の文がある同じ段落の第8文 She enjoyed the～と次の第9文の発話 "The English poems～にあり，要約すると「詩のリズムが好きだった。英語の詩はとても美しく響いた。本や祖母の話から，正しいことや間違っていることを学んだ。本を読むことで，喜び，怒り，悲しみなどの感情を経験することができた」とありこれらを子供たちに体験してほしいと考えられる。したがって同じような内容の選択肢ウが適当。各文にある be able to(動詞)の to(動詞)は不定詞で「(動詞)することが可能になる」という意味。また，選択肢エの poems written in English の written～は poems を説明していて「英語で書かれた詩」という意味になる。

〔問3〕 ア 日本に帰ったら，私は彼女のような図書館員になりたい。(○)　イ 私は子どもたち向けの絵本を出版したい。　ウ 私は子どもたち向けの英語の先生になりたい。　エ 私は，アメリカより日本の方が子どもたちのためのこのサービスが充実していると思う。　空欄の文の2つ前の文 The service was～とその前の文 She was a～では，「(アメリカには)図書館に子供たちだけのための図書館員がいて，子どもたちだけにサービスを提供した」とあり，これを受けて空欄のある文なので，文脈からアが適当。

重要 〔問4〕 This【③is ⑧the library ①I ④have ⑤been ⑦dreaming ⑥of ②since ⑨that day】in America!(これが，アメリカでの【その日から私が夢見てきてた図書館だ】！)　したがって選択肢カが適当。並べ換える単語には have と been が含まれていることから，現在完了の進行形(have been -ing)を想定し，さらに since＋(時)で「(時)から」を合わせて文を組み立てたい。of の位置に迷いそうだが，the library と I の間に目的語の働きをする関係代名詞 which が省略されていることがわかると，of を正しい場所に置くことができる。

〔問5〕　正答はエ(④→⑤→③→②→①→⑥)　①　アヤコは，高校で英語の教師として働いた。　②　アヤコは公立図書館で子供たちのための図書館員になった。　③　アヤコは，図書館学を学ぶためにアメリカへ行った。　④　アヤコは，父親が家族のために夢をあきらめたことを知った。　⑤　アヤコは，彼女の子どもの頃の経験がとても貴重であることを知った。　⑥　アヤコは，自分自身の図書館で子供たちのための図書館員になった。　問題本文の流れを整理し，各選択を出来事が起きた順に並べたい。

〔問6〕　ア　アヤコは小学生の頃，父の夢の話を聞くことが好きだった。　イ　アヤコがアメリカへ行くことを決めたのは，祖母が彼女のベッドでよく暗唱していた詩を見つけたいと思ったから。　ウ　アヤコは，本が子どもたちの喜びと想像力を高めると信じて，子どもたちのための図書館を作ることを決めた。(〇)　エ　アヤコの父親が大学で図書館学を学びたかったので，アヤコは図書館学を選んだ。　オ　アヤコは読み聞かせから自分が何をすべきかを学び，図書館員になることを決めた。　カ　アヤコは，一人のアメリカの大統領が書いた本を読んで，文学による彼女の貴重な体験を思い出した。　問題本文第10段落“Why did you～では，「アヤコは，『なぜ子どものための図書館をつくったのですか』とよく聞かれる」とあり，次の11段落(最後の段落)Her answer is:～では，この答えとして「子どもにとっては，想像力を働かせ，他人の気持ちを理解する能力を高めることができる」と言っていることから，選択肢ウが適当。

〔問7〕　(問題文訳)ある人は，楽しむために読みます。何かを学ぶために読む人もいます。あなたは何のために読書をしますか？　(正答例)I read for pleasure. When I read a story, I feel like the hero in it. I feel all the emotions the hero feels. I am happy when the hero feels happy. It is very exciting and I really enjoy reading. (41語)　(正答例訳)私は楽しむために読書をします。物語を読むと，私はその中の主人公になったように感じます。私は主人公が感じるすべての感情を覚えます。主人公が幸せを感じる時，私は幸せになります。とても刺激的で，読書は本当に楽しいです。　正答例では最初に「楽しむために読書する」と設問の問に答え，以後の文でなぜ楽しいのかを説明する構成としている。

★ワンポイントアドバイス★

3問2などで出題された語句整序問題は，提示された語群を熟語や慣用表現に結び付けることが一つの対応方法になる。合わせて，文の意味を想定して並べ換える，動詞を見極めて文を構成するなど，自分なりの手順を持って問題に望みたい。

＜国語解答＞

1　(1)　ろてい　(2)　た　(3)　すいめい　(4)　ていそう
(5)　連綿　(6)　小康　(7)　一目散　(8)　二律背反

2　〔問1〕　エ　〔問2〕　ア　〔問3〕　ウ　〔問4〕　ウ　〔問5〕　ア　〔問6〕　イ
〔問7〕　エ

3　〔問1〕　イ
〔問2〕　(例)　普遍性があり簡潔な美しさを持っていて，適用範囲が広い方程式を，条件を変えてより多様な現象に適用させようとすること。　(57字)
〔問3〕　ウ　〔問4〕　イ　〔問5〕　エ

〔問6〕（例）　自然にはまだ謎が多く，人間は自然の真実をすべて知り尽くすことはできていない，という筆者の意見に賛成します。

宇宙の姿についての新聞記事を読んだことがありますが，研究が進むたびにその姿は別のものに置きかわってきました。研究結果を修正することの繰り返しで，最新の科学でもすべては分からないのだと実感しました。

今後の可能性を信じつつ，今を絶対と思わずに科学と向き合いたいと考えます。（197字）

4　〔問1〕　エ　〔問2〕　①　ウ　②　ア　〔問3〕　イ
〔問4〕　すさまじき例に言ひおきけむ人の心浅さよ
〔問5〕　Ⅰ　自然と人　Ⅱ　美意識　〔問6〕　ウ

○配点○
1　各2点×8　2　各4点×7　3　〔問2〕　6点　〔問6〕　10点　他　各4点×4
4　〔問2〕・〔問5〕　各2点×4　他　各4点×4　計100点

＜国語解説＞

1　（漢字の読み書き）

(1)　隠れていたものが人目にさらけ出されること。　(2)　「裁」の訓読みは「さば・く」,「た・つ」。音読みは「サイ」。　(3)　吹き鳴らすこと。またサイレンなどを高く鳴らすこと。　(4)　郵便物・荷物などを引きついで，ここから他の場所へと順次に送ること。　(5)　長く続いていつまでも切れない様子。　(6)　病気・戦乱などが治まって，しばらくの間無事・平和であること。　(7)　わき目もふらず，一生懸命に走る様子。　(8)　同一の前提から導き出された二つの判断が矛盾して両立しないこと。

2　（小説―情景・心情，内容吟味，文脈把握）

〔問1〕　突然のことに真由もミチルも「緊迫の面持ち」であり，マネージャーである桐絵としては，自分がしっかりしないといけないという気持ちになっている。自分の気持ちを落ち着かせ冷静になるために深呼吸をしたのだ。

〔問2〕　プロデューサーの「急いで」は絶対であり，迷っている暇はない。真由とミチルは「犬猿の仲」なので不安だが，励ます気持ちで背中を押したのである。「思いきって」という様子に，不安を払拭する力強さが感じられる。イは「二人に期待する気持ち」という点，ウは「自信を深めている」という点，エは「見返してやりたい」という点が不適切だ。

〔問3〕　「きょとんと」は，どういう状況に置かれているのかとっさに判断がつかず，表情を失っている様子を表す。したがって，入れ替わる理由がわかっておらず，自分の意志では行動していないことがわかる。

〔問4〕　「ニヤリ」という表情は，自分の意にかなったものを眺めるときの表情だ。高尾は二人が代役をこなせると感じていたからにこにこしていたし，立ち位置を替えた方が良いという判断も的確であった。そのことに満足してニヤリとしたのである。また，顎をしゃくるというのは誘う意味合いがあるから，さらに歌を続けることを表しているのだ。

〔問5〕　プロデューサーは二人を単なる代役としてしか考えておらず，期待は持っていなかったのに，高尾の計らいによって，思いもしないほど素晴らしい演奏をした。苦笑いは，自分の思いとは反して，素晴らしい演奏を演出した高尾を認めざるを得ないがゆえに生じた。高尾の先見の明に感心しているともいえる。イは「城田の言葉に従って」という点，ウは「戸惑いの気持ち」という点，エは「高尾にあきれる」とする点が不適切である。

〔問6〕 犬猿の仲である真由とミチルは視線を交わし合い，笑顔で歌って踊った。一生懸命だった本人たちは，我に返ってその事実に気が付いたとき，今までにない状況にどう対応して良いか分からず，変な意識をしてしまったのだ。

〔問7〕 会話文が多く，その発言内容によって，多くの登場人物の思いが的確に表現されているため，エが適切。アは「桐絵からの視点に限定して描写」という点が不適切。イは「！」や「？」を用いることが，桐絵の繊細な心情の移り変わりや，真由とミチルの複雑な感情の読み取りやすさに作用しているわけではない。ウは「ステージがどうやって創られるかということを解説するように読者に伝えている」という点が不適切。

3 (論説文―大意・要旨，内容吟味，文脈把握，作文)

基本 〔問1〕 アインシュタインの物理観は「普遍性を含んでいる」ことと「簡潔に表現されている」ことある。さらに，アインシュタインをふくめ，全ての物理学者の共有判断として「『普遍にして簡潔』という基準を満たさなければ真実に遠いと思ってしまう」とある。

重要 〔問2〕 方程式の発見が無理である凡庸な物理学者は，傍線(2)中にあるように「偉大な方程式をさまざまな現象に適用する」ことを役割とする。さまざまな現象に適応できればできるほど方程式が磨かれるということだ。しがって，その役割を説明すればよい。前段落の内容を用いてまとめよう。まず，用いる方程式が，普遍性があり簡潔なものであり，さらに適用範囲が広いものであることを示し，適用範囲が広いからこそ，条件(時間についての初期条件と空間についての境界条件)を変えて多様な現象に適用できるようにすること，という役割内容を示すことができる。

〔問3〕 傍線(3)中にある記述で正誤を確かめよう。「その前提……絶対確実というわけではない」という記述からイは誤り。「『あらまほしい』とか……そのまま受け入れざるを得なくなる」という記述からエは誤り。「他に『神の摂理』とか…科学で使うべき論法ではない」という記述からアは誤り。

〔問4〕 傍線(4)の直前に「演繹法で採用する前提をより一般的なものへと拡張していくことにより，より多様な現象が統一的に捉えられる」とあり，したがってより広い概念へと拡張し，より斉一的な自然を捉えようすれば，自然はまだまだ未解明の要素に満ちているのだから，科学の発展は常に途上だといえるのだ。アは「自然を斉一的なものと定義する」とする点が不適切。エは帰納法の説明である。

〔問5〕 傍線(5)内に，「傲慢になってはいけないとの警告を発している」とある。科学は万能ではない。自然に対しての謙虚な姿勢が求められるのだ。アは「自然の普遍的な真理を科学的に保証している」とする点，イは「絶対的な科学的真実と呼んでいる」とする点，ウ「対象によってどちらかの方法を選ぶ」とする点が不適切である。

やや難 〔問6〕 作文のテーマは，科学に対してどのように向き合うかである。筆者の「傲慢になってはいけない」という考えに対して，あなたがどう考えているかをまず示すことが，本文の内容をふまえることにつながる。そのうえで，自分の経験・見聞をふまえて自分はどのように科学に対して向き合こうと考えているかについて，説明していこう。段落構成は一つでも二つでも構わないだろう。

4 (論説文・古文―大意・要旨，内容吟味，文脈把握，脱文・脱語補充，熟語，品詞・用法)

基本 〔問1〕 『枕草子』の二八三段では「月夜の雪景色をことのほか美しいものとして記している」のに，

『源氏物語』で「紫式部は清少納言のセンスの底の浅さを，光源氏の科白によって批判している」のだ。このことをふまえて選択肢を選ぼう。

〔問2〕 ①二重線(ⅰ)「ばかり」は限定の意味を表す副助詞で「だけ」に置き換えられる。これと同じものはウ「結果ばかり」である。それ以外は程度を表す副助詞である。

②「推測」は，似た意味の語の組み合わせだ。ア「批判」も判断する意の似た意味の組み合わせである。

〔問3〕 「なるほどと納得」する場合，相手の考えに対して共感する心の働きが見られる。雪と月の組み合わせを良しとしなかった清少納言が紫式部の文章を読んで共感したということは，雪と月の組み合わせを美しいと理解したといえる。

〔問4〕 「光源氏による批判」は，本文の冒頭部にある。「それだけではない。」で始まる段落に「それを『すさまじき例に言ひおきけむ人の心浅さよ』と言っている。」とある部分を抜き出す。

〔問5〕 『源氏物語』「朝顔」の段について「また一つには，この段が自然と人とを対比させ，雪と月光は白一色であるのに対して登場人物たちは彩り豊かな装束を着込んでいる」とあるので，対比させているのは「自然と人」だとわかり，[Ⅰ]に補える。また，[Ⅱ]は清少納言と紫式部が共有しているものを補う。文中に「二人は互いの作品を読み合い，美意識のやりとりをしていたという推測」とあるので，共有物はやりとりしていた美意識であるとわかる。

〔問6〕 筆者は最後の段落で「作品の中では，対抗し高めあう，いわば切磋琢磨の関係もあったのではないだろうか」としている。問5でも見たように清少納言と紫式部が，お互いの作品を読み合うという交流のなかで，美意識のやりとりをしながらお互いの感性を高め合っていたという見方が正しい。

★ワンポイントアドバイス★

長文の大問が三題あるので，時間配分に留意する。まず得意なものから解き始めるとよい。作文は配点が高いので書き切りたいが，そのためには長文の内容もしっかり理解する必要がある。日ごろから文章を書く練習を怠らず，確実に得点できるよう準備しておこう。

MEMO

大切なことはメモしておこうネ！

T.G

都立新宿高等学校

2022年度

★★★★★★★★★★★★★★★★★★★★★★★★

入　試　問　題

●くわしい解説……43ページ

＜数学＞

時間50分　満点100点

【注意】答えに根号が含まれるときは，根号を付けたまま，分母に根号を含まない形で表しなさい。
また，根号の中を最も小さい自然数にしなさい。

1　次の各問に答えよ。

〔問1〕　$\dfrac{\sqrt{(-3)^2}+(-2)^2}{(-\sqrt{2})^3}+\dfrac{(\sqrt{3}-2)^2}{\sqrt{2^3}}$ を計算せよ。

〔問2〕　連立方程式 $\begin{cases} 0.2x-\dfrac{4}{5}y=1.8 \\ 0.4(x-4y)=\dfrac{y+1}{5} \end{cases}$ を解け。

〔問3〕　右の図1のように，3つの袋A，B，Cがあり，袋Aの中には1，2，3，4，5の数字が1つずつ書かれた5個の玉が，袋Bの中には6，7，8の数字が1つずつ書かれた3個の玉が，袋Cの中には9，10の数字が1つずつ書かれた2個の玉が入っている。

3つの袋A，B，Cから同時に玉をそれぞれ1個ずつ取り出すとき，取り出した3個の玉に書かれた数の積が6の倍数になる確率を求めよ。

ただし，3つの袋それぞれにおいて，どの玉が取り出されることも同様に確からしいものとする。

図1

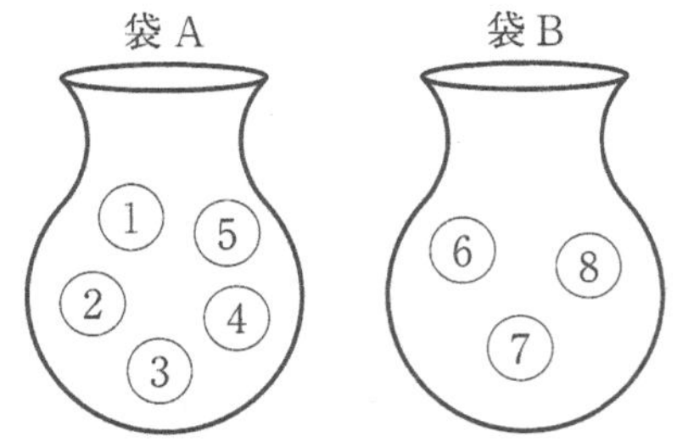

〔問4〕　右の**図2**で，四角形ABCDの4つの頂点は，全て同じ円の周上にあり，頂点Aと頂点C，頂点Bと頂点Dをそれぞれ結び，線分ACと線分BDとの交点をEとする。

AC＝AD，∠ACD＝72°，頂点Aを含まない$\overset{\frown}{BC}$の長さが，頂点Aを含まない$\overset{\frown}{CD}$の長さの$\dfrac{2}{3}$倍であるとき，xで示した∠AEBの大きさは何度か。

図2

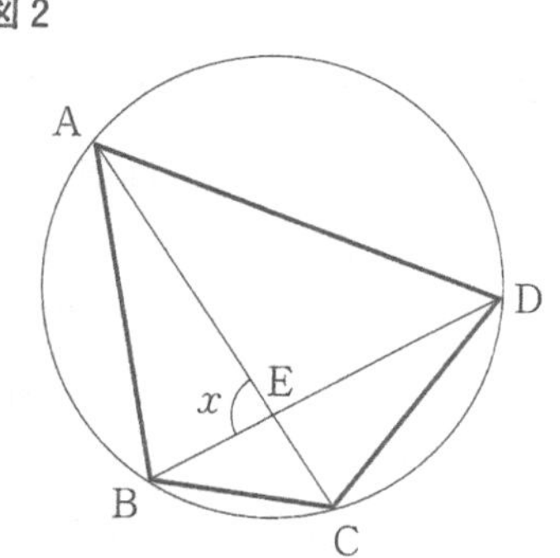

〔問5〕　右の**図3**で，△ABCはAB＞AC，∠BAC＞90°の鈍角三角形，△PBCはPB＜PC，∠BPC＝90°の直角三角形で，頂点Pは辺BCに対して頂点Aと同じ側にあり，△ABCと△PBCの面積が等しい。

解答欄に示した図をもとにして，点Pを定規とコンパスを用いて作図によって求め，点Pの位置を示す文字Pも書け。

ただし，作図に用いた線は消さないでおくこと。

図3

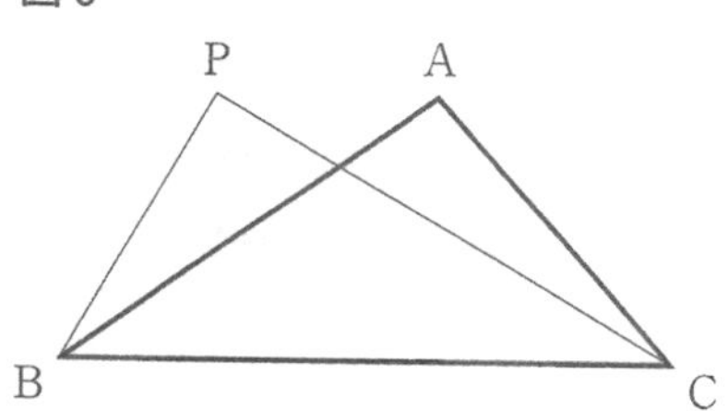

2 右の図1で，点Oは原点，曲線 f は関数 $y=\frac{1}{2}x^2$ のグラフ，曲線 g は関数 $y=-\frac{1}{9}x^2$ のグラフを表している。

曲線 f 上にあり，x 座標が正の数である点をP，曲線 g 上にあり，x 座標が点Pと等しい点をQとする。

y 軸上にあり，y 座標が正の数である点をRとする。

原点から点（1，0）までの距離，および原点から点（0，1）までの距離をそれぞれ1cmとして，次の各問に答えよ。

図1

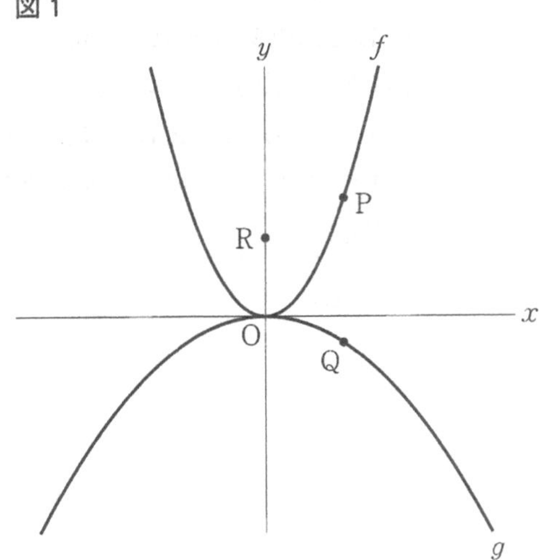

〔問1〕 点Pと点Qを結んだ場合を考える。

点Pの x 座標が $\frac{3}{2}$，点Pと点Rの y 座標が等しいとき，線分PQの長さは，線分ORの長さの何倍か。

〔問2〕 右の図2は，図1において，点Pと点R，点Qと点Rをそれぞれ結んだ場合を表している。

PR＋QR＝ℓ cmとする。

点Pの x 座標が4，ℓ の値が最も小さくなるとき，点Rの y 座標を求めよ。

図2

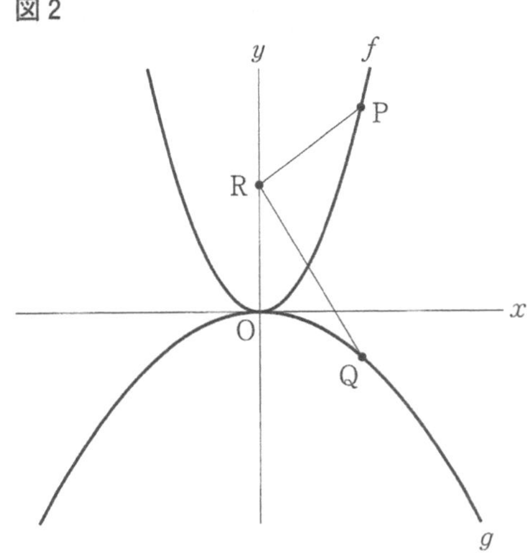

〔問3〕 右の図3は，図1において，点Rのy座標が3より大きいとき，曲線f上にあり，x座標が負の数の点をS，曲線g上にあり，x座標が負の数の点をTとし，点Pと点R，点Pと点S，点Qと点R，点Qと点T，点Rと点S，点Rと点Tをそれぞれ結んだ場合を表している。

点Pのx座標が3，点Rのy座標がr，点Sのx座標が-2，PS // QTのとき，△PRSの面積と△QRTの面積の比が5：21となるrの値を下の［　　］の中のように求めた。

［(あ)］，［(い)］に当てはまる式をそれぞれ求め，［(う)］には答えを求める過程が分かるように，途中の式や計算などの続きと答えを書き，解答を完成させよ。

図3

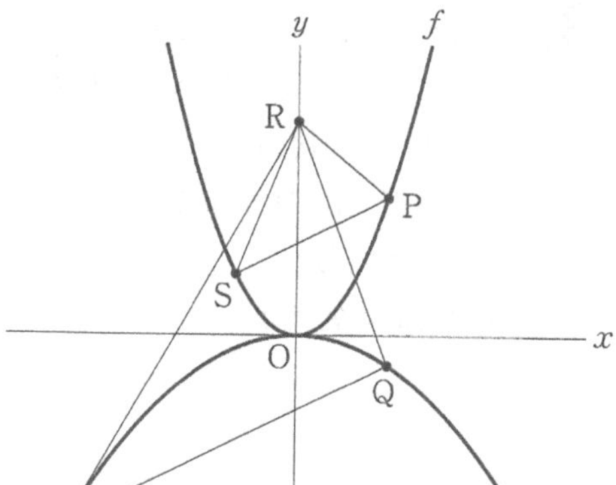

【解答】 2点P，Sを通る直線の式は$y=$［(あ)］である。

2点Q，Tを通る直線の式は$y=$［(い)］である。

(う)

3 右の図1は，AB = 1cm，AD = $t$cm（$t > 1$）である長方形ABCDで，辺AD上にあり，頂点Aと異なる点をPとし，頂点Bと点Pが重なるように1回だけ折り，長方形ABCDを折り返した部分の図形を▒で示したものである。

次の各問に答えよ。

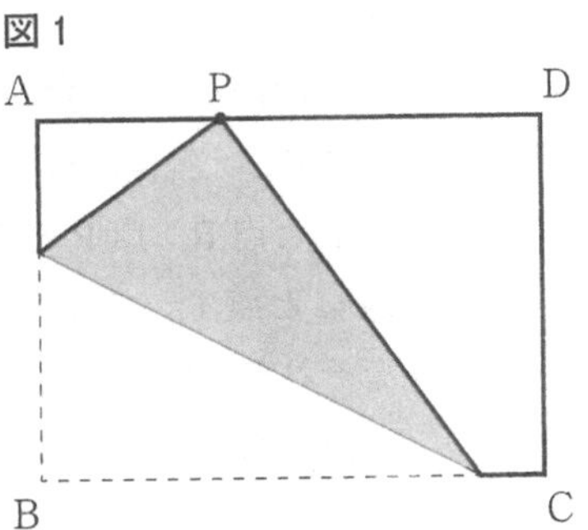

〔問1〕 AP = $p$cmとする。

図1の▒の部分が，長方形ABCDからはみ出さないようなpの値の範囲を，(ア) ≦ p ≦ (イ) の形で表した。

(ア) に当てはまるtの式，(イ) に当てはまる数をそれぞれ求めよ。

〔問2〕 右の図2は，図1において，折り目と重なる直線が，辺ADと辺BCにそれぞれ交わり，辺ADとの交点をE，辺BCとの交点をF，頂点Aが移動した点をQとした場合を表している。

次のページの（1），（2）に答えよ。

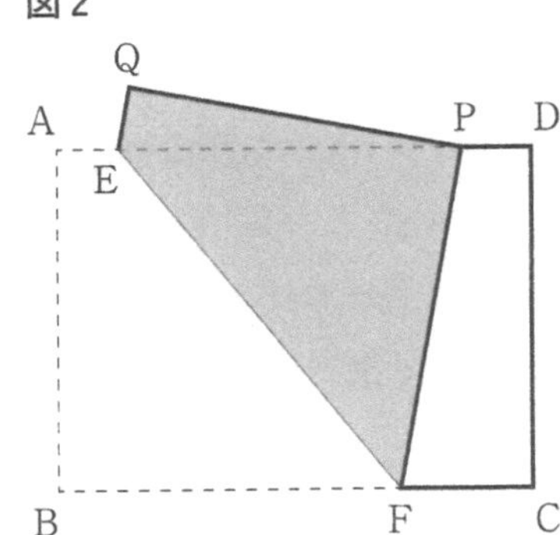

(1)　PE = PF であることを太郎さんと花子さんはそれぞれ下の［　　］の中のように証明した。

［(a)］～［(h)］に当てはまる最も適切なものを，下の［　　］の中のア～ノの中からそれぞれ**１つずつ**選び，記号で答えよ。

ただし，同じものを２度以上用いて答えてはならない。

【太郎さんの証明】△ PEF において，平行線の［(a)］は等しいので，∠ BFE = ∠［(b)］… ①　線分 EF は折り目であるから，∠ BFE = ∠［(c)］… ②
①と②より，２つの角が等しいから△ PEF は二等辺三角形である。
したがって，PE = PF である。

【花子さんの証明】点 P から辺 BC に垂線 PG を引く。…（＊）
△ PQE と△ PGF において，長方形 ABCD を線分 EF を折り目として折り返すから，PQ = ［(d)］… ③　∠ PQE = ∠［(e)］= 90°… ④　∠ QPF = ∠ ABF = 90°… ⑤　線分 PG ⊥ 辺 BC より，四角形 ABGP は［(f)］であるから，PG = AB … ⑥　∠ APG = 90°… ⑦　③と⑥より，PQ = PG … ⑧
（＊）と④から，∠ PQE = ∠ PGF … ⑨
⑤と⑦より，∠ QPE と∠ GPF の大きさはともに 90° − ∠［(g)］であるから，∠ QPE = ∠ GPF … ⑩
⑧，⑨，⑩より［(h)］から，△ PQE ≡ △ PGF である。したがって，PE = PF である。

ア　AB　　イ　AE　　ウ　BC　　エ　CF　　オ　DP　　カ　AEF
キ　BAE　　ク　BFE　　ケ　EPF　　コ　EPQ　　サ　PEF　　シ　PEQ
ス　PFE　　セ　対頂角　　ソ　錯角　　タ　同位角　　チ　底角　　ツ　頂角
テ　直角　　ト　正方形　　ナ　ひし形　　ニ　長方形
ヌ　3 組の辺がそれぞれ等しい　　ネ　2 組の辺とその間の角がそれぞれ等しい
ノ　1 組の辺とその両端の角がそれぞれ等しい

(2)　$t = 2$，AP：PD = 3：1 のとき，線分 PF の長さは何 cm か。

〔問3〕　**図2** において，点 P が頂点 D に一致する場合を考える。
$t = \sqrt{2}$ のとき，五角形 PQEFC の面積は何 cm^2 か。

4 右の図1に示した立体ABCDE－FGHIJは，AB＝AE＝BC＝6cm，BG＝4cm，CD＝DE，∠ABC＝∠BAE＝∠CDE＝90°，∠AEDと∠BCDはともに鈍角で，側面が全て長方形の五角柱である。

次の各問に答えよ。

図1

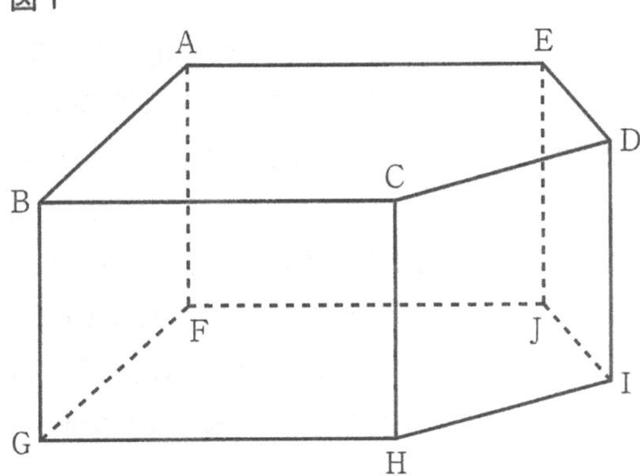

〔問1〕 頂点Aと頂点Hを結んだとき，線分AHの長さは何cmか。

〔問2〕 右の図2は，図1において，五角形ABCDE上にある点をPとし，点Pと頂点F，点Pと頂点G，点Pと頂点H，点Pと頂点I，点Pと頂点Jをそれぞれ結んだ場合を表している。

次の(1)，(2)，(3)に答えよ。

図2

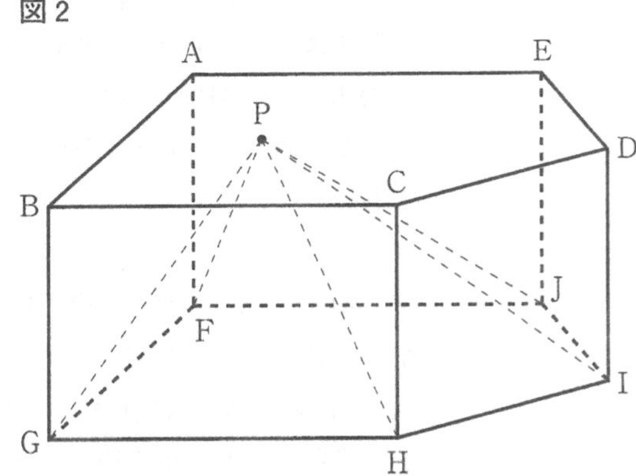

(1) 頂点Gと頂点I，頂点Gと頂点Jをそれぞれ結んだ場合を考える。

点Pが，頂点Bと頂点Eを結んだ線分BE上にあるとき，立体P－FGHIJの体積は，立体P－GIJの体積の何倍か。

(2)　右の図3は，図2において，点Pが，頂点Aと頂点C，頂点Bと頂点Eをそれぞれ結んだ線分ACと線分BEとの交点に一致し，線分PF，線分PG上にある点をそれぞれQ，Rとした場合を表している。

頂点Iと点Q，頂点Iと点R，点Qと点Rをそれぞれ結んだ場合を考える。

PQ：QF＝2：1，PR：RG＝2：1のとき，△IQRの面積は何cm^2か。

図3

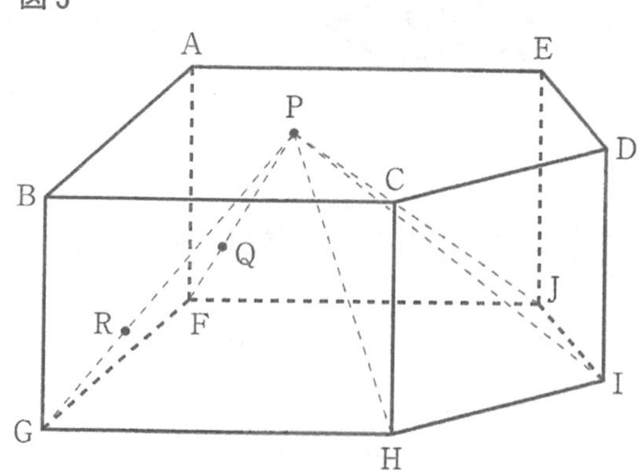

(3)　右の図4は，図2において，点Pが，頂点Cと頂点Eを結んだ線分CEの中点に一致し，五角形FGHIJ上にある点をSとし，頂点Dと点Sを結んだ場合を表している。

線分DSと線分PIが垂直に交わるとき，線分DSの長さは何cmか。

図4

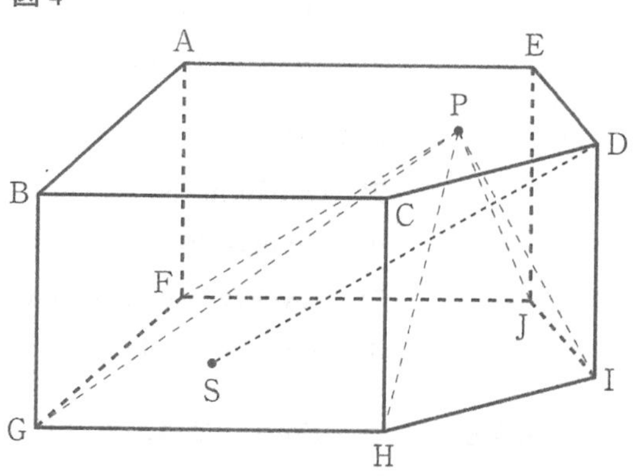

<英語>

時間　50分　　満点　100点

※リスニングテストの音声は弊社HPにアクセスの上，
音声データをダウンロードしてご利用ください。

1 リスニングテスト（放送による指示に従って答えなさい。）

〔問題A〕 次のア～エの中から適するものをそれぞれ一つずつ選びなさい。

<対話文1>

ア This afternoon.
イ This morning.
ウ Tomorrow morning.
エ This evening.

<対話文2>

ア To the teacher's room.
イ To the music room.
ウ To the library.
エ To the art room.

<対話文3>

ア One hundred years old.
イ Ninety-nine years old.
ウ Seventy-two years old.
エ Sixty years old.

〔問題B〕 < Question1 >では，下のア～エの中から適するものを一つ選びなさい。
< Question2 >では，質問に対する答えを英語で書きなさい。

< Question1 >

ア Walking.
イ Swimming.
ウ Basketball.
エ Skiing.

< Question2 >

（15秒程度，答えを書く時間があります。）

2 次の対話の文章を読んで，あとの各問に答えよ。
（＊印のついている単語・語句には，本文のあとに〔注〕がある。）

Ayano and Hanae are high school students in Tokyo. One day, they see Mr.Green, an ALT from England, in a classroom. He is writing something on the blackboard.

Ayano : Hi, Mr.Green. What are you doing?

Mr.Green : You came at the right time! Can you help me?

Hanae : Sure. [1-a]

Mr.Green : Well, I'm practicing kanji characters because I have a Japanese language test this weekend. But I can't remember (2)one kanji.

Ayano : What does it look like?

Mr.Green : Let's see .... It has the sun on the left and the moon on the right. It also has a few numbers.

Ayano and Hanae write some characters on the blackboard.

Mr.Green : This is the one I need. The sun is between two "tens." Thank you. You've been a great help.

Hanae : You're welcome.

Ayano : We learn these four kanji parts when we are in the first year of elementary school.

Mr.Green : It's interesting for me to learn that some characters *are based on things around us. For example, I don't draw the sun like this, but it's very easy to change this Chinese character into an image in my mind. When I see different kanjis that *contain the sun, I can easily imagine that the characters are *connected to it.

Hanae : Yes. When you learn new words, you can guess their meanings if you know each part of the kanji.

Mr.Green : Kanji is similar to the affixes we have in English.

Ayano : Affixes? What are they?

Mr.Green : They are a group of letters added to the beginning or end of a word to change its meaning. For example, if you see a word starting with "re-," you know it means "again."

Hanae : Oh, yes ... and a word starting with "un-" means "not" and a word ending with "-able" means "can."

Mr.Green : True. I believe some kanji characters have such *functions. Each has its own meaning and if you know these meanings, it'll be easier to understand new words.

Ayano : Now I understand. I'm not good at learning English words because I see each word as one *unit.

Mr.Green : I see. When you try to *memorize information, it's better to connect it to something *meaningful *rather than simply *learn it by heart.

Ayano : (3)I【 ① many English words ② was ③ have ④ trying ⑤ I ⑥ memorize ⑦ since ⑧ to ⑨ been 】in junior high school, but my *vocabulary doesn't seem to increase. I wish I had a good memory.

Mr.Green : Do you know Ebbinghaus?

Ayano : Ebbinghaus?

Mr.Green : A German *psychologist. In 1885, he tested how well he remembered a list of three-letter words that had no meaning, over a long time. After he got the results of his *experiment, he made (4)a graph that is now known as the "Ebbinghaus Forgetting *Curve."

Mr.Green takes his smartphone out of his pocket. He searches the Internet for the Forgetting Curve.

Mr.Green : Look at this. The graph shows the *percentage of time saved to learn the words again.

Hanae : [1-b]

Mr.Green : For example, you needed ten minutes to memorize the words the first time. Two days later, it took seven minutes when you relearned them. How much time did you save?

Hanae : In that case, I saved 30% of the first time.

Mr.Green : Right.

Hanae : The graph shows that the percentage is 100% right after you have learned something. However, it drops quickly to 58% in just twenty minutes. It goes down to 44% in one hour, 36% in nine hours, and 34% in twenty-four hours. After that, the curve continues going down slowly.

Ayano : How can we keep memory?

Mr.Green : Ebbinghaus also found out that if you repeat or practice something a lot, the information is kept longer in your brain and the forgetting curve becomes *gentler. Using the same information sends a message to your brain to hold on to it. When the same thing is repeated, your brain says, ...

Hanae : "Oh, there it is again! [1-c] "

Mr.Green : That's it!

Hanae : When we see the same information again and again, we need less and less time to make the information active in our memory. Right?

Mr.Green : Yes.

Ayano : Then it becomes easier for us to pull out the information when we need it.

Mr.Green : Exactly. If you spend ten minutes *reviewing within 24 hours of getting the information, you will raise the curve to almost 100% again. A week later, when you review it for the second time, you need only five minutes to pull out the same information, and again raise the curve. In a month, for the third review, your brain will only need two to four minutes to give you the feedback.

Ayano : I don't feel I can make time to review every day.

Mr.Green : I know you are busy. But if you don't review, you will have to spend 40 to 50 minutes relearning each lesson later. [1-d]

Ayano : OK. I'll keep that in mind.

〔注〕
be based on～　～に基づいている
connect　結び付ける
unit　ひとつのまとまり
meaningful　意味のある
learn ～ by heart　～を暗記する
psychologist　心理学者
curve　曲線
gentle　緩やかな
contain　含む
function　機能
memorize　記憶する
rather than ～　～よりむしろ
vocabulary　語彙
experiment　実験
percentage　割合
review　復習する

〔問1〕 1-a ～ 1-d の中には，それぞれ次の①～⑥のいずれかの英文が入る。それぞれに入る英文を並べた組み合わせとして最も適切なものを，下のア～カの中から一つ選べ。

① I must keep it.
② What do you mean?
③ I'm sick and tired of it.
④ What can we do for you?
⑤ You're always doing your best.
⑥ Do you have that kind of time?

	1-a	1-b	1-c	1-d
ア	④	②	①	⑥
イ	④	③	⑥	⑤
ウ	④	⑥	③	⑤
エ	⑤	②	①	⑥
オ	⑤	③	⑥	④
カ	⑤	⑥	③	④

〔問2〕 (2)one kanji について，正しく表しているものは，次のうちではどれか。

ア 明
イ 胆
ウ 草
エ 朝

〔問3〕 (3)I【① many English words ② was ③ have ④ trying ⑤ I ⑥ memorize ⑦ since ⑧ to ⑨ been】in junior high school とあるが，本文の流れに合うように，【　　】内の単語・語句を正しく並べかえたとき，【　　】内で２番目と５番目と７番目にくるものの組み合わせとして最も適切なものを，次のア～カの中から一つ選べ。

	２番目	５番目	７番目
ア	④	①	⑤
イ	④	⑥	⑤
ウ	④	⑧	⑦
エ	⑨	①	⑤
オ	⑨	⑥	⑦
カ	⑨	⑧	⑦

〔問4〕 (4)a graph について，正しく表しているものは，次のうちではどれか。

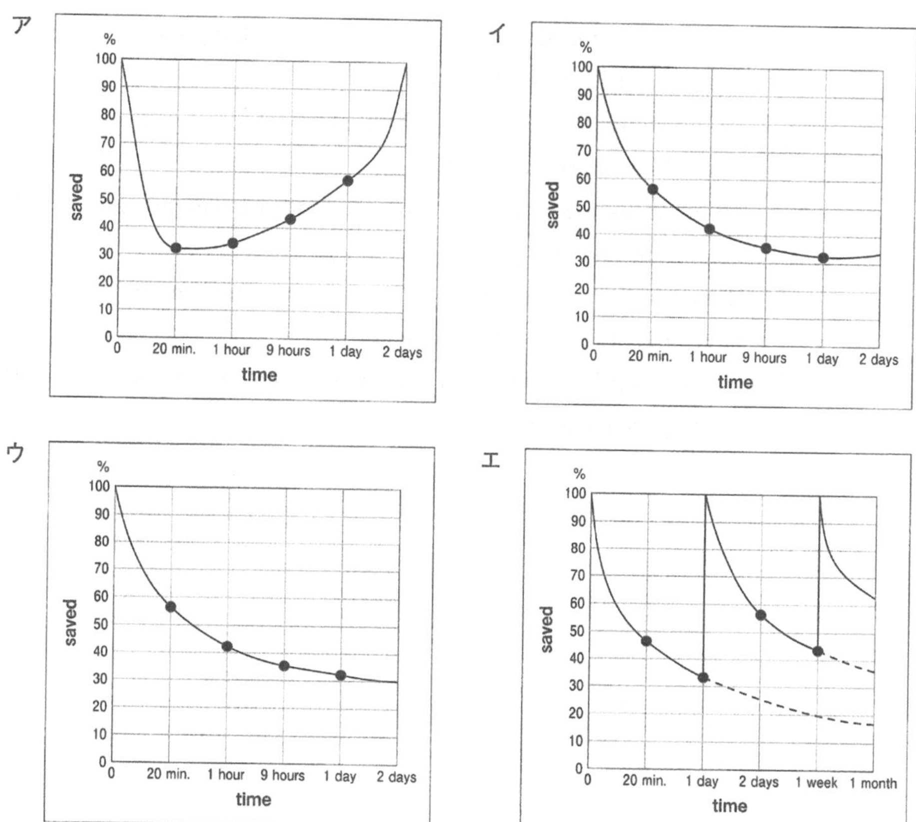

〔問5〕 次の英文は本文の内容に関するものである。[　　　]の中に入る最も適切な1語を書け。

If you want to increase your English vocabulary, there are some ways to make it easier. One effective way is to learn affixes. Some words have small parts which have their own meaning. Knowing them will help you understand new words or guess their meanings. For example, when you see the word "[　　　]," you can guess that it means you cannot believe it.

〔問6〕 本文の内容と合っているものを，次のア～オの中から一つ選べ。

ア It is difficult for Mr.Green to connect some kanji characters to things around him because he cannot draw pictures well.

イ Ayano wants to increase her English vocabulary, but she is worried that she does not have a good memory.

ウ Ebbinghaus asked some of his students to remember a list of three words which did not have any meaning.

エ Hanae finds out that if she practices something many times, she will be able to save 30% of the time to remember it.

オ Ayano finally accepts Mr.Green's advice to spend forty to fifty minutes reviewing each lesson every day.

3　次の文章を読んで，あとの各問に答えよ。なお，[1]～[7] は段落の番号を表している。（＊印の付いている単語・語句には，本文のあとに〔注〕がある。）

[1]　For a long time, farmers have grown fresh fruits and vegetables by using traditional *farming *methods. To produce many kinds of food, farmers need large pieces of land and use various types of *pesticides to kill insects that cause *damage to their plants. [1-a], using too many pesticides have sometimes caused serious damage to *soil, water, and air. Now, many *innovative farmers, companies, and scientists are thinking of more *sustainable farming methods that will cause little or no damage to the environment.

[2]　What are the good points in sustainable farming? First, it is friendly to the environment because it uses land and natural resources including water and energy in *efficient ways. Second, when farmers stop or reduce the use of pesticides, people will not have to worry about putting them into their bodies. [1-b], farmers can continue farming for a long time.

[3]　In city areas, some innovative and sustainable farming methods are already used. Among them is *vertical farming. It is usually *indoor farming and is now used in many countries by different sizes of farms and companies. One of the main *purposes of vertical farming is [2], and we can realize this purpose by using several technologies and methods such as *greenhouses, *artificial light, artificial *pollination, *layered shelves, and hydroponics. Hydroponics is the method of growing plants without soil. [1-c], the *roots of plants are in water with *nutrients. It seems to be new, but actually (3)<u>it is【 ① can　② written　③ find　④ a book　⑤ that　⑥ an old　⑦ we　⑧ idea　⑨ in 】about four hundred years ago.</u> Now we use it in innovative ways. Plants are grown on vertical and layered shelves in greenhouses or buildings, so farmers can grow more fruits or vegetables in one place, and they do not need larger land for farming. Also, vertical farming is good for people and nature because it needs few or no pesticides and it can reduce food miles. Food miles show how far food has traveled to get to the people who eat it. Food with fewer food miles is better for the environment because it needs less energy to travel.

[4]　There is an example in Singapore. Singapore is a small country and has about five million people. They have few natural resources. They produce less than ten percent of the food they eat, so they must buy food from foreign countries. Some farmers and companies believe vertical farming is a solution to this problem and use this method in various ways.

[5] One company in Singapore has high towers to grow vegetables, and the towers are in very large greenhouses. Some towers are nine meters above the ground. Each tower has many layered shelves of green plants, and the shelves are *rotated very slowly. By using many layered shelves up above the ground, the company can grow a lot of vegetables in a small space. When the plants on the shelves go up, they can receive natural light. ア When they go down, they can get water which is recycled after it is used as energy to rotate the shelves. イ In this way, this company can save a lot of energy. ウ Also, it is possible to save more than 95% of the water used in traditional farming. エ As a result, they can increase food miles for the vegetables they grow. They can control the environment in the huge greenhouses, so they do not have to worry about the weather or the seasons to grow their vegetables.

[6] [1-d], vertical farming has some problems. For example, farmers usually need a lot of money to build greenhouses. Making layered shelves is also expensive. Second, many vertical farms use a large amount of electricity for artificial light. In addition, pollination is difficult for some fruits and vegetables because there are not enough insects in the controlled environment. We still need more innovative ideas for this method.

[7] The number of people is increasing, and the world needs more food. However, there is not enough farmland. We should use natural resources in sustainable and efficient ways, and we need to produce more food. Many people believe that vertical farming can be one of the answers to food problems.

〔注〕
farming　農業
pesticide　農薬
soil　土
sustainable　持続可能な
vertical　垂直の
purpose　目的
artificial　人工の
layered shelves　多層構造の棚
nutrient　栄養分
method　方法
damage　害
innovative　革新的な
efficient　効率がよい
indoor　屋内の
greenhouse　温室
pollination　受粉
root　根
rotate　回転させる

〔問1〕 1-a ～ 1-d の中には，それぞれ次の①～④のいずれかの英語が入る。それぞれに入る英語を並べた組み合わせとして最も適切なものを，下のア～カの中から一つ選べ。

① On the other hand
② Instead
③ At the same time
④ For these reasons

	1-a	1-b	1-c	1-d
ア	①	②	④	③
イ	①	③	②	④
ウ	①	③	④	②
エ	③	②	①	④
オ	③	④	①	②
カ	③	④	②	①

〔問2〕 本文の流れに合うように， 2 の中に英語を入れるとき，最も適切なものは，次のうちではどれか。

ア needing many kinds of pesticides on less land
イ growing a lot of vegetables on more land
ウ producing more food on less land
エ using various technologies on more land

〔問3〕 (3)it is【 ① can ② written ③ find ④ a book ⑤ that ⑥ an old ⑦ we ⑧ idea ⑨ in 】about four hundred years ago とあるが，本文の流れに合うように，【　】内の単語・語句を正しく並べかえたとき，【　】内で３番目と６番目と８番目にくるものの組み合わせとして最も適切なものを，次のア～カの中から一つ選べ。

	３番目	６番目	８番目
ア	⑤	③	④
イ	⑤	③	⑨
ウ	⑤	⑨	①
エ	⑨	⑤	①
オ	⑨	⑤	③
カ	⑨	⑦	③

〔問4〕 [5]の段落のア～エの文のうち，文章の流れに合わないものはどれか。

〔問5〕 次の英文は本文の内容について書かれたものであり， 5-1 ～ 5-3 の中には単語が一つずつ入る。それぞれに入る単語を下のA～Fから一つずつ選んだとき，その組み合わせとして最も適切なものを，下のア～カの中から一つ選べ。

One of the 5-1 farming methods is growing food in a 5-2 way. It is different from 5-3 farming which usually grows fruits and vegetables on the ground.

A indoor	B natural	C sustainable
D traditional	E various	F vertical

	5-1	5-2	5-3
ア	B	A	F
イ	B	E	A
ウ	C	E	D
エ	C	F	D
オ	D	A	C
カ	D	B	F

〔問6〕 本文の内容と合っているものを，次のア～オの中から一つ選べ。

ア A farming method is good for the environment when it is successful in reducing food miles and allows farmers to use many kinds of pesticides.

イ Vertical farming is a method which is innovative and friendly to the environment, but now it is not possible to use this method in small farms.

ウ People in Singapore have produced various kinds of fruits and vegetables by reducing food miles and using their rich natural resources.

エ The only problem with vertical farming is that farmers or companies have to pay a lot of money to buy land before they start it.

オ We need to solve food problems for the increasing number of people, and we have to use energy, water and land in efficient ways.

4 次の文章を読んで，あとの各問に答えよ。
（＊印の付いている単語・語句には，本文のあとに〔注〕がある。）

When Yuri came home, her grandfather was in the kitchen. He said, "Yuri, your mother wanted me to cook chicken curry for you. I know you like it." She knew her mother and her sister, Sakura, were at the *ballet school. She was preparing for a *recital the next month.

While they were eating, he said, "[1-a] Next April, you're going to enter senior high school. Your mother is worried about you. She has to do a lot of things for Sakura, so she doesn't have time to talk with you. However, she really *cares about you."

Sakura was two years younger than Yuri. They did everything together before Sakura started to learn ballet at the age of nine. Sakura wanted Yuri to learn it with her, but she said "No." Ballet was not interesting for her. She did not like white *tights or *leotards. *Unlike Yuri, Sakura loved ballet. Sakura spent so much time and energy on it.

One day, when Sakura was eleven years old, she said to Yuri, "Will you do my hair? Mom told me to ask you. [1-b]" It was a very precious time for them. From that day, Yuri often did Sakura's hair before she went for her lessons.

After she became a junior high school student, Sakura began to stand out as a ballet dancer. She was always busy with her lessons. Everyone in the junior high school knew about her. Yuri was proud of her sister and did her hair for her lessons as before, but often thought, "I wish I were good at something like Sakura."

Two weeks before the recital, Ms.Tamura, the *home economics teacher, praised Yuri for her hard work. She said, "This bag has so many *sparkling beads. *Sewing beads needs a lot of time and effort. Good job! I love it!"

Yuri was glad and told Sakura about it at home. While they were talking, Mother came in and found the bag. "What a pretty bag!" Mother stopped talking for a moment, then said, "I have a good idea!" She showed a ballet *costume to them.

"Is this Sakura's costume for the next recital?" Yuri asked.

"Yes, I have to sew sparkling beads on it," said Mother.

"Mr.Sakai, my ballet teacher, wanted more beads to make it *gorgeous," said Sakura. "[1-c]" asked Mother.

"Mom, I'd love to do that with you!"

Yuri worked with Mother, and she was very happy. She found she really liked sewing.

Sakura was watching them and said to Yuri.

"You are really good at sewing! You have to come to the recital to see me in this costume."

"I will, Sakura!"

Mother often told her to come and watch Sakura. "Sakura is doing her best. You should come and cheer her on." Even so, she was not interested in ballet. However, this time she wanted to see the beads on Sakura's costume with her own eyes, so she decided to go.

This was the first time for Yuri to see a ballet recital. When the recital began, Yuri was surprised. The stage was so beautiful and the dancers seemed so happy. She was also interested to see not only Sakura but also other dancers from different age groups. They were trying to do their best on the stage. The costumes were gorgeous, the music was beautiful, and the stage was designed well for each performance. She said to herself, "How beautiful! (2)<u>I didn't have a full picture of ballet.</u>"

After the recital, while Yuri and Mother were waiting for Sakura, they had a chance to talk with Mr.Sakai.

"Mr.Sakai, this is Yuri."

"Hello, Yuri. I'm glad to meet you. [1-d]"

"Yes! Everything was beautiful. I never thought I could enjoy watching ballet so much. *To be honest, I was not interested in it. (3)<u>But【 ① has ② today's performance ③ seeing it ④ way ⑤ changed ⑥ my ⑦ I ⑧ of 】</u>."

Mr.Sakai smiled and said, "Ballet is made up of dance, music, costume and stage design, and a lot of time and effort are put in to create the best stage. All these make the *miraculous beauty of ballet. The movements of ballet are difficult, so dancers practice very hard to train their bodies. Your sister Sakura is practicing very hard. By the way, *thanks to your mother, her costume today was gorgeous and made her more beautiful."

Before Yuri could answer, Mother said to him, "Mr.Sakai, Yuri sewed the beads on it. She is good at sewing."

"Really? Amazing! Yuri, you should be [4] of yourself. Sakura loves the costume she wore today. She is happy to have a wonderful sister like you!" said Mr.Sakai.

"Thank you. I'm glad to hear that."

Yuri remembered the *excitement that she had when she saw her sister on the stage. The beads were sparkling. "Now I've got something I really want to do."

〔注〕

ballet	バレエ	recital	発表会
care	気にかける	tights	タイツ
leotard	レオタード	unlike ～	～と違って
home economics	家庭科	sparkling bead	きらきら光るビーズ
sew	縫う	costume	衣装
gorgeous	豪華な	to be honest	正直に言うと
miraculous	奇跡的な	thanks to ～	～のおかげで
excitement	興奮		

〔問1〕 [1-a] ～ [1-d] の中には，それぞれ次の①～⑥のいずれかの英語が入る。それぞれに入る英文を並べた組み合わせとして最も適切なものを，下のア～カの中から**一つ**選べ。

① Shall I help you, Sakura?
② Will you help me, Yuri?
③ Do you like sewing?
④ Did you enjoy our recital today?
⑤ You are better at it.
⑥ How's everything going?

	1-a	1-b	1-c	1-d
ア	②	①	③	④
イ	②	①	④	⑥
ウ	③	②	①	④
エ	③	⑤	①	⑥
オ	⑥	⑤	②	③
カ	⑥	⑤	②	④

〔問2〕 (2)I didn't have a full picture of ballet. とあるが，本文中の意味として**適切でない**ものは，次のうちではどれか。

ア She realized that she did not understand what ballet was.
イ She realized that ballet was more than leotards and tights.
ウ She realized that her idea of ballet was not right.
エ She realized that ballet did not draw a picture of herself.

〔問3〕 (3)But【① has ② today's performance ③ seeing it ④ way ⑤ changed ⑥ my ⑦ I ⑧ of】. とあるが，本文の流れに合うように，【 】内の単語・語句を正しく並べかえたとき，【 】内で２番目と５番目と７番目にくるものの組み合わせとして最も適切なものを，次のア～カの中から一つ選べ。ただし，【 】内には不要な選択肢が一つ含まれている。

	２番目	５番目	７番目
ア	①	③	②
イ	①	④	③
ウ	④	①	⑦
エ	④	⑥	③
オ	⑤	③	①
カ	⑤	⑧	②

〔問4〕 次の〔質問〕の答えとして，本文の内容に合う最も適切なものは，下のア～エのうちではどれか。

〔質問〕 Why did Yuri decide to go to the recital?

ア Because she wanted to see what Sakura looked like in the costume.
イ Because she wanted to help Sakura do her hair for the recital.
ウ Because she changed her mind after she heard her grandfather's words.
エ Because she learned that ballet was not just a dance performance.

〔問5〕 本文の流れに合うように，［ 4 ］に入る最も適切な１語を本文中からそのまま抜き出せ。

〔問6〕 本文の内容と合っているものを，次のア～オの中から**一つ**選べ。

ア　Yuri wanted to start learning ballet with her sister but gave up because she had to study to enter senior high school.

イ　Yuri often thought that she was not good at anything, unlike Sakura, before she helped Mother with sewing.

ウ　Yuri enjoyed her sister's ballet recital because the dancers were all senior high school students.

エ　Before the recital started, Mr.Sakai told Yuri about ballet, so she was able to enjoy ballet for the first time that day.

オ　Mother showed Yuri a beautiful bag with sparkling beads because she wanted Yuri to get interested in ballet.

〔問7〕 次の質問に対するあなたの考えを，あなた自身の言葉を用いて，**35語以上45語以内**の英文で書け。

How can you find what you are interested in?

二つ以上の英文になっても構わない。次の〔例〕のように，「，」「．」などは語数に含めない。短縮形は１語と数える。

〔例〕 Hello,　I'm　Jane.　Nice　to　meet　you.

通っていたので、万人がこの定型を共有することができるという和歌のもつ本質に気づかせられるということ。

エ 童の謡った船歌が、本当の和歌ではなくとも故郷への思いを表現していたので、聞く側も生まれ育った土地を思うという和歌のもつ本質に気づかせられるということ。

〔問4〕 (3)前述の童の船歌と同じように、人物と歌の言葉との意外な結びつきが、かえって和歌の言葉の機微に対する鋭い注意力を喚起させることになる。とあるが、「人物と歌の言葉との意外な結びつきが、かえって和歌の言葉の機微に対する鋭い注意力を喚起させる」とはどういうことか。次のうちから最も適切なものを選べ。

ア 本来は和歌を詠むはずのない者が、眼前の情景に合わせた技法で和歌を詠むという意外性が、和歌で表現する機会の豊富さによりいっそう目を向けさせるということ。

イ 本来は和歌を詠みそうもない者が、和歌でよく使われるような表現をしているという意外性が、和歌の表現の微妙な趣によりいっそう目を向けさせるということ。

ウ 普段は和歌を詠み慣れていない者が、見立てや対句といった技法を用いているという意外性が、和歌の表現の微細な進化によりいっそう目を向けさせるということ。

エ 普段は和歌を詠んでいない者が、和歌によく見られる表現を用いて和歌を詠むという意外性が、和歌で表現することの機能性によりいっそう目を向けさせるということ。

〔問5〕 (4)つまり、言葉じたいに即すところから、非日常といってもよいような、新たな想像力が喚起されてくるのである。とあるが、どういうことか。次のうちから最も適切なものを選べ。

ア 元々は言葉遊びに過ぎなかった言葉の組み合わせの多くが時代を下るに従って定着し、やがて新たな表現技法として発展していくということ。

イ 連想によって繋(つな)がった言葉の組み合わせから離れることで、事実にもとづいた言葉の組み合わせが新たな説得力をもつようになるということ。

ウ 既に定着している言葉どうしの連想を下敷きにすることで、元々は結びつくはずのなかった言葉の組み合わせが新たに生み出されるということ。

エ 新たに思いついた言葉どうしの連想がそれまでに存在していた言葉の組み合わせを断ち切って、和歌の世界の中で主流になっていくということ。

〔問6〕 (5)右にみてきたように、波浪の白さと頭髪の白さとをあえて通じあわせながら、「七十ぢ・八十ぢは、海にあるものなりけり」と和歌的な発想によってとらえなおされるところから、思わず深い内省が導かれてしまうのであろう。とあるが、「深い内省」と同じ内容を言い表した本文中の語句を二十六字で探し、その始めと終わりの五字を書け。

恐ろしいものだから、頭もすっかり白くなってしまった。七十歳とか八十歳とかいう老齢は、海にあるものなのだった。

わたしの髪の雪のようなしらがと、海岸の白波と、どちらが白いか、沖の島守さんよ

船頭よ、かわりに答えよ。」といった。

（『日本古典文学全集『土佐日記　蜻蛉日記』』による）

〔注〕『土佐日記』――平安時代の日記。作者は紀貫之（きのつらゆき）。

条――一まとまりに書き分けた文章。

国――ここでは国府のこと。国府は一国ごとに置かれた国司の役所。国司は朝廷から派遣された地方官。

幾星霜（いくせいそう）――多くの年月。

前蹤（ぜんしょう）――前例。

〔問1〕(1)土佐からの上京の船旅のなかで、作者とおぼしき人物やその周囲の人々が、さまざまな事態に遭遇して歌を詠（よ）んでいるのはもちろんのこと、作品の行文そのものが和歌の発想や表現によっているとみられる箇所が多いからである。とあるが、「行文そのものが和歌の発想や表現によっているとみられる箇所」の具体例として挙げられているもののうち、本文の記述の順で一番目と二番目をそれぞれ本文中に引用されている古文から二十二字と三十三字で探し、現代仮名遣いに直して書け。

〔問2〕望郷(i)、に(ii)について次の①、②に答えよ。

① 望郷(i)とあるが、この熟語と同じ構成のものを、本文中の波線部アからエのうちから選べ。

ア　故郷

イ　惜別

ウ　含蓄

エ　脈絡

② に(ii)とあるが、これと同じ意味・用法のものを、次の各文の――を付けた「に」のうちから選べ。

ア　卒業のはなむけに言葉を送りたい。

イ　本物そっくりに作り上げる。

ウ　失敗しないように準備する。

エ　成功できたのはひとえに君のおかげだ。

〔問3〕(2)ここでは、その和歌ならざる船歌から、かえって和歌の情趣的な本質に気づかせられる趣になっている。とあるが、「和歌ならざる船歌から、かえって和歌の情趣的な本質に気づかせられる」とはどういうことか。次のうちから最も適切なものを選べ。

ア　童の謡った船歌が、本当の和歌ではなく和歌に似た調子であったからこそ、しみじみとした感情を表出するという和歌のもつ本質に気づかせられるということ。

イ　童の謡った船歌が、本当の和歌ではなく和歌を装（よそお）って作られたものであったからこそ、聞いた者の感情を揺り動かすという和歌のもつ本質に気づかせられるということ。

ウ　童の謡った船歌が、本当の和歌ではなくとも形式は似

中のさまざまな体験が、あくまでも人の心のくまぐまとしてとらえかえされているのである。

右の『土佐日記』の一節からも知られるように、『古今集』時代の新しい表現は、広義の言葉遊びの上に成り立っているとみられる。それは何よりも言葉じたいの生理に即すということでもある。いわば言葉が呼びおこすような趣である。たとえば、「吉野」といえば雪や桜を想起し、「飛鳥川」といえば世の無常を連想することになっている歌枕。あるいは「梅と鶯」「紅葉と鹿」などというように組合せの連想の約束ごとができあがっている歌言葉。こうした歌枕や歌言葉は、前代の万葉時代にはその*前蹤としての用法こそ見出せるけれども、それぞれが固有の連想をもつ言葉として定着するようになったのは、ほかならぬ『古今集』の時代であった。もちろん、掛詞・縁語・見立てなどの表現技法も同じ時期に、言葉じたいの生理に即した連想の言葉として定着したのである。

ここでの和歌は、その言葉じたいが固有の連想力を内包するようになったということである。そのことを言葉と想像の関係からいえば、事実に即した意味の（エ）脈絡が途切れることによって、かえって事実の新たな局面が見えてくる、ということではあるまいか。(4)つまり、言葉じたいに即すところから、非日常といってもよいような、新たな想像力が喚起されてくるのである。(5)右にみてきたように、波浪の白さと頭髪の白さとをあえて通じあわせながら、「七十ぢ・八十ぢは、海にあるものなりけり」と和歌的な発想によってとらえなおされるところから、思わず深い内省が導かれてしまうのであろう。一方での言葉遊びのおもしろさが、もう一方で事象の深層のリアリティを引き出すことになるのは、言葉それじたいに即した連想の力によっているからである。

（鈴木日出男「表現の仕組み」による）

二十一日。午前六時ごろに、船を出す。みんなの人々の船が出る。これを見ると、春の海にまるで秋の木の葉が散っているようであった。なみなみならぬ願のかいがあってであろうか。風も吹かず、すばらしい太陽が出て来て、こいで行く。ところで、使ってもらおうと思って、ついて来る子どもがいる。その子がうたう船歌は、

　やっぱりサ、国の方が見たくなるサ、わしの父母がサ、
　いると思うとサ、カエロウヨ

とうたうのが心を打つことだ。

このようにうたうのを聞きながらこいで来ると、黒鳥という鳥が、岩の上に集まってとまっている。その岩の根もとに、波が白く打ち寄せる。船頭がいうには、「黒鳥の下に、白い波を打ち寄せる。」というのだ。この言葉は、別に何というのではないけれども、しゃれたことをいうように聞こえたことだった。身分に似あわぬから、気にとめるのである。

こんなことをいいながら進んで行くのだが、船の主人である人が、波を見て、「国府を出たはじめから、海賊が仕返しするだろうといううわさを気にする上に、海がまた

船歌を口ずさむのは不自然でないのだろう。(2)ここでは、その和歌ならざる船歌から、かえって和歌の情趣的な本質に気づかせられる趣になっている。

そうした折も折、黒鳥が波のうち寄せる岩の上に集まってきたのを、楫取(かじとり)がこれまたいかにも和歌を思わせるような機知的な言いまわしで、「黒鳥のもとに、白き波を寄す」と言い出した。「この言葉、何とにはなけれども、もの言ふやうにぞ聞こえたる」とは、和歌の表現にもなりそうな含蓄(ウ)のあるしゃれた物言いとして聞こえたというのである。確かに「黒き鳥」「白き波」を対照させる物言いは、和歌の表現によくある対句ふうの、気のきいた言葉づかいである。そしてその言葉づかいは、「人のほどにあは」ぬ——楫取の身分にはふさわしからぬものとされる。(3)前述の童の船歌と同じように、人物と歌の言葉との意外な結びつきが、かえって和歌の言葉の機微に対する鋭い注意力を喚起させることになる。

こうして、しだいに(ii)作者の歌心も高まってくる。海上の波浪を見つめていた作者は、その白さに白髪の白さを見出(みいだ)す。「七十ぢ・八十ぢは、海にあるものなりけり」というのである。この「……は……なりけり」は、前掲の「春の海に……ぞありける」と同様に、見立ての技法にはよく用いられる気づきの語法である。もちろん、その白波に見立てられる白髪は、自らの老齢を自覚させることになる。ここで、海賊への恐れ、あるいは海上航行への不安などと、白髪になった理由をあげつらってはいるものの、言わんとするところは、幾歳月を過ごしてきたわが人生への感懐であるにほかならない。これに先立って自分の心を刺激した童の謡う船歌の郷愁、あるいは楫取の口ずさんだ和歌的な言葉が、ここで合一することになる。それが、「わがかみの……」の歌である。

一首は、「沖つ島守」に呼びかけた歌であり、私の髪の雪のような白さと海辺の白波の白さとでは、どちらが白さの点でまさっているのか、沖の島守よ、の意である。白髪→(白)→雪→白波という言葉の連想に即した機知的な表現のうちに、わが老齢への嘆きをさりげなく封じこめたことになる。一見するところ、たわいない言葉遊びのようでもあるが、ここには、*幾星霜(いくせいそう)をさまざまな体験を経て生きてきた者の、深い述懐がたたえられているであろう。喜怒哀楽の主情を沈めて、静かにわが生涯をふりかえる心である。

歌に直接して「楫取言へ」とある。前の物言いから和歌に心得のありそうだと思われた楫取に対して、自分の歌への唱和を求めたことになる。歌で呼びかけた相手の「沖つ島守」に代って詠んでほしい、という気持である。この歌は、そのような対人性を含むことによって、かえって己が孤心をきわだてている。この時代の和歌一般がそうであるように、共同性と個人性が表裏一体のように結びついているのである。

『土佐日記』という作品は、みてきた一例からも察せられるように、多量の和歌を含み、そして多くの歌言葉による行文を形成している。そのような言葉は、言葉遊びといってよいほど、きわめて機知に富んだ言葉である。しかしここでは、それが単なる言葉のおもしろさにとどまることなく、人の心の機微を鋭くとらえなおす言葉の力として機能している。旅にぞありける。おぼろけの願によりてにやあらむ。風も吹かず、よき日出で来て、漕ぎゆく。この間に、使はれむとて、つきて来る童あり。それがうたふ船歌、

　なほこそ、国の方は、見やらるれ、わが父母、ありとし思へば、かへらや

とうたふぞあはれなる。

　かくうたふを聞きつつ漕ぎ来るに、黒鳥といふ鳥、岩の上に集まり居り。その岩の上のもとに、波白く打ち寄す。楫取の言ふやう、「黒鳥のもとに、白き波を寄す」とぞ言ふ。この言葉、何とにはなけれども、もの言ふやうにぞ聞こえたる。人のほどにあはねば、とがむるなり。

　かく言ひつつゆくに、船君なる人、波を見て、「*国より始めて、海賊報いせむと言ふなることを思ふ上に、海のまた恐ろしければ、頭もみな白けぬ。七十ぢ・八十ぢは、海にあるものなりけり。

　わがかみの雪と磯べのしらなみといづれまされり沖つ島守

楫取言へ」

（日本古典文学全集の本文による）

一月十一日の夜に室津に停泊して以来、天候不順の海上の荒波に妨げられ、十泊という長い足止めにあっていた。この二十一日という日、天候が回復して、待ちに待った航行の日を迎えることになったという。貫之ら一行だけではなく、これまで足止めされていた多くの船が出航し出すのである。昨日まで悪天候に閉ざされていただけに、いかにも晴れやかな気分の船出である。

いっせいに船出してゆくさまを、実際には今が春一月であるにもかかわらず、大胆にも「春の海に秋の木の葉しも散れるやうにぞありける」と見立てているところが、表現上いかにも和歌的である。この意表をつくような見立ての技法と、「……ぞありける」の気づきの語法があいまって、海の青と紅葉のような黄や赤に織りなされる華麗さに驚く気持がとりこめられている。天候の回復を待っていっせいに船出するこのにぎやかな光景は、気持を明るく持ち直した人々の、いきいきとはずむ心の晴れがましさをかたどっている。

　また、国府から貫之ら一行に従ってきたという童の謡う船歌もまた、ここでは和歌的である。「なほこそ……思へば」は、基本的には短歌形式（ただし、多少の字余り字足らずを含む）で、その末尾に「かへらや」が囃し詞ふうについた形であるとみられる。もちろん「帰ら（む）や」の意もこめられ、一首は、やはりわがア故郷の国の方向がかえりみられるもの、自分の父や母がいると思うものだから、の意。ここでは「船歌」とされているが、当時の実際の船歌であったかどうかはわからない。あるいはこの作品のなかで船歌ふうに創作されたものかもしれない。いずれにせよここでは、故郷の地から遠ざかるにしたがって、いよいよ(i)望郷の念をつのらせる少年の心を歌い表している。それとともに、貫之ら一行には、国司として住み慣れた土地に対するイ惜別の念を去来させることになる。「わが父母」を思わずにはいられぬ童心が、任地を後にする者たちの悲喜こもごもの感懐をひき出しているのである。和歌を詠みなれているはずもない田舎育ちの少年でも、

ウ　主体が主観的に捉えた客体の存在が、共有された概念として多くの人から認定されること。

エ　主体が客体に手を加えなくても、主体にとってごく当たり前なものとして日常の中にあること。

〔問4〕(3)「そのままに知る」とはどういうことなのか。とあるが、このことについて次の［　］のように説明するものとする。［A］については本文中から十九字で抜き出し、［B］については本文中の言葉を用いて四十字以上四十五字以内でまとめて書け。

> 「そのままに知る」とは［A］認識するということではなく、［B］認識するということである。

〔問5〕(4)こう考えれば、西田哲学は、確かに難解ではあるが、いおうとしたことは決して難しいことではなく、むしろ、日本文化の根底にあるものと深く結びついているのではなかろうか。とあるが、筆者が述べる「日本文化の根底にあるもの」とは何か。次のうちから最も適切なものを選べ。

ア　西洋の哲学になじみすぎたことによる、言葉にならない思いを排除しようとする姿勢。

イ　言葉にならない瞬間を大事にしながら、それをなんとか言葉で説明しようとする姿勢。

ウ　強い感受性によって対象と一体となって、言葉にならない段階を大切にしようとする姿勢。

エ　対象への強い愛情によって、言葉にならない状態を歌や文学として表現しようとする姿勢。

〔問6〕この文章でいう「純粋経験」についてあなたはどのように考えるか。本文の内容を踏まえ、あなた自身の経験や見聞を含めて二百字以内で書け。なお、書き出しや改行の際の空欄、、や。や「などもそれぞれ一字と数えよ。

4

次の文章を読んで、あとの各問に答えよ。なお、あとの［　］の中の文章は、本文中に引用されている古文の現代語訳である。（*印の付いている言葉には、本文のあとに〔注〕がある。）

『古今集』の和歌表現のありようについて考えるのに、『*土佐日記』の記述が有力な手がかりを与えてくれる。もとより、この作品の一面には歌論の要素が含まれているとする見方さえある。(1)土佐からの上京の船旅のなかで、作者とおぼしき人物やその周囲の人々が、さまざまな事態に遭遇して歌を詠んでいるのはもちろんのこと、作品の行文そのものが和歌の発想や表現によっているとみられる箇所が多いからである。歌とは何かの問題が、きわめて具体的に提示されている。ここでも、一月二十一日の*条を検討するところから始めたいと思う。

二十一日。卯の時ばかりに、船出だす。みな人々の船出づ。これを見れば、春の海に秋の木の葉しも散れるやうの前でできるだけ謙虚になり、自分を無にしなければならない。「我」を捨てて、自然の与えるものに耳をすまさなければならない。それを徹底しようとしたのが西田哲学であったのではないか。(4)こう考えれば、西田哲学は、確かに難解ではあるが、いおうとしたことは決して難しいことではなく、むしろ、日本文化の根底にあるものと深く結びついているのではなかろうか。

（佐伯啓思「『無』と日本思想の連関」による）

〔注〕西田――西田幾多郎。十九世紀から二十世紀の日本の哲学者。著書に『善の研究』がある。
ドストエフスキー――十九世紀のロシアの小説家。
ロゴス――言葉・論理・理性。

〔問1〕(1)それは、もっと突き詰められなければならないと考えていた。とあるが、筆者がこのように述べたのはなぜか。次のうちから最も適切なものを選べ。

ア　西洋哲学は、認識する主体と対象となる客体の存在を当然のものと考えるが、それでは対象物を認識する側の「私」についての考察ばかりに走ってしまうことになると西田は考えたはずだから。

イ　西洋哲学は、認識する主体と対象となる客体の存在を自明のものと考えるため、「私」や「存在」といった奥深い問題については主観的にしか捉えられていないと西田は考えたはずだから。

ウ　西洋哲学は、認識する主体と対象となる客体とを分けて捉えるため、「私」と対象物は無関係に存在するという当たり前の事実以上のことを考えられていないと西田は考えたはずだから。

エ　西洋哲学は、認識する主体と対象となる客体とを切り離して捉えるが、そもそも「私」や「存在」といった思考の基盤となる概念についてもっと検討すべきだと西田は考えたはずだから。

〔問2〕 Ⅰ （二箇所）および Ⅱ に当てはまる語の組み合わせはどれか。次のうちから最も適切なものを選べ。

ア　Ⅰ＝抽象　Ⅱ＝根本
イ　Ⅰ＝個別　Ⅱ＝基本
ウ　Ⅰ＝観念　Ⅱ＝本格
エ　Ⅰ＝一般　Ⅱ＝本能

〔問3〕(2)こちら側に主体があって、向こう側に客体があって、この客体は何か、というような論議に西洋哲学は終始してきたけれども、本当は、そもそも何かが「有る」ということはどういうことなのか。とあるが、「西洋哲学」において「有る」とはどういうことだと筆者は考えているか。次のうちから最も適切なものを選べ。

ア　主体が無意識的にであれ客体を認識した瞬間、主体の中にその対象が形をもって現れること。

イ　主体が客体を認識して名前をつけることによって、客体が世界の中に存在を認められること。

う純粋経験がまずあって、そこが一番大事だという。この純粋な経験があって、そこから、何かをやりたい、何かを知りたい、といった意志も明快な情緒もでてくる。それに続いて、人は、どんな行動をしようか、どんなことを知りたいのかと考えて様々な活動を展開する。後になって、その経験を反省して、私はこういう経験をしたという。こうした反省をへて経験は知識に変わる。しかし反省する前のこの経験、この純粋経験こそが大事だと西田はいう。人間が言葉を発する前、言葉の前段階、花がきれいだとかいう言葉を発する前の段階、そもそも花かどうかよく分からない刹那の経験のことを純粋経験という。

　人間が何かを知るというその端初は、何かがあると感じ、それにまだ名付けることができない段階から始まる。言葉が出てしまった時にはその大事なものが抜け落ちてしまう。言葉にならないその瀬戸際(せとぎわ)が大事である。そして日本人には言葉になる以前にこそ大事なものがある、という、そういう心があった。例えば、桜の花を見たら美しいという。桜の花を客観的に見て美しいというのではない。桜の花が美しいというときに、一気に咲いて散っていく、そのように人生が送れたらいいという。あるいは、そこに人生のはかなさを託する。それは口には出さない。しかし言葉にはならない思いを託している。そこでは自分が桜の花の中に入り込んでいる。自らを桜と一体化している。人々は、伝統的日本文化の中で、このような思いを抱いて桜の花を見てきた。日本で桜の花が特別視されるには、こういう思いの歴史があるからで、いい換えれば、西田のいう純粋経験こそが大事だという思いが日本文化にはある、ということだ。逆にいえば、桜の花がきれいだと言葉に出したとたん大事なものを失ってしまうと考える。

　ところがやっかいなのは、このことをいうためにも言葉を使うしかない。言葉で説明するしかない。西田哲学の問題はまさにここにあった。西洋思想も西田のいう純粋経験に気づいていたのかも知れないが、問題にしなかった。なぜなら、西洋文化は、初めに言葉がある、というところから出発するからだ。神がすべての存在に名前をつけたように、ものには名前がある、ものに名前をつけることができるというのは西洋思想の根本である。この世のものにすべて言葉を付し、そうすることによって世界を理解可能だとする。存在するとは名づけられることであって、逆にまた名称が与えられるものが存在とみなされる。こういうことが西洋文化の根底にある。言葉の世界、論理の世界、この*ロゴス中心主義が西洋哲学の世界であり、だからこそ、西洋では科学が展開したのである。

　今日の日本人は西洋哲学にあまりにもなじんでしまった。それはそれでよいのだが、それは日本人にとって本当に幸せなのだろうか。何かが始まる一瞬、風がざわざわする。音がする。ざわざわと音が聞こえる。その「ざわざわ」。それは何か不気味な感じでもあろう。自分を不安にさせるものがある。日本人はそうした強い感受性を歌や文学に表現したのではなかろうか。そうした感受性を研ぎ澄ませるには「もの」

ない。経験したのはすでに過去であり、何かを経験したというときに、すでに過去に経験した私は経験から分離されている。昨日私はこういう経験したといったときに、向こう側に経験された事実を置き、こちら側に経験した自分を置く。経験そのものは過去であり、それを話している「私」はいまここにいる。こういうふうに分離されている。

しかし西田は、経験の概念はそのようなものではなく、経験するということは、事実そのものと自己が一体となることだという。例えば、目の前でオーケストラの演奏が始まろうとする。音が鳴ろうとする。聞こえるか聞こえないか自分でも分からない。聞き取ったかどうか分からない。その時、音と自己が一体となっている。そういう状態が経験であるという。「私」などというものはどこにもいない。あるいは、花を見たその刹那、花かどうか分からない。何か白い綺麗(きれい)なものがあったと思った時、それが経験であるという。ここでも「私」はどこにもいない。これが本当の経験であり、純粋経験である。この純粋経験は西田独特の概念であって、それからすれば、「私」と「事実」を分離してしまう西洋哲学は「経験」を分析できていないし、いってみれば、認識や哲学的な思索の根源にまで達していないということになろう。

西洋哲学というのは、私（主体）の向こう側に世界がある、これを可能な限り厳密に記述し、また正確に分析する、というものであり、ここに西洋の科学が成立する根拠もあった。花をみるという経験から出発するのではなく、花は花として存在する、というところから出発すれば、花の成分が分析できれば次に品種改良して、もっときれいな花を咲かせることができる。こうした論理がでてくる。逆に見れば「世界」から切り離されたところに「私」、あるいは「主体」がある。だから、「主体」は、花をいかようにでも品種改良できる。そこに人間能力の発展や自由の拡張がある。西洋思想や西洋の科学の意味もそこにあった。

しかし、本当にそう考えてよいのだろうか。「私」も「世界」の中にいて、その中で動きまわっているのではないか。世界と私は分離してあるのではなく、世界が現れるところに主体は様々な形で「世界」と出会う。そこには人間の精神が働き、人間の生がある。それは世界と結びついている。われわれはすでにある種の世界に生きている。人間は「世界」から切り離されてあるのではなく、「世界の中」にある。世界の中でいろいろな経験をするのだ。西田は、そういう一番根底的なところに戻らなければならないと考えた。

するとこういう考えもでてくるだろう。それは、われわれが何かを知るということは、ただわれわれの理性がそこで働いているだけではなく、何かに向けて行動しようとする意欲、身体の動き、感覚などが一体となって作用しているのではないか。さらにそこに情緒、あるいは感情も加わる。人間が何か物事を知りたくなる、あるいは何かをしたくなる、何か美しいものを見たくなる。そうした情緒を駆り立てられる時、その根底に「純粋経験」がある。ほとんど意識しないレベルで何かに出会ってしまった。何かを感じてしまった。そういや西洋の学問はまだ本質をついていないと考えたのであり、もっと［Ⅱ］的な問題があるというわけである。

実は、西洋哲学自身もその当時、同じような問題を抱えていて、例えば、ハイデッガーなどが同じようなことをいいだす。(2)こちら側に主体があって、向こう側に客体があって、この客体は何か、というような論議に西洋哲学は終始してきたけれども、本当は、そもそも何かが「有る」ということはどういうことなのか。何かが「存在する」というのは、どのようにしていえるのか、といったところから始めなければならない、という相当に難しい議論を始めていた。また、少し前には、先ほどのベルグソンやアメリカのウィリアム・ジェームズといった人たちが、主体と客体を簡単に区別するわけにはいかない、といった議論をしていた。

同じ時期に、西田は西田なりに、認識主体に関して思考を深めていく。西田が出発点にしたのは「経験」ということで、『善の研究』の最初に、「経験するというのは事実をそのままに知ることである」という。だがこの「経験するとは事実をそのままで知ることである」という一文を理解するのはかなり難しい。

ここで「事実をそのままで」というのは、物事をできるだけ客観的にとか、科学的にとかいうこととはまったく違う。それではまた、こちら側に「私」がいて、向こう側に「事実」がある、ということになってしまう。それでは、すでに、「私」という主体が、ある事柄を「事実」と呼んで向こう側に置いているので、これではすでに「事実をそのままに」にはならない。(3)「そのままに知る」とはどういうことなのか。これは結構難しい。

そこで西田が持ち出したのが「経験」であった。ものを知るというのは、こちら側に「私」がいて、向こうに何か「物事」がある、というような形で知るのではない。われわれは普通、まず、何かに出会ったり、あることがらを経験することによって、そのものを感じ取る。それは頭で、あるいは知識として知るというのではなく、何かを感じたり、驚いたり、感動したり、という経験においてほとんど無意識のレベルで知る、ということだ。こういうふうに西田は考えた。

要するに、ある物事に出会うというその原初の経験から出発する。知性によって分別を加える以前において真の経験がでてくる。経験するというのは、事実を頭の中であれやこれやとひねくり回すのではなく、その前にそれそのままを受け止めること、まったく自己の細工を捨てて事実に従って知ることである、という。これを純粋経験と西田は呼んだ。そこから出発して、経験とは事実そのものを知ることというのだが、経験と事実の違いは何なのか。事実とはいったい何なのか。こういうことを西田は問い詰めている。かなり難解な問題である。

改めて経験するということについてだが、われわれは経験するということをどのように用いるかというと、例えば今日自分にとって大変に良いことがあって、それを経験したという。しかし、その時にはすでに、経験そのものの時点にはいることで、語り手である安原と両者との間の関係性の違いを描き出している。

エ　実際の会話に「　」を付して心内語との違いを明確にすることで、テンポのよい対話をする若者と悩む安原を対比的に描き出している。

3

次の文章を読んで、あとの各問に答えよ。（＊印の付いている言葉には、本文のあとに〔注〕がある。）

＊西田は、ギリシャから始まって二〇世紀に至るまでの、西洋の哲学者を独自に深く読み、また多くの文学作品を読んだ。＊ドストエフスキーなどからも強い影響を受けているようである。また、当時の西洋哲学の最前線のベルグソンやウィリアム・ジェームズからも強い影響を受けた。にもかかわらず、西田にとっては西洋哲学の基本的な見方では十分ではないと思われた。(1)それは、もっと突き詰められなければならないと考えていた。

少し単純化していってしまえば、西洋哲学の基本的なものの見方は、こちら側に認識する主体があって、向こう側に認識される対象がある。例えば、ここに私という主体があって、ここに対象としての机がある。私という主体がこの机という対象を机として認識している。かりに机がなかったとしても、私という主体は存在するし、私がいなくとも机という対象は存在する。西洋の考え方の基本的な構図はこういうものだ。主体がいて、主体が認識する対象がある。この主体と客体という構図を前提として、西洋の科学や学問は成り立っている。とりわけ、西洋の近代科学は、理性を持った主体としての人間が、客体としての自然や世界という対象を客観的に把握し記述するというものである。

しかし、本当にそういえるのか。どうして私はこういうものとして存在するといえるのか。また、机というけれども、机という概念は［Ⅰ］的概念で、誰もが本当に、ここにある物体を同じ「机」として認識しているのか。認識する人を離れて［Ⅰ］的に「机」というものが存在するのか、そう単純にいえるのか。こう突き詰めると話はそれほど簡単ではなくなる。特に、机を認識する「私」がいると普通考えてしまい、その「私」は自明の存在になっているが、では、どうして「私」が存在することを認識できるのか。ここにいるのが「私」だというのなら、この「私」を認識するものは一体何なのか。それもおそらく「私」だろう。とすれば、認識される「私」と認識する「私」は一体どういう関係にあるのか。ここにいる「私」を「私」だと思っている時には、そう思っている「私」は、少なくとも「私」として意識されているものではないだろう。とすれば、本当に「私」というものは意識されるのだろうか。

こういう疑問がでてくる。こうなると、ここに私がいて、ここに机があるという事態はもはやそんなに当然のことではなくなる。西洋の学問や科学が前提にしているこの図式の前に、もっと考えなければならない前提のようなものがあるのではないのか。西田哲学は、こう疑問を呈して、西洋哲学日通りに完成させなければならないという心理的な負担を軽くするため。

〔問4〕(4)ペットボトルの水を呷り、「話しかけないでくれ。」というオーラを全身から発しながら、台本を捲る。とあるが、この表現から読み取れる双海の様子として最も適切なのは、次のうちではどれか。

ア　北川の言葉を受けて安原の作品に対する思いやこれまでの行動に納得しきったというわけではないが、安原の要求には応えていくつもりで自分の演技だけに集中しようとしている。

イ　撮影が進まないのは入田の役者としての力と経験が不足しているせいだと思っていたのに、思いがけず自らの演技にも注文が付いたので入田への怒りの矛先を失って黙り込んでいる。

ウ　映画の善し悪しを分ける鍵を握っているのは主演のはずなのに、それを監督だと思っている安原や北川と分かり合うことなどできないと話し合いを諦めて自分の世界に入り込んでいる。

エ　安原の意図を理解し切れていないことをからかうような北川の言葉に腹立たしさを感じてはいるが、主役を演じる責任から自分は自分の演技に専念するしかないと思っている。

〔問5〕(5)でも、体を巡る血液がざらついた砂に姿を変えてしまったような、直視しがたい違和感がある。とあるが、安原が「違和感」を抱いたわけとして最も適切なのは、次のうちではどれか。

ア　作品に関わる皆が気持ちを一つにして映画を撮るのが理想なのに、監督とカメラ担当という立場の違いにより、シーンの善し悪しの評価にずれがあることに気づいたから。

イ　安原自身が口にすることができないでいた内容と、北川があっさりと言葉にして皆に伝えてしまったこととの間には、自分でもはっきり分からないずれがあると気づいたから。

ウ　安原が監督としてどのような作品を理想としているかについて、納得してくれた原田のような者がいる一方で、そうではない双海のような者もいることに徒労感を抱いたから。

エ　監督である安原自身がうまく表現するべきだった理想の作品像を、北川がたやすく言葉にしてしまった上に、その言葉に原田もすぐに納得していることに無力感を抱いたから。

〔問6〕本文について説明したものとして最も適切なのは、次のうちではどれか。

ア　この場面の語り手を安原一人に固定することで、安原本人はもとより登場人物それぞれの言動の意図や理由を客観的に描き出している。

イ　「ぬっと」「おろおろと」「さらさら」といった擬態語を用いることで、それぞれの登場人物のもつ個性を鮮やかに描き出している。

ウ　「双海さん」「北川」と地の文での敬称の有無に差を付け

〔注〕 助監――助監督の略。
他大――他大学の略。
卒制――卒業制作の略。
リテイク――撮影し直すこと。
箱馬――撮影で使用する木製の箱。

〔問1〕 (1)でも、ほいほいとそれに従うことはできない。とあるが、この表現から読み取れる安原の様子として最も適切なのは、次のうちではどれか。

ア　助監督である橋本の意見に従う姿を見せてしまうことで、監督としての威厳を保てなくなって今後の撮影に支障を来すのではないかと心配している。

イ　助監督である橋本の言う予定通りに撮影することの大事さは理解しつつも、監督として得心がいく作品を作り上げたいという思いを譲らないでいる。

ウ　助監督である橋本の指示に従って撮影を急ぐことによって、奈々になりきろうと努力している入田の気持ちを害してしまうのではないかと気遣っている。

エ　助監督である橋本の撮影を進めたいとの思いは分かっているものの、良い映画を作るには関わる人全ての意見を聞くべきという信念を重んじている。

〔問2〕 (2)双海さんは、虚を突かれたように目を丸くする。とあるが、双海が「目を丸く」したわけとして最も適切なのは、次のうちではどれか。

ア　独善的に撮影を進める安原を橋本という味方も得てようやくやり込めることができたと思っていたのに、急に口を挟んできた北川に逆にやり込められてしまったから。

イ　安原を信じて今まで口を出してこなかった北川と、北川に全幅の信頼を寄せて監督としての仕事ばかりに没頭してきた安原との関係の深さを見せつけられたから。

ウ　細かい説明もなしに無理難題を要求し続ける安原への不満を皆の総意として訴えたのに、北川がその不満を治めようとせずに安原の正しさを主張してきたから。

エ　一人だけのこだわりで安原が突っ走るのを止められずに皆が困っていると思っていたのに、北川はさも当たり前のように安原のことは制御できていると言ったから。

〔問3〕 (3)だから、北川が止めない限り止まらなくていいと、そう自分に言い聞かせて来た。とあるが、安原がこのように「言い聞かせて来た」わけとして最も適切なのは、次のうちではどれか。

ア　北川が意見を言ってこない限り二人が思う通りの理想のシーンが撮影できているはずだと信じることで、自分を安心させるため。

イ　自分の意見を押し通して周囲と険悪な関係になっても北川ならうまく間に入ってくれるはずだと思うことで、自分の支えとするため。

ウ　北川を信頼することによって、作品完成のためには予定を優先しても仕方ないと妥協しそうになる自分を踏みとどまらせるため。

エ　予定の調整役を北川に依頼することによって、作品を期だろう。そんな風に考えたけれど、杞憂だった。双海さんは苛立たしげに肩を竦めると、北川と俺を交互に見た。

「映画が当たったらみんなのおかげ、転けたら主演のせい。」

北川が怪訝な顔で「え？」と首を傾げたが、双海さんは構わず続けた。

「監督一人で映画撮ってるつもりになってんじゃねえよ。」

投げるだけ投げて、ぶつけるだけぶつけて、それ以上は何も言わず、双海さんは休憩時にいつも使っている箱馬*へ移動する。(4)ペットボトルの水を呷り、「話しかけないでくれ。」というオーラを全身から発しながら、台本を捲る。

「あのう……。」

はっと顔を上げると、入田さんが俺と北川の近くまで来ていた。恐縮した顔で体を縮こまらせ、ゆっくり頭を下げる。

「ご迷惑をおかけして、本当にすみません。次は頑張ります。」

何度も何度も頭を垂れる入田さんに、「いやいやいや！」と北川と一緒に首を横に振って、撮影は再開した。

「安原。」

カメラの前に立った原田が、「聞きたいんだけど。」と改まった様子で箱馬に座る俺を見下ろしてきた。

「さっき北川が言ってたことって、あんたも同意見なの？」

「えーと……どれのこと？」

「『カメラが回ってる間だけは、カメラの中はノンフィクションじゃないといけない。』って。」

俺は改めて北川を見た。さっきはそれどころじゃなかった。今、改めて北川の言葉を胸の内で繰り返す。刻みつけるみたいに反芻する。

自分の拙い言葉で必死に伝えようとしてきたこと。それがいとも簡単に、わかりやすい言葉になってそこに存在していた。

「北川の言う通りだ。俺は、カメラの中がノンフィクションになるのを待ってるんだ。」

「そっか。」

どうして俺にはこれが言えなかったのだろう。自問する俺を差し置いて、原田は「すっきりした。」と笑顔でファインダーを覗いた。

「結構いいものが撮れてる気がしたのに、安原がどういうつもりでリテイクするのかわからなくなってたから。そういうことなら、私は心置きなくカメラを回せる。」

準備OKだよ。そう言う原田に、俺は堪らず自分の胸に手をやった。痛みがあるわけではない。(5)でも、体を巡る血液がざらついた砂に姿を変えてしまったような、直視しがたい違和感がある。確かにある。

「それでは、よろしくお願いします。」

双海さんは俺を見なかった。入田さんは「はい！」と上擦った声で返事をした。役者が位置に着き、カメラが回る。俺は大きく息を吸った。自分達はフィクションを作っている。けれどこの言葉の先は、ノンフィクションでなければならない。

「――スタートっ！」

（額賀澪「完パケ！」による）

緊張した空気を吹き飛ばすように、からっとした笑顔で北川は双海さんの肩を叩く。それを振り払うように一歩後退った双海さんは、さらに顔を強ばらせた。

「あんた、プロデューサーなんだろ。」

双海さんは牙を引っ込めることなく、それを北川に向ける。

「監督の手綱を握るのがあんたの仕事じゃないの?」

「握ってますよ。」

涼しい顔で北川は答えた。(2)双海さんは、虚を突かれたように目を丸くする。

「ばっちり握ってますよ。これはいただけないって思ったら全力で引っ張ります。」

犬のリードを引っ張るような仕草をする北川に、双海さんの声が凄みを帯びた。

「あんたは、これでいいと思ってんのかよ。」

「思ってるから、隅っこで大人しくしてました。」

「プロデューサーならわかってるだろ? こんな調子で監督が気に入るまで何度も何度もリテイク*してたら、来週中に撮影なんて終わるわけがないって。」

卒制の撮影期間は九月いっぱい。でも、一カ月間ずっと撮影ができるわけじゃない。そんな予算はない。『終わりのレイン』は短期集中で撮影を終わらせようと、九月上旬から中旬にかけての二週間を使い、撮影するスケジュールになっている。

まだ三日日だけれど、果たして間に合うのだろうか。そんな風に双海さんや橋本が考えてしまうのは、わかる。俺だって考えないわけではない。

(3)だから、北川が止めない限り止まらなくていいと、そう自分に言い聞かせて来た。

「正直、リテイクばっかりでしんどい現場だと承知してます。でもこれは監督が暴走してるわけじゃなくて、プロデューサーの僕と、監督の、二人の総意です。」

双海さんの横で、橋本が困ったように唇をねじ曲げる。北川の言葉は双海さんだけに向けられたものじゃないとこのアパートにいる人間全員がわかっているから、誰も何も言わなかった。

ちらりと、北川が俺を見てきた。北川は何も言わず、双海さんへ向き直る。

「双海さん、安原は自分が気に入るものが撮れるのを待ってるんじゃなくて、ただ純粋に『本物』を探してるだけなんですよ。」

本物。本物です、本物。繰り返す北川に、思わず彼の顔を覗き込んでいた。

「僕等が撮ってるのはフィクション映画ですけど、カメラが回ってる間だけは、カメラの中はノンフィクションじゃないといけないんです。双海さんと入田さんがフィクションの羽田野と奈々である限り、安原は絶対にOKは出さないですよ。」

頑張ってくださいね。そんな顔で北川が笑うのを、双海さんは目の奥に確かな怒りを宿して見つめていた。今にも北川に掴みかかるんじゃないか。そうなったら俺はどうするべき本の目はそう訴えていた。昨日も一昨日も、橋本にこんな顔をさせた。でも、今日の方がずっと切実だ。

「俺だって監督に納得いくものを撮ってほしいけど、俺は進行も大事にしたい。」

それは、現場を切り盛りする助監督として正しい意見だ。

(1)<u>でも、ほいほいとそれに従うことはできない。</u>

「ごめん、でも……。」

言いかけて、言葉に詰まった。部屋の隅で休憩していた双海さんがぬっと立ち上がり、俺と橋本へと近づいてきたからだ。

「俺も、*助監さんと同意見なんですけど。」

首にかけていたタオルで額を拭った彼は、険しい顔で俺を見据える。

「自分が気に入るものが撮れるまで何度もやるのは結構ですけど、それって本当にクオリティアップのためですか？　監督の自己満足のためじゃないんですか？」

双海さんは、俺より少しだけ背が高い。視線が高い。顎を上げて、さらに高いところから見下ろしてくる。彼に何と言い返せばいいのか、言葉を探した。

「作家性なんてものを人質に、周りに無茶を強制してるだけじゃないですか？」

大学生風情（ふぜい）が「作家性」なんて笑わせるな。双海さんが言外にそう言っているのがわかる。その一瞬のカメラの動きに、何の意味がある。それが客に伝わると思うか。それがなかったら作品は駄作になるのか？　客はそんなことに気づいてくれない。そのために時間を消耗し、スタッフを疲弊させてどうする——そんな風に。

「大体、彼女はそれについて来られないと思いますよ。」

双海さんが親指ですっと差したのは、入田さんだった。ずっと台本を見下ろしていた彼女ははっと顔を上げ、おろおろと立ち上がる。

「なあ、あんたはどうしてオーディション受けたの。」

淡泊な声で、双海さんは入田さんに問いかける。

「素人同然のくせに、どうして大学で大人しく授業受けないで*他大の*卒制に参加しようと思ったんだって聞いてんの。」

答えなどさらさら聞くつもりがないのか、双海さんは「えーと……。」と固まった入田さんから俺へと視線を戻した。

「監督が頭の中に思い描いてる理想を実現するのは、彼女じゃ無理ですよ。」

いい加減気づけよ。そしてもっと効率よく撮影を進めろよ。そんな顔で双海さんは俺を睨（にら）みつける。狭いアパートの中、双海さんの声が聞こえていないスタッフはいなかった。全員が動きを止め、こちらを凝視している。

「あの、双海さん。」

さすがにここまでのことは予想していなかったのだろう。橋本が俺と双海さんの間に入って状況をどうにかしようと試みる。

けれど、橋本よりずっと早く動いた人間がいた。

「すみません、双海さん。まだ撮影三日目ですし、順調にいかないのはご勘弁を。」

＜国語＞

時間五〇分　満点一〇〇点

【注意】　答えは特別の指示のあるもののほかは、各問のア・イ・ウ・エのうちから、最も適切なものをそれぞれ一つずつ選んで、その記号を書きなさい。また、答えに字数制限がある場合には、、や。や「　などもそれぞれ一字と数えなさい。

1

次の各文の――を付けた漢字の読みがなを書き、かたかなの部分に当たる漢字を楷書で書け。

(1)　先生の提案に首肯する。
(2)　彼女の意見は中庸を得ている。
(3)　涙痕から深い情愛が察せられる。
(4)　戴冠式を執り行う。
(5)　その問題の答えはオして知るべしだ。
(6)　ジヨウに富む料理をいただく。
(7)　上司にダンパンしたかいがあった。
(8)　同じような動画の内容にショクショウする。

2

次の文章を読んで、あとの各問に答えよ。（＊印の付いている言葉には、本文のあとに〔注〕がある。）

（大学生の安原(やすはら)と北川(きたがわ)は他の同級生たちと共にアパートの一室を借りて卒業制作の映画を撮影している。そこに、大学外から役者として入田(いりた)と双海(ふたみ)が参加している。）

オーディションに入田琴葉(ことは)が現れたとき、確かに奈々(なな)が目の前に現れたのだと思った。ところが今、彼女は緊張して、戸惑って、自信なさげで、完全に入田琴葉という役者を志す学生になってしまっていた。

カットをかけ、入田さんにもう一度同じ話をする。それを何度か繰り返したところで、橋本(はしもと)が「ちょっと休憩を入れよう。」と提案してきた。入田さんの演技がどんどん悪くなっていくのを感じていたから、それに乗ることにする。

「なあ安原。」

橋本が、声を潜めて今日の分のスケジュール表を差し出す。

「この調子でいくと、終わらないぞ。」

橋本の目がちらりと入田さんに向く。彼女は立ち位置から離れることなく、台本を片手に演技の練習を続けていた。木脇(きわき)が飲み物を差し出したが、丁重に断る。

「昨日と一昨日は、ぎりぎりスケジュール通り収められた。でも、あんまりじっくりやってたら時間なんてあっという間になくなる。」

及第点のものは撮れただろ。早く次のカットに行こう。橋

2022年度

解答と解説

《2022年度の配点は解答欄に掲載してあります。》

＜数学解答＞

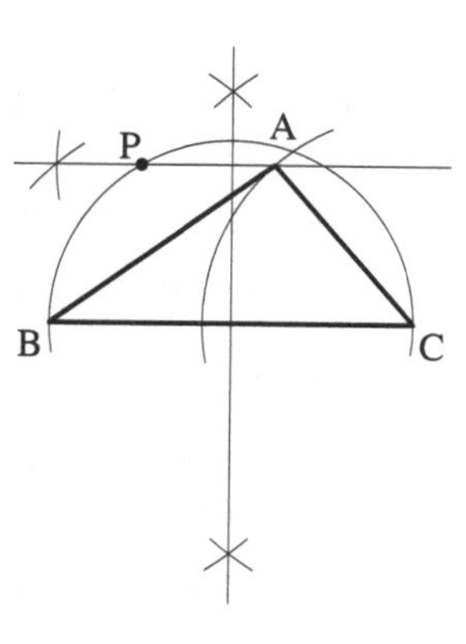

1 〔問1〕 $-\sqrt{6}$　〔問2〕 $x=77$，$y=17$　〔問3〕 $\frac{19}{30}$

〔問4〕 84度　〔問5〕 右図

2 〔問1〕 $\frac{11}{9}$倍　〔問2〕 $\frac{28}{9}$

〔問3〕 (あ) $\frac{1}{2}x+3$　(い) $\frac{1}{2}x-\frac{5}{2}$

(う) $\frac{17}{2}$ (途中の式や計算は解説参照)

3 〔問1〕 (ア) $t-\sqrt{t^2-1}$　(イ) 1

〔問2〕 (1) (a) ソ　(b) サ　(c) ス　(d) ア

(e) キ　(f) ニ　(g) ケ　(h) ノ

(2) $\frac{13}{12}$cm　〔問3〕 $\frac{5\sqrt{2}}{8}$cm^2

4 〔問1〕 $2\sqrt{22}$cm　〔問2〕 (1) $\frac{5}{2}$倍　(2) $\frac{8\sqrt{37}}{3}$cm^2　(3) $\frac{20}{3}$cm

○配点○

1 〔問2〕 各3点×2　〔問5〕 7点　他 各5点×3

2 〔問1〕・〔問2〕 各6点×2　〔問3〕(あ)・(い) 各1点×2　〔問3〕(う) 8点

3 〔問1〕 各3点×2　〔問2〕(1) 各1点×8　他 各6点×2

4 各6点×4　計100点

＜数学解説＞

1 (平方根，連立方程式，確率，円の性質と角度，作図)

〔問1〕 $\frac{\sqrt{(-3)^2+(-2)^2}}{(-\sqrt{2})^3}+\frac{(\sqrt{3}-2)^2}{\sqrt{2^3}}=\frac{3+4}{-2\sqrt{2}}+\frac{3-4\sqrt{3}+4}{2\sqrt{2}}=\frac{-7+(7-4\sqrt{3})}{2\sqrt{2}}=\frac{-4\sqrt{3}}{2\sqrt{2}}=\frac{-4\sqrt{6}}{2\times2}=-\sqrt{6}$

基本 〔問2〕 $0.2x-\frac{4}{5}y=1.8$…①，$0.4(x-4y)=\frac{y+1}{5}$…②とする。①×5より，$x-4y=9$…①′　②×5より，$2(x-4y)=y+1$…②′　①′，②′より，$2\times9=y+1$　$y=17$　これを①′に代入して，$x-4\times17=9$　$x=77$

〔問3〕 取り出し方の総数は，$5\times3\times2=30$(通り)　そのうち，積が6の倍数になるのは，$6=1\times6=2\times3$に着目して，(A，B，C)=(1，6，9)，(1，6，10)，(1，8，9)，(2，6，9)，(2，6，10)，(2，7，9)，(2，8，9)，(3，6，9)，(3，6，10)，(3，7，10)，(3，8，9)，(3，8，10)，(4，6，9)，(4，6，10)，(4，7，9)，(4，8，9)，(5，6，9)，(5，6，10)，(5，8，9)の19通り。

よって，求める確率は，$\frac{19}{30}$

重要　〔問4〕　△ACDは二等辺三角形より，$\angle CAD=180°-72°\times 2=36°$　$\overset{\frown}{BC}:\overset{\frown}{CD}=2:3$より，$\angle BAC=\frac{2}{3}\times 36°=24°$　$\overset{\frown}{AD}$に対する円周角は等しいから，$\angle ABD=\angle ACD=72°$　△ABEで，$\angle x=\angle AEB=180°-(24°+72°)=84°$

〔問5〕　円周角の定理と平行線と面積の関係から，線分BCを直径とする円と，点Aを通り直線BCに平行な直線との交点のうち，PB＜PCを満たす方の点をPとする。(手順)①　線分BCの垂直二等分線をひき，線分BCとの交点をOとする。　②　点Oを中心とする半径OBの円をかく。　③　線分BC上にAC＝DCとなる点Dをとり，2点A，Dをそれぞれ中心とする半径ACの円をかく。④　③の2つの円の交点をEとし，2点A，Eを通る直線をひく。(四角形AEDCはひし形)　⑤　④の直線と②の円との交点のうち，PB＜PCを満たす点をPとする。

2　(図形と関数・グラフ，線分比，最短距離，面積の比)

基本　〔問1〕　点Pのy座標は，$y=\frac{1}{2}x^2$に$x=\frac{3}{2}$を代入して，$y=\frac{1}{2}\times\left(\frac{3}{2}\right)^2=\frac{9}{8}$　点Qのy座標は$y=-\frac{1}{9}x^2$に$x=\frac{3}{2}$を代入して，$y=-\frac{1}{9}\times\left(\frac{3}{2}\right)^2=-\frac{1}{4}$　よって，$PQ=\frac{9}{8}-\left(-\frac{1}{4}\right)=\frac{11}{8}$　また，$OR=\frac{9}{8}$　よって，$\frac{PQ}{OR}=\frac{11}{8}\div\frac{9}{8}=\frac{11}{9}$(倍)

重要　〔問2〕　点Pのy座標は，$y=\frac{1}{2}x^2$に$x=4$を代入して，$y=\frac{1}{2}\times 4^2=8$　点Qのy座標は$y=-\frac{1}{9}x^2$に$x=4$を代入して，$y=-\frac{1}{9}\times 4^2=-\frac{16}{9}$　y軸について点Qと対称な点をQ′とすると，$Q'\left(-4,\ -\frac{16}{9}\right)$　$PR+QR=PR+Q'R\geqq PQ'$より，3点P，R，Q′が一直線上にあるとき，ℓの値は最も小さくなる。直線PQ′の式は，傾きが，$\left\{8-\left(-\frac{16}{9}\right)\right\}\div\{4-(-4)\}=\frac{88}{9}\div 8=\frac{11}{9}$より，$y=\frac{11}{9}x+b$とおいて，点(4，8)を通るから，$x=4$，$y=8$を代入すると，$8=\frac{11}{9}\times 4+b$　$b=\frac{28}{9}$　よって，$y=\frac{11}{9}x+\frac{28}{9}$　したがって，点Rのy座標は$\frac{28}{9}$

〔問3〕　(あ)　点Pのy座標は，$y=\frac{1}{2}x^2$に$x=3$を代入して，$y=\frac{1}{2}\times 3^2=\frac{9}{2}$　点Sのy座標は$y=\frac{1}{2}x^2$に$x=-2$を代入して，$y=\frac{1}{2}\times(-2)^2=2$　よって，直線PSの式は，傾きが，$\left(\frac{9}{2}-2\right)\div\{3-(-2)\}=\frac{5}{2}\div 5=\frac{1}{2}$より，$y=\frac{1}{2}x+c$とおいて，点(−2，2)を通るから，$x=-2$，$y=2$を代入すると，$2=\frac{1}{2}\times(-2)+c$　$c=3$　よって，$y=\frac{1}{2}x+3$

(い)　点Qのy座標は$y=-\frac{1}{9}x^2$に$x=3$を代入して，$y=-\frac{1}{9}\times 3^2=-1$　PS//QTより，直線QTの傾きは$\frac{1}{2}$より，直線の式を$y=\frac{1}{2}x+d$とおいて，点(3，−1)を通るから，$x=3$，$y=-1$を代入すると，$-1=\frac{1}{2}\times 3+d$　$d=-\frac{5}{2}$　よって，$y=\frac{1}{2}x-\frac{5}{2}$

やや難　(う)　(例)g上のx座標がtの点$\left(t,\ -\frac{1}{9}t^2\right)$と，直線QT上のx座標がtの点$\left(t,\ \frac{1}{2}t-\frac{5}{2}\right)$が一致するとき，$-\frac{1}{9}t^2=\frac{1}{2}t-\frac{5}{2}$　$2t^2+9t-45=0$　だから，tの値を求めると，$t=\frac{-9\pm\sqrt{9^2-4\times 2\times(-45)}}{2\times 2}=3,\ -\frac{15}{2}$　点Tのx座標は負の数だから，$t=-\frac{15}{2}$　直線PSとy軸との交点をUとすると，$RU=r-3$，直線QTとy軸との交点をVとすると，$RV=r+\frac{5}{2}$だから，△PRSの面積は，$\frac{1}{2}\times(r-3)\times\{3-$

$(-2)\}=\frac{5}{2}(r-3)$　△QRTの面積は，$\frac{1}{2}\times\left(r+\frac{5}{2}\right)\times\left\{3-\left(-\frac{15}{2}\right)\right\}=\frac{21}{4}\left(r+\frac{5}{2}\right)$　(△PRSの面積)：(△QRTの面積)＝5：21　よって，$\frac{5}{2}(r-3):\frac{21}{4}\left(r+\frac{5}{2}\right)=5:21$　以上より，$r=\frac{17}{2}$

3 (平面図形，証明，線分の長さ，面積)

〔問1〕 pの値の最小値は，折り目が頂点Cを通るとき。折り返した図形なので，CP＝CB＝$t$cm　よって，△CDPで，三平方の定理により，$CP^2=CD^2+DP^2$　$t^2=1^2+(t-p)^2$　$t^2=1+t^2-2tp+p^2$　$p^2-2tp+1=0$　解の公式より，$p=-(-t)\pm\sqrt{(-t)^2-1\times1}=t\pm\sqrt{t^2-1}$　$0<p<t$より，$p=t-\sqrt{t^2-1}$　pの値の最大値は，折り目が頂点Aを通るとき。折り返した図形なので，p＝AP＝AB＝1cm　よって，$_{(ア)}\underline{t-\sqrt{t^2-1}}\leqq p\leqq{}_{(イ)}\underline{1}$

〔問2〕 (1) 【太郎さんの証明】△PEFにおいて，平行線の$_{シ}$錯角は等しいので，∠BFE＝∠$_{サ}$PEF…① 線分EFは折り目であるから，∠BFE＝∠$_{ス}$PFE…② 【花子さんの証明】△PQEと△PGFにおいて，長方形ABCDを線分EFを折り目として折り返すから，PQ＝$_{ア}$AB…③ ∠PQE＝∠$_{キ}$BAE＝90°…④ 線分PG⊥辺BCより，四角形ABGPは$_{ニ}$長方形であるから，PG＝AB…⑥ ∠APG＝90°…⑦ ⑤と⑦より，∠QPEと∠GPFの大きさはともに90°－∠$_{ケ}$EPFであるから，∠QPE＝∠GPF…⑩ ⑧，⑨，⑩より，$_{ソ}$1組の辺とその両端の角がそれぞれ等しいから，△PQE≡△PGFである。

(2) PE＝PF＝$x$cmとおく。$AP=\frac{3}{4}AD=\frac{3}{4}\times2=\frac{3}{2}$(cm)より，$AE=QE=\frac{3}{2}-x$(cm)　また，PQ＝AB＝1cm　△PQEで，三平方の定理により，$PE^2=PQ^2+QE^2$　$x^2=1^2+\left(\frac{3}{2}-x\right)^2$　$x^2=1+\frac{9}{4}-3x+x^2$　$3x=\frac{13}{4}$　$x=\frac{13}{12}$　よって，$PF=\frac{13}{12}$cm

重要 〔問3〕 PE＝$x$cmとおくと，$AE=QE=\sqrt{2}-x$(cm)　△PQEで，三平方の定理により，$PE^2=PQ^2+QE^2$　$x^2=1^2+(\sqrt{2}-x)^2$　$x^2=1+2-2\sqrt{2}x+x^2$　$2\sqrt{2}x=3$　$4x=3\sqrt{2}$　$x=\frac{3\sqrt{2}}{4}$

また，PE＝PF＝BFより，$AE=FC=\sqrt{2}-\frac{3\sqrt{2}}{4}=\frac{\sqrt{2}}{4}$(cm)

よって，五角形PQEFCの面積は，(台形CPEF)＋△PQE＝$\frac{1}{2}\times\left(\frac{\sqrt{2}}{4}+\frac{3\sqrt{2}}{4}\right)\times1+\frac{1}{2}\times\frac{\sqrt{2}}{4}\times1=\frac{\sqrt{2}}{2}+\frac{\sqrt{2}}{8}=\frac{5\sqrt{2}}{8}$(cm²)

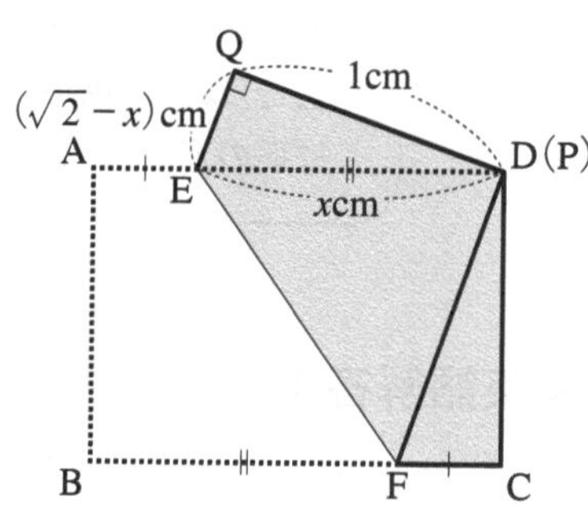

4 (空間図形，線分の長さ，体積比，面積)

基本 〔問1〕 △AGHで，三平方の定理により，$AH^2=AG^2+GH^2=AB^2+BG^2+GH^2=6^2+4^2+6^2=88$　AH＞0より，$AH=2\sqrt{22}$(cm)

〔問2〕 (1) 四角形FGHJは正方形，△HIJは直角二等辺三角形より，HJ＝6cm，$HI=IJ=\frac{HJ}{\sqrt{2}}=\frac{6\times\sqrt{2}}{2}=3\sqrt{2}$(cm)　五角形FGHIJの面積は，$6^2+\frac{1}{2}\times(3\sqrt{2})^2=45$(cm²)　△GIJの面積は，$45-\frac{1}{2}\times6\times6-\frac{1}{2}\times6\times3=18$(cm²)　立体P－FGHIJと立体P－GIJの底面をそれぞれ五角形FGHIJ，△GIJとすると，高さが等しいから，体積の比は底面積の比に等しい。よって，(立体P－FGHIJ)：(立体P－GIJ)＝(五角形FGHIJ)：△GIJ＝45：18＝5：2より，$\frac{5}{2}$倍。

重要 (2) PQ：PF＝PR：PG＝2：3なので，三角形と比の定理の逆により，QR//FG　よって，$QR=\frac{2}{3}FG=\frac{2}{3}\times6=4$(cm)　線分QR，FG，JHの中点をそれぞれL，M，Nとし，点P，Lから線分IMに

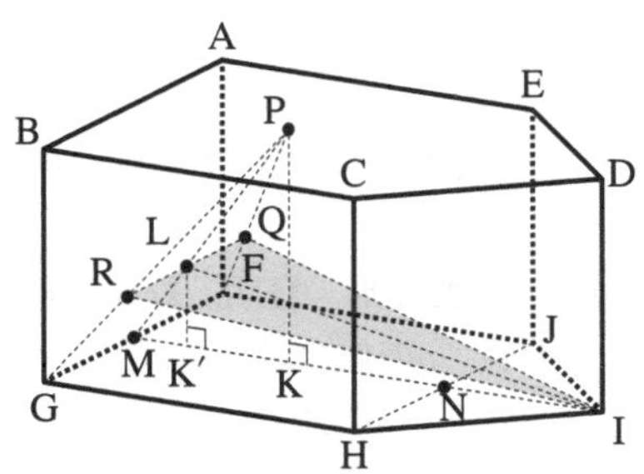

垂線PK，LK′をそれぞれひく。点Kは線分MNの中点であり，△IJNは直角二等辺三角形だから，MK＝KN＝NI＝3cm　△PMKで，LK′//PKなので，三角形と比の定理により，MK′：K′K＝ML：LP＝FQ：QP＝1：2　よって，$K'K=\frac{2}{3}MK=\frac{2}{3}\times3=2$(cm)　また，LK′：PK＝MK′：MK＝1：3より，$LK'=\frac{1}{3}PK=\frac{1}{3}\times4=\frac{4}{3}$(cm)　△LK′Iで，三平方の定理により，$IL^2=LK'^2+K'I^2=\left(\frac{4}{3}\right)^2+(2+3+3)^2=\frac{592}{9}$　IL＞0より，$IL=\frac{4\sqrt{37}}{3}$(cm)　したがって，△IQRの面積は，$\triangle IQR=\frac{1}{2}\times QR\times IL=\frac{1}{2}\times4\times\frac{4\sqrt{37}}{3}=\frac{8\sqrt{37}}{3}$(cm²)

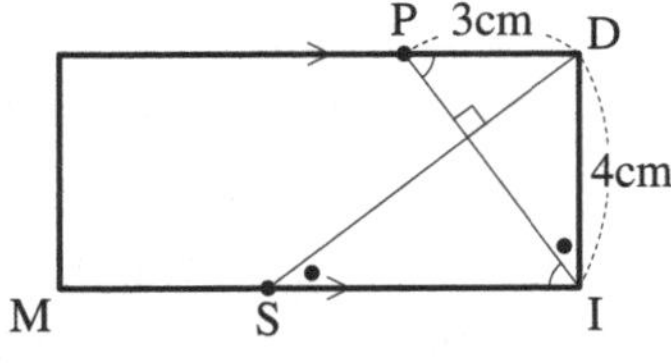

(3)　3点D，M，Iを通る平面を考える。△IDPと△SIDにおいて，∠IDP＝∠SID＝90°…(ⅰ)　PD//SIより，平行線の錯角は等しいから，∠DPI＝∠SIP　よって，∠PID＝90°－∠DPI＝90°－∠SIP＝∠DSI…(ⅱ)　(ⅰ)，(ⅱ)より，2組の角がそれぞれ等しいから，△IDP∽△SID　よって，PI：DS＝DP：ID　ここで，△IDPで，三平方の定理により，$PI^2=DP^2+DI^2=3^2+4^2=25$　PI＞0より，PI＝5(cm)　5：DS＝3：4　3DS＝20　$DS=\frac{20}{3}$(cm)

★ワンポイントアドバイス★

1〔問4〕は，円周角の大きさは弧の長さに比例することに着目しよう。2〔問2〕は，y軸について点Qと対称な点Q′をとると，QR＝Q′Rであることを利用しよう。3〔問2〕(2)は，∠PQE＝90°より，ある関係が成り立つことに気付こう。4〔問2〕(1)は，底面の形を把握しよう。

＜英語解答＞

1　〔問題A〕　＜対話文1＞　ア　＜対話文2＞　ウ　＜対話文3＞　イ
〔問題B〕　＜Question 1＞　エ　＜Question 2＞　They are interesting.

2　〔問1〕　ア　〔問2〕　エ　〔問3〕　オ　〔問4〕　ウ　〔問5〕　unbelievable
〔問6〕　イ

3　〔問1〕　カ　〔問2〕　ウ　〔問3〕　ア　〔問4〕　エ　〔問5〕　エ　〔問6〕　オ

4　〔問1〕　カ　〔問2〕　エ　〔問3〕　イ　〔問4〕　ア　〔問5〕　proud　〔問6〕　イ
〔問7〕　(例)I think it is important to try something new to find what I am interested in. When I was in elementary school, I went camping with my family for the first time. I thought it was interesting. Now I enjoy camping every summer.

○配点○

1　各4点×5　2　各4点×6　3　各4点×6
4　〔問7〕　8点　他　各4点×6　計100点

＜英語解説＞

1 （聞き取り検査）

放送台本の和訳は，2022年度都立共通問題36ページに掲載。

（筆記テスト）

2 （会話文：語句解釈，語句整序，語句補充・選択，内容吟味，単語・熟語・慣用句，進行形，動名詞，不定詞，現在完了，接続詞，受動態）

（問題文訳）*アヤノとハナエは東京の高校生です。ある日，彼女たちは教室でイギリス出身のALTであるグリーン先生に会いました。先生は黒板に何かを書いています。*

アヤノ：　こんにちは，グリーン先生。何をしてるのですか？

グリーン先生：あなたたちは，いい時に来ました！　手伝ってくれますか？

ハナエ：　もちろんです。1-a どういうご用件ですか？

グリーン先生：はい，今週末は日本語のテストがあるので，漢字の練習をしています。でも(2)1つの漢字が思い出せません。

アヤノ：　それはどのように見えますか？

グリーン先生：そうですね…左側に太陽，右側に月があります。また，いくつかの数字があります。

アヤノとハナエは，黒板にいくつか文字を書いています。

グリーン先生：これが知りたいものです。太陽は2つの「十」の間にあります。ありがとう。とても助かりました。

ハナエ：　どういたしまして。

アヤノ：　私たちは，小学校1年生の時に，これら漢字の4つの部分を学びます。

グリーン先生：文字の一部が私たちの周りのものに基づいているのだと知ることは，私にとって興味深いことです。たとえば，私はこのように太陽を描くことはしませんが，頭の中でこの漢字をイメージに変えることはとても簡単です。太陽を含むさまざまな漢字を見ると，文字が太陽に結び付けられていることが，簡単に想像できますね。

ハナエ：　はい。新しい言葉を学ぶとき，漢字のそれぞれの部分を知っていれば，その意味を推測することができます。

グリーン先生：漢字は私たちが英語で使っている接辞に似ています。

アヤノ：　接辞？　それは何ですか？

グリーン先生：単語の意味を変えるために，単語の最初または最後に付けられる文字のグループです。たとえば，「re-」で始まる単語がある場合，それは「再び」を意味することがわかります。

ハナエ：　ああ，そうですね…そして「un-」で始まる単語は「not」を意味し，「-able」で終わる単語は「can」を意味するのですね。

グリーン先生：その通りです。漢字の中にはそのような「機能」を持っているものがあると思います。それぞれに意味があり，その意味を知っていれば，新しい言葉がわかりやすくなりますね。

アヤノ：　わかりました。私は英語の単語をひとつのまとまりとして見ているので，単語を学ぶのは苦手なのです。

グリーン先生：なるほど。情報を記憶しようとすると，単に情報を暗記するよりむしろ，意味のあるものに結び付ける方がよいでしょう。

アヤノ：　　　私は，(3)中学生の頃からたくさんの英語の単語を覚えようとしてきましたが，語彙が増えていないようです。いい記憶力があればいいのにと思っています。

グリーン先生：エビングハウスのことを知っていますか？

アヤノ：　　　エビングハウス？

グリーン先生：ドイツの心理学者です。1885年に，意味のない3文字の単語のリストを，彼がどれだけよく覚えているか，長い間試験をしました。実験の結果を得た後，彼は現在「エビングハウス忘却曲線」として知られている(4)グラフを作成しました。

グリーン先生はスマートフォンをポケットから取り出します。彼はインターネットで忘却曲線を検索します。

グリーン先生：これを見てください。グラフは，単語を再学習するために節約された時間の割合を示しています。

ハナエ：　　　1-b どういう意味ですか？

グリーン先生：たとえば，最初に単語を覚えるのに10分かかりました。2日後，再学習するのに7分かかりました。どのくらいの時間を節約しましたか？

ハナエ：　　　その場合，最初の30パーセントを節約しました。

グリーン先生：そうですね。

ハナエ：　　　グラフは，何かを学んだ直後の割合を100パーセントと示しています。ただし，わずか20分で58パーセントに急に低下します。1時間で44パーセント，9時間では36パーセント，24時間になると 34 パーセントに低下します。その後，曲線はゆっくりと下降し続けます。

アヤノ：　　　どうすれば記憶を保つことができますか？

グリーン先生：またエビングハウスは，何かを何度も繰り返したり練習したりすると，情報が脳の中により長く保持され，忘却曲線が緩やかになることも発見しました。同じ情報を使うと，それを保持するためにメッセージが脳へ送られます。同じことが繰り返されると，あなたの脳はこう言います…

ハナエ：　　　「ああ，またきたよ！1-c 保持しなければならない」

グリーン先生：その通り！

ハナエ：　　　同じ情報を何度も目にすると，記憶の中で情報を活性化するのに必要な時間は，ますます少なくなります。そうですね？

グリーン先生：はい。

アヤノ：　　　そうすれば，情報が必要なときにそれを引き出しやすくなります。

グリーン先生：その通り。情報を入手してから24時間以内に10分間復習すると，曲線は再びほぼ100パーセントに上昇します。1週間後，2回目に復習するときは，同じ情報を引き出すために5分しかかかりません，そして曲線は再び上昇します。1か月で，3回目の復習では，脳が反応するために2分から4分しか必要としません。

アヤノ：　　　私は毎日復習する時間が取れないと思います。

グリーン先生：あなたが忙しいのはわかっています。ただし，復習しない場合，後でそれぞれの授業を学習し直すために40分から50分をかける必要があります。1-d そのような時間はありますか？

アヤノ：　　　わかりました。ちゃんと覚えておきます。

〔問1〕 ① 保持しなければなりません。(1-c)　② どういう意味ですか？(1-b)　③ うんざりです。　④　どういうご用件ですか？（1-a）　⑤　いつも頑張っています。　⑥　そのような時間はありますか？(1-d)　各選択肢の意味と空欄の前後の文の意味を考え合わせて，適当な選択肢の文を各空欄に当てはめたい。選択肢ではアが適当。

〔問2〕 下線部 one kanji の説明は，問題本文最初の会話の第6番目グリーン先生の発話第2文 It has the ～と次の文 It also has ～にあり，「左側に太陽，右側に月がある。また，いくつかの数字がある」なのでこれを手掛かりに kanji を構成する。選択肢ではエの「朝」が適当。

〔問3〕 (正答)I【③have ⑨been ④trying ⑧to ⑥memorize ①many English words ⑦since ⑤I ②was】in junior high school.(私は，中学生の頃からたくさんの英語の単語を覚えようとしてきた)　選択肢ではオが適当。並びかえる単語には have と been があることから現在完了形で，さらに trying と ing 形なので現在完了進行形 have been trying とする。また to memorize は不定詞の「覚えること」として，単語全体を並べかえたい。

〔問4〕 下線部4の graph を説明している部分は，問題本文3つ目の会話の第6番目のハナエの発話 The graph shows ～にあり，「何かを学んだ直後の割合を100パーセントで示す。20分後に58パーセントに低下，1時間後に44パーセント，9時間後には36パーセント，24時間後では34パーセントに低下し，その後も下降し続ける」とあるので，この傾向を表す選択肢ウのグラフが適当。

〔問5〕 (問題文訳)英語の語彙を増やしたい場合，それを簡単にするいくつかの方法があります。効果的な方法の1つは，接辞を学ぶことです。一部の単語には，独自の意味を持つ小さな部分があります。それらを知ることは，あなたが新しい単語を理解する，またはそれらの意味を推測するための助けになるでしょう。たとえば，「unbelievable」という単語がある場合，それが信じられないという意味だと推測できます。　空欄の文の後半 you can guess ～「信じられないという意味だと推測できる」とあり，believable(信じられる)に接辞が付いた語だと考えられるので，空欄に入れる単語は unbelievable が適当。接辞 un- は形容詞，副詞，名詞に付けて「否定」の意味を表す。

〔問6〕 ア　グリーン先生は絵がうまく描けないので，漢字を身の回りのものに結び付けることは難しい。　イ　アヤノは英語の語彙を増やしたいと思っているが，記憶力がないのではないかと心配している。(○)　ウ　エビングハウスは，何人かの生徒に何も意味のない3つの単語のリストを覚えるように頼んだ。　エ　ハナエは，何かを何度も練習すれば，それを覚えるための時間を30パーセント節約できることを知った。　オ　ついにアヤノは，毎日40分から50分かけてそれぞれの授業を復習するという，グリーン先生のアドバイスを受け入れている。　問題本文二つ目の会話の第13番目のアヤノの発話 I have been ～には，「中学生の頃から英語の単語を覚えようとしたが，語彙が増えていない。いい記憶力があればと思っている」とあるのでイが適当。選択肢アの to connect は不定詞で「結び付けること」。

3 (長文読解：語句補充・選択，語句整序，要旨把握，内容吟味，不定詞，関係代名詞，動名詞，現在完了)

(問題文訳)[1]　長い間，農家は伝統的な農法を使って，新鮮な果物や野菜を栽培してきました。多くの種類の食料を生産するために，農家は広い土地を必要とし，植物に害を与える昆虫を駆除するために，さまざまな種類の農薬を使用します。1-a 同時に，農薬の使用量が多すぎると，土，水，空気に深刻な害を与えたことがありました。現在，多くの革新的な農家，企業，科学者は，環境にほとんど，またはまったく悪影響を与えない，より持続可能な農業の方法を考えています。

[2]　持続可能な農業の良い点は何でしょうか？　第一に，土地や水やエネルギーなどを含む天然資源を効率よく利用するので，環境にやさしいのです。第二に，農家が農薬の使用をやめたり減ら

したりするとき，人々は農薬が自分たちの体に入ることを心配する必要がなくなります。1-b これらの理由により，農家は長期間農業を続けることができます。

[3]　都市部では，いくつかの革新的で持続可能な農法がすでに使用されています。その中には垂直農法があります。通常これは屋内での農業であり，現在多くの国でさまざまな規模の農場や企業によって使用されています。垂直農法の主な目的の1つは，2 より少ない土地で，より多くの食料を生産することであり，温室，人工の光，人工の授粉，多層構造の棚と水耕栽培など，いくつかの技術と方法を使用することで，この目的を実現できます。水耕栽培では，土を使わず植物を育てます。1-c その代わりに，植物の根は栄養分のある水中にあります。これは新しいことに見えますが，実際には，(3) 約400年前に書かれた本で見つけることができる古い考え方です。現在，私たちは革新的な方法でそれを使用しています。植物は温室や建物の中にある縦型の多層構造の棚で育てられるので，農家は一箇所でより多くの果物や野菜を育てることができ，農業のためのより広い土地を必要としません。また，垂直農法は農薬をほとんど，またはまったく必要とせず，さらにフードマイレージを減らすことができるため，人と自然に適しています。フードマイレージは，食べ物を食べる人々に届けるために，その食べ物がどれだけ移動したのかを示します。フードマイレージが少ない食品は，移動に必要となるエネルギーが少ないため，環境により良いことになります。

[4]　シンガポールに事例があります。シンガポールは小さな国で，人口は約500万人です。彼らは天然資源をほとんど持っていません。彼らは自分たちが食べる食物の10パーセント未満しか生産していないので，外国から食物を買わなければなりません。一部の農家や企業は，垂直農法がこの問題の解決策であると信じており，この方法をさまざまな場面で使用しています。

[5]　シンガポールのある会社には，野菜を栽培するための高い塔があり，塔はとても大きな温室の中にあります。いくつかの塔は地上9メートルです。それぞれの塔には緑葉植物の多層構造の棚がたくさんあり，棚はとてもゆっくりと回転しています。地面の上にあるたくさんの多層構造の棚を使用することで，会社は小さな空間でたくさんの野菜を育てることができます。棚の植物が上に伸びると，自然光を浴びることができます。ア 下のほうに向かうと，棚を回転させるためのエネルギーとして使われた後に再利用される水を得ることができます。イ このようにして，この会社は多くのエネルギーを節約できます。ウ また，従来の農場で使用される水の95パーセント以上を節約することができます。エ その結果，彼らが栽培する野菜のフードマイルを増やすことができます。彼らは巨大な温室内の環境を制御できるので，野菜を育てるために天候や季節を心配する必要がありません。

[6]　1-d 一方では，垂直農法にはいくつかの問題があります。たとえば，農家は通常，温室を建設するために多額のお金を必要とします。多層構造の棚を作ることにも多くのお金がかかります。第二に，多くの垂直農法は，人工の光のために大量の電気を使用しています。また，管理された環境では昆虫が不足するため，一部の果物や野菜では受粉が困難です。この方法には，さらに革新的なアイデアが必要です。

[7]　人口は増加しており，世界はより多くの食べ物を必要としています。しかし，十分な農地がありません。私たちは持続可能かつ効率的な方法で天然資源を使用する必要があり，より多くの食料を生産する必要があります。多くの人々は，垂直農法が食糧問題に対する答えの1つになり得ると信じています。

〔問1〕　①　一方では(1-d)　②　の代わりに(1-c)　③　同時に(1-a)　④　これらの理由により(1-b)　各選択肢の意味と空欄の前後の文の意味を考え合わせて，適当な選択肢の文を各空欄に当てはめたい。選択肢ではカが適当。

〔問2〕　ア　より少ない土地で多くの種類の農薬を必要とする　イ　より多くの土地でたくさん

の野菜を育てる　ウ　より少ない土地でより多くの食料を生産する(○)　エ　より多くの土地でさまざまな技術を使用する　空欄2では垂直農法の目的が問われている。垂直農法で実現できることの一つは，問題本文第3段第9文 Plants are grown ～に「植物は縦型の多層構造の棚で育てられるので，農家は一箇所でより多くの果物や野菜を育てることができ，農業のために広い土地は不要」とあるので，選択肢ウが適当。

やや難　〔問3〕 it is【⑥an old ⑧idea ⑤that ⑦we ①can ③find ⑨in ④a book ②written】about four hundred years ago.(それは，約400年前に書かれた本で見つけることができる古い考え方です。)　選択肢ではアが適当。written は write の過去分詞形で book を説明する形容詞的用法となって「約400年前に書かれた本」とすること，that は idea につながり関係代名詞となることがわかれば正答を得られるだろう。

〔問4〕 下線部の文の前後では野菜の栽培方法について書かれているので，記号エの内容が文章の流れに合わない。

〔問5〕 5-1C 持続可能な 農法の1つは，5-2F 垂直の 方向に食料を栽培すること。これは，通常，土地で果物や野菜を栽培する 5-3D 従来の 農業とは異なる。

A　室内の　B　自然の　C　持続可能な(5-1)　D　従来の(5-3)　E　さまざまな　F　垂直の(5-2)　5-1/5-2　問題本文第3段落の最初の文 In city areas ～と次の文 Among them is ～には，「都市部では持続可能な農業の方法である垂直農法が行われている」とあるので5-1はCが，5-2はFが適当。　5-3　問題本文最初の段落最後の文 Now, many innovative ～には「環境に悪影響を与えない持続可能な農法」とあり，持続可能な農業は従来の農業と異なることから，5-3にはDが適当。したがって選択肢エが適当。

〔問6〕 ア　フードマイレージの削減に成功し，農家が多くの種類の農薬を使用できるようになると，農業の方法は環境に良いものになります。　イ　垂直農法は革新的で環境にやさしい方法ですが，今は小さな農場でこの方法を使用することはできません。　ウ　シンガポールの人々は，フードマイレージを減らし豊富な天然資源を利用して，さまざまな種類の果物や野菜を生産してきました。　エ　垂直農法の唯一の問題は，始めるにあたって，土地を購入するために多額のお金を払わなければならないことです。　オ　増加している人口を考慮した食糧問題を解決する必要があり，エネルギー，水，土地を効率的に利用する必要があります。(○)　問題本文第2段落第2文 First, it is ～には，持続可能な農業は，「水やエネルギーなどの土地や天然資源を効率よく利用する」とある。また，問題本文最後の段落 The number of ～には，「人口は増加し多くの食べ物が必要だが，十分な農地がない。持続可能な効率的な方法で天然資源を使用し，より多くの食料の生産が必要」とあるので，選択肢オが適当。選択肢イの which is ～の which は関係代名詞で，直前の method を説明し「革新的で環境にやさしい方法」となる。

4　**(長文読解：語句補充・選択，要旨把握，語句整序，英問英答，内容吟味，条件英作文，助動詞，比較，現在完了，不定詞，動名詞，間接疑問文，前置詞)**

(問題文訳)ユリが帰宅したとき，彼女の祖父は台所にいました。彼は，「ユリ，お母さんはあなたのために，チキンカレーを作って欲しいと言っていました。私はあなたがこれを好きだと知っていますよ」と言いました。ユリは，母親と妹のサクラがバレエ学校にいることを知っていました。彼女は来月の発表会の準備をしていました。

彼らが食事をしている間，祖父が「1-a 調子はどうですか？　来年の4月，あなたは高校に入学する予定ですね。お母さんはあなたのことを心配しています。お母さんはサクラのためにたくさんのことをしなければならないので，あなたと話す時間がありません。けれども，お母さんは本当にあなたのことを気にかけています」と言いました。

サクラはユリより2歳年下でした。サクラが9歳でバレエを学び始める前に，彼女たちは何でも一緒にやりました。サクラはユリに一緒にバレエを学んでもらいたかったのですが，彼女は「いいえ」と言いました。バレエは彼女にとって面白くなかった。彼女は白いタイツやレオタードが，好きではありませんでした。ユリとは違って，サクラはバレエが大好きでした。サクラはそれに多くの時間とエネルギーを費やしました。

ある日，サクラが11歳の時ユリに「髪の毛を整えてくれる？　お母さんが頼んでと言ったから。1-b 得意だよね」と言いました。彼女たちにとって，とても貴重な時間でした。その日から，ユリは彼女がレッスンに行く前に，よくサクラの髪を整えました。

中学生になったサクラは，バレエダンサーとして目立つようになりました。彼女はいつもレッスンで忙しかった。中学校のみんなが彼女のことを知っていました。ユリは妹を誇りに思い，以前と同じようにレッスンのために彼女の髪の毛を整えていましたが，「サクラのように，私も何かが上手だったらいいのに」とよく考えました。

発表会の2週間前，家庭科のタムラ先生は，ユリの努力をほめました。先生は「このバッグにはとてもたくさんのきらきら光るビーズがありますね。ビーズを縫うには多くの時間と努力が必要です。よくできました！　そのバッグはとても気に入りました！」と言いました。

ユリはうれしくて，家でサクラにそれを話しました。彼女たちが話している間に母親が入って来て，バッグを見つけました。「なんてかわいらしいバッグなんでしょう！」　母親はちょっと黙って，「いい考えがある！」と言いました。母親はバレエの衣装を彼女たちに見せました。

「これは次の発表会の，サクラの衣装なの？」ユリが尋ねました。

「そう，この上に輝くビーズを縫わなければならないの」と母親が言いました。

「私のバレエの酒井先生は，もっとビーズを使って豪華にしたいと思っていた」とサクラが言いました。

「1-c 手伝ってくれる，ユリ？」と母親が尋ねました。

「お母さん，すごく一緒にやりたい！」

ユリは母親と一緒に縫うことができて，とても楽しかった。自分は本当に裁縫が好きなんだと，彼女は気づきました。

サクラは彼女たちを見て，ユリに言いました

「本当に裁縫が上手ね！　発表会に来て，この衣装を着た私を絶対に見て」

「行くよ，サクラ！」

母親はサクラを見に来るように，たびたびユリに言いました。「サクラは頑張っている。来て，彼女を応援して」　それでも，彼女はバレエには興味がありませんでした。でも，今回はサクラのビーズの衣装を自分の目で見たかったので，行くことに決めました。

ユリがバレエの発表会を見たのはこれが初めてでした。発表会が始まったとき，ユリは驚きました。舞台はとても美しく，ダンサーはとても楽しそうに見えました。また彼女は，サクラだけではなく，さまざまな年齢層の他のダンサーに会うことにも興味を持ちました。彼らは舞台で最善を尽くそうとしていました。衣装は豪華で，音楽も美しく，ステージは演技ごとに上手にデザインされていました。彼女は「なんて美しいの！　(2)<u>私はバレエの全体像を知らなかった</u>」とひとりごとを言いました。

発表会の後，ユリと母親がサクラを待っている間，酒井先生と話をする機会がありました。

「酒井先生，ユリです。」

「こんにちは，ユリ。お会いできてうれしいです。1-d 今日の私たちの発表会は楽しかったです

か？」

「はい！すべてがすてきでした。バレエをこれほど楽しむことができるとは思っていませんでした。正直に言うと，バレエには興味はありませんでした。けれども，(3)今日の演技が私の見方を変えました」

酒井先生はほほえんで「バレエはダンス，音楽，衣装，舞台美術で構成されていて，最高の舞台を作るために多くの時間と労力が費やされています。これらすべてがバレエの奇跡的な美しさを作り出しています。バレエの動きは難しいので，ダンサーは体を鍛えるために一生懸命練習します。妹のサクラさんは一生懸命練習しています。ところで，お母さんのおかげで，今日の衣装は豪華で，彼女はより美しくしていました」と言いました。

ユリが答える前に，母親は先生に「酒井先生，ユリがビーズを衣装に縫いました。彼女は裁縫が得意です」と言いました。

「本当に？　すばらしい！　ユリ，あなたは自分を4誇りに思うべきです。サクラは今日着ていた衣装が大好きです。あなたのような素晴らしいお姉さんがいて，彼女は幸せです！」と酒井先生が言いました。

「ありがとうございます。それを聞いてうれしいです。」

ユリは，舞台の上の妹を見たときの興奮を思い出しました。ビーズがキラキラと輝いていました。「今，本当にやりたいことがわかった」

〔問1〕 ①　手伝いますか，サクラ？　②　手伝ってくれる，ユリ？（1-c）　③　裁縫は好きですか？　④　今日は私たちの発表会を楽しみました？（1-d）　⑤　あなたはそれが得意です(1-b)　⑥　調子はどうですか？（1-a）　各選択肢の意味と空欄の前後の文の意味を考え合わせて，適当な選択肢の文を各空欄に当てはめたい。選択肢ではカが適当。

〔問2〕 ア　彼女はバレエが何であるかを理解していないことに気が付いた。　イ　彼女はバレエがレオタードやタイツ以上のものであることに気が付いた。　ウ　彼女は自分のバレエの考えが正しくないことに気が付いた。　エ　彼女はバレエが自分自身の姿を描いていないことに気が付いた。(○)　下線部2は「バレエの全体像を知らなかった」であり，つまり「バレエのことを知らなかった，または誤った理解だった」という意味なので，これに当てはまらない選択肢エが，本文中の意味として適切ではない。

〔問3〕 **But【②today's performance ①has ⑤changed ⑥my ④way ⑧of ③seeing it】.**(しかし，今日の演技が私の見方を変えた。)　並べ換える単語には has が含まれていることから，現在完了形を想定し has changed とする。「何が何を」変えたのか，という意味の文を作るので，主語は today's performance とすると，正答のような意味の通る文となる。したがって，選択肢イが適当。

〔問4〕 (質問)なぜユリは，発表会に行くことに決めたのですか？　ア　衣装を着たサクラがどのようになるのかを見たかったから。(○)　イ　彼女はサクラが発表会のために髪を整えるのを手伝いたかったから。　ウ　祖父の言葉を聞いて気が変わったから。　エ　彼女はバレエが単なるダンスの演技ではないことを知ったから。　問題本文第9段落第4文 However, this time ～に「今回はサクラのビーズの衣装を自分の目で見たかったので行くことにした」とあるので選択肢アが適当。

〔問5〕 文脈から空欄には「自信を持つ，満足に思う」といった意味の語が入ると思われる。これにあたる問題本文の単語は，第5段落第4文 Yuri was proud ～にある proud が適当。空欄の後の of も考慮して単語を選択したい。be proud of ～で「～を誇りに思う，～を自慢する」

〔問6〕 ア　ユリは妹と一緒にバレエを学びたいと思っていたが，高校に入学するために勉強しなければならなかったのであきらめた。　イ　ユリは，お母さんの裁縫を手伝う前は，サクラと違って何も得意ではないとよく思っていた。(○)　ウ　ダンサーは全員高校生だったので，ユリは妹のバレエの発表会を楽しんだ。　エ　発表会が始まる前，酒井先生がユリにバレエの話をしてくれたので，その日初めてのバレエを楽しむことができた。　オ　母親はユリにバレエに興味を持ってもらいたかったので，ユリにきらきら光るビーズの美しいバッグを見せた。
問題本文第5段落第4文 Yuri was proud ～には，「ユリはサクラのように，何かが上手だったらいいのにとよく考えた」とあり，これは裁縫を手伝う前のことなので選択肢イが適当。選択肢アの learning ballet の learning は動名詞で「バレエを学ぶこと」。

〔問7〕 (問題)あなたは，興味のあるものをどのように見つけることができますか？ (正答例訳)自分が興味あることを見つけるために，何か新しいことに挑戦することは大切だと思います。小学生の頃，初めて家族と一緒にキャンプに行きました。面白いと思いました。今は毎年夏にキャンプを楽しんでいます。

★ワンポイントアドバイス★

4問2では「本文中の意味として適切でない」文を選択する問題が出題された。この問題の各選択肢は，問題本文に表されていることを別の言いかたで書いてあることから，問題本文の意味をよく理解して，適切な選択肢の文を選びたい。

＜国語解答＞

1　(1)　しゅこう　(2)　ちゅうよう　(3)　るいこん　(4)　たいかんしき
(5)　推　(6)　滋養　(7)　談判　(8)　食傷

2　〔問1〕　イ　〔問2〕　エ　〔問3〕　ウ　〔問4〕　ア　〔問5〕　エ　〔問6〕　ウ

3　〔問1〕　エ　〔問2〕　ア　〔問3〕　イ
〔問4〕　A　物事をできるだけ客観的にとか，科学的に
B　(例)　自己の細工を捨てた無意識のレベルで事実をそのまま受け止め，事実そのものと一体となって
〔問5〕　ウ
〔問6〕　(例)　二年前の春，運動不足解消のためにジョギングを始めた。最初は苦しかったが，やがて周りの音も聞こえなくなり，感じるのは荒い呼吸と顔に当たる日の光だけで他には何も存在しないかのようになった。心が無になった中で光だけを感じて走り続けることは今までに味わったことのない快感で，今も走り続けている。私がそうだったように，言葉にできない感動としての「純粋体験」は，時として人の行動を変える原動力になるのだと思う。

4　〔問1〕　一番目　春の海に秋の木の葉しも散れるようにぞありける
二番目　なおこそ，国の方は，見やらるれ，わが父母，ありとし思えば，かえらや
〔問2〕　①　イ　②　エ　〔問3〕　ア　〔問4〕　イ　〔問5〕　ウ
〔問6〕　始　喜怒哀楽の　終　りかえる心

○配点○

1　各2点×8　2　各4点×6

3　〔問4〕 A　2点　〔問4〕 B　6点　〔問6〕 10点　他　各4点×4

4　〔問1〕 各3点×2　〔問2〕 各2点×2　他　各4点×4　計100点

＜国語解説＞

1 （漢字の読み書き）

(1)　相手の言うことをもっともだと認め，その態度を示すこと。　(2)　対立するどちらにもかたよらないで，おだやかであること。　(3)　「涙」の音読みは「ルイ」。「涙腺(ルイセン)」。　(4)　新しい王や女王が王冠をつけて，王位に就いたことを内外に示す儀式。　(5)　知っていることをもとにして，まだよくわかっていないことについて考える。　(6)　特に身体のためになる栄養。「滋」はさんずい。「磁」と混同しない。　(7)　要求をとおすために，強い態度で相手と話し合うこと。　(8)　同じ食べ物や物事に繰り返し出会って，うんざりすること。

2 （小説―情景・心情，内容吟味，文脈把握，表現技法）

〔問1〕「それ」とは助監督の橋本の言った「進行も大事」という内容を指す。橋本の発言は正しいとわかっているが，安原は監督として納得のいく映像を撮って作品を作るという思いを譲れないでいるので，橋本に従うことができないのだ。

基本　〔問2〕 目を丸くしたのは北川が「握っていますよ」と涼しい顔で答えたことによる。手綱を握るとは北川が安原の行動を制御しているということで，涼しい顔という描写から，北川は自分があたりまえのように安原を制御していると認識していることがわかる。撮影現場にいる誰もが自分と同じように安原のこだわりに困っていると思っていた双海は，この北川の言動に驚いたのだ。

重要　〔問3〕 突っ走っている安原自身もスケジュールが間に合わないかもしれないと考えて心配になり，リテイクしないで撮影を進めた方が良いのではないかと悩んでいるが，間に合わなくなったら，信頼する北川がきっと突っ走る自分を止めてくれるはずだと考えている。だから，妥協して予定をこなそうとする弱い自分に，北川が止めない限りは自分を信じて突き進めと言い聞かせているのである。

〔問4〕「安原はただ純粋に『本物』を探している」という北川の言葉を受けた後，双海は周囲を寄せ付けないオーラを発しながら台本を捲っている。これは双海が台本に集中していることを示している。傍線部において，北川達に対しての怒りは消えていないし，納得しかねてはいるものの，双海は本物を撮ろうとする撮影側の要求に応えよう考えたのだ。それゆえに自分の演技に集中しようとする行動をとったことがわかる描写である。

〔問5〕「体を巡る血液」とは，自分が抱いている思いだ。安原は自分の思いを伝えようにも，拙い言葉ゆえにうまく表現できずにいた。しかしそれを北川はいとも簡単にわかりやすい言葉で言い表してしまったのだ。北川の言葉が「ざらついた砂」のように感じたのは，それが自分の言葉ではなかった悔しさや，自分で伝えられなかったがゆえにすっきりしない思いが安原の中に残ったからだ。しかもその北川の言葉に納得する原田を見ていると，安原は自分の力の無さを痛感せずにいられない。こうしたすっきりしない感情があるがゆえに「違和感」が生まれたのである。

〔問6〕「入田さん」「双海さん」などの敬称を付ける場合と，橋本，北川，原田，など敬称を付けない場合とで，安原との関係性がよくわかる。

3 （論説文―大意・要旨，内容吟味，文脈把握，脱文・脱語補充，作文）

基本 〔問1〕 次段落に「西洋哲学の基本的なものの見方は，こちら側に認識する主体があって，向こう側に認識される対象がある」とある。つまり，西洋哲学においては認識の主体と客体は切り離されているのだ。そして，この主体と客体の図式の前に「もっと考えなければならない前提のようなものがあるのではないのか。西田哲学は，こう疑問を呈し」たとある。これをふまえて選択肢を選ぶ。

〔問2〕「机」という概念は，主体が対象物を客観的に把握した結果，抽象的概念としてできあがったものである。したがって Ⅰ には，「抽象的」が入る。また，「西洋哲学や西洋の学問はまだ本質をついていない」と西田は考えたとある。「本質をついていない」とは，すなわちその根本的な部分を明確にできていないということである。したがって Ⅱ には，「根本」が入る。

〔問3〕 西洋哲学においては，主体が客体(向こう側にある対象)を認識し，それに抽象的概念に基づいて名前を付ける。すると，客体は世界にその名前とともに存在を認められ，主体がなくともその対象は存在することになるのだ。本文の後半部にも「ものに名前をつけることができるというのは西洋思想の根本である。この世のものにすべて言葉を付し，そうすることによって世界を理解可能だとする。存在するとは名づけられることであって，逆にまた名称が与えられるものが存在とみなされる。」という記述もある。

重要 〔問4〕 A には，不適切な認識の内容を補うので，「ここで『事実をそのままで』というのは，物事をできるだけ客観的にとか，科学的にとかいうこととは全く違う」という記述から抜き出せる。また，こちら側にいる主体が事実を向こう側に置いたら「そのまま」ではなくなってしまうのだから， B にはこちら側・向こう側という形を排除した認識の仕方を説明した箇所を探し，そこを参考にして補う。次段落以降に「経験においてほとんど無意識のレベルで知る」「経験するとはいうのは，事実を頭の中であれやこれやとひねくり回すのではなく，その前にそれそのままを受け止めること，まったく自己の細工を捨てて事実に従って知ることである」とある。この二点を含めてまとめるとよい。

〔問5〕 日本人にとって，何かを知るとは「何かがあると感じ，それにまだ名付けることができない段階から始まる」ものである。言葉にしてしまうと大事なものが抜け落ちるため，言葉にならないその瀬戸際が重要だとされる。日本文化の根底には「言葉になる以前にこそ大事なものがある，という，そういう心」があるのだ。そして日本人は，強い感受性を研ぎ澄ませて対象と一体化する純粋体験を大切にする伝統的な日本文化に生きてきたのである。これらをふまえて選択肢を選ぶ。

やや難 〔問6〕 作文のテーマは“私の純粋経験”について考えるということだ。本文の要旨をふまえた上で，意見を述べよう。日本人ならではの純粋経験について，筆者は西田の論を引いて述べていた。日本人の強い感受性をもって，あなたが対象と一体化した経験を述べることが求められている。適切な経験を具体例に挙げ，書き進めよう。さらに，その経験を通じて自分が得たことや深まった考えをまとめで述べることにより，「純粋経験」についてのあなたの考察を明らかにしたい。

4 （論説文・古文―大意・要旨，内容吟味，文脈把握，熟語，品詞・用法，仮名遣い）

基本 〔問1〕「いっせいに」で始まる段落に，「大胆にも『春の海に秋の木の葉しも……』…表現上いかにも和歌的である」とあるので，これに該当する古文から抜き出す。「春の海に秋の木の葉しも散れるやうにぞありける」の「やう」は現代仮名遣いで「よう」と書く。さらに次段落に「また，国府から貫之……もまた，ここでは和歌的である。」とあるので，「なほこそ，国の方は，見やらるれ，わが父母，ありとし思へば，かへらや」を抜き出し，語尾・語中の「は・ひ・ふ・へ・ほ」を現代仮名遣いで「わ・い・う・え・お」と直せばよい。

〔問2〕 ① 「望郷」は下の語が上の語を修飾していて「郷を望む」となる。イ「惜別」が「別れを惜しむ」で，同じ作りだ。　② 傍線部「に」は副詞「次第に」の一部だ。同様にエ「ひとえに」が副詞である。アは目的を示す格助詞，イは形容動詞「そっくりだ」の連用形の活用語尾，ウは助動詞「ようだ」の連用形の一部である。

〔問3〕 童の歌は和歌を詠みなれておらず，「基本的には短歌形式」ではあったが，本来の和歌ではなかった。しかし，和歌に似ていたからこそ，童が親を恋しく思う心が大人達の悲喜こもごもの感懐を引き出したのだ。これは，ある言葉が想像力を喚起するという和歌の本質を示している。

〔問4〕 「黒鳥のもとに，白き波を寄す」という楫取の言葉は，対句ふうの和歌を思わせるような機知的な言い回しであった。歌など詠みそうにない楫取が，その身分にはふさわしからぬ気のきいた和歌に用いられるような言葉づかいをした意外性によって，和歌表現の趣深さへの意識がより高まったのだ。

重要 〔問5〕 傍線部の直前の内容と併せて読み解く。前代のころの歌言葉に見られるような定着している言葉どうしが，内包している連想力を発揮することによって，非日常(思いもしないような)の新たな結びつきが生み出されていくというのが，和歌の奥深さである。

〔問6〕 「深い内省」とは，貫之が白髪から白波という言葉の連想によって生み出したものだ。それは「一首は」で始まる段落に「喜怒哀楽の衆生を沈めて，静かに生涯をふりかえる心」だとある。これを抜き出せばよい。

★ワンポイントアドバイス★

大問はいずれも長文が出題されているので，時間配分に留意したい。得意なものから解き始めよう。作文は配点が高い。文章を書く練習を怠らず，確実に得点できるよう準備する必要がある。ほとんどが選択肢・抜き出しの問いなので，解答の根拠となる記述をおさえながら，効率よく文章を読み進めよう。

大切なことはメモしておこうネ！

都立新宿高等学校

2021年度

★★★★★★★★★★★★★★★★★★★★★★★★

入　試　問　題

2021
年
度

●くわしい解説……41ページ

＜数学＞

時間50分　満点100点

【注意】答えに根号が含(ふく)まれるときは，根号を付けたまま，分母に根号を含まない形で表しなさい。また，根号の中を最も小さい自然数にしなさい。

1 次の各問に答えよ。

〔問1〕 $(\sqrt{12}+0.5)\left(\dfrac{8}{\sqrt{2}}-3\right)+4\sqrt{3}\,(1.5-\sqrt{8})+\dfrac{3}{2}$ を計算せよ。

〔問2〕 二次方程式 $(x+2)(x-3)=(2x+4)(3x-5)$ を解け。

〔問3〕 連立方程式 $\begin{cases} 1-x=\dfrac{2}{3}y \\ \dfrac{1}{2}x=1-y \end{cases}$ を解け。

〔問4〕 Aは4桁(けた)の自然数とする。
Aの千の位の数と一の位の数を入れ替えた数をBとすると，Bは5の倍数である。
Aの十の位の数と一の位の数を入れ替えた数をCとすると，Cは10の倍数である。
Aの千の位の数と百の位の数を入れ替えた数をDとすると，$D-A=3600$ である。
Aが3の倍数で，一の位の数が素数であるとき，Aを求めよ。

〔問5〕 右の図1で，四角形ABCDは，AD∥BC，AD＝3cm，BC＝6cmの台形である。
頂点Aと頂点Cを結ぶ。
AC＝4cm，∠ACB＝∠CAD＝90°となるとき，この四角形ABCDを線分ACを軸として1回転したときにできる立体の体積は何 cm^3 か。
ただし，円周率は π とする。

図1

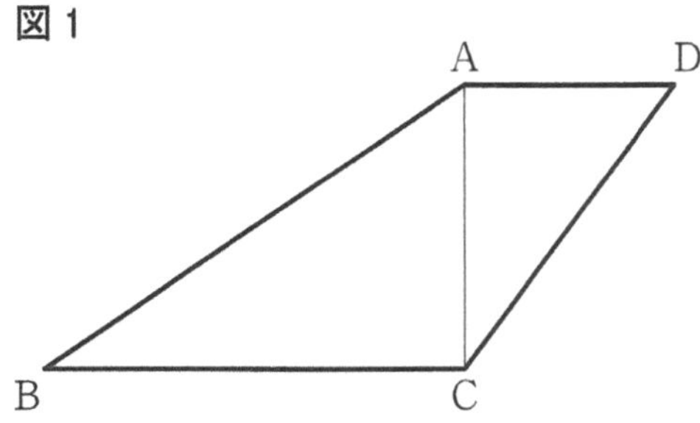

〔問6〕 右の図2に示した立体A－BCDEは，底面BCDEが正方形で，AB＝AC＝AD＝AE，AB＞BCの正四角すいである。

辺AE上にある点をP，辺AD上にある点をQ，辺AC上にある点をR，辺BC上にある点をSとし，頂点Bと点P，頂点Eと点S，点Pと点Q，点Qと点R，点Rと点Sをそれぞれ結ぶ。

∠ABP＝∠PBE，AE⊥PQ，QR＋RS＋SE＝ℓとし，ℓの値（あたい）が最も小さいとき，解答欄（かいとうらん）に示した立体A－BCDEの展開図をもとにして，4点P，Q，R，Sと，線分BP，線分ES，線分PQ，線分QR，線分RSを定規とコンパスを用いて作図によって求め，4点P，Q，R，Sの位置を表す文字P，Q，R，Sも書け。

図2

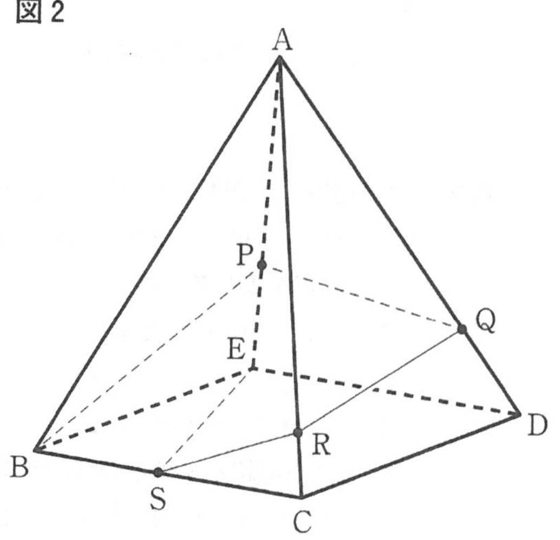

2 右の図1で，点Oは原点，曲線fは関数$y=\frac{1}{4}x^2$のグラフ，直線ℓは関数$y=\frac{1}{2}x+\frac{15}{4}$のグラフを表している。曲線$f$と直線$\ell$との2つの交点の$x$座標は，それぞれ－3と5であり，$x$座標が－3の点をAとする。

直線ℓ上にある点をP，曲線f上にある点をQとし，2点P，Qのx座標はともに－3より大きい数とする。

原点から点（1，0）までの距離（きょり），および原点から点（0，1）までの距離をそれぞれ1cmとして，次の各問に答えよ。

図1

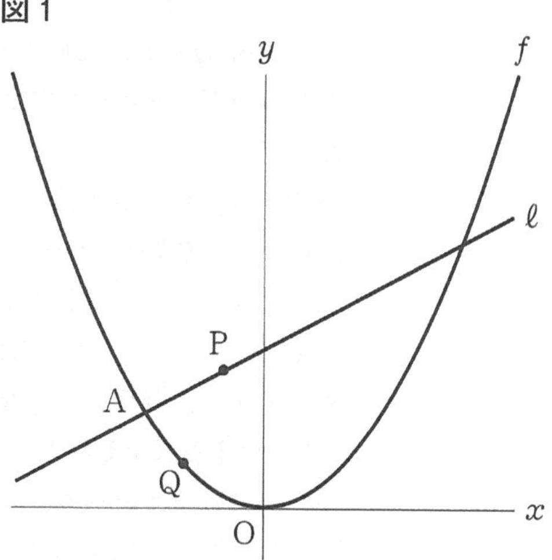

〔問1〕 点Aと点Q，点Pと点Qをそれぞれ結び，2点P，Qのx座標をともに－1とした

場合を考える。

△APQの面積は何cm^2か。

〔問2〕 右の図2は，図1において，曲線f上にあり，x座標が-2である点をBとした場合を表している。

次の（1），（2）に答えよ。

図2

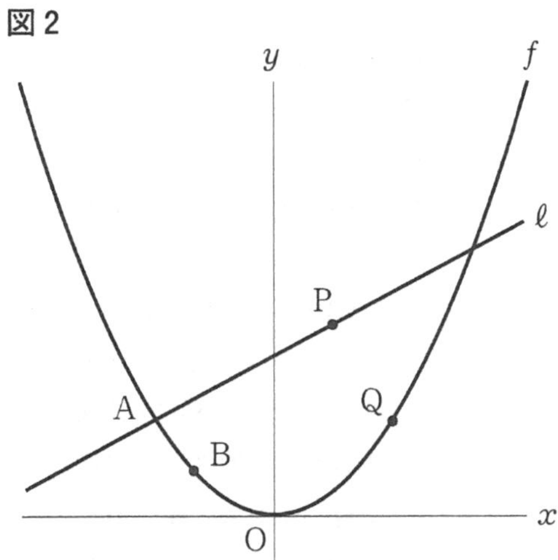

（1） 点Qのx座標を3，2点P，Qを通る直線とy軸との交点をRとし，点Aと点B，点Aと点R，点Bと点Qをそれぞれ結んだ場合を考える。

AB∥PQのとき，四角形ABQPの面積と△APRの面積の比を最も簡単な整数の比で表せ。

（2） 右の図3は，図2において，点Pと点Qのx座標が等しく，5より大きい場合を表している。

2点B，Qを結んだ直線と直線ℓとの交点をSとした場合を考える。

BS：SQ＝7：9であるとき，点Pのx座標を次のページの［　　］の中のように求めた。

［(あ)］，［(え)］に当てはまる数，［(い)］，［(う)］，［(お)］に当てはまる式をそれぞれ求め，［(か)］には答えを求める過程が分かるように，途中の式や計算などの続きを書き，答えを完成させよ。

図3

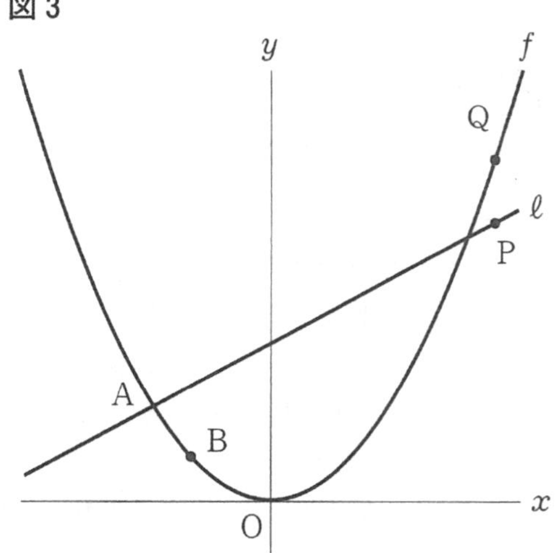

【答え】 直線ℓ上にあり，x座標が-2である点をCとすると，点Cの座標は$(-2,$ (あ) $)$である。

点Bと点C，点Pと点Qをそれぞれ結ぶと，△SCB∽△SPQであるから，CB:PQ＝7:9となればよい。

点Pのx座標をtとおくと，点Pの座標は$(t,$ (い) $)$，点Qの座標は$(t,$ (う) $)$である。 これより，CB＝ (え) (cm)，PQ＝ (お) (cm)であるから，

(か)

3 右の図1で，△ABCはAB＝2cm，∠ABC＝45°，面積が$\sqrt{2}$cm^2，AB＝BCの二等辺三角形である。

点Pは，辺BC上にある点で，頂点B，頂点Cのいずれにも一致（いっち）しない。

頂点Aと点Pを結ぶ。

次の各問に答えよ。

図1

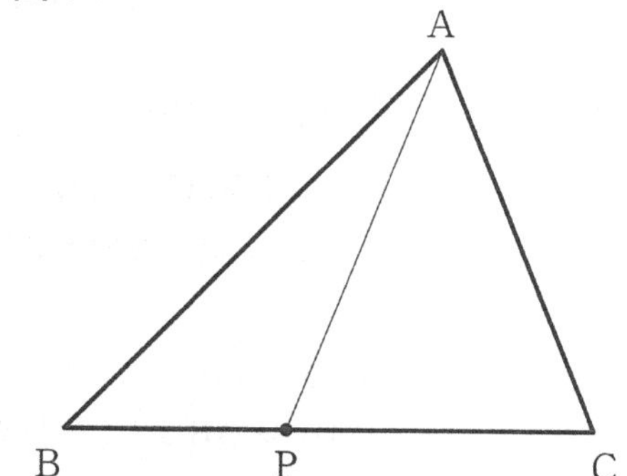

〔問1〕 AC＝AP，AC＝$2a$cmのとき，△ACPの面積は，△ABCの面積の何倍か。
aを用いた式で表せ。

〔問2〕 右の図2は，図1において，辺AB上にあり，頂点A，頂点Bのいずれにも一致しない点をQ，線分AP上にあり，頂点A，点Pのいずれにも一致しない点をRとした場合を表している。

2点Q，Rを結んだ直線が頂点Cを通る場合を考える。

△CBQ∽△CRP，∠BCQ＝52°のとき，∠BAPの大きさは何度か。

図2

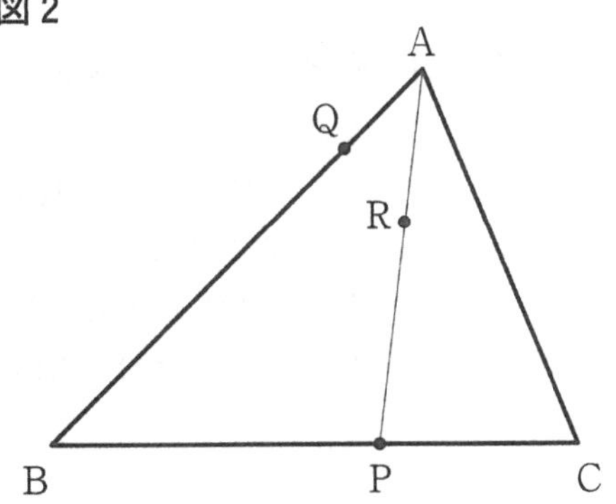

〔問3〕 右の図3は，図2において，点Qと点Rを結んだ直線と辺BCとの交点をSとした場合を表している。

線分BSの中点がP，AQ＝BP，QS∥ACとなるとき，次の（1），（2）に答えよ。

（1） 点Rが線分APの中点であることを，下の［　　］の中のように証明した。

［(a)］～［(h)］に当てはまる最も適切なものを，下のア～トの中からそれぞれ1つずつ選び，記号で答えよ。

ただし，同じものを2度以上用いて答えてはならない。

図3

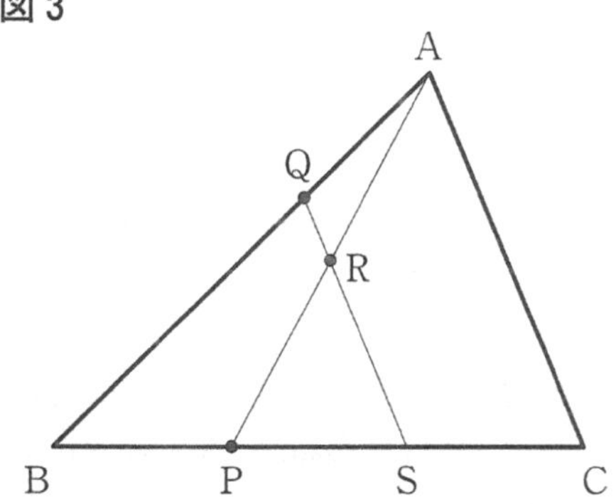

【証明】点Pを通り，辺ABに平行な直線と，線分QSとの交点をDとする。

DP∥ABより，平行線の［(a)］は等しいから，∠BQS＝∠［(b)］　…①

QS∥ACより，BQ：BS＝BA：BCで，BQ＝BSだから，

△BQSは二等辺三角形である。

よって，∠BQS＝∠［(c)］　…②

①と②より，△PDSはPD＝PSの二等辺三角形である。　…③

また，線分BSの中点がPで，AQ＝BPだから，AQ＝PS　…④

△RAQと△RPDで，③と④より，AQ＝PD　…⑤

AQ∥DPより，平行線の［(d)］は等しいから，

∠RAQ＝∠［(e)］，∠RQA＝∠［(f)］である。　…⑥

⑤と⑥より，$\boxed{(g)}$ から，△RAQ ≡ △RPD　よって，AR = $\boxed{(h)}$
したがって，点Rは線分APの中点である。

ア	PD	イ	PR	ウ	RD	エ	BPD	オ	BPR	カ	BSQ
キ	PDS	ク	PRQ	ケ	PRS	コ	RDP	サ	RPD	シ	RSC
ス	対頂角	セ	錯角（さっかく）	ソ	頂角	タ	同位角	チ	底角		
ツ	3組の辺がそれぞれ等しい			テ	2組の辺とその間の角がそれぞれ等しい						
ト	1組の辺とその両端の角がそれぞれ等しい										

(2)　△RPSの面積は何cm^2か。

4　1から6までの目が出る大小1つずつのさいころを同時に1回投げる。

大きいさいころの出た目の数をa，小さいさいころの出た目の数をbとする。

右の図1で，点Oは原点，点Aの座標を$(a, a+b)$，点Bの座標を$(a, 2b)$とし，$a=3$，$b=6$の場合を例として表している。

原点から点(1, 0)までの距離（きょり），および原点から点(0, 1)までの距離をそれぞれ1cmとして，次の各問に答えよ。

ただし，大小2つのさいころはともに，1から6までのどの目が出ることも同様に確からしいものとする。

図1

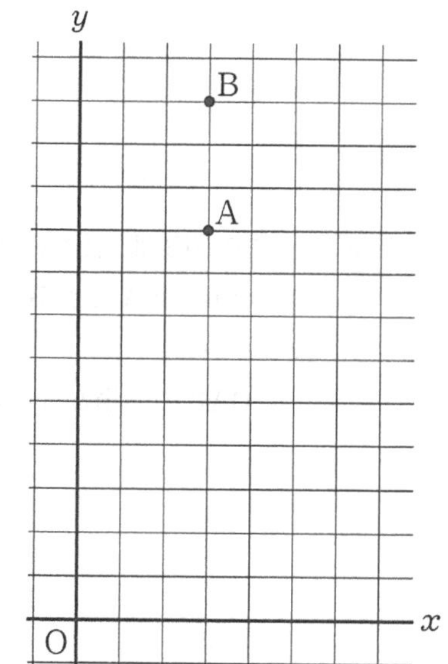

〔問1〕　点Bのy座標が，点Aのy座標より大きくなる確率を求めよ。

図2

〔問2〕　右の図2は，図1において，直線ℓを一次関数$y=x$のグラフとした場合を表している。

点Aと点Bを結んだ場合を考える。

直線ℓと線分ABが交わる確率を求めよ。

ただし，点Aと点Bのどちらか一方が直線ℓ上にある場合も，直線ℓと線分ABが交わっているものとする。

図3

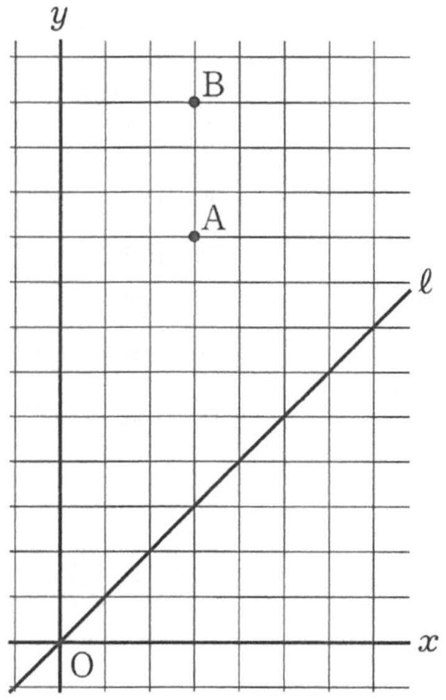

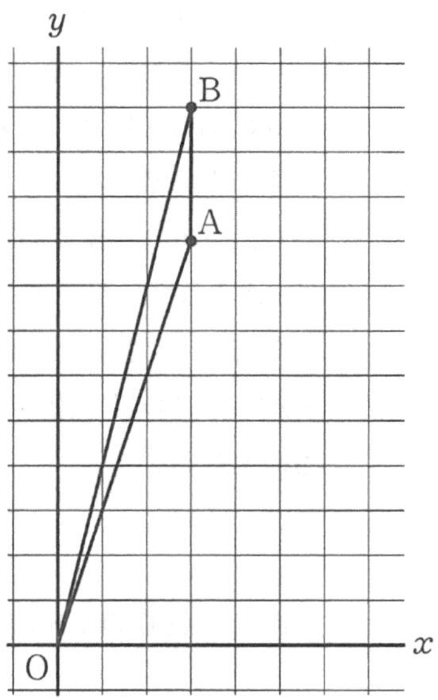

〔問3〕　右の図3は，図1において，点Oと点A，点Oと点B，点Aと点Bをそれぞれ結んだ場合を表している。

△OABの面積が3 cm^2となる確率を求めよ。

＜英語＞

時間　50分　　満点　100点

※リスニングテストの音声は弊社HPにアクセスの上，音声データをダウンロードしてご利用ください。

1 リスニングテスト（放送による指示に従って答えなさい。）

〔問題A〕 次のア～エの中から適するものをそれぞれ一つずつ選びなさい。

＜対話文1＞

ア On the highest floor of a building.
イ At a temple.
ウ At their school.
エ On the seventh floor of a building.

＜対話文2＞

ア To see Mr. Smith.
イ To return a dictionary.
ウ To borrow a book.
エ To help Taro.

＜対話文3＞

ア At eleven fifteen.
イ At eleven twenty.
ウ At eleven thirty.
エ At eleven fifty-five.

〔問題B〕 ＜Question1＞では，下のア～エの中から適するものを一つ選びなさい。
＜Question2＞では，質問に対する答えを英語で書きなさい。

＜Question1＞

ア For six years.　　イ For three years.
ウ For two years.　　エ For one year.

＜Question2＞

（15秒程度，答えを書く時間があります。）

2 次の対話の文章を読んで，あとの各問に答えなさい。
（＊印のついている単語・語句には，本文のあとに〔注〕がある。）

*Miki is a high school student. Yuta is a college student. They're visiting their uncle and aunt, Shun and Jane, in *Portland, Oregon. They're walking around the neighborhood before breakfast.*

Miki : Look, Yuta. That *intersection is painted with bright colors from end to end!
Yuta : Orange, yellow....It's a big *sunflower!
Miki : I've never seen such a big picture painted on the road. Who painted it?
Shun : We did. The people living here first painted it together in 2002 and *repaint it every year.
Yuta : But why did you paint the intersection?
Jane : We wanted to *turn the intersection into a place to bring people together, a gathering place. [1-a]
Shun : We try to make our neighborhood a better place by ourselves. We have meetings, exchange opinions, and make plans. We've made many beautiful things together around the intersection. This is the symbol of our neighborhood.
Jane : Not only here. There are about eighty painted intersections in Portland, and people have birthday parties or concerts there.
Yuta : On public roads? I can't believe it.
Jane : Miki, Yuta, we'll show you our favorite place. Let's have breakfast there. Then we'll explain about our city project.

They come to a corner of the street. Miki and Yuta find some tables and benches there.

Miki : Wow, that table has a tree of cups on its top! So many pretty cups are hanging there!
Jane : We call this place "T-Station." We built it with our neighbors five years ago.
Yuta : That bench looks like an *angel! This is art! Did you make these tables and benches?
Jane : Yes. Choose your favorite cup. Here are also a pot and tea bags. Hot water is prepared by the *residents every day, so you can have tea at any time.
Miki : Can we have tea *for free?
Jane : Yes. Wonderful things happen here every day. Tea has the power to create

a warm *atmosphere. So *locals, even *strangers, come here, take a tea break, and start telling their stories to each other.

Yuta : (2)I can't imagine having this kind of place in Tokyo. I thought Portland was a big city, but now I feel we're in a *cozy village.

Shun : Oh, Yuta, that's the point. We've tried to create "villages" in the biggest city in Oregon. By doing so, we can solve big city problems. One architect came up with the idea.

Yuta : What a great idea! How did he think of it?

Shun : After working for a big *construction company for three years, he traveled around the world for seven years. During the trip, he saw many cities in other countries and found that the street was originally a place of communication. [1-b] So he decided to create community gathering places on the streets in Portland.

Jane : He started a project called "City *Repair" with his friends. They said, "Let's start something right here, right now! Take action! Make a change!" Their *passion spread from person to person.

Miki : I'm impressed with their community building movement. It's also wonderful for the whole city to support it.

Shun : At first the city government said no to the City Repair Project. [1-c] Actually, people felt safer when they walked across them, so the government changed the rules in 2000.

Jane : Miki, Yuta, if you have a chance, please come and visit us again in June. Since 2000, we've had a festival to celebrate the City Repair Project every June. It continues for ten days. During the festival, all the residents, young and old, paint intersections or build other gathering places. By working together, we feel that we're part of the community.

Shun : And we always use natural building *materials such as *straw, *clay, wood, and stone. It's our way of [3].

Yuta : Your city project is friendly not only to people but also to the Earth! I really want to join your activities!

Jane : You're always welcome here. Many people from all over the country and abroad come and take part in our festival every June. (4)We【① neighbors ② idea ③ share ④ hope ⑤ their ⑥ they ⑦ our ⑧ that ⑨ with ⑩ will】.

Yuta : I will. I've learned a lot about your city project. When I go back to Tokyo, I'll talk to my friends about it. People in Tokyo are busier and lonelier than before. [1-d] Such a situation creates some serious problems. We should know and help each other more.

Miki : I agree. We'll try to do something for our own community.

Shun : We're glad to hear that. Oh, it's already nine o'clock. Let's go around the city by bike.

Jane : There are still a lot of new things for you to discover. Today has just begun.

〔注〕 Portland, Oregon　オレゴン州ポートランド
sunflower　ひまわり
repaint　塗り直す
angel　天使
resident　居住者
atmosphere　雰囲気
local　地元の人
cozy　こぢんまりして居心地のよい
repair　修理
passion　情熱
straw　わら
clay　粘土
intersection　交差点
turn ～ into…　～を…に変える
for free　無料で
stranger　見知らぬ人
construction　建設
material　材料

〔問1〕 [1-a] ～ [1-d] の中には，それぞれ次の①～⑥のいずれかの英文が入る。それぞれに入る英文を並べた組み合わせとして最も適切なものを，下のア～カの中から一つ選べ。

① But they found that cars drove more slowly at painted intersections.
② They found that painting intersections was too expensive to continue.
③ But in America, streets are for cars, not for people.
④ Some people like going out together, and others like staying home.
⑤ Some of them don't even know the person living next door.
⑥ There people would meet, say hello, and start talking to each other.

	1-a	1-b	1-c	1-d
ア	④	③	②	⑤
イ	④	⑤	②	⑥
ウ	④	⑥	①	③
エ	⑥	③	①	⑤
オ	⑥	④	②	③
カ	⑥	⑤	①	④

〔問2〕 (2)I can't imagine having this kind of place in Tokyo. とあるが，次のように書き表すとき，[　　] の中に入る最も適切な連続する３語を本文中からそのまま抜き

出せ。

I can't imagine people creating a [　　　] at a street corner in Tokyo by making tables and benches by themselves and preparing tea. I also can't imagine people enjoying tea without paying for it there.

〔問3〕 本文の流れに合うように，[3] の中に英語を入れるとき，最も適切なものを，次のア～オの中から一つ選べ。

ア encouraging people to work harder
イ producing a lot of money
ウ protecting the environment
エ making life more convenient
オ growing fruit and vegetables

〔問4〕 (4)We【① neighbors ② idea ③ share ④ hope ⑤ their ⑥ they ⑦ our ⑧ that ⑨ with ⑩ will】. とあるが，本文の流れに合うように，【　　】内の単語を正しく並べかえたとき，【　　】内で3番目と6番目と10番目にくるものの組み合わせとして最も適切なものを，次のア～カの中から一つ選べ。

	3番目	6番目	10番目
ア	⑥	⑤	①
イ	⑥	⑦	①
ウ	⑥	⑦	②
エ	⑧	⑤	①
オ	⑧	⑤	②
カ	⑧	⑦	②

〔問5〕 本文の内容に一致(いっち)するものを，次のア～オの中から一つ選べ。

ア Miki and Yuta went around Portland by bike to see some painted intersections before they had breakfast at a cafeteria near the station.
イ Shun, Jane, and their neighbors are trying hard to make their neighborhood the biggest village in Portland to solve local traffic problems.
ウ One architect decided to paint intersections in Portland when he got a job at a big construction company after traveling around the world.
エ The government of Portland City quickly gave a positive answer to the City Repair Project when one architect and his friends started it.

オ The residents in Portland and people from all over the country and abroad work on the City Repair Project together for ten days in June.

〔問6〕 次の英文は，Miki が日本の家族に送ったＥメールである。 □ の中に共通して入る最も適切な１語を本文中からそのまま抜き出せ。

E-mail

Subject: First day in Portland

Hi, Mom and Dad! Yuta and I are enjoying our stay in Portland. Uncle Shun and Aunt Jane are very kind to us. Today they showed us around their neighborhood. We saw a painted intersection and enjoyed tea at a place called "T-Station." They painted the intersection and built the wonderful place with their neighbors. Their □ building movement is amazing! I feel people in Portland are very proud of their home city. I learned it's important for each of us to work as a member of the □ to make our city Tokyo a better place. I have so many things to tell you. Do you think my English has improved?

Miki

3 次の文章を読んで，あとの各問に答えよ。
（＊印の付いている単語・語句には，本文のあとに〔注〕がある。）

You can get information through different kinds of media, such as newspapers, TV, and the Internet. When you read a news story, do you believe it without question? If so, that may be dangerous. Many of you believe the news is always collected and *directly reported. In fact, [1]. If you understand how it is created, then that will be a great help to you.

Take a look at 【Graph 1】 and the two *statements above it.

1日15分以上新聞を読む20代の割合
（出典：NHK放送文化研究所
「2015年国民生活時間調査」）

【Graph 1】 shows that the *percentage of people in their twenties reading newspapers is going down year after year. So, the first statement, "These days young people do not spend much time on newspapers," is a fact and true. However, this graph does not show anything about the *relationship between reading newspapers and reading books. The second statement, "This happens because they do not like to read books," is just the reporter's *assumption without any *data. Facts and assumptions often appear together in a news story, so (2) it is important to be able to tell the difference between facts and assumptions.

As you can see, people in their twenties do not read newspapers very much. Then, how about older generations? Look at 【Graph 2】. In fact, older generations today also do not spend much time on newspapers. Are you surprised? If so, you have made an assumption from 【Graph 1】 and thought only young people do not spend much time on newspapers. To make a news story more *impressive, media can decide which data to use and which to leave out.

【Graph 2】

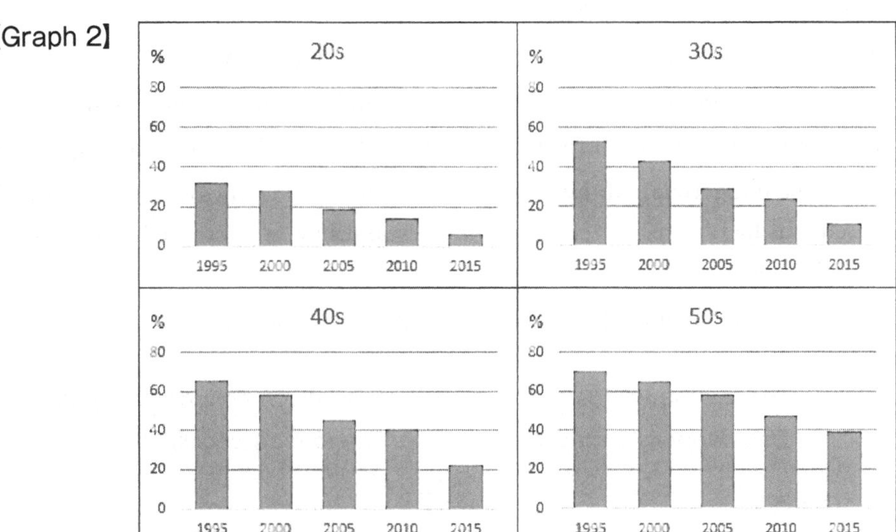

1日15分以上新聞を読む各年代の割合（出典:NHK放送文化研究所「2015年国民生活時間調査」）

The way of showing numbers can make a big difference in your impression. When you look at【Graph 1】, you see that the percentage of people reading newspapers drops quickly. [4-a], if you look at the "20s" in【Graph 2】, you see the percentage goes down slowly. Both graphs are made from the [5-a] data, but each graph gives you a different impression.

[4-b], how media *describe the situation can make a different impression. For example, if you look at the two pictures below in the order (①→②), what kind of story do you imagine? You might say that an *ogre *attacks a village and Momotaro fights him to help the village people. If you put these pictures in *reverse order (②→①), what might the story be like? You may say that Momotaro first attacks an ogre to take his treasures. Then, the ogre gets angry and goes to Momotaro's village to get them back. Media not only decide which information and pictures should be shown, but also decide how the story should be told.

①

②

Every news story *reflects someone's point of view. [4-c], it is the *interpretation of the journalist. Think of drawing a picture in a class. When the students are asked to draw a picture of fruits on the center table, each picture will be drawn differently. That means an article on the [5-b] event will be different from reporter to reporter.

Media try to increase *sales or to get a larger *audience. [4-d], they make news more interesting, more exciting, and more impressive than straight facts. You need to make an effort to find out the true facts in news stories. Understanding the news is like doing a *jigsaw puzzle. You need many pieces to see the whole picture. To know what is really going on, it is important to collect a lot of information in many ways.

〔注〕
directly　そのまま	statement　文	percentage　割合
relationship　関係	assumption　臆測（おくそく）	data　データ
impressive　印象的な	describe　説明する	ogre　鬼（おに）
attack　攻（せ）める	reverse　反対の	reflect　反映する
interpretation　解釈（かいしゃく）	sales　売上数	audience　視聴者（しちょうしゃ）
jigsaw puzzle　ジグソーパズル		

〔問1〕 本文の流れに合うように，[1] の中に英語を入れるとき，最も適切なものを，次のア～オの中から一つ選べ。

ア　media sometimes forget to explain the situation
イ　media do not know where the news comes from
ウ　media alone can report almost all the daily events
エ　media do not understand how dangerous the news is
オ　media often make the news by deciding what to report

〔問2〕 (2)it is important to be able to tell the difference between facts and assumptions とあるが，次のア～オの英文の中からassumptionと思われるものを一つ選べ。

ア The 2017 study shows that a lot of university students in Japan do not read books for fun.　イ Actually, 53.1 percent of the students say they do not read books at all.　ウ That number is thought to increase in a few years.　エ The study also finds that many students use smartphones for almost three hours a day.　オ However, no strong relationship was found between reducing the time for reading and increasing the use of smartphones.

〔問3〕 【Graph 2】について，正しく述べているものを，次のア～オの中から一つ選べ。

ア The percentage of people in their twenties rose to about twenty percent in 2005.

イ The percentage of people in their thirties fell to about ten percent by the year 2015.

ウ The percentage of people in their forties in 2005 was about forty percent more than that in 2015.

エ The percentage of people in their fifties did not change between 2005 and 2010.

オ The percentage of people in every generation never went down from 1995 to 2015.

〔問4〕 [4-a] ～ [4-d] の中には，それぞれ次の①～⑤のいずれかの英語が入る。それぞれに入る英語を並べた組み合わせとして最も適切なものを，下のア～カの中から一つ選べ。

① As a result
② In addition
③ In any case
④ In other words
⑤ On the other hand

	4-a	4-b	4-c	4-d
ア	②	①	③	④
イ	②	⑤	①	③
ウ	②	⑤	④	①
エ	⑤	①	③	④
オ	⑤	②	①	③
カ	⑤	②	④	①

〔問5〕 本文の流れに合うように，[5-a] と [5-b] の中に共通して入る最も適切な１語を書け。

〔問6〕 本文の内容に一致(いっち)するものを，次のア～オの中から**一つ**選べ。

ア　It is not good to believe a news story without question, but if you know how it is created, it is safe to believe it.

イ　【Graph 2】 shows that the second statement about 【Graph 1】 is not an assumption because the number of people reading books is dropping.

ウ　News media try to report every news story and make it more impressive to increase sales or to get a larger audience.

エ　When media change the order of information, that change can influence an audience's interpretation of the situation.

オ　If you are good at putting a jigsaw puzzle together, you can collect information quickly to find out the true facts.

4

次の文章を読んで，あとの各問に答えよ。
（＊印の付いている単語・語句には，本文のあとに〔注〕がある。）

It was getting colder, but Rena didn't close the window. Instead, she got a blanket and put it over her grandfather. She knew he liked to sit by the window and listen to the sound of the ocean. The breaking *waves played beautiful music to his ears. He was once a concert violinist, so he knew what beautiful music was.

Rena's older brothers were not interested in the violin. They said it was not cool for them to play it, so their grandfather decided to give his first violin to Rena on her fifth birthday. There and then, she loved everything about the violin – the shape, the touch, and the sound.

"Why don't you play it for us, Rena?" her brothers said to her.

Like a real violinist, she put the violin on her small shoulder and set the *bow on the *strings. Then she started to move the bow up and down, but she could only make a terrible noise. Her brothers looked at each other and began laughing.

"I can never play the violin like you, Grandpa," said Rena.

"Why not? You will be able to play any music more beautifully than anyone else. Now put the violin on the table and close your eyes, Rena. What do you hear?

(1) I【 ① the beautiful sounds ② attention ③ you ④ surrounding ⑤ listen to ⑥ want ⑦ pay ⑧ and ⑨ to 】 you. That's the way to learn to play the violin," her grandfather said.

He knew what was most important about playing music. The *focus was not on reading music but on playing by ear. She *gradually learned how to listen to music and how to create a similar beautiful sound. *As soon as she came home from school, she ran straight to her grandfather to practice the violin, sometimes even without taking off her coat.

One day her grandfather said, "You have a good ear for music, but music is not the only thing for you to listen to." Rena had no idea what he was talking about.

"You need to learn how to listen to yourself," he said.

"To [2-a]?" Rena asked.

"Yes, to yourself, because the music must come from inside of you."

Rena thought for a while and then said, "Grandpa, I'll create the most beautiful music in the world with my violin!"

"I know you will, but only if you learn to listen to yourself," he said and smiled.

When Rena was 15 years old, she was invited to join the local *amateur *orchestra. She was excited to think that she could become a concert violinist like her grandfather. She was *confident and positive until she was given a piece of *sheet music. Actually, she didn't know how to read sheet music because she learned to play the violin by ear. She was very worried, but she still set up the music stand in front of her like the other musicians. Everybody was busy with the new music, so no one paid attention to her. Rena was just (3) pretending. Her violin was on the floor, still in its case.

"Everyone, let's play the first part together," the *conductor said. That was her sign to leave. She quickly picked up her violin case and ran out the door. Out in the street, she heard the orchestra so far away. Her dream of becoming a concert violinist now felt so far away, too. She was sad because she knew she would make her grandfather very sad.

She kept walking until she reached a small park. She didn't know how long she was there, but the sun was already half in the sea when she heard her grandfather's voice.

"Rena, you like my *spot, huh?"

"Grandpa, how did you know I was here?"

"I like to come here to listen to the sea coming and going," he said.

"I left the orchestra today. I don't want to play the violin anymore. I'm sorry," Rena said.

"[4] If you don't want to, then don't," her grandfather said.

"But I can't become a concert violinist," Rena said.

"With or without a violin, I know you are special," he said.

Rena was almost in tears, and then suddenly, she was really crying. Her grandfather waited for her to stop crying. They didn't talk for a while. Then Rena broke the *silence.

"Grandpa?"

"Yes?" said her grandfather.

"I listened to [2-b]."

"And?" her grandfather waited for an answer.

"I'm not ready yet."

"What do you mean?" her grandfather asked.

"I'm not ready yet to give up music. Music has always been in me, and I want to play it more beautifully," said Rena.

"Well, I think this is the proudest *moment of my life," said her grandfather.

Then they just listened to the sea. Her grandfather was moving his hand *in rhythm to the sound of the waves. Rena *truly listened to herself and the music inside her. She smiled and picked up her violin case.

〔注〕 wave　波　　bow　弓　　string　弦　　focus　重点
gradually　徐々に　　as soon as ～　～するとすぐに
amateur　アマチュアの　　orchestra　オーケストラ
confident　自信に満ちた　　sheet music　楽譜(がくふ)
conductor　指揮者　　spot　場所　　silence　沈黙(ちんもく)
moment　瞬間　　in rhythm to ～　～に合わせて　　truly　本当に

〔問1〕 (1)I【① the beautiful sounds　② attention　③ you　④ surrounding　⑤ listen to　⑥ want　⑦ pay　⑧ and　⑨ to】you. とあるが，本文の流れに合うように，【　　】内の単語・語句を正しく並べかえたとき，【　　】内で４番目と６番目と９番目にくるものの組み合わせとして最も適切なものを，次のア～カの中から一つ選べ。

	4番目	6番目	9番目
ア	⑤	④	②
イ	⑤	⑧	②
ウ	⑤	⑧	④
エ	⑦	④	②
オ	⑦	⑧	②
カ	⑦	⑧	④

〔問2〕　本文の流れに合うように，[2-a] と [2-b] の中に共通して入る最も適切な1語を書け。

〔問3〕　(3)pretendingとあるが，本文中の意味に最も近いものを，次のア～オの中から**一つ**選べ。

ア　trying to show she could read music when she couldn't
イ　reading the sheet music carefully to understand it
ウ　playing the sheet music very well only by memory
エ　practicing the music many times to improve her violin skills
オ　experiencing the wonderful moment with other musicians

〔問4〕　本文の流れに合うように，[4] の中に英文を入れるとき，最も適切なものを，次のア～オの中から**一つ**選べ。

ア　That's a good idea.
イ　That makes me so sad.
ウ　That was brave of you.
エ　That's all right.
オ　That's quite unfair.

〔問5〕　次の〔質問〕の答えとして，本文の内容に合う最も適切なものを，下のア～オの中から**一つ**選べ。

〔質問〕What did Rena learn from her experience?
ア　Leave a problem until the last minute.
イ　Sometimes it's better to say nothing to others.
ウ　You should listen to older people's advice.
エ　Don't worry what other people think about you.
オ　Follow your heart when you face difficulty.

〔問6〕　本文の内容に一致(いっち)する英文の組み合わせとして最も適切なものを，下のア～ケの中から**一つ**選べ。

① Rena's grandfather thought that Rena would become a good concert violinist because her performance was much better than his.

② Rena's grandfather wanted her to understand that in addition to music there was also something else for her to learn.

③ Rena grew up with the dream of becoming a concert violinist, and it came true when she first joined the local orchestra.

④ The conductor of the orchestra said that Rena could not continue to play the violin as a member because she could not read music well.

⑤ Rena did not explain to her grandfather why she was not part of the orchestra, but he did not even ask her the reason.

⑥ Rena's grandfather said it was the happiest moment of his life when Rena finally said that she would not give up music.

ア	①　②	イ	①　⑤	ウ	②　⑤
エ	②　⑥	オ	⑤　⑥	カ	②　③　⑤
キ	②　④　⑥	ク	③　④　⑥	ケ	③　⑤　⑥

〔問7〕 次の英文に対するあなたの考えを，あなた自身の言葉を用いて，理由を含めて35語以上45語以内の英文で書け。

Before you make an important decision, you should talk to people with different views.

二つ以上の英文になってもかまわない。下の〔例〕のように，「，」「．」などは語数に含めない。短縮形は1語と数える。

〔例〕 Hello,　I'm　Jane.　Nice　to　meet　you.

ら。

ウ 「非時」に咲いている桜の花を見た天皇がその時にいた離宮の名前にしたという伝承から、「非時」に咲く桜は貴重なものだったはずだと考えているから。

エ 冬に咲く桜を喜ぶ伝承や恋人の形容として桜を用いる表現から、桜には別世界で付与される神秘的な力に根ざす祝福性があったはずだと考えているから。

〔問3〕 (2)石長比売を返したまひしによりてを全て現代仮名づかいのひらがなに直して書け。

〔問4〕 Ⅰ および Ⅱ に当てはまる語の組み合わせはどれか。次のうちから最も適切なものを選べ。

ア Ⅰ ＝堅固　Ⅱ ＝うるわしく

イ Ⅰ ＝永遠　Ⅱ ＝はかなく

ウ Ⅰ ＝強大　Ⅱ ＝頼りなく

エ Ⅰ ＝恒久　Ⅱ ＝せわしく

〔問5〕 (3)桜には真先に春の霊威が宿り、その花には充実した生命力が充ちあふれている。とあるが、そうだからこそ散り方が人々の関心の対象となった。このことを次の［　］のように説明するものとする。 A 、 B に入る適切な言葉を、本文の**この傍線部より前から抜き出して書け**。なお、 A には**九字**の言葉が、 B には**六字**の言葉が入るものとする。

桜が、 A のではなく、 B ことは、不作や疫病蔓延の予兆として忌まれた。

〔問6〕 (4)梶井基次郎『桜の樹の下には』、坂口安吾『桜の森の満開の下』など、現代に至るまでその狂気性を主題とする作品が絶えないのも、桜のそうしたありかたゆえである。とあるが、「桜のそうしたありかた」とはどういうことか。次のうちから最も適切なものを選べ。

ア 桜が散ることは、花が身代わりになるものとして、人間の恐れる病や災いを浄化する神聖さをもっているということ。

イ 桜が散ることは、繁栄の中にきざす滅びの象徴として、実りの豊凶などの未来を占う力をもっているということ。

ウ 桜が咲くことは、この世の道理を外れた力によるものとして、死をはらんだ不気味さをもっているということ。

エ 桜が咲くことは、子孫の繁栄や国の栄華の象徴として、永遠に富み栄えるための呪力をもっているということ。

の霊威の依り憑く桜は繁栄の象徴ではあるが、同時にその裏側で死と隣り合わせの狂気が意識されていた。*満朶と咲き誇る桜の下に立つ時、誰しも異世界に連れ去られるかのような戦慄を覚えるが、それこそが人を死へと誘う桜の狂気性をよく示している。(4)梶井基次郎『桜の樹の下には』、坂口安吾『桜の森の満開の下』など、現代に至るまでその狂気性を主題とする作品が絶えないのも、桜のそうしたありかたゆえである。華麗でありつつも、死への妖しい誘いを隠しもつ狂気性が、たしかに桜の花にはある。

(多田一臣「神話の桜・万葉の桜」による)

〔注〕 カザシやカヅラ――どちらも蔓草や花などを頭髪の飾りとしたもの。
仲冬――十一月の異称。
常世国――遥かかなたにあると信じられた不老不死の国。
タヂマモリ――古代の伝説上の人物。
香果――香りのよい木の実。
天孫――地上に降臨した神の子孫。
大神、狭井神社――奈良県にある神社。
大伴家持――奈良時代の歌人。
挽歌――死を悲しみ悼む歌。
反歌――長歌の後に添える短歌。
依り代――神霊が招き寄せられて乗り移るもの。
満朶――満開の花の枝。

〔問1〕 (i)到来、(ii)らしい について次の①、②に答えよ。

① (i)到来 とあるが、この熟語と同じ構成のものを、本文中の波線部アからエのうちから選べ。

ア 季節
イ 由縁
ウ 保証
エ 古式

② (ii)らしい とあるが、これと同じ意味・用法のものを、次の各文の――を付けた「らしい」のうちから選べ。

ア 今年の春は暖かくなるらしい。
イ 彼の言うお世辞はしらじらしい。
ウ かわいらしい小犬が走っている。
エ 社会人らしい服装を心がける。

〔問2〕 (1)桜が異界の霊威を宿す植物であることは、次の伝承によく示されている。とあるが、筆者が「桜が異界の霊威を宿す植物である」と述べたのはなぜか。次のうちから最も適切なものを選べ。

ア 橘の実にまつわるタヂマモリの伝承からすれば、桜も神秘的な別世界から到来したからこそ「非時」に咲くのだと信じられていたはずだと考えているから。
イ 天皇が冬に早く咲いた桜の珍しさを喜ぶ伝承からすれば、桜は春の訪れとともに発露する生命力の象徴であると感じられていたはずだと考えているか

〈雉が鳴く　高円のあたりに　桜花が　散って　漂っている　一緒に見る人がほしい〉

阿保山の桜の花は今日もかも散り乱るらむ見る人無しに

〈阿保山の　桜の花は　今日あたり　散り乱れていることだろう　見る人もなくて〉

春雨はいたくな降りそ桜花いまだ見なくに散らまく惜しも

〈春雨よ　ひどくは降るな　桜花が　まだ見ないうちに散るのは惜しい〉

桜はたしかに散りやすいが、生命を全うして散る花は、かえって秋の実りの豊かさを(ウ)保証した。雨風のために散り急ぐ桜が不吉なものとして意識されたのである。そこに呪農の花としての意味があった。右に示した歌は、もっぱら桜を美的観賞の対象として描いており、そうした印象は薄れている。が、そこには散ることへの畏れの感覚がまだ残されている。

桜の咲く時期は、気候の変わり目で寒暖の差が著しい。その時期行われるのが鎮花祭である。＊大神、狭井神社のものが本来で、春の花が散るころ、疫病が流行るので、疫神の活動をとどめるため、まず花の散るのを鎮めるための祭りという。しかし、疫神の退散をはかる目的は副次的であり、時ならず散る花に凶兆を見たので、もともとはそれを防ぐ意味があった。大神、狭井神社では、白ユリとスイカズラを用いるが、それが(エ)古式かどうかはわからない。桜を用いるのは、京都今宮神社の境内疫神社の鎮花祭である。「ヤスラエ花ヤ」と唱えるので、ヤスライ祭りの名がある。古語のヤスラフは、ぐずぐずとためらう意。花の散りを遅らせる呪語だろう。これも疫病退散の性格が前面に出ている。

先の木花之佐久夜毘売の話がそうであるように、桜の散るところにはたしかに死の不吉さが感じ取られていた。たとえば、次の一首。

あしひきの山さへ光り咲く花の散りぬるごときわご王かも

〈（あしひきの）　山まで光って　咲く花が　にわかに散ってしまったような　我らの皇子よ〉

＊大伴家持の安積皇子＊挽歌の反歌。＊安積皇子は聖武天皇の皇子。皇位継承争いの渦中で、不審な死を遂げた。この反歌は、春の繁栄の最中の突然の死を描いて、あざやかな対照を示す。「咲く花の散りぬるごとき」とある「花」は桜だろう。爛漫と咲き誇るその落花の一瞬を描いて、つよい印象を残す。

桜の花が死と結びつくのは、散りやすさのためだけではないだろう。

（中略）

(3)桜には真先に春の霊威が宿り、その花には充実した生命力が充ちあふれている。それゆえに、穀霊（稲霊）の＊依り代とされ、花の早く咲き散ることが不作や疫病蔓延の予兆として忌まれることにもなっていく。しかし、異界の霊威が宿ることは、一方で異常な状態が生ずることでもある。満開の桜それ自体にすでに日常の秩序を超える妖しさが宿っていた。春る。

桜の祝福性について触れたが、その花は一方で死の影を宿していた(ii)らしい。

（中略）

……しかして、大山津見の神、(2)石長比売を返したまひしによりて、いたく恥ぢ、白し送りて言ひしく、「わが女を二人並べて立て奉りしゆゑは、石長比売を使はさば、天つ神の御子の命は、雪零り風吹くとも、恒に石のごとく常に堅に動かず坐さむ。また、木花之佐久夜毘売を使はさば、木の花の栄え坐さむと、うけひて貢進りき。かく石長比売を返さしめて、独り木花之佐久夜毘売のみを留めたまひつれば、天つ神の御子の御寿は、木の花のあまひのみ坐さむ」。かれ、ここをもちて、今に至るまでに、天皇命等の御命長くあらざるぞ。

（『神代記』）

〈……そして、大山津見の神は、石長比売を返していらっしゃったために大いに恥ずかしく思い、申し送って、「わが娘を二人一緒に差し上げたわけは、石長比売を召し使いなされば、地上に降臨した神である邇邇芸の命の命は、雪が降り風が吹いても、つねに岩のようにいつまでも堅く動かずにいらっしゃるだろう。また、木花之佐久夜比売を召し使いなされば、木の花の咲くようにお栄えになるだろうと、神に祈って差し上げたのです。このように、石長比売を帰らせて、ひとり木花之佐久夜毘売だけをお留めになったために、地上に降臨した神である邇邇芸の命の御寿命は、桜の花のように短くあられるでしょう」と言った。それで、このために、今に至るまで、天皇たちの御寿命は長くないのである。〉

地上に降臨した邇邇芸の命が、大山津見の神の姉娘石長比売を送り返し、美しい妹娘の木花之佐久夜毘売を選んで妻としたために、*天孫の寿命は磐石のように［Ⅰ］ではなく、木の花のように［Ⅱ］なったという話。木花之佐久夜毘売の名には、桜が象徴化されている。「木の花のあまひ」の「あまひ」は、語義未詳の言葉だが、いずれにしても桜の散りやすさを意味する。ここには「木花之佐久夜毘売を使はさば、木の花の栄え坐さむと、うけひて貢進りき」ともあるから、繁栄を祝福する意味もある。桜はここでも生命の甦りを感じさせる花だった。桜は散りやすいがゆえに美しいという逆説がここにある。大山津見の神には木花知流比売という名の娘もいる。木花之佐久夜毘売が、桜の咲くことを象徴化させた名だとすれば、木花知流比売は散ることを象徴化している。桜が、咲くこと、散ることによって印象づけられる花であることが知られる。桜がもともと穀霊（稲霊）の宿る、秋の実りの豊凶を占う花であったこととも関係する。

『万葉集』にも、桜の散りをうたった歌は多い。

あしひきの山の間照らす桜花この春雨に散りゆかむかも

〈（あしひきの）山あいを照らす　桜花は　この春雨に散りゆくことだろうか〉

春雉鳴く高円の辺に桜花散りて流らふ見む人もがも

うちなびく春来るらし山の際の遠き木末の咲き行く見れば
〈（うちなびく）　春が来たらしい　山あいの　遠い梢が
　だんだん咲いてゆくのを見ると〉
見渡せば春日の野辺に霞立ち咲きにほへるは桜花かも
〈見渡すと　春日の野辺に　霞が立ち　咲き輝いている
　のは　桜花であろうか〉

いずれも『万葉集』の例。桜の花に春の(i)到来を実感している。その感覚は、現在の「桜前線」という言葉にも残る。その桜を瓶に挿したり、*カザシやカヅラにしたのは、そこに宿る生命力をわが身に感染させるためだった。

(1)桜が異界の霊威を宿す植物であることは、次の伝承によく示されている。

天皇、両枝船を磐余市磯池に泛べ、皇妃と各分乗りて遊宴びたまふ。膳臣余磯、酒を献る。時に桜の花、御盞に落つ。天皇、異しびたまひて、則ち物部長真胆連を召して、詔して曰はく「是の花や、非時にして来る。其れ何処の花ぞ。汝、自ら求むべし」とのたまふ。是に長真胆連、独り花を尋めて、掖上の室山に獲て献る。天皇、其の希有しきことを歓びたまひ、即ち宮の名としたまふ。故、磐余稚桜宮と謂すは、其れ此の縁なり。

（「履中紀」三年十一月六日条）

〈天皇は、両枝船を磐余市磯池に浮かべ、皇妃とそれぞれ分乗して遊宴された。膳臣余磯が酒を献上した。その時、桜の花が散って杯に落ちた。天皇は不思議に思われ、そこで物部長真胆連をお呼びになって、命令して、「この花はア季節はずれに咲いて散っている。いったいどこの花か。お前が自分で行って捜してこい」とおっしゃった。そこで長真胆連はひとりで花を捜し求めて、掖上の室山で見つけ献上した。天皇はその珍しさを喜ばれて、すぐに宮の名となさった。それで、磐余稚桜宮と申しあげるのは、これがそのイ由縁である。〉

「両枝船」とは、先が二股に分かれている木を、そのまま刳り抜いて造った船という。その船上での宴で、天皇の杯に桜の花びらが浮かんだとある。*仲冬の時期だから、異例である。臣下に命じて尋ねさせたところ、掖上の室山でその木を見つけた。そこで、宮の名を磐余稚桜宮と号けたという。天皇の言葉に、「是の花や、非時にして来る」とある。この世の秩序が「時」だから、「非時」とは秩序外の属性を意味する。*常世国から橘の実を持ち帰ったことを伝える*タヂマモリの伝承が、これを「非時の*香果」と呼んでいることも思いあわせるべきだろう。ここで桜が「非時」の花とされるのは、狂い咲きの異常さを表現するためでもあるが、その根底では異界の霊威を背負うこの植物のつよい祝福性が感じ取られている。そこで、その名は宮号に用いられる。

こうした桜の祝福性は、「つつじ花　香少女　桜花　栄少女」〈つつじ花のように　美しいおとめ　桜花のように照り輝くおとめ〉と讃美される恋人の姿にも顕著に現れてい

ア [I]＝冗長　[II]＝平均

イ [I]＝安定　[II]＝均等

ウ [I]＝不変　[II]＝等質

エ [I]＝恒常　[II]＝均質

〔問3〕(1)現在の地球でもっとも深刻な問題は、ヒトが爆発的に増加していることなのである。とあるが、この理由を次の［　］のように説明するものとする。

[A]については**本文中から十五字で抜き出し**、[B]については本文中の言葉を用いて**四十字以上四十五字以内**でまとめて書け。

> 地球上の生物の中で[A]ヒトが爆発的に増加すると、[B]から。

〔問4〕本文についての説明として最も適切なものを次のうちから選べ。

ア 前半で生態系や生物多様性について具体例や学術的な定義を挙げて説明した上で、後半では生物多様性を守ることについての多様な見解のあり方を認めている。

イ 生物多様性の保全と種としてのヒトの生存というテーマを挙げて両者を同時に守る重要性を示した上で、そのためにヒトが自然環境にどう関われるかを示している。

ウ 条約の文言をもとに生態系や生物多様性の意味を明らかにした上で、ヒトと他の生物とがせめぎ合いながら生態系を構成してきた歴史について説明している。

エ 序論で生物多様性が損なわれることの問題点を挙げた上で、本論ではその問題点について具体例をもとに考察して生物多様性を守るべきとの結論を述べている。

〔問5〕(2)すべてのヒトが同じ意見を持つのは危険なことなのだ。それはヒトを含む生態系を危うくさせるから。とあるが、このことについてあなたはどのように考えるか。本文の内容を踏まえ、あなた自身の経験や見聞を含めて二百字以内で書け。なお、書き出しや改行の際の空欄、、や。や「などもそれぞれ一字と数えよ。

4

次の文章を読んで、あとの各問に答えよ。なお、本文中に引用された古文の後の〈　〉内の文章は、現代語訳である。（＊印の付いている言葉には、本文のあとに〔注〕がある。）

春の霊威は、いつのまにかこの世に忍び寄ってくる。その不思議な力は、さまざまなものに作用を及ぼす。鳥を啼かせ、霞を立たせ、花を咲かせる。その作用の発現するところには、生命力が漲っていると信じられた。桜の名が咲くことの象徴化だとすれば、そこには春の呪力が充ちあふれていたことになる。生命の甦りを感じさせる花が桜だった。

24 もともと日本にはオオカミがいた。北海道にはエゾオオカミが、本州と四国と九州にはニホンオオカミが生息していた。ともに明治時代には絶滅したが、その後シカやイノシシが増えて、農作物などの被害が問題になっている。そこで、日本の生態系を昔のように回復させるために、海外からオオカミを連れてきて日本に放すことが、一部で計画されている。しかし、野生のオオカミがいたら、ヒトが襲われる危険性は非常に高い。それでもオオカミを日本に復活させるべきだろうか。

25 これらの問題には、唯一の正解はないのかもしれない。もしもヒトのことだけを考えて、自然をどんどん破壊していったら、そのうちヒトは地球上で生きていけなくなるだろう。しかし、自然のことだけを考えて、ヒトのことをまったく考えなかったら、病院にも行けないし、オオカミにも食べられてしまうし、それはそれで生きていけないかもしれない。それらの両極端のあいだで、ヒトはいろいろな意見を持つのだろう。

26 こういうふうに、いろいろな意見を持つこと自体も、生物多様性だ。(2)すべてのヒトが同じ意見を持つのは危険なことなのだ。それはヒトを含む生態系を危うくさせるから。

（更科功「若い読者に贈る美しい生物学講義」による）

〔注〕白亜――石灰質の岩石。
肥沃――土地が肥えて作物が育つのに適しているさま。
抗生物質――微生物の発育・繁殖を妨げる物質。

〔問1〕本文中の 4 ・ 5 段落において、具体例を挙げたのは何のためか。次のうちから最も適切なものを選べ。

ア　環境の変化が起きた時に、様々な性質の生物が助け合うことによって、どのような変化にも適応することができ、結果として地球環境も安定することから、種の多様性が大切であることを示すため。

イ　環境の変化が起きた時に、一つの生物が絶滅すると他の生物にも影響が出て、生態系が崩れていき、結果として地球環境を変えてしまうことから、生物と環境とが影響し合っていることを示すため。

ウ　環境の変化が起きた時に、様々な性質をもつ生物がいれば、変化に適応できる種がいる確率が高く、結果として生態系も守られることから、様々な種類の生物が存在することが必要であることを示すため。

エ　環境の変化が起きた時に、種は違っても環境に対して果たす役割が同じ生物がいれば、生物多様性が高まり、結果として生態系のあり方が維持されることから、冗長性が重要であることを示すため。

〔問2〕 Ⅰ および Ⅱ （三箇所）に当てはまる語の組み合わせはどれか。次のうちから最も適切なものを選べ。

体数が多い鳥だった。五〇億羽ぐらい生息していた、という推定もある。ところがヨーロッパからの移民による開拓のために、リョコウバトのすみかである森林が減少した。そのうえ肉を食べるために乱獲された。その結果、十九世紀の百年間を通じてリョコウバトは激減し、ついに一九一四年に絶滅してしまった。

17 もっとも、このような生物多様性を減少させる活動は、最近に限ったことではない。たとえば、現在のギリシャには「*白亜の崖、そして青い空と海」といった美しいイメージがある。しかし、古代文明が栄える前のギリシャは、森林の多い*肥沃な土地だった。古代ギリシャ人はこの豊かな土地で、まれに見る大規模な自然破壊を行い、森林を消滅させて山をハゲ山にしてしまった。そして、ギリシャを緑のイメージから白のイメージに変えてしまったのである。生物多様性がいかに激減したかは想像に難くない。

18 それでは、なぜ生物多様性を守らなくてはならないのだろうか。この問いに答えることは、実はそう簡単ではない。

19 まず、最初に思いつく答えは、ヒトにとって役に立つから、というものだろう。ヒトが生態系から受ける利益を「生態系サービス」というが、その生態系サービスの源泉は生物多様性である。つまり私たちは、生物多様性のおかげで、生態系サービスを受けることができるのだ。

20 生態系サービスにはいろいろなものがある。生態系は、食べるための魚や家を建てるための木材を、私たちに与えてくれる。これは直接的な生態系サービスの例である。また、きれいな水や空気も、私たちが生きていくために必要なものなので、生態系サービスである。さらに、芸術家がきれいな景色を見て絵を描いたり、子どもが自然と触れ合うことによって健やかに成長したりするのも生態系サービスに含まれる。

21 一方、ヒトの役に立たなくても、生物多様性は守らなくてはならないという考えもある。時代によって、ヒトが受ける生態系サービスは変化する。だから、これから先、どんな生態系サービスが重要になるかわからない。そのため、現在生態系サービスを生み出している生物多様性だけでなく、今は何の役にも立っていない生物多様性も守らなければならないという考えである。もっとも、これも究極的には、ヒトにとって役に立つから、という考えだけれど。

22 さらにはヒトとは無関係に、地球の生物システムそのものが貴重だから、という考えもある。これは立派な考えで、まったくその通りだといいたくなる。いいたくなるけれど、やはり地球の生物すべてを対等に扱うことは難しい。私たちが病気になったときに、病原体である細菌の命の尊さを考えたら、病院になんて行けない。もしも*抗生物質を薬としてもらったら、そしてそれを飲んだら、細菌が死んでしまう。そんなかわいそうなことはできない。でも、なかなか、そういうわけにもいかないし。

23 それは極端にしても、たとえば、オオカミを日本に導入するという計画はどうだろうか。

9 種内の多様性は、同じ種に属する個体同士の違いのことで、個性と呼ぶこともある。たとえば、私たちヒトは、一人一人顔立ちも体格も性格も体質も異なる。こういう個性の違いを、種内の多様性というのである。

10 種の多様性は、異なる種がどれくらいいるか、ということだ。たとえば、人類の種の多様性とは、人類に属する種がどれくらいいるか、ということだ。約七百万年前に人類が誕生してから、いろいろな人類の種が現れた。そして地球上には、たいてい何種もの人類が同時に生きていた。しかし、約四万年前にネアンデルタール人が絶滅すると、とうとう私たちヒトは一人ぼっちになってしまった。今の地球上には、人類はヒト一種しかいない。現在の人類の種の多様性は、非常に低い状態なのである。

11 生態系の多様性は、異なる種類の生態系がどれくらいあるか、ということだ。生態系にはさまざまなものがある。広大な森林や小さな池も、それぞれ一つの生態系を作っている。地球全体を一つの生態系とみなすこともできる。また、私たちの腸の中も、莫大（ばくだい）な腸内細菌（ちょうないさいきん）が一つの生態系を作っている。

12 ところで、生物多様性が高いというのは、たんに種数が多いという意味ではない。もちろん種数が多い方が生物多様性は高いのだが、それだけではないのだ。

13 たとえば、A島にもB島にも、ヒトと木という二種の生物が、合わせて一〇〇個体いたとしよう。A島にはヒトが五〇人いて、木は五〇本生えていた。一方B島では、ヒトが九九人いて、木は一本しか生えていなかった。この場合はB島よりもA島の方が、生物多様性が高いと考える。B島の生態系よりA島の生態系の方が、［Ⅰ］性が高いのは明らかだろう。なにしろB島では、木が一本枯れただけで、種が一つ消えてしまうのだから。このように生物多様性においては、種類の多さだけでなく、「［Ⅱ］度」も重要である。

14 さてB島では、［Ⅱ］度が低いために、生物多様性が低かった。この［Ⅱ］度が低いというのは「木が一本しかないから」ともいえるけれど、逆に「ヒトが九九人もいるから」ともいえる。つまり、一種が爆発的（ばくはつてき）に増加するのも、やはり生物多様性を低くするのだ。(1)現在の地球でもっとも深刻な問題は、ヒトが爆発的に増加していることなのである。このため地球という生態系は、著（いちじる）しく不安定になっている。

15 ヒトは、生物多様性の高い森林を、生物多様性の低い農地などに変えてきた。また、生物が何十億年もかけて化石燃料の形に変化させた二酸化炭素を、再び大気中へと解放してきた。このように、ヒトは環境を操作する能力が非常に高い。そのうえ人口が爆発的に増えているので、地球の多くの場所が、ヒトにとって都合がよいように変化させられてきた。

16 そのため、さまざまな生物が次々に絶滅しているのが現状である。生物多様性はどんどん減少しているのだ。たとえば、リョコウバトは、かつては北アメリカでもっとも個と美砂緒の会話を通して明らかになっていく勘違いやすれ違いの様子を梢の心情とともに語っている。

エ　「目の奥にわずかな光を宿して」や「目の奥に徐々に光が射してくる」といった表現を用いることで、前向きに変わっていく森瀬の様子を対比的に表している。

3

次の文章を読んで、あとの各問に答えよ。（1〜26は段落番号である。＊印の付いている言葉には、本文のあとに〔注〕がある。）

1　生物はお互いに関係し合って生きている。それは、初期の人類と肉食獣のような、食べる・食べられるの関係だけではない。資源を奪い合って競争したり、花とハチのようにお互いに助け合ったり、さまざまなタイプの関係がある。

2　さらにいえば、生物に影響を与えるのは、他の生物だけではない。光や水などの生物以外の環境も、大きな影響を与えている。このような生物とその周りの環境を、すべて含めて生態系という。

3　どんな生物でも、一人で生きていくことはできない。生物は必ず生態系の中で生きている。だから生物にとっては、生態系が崩壊せずに安定して存在し続けることが大切だ。そのためには、いろいろな種類の生物がいた方がよい。

4　たとえば、ある年に干ばつが起きたとしよう。そのとき、乾燥に弱い植物しかいなければ、その多くは枯れてしまう。そのため、光合成による有機物の生産は激減する。すると、光合成で作られる有機物に頼っていた動物なども激減し、中には絶滅するものもいるだろう。そうして、生態系は大きなダメージを受ける。

5　一方、乾燥に弱い植物だけでなく、乾燥に強い植物もいたとしよう。その場合は干ばつが起きても、光合成による有機物の生産はそれほど減らない。そのため、動物などが絶滅することもない。生態系は大きなダメージを受けることなく、干ばつがすぎれば、再び以前のような生態系が回復するだろう。さらに、乾燥に強い植物も一種でなく何種もいた方が、生態系が安定する。

6　このように、種は異なるが、役割は同じ生物が複数いることを「冗長性」という。このような冗長性も含めて、いろいろな種類の生物がいることを「生物多様性」という。

7　ちなみに、一九九二年にブラジルのリオ・デ・ジャネイロで開かれた国連環境開発会議（地球サミット）で採択された生物多様性条約では、生物学的多様性という言葉が使われていた。その後、生物学的多様性という考えを広く社会に普及させるために、愛称として生物多様性という言葉が作られた。一部では、生物学的多様性と生物多様性を違う意味の言葉として使い分ける流儀もあるようだが、ここでは大勢にしたがって、同じ意味として使うことにする。

8　生物多様性条約では生物多様性を、「種内の多様性」「種の多様性」「生態系の多様性」を含むものとして定義されている。

待していたが、何とも思っていない様子なので、拍子抜けしている。

ウ　美砂緒を主人公のモデルにした意図を理解してほしかったのに、伝わっていないことが感じられたので、いら立っている。

エ　美砂緒を主人公のモデルにした理由に触れてほしくなかったが、気づかないふりをしてくれているので、感謝している。

〔問5〕(5)森瀬の間の抜けた祝福に、美砂緒は「ありがとう。」と律儀（りちぎ）に頭を下げた。とあるが、森瀬の言葉が「間の抜けた」ものになったわけとして最も適切なのは、次のうちではどれか。

ア　自分の小説が美砂緒の人生に大きな影響を与えていたことを知らされて驚き、ありきたりな言葉しか出てこなかったから。

イ　美砂緒がそれまでとは違う人生を選んだことが本当に良かったことなのか確信がもてず、心から喜ぶことができなかったから。

ウ　自分の小説に美砂緒の人生を変えるほどの影響力があるのかどうか自信がもてず、小説を書いていく決心がつかなかったから。

エ　常に前向きだと思っていた美砂緒にも挫折した経験があったということに同情し、ふさわしい言葉が出てこなかったから。

〔問6〕(6)「店長、いい加減にしてください。」とあるが、このときの梢の気持ちに最も近いのは、次のうちではどれか。

ア　森瀬の小説がいつの時代でも読み継がれていくべき名作だと信じる思いがなかなか伝わらず、じれったい気持ち。

イ　自分の小説が読者に影響を与えていることを認めずに否定的なことばかり言う森瀬にあきれ、うんざりする気持ち。

ウ　美砂緒をモデルにした後ろめたさのせいで森瀬が作品に自信をもてないでいることを残念に思い、励まそうとする気持ち。

エ　作者の考えを離れて作品が読者に受け入れられているということを伝え、小説家としての森瀬を力づけようとする気持ち。

〔問7〕本文について説明したものとして最も適切なのは、次のうちではどれか。

ア　大筋では現在起こっている出来事の流れに沿って語られていくが、森瀬や美砂緒にとって印象的な出来事については過去の場面として差し挟まれている。

イ　会話文の中に「――」を用いることで、自らの思いをうまく表現できずに言葉を探したり言い換えたりする森瀬のぎこちない間合いを効果的に表現している。

ウ　基本的には梢の視点に寄り添った語り手が、森瀬人の責任として観客にすべき挨拶をしないでいることをけげんに思っている。

イ　学生時代には明るく元気だった美砂緒が、今では人前に出るのを避けるようになってしまっていることをもどかしく思っている。

ウ　観客を魅了する劇を作り上げた美砂緒が、裏方は表に顔を出すべきではないという信念にとらわれていることを気がかりに思っている。

エ　かつてなら舞台に出て注目を集めるような人間だったはずの美砂緒が、今は前面に出るのを控えていることをいぶかしく思っている。

〔問2〕(2)笑顔のまま告げられた美砂緒の言葉に、森瀬の背中が強ばる。とあるが、この表現から読み取れる森瀬の様子として最も適切なのは、次のうちではどれか。

ア　劇の感想を美砂緒に軽く受け流され、小説を書くのを断念したことに話題をすりかえられそうなので、身構えている。

イ　もう小説を書いていないにもかかわらず、美砂緒に小説家として評価されたので、その発言に戸惑いを抱いている。

ウ　小説のことを何も分かっていない美砂緒に、小説家と演劇人を同じこととして語られたので、気色ばんでいる。

エ　小説家であることに挫折したのに、才能を美砂緒に信じてもらえたので、小説家としての再起を決意している。

〔問3〕(3)梢にはその言葉がブーメランのように舞い戻り、森瀬自身を斬りつけるのが見える。とあるが、「その言葉がブーメランのように舞い戻り、森瀬自身を斬りつける」とはどういうことか。その説明として最も適切なのは、次のうちではどれか。

ア　美砂緒の発言の真意を問いただすための言葉が、美砂緒との関わりが薄かった当時の状況を浮き彫りにしてしまうということ。

イ　美砂緒の発言の真意を問いただすための言葉が、美砂緒に無神経な発言をされたことをあぶり出してしまうということ。

ウ　高校時代の事実を確認するための言葉が、美砂緒と久しぶりに顔を合わせての所在なさをあからさまにしてしまうということ。

エ　高校時代の事実を確認するための言葉が、美砂緒にすげなくされていた過去のことを思い起こさせてしまうということ。

〔問4〕(4)そのシンプルな感想に、森瀬はがくりと頭を垂れる。とあるが、この表現から読み取れる森瀬の様子として最も適切なのは、次のうちではどれか。

ア　美砂緒を主人公のモデルにしたことに負い目を感じていたのに、気づいていないことが分かったので、気を楽にしている。

イ　美砂緒を主人公のモデルにしたことへの反応を期

「三十分はかかりますよ。」

「もうそこまで暑くないし、下り坂だし、三雲さんの家もそっち方面だろ。」

どうやら送ってくれようとしているらしい。梢はおとなしく従うことにした。

歩きだしてしばらくしてから、「そういえば。」と森瀬は梢を見る。

「今さらだけど、何で浴衣姿なの?」

「木崎さんに頼まれたんですよ。これを帯に挟んで、劇団の宣伝をしてほしいって。」

梢は「これ」のところで劇団のうちわを見せた。森瀬が笑うので、頭に血がのぼる。

「似合ってないのは、百も承知です。」

「誰がそんなこと言った?」

「店長、今、笑ったじゃないですか。」

「俺が笑ったのは——木崎君も案外不器用だなと思ったからだ。十分似合ってるよ。」

「取って付けなくても結構です。ていうか木崎さんが不器用って、どういうことですか?」

森瀬は梢の視線を逃れ、「そのうちわかるよ。」とはぐらかした。梢はそれ以上追及せずに、話題を変える。

「萩原さん、波月のモデルにされたことに気づいてなかったですね。」

森瀬はふたたび梢に向き直り、憂鬱そうに息を吐く。

「向こうが気づいていようがいまいが、モデルにしたのは事実だからな。物語だって、たまたま向こうの人生のタイミングで好意的に解釈してもらっただけだし——。」

(6)「店長、いい加減にしてください。」

梢は遮って、うちわでばたばたと森瀬をあおいだ。

「私も萩原さんも木崎さんも、『瀬をはやみ』の読者はみんな、主人公の波月のまっすぐな強さに憧れるんです。店長がどんな気持ちで波月を描いたのか知りませんが、波月は素敵な女の子です。『瀬をはやみ』は素敵な小説です。だから店長、認めましょうよ。」

「何を?」

「店長が書いた小説は、個人の思惑なんてとうに超えて、普遍的な作品になってる。つまり、森瀬桂は昔も今も変わらず小説家なんです。」

森瀬が無言で長い顔を撫でさする。その目の奥に徐々に光が射してくるのを、梢は嬉しい気持ちで見守った。

（名取佐和子「七里ヶ浜の姉妹」による）

〔注〕美砂緒——萩原美砂緒。市民劇団を主宰している。
亜麻音——梢の同級生。
木崎——梢のアルバイト先の先輩店員。市民劇団の役者でもある。

〔問1〕(1)「端っこに?」とあるが、この表現から読み取れる森瀬の様子として最も適切なのは、次のうちではどれか。

ア　劇団の下支えとして台本を書いた美砂緒が、演劇

「どうだった？実際に読んでみて。」

「おもしろかったよ。」

(4)そのシンプルな感想に、森瀬はがくりと頭を垂れる。

「そんなはずないだろ。嫌だったんじゃないか？だって主人公は――。」

「ヒロインの波月ちゃん？全然嫌じゃない。むしろ、憧れた。自分もこんなに素直で明るい人になれたらなあって。」

美砂緒は朗らかに言った。その口ぶりも顔つきも、嘘をついたり皮肉を言ったり不満をのみこんだりしている様子はない。美砂緒は、自分が波月のモデルであることにまったく気づいていなかった。森瀬の口があんぐりひらく。梢も混乱した。そんな二人を置き去りにして、美砂緒は熱心に語りだす。

「波月ちゃんが最後、大事な人と別れて、苔の研究に没頭するでしょ。あそこは特にぐっときたし、励まされた。ちょうどその頃、私も大学の再受験をするかどうかで悩んでいた時期だったから。」

「再受験？」と森瀬の目が大きくなった。

「うん。現役合格が難しそうだからって一度は諦めた大学に、やっぱり行きたくなって。」

「――萩原さんにも諦めるなんてことがあるんだ。」

「当たり前でしょう。私、けっこうメンタル弱くて、挫折しがちよ。」

そう言って肩をすくめた美砂緒を、梢は今までよりずっと身近に感じた。

「だから、森瀬くんの小説をあの時期に読めたこと、私は勝手に運命だと思ってる。『瀬をはやみ』に背中を押されて、えいやって人生の方向転換ができたんだもん。」

「それは――よかった。おめでとう。」

(5)森瀬の間の抜けた祝福に、美砂緒は「ありがとう。」と律儀に頭を下げた。

ずっと女性達に囲まれていた木崎が、ようやく一人になって美砂緒を呼びに来る。市民劇団を支援してくれているスポンサー達への挨拶があるらしい。

美砂緒は「すぐ追いかけるから。」と木崎を先に行かせてから、森瀬と梢に向き直り、早口になった。

「今日は観にきてくれて、本当にありがとう。」

美砂緒はワイドパンツのポケットから無造作に名刺を取り出し、森瀬と梢に一枚ずつ渡してくれた。大学の教員ではなく演劇人としての名刺で、自宅の住所と電話番号とメールアドレスが明記されている。森瀬もあわててポケットを探り、うなだれた。

「悪い。俺、今、名刺持ってないわ。」

「じゃ、今度会うときは、森瀬くんから連絡ちょうだいね。」

美砂緒は森瀬の返事を待たず、華やかな残像を置いてひらりと去っていった。

梢が森瀬と共に外に出ると、太陽は大きく西に傾き、日差しもゆるやかになっていた。

「七里ヶ浜駅まで歩くか。」

森瀬がぽつりとつぶやく。

森瀬の眠そうな目がいっそう細くなり、美砂緒を突き刺すように見た。

「だいたい、萩原さんと俺はクラスが同じってだけで、友達でも何でもなかったよな？」

(3)梢にはその言葉がブーメランのように舞い戻り、森瀬自身を斬りつけるのが見える。美砂緒の顔にも、感情の揺らぎが陰となって浮かんだ。

「ああ、えっと、そう、そうだよね。たしかに、森瀬くんとは喋ったりメールしたりする仲ではなかった。でも、だからこそ余計に印象深いんだ、クラス日誌が。」

「日誌？」

森瀬はぽかんと口をあける。その顔を見て、美砂緒にふたたび微笑みが戻ってきた。

「日直が一日の授業内容なんかを記録して、担任に提出するノートをそう呼んでたんだけど、忘れちゃった？」

「忘れたくても忘れられない、日直の面倒臭い義務ですよ。」

梢が現役生の立場から説明を加えると、美砂緒は顔をほころばせ、森瀬を指さした。

「普通はそうでも、森瀬くんが書く日誌は全然違った。空欄のままでいい備考欄にわざわざ、その日教室であった出来事を書いてた。記録じゃなくて描写ね。何てことない実際の日常なんだけど、森瀬くんが書くと現実よりずっと明るくて、すがすがしくて、読んでて気持ちよかったんだよね。だから私、彼の目には日常がこんなふうに映ってるのか、あるいは、映っていないことをこんなふうに書けるのか、って——。」

美砂緒は目の前にクラス日誌があるように視線を落とした。

「たぶんこういう人が小説家なんだろうって、そのとき思ったんだ。たとえ今、実際に小説を書いてなかったとしても、小説家なんだろうって。」

あ、と梢は思わず声を漏らす。今、美砂緒が紡いだ言葉こそ、亜麻音に森瀬を「元小説家」と評されたときに、返したかった言葉だと気づいたからだ。

「あの、今言ったみたいな感想を、当時の萩原さんは店長に伝えたんでしょうか？」

「さあ、どうだったかな。〝日誌おもしろいね〟くらい、言ったっけ？」

美砂緒から屈託なく尋ねられ、森瀬はクセ毛を引っ張りながら「もう忘れたな。」と首を振った。それで梢は、美砂緒が森瀬には何も伝えずに卒業したのだと知る。もし美砂緒から何か言葉をもらっていれば、森瀬が覚えていないわけがない。たとえ美砂緒が言ったかどうかすら忘れ去っても、森瀬はきっと死ぬまで覚えているはずだ。その意識の差を、二人の青春の形の違いを、梢はせつなく思った。

美砂緒は笑顔で話しつづける。

「だから二十歳のとき、森瀬くんが『瀬をはやみ』って小説で賞を獲ったと知っても、私は驚かなかったよ。その小説がおもしろいってことも、読まなくたってわかった。あ、もちろん読んだけど。」

「俺はいいよ。行くなら、三雲さん一人でどうぞ。」
梢の細い体は、出口に向かおうとする森瀬にたやすく押しのけられそうになったが、足裏に力をこめて踏ん張った。
「萩原さんはラウンジの〝一番目立たない端っこ〟にいるんですよ。」
だから何?という顔を露骨にした森瀬から目を離さず、梢はつづける。
「意外だな、って思ったんじゃないですか?『瀬をはやみ』の波月は、知らず知らずのうちにいつも場の中心にいるタイプですもん。」
「――実際そうだったからな。」
「でも今の彼女は、劇団の裏方です。土台となって市民劇団を支えています。」
森瀬は眠そうな目の奥にわずかな光を宿して、黙って見下ろしてくる。梢は身をすくめながら、それでも一歩もひかずに言った。
「店長、ラウンジに行きましょう。」
森瀬は鼻から大きく息を吐くと、かすかにうなずいた。
美砂緒は本当にラウンジの薄暗い片隅にいた。出番を終えて着替えた演者が観客と語らうのを邪魔しないよう存在感を消して、ひっそり立っていた。
大学の友達なのかファンなのか、大勢の若い女性達に囲まれて身動きが取れずにいる＊木崎に、森瀬は軽く手をあげて挨拶してから、美砂緒のもとに向かう。
美砂緒は近づいてくる森瀬の顔を見つけても、特に驚いた様子を見せなかった。
「森瀬くんに観てもらえたなんて、嬉しいな。」
「おもしろかったよ、本当に。遠い世界の話なのに、今ここで起こっている自分の話みたいだった。」
「うん。それが狙い。」
美砂緒は小鼻を膨らませて勢いよくうなずくと、てらいのない笑顔になった。
「森瀬くんにちゃんと狙いが伝わって、よかった。公演成功だな。」
「大げさな。」
「大げさじゃないよ。尊敬する小説家に褒められて、嬉しくないわけないじゃん。」
(2)笑顔のまま告げられた美砂緒の言葉に、森瀬の背中が強ばる。
「俺、今の仕事は中古本販売だって言ったよな。」
「仕事は何であれ、小説家は小説家だよ。演劇人が演劇人であるのといっしょ。」
「は?わけわからん。」
梢ははらはらして、美砂緒を見つめる。美砂緒は笑顔を崩さない。
「森瀬くんが小説家だってこと、私は高校のときから知ってる。」
「高校?その頃は俺、小説なんて書いてない。書こうとも思ってなかった。」

〈国語〉

時間五〇分　満点一〇〇点

【注意】 答えは特別の指示のあるもののほかは、各問のア・イ・ウ・エのうちから、最も適切なものをそれぞれ一つずつ選んで、その記号を書きなさい。また、答えに字数制限がある場合には、、や。や「などもそれぞれ一字と数えなさい。

1

次の各文の――を付けた漢字の読みがなを書き、かたかなの部分に当たる漢字を楷書(かいしょ)で書け。

(1) 蛍窓の故事にならって努力する。
(2) 病気が治ってようやく床をあげることができた。
(3) 形勢が不利になって山賊が潰走した。
(4) 民主主義の恩恵を享受する。
(5) 新年に親戚(しんせき)を訪ねてガシを述べる。
(6) 国産のシリョウで育てた鶏(にわとり)が人気だ。
(7) 孫のかわいい仕草にソウゴウを崩(くず)す。
(8) メンジュウフクハイせずに言いたいことを言うべきだ。

2

次の文章を読んで、あとの各問に答えよ。(*印の付いている言葉には、本文のあとに〔注〕がある。)

〈高校生の三雲梢(みくもこずえ)は、夏休みに古書店で短期のアルバイトを行った。梢は、アルバイト先の店長である森瀬桂(もりせけい)と市民劇団の劇を見に来ている。〉

演目が終わり、カーテンコールになっても、*美砂緒(みさお)は舞台に姿を現さなかった。はじめて見る生の舞台に魂(たましい)を奪われていた梢は、鳴り響く拍手でようやく我に返る。斜め前の席に*亜麻音(あまね)が座っていることに気づき、そっと肩を叩(たた)いた。

「萩原(はぎわら)さんは?」

「〝私は裏方だから〟って、カーテンコールには出ないんだよ、いつも。」

亜麻音は上半身を引いて梢と森瀬を見比べ、つづけた。

「美砂緒さんと喋(しゃべ)りたいなら、二階のラウンジに行ってみたら? 一番目立たない端っこに立ってるはずだよ。」

(1)「端っこに?」

森瀬がほとんど口を動かさずに、亜麻音の言葉を繰り返すのを、梢は聞き逃さなかった。

終演となり観客達(かんきゃくたち)が席を立つと、森瀬が当たり前のように帰ろうとするので、梢は懸命に立ちふさがる。

「店長、ラウンジに行きましょう。萩原さんに挨拶していきましょう。」

2021 年 度

解 答 と 解 説

《2021年度の配点は解答欄に掲載してあります。》

＜数学解答＞

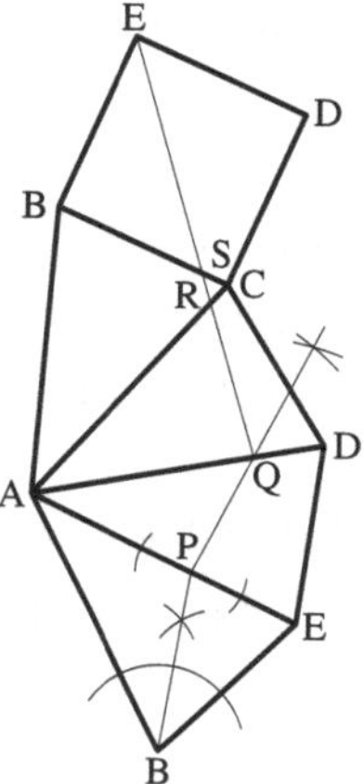

1 〔問1〕 $2\sqrt{2}$　〔問2〕 $-2,\ \dfrac{7}{5}$　〔問3〕 $x=\dfrac{1}{2},\ y=\dfrac{3}{4}$

〔問4〕 5907　〔問5〕 $\dfrac{164}{3}\pi\,\text{cm}^3$　〔問6〕 右図

2 〔問1〕 3cm^2　〔問2〕 (1) (四角形ABQPの面積)：(△APRの面積)＝19：9　(2) (あ) $\dfrac{11}{4}$　(い) $\dfrac{1}{2}t+\dfrac{15}{4}$

(う) $\dfrac{1}{4}t^2$　(え) $\dfrac{7}{4}$　(お) $\dfrac{1}{4}t^2-\dfrac{1}{2}t-\dfrac{15}{4}$

(か) 6 (途中の式や計算は解説参照)

3 〔問1〕 a^2倍　〔問2〕 38度　〔問3〕 (1) (a) タ　(b) キ

(c) カ　(d) セ　(e) サ　(f) コ　(g) ト

(h) イ　(2) $\dfrac{\sqrt{2}}{6}\text{cm}^2$

4 〔問1〕 $\dfrac{5}{12}$　〔問2〕 $\dfrac{1}{4}$　〔問3〕 $\dfrac{1}{9}$

○配点○

1 〔問6〕 7点　他 各6点×5

2 〔問1〕・〔問2〕(1) 各6点×2　〔問2〕(2) (か) 5点　他 各1点×5

3 〔問3〕(1) 各1点×8　他 各5点×3　4 各6点×3　計100点

＜数学解説＞

1 (数の計算，平方根，二次方程式，連立方程式，数の性質，回転体の体積，作図)

〔問1〕 $(\sqrt{12}+0.5)\left(\dfrac{8}{\sqrt{2}}-3\right)+4\sqrt{3}(1.5-\sqrt{8})+\dfrac{3}{2}=\left(2\sqrt{3}+\dfrac{1}{2}\right)(4\sqrt{2}-3)+6\sqrt{3}-8\sqrt{6}+\dfrac{3}{2}=$
$8\sqrt{6}-6\sqrt{3}+2\sqrt{2}-\dfrac{3}{2}+6\sqrt{3}-8\sqrt{6}+\dfrac{3}{2}=2\sqrt{2}$

〔問2〕 $(x+2)(x-3)=(2x+4)(3x-5)$　$x^2-x-6=6x^2+2x-20$　$5x^2+3x-14=0$　解の公式より，
$x=\dfrac{-3\pm\sqrt{3^2-4\times5\times(-14)}}{2\times5}=\dfrac{-3\pm\sqrt{289}}{10}=\dfrac{-3\pm17}{10}$　$x=-2,\ \dfrac{7}{5}$

基本 〔問3〕 上式を①，下式を②とする。①×3より，$3x+2y=3$…①′　②×2より，$x+2y=2$…②′
①′－②′より，$2x=1$　$x=\dfrac{1}{2}$　これを②′に代入して，$\dfrac{1}{2}+2y=2$　$y=\dfrac{3}{4}$

〔問4〕 Aの千の位の数をa，百の位の数をb，十の位の数をc，一の位の数をdとする。Bが5の倍数より，$a=5$　Cが10の倍数より，$c=0$　よって，$A=5000+100b+d$，$D=1000b+500+d$　$D-A=3600$より，$(1000b+500+d)-(5000+100b+d)=900b-4500=3600$　$b=9$　したがって，Aの千の位の数は5，百の位の数は9，十の位の数は0であり，一の位の数が素数より，$d=2,\ 3,\ 5,\ 7$　このうち，Aが3の倍数となるのは，$d=7$　以上より，$A=5907$

重要　〔問5〕　直線ACを対称の軸として，点Dを対称移動した点をD′とする。線分ABと線分CD′との交点をEとし，点Eから線分ACに垂線EFをひく。求める立体の体積は，△ABCを線分ACを軸として1回転させてできる立体の体積と△CAD′を線分ACを軸として1回転させてできる立体の体積から，△AECを線分ACを軸として1回転させてできる立体の体積をひいたものに等しい。ここで，D′A//BCより，三角形と比の定理により，AE：EB＝AD′：BC＝3：6＝1：2　EF//BCより，EF：BC＝AE：AB　EF：6＝1：3　3EF＝6　EF＝2(cm)　よって，体積は，$\frac{1}{3}\pi\times6^2\times4+\frac{1}{3}\pi\times3^2\times4-\frac{1}{3}\pi\times2^2\times4=\frac{164}{3}\pi$ (cm^3)

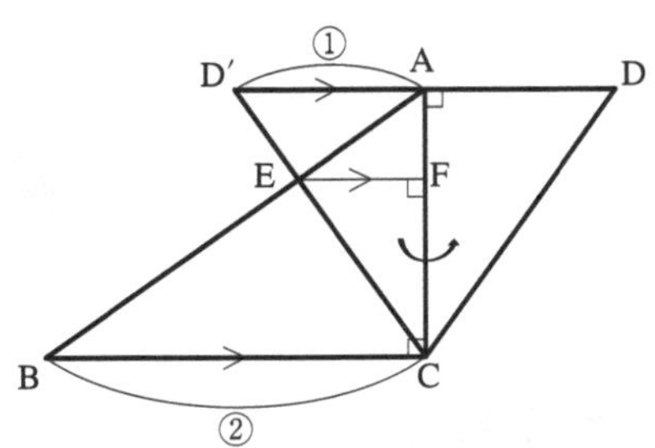

〔問6〕（手順）①　∠ABP＝∠PBEより，∠ABEの二等分線と線分AEとの交点をPとする。②　AE⊥PQより，点Pを通る線分AEの垂線と線分ADとの交点をQとする。③　ℓの値が最も小さいとき，4点Q，R，S，Eは一直線上にあるから，線分EQと線分AC，BCとの交点をそれぞれR，Sとする。④　6点B，P，Q，R，S，Eを順に線分で結ぶ。

2　（図形と関数・グラフ，面積，相似の利用）

基本　〔問1〕　点Pのy座標は，$y=\frac{1}{2}x+\frac{15}{4}$に$x=-1$を代入して，$y=\frac{1}{2}\times(-1)+\frac{15}{4}=\frac{13}{4}$　点Qのy座標は，$y=\frac{1}{4}x^2$に$x=-1$を代入して，$y=\frac{1}{4}\times(-1)^2=\frac{1}{4}$　よって，$\triangle APQ=\frac{1}{2}\times\left(\frac{13}{4}-\frac{1}{4}\right)\times\{-1-(-3)\}=3$ (cm^2)

やや難　〔問2〕（1）　2点A，Bのy座標は，$y=\frac{1}{4}x^2$に$x=-3$，$x=-2$をそれぞれ代入して，$y=\frac{1}{4}\times(-3)^2=\frac{9}{4}$　$y=\frac{1}{4}\times(-2)^2=1$　よって，$A\left(-3,\ \frac{9}{4}\right)$，B(−2，1)　また，点Aと点Qは$y$軸について対称だから，$Q\left(3,\ \frac{9}{4}\right)$　AB//PQより，直線PQの傾きは直線ABの傾きに等しいから，$\left(1-\frac{9}{4}\right)\div\{-2-(-3)\}=-\frac{5}{4}$　よって，直線PQの式を$y=-\frac{5}{4}x+b$とおいて$\left(3,\ \frac{9}{4}\right)$を代入すると，$\frac{9}{4}=-\frac{5}{4}\times3+b$　$b=6$　したがって，直線PQの式は$y=-\frac{5}{4}x+6$…①より，R(0，6)　また，点Pは直線PQと直線ℓ：$y=\frac{1}{2}x+\frac{15}{4}$…②との交点だから，①，②を連立方程式として解いて，$x=\frac{9}{7}$，$y=\frac{123}{28}$　よって，$P\left(\frac{9}{7},\ \frac{123}{28}\right)$　点Qを通りy軸に平行な直線と直線ℓとの交点をT，直線ℓとy軸との交点をUとすると，$T\left(3,\ \frac{21}{4}\right)$，$U\left(0,\ \frac{15}{4}\right)$であり，RU//TQより，三角形と比の定理により，RP：PQ＝RU：TQ＝$\left(6-\frac{15}{4}\right):\left(\frac{21}{4}-\frac{9}{4}\right)=\frac{9}{4}:3=3:4$　よって，△APR：△AQP＝RP：PQ＝3：4＝9：12　また，点B，Pから線分AQに垂線BH，PH′をそれぞれひくと，△ABQ：△AQP＝BH：PH′＝$\left(\frac{9}{4}-1\right):\left(\frac{123}{28}-\frac{9}{4}\right)=\frac{5}{4}:\frac{15}{7}=7:12$　したがって，(四角形ABQP)：△APR＝(△ABQ＋△AQP)：△APR＝(7＋12)：9＝

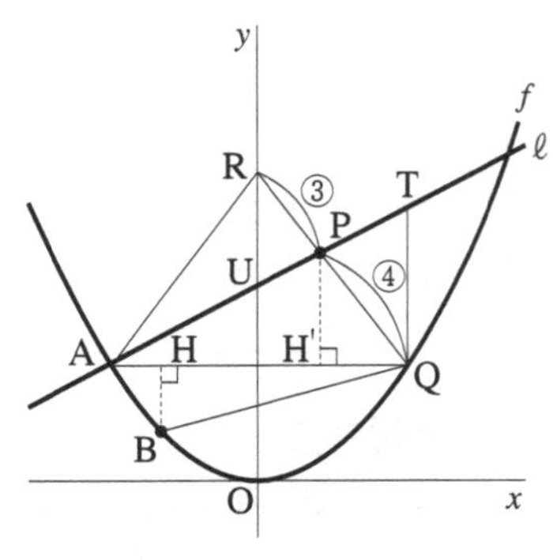

19：9

(2)　(あ)～(お)　点Cのy座標は，$y=\frac{1}{2}x+\frac{15}{4}$に$x=-2$を代入して，$y=\frac{1}{2}\times(-2)+\frac{15}{4}=$ (あ)$\underline{\frac{11}{4}}$
点Pのx座標をtとおくと，$P\left(t,\ _{(い)}\underline{\frac{1}{2}t+\frac{15}{4}}\right)$，$Q\left(t,\ _{(う)}\underline{\frac{1}{4}t^2}\right)$であり，$CB=\frac{11}{4}-1=$ (え)$\underline{\frac{7}{4}}$(cm)　$PQ=\frac{1}{4}t^2-\left(\frac{1}{2}t+\frac{15}{4}\right)=$ (お)$\underline{\frac{1}{4}t^2-\frac{1}{2}t-\frac{15}{4}}$

(か)　(途中の式や計算など)　(例)　$CB:PQ=\frac{7}{4}:\left(\frac{1}{4}t^2-\frac{1}{2}t-\frac{15}{4}\right)=7:9$　したがって，$7\left(\frac{1}{4}t^2-\frac{1}{2}t-\frac{15}{4}\right)=\frac{7}{4}\times9$　展開して式を整理すると，$t^2-2t-24=0$　$(t+4)(t-6)=0$　$t>5$であるから，$t=6$　以上より，点Pの座標は6

3　(平面図形，面積，角度，証明)

基本　〔問1〕　△ACPと△BCAはともに二等辺三角形で，∠ACP＝∠BCA(共通)より，∠CAP＝∠CBA…①　また，AC：BC＝AP：BA…②　①，②より，2組の辺の比とその間の角がそれぞれ等しいから，△ACP∽△BCA　相似比は，AC：BC＝$2a$：2＝a：1であり，相似な図形の面積の比は相似比の2乗に等しいから，△ACP：△BCA＝a^2：1　よって，△ACPの面積は，△ABCの面積のa^2倍。

〔問2〕　△CBQ∽△CRPより，対応する角の大きさはそれぞれ等しいから，∠CRP＝∠CBQ＝45°　よって，△CRPで，∠RPC＝180°－(45°＋52°)＝83°　△ABPで，内角と外角の関係から，∠BAP＝83°－45°＝38°

〔問3〕　(1)　点Pを通り，辺ABに平行な直線と，線分QSとの交点をDとすると，△RAQ≡△RPDが成り立つ(四角形AQPDは平行四辺形である)ことを利用する。

重要　(2)　△BSQは二等辺三角形より，BQ＝BSだから，SC＝QA　よって，BP：PS：SC＝1：1：1より，$\triangle RPS=\frac{1}{2}\triangle APS=\frac{1}{2}\times\frac{1}{3}\triangle ABC=\frac{\sqrt{2}}{6}$(cm²)

4　(関数・グラフと確率)

〔問1〕　$2b>a+b$　つまり，$b>a$のときだから，$(a,\ b)$＝(1，2)，(1，3)，(1，4)，(1，5)，(1，6)，(2，3)，(2，4)，(2，5)，(2，6)，(3，4)，(3，5)，(3，6)，(4，5)，(4，6)，(5，6)の15通り。目の出方の総数は36通りあるから，求める確率は，$\frac{15}{36}=\frac{5}{12}$

重要　〔問2〕　直線ABと直線ℓとの交点をPとすると，$P(a,\ a)$より，直線ℓと線分ABが交わるのは，$2b\leqq a\leqq a+b$となるときである。よって，$(a,\ b)$＝(2，1)，(3，1)，(4，1)，(4，2)，(5，1)，(5，2)，(6，1)，(6，2)，(6，3)の9通り。したがって，求める確率は，$\frac{9}{36}=\frac{1}{4}$

やや難　〔問3〕　点Bのy座標が点Aのy座標より大きいとき，△OABの面積は，$\frac{1}{2}\times\{2b-(a+b)\}\times a=\frac{a(b-a)}{2}$と表される。$\frac{a(b-a)}{2}=3$のとき，$a(b-a)=6$　〔問1〕の15通りの中で，$a(b-a)=6$を満たすのは，$(a,\ b)$＝(2，5)，(3，5)の2通り。点Aのy座標が点Bのy座標より大きいとき，△OABの面積は，$\frac{1}{2}\times\{(a+b)-2b\}\times a=\frac{a(a-b)}{2}$と表される。$\frac{a(a-b)}{2}=3$のとき，$a(a-b)=6$　$a>b$を満たすa，bの組み合わせのうち，$a(a-b)=6$を満たすのは，$(a,\ b)$＝(3，1)，(6，5)の2通り。よって，全部で，2＋2＝4(通り)あるから，求める確率は，$\frac{4}{36}=\frac{1}{9}$

★ワンポイントアドバイス★

1〔問5〕は，△ACDを対称移動して，△ACDと△ABCが線分ACについて同じ側にあるようにしよう。2〔問2〕(2)は，点Pのx座標をtとおいて，線分の比についての方程式を立てよう。3〔問2〕は，相似な図形の対応する角の大きさは等しいことを利用しよう。4〔問3〕は，点A，Bの位置関係で場合分けをしよう。

＜英語解答＞

1 〔問題A〕 ＜対話文1＞ ア　＜対話文2＞ エ　＜対話文3＞ ウ
〔問題B〕 ＜Question 1＞ イ
＜Question 2＞ (例)To tell her about their school.

2 〔問1〕 エ　〔問2〕 place of communication　〔問3〕 ウ　〔問4〕 イ
〔問5〕 オ　〔問6〕 community

3 〔問1〕 オ　〔問2〕 ウ　〔問3〕 イ　〔問4〕 カ　〔問5〕 same
〔問6〕 エ

4 〔問1〕 カ　〔問2〕 myself　〔問3〕 ア　〔問4〕 エ　〔問5〕 オ
〔問6〕 ウ　〔問7〕 I agree with this. I can get a lot of different information if I talk to many people. With that information, I will be able to make a better decision. Also, I can learn something new from their advice.

○配点○
1 各4点×5　2 各4点×6　3 各4点×6　4 問7 8点　その他 各4点×6
計100点

＜英語解説＞

1 （リスニングテスト）
放送台本の和訳は，2021年度都立共通問題35ページに掲載。

2 （会話文：語句・補充選択，語順整序，内容真偽，語句解釈，比較，不定詞，動名詞，現在完了，接続詞）

(問題文訳)ミキは高校生です。ユウタは大学生です。彼らは，オレゴン州ポートランドにいる彼らのおじさんとおばさん，シュンとジェーンを訪ねています。彼らは，朝食の前に近所を散歩しているところです。

ミキ：　見て，ユウタ。あの交差点は端から端まで明るい色で塗られている！
ユウタ：　オレンジ色，黄色…　大きなひまわりだ！
ミキ：　道路に塗られたあれほど大きな絵を見たことがない。誰が塗ったのだろう？
シュン：　ぼくたちが塗ったんだ。ここに住んでいる人々は，2002年に初めてそれを一緒に塗った。そして毎年塗り直している。
ユウタ：　だけど，なぜ交差点を塗ったの？
ジェーン：　私たちは，交差点を集まる場所，人々を結びつける場所に変えたかったのです。1-a そこの人々は会ってあいさつをして，そしてお互いに話を始めるのでしょう。

シュン：　私たちは，私たちの手で近所をよりよい場所にしようとしている。私たちはミーティングをしたり，意見を交換したり，そして計画を立てたりする。私たちは一緒になって，交差点のまわりにすばらしいものをたくさん作ってきた。これは，近所のシンボルなんだ。

ジェーン：　ここだけではありません。ポートランドには80カ所ほどの塗られた交差点があって，人々はそこで誕生日のパーティーやコンサートをします。

ユウタ：　公の道で？　それは信じられない。

ジェーン：　ミキ，ユウタ，私たちのお気に入りの場所を紹介します。そこで朝食をとりましょう。その時に，私たちの都市プロジェクトを説明します。

彼らは，道路の隅に来る。ミキとユウタは，そこにあるテーブルやベンチを見つける。

ミキ：　わあ，あのテーブルの上に三つのカップが置いてある！　とてもたくさんのかわいらしいカップが，あそこに掛けられている！

ジェーン：　私たちはこの場所を“Tステーション”と呼んでいます。5年前に私たちはこれを近所の人々と一緒に作りました。

ユウタ：　あのベンチは天使のように見える！　これは芸術だね！　おじさんとおばさんが，これらのテーブルやベンチを作ったの？

ジェーン：　そう。気に入ったカップを選んでください。ここにはポットとティーバッグもあります。お湯は毎日居住者が用意してくれるから，いつでもお茶を飲むことができます。

ミキ：　無料でお茶を飲むことができるの？

ジェーン：　ええ，ここでは毎日すてきなことが起こります。お茶は暖かい雰囲気を作り出す力があります。だから，地元の人々，見知らぬ人々でさえここに来て，お茶で休息をとって，そしてお互いに話を始めます。

ユウタ：　(2)東京でこのような場所があることを，ぼくは想像できない。ぼくは，ポートランドが大きな町だと思っていた。けれども，ぼくは今こぢんまりして居心地のよい村の中にいる感じがする。

シュン：　ああ，ユウタ，それだ。私たちはオレゴンにある一番大きな都市に“村”を作ろうとしてきたんだ。そうすることで，私たちは大きな都市の問題を解決できる。ある建築家がアイデアを思いついた。

ユウタ：　なんとすばらしいアイデアなんだろう！　彼はそれをどのように考えたのだろう？

シュン：　3年間大きな建設会社で勤めた後，彼は7年間にわたり世界中を旅行した。旅行の間，彼は別の国の大きな都市をたくさん見た，そして道路はもともと意思疎通をする場だったことを発見した。1-b しかし，アメリカでは，道路は自動車のためであり，人々のためではない。　だから，彼はポートランドの路上に，地域社会が集う場を作ると決めた。

ジェーン：　彼は友人と“都市の修理”と呼ばれるプロジェクトを始めました。彼らは，「この場所ですぐに何かを始めよう！　行動を起こせ！　変化させよう！」と言いました。彼らの情熱は，人から人へ広がったのです。

ミキ：　私は彼らの地域社会を作る活動に感銘を受けた。それを支持することは，都市全体にとってもすばらしいことなのね。

シュン：　最初，その都市の政府は都市修理プロジェクトを否定した1-c しかし，塗られた交差点では自動車がよりゆっくりと走ることを，彼らは見いだした。 実際，人々は交差点を渡る時に，より安心だと感じた。だから政府は2000年に規則を変えたんだ。

ジェーン：　ミキ，ユウタ，もし機会があるなら6月にもう一度私たちを訪ねてください。2000年から，私たちは毎年6月に都市修理プロジェクトを祝うお祭りをやってきました。それは10日間も続きます。お祭りの間，若いそして年配のすべての居住者が交差点を塗ったり，別の集まる場所を作ったりします。一緒に活動することで，私たちは地域社会の一員であることを感じます。

シュン：　そしていつも私たちは，わら，粘土，木や石などの自然の建設材料を使う。それが私たちの[3]環境を保護する方法なんだ。

ユウタ：　都市プロジェクトは，人々にだけではなく，地球にもやさしいんだ！　ぼくは本当にその活動に参加してみたくなった！

ジェーン：　いつでも歓迎しますよ。国中からそして海外から多くの人々が来て，毎年6月にお祭りに参加します。私たちは，【彼らが彼らの近所に私たちのアイデアを教えることを期待しています】。

ユウタ：　ぼくも。ぼくは都市プロジェクトについて多くを学んだ。ぼくたちが東京へ戻った時，ぼくはそのことを友人に話そうと思う。東京の人々は，以前よりも忙しくて孤独になっている。[1-d]彼らのうち何人かは，となりの家に住んでいる人でさえ知らない。そのような状況は，いくつかの重大な問題を引き起こす。ぼくたちはお互いにもっと知り合い助け合うべきなんだ。

ミキ：　そう思う。私たちは，私たち自身の地域社会に何かをやってみる。

シュン：　私たちはそれを聞いてうれしい。あ，もう9時だ。自転車で町をまわりに行こう。

ジェーン：　あなたたちには，まだ発見するべきたくさんの新しいことがあります。今日はまだ始まったばかりです。

〔問1〕　①　しかし，塗られた交差点では自動車がよりゆっくりと走ることを，彼らは見いだした。(1-c)　②　彼らは，交差点を塗ることは，お金がかかりすぎて続けることができないことを見いだした。　③　しかし，アメリカでは，道路は自動車のためであり，人々のためではない。(1-b)　④　一緒に外出することが好きな人々もいる。そして別の人々は家にいることが好きだ。　⑤　彼らのうち何人かは，となりの家に住んでいる人でさえ知らない。(1-d)　⑥　そこの人々は会ってあいさつをして，そしてお互いに話を始めるのでしょう。(1-a)　エが適当。空欄前後の意味と選択肢の文の意味を考え，適当な選択肢を選びたい。選択肢⑥のtalkingは動名詞で「話すこと」。

やや難　〔問2〕　(問題文と正答訳)私は，人々が自身でテーブルやベンチを作りお茶を用意して，東京の道路の隅に意思疎通の場を作ることは想像できない。私はまた，そこで人々がお金を支払わないでお茶を楽しむことは想像できない。　空欄の前後から「道の隅に何かを作る」という意味になる。下線部2の“this kind of place”は，問題本文からすると，「道の隅に作られ人々が集まって話をする(意思疎通)場所」だと考えられる。この場所を端的に表す語は，下線部の文の3つ後のシュンの発話第2文During the trip ～のplace of communicationだと考えられるので，空欄にはこの3語を入れたい。

〔問3〕　ア　人々がより一生懸命に働くように励ますこと　　イ　多くのお金を生み出すこと　　ウ　環境を保護すること(○)　　エ　生活をより便利にすること　　オ　果物と野菜を育てること　　ウが適当。空欄の前後の文に合わせて，意味のある文を選びたい。

重要　〔問4〕　(正答)We【④hope ⑧that ⑥they ⑩will ③share ⑦our ②idea ⑨with ⑤their ①neighbors】. まず，③shareと④hopeが動詞だと考えて，これを中心に文を組み立てたい。また，ourとtheir

という所有格があり，これらがどの名詞(②のidea，①のneighbors)に付くかを問題本文の流れから決めるところに，正答を得るポイントがある。解答はイが適当。

〔問5〕 ア　ミキとユウタは，駅のそばのカフェテリアで朝食をとる前に，いくつかの塗られた交差点を見るために，自転車でポートランドを一周した。　イ　シュン，ジェーン，そして彼らの近所の人々は，地元の交通量の問題を解決するために，彼らの近所をポートランドで最大の村にしようと一生懸命がんばっている。　ウ　ある建築家は，世界中を旅行した後に大きな建設会社で仕事を得た時，ポートランドの交差点を塗ることを決心した。　エ　ポートランド市の政府は，ある建築家と彼の友人が都市修理計画を始めた時，都市修理計画に対して肯定的な回答を素早く与えた。　オ　ポートランドの居住者と内外の国からの人々は一緒に，6月に10日間にわたって都市修理計画のために活動する。(○)　問題本文の第24番目のジェーンの発話(Miki, Yuta, if～で始まる)と，第27番目のジェーンの発話(You're always welcome～)には，「毎年6月に都市修理計画を祝うお祭りが10日続き，国内外の人たちが一緒に活動する」とあるのでオが適当。選択肢オではworkが動詞になっている。

やや難 〔問6〕 (問題文と正答の訳)Eメール／件名　ポートランドでの最初の日／こんにちは，お母さんとお父さん！　ユウタと私は，ポートランドでの滞在を楽しんでいます。シュンおじさんとジェーンおばさんは，私たちにとても親切です。今日おじさんとおばさんは，私たちに近所を見せてくれました。私たちは塗られた交差点を見て，そして"Tステーション"と呼ばれる場所でお茶を楽しみました。二人は，交差点を塗って，近所の人々と一緒に素晴らしい場所を作りました。二人の地域社会を作る活動には驚きました！　私は，ポートランドの人々が自分たちの故郷を，とても誇りに思っていると感じています。私たちの都市である東京をよりよい場所にするためには，地域社会の一員として活動することが，私たちそれぞれにとって大切なことだと学びました。私はお父さんとお母さんに，とてもたくさん話したいことがあります。私の英語は上達したと思いますか？／ミキ　空欄の後のbuilding movementは，問題本文の第22番目のミキの発話第1文I' m impressed with～にあり，ここではcommunity building movement(コミュニティを作る活動)となっている。問題文の二つ目の空欄にcommunityを入れても，問題文の内容に合うので，正答はcommunityだと判断できる。問題文のEメール本文の第5文We saw a～のcalledは，その前の語placeを説明する動詞の過去分詞形を使った形容詞的用法になっている。

3 **(長文読解：語句・補充選択，語句解釈，内容真偽，単語・熟語・慣用句，不定詞，受動態，動名詞，比較，間接疑問)**

(問題文訳)みなさんは，新聞，テレビやインターネットといった，さまざまな種類のメディアを通して情報を得ることができます。みなさんはニュース記事を読む時，疑問も持たずに記事を信じますか？　もしそうであれば，それは危険なことかもしれません。みなさんの多くは，常にニュースが集められて，そのまま報道されると信じています。事実として，(1)メディアはしばしば何を報道するべきか決めてニュースを作っています。もし，ニュースがどのように作られるかをみなさんが理解するならば，その時それはみなさんにとって大きな助けになるでしょう。

【グラフ1】と，その上にある二つの文を見てください。【グラフ1】は，新聞を読む20代の人々の割合が，年を追って低下していることを示しています。したがって，最初の文「最近，若い人たちが新聞に多くの時間をかけない」は，事実で真実になります。しかし，このグラフは，新聞を読むことと本を読むことの間の関係については，何も示していません。二つ目の文「若い人たちが本を読むことが好きではないことが原因で，これが発生しています」は，何もデータがない報道者の憶測にすぎません。事実と憶測は，ニュース記事によく一緒に現れます，だから，(2)事実と憶測の間の違いを言えることが大切です。

見ることができるように，20代の人々はそれほど多く新聞を読みません。それでは，年上の世代はどうでしょうか？　【グラフ2】を見てください。事実として，今日では年上の世代も新聞にそれほど多くの時間をかけていません。驚かされますか？　もしそうであれば，みなさんは【グラフ1】から憶測を作ってしまったのです，そして，若い人々だけが新聞に時間をかけないのだと思いました。より印象的なニュース記事を作るために，どのデータを利用するのか，どれを除外するのかを，メディアが決めることができます。

数字の示し方で，みなさんの印象に大きいな違いを作ることができます。【グラフ1】を見る時，みなさんは新聞を読む人々の割合の急な低下を見ます。4-a 一方で，もし【グラフ2】の“20代”を見るならば，みなさんはその割合の緩やかな減少を見ます。両方のグラフは5-a 同じデータから作られています，しかし，それぞれのグラフはみなさんに違った印象を与えます。4-b さらに，メディアがその状況を説明するやり方で，異なった印象を作り出すことができます。たとえば，みなさんが下の二枚の絵を順番(①→②)に見る時，どのような物語を思い浮かべますか？　おそらく，鬼が村を攻めて，そして村の人々を救うために桃太郎が鬼と戦う，みなさんはこう言うでしょう。もし，それらの絵を反対の順番(②→①)にすると，どのような物語になりそうですか？　最初に桃太郎が鬼の宝物を取るために鬼を攻めるのだと，みなさんは言うかもしれません。それから鬼が怒って，宝物を取り返すために桃太郎の村へ行く。メディアはどの情報や写真を見せるべきかを決めるだけではなく，どのように物語が語られるべきかも決めます。

それぞれのニュース記事は，誰かの観点を反映しています。4-c 別の言い方では，それはジャーナリストの解釈です。教室で絵を描くことを考えてください。生徒が真ん中にあるテーブルの上の果物の絵を描くように言われた時，それぞれの絵は違って描かれるでしょう。それは，5-b 同じ出来事の記事が，レポーターごとに異なっているだろうということを意味しています。

メディアは，売上数を増やす，またはより多くの視聴者を得ようとしています。4-d 結果として，彼らは，ニュースを正確な事実よりも，さらに興味深く，さらに刺激的な，そしてさらに印象的なものに作ります。みなさんは，ニュース記事の中に本当の事実を見いだす努力をする必要があります。ニュースを理解することは，ジグソーパズルをするようなものです。みなさんは，全体の絵を見るために，多くの断片が必要です。本当に何が起きているのかを知るために，多くの手段で多くの情報を集めることが重要です。

重要 〔問1〕 ア　メディアはときどき状況の説明を忘れる　　イ　メディアはニュースがどこからくるのか知らない。　　ウ　メディアだけで毎日のほぼすべての出来事を報道することができる。　エ　メディアはニュースがどれほど危険であるかを理解していない。　　オ　メディアはしばしば何を報道するべきか決めてニュースを作る。(○)　　問題本文第3段落の最後の文To make a ～には，「メディアはより印象的なニュース記事を作るために，どのデータを利用するのかを決めることができる」とあるのでオが適当。選択肢エはhow～と，間接疑問の形。また，選択肢オのdecidingは動名詞で「決めること」。

〔問2〕 ア　2017年の調査は，日本の多くの大学生が，楽しみのために本を読まないことを示している。　　イ　実際，53.1パーセントの学生は，まったく本を読まないと言っている。　　ウ　その数字は，数年で増加すると考えられる。(○)　　エ　また調査から，多くの学生がほぼ1日3時間スマートフォンを使っていることがわかる。　　オ　しかし，読書の時間ための時間が減少することと，スマートフォンの使用が増加することの間に，強い関係性がないことがわかった。assumptionは「憶測」なので，グラフが示すことを理解した上で考えられること。選択肢ウ以外のことはグラフのどこにも表れていないことからウが「憶測」だと考えられる。選択肢ウのis thoughtは受動態。

〔問3〕 ア　20代の人々の割合は，2005年にはおよそ20パーセントに増加した。　イ　30代の人々の割合は，2015年までにおよそ10パーセントに落ちた。(○)　ウ　2005年の40代の人々の割合は，2015年の割合よりも多くて，およそ40パーセントだった。　エ　50代の人々の割合は，2005年と2010年では変化がなかった。　オ　すべての年代の人々の割合は，1995年から2015年にかけて落ち込むことはなかった。　イが適当。選択肢の各問題文を正確に理解して解答を選びたい。選択肢イのbyは時を表し「～までには」のような意味になる。

基本 〔問4〕 ①　結果として(4-d)　②　さらに(4-b)　③　いずれの場合でも　④　別の言い方では(4-c)　⑤　一方で(4-a)　カが適当。各空欄の文脈から適当な言葉を選びたい。

〔問5〕 (正答)same(同じ)　空欄を埋める適当な単語は，空欄前後の文脈から選択したい。それぞれの空欄の文にdifferentと，正答sameの対義語が含まれているところがヒントになり得る。

〔問6〕 ア　疑問を持たずにニュース記事を信用することはよくない，しかし，みなさんは記事がどのように作られるかを知ることで，記事を信用しても安全です。　イ　【グラフ2】は，【グラフ1】の二つ目の文が憶測ではないことを示している，なぜなら，読書をする人々の数が減っているからだ。　ウ　ニュースのメディアは，すべての記事を報道しようとしていて，そして売上を増やすため，またはより多くの視聴者を得るために，記事をより印象的なものにしている。　エ　メディアが情報の順番を変化させる時，その変化が状況に対する視聴者の解釈に影響を与えることができる。(○)　オ　もし，みなさんがジグソーパズルを合わせることが得意であれば，みなさんは本当の事実を見つけ出すために素早く情報を集めることができる。　第5段落の最後の文Media not only～では，「メディアは，どのように物語が語られるべきか決める」とあるのでエが適当。選択肢ウにあるmake it more impressiveはmake A Bの形で「AをBにする」。

4 **(長文読解：語句整序，語句補充・選択，語句解釈，内容真偽，要旨把握，自由・条件付き英作文，不定詞，動名詞，助動詞，比較)**

(問題文訳)寒くなってきたが，レナは窓を閉めなかった。その代わり，彼女は毛布を取って，それを彼女の祖父の上にかけた。彼女は祖父が窓際に座り，海の音を聞くことが好きだと知っていた。波が砕けて，彼の耳に美しい音楽を奏でた。彼はかつてコンサートのバイオリニストだったので，美しい音楽とは何かを知っていた。

レナの兄たちは，バイオリンには興味がなかった。バイオリンを演奏することは，自分たちにとって格好のよいことではないと彼らは言った，だから，彼らの祖父は彼の最初のバイオリンをレナの5回目の誕生日にレナへ与えることを決めた。すぐにその時，彼女はバイオリンの形，感触や音など，すべてがとても気に入った。

「レナ，なぜ私たちのために演奏してくれないのかな？」と，兄たちが彼女に言った。

本物のバイオリニストのように，彼女はバイオリンを小さな肩の上に載せて，そして弓を弦に置いた。それから彼女は弓を上下に動かし始めた，しかし，彼女はひどい雑音しか出すことができなかった。彼女の兄たちはお互いを見合い，そして笑い始めた。

「おじいさん，私はおじいさんのようにバイオリンを弾くことが絶対にできない」とレナが言った。

「なぜできないのかな？　ほかの誰よりも美しくどんな音楽でも弾けるようになるよ。さあ，テーブルの上にバイオリンを置いて，そして目を閉じてごらん，レナ。何が聞こえる？　(1)私はあなたにあなたのまわりの美しい音を注意して聞いてほしい。それがバイオリンを演奏するために学ぶ方法だ」と祖父が言った。

祖父は，音楽を演奏することで何が一番大切なのかを知っていた。重点は，楽譜を読むことではなく，耳で演奏することだった。彼女は徐々に音楽の聴き方と，似たような美しい音の作り方を学んだ。彼女は学校から家へ帰るとすぐに，時にはコートも脱がずに，バイオリンの練習をするためにまっすぐ祖父のところへ走って行った。

ある日，彼女の祖父が，「あなたは音楽のためによい耳を持っているね，けれども，あなたにとって音楽は聴くためだけのものではない」と言った。レナは祖父が何を言っているのかわからなかった。

「あなたは，自分自身を聞く方法を学ぶ必要がありますね」と彼は言った。

「2-a 私自身？」とレナはたずねた。

「そう，自分自身。なぜなら，音楽は自分の中から出てこなければならないからなんだ」

レナはしばらくの間考えて，それから「おじいさん，世界中で一番美しい音楽を，私のバイオリンで作る！」と言った。

「できると思うよ，けれども，自分自身を聞くことを学んだ時にだけだよ」と彼は言ってほほえんだ。

レナが15歳になった時，彼女は地元のアマチュアのオーケストラに加わるよう招待された。祖父のようなコンサートのバイオリニストになることができると彼女は考えてわくわくした。彼女は一枚の楽譜を与えられるまで，自信に満ちて積極的だった。本当は，彼女は楽譜の読み方を知らなかった。なぜなら，彼女は耳からバイオリンの演奏を学んだからだ。彼女はとても心配になった，しかし，それでも彼女は他の演奏家のように彼女の前に楽譜台を立てた。みんな新たな曲で忙しく，彼女に注意を払う人はいなかった。レナは(3)ふりをしていただけだった。彼女のバイオリンは床に置いてあり，まだケースの中にあった。

「みなさん，一緒に最初のパートを演奏しましょう」と指揮者が言った。それは彼女にとって去るための合図だった。彼女はバイオリンケースを素早く取り上げ，ドアをかけ出た。外の道で，彼女はとても遠くからオーケストラの音を聞いた。コンサートのバイオリニストになるという彼女の夢も，とても遠く感じた。彼女は悲しかった，なぜなら，彼女が祖父をとても悲しませることになると知ったからだ。

彼女は小さな公園に着くまで歩き続けた。彼女はそこにどれぐらいいたのか，わからなかった，しかし，彼女が祖父の声を聞いたとき，すでに太陽の半分は海の中にあった。

「レナ，私の場所が好き，かな？」

「おじいさん，私がここにいることを，どうして知ったの？」

「私はここに，行き来する海の波を聞きに来ることが好きなんだ」と彼が言った。

「今日私はオーケストラをやめてきたの。私はもうバイオリンを弾きたくない。ごめんなさい」レナが言った。

「4 大丈夫だ。もしやりたくないのなら，やらなくていいよ」と彼女の祖父が言った。

「けれども，私はコンサートのバイオリニストになることができない」とレナが言った。

「バイオリンがあってもなくても，あなたは特別だと私は知っている」

レナはほとんど泣きそうだった，それから突然，本当に泣いた。祖父は泣き止むのを待った。二人はしばらく話をしなかった。それからレナが沈黙を破った。

「おじいさん？」

「なに？」と，祖父は言った。

「私は，2-b 私自身を聞いた。」

「それで？」と，祖父は答えを待った。

「私はまだ準備ができていないの」

「どういう意味？」と祖父がたずねた。

「私は音楽をあきらめるには，まだ準備ができていないの。音楽はいつも私の中にあり続けた，そして私は音楽をより美しく演奏したい」とレナが言った。

「そうだね，私はこれが人生の中で最も誇りに思う時間だと思う」と祖父が言った。
それから二人は海の波を聞くだけだった。彼女の祖父は波の音に合わせて彼の手を動かしていた。レナは本当に彼女自身，そして彼女の中の音楽を聴いた。彼女はほほえんで，そして彼女のバイオリンケースを取り上げた。

やや難　〔問1〕（正答）I【⑥want ③you ⑨to ⑦pay ②attention ⑧and ⑤listen to ①the beautiful sounds ④surrounding】you. となりカが適当。　文中にbe動詞がないので，④surroundingは現在分詞の形容詞用法だとすると正答を得やすいと考えられる。

〔問2〕 空欄2-aは会話の中に置かれていて，前後の文脈からmyselfが適当だと考えられる。myselfを空欄2-bに入れてみても，空欄前後の文の意味が通るので，どちらの空欄にもmyselfが適当だとわかる。

〔問3〕 ア　彼女が楽譜を読むことができない時，できるように示そうとすること(○)　イ　楽譜を理解するために注意深く楽譜を見ること　ウ　記憶だけでとても上手に楽譜を演奏すること　エ　彼女のバイオリンの能力を向上するために，何度も音楽を練習すること　オ　他の演奏家たちとすばらしい時間を経験すること　下線部の二つ前の文She was very～と，もう一つ前の文Actually, she didn't～には，「彼女は楽譜の読み方を知らなかったが，他の演奏家のように彼女の前に楽譜台を立てた」ことがpretend(ふりをする，まねをする)だと考えられるのでアが適当。各選択肢の最初の単語はing形で動名詞になっている。

〔問4〕 ア　それはいいアイデアだ。　イ　それは私をとても悲しくさせる。　ウ　それはあなたが勇敢だった。　エ　大丈夫だ。(○)　オ　それはとても不公平だ。　エが適当。空欄の前後から適当な語句を選びたい。

〔問5〕〔質問〕レナは彼女の経験から何を学びましたか？　ア　ぎりぎりまで問題を放置する。　イ　ときどき他人に何も言わないほうがいい。　ウ　あなたは，年上の人々の助言を聞くべきだ。　エ　他の人々があなたのことをどう考えようと気にしない。　オ　あなたが困難に直面した時，あなたの気持ちに従う。(○)　問題本文の後半のレナと祖父の会話では，レナが自分自身で考えて自分の進む方向を決めていることから，オが適当だと考えられる。

〔問6〕 ①　レナの祖父は，彼の能力よりもレナの能力のほうがはるかに上なので，すばらしいコンサートのバイオリニストになるだろうと思った。　②　レナの祖父は，音楽に加えて彼女が学ぶべき何か別のものがあると，彼女に理解してほしかった。(○)　③　レナはコンサートのバイオリニストになることを夢見て育ち，そして彼女が初めて地元のオーケストラに参加した時にそれは実現した。　④　レナは一員としてバイオリンを演奏し続けることができない，なぜなら，彼女は楽譜をうまく読むことができないからだと，オーケストラの指揮者が言った。
⑤　なぜ彼女がオーケストラの一員にならなかったのかを，レナは彼女の祖父に説明しなかったが，祖父が理由を彼女にたずねることもなかった。(○)　⑥　レナが音楽をあきらめないと最後に言った時，彼の人生で最もしあわせな時間だと，レナの祖父が言った。　問題本文第12段落Rena thought for～と第13段落"I know you～には，「自分自身を聞くことができれば，美しい音楽を作ることができる」とあり，音楽以外にも学ぶことがあると言っていることから②が適当。また，問題本文第16段落目She kept walkingのあと，レナと祖父の会話では，祖父はレナがオーケストラをやめた理由を聞いていないので⑤が適当。したがって，選択肢ウが適当。

〔問7〕（問題）あなたが大切な決定をする前に，あなたはさまざまな観点から人々と話をするべきです。（解答文訳）私はこれに賛成します。もし私が多くの人々と話をすれば，私は多くのさまざまな情報を得ることができます。その情報を用いて，私はよりよい決定ができるでしょう。また，私は彼らの助言から何か新しいことを学ぶことができます。

★ワンポイントアドバイス★

語順整序の問題が2題(2－問4，4－問1)出題された。いずれも単純な構造の文ではなく，接続詞や分詞の形容詞用法などが使われていて複雑な問題となっている。まず，文中の動詞を見極めて，その語を中心に文を組み立てるようにしたい。

＜国語解答＞

1　(1)　けいそう　(2)　とこ　(3)　かいそう　(4)　きょうじゅ
(5)　賀詞　(6)　飼料　(7)　相好　(8)　面従腹背

2　〔問1〕　エ　〔問2〕　イ　〔問3〕　ア　〔問4〕　イ　〔問5〕　ア
〔問6〕　エ　〔問7〕　ウ

3　〔問1〕　ウ　〔問2〕　イ　〔問3〕　A　環境を操作する能力が非常に高い　B　(例)地球の多くの場所がヒトにとって都合のよいように変化させられ，さまざまな生物が次々に絶滅する　〔問4〕　ア　〔問5〕　(例)　授業で公害病について調べた時，人間が環境に与える影響の大きさを知った。当時は，社会全体に経済成長を優先し環境を後回しにする風潮があった。この時，土地の漁師の方は魚の異変を感じ取っていたが，その声は受け止められなかった。結果として人間だけでなく，生態系も大きく傷つけてしまった。
　発展を追い求める意見だけでは，生態系を壊し，人間も快適に生きられない。多様な意見が人間の行動を見直すきっかけになる。

4　〔問1〕　①　イ　②　ア　〔問2〕　エ
〔問3〕　いわながひめをかえしたまいしによりて　〔問4〕　イ
〔問5〕　A　生命を全うして散る　B　時ならず散る　〔問6〕　ウ

○配点○
1　各2点×8　2　各4点×7　3　〔問3〕　A　2点　〔問3〕　B　6点　〔問5〕　10点
他　各4点×3　4　〔問1〕　各2点×2　〔問5〕　各3点×2　他　各4点×4　計　100点

＜国語解説＞

1　(漢字の読み書き)

(1)「蛍雪」と同じ。勉学や学問に励むこと。苦学することのたとえ。　(2)寝どこ。　(3)戦いに惨敗して，秩序なく逃げること。　(4)十分に味わい，楽しむこと。　(5)新年に交わす挨拶のこと。(6)家畜に与える食べもの。　(7)「相好を崩す」は，かたかった表情が和らいで，にこにこする。(8)「面従腹背」は，おもてむきは従うように見せかけて，内心では背くこと。

2 (小説―情景・心情，内容吟味，文脈把握，表現技法)

〔問1〕 美砂緒は波月のモデルで，波月のように「知らず知らずのうちにいつも場の中心にいるタイプ」だった。それが一番目立たない端っこにいることを「意外だな」と感じ，いぶかしく思ったのだ。

基本 〔問2〕 森瀬は小説家として受賞した過去はあるものの，今は小説を書いておらず，中古本販売の仕事をしている。それなのに美砂緒に「尊敬する小説家」という評価を受けて戸惑っているのだ。

〔問3〕 森瀬の言葉は，自分と美砂緒が単なるクラスメートで薄い関係性しかなかったことを確認する内容だ。美砂緒に一方的に好意を持っていた森瀬自身にとって，この事実を美砂緒に示し，改めて明らかにされることは「斬りつけられたような」痛みを伴うことだった。

重要 〔問4〕 波月のモデルが美砂緒であることは，梢も気づいている。『瀬をはやみ』を読めば，おそらく気づくであろうはずの事実なのだ。書き手の森瀬は，主人公として描かれた本人(美砂緒)に感想を求めたにもかかわらず，美砂緒自身は全く気づいていなかった。気づいて当然の事柄に気づいていなければ拍子抜けするであろう。

〔問5〕 森瀬は美砂緒のことを，「素直で明るい人」だと思っていたことが，波月の人物像から読み取れる。しかし美砂緒も悩みを抱えることがあり，悩んでいた時に自分の小説が彼女を励ましたと知らされた。自分が美砂緒の人生に影響を与えたとは思いがけないことで，とっさに言葉が出てこないほどの驚きがあったと推測できる。

やや難 〔問6〕 梢が伝えたかったのは最後の台詞「店長が書いた小説は……小説家なんです」にある。森瀬が自分の思惑をこえて普遍的に多くの読者に受け入れられる小説を書ける小説家だと伝えることで，森瀬を励ましたかったのだ。そして，その言葉を受け取った森瀬の目の奥に光が宿った様子を，励まそうとした梢としては，嬉しい気持ちで見守ったのである。

〔問7〕 ウの説明通り，この文章は梢の視点で書かれていて，中心となっている森瀬と美砂緒の会話に対して梢の思いが描かれていく。アは「過去の場面」はないので不適切。イは「――」をぎこちない間合いとしている点が不適切。間合いであることは適切だが，そのあとに森瀬はしっかりと自分の思いを言葉にしている。エは「対比的」とする対象が不明瞭。

3 (論説文―大意・要旨，内容吟味，文脈把握，段落・文章構成，脱文・脱語補充，作文)

基本 〔問1〕 4段落は「たとえば」で始まる。これはその前の「だから生物にとって……いた方がよい。」という考えを根拠づけるための具体例だ。この筆者の考えを要約すると，生物が生きるのに大切な“生態系が崩壊せずに安定して存在する”状態を維持するためには，様々な種類の生物がいるほうがよいというもので，このことを示すための役割を4・5段落は担っている。

〔問2〕 Ⅰ には，Aの生態系にはたいした変動がなくて落ち着いていることを意味する「安定」が適切だ。木とヒトが半分ずついれば，木が一本枯れてもヒトが一人死んでも，その種は保たれる。「冗長」は同じものが無駄にあること，「不変」は変わらないこと，「恒常」は同じ状態が続き変化がないことであり，いずれも文脈に合わない。 Ⅱ は，B島の生態系のバランスを考えると補充しやすい。B島は，ヒトが九九人いて木は一本とされていた。非常に均等性が低い。「均等」とは，二つ以上のものの間で，数や量などの差がないことである。ここで選択肢の語句の意味を確認しておこう。ア「平均」は，ふぞろいのない状態のこと，つり合いが取れていること，バランス。ウ「均質」は，もののどの部分をとってみても同質でまったく同じであること。エ「等質」は，二つ以上のものの，性質や材質が同じであること。

重要 〔問3〕 傍線(1)の後の15・16段落に注目する。ここでは，増加しうる環境がなければ増加できないヒトは「環境を操作する能力が非常に高い」ために，地球の多くの場所をヒトに都合よく変化させ，その結果「さまざまな生物が次々に絶滅している」という現状が書かれている。設問の［A］にはヒトの「環境を操作する能力が非常に高い」という性質を補えばよい。また［B］には人口の爆発的増加の結果が招いた「さまざまな生物が次々に絶滅している」現状をまとめよう。

〔問4〕　本文の構成を確認しよう。最初に「生物多様性」をはじめとして「種内の多様性」「種の多様性」「生態系の多様性」について定義を説明した。そしてヒトの活動が「生物多様性」を減少させている現状を挙げ，問題提起とした。そのうえで文章後半の⑱段落にて「なぜ生物多様性を守らなくてはならないのだろうか」という問いを示し，それ以降は問いに対するさまざまな考え(⑲・㉑・㉒段落)があることを述べている。そして最終段落でこのようにさまざまな考えがあることを「生物多様性」だとして認めている。

やや難　〔問5〕　作文のテーマをしぼると“いろいろな意見を持つこと”・“多様性”の意義を考えるということだ。本文の要旨をふまえた上で，意見を述べよう。筆者はいろいろな意見を持つ生物多様性が意義深いことを述べている。あなた自身が集団のなかで多様性を受け入れて生きていくことをどう考えているかを主張しよう。自身の経験などを示す必要があるので，具体例を簡潔に一段落でまとめ，もう一つの段落に自分自身の考察をまとめるとよいだろう。

4　(論説文・古文―内容吟味，脱文・脱語補充，熟語，品詞・用法，仮名遣い)

〔問1〕　①「到来」は，似た意味の語の組み合わせ。ア「季節」は上の語が下の語を修飾する関係。イ「由縁」はともに“関係”を意味していて，似た意味の語の組み合わせ。ウ「保証」は，下の語が上の語を修飾する関係。エ「古式」は上の語が下の語を修飾する関係。　②傍線部の「らしい」は推定の助動詞。アは推定の助動詞，イとウは形容詞の一部，エは接尾語「らしい」。

〔問2〕　傍線(1)の後に示した伝承を挙げ，「ここで桜が『非時』の花とされるのは……この植物のつよい祝福性が感じ取られている」からとし，さらに「こうした桜の祝福性は……恋人の姿にも顕著に現れている」と説明している部分をふまえて選択肢を選ぶ。

〔問3〕　語中・語尾の「は・ひ・ふ・へ・ほ」は，現代仮名遣いでは「ワ・イ・ウ・エ・オ」にする。

基本　〔問4〕　［Ⅰ］は，どっしりと構えて動かない「盤石」のゆるぎなさを表現する語句が入るから「永遠」が適切。［Ⅱ］は，訳文に「天皇たちの御寿命は長くない」とあるので，「はかない」が入る。

重要　〔問5〕　桜の散り方について論じている本文後半に，桜は「もともと穀霊の宿る，秋の実りの豊凶を占う花であった」と紹介されている。その理由は「桜は確かに散りやすいが，生命を全うして散る花はかえって秋の実りの豊かさを保障した」からである。［A］には本来の桜の性質を補うのが文脈に合うので，この「生命を全うして散る」という性質を補う。また，［B］には桜が不作や疫病蔓延の予兆とされる性質を補えばよい。鎮花祭の目的として「時ならず散る花に凶兆を見たので，もともとはそれを防ぐ意味があった」とあり，ここから「時ならず散る」という性質を補う。

〔問6〕　霊威の宿る桜は「繁栄の象徴」であると同時に「死と隣り合わせの狂気」を意識させる花であり，「華麗でありつつも，死への妖しい誘いを隠しもつ狂気性」を有したものとして存在している，と記述されていることをふまえて選択肢を選ぶ。

★ワンポイントアドバイス★

文学的文章・説明的文章・古文を含む文章と，三つの長文が出題されているので，時間配分に留意し，得意なものから解き始めるとよい。作文もあるので，日頃から文章を書く練習をしておく必要がある。設問は，記号で答えるものも多いので，的確に根拠となる記述をおさえながら，効率よく読み進めよう。

大切なことはメモしておこうネ！

T G

都立新宿高等学校

2020年度

★★★★★★★★★★★★★★★★★★★★★★★★

入　試　問　題

2020年度

●くわしい解説……39ページ

＜数学＞

時間50分　満点100点

【注意】 答えに根号が含まれるときは，**根号を付けたまま，分母に根号を含まない形で表しなさい。**
また，根号の中を最も**小さい**自然数にしなさい。

1　次の各問に答えよ。

〔問1〕　$\left(\dfrac{5}{7}-\dfrac{1}{21}\right)\times\dfrac{3}{\sqrt{6}}-\dfrac{\sqrt{3}}{2}\div\sqrt{\dfrac{9}{8}}$　を計算せよ。

〔問2〕　二次方程式　$(2x+3)^2-3(x+3)+2=1$　を解け。

〔問3〕　$x=\dfrac{5-4\sqrt{7}}{2}$，$y=\dfrac{5+8\sqrt{7}}{2}$のとき，$x^2+2xy+y^2+4x-4y$の値を求めよ。

〔問4〕　箱の中に，1，2，3，4，5，6の数字を1つずつ書いた6枚のカード[1]，[2]，[3]，[4]，[5]，[6]が入っている。

この箱の中にある6枚のカードから，カードを1枚取り出し，取り出したカードに書いてある数字をaとし，取り出したカードを箱の中に戻して，もう一度箱の中にある6枚のカードから，カードを1枚取り出し，取り出したカードに書いてある数字をbとするとき，$\dfrac{2a+b}{\sqrt{ab}}$が整数となる確率を求めよ。

ただし，どのカードが取り出されることも同様に確からしいものとする。

〔問5〕　右の図1のように，円Oの周上に4点A，B，C，Dがある。

点Aと点B，点Aと点D，点Bと点C，点Cと点Dをそれぞれ結ぶ。

AB＝BCとし，点Cを含まない$\overset{\frown}{AB}$の長さが，点Bを含まない$\overset{\frown}{AD}$の長さの3倍であり，点Cを含まない$\overset{\frown}{AB}$の長さが，点Bを含まない$\overset{\frown}{CD}$の長さの6倍であるとき，xで示した∠BADの大きさは何度か。

図1

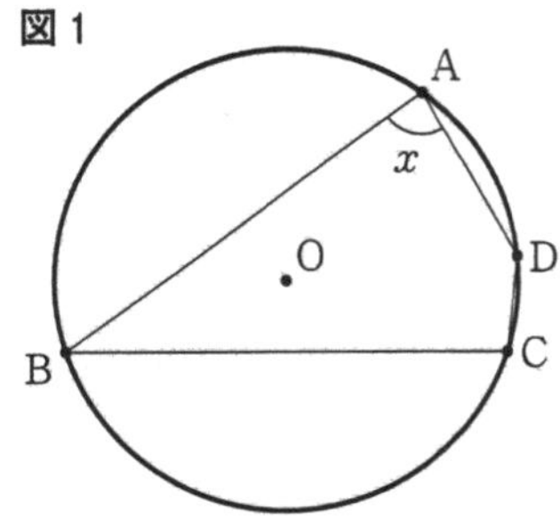

〔問6〕 消費税8％の商品Aを税込み価格 [(a)] 円で，消費税10％の商品Bを税込み価格 [(b)] 円で，それぞれ現金で購入するときに支払う消費税額を計算すると，合計60円であった。

商品AとBを，キャッシュレス決済（現金を使わない支払い方法）で購入するとき，それぞれの税込み価格に対して5％分の金額が，支払い時に値引きされるお店で支払う金額を計算すると，合計722円であった。

[(a)]，[(b)] にあてはまる数を求めよ。

〔問7〕 右の**図2**で，四角形ABCDの辺AB，辺AD，辺CDにそれぞれ接する円の中心をOとし，辺CDとの接点をEとする。

解答欄に示した図をもとにして，点Eを定規とコンパスを用いて作図によって求め，点Eの位置を示す文字Eも書け。

ただし，作図に用いた線は消さないでおくこと。

図2

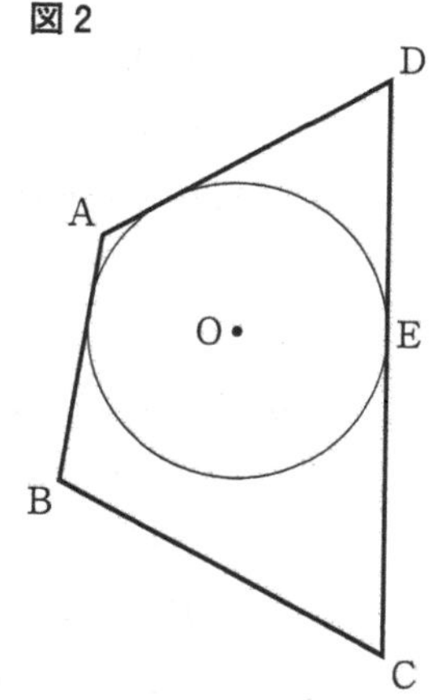

2

右の**図1**で，点Oは原点，点Aの座標は（-2，4）であり，曲線fは関数$y=\frac{1}{4}x^2$のグラフを表している。

曲線f上にあり，x座標が負の数である点をPとする。

原点から点（1，0）までの距離，および原点から点（0，1）までの距離をそれぞれ1cmとして，次の各問に答えよ。

図1

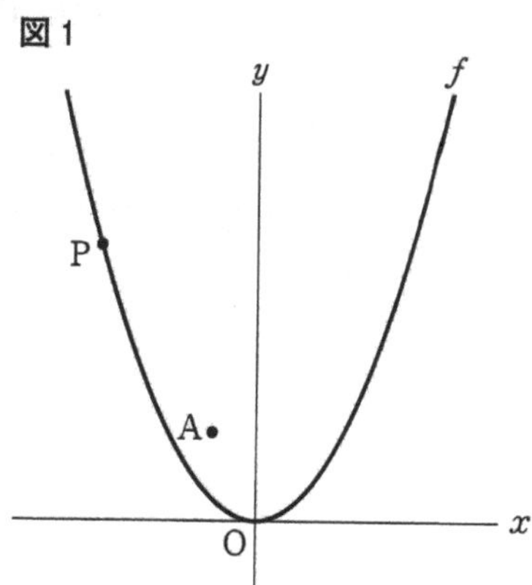

〔問1〕 点Pのx座標をa，直線APの傾きをbとする。

aのとる値の範囲が$-10 \leqq a \leqq -6$のとき，bのとる値の範囲を不等号を使って，

[　　] $\leqq b \leqq$ [　　] で表せ。

〔問2〕 右の**図2**は，**図1**において，曲線gは関数$y=\frac{8}{x}$の$x>0$の部分のグラフで，曲線g上にある点をQ，曲線f上にありx座標が正の数である点をRとした場合を表している。

点Aと点Q，点Pと点Rをそれぞれ結んだ場合を考える。

y軸を対称の軸として，点Aと線対称な点をQ，線分PRがx軸に平行で，AQ：PR＝2：7のとき，2点A，Rを通る直線の式を求めよ。

図2

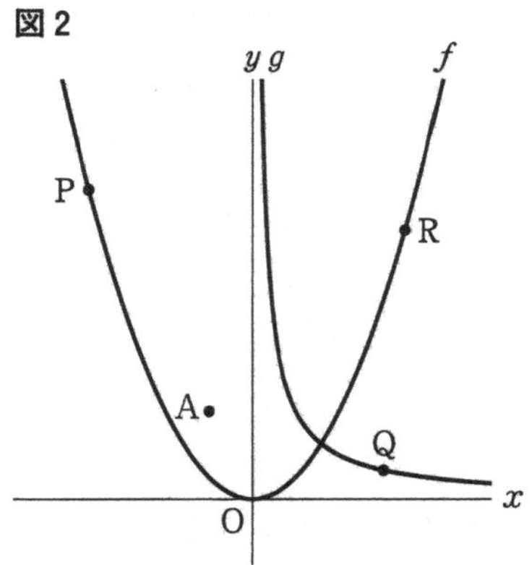

〔問3〕 右の**図3**は，**図2**において，点Qと点Rのx座標がともに8であり，点Aと点P，点Aと点Q，点Aと点R，点Pと点R，点Qと点Rをそれぞれ結んだ場合を表している。

△ARPの面積と△AQRの面積の比が33：75で，点Pのy座標が，点Aのy座標より大きいとき，直線PRの傾きを次の［　　］の中のように求めた。

［(a)］～［(c)］にあてはまる数，［(d)］にあてはまる式をそれぞれ求め，［(e)］には答えを求める過程が分かるように，途中の式や計算などの続きを書き，答えを完成させよ。

図3

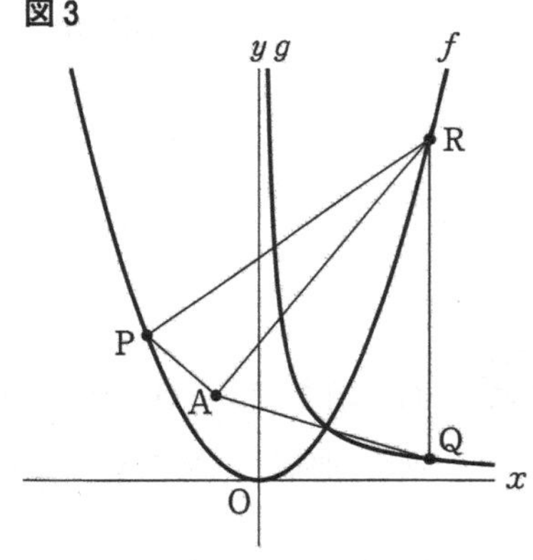

【答え】 点Pを通り直線ARに平行な直線と，点Aを通りx軸と平行な直線との交点をSとし，点Rと点Sを結ぶ。

△ARPの面積と△ARSの面積は等しいから，点A（－2，4），

点R（8，16）より，$\triangle ARP = \triangle ARS = \frac{1}{2} \times AS \times 12 = 6AS$ …①

点Qの座標は（8，1）だから，△AQR＝ (a) （cm^2） …②

△ARPの面積と△AQRの面積の比が33：75だから，

①，②より，AS＝ (b) （cm）

したがって，点Sの座標は（ (c) ，4）である。

直線PSの傾きは，直線ARの傾きと等しいから，直線PSの式は

$y=$ (d) である。

点Pは曲線f上の点だから，点Pの座標は $\left(p, \frac{1}{4}p^2\right)$ と表せる。

点P $\left(p, \frac{1}{4}p^2\right)$ は直線PS上の点だから，

(e)

3 右の図1で，△ABCはAC＝12cm，BC＝9cm，∠ACB＝90°の直角三角形である。

点Pは，辺AB上にある点で，頂点A，頂点Bのいずれにも一致しない。

点Qは，辺AC上にある点で，頂点A，頂点Cのいずれにも一致しない。

点Pと点Qを結ぶ。

次の各問に答えよ。

図1

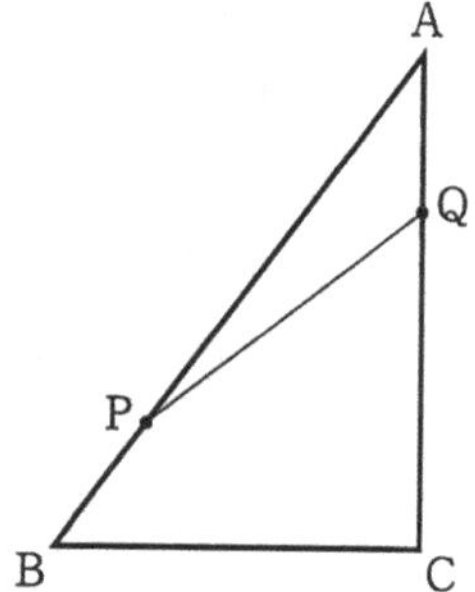

〔問1〕 点Pが辺ABの中点で，辺ABと線分PQが垂直になるとき，線分PQの長さは何cmか。

〔問2〕 右の**図2**は，**図1**において，AP＝ACとした場合を表している。

△ABCの面積が，△APQの面積の2倍のとき，△APQがAQ＝PQの二等辺三角形になることを，次の［　　］の中のように証明した。

［(a)］～［(h)］にあてはまる最も適切なものを，下の**ア**～**フ**の中からそれぞれ**1つずつ**選び，記号で答えよ。

ただし，同じものを2度以上用いて答えてはならない。

図2

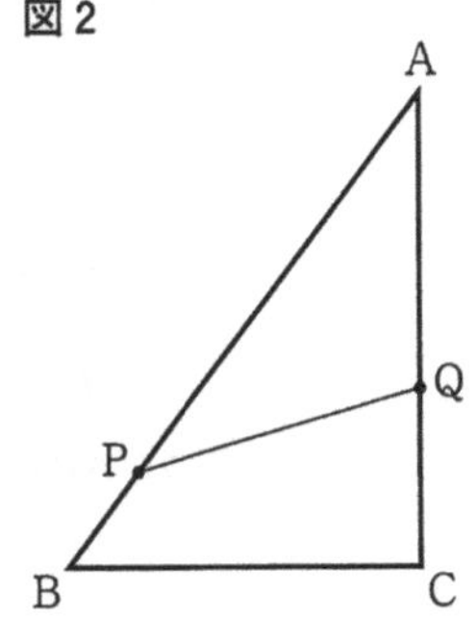

【証明】 点Qから辺ABに垂線を引き，交点をRとする。

△ABCと△APQの面積はそれぞれ，△ABC $=\frac{1}{2}\times$［(a)］× AC …①

△APQ $=\frac{1}{2}\times$ AP × QR $=\frac{1}{2}\times$ AC × QR …②である。

△ABCの面積が，△APQの面積の2倍だから，①，②より，

QR：BC＝1：2 …③

△AQRと△ABCにおいて，∠QARと∠［(b)］は共通，

∠ARQ＝∠［(c)］＝［(d)］より，［(e)］から，△AQR∽△ABCである。

また，③より，△AQRと△ABCの相似比は1：2である。

よって，AR：AC＝AR：AP＝1：2

これより，点Rは線分APの［(f)］だから，直線QRは線分APの［(g)］である。

以上より，△APQはAQ＝［(h)］の二等辺三角形である。

ア 60°	イ 90°	ウ 120°	エ AB	オ AC	カ AP	キ BC	ク BP	ケ BR	コ PQ
サ PR	シ QR	ス 接点	セ 中点	ソ 頂点	タ 垂直二等分線	チ 角の二等分線			
ツ 平行線	テ 接線	ト ACB	ナ AQP	ニ BAC	ヌ BPQ	ネ CQP			
ノ 2組の角がそれぞれ等しい	ハ 2組の辺の比とその間の角がそれぞれ等しい								
ヒ 1辺とその両端の角がそれぞれ等しい	フ 2組の辺とその間の角がそれぞれ等しい								

〔問3〕 右の**図3**は，**図1**において，∠BACの二等分線を引き，辺BCとの交点をD，線分PQとの交点をEとした場合を表している。

点Eが線分ADの中点で，線分ADと線分PQが垂直になるとき，△APQの面積は，△ABCの面積の何倍か。

図3

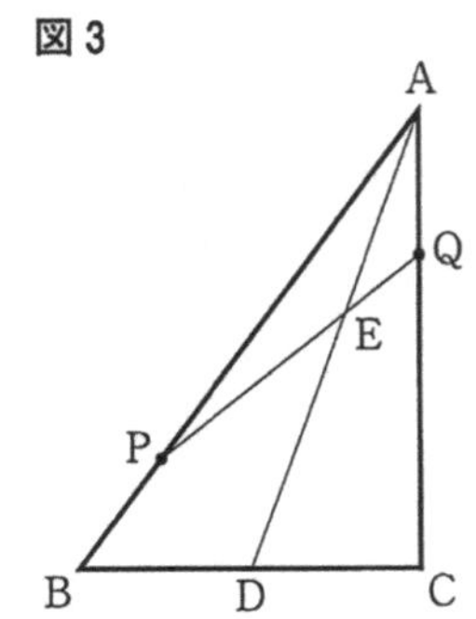

4　右の**図1**に示した立体ABCD－EFGHは，1辺の長さが4cmの立方体である。

点Pは，頂点Aを出発し，正方形ABCDの辺上を頂点A，B，C，D，A，B，C，D，……の順に通り，毎秒1cmの速さで動き続ける点である。

点Qは，点Pが頂点Aを出発するのと同時に頂点Eを出発し，正方形EFGHの辺上を頂点E，F，G，H，E，F，G，H，……の順に通り，毎秒3cmの速さで動き続ける点である。

次の各問に答えよ。

図1

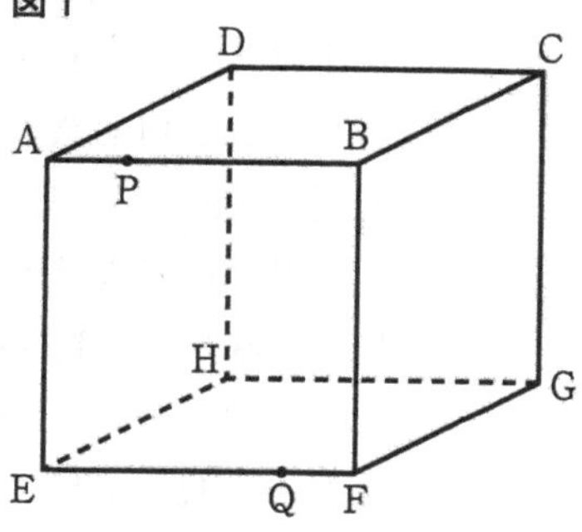

〔問1〕　**図1**において，点Pと点Qがそれぞれ頂点Aと頂点Eを出発してから3秒後のとき，点Pと頂点E，点Pと頂点F，点Pと点Q，点Eと頂点Q，点Fと頂点Qをそれぞれ結んだ場合を考える。

立体P－EFQの体積は何cm^3か。

〔問2〕　**図1**において，点Pと点Qがそれぞれ頂点Aと頂点Eを出発してから2秒後のとき，点Pと頂点H，点Pと点Q，点Qと頂点Hをそれぞれ結んだ場合を考える。

△HPQの面積は何cm^2か。

〔問3〕　右の**図2**は，**図1**において，点Pが頂点Aを出発してから3秒後，点Qが頂点Eを出発してから5秒後の位置にそれぞれとどまり，辺BF上の点をR，辺CG上の点をS，辺DH上の点をTとし，点Pと点R，点Rと点S，点Sと点T，点Tと点Qをそれぞれ結んだ場合を表している。

PR＋RS＋ST＋TQ＝ℓ cmとする。

ℓの値が最も小さくなるとき，RS＋STの長さは何cmか。

図2

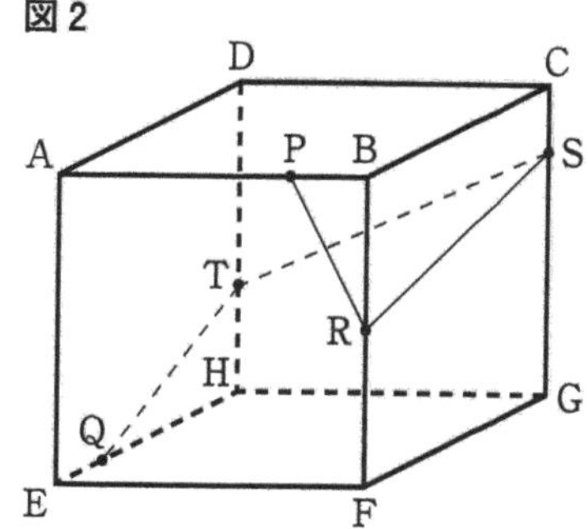

〔問4〕 右の**図3**は，**図1**において，点Pが頂点Aを出発してから10秒後，点Qが頂点Eを出発してから14秒後の位置にそれぞれとどまった場合を表している。

点Pが頂点Aを出発してから6秒後の点をU，点Qが頂点Eを出発してから2秒後の点と，11秒後の点をそれぞれV，Wとし，
点Pと点Q，点Pと点U，点Pと点W，
点Qと点V，点Qと点W，点Uと点V，
点Uと点W，点Vと点Wをそれぞれ結んだ場合を考える。

立体W－PUVQの体積は何cm^3か。

図3

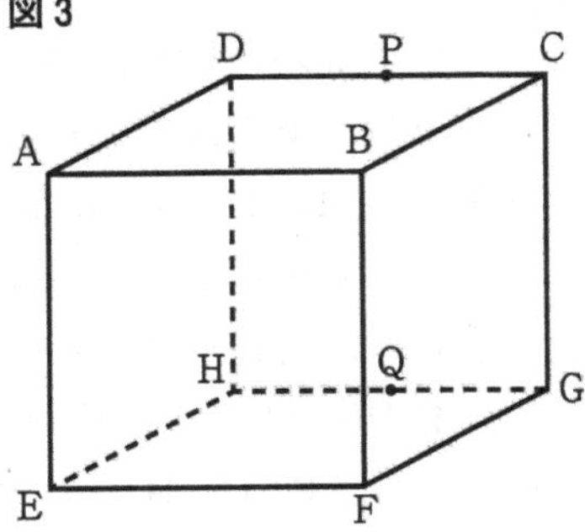

＜英語＞

時間　50分　　満点　100点

※リスニングテストの音声は弊社HPにアクセスの上，
音声データをダウンロードしてご利用ください。

1 リスニングテスト（**放送**による**指示**に従って答えなさい。）

〔**問題A**〕　次の**ア**～**エ**の中から適するものをそれぞれ**一つずつ**選びなさい。

＜対話文1＞

ア　Tomorrow.
イ　Next Monday.
ウ　Next Saturday.
エ　Next Sunday.

＜対話文2＞

ア　To call Ken later.
イ　To leave a message.
ウ　To do Bob's homework.
エ　To bring his math notebook.

＜対話文3＞

ア　Because David learned about *ukiyoe* pictures in an art class last weekend.
イ　Because David said some museums in his country had *ukiyoe*.
ウ　Because David didn't see *ukiyoe* in his country.
エ　Because David went to the city art museum in Japan last weekend.

〔**問題B**〕＜Question1＞では，下の**ア**～**エ**の中から適するものを**一つ**選びなさい。
＜Question2＞では，質問に対する答えを英語で書きなさい。

＜Question1＞

ア　In the gym.　　　イ　In the library.
ウ　In the lunch room.　　　エ　In front of their school.

＜Question2＞

（15秒程度，答えを書く時間があります。）

2 次の対話の文章を読んで，あとの各問に答えよ。
(＊印の付いている単語・語句には，本文のあとに〔注〕がある。)

Miho, Aya, and Ken are members of the art club at a high school. Today they are visiting a Hokusai exhibition at a museum in Tokyo. They are in front of the museum.

Miho: Look at that long line!
Aya: Oh, no! There are so many people here.
Ken: We have to wait for more than one hour.
Miho: Ken, while we are waiting, would you tell us about Hokusai?

Ken is a great fan of Hokusai and studied a lot about Hokusai before he came to this exhibition.

Aya: That's a good idea!
Ken: All right. Now, what do you know about Hokusai?
Miho: Well, he was an ukiyo-e artist from the Edo period.
Aya: He is not only famous in Japan but also around the world. Hokusai exhibitions are held in many countries.
Ken: People say Hokusai is the world's best known Japanese artist.
Miho: [1-a]
Ken: At first, people in Europe saw his *prints used as wrapping paper. Then he became really famous in the West after *the 1862 International Exposition in London and the 1867 International Exposition in Paris. Many of the greatest Western artists in those days *copied Hokusai's styles.
Aya: [1-b]
Ken: Artists like *van Gogh.
Miho: Wow! I didn't know that. [1-c]
Ken: Hokusai said he started drawing when he was six. Every day he drew the things that were around him. At the age of nineteen, he became a *pupil of Katsukawa Shunsho and was called Shunro. Under Shunsho, he learned how to draw actors, beautiful women, animals, plants, famous places, and so on.
Aya: Wow! He learned to draw all kinds of things!

Ken: After fifteen years, he moved to another artist group and learned very different drawing and painting styles. His lines became *thicker and stronger. During this period, he was also influenced by Western paintings and used *perspective to make *landscape prints. He created his own styles during this period.

Aya: Ken, tell us more about his painting styles. [1-d]

Ken: He is famous for his *composition skills and choice of colors. He learned these skills from the best artists of that time. However, his greatest teacher was nature. (2)<u>He looked at nature very carefully and even 【 ① not ② things ③ people ④ other ⑤ to ⑥ see ⑦ tried ⑧ draw ⑨ that ⑩ could 】.</u>

Miho: What do you mean?

Ken: When people looked at his paintings, they could feel the wind, hear sounds, and understand feelings. After this, he never *belonged to any other group again. He went his own way.

Aya: Then what happened?

Ken: He changed his name to Katsushika Hokusai, created *illustrations for storybooks, and became the most popular ukiyo-e artist. Then, he changed his name again and *published drawing *manuals showing *sketches of [3]. In those days, he had more than 200 pupils, and they needed textbooks. The manuals were for his pupils, but they were also for Hokusai fans all over Japan.

Aya: Oh, I know about them. They are called *Hokusai Manga*.

Ken: Yes, *Hokusai Manga* has 15 books with 3,900 sketches. The first book is very famous.

Miho: I heard *Hokusai Manga* influenced Western culture a lot in the late 19th century.

Ken: That is right. Some people say that *Hokusai Manga* and *Thirty-six Views of *Mount Fuji* started Japonism, the influence brought to Western art and culture from Japan. This influenced not only painting, but also music, buildings, and so on in the West.

Aya: When did he create his *Thirty-six Views of Mount Fuji*?

Ken: Between the ages of 71 and 75, he created prints of Mount Fuji during all four seasons, at different times of the day, in all kinds of weather, and from every *angle. His Mount Fuji prints are not just landscapes. You can also find people in some of the prints.

Miho: How old was he when he stopped painting?

Ken: He painted until the age of ninety.

Aya: Was he really able to draw well when he was that old?

Ken: Yes, he was drawing quite well even then. Actually, he believed he would live until he was 110 and said that at 100, he would finally become a perfect artist. So, at the age of 90, he thought he was still learning to become a real artist.

Miho: He was really *something.

Ken: Yes, he was. Did you know he changed his name more than thirty times in his life? We don't know the reason, but I believe he always wanted to [5] and move forward.

Aya: He was a real front runner! Now, we know a lot about Hokusai. We can enjoy the exhibition even more. Thank you, Ken!

Miho: Finally, we can enter the museum.

〔注〕
print　版画
copy　写す
pupil　弟子
perspective　遠近法
composition　構図
illustration　挿し絵
manual　手引書
Mount～　～山
something　大物
the International Exposition　万国博覧会
van Gogh　ヴァン・ゴッホ
thick　太い
landscape　風景
belong　所属する
publish　出版する
sketch　写生図
angle　角度

〔問1〕 [1-a] ～ [1-d] の中には，それぞれ次の①～⑥のいずれかの英文が入る。それぞれに入る英文を並べた組み合わせとして正しいものを，下の**ア**～**カ**の中から**一つ**選べ。

① Who took his art lessons?
② Who did he influence, for example?
③ How was Hokusai influenced by the West?
④ How are his styles different and special?
⑤ How did he become such a great artist?
⑥ How was Hokusai introduced to the West?

	1-a	1-b	1-c	1-d
ア	⑤	①	③	④
イ	⑤	②	④	③
ウ	⑤	③	④	②
エ	⑥	①	⑤	③
オ	⑥	②	⑤	④
カ	⑥	③	⑤	②

〔問2〕 (2)He looked at nature very carefully and even【 ① not ② things ③ people ④ other ⑤ to ⑥ see ⑦ tried ⑧ draw ⑨ that ⑩ could 】. とあるが，本文の流れに合うように，【　　】内の単語を正しく並べかえたとき，**3番目と5番目と7番目にくるものの組み合わせとして最も適切なものは，次のア〜カの中ではどれか。**

	3番目	5番目	7番目
ア	③	⑤	⑦
イ	③	⑥	⑩
ウ	⑧	⑨	③
エ	⑧	⑨	④
オ	⑨	③	①
カ	⑨	③	⑥

〔問3〕 本文の流れに合うように，［ 3 ］の中に入る**最も適切な連続する4語を本文中から**抜き出せ。

〔問4〕 次の英文は本文の内容について書かれたものである。［　　］の中に入る**最も適切な1語を本文中から**抜き出せ。

Hokusai was born to be an artist. He never stopped learning and became one of the greatest artists in the world. His drawings and paintings helped to create a movement known as Japonism, an important ［　　］ on Western art and culture in the 19th century.

〔問5〕 本文の流れに合うように, 5 の中に英語を入れるとき, 最も適切なものは, 次のア～オの中ではどれか。

ア try something new
イ make more money
ウ become more famous
エ travel around Japan
オ create more illustrations

〔問6〕 本文の内容に一致するものを, 次のア～オの中から一つ選べ。

ア Not only today but also 150 years ago, people from all over the world were able to enjoy Hokusai's paintings and prints.
イ Hokusai was special because he was the only Japanese artist who was influenced by Western art and used perspective.
ウ *Hokusai Manga*, drawing textbooks for Hokusai's pupils, has fifteen books, and they are all very famous.
エ Hokusai painted Mount Fuji in many different situations, and sometimes you can find people in these paintings.
オ All his life, Hokusai kept improving his skills as an artist and at the age of ninety, he felt he finally became perfect.

3 次の文章を読んで, あとの各問に答えよ。なお, [1]～[8] は段落の番号を表している。(*印の付いている単語・語句には, 本文のあとに〔注〕がある。)

[1] In the earlier part of our history, humans used materials like stone and *grass to build houses and make other useful things. Materials have been very important to us. Even some of the names of periods in our history come from the name of the material produced and used most during that time, such as the Stone Age. By creating new and better materials, we have been able to improve our lives.

[2] Biomimetics is the study of nature to get ideas from the natural world. Today many scientists are looking at nature to create new materials. Let's look at some examples.

[3] Scientists at a company producing materials for building houses were trying to make wall *tiles that would stay clean. The idea for their design came from *snails. The scientists *noticed something strange about snails. Even when the ground around snails was not clean, their *shells stayed clean. They studied snails carefully and found that snail shells have *thin *ridges. [ア] When scientists put oil on the shell, the oil quickly ran off. [イ] This is because it *floated on these small water pools. [ウ] In nature, when rain hits the shell, in the same way, *dirt is easily washed away. [エ] When they learned this, the scientists were sure they could use this idea. [オ]

[4] After several years of careful studying and testing, they created a silica coating. Silica is a material found in the ground. [2] Every time it rains, the dirt and oil on the coating is washed away, and the wall tiles - on houses, buildings and so on - stay clean, just like snail shells!

[5] Why can *geckos walk across walls and *ceilings without falling off? Scientists at another company wondered about this question. At first, they thought that geckos' toes, the five parts at the end of each foot, produced something *sticky. ア However, through studies, they learned that there are more than 1,000,000 little hairs on a gecko's toe. イ At the end of each hair are even thinner hairs. ウ Actually, their feet also produce something very sticky, and because of that, geckos can walk easily on walls and ceilings. エ When each of these small hairs touches the wall or ceiling, a little power is created. オ Remember that a gecko has many hairs at the end of each toe. The created power together is so strong that it can hold a gecko on walls and ceilings.

[6] What is this power? When *electrons from the gecko hair *molecules and electrons from the wall molecules work together, *electromagnetic power is created. When this power is working, things *stick to each other and this is geckos' wonderful sticking power. There is one more good thing about geckos' feet. They can stick to and *unstick from things by changing the *angle of the hair. This way, they can quickly walk on walls and ceilings.

[7] After this finding, the scientists at the company put 1,000,000,000 nanotubes (very small tubes made from *carbon atoms) onto a piece of

material just 1 cm^2 in size. They put this material on the ceiling and it was able to [4] a bottle that was as heavy as 500g. This new tape has the same sticking power as a gecko's foot. This tape can come off very easily, so we can use the same tape again and again.

[8] As we can see in these examples, today we are creating some materials by using biomimetics. In the future, new materials will improve people's lives. What kind of world will we make by using future materials?

〔注〕
grass　草
snail　カタツムリ
shell　殻
ridge　溝
dirt　泥
ceiling　天井
electron　電子
electromagnetic　電磁気の
unstick　はがれる
carbon atom　炭素原子
tile　タイル
notice　気づく
thin　細い
float　浮く
gecko　ヤモリ
sticky　ねばねばする
molecule　分子
stick　くっつく
angle　角度

〔問1〕 次の英文は，[3]の段落の [ア] ～ [オ] のいずれかに入る。この英文を入れるのに最も適切な場所を選べ。

Between these ridges are very small water pools.

〔問2〕 本文の流れに合うように，[4]の段落の [2] の中に，次の①～⑤の文を入れるとき，その最も適切な順番を表しているものは，下の**ア**～**カ**の中ではどれか。

① This creates the same kind of water pools as those found on snail shells.
② A coating is something that covers something else.
③ Water in the air stays between these ridges.
④ Dirt and oil in the air will float on these water pools.
⑤ When we paint wall tiles with this silica coating, it creates small ridges on the tiles, like the ridges on snail shells.

ア	① → ② → ⑤ → ③ → ④
イ	② → ⑤ → ③ → ① → ④
ウ	⑤ → ① → ④ → ② → ③
エ	① → ⑤ → ③ → ② → ④
オ	② → ⑤ → ③ → ④ → ①
カ	⑤ → ② → ③ → ① → ④

〔問3〕［5］の段落の**ア〜オ**の文のうち，文章の流れに**合わない内容**のものを**一つ**選べ。

〔問4〕本文の流れに合うように，［4］の中に入る**最も適切な1語を本文中から**抜き出せ。

〔問5〕次の英文を読み，［　］の中に入る**最も適切な1語を本文中から**抜き出せ。

Humans have much to learn from nature, and because of this new science, we can use lessons from nature in our lives. For example, when we create robots, we look at animals to get ideas for designs.

Question : What is this science called?
Answer : It is called ［　］.

〔問6〕本文の内容に一致するものを，次の**ア〜オ**の中から**一つ**選べ。

ア Since the beginning of our history, all the names of history periods have come from the materials used during those periods.

イ Snails can keep both their bodies and shells clean all the time because their shells are covered with small ridges filled with water.

ウ Soon after the finding, the scientists at the company created special tiles covered with a silica coating, without much effort.

エ When two things come very close, the electrons in their molecules influence each other and push away from each other.

オ Special tape with a lot of small tubes like very thin gecko hairs was created, and it can come off easily though it is very sticky.

4 次の文章を読んで，あとの各問に答えよ。
(＊印の付いている単語・語句には，本文のあとに〔注〕がある。)

The bus going to the *retirement home was almost empty. Ryota sat in a window seat and put his heavy bag and baseball shoes next to him. However, he continued to hold a small plant close to himself, *as if he was holding something very important. The other people on the bus were much older than Ryota. They were all going to visit their families.

The retirement home was a big building surrounded by tall trees. "Many old people are spending their days here," Ryota thought. Some chose to move here because of its good care. Others came to make more friends. He *couldn't help wondering if he would live here one day himself. Then a light wind blew, and it carried the *scent of summer. He suddenly remembered why he was there. He went into the building.

At *reception, Ryota put the plant on the desk and wrote his name.

"Is this your plant?" asked the woman at reception.

"Yes. It's a gift, a tomato plant."

"That's nice, but taking care of plants may be difficult for some old people."

"No problem! Saburo knows everything about growing tomatoes."

"Oh, is he your grandfather?"

Ryota's answer was surprising to her.

"No, he's not. He's my friend."

Ryota remembered that one summer day he tried to touch a rainbow in the mist when Saburo was *watering his tomatoes. The sunlight through the mist showed different colors, just like the ones in the sky. Ryota thought he could really touch the rainbow, just as Saburo told him. He was four and Saburo was 67 at that time. It was his earliest memory with Saburo.

Actually, their friendship started much earlier. Ryota was the kind of kid who liked playing alone, but one day Ryota saw Saburo in his field and *ran over to him to say hello.

"Can I have a tomato?"

"Sure. Let's go and find the biggest one!"

Just like that, they became friends.

They spent a lot of time together. Saburo taught Ryota how to throw a ball and how to ride a bicycle. Even after Ryota entered junior high school, he continued visiting Saburo.

As Saburo got older, he became much slower. (1)When 【 ① live ② became ③ all ④ it ⑤ himself ⑥ him ⑦ difficult ⑧ to ⑨ by ⑩ for 】, Saburo made the decision to move into a retirement home. After that, Ryota and Saburo lived in different places.

The next summer, on his way to school, something caught Ryota's eye. Tomatoes were turning red on Saburo's *weed-covered field. Before he knew it, Ryota was standing in the field and picking a tomato. "Hey! I've got the biggest one here!" He looked up, but Saburo was not there. Suddenly he realized how much he missed Saburo.

"I'll show you to his room," said the woman at reception and continued, "Saburo has nobody to visit him and is a little *down these days. I told him to go out, make friends, and find something he can enjoy doing with them, but he hasn't."

Ryota had chances to meet Saburo earlier, but he did not. He felt really bad about that.

"This is his room," said the woman.

Ryota did not open the door *right away. Instead, he *took a deep breath and then opened the door. Saburo looked up from the magazine he was reading and saw Ryota.

"Ryota! You're much taller! Come in!" Saburo stood up and welcomed him.

"I've brought this for you," Ryota showed the pot.

"A tomato plant! You know me very well. Thank you, Ryota."

Ryota put the pot on the table by the open window under the sunlight.

"Yes, tomatoes need lots of sunlight. Who taught you that?"

Both Saburo and Ryota started to laugh. Saburo laughed for the first time in a long time. Ryota's visit made Saburo very happy.

They talked about this and that, but most of the time Ryota talked and Saburo listened.

"I practice baseball very hard but I can't play as well as my teammates. I don't know what to do," Ryota said.

Saburo waited for him to finish.

"Just watching from the bench without joining the game is really hard," said

Ryota. Finally, Saburo spoke, "You're right. It is hard. Listen, Ryota. Doing things *little by little is still doing things. Just keep practicing, and you will become a better player. Even the biggest tomato started as a little *seed. You've already learned this from growing tomatoes with me."

Ryota was quiet for a while. Then he said, "Thank you, Saburo. I'll keep trying a little longer. You are my rock."

Saburo was glad to be able to help his friend. As Ryota was leaving, Saburo said, "Hey, next time you come, can you bring some tomato seeds for me? I never thought I'd be saying this, but I want to start a tomato garden club with others here."

Ryota was very glad he came to see Saburo. He hoped that Saburo would have a great time with his new friends. Ryota looked back and said with a smile, "Great idea! People here will love your tomatoes! But make sure to keep the biggest one for me!"

〔注〕 retirement home 老人ホーム
as if ～ あたかも～であるかのように
couldn't help wondering if ～ ～かどうか思わずにはいられなかった
scent 香り
reception 受付
water 水をやる
run over to ～ ～に駆け寄る
weed-covered 雑草に覆われた
down 意気消沈して
right away 即座に
take a deep breath 深く息を吸い込む
little by little 少しずつ
seed 種

〔問1〕 (1) <u>When【 ① live ② became ③ all ④ it ⑤ himself ⑥ him ⑦ difficult ⑧ to ⑨ by ⑩ for 】, Saburo made the decision to move into a retirement home.</u> とあるが，本文の流れに合うように，【　　】内の単語を正しく並べかえたとき，**3番目と5番目と7番目**にくるものの組み合わせとして最も適切なものは，次のア～カの中ではどれか。

	3番目	5番目	7番目
ア	③	④	⑩
イ	③	⑤	②
ウ	③	⑤	⑥
エ	⑦	⑥	①
オ	⑦	①	⑥
カ	⑦	⑥	⑩

〔問2〕　次の〔質問〕の答えとして，本文の内容と合う最も適切なものは，下のア～オの中ではどれか。

〔質問〕 Ryota didn't open the door to Saburo's room right away. Why was that?

ア　He did not bring enough tomatoes for Saburo.
イ　He waited for the woman to go away.
ウ　He was not sure that it was really Saburo's room.
エ　He felt sorry because he didn't come sooner.
オ　He didn't want to see Saburo at the retirement home.

〔問3〕　文脈から判断し，次の［　　　］に入る最も適切なものは，下のア～オの中ではどれか。

When Ryota said, "You are my rock," he meant ［　　　］

ア　"I know you're always there for me."
イ　"I know you can ask me anything."
ウ　"I know you are very heavy."
エ　"I know you are a wonderful grandparent."
オ　"I know you are my only friend."

〔問4〕　文脈から判断し，次の［　　　］に入る最も適切なものは，下のア～オの中ではどれか。

At the end of the story, Saburo decided to start a tomato garden club because ［　　　］.

ア　he wanted all the old people in the retirement home to join the club
イ　he wanted to change and enjoy his life with his new friends
ウ　he wanted people at the retirement home to try his tomatoes
エ　he wanted to show that he could still grow tomatoes as well as before
オ　he wanted Ryota to enjoy the best tomatoes in the garden

〔問5〕 次の①～⑥の英文を，実際に出来事が起きた順に並べかえたものとして，最も適切なものは，下のア～カの中ではどれか。

① Ryota carried a tomato plant on the bus.

② Saburo watered tomatoes in the field and the water created a rainbow.

③ One summer day, Ryota found tomatoes on Saburo's field which was covered with weeds.

④ Ryota met Saburo and asked him to give him a tomato grown in his field.

⑤ Ryota found out about Saburo's life at the retirement home.

⑥ Ryota went to the retirement home to see his friend.

ア	② → ④ → ③ → ① → ⑥ → ⑤
イ	② → ③ → ① → ⑥ → ⑤ → ④
ウ	③ → ② → ① → ⑥ → ⑤ → ④
エ	③ → ④ → ② → ① → ⑤ → ⑥
オ	④ → ② → ③ → ① → ⑥ → ⑤
カ	④ → ③ → ② → ① → ⑥ → ⑤

〔問6〕 本文の内容に合う英文の組み合わせとして，最も適切なものは，下のア～シの中ではどれか。

① When Ryota arrived at the retirement home that was surrounded by tall trees, he was sure that he would never live there even in his old age.

② Because Ryota was very young, the woman at reception was surprised when she found out that Ryota was Saburo's friend.

③ Until Ryota put a tomato plant in the sunlight in Saburo's room, Saburo didn't remember he taught Ryota how to grow tomatoes.

④ Saburo is a very smart man who likes to give good advice to people without listening to their stories and understanding their problems.

⑤ Though Ryota's baseball skills were not improving much, he always knew everything would be all right if he kept trying.

⑥ Saburo agreed that watching the game from the bench can be hard and said a little practice every day would make Ryota a better player.

ア	① ②	イ	② ⑥	ウ	③ ④
エ	③ ⑤	オ	① ② ④	カ	② ③ ⑤
キ	② ⑤ ⑥	ク	③ ④ ⑥	ケ	① ② ③ ④
コ	① ② ③ ⑥	サ	② ③ ④ ⑥	シ	② ③ ⑤ ⑥

〔問7〕 次の①と②の質問に対してどのように答えるか。本文の内容を参考にし，あなた自身の言葉を用いて，**35語以上45語以内**の英文で書け。

① What is important for old people to enjoy their lives and why?
② What can you do for them and why?

二つ以上の英文になってもかまわない。下の〔例〕のように，「,」「.」などは語数に含めない。短縮形は1語と数える。

ただし，本文の英文をそのまま書き写したものは**採点の対象とはしない**。

〔例〕 I'm ＿ a ＿ student. ＿ You ＿ are ＿ a ＿ student,
too. ＿ ＿＿ ＿＿ ＿＿ ＿＿ ＿＿ ＿＿

し、彼女を楽しませるものとして登場させている。

エ　十歳の少女に対していろいろな遊び方の種類を示し、彼女の興味を引き出すものとして登場させている。

〔問5〕 (4)雛遊びが提示する物語内における意味は、きわめて多様であることがうかがわれる。とあるが、紅葉賀巻での「雛遊びが提示する物語内における意味」とはどのようなことか。次のうちから最も適切なものを選べ。

ア　少女の実際の年齢が源氏の相手としてふさわしいことを示す。

イ　少女が乳母に注意されるほど未熟で頼りないということを示す。

ウ　少女は実年齢と比較したときに精神的に幼いということを示す。

エ　少女と源氏が約束通り仲むつまじく過ごしていることを示す。

――せめて今年からでも、もう少し大人らしくなさいませ。十歳を越した人はもうお人形遊びなどはいけないと申しますのに。

〔問1〕(1)「雛の調度」あるいは「雛遊びの調度」とあるが、これについて清少納言はどのようにとらえていたと筆者は考えているか。次のうちから最も適切なものを選べ。

ア　かわいらしいものというだけでなく、日常の罪や汚れを負わせて川に流す宗教的儀式に使うものとしてとらえている。

イ　小さくてかわいらしいものというだけでなく、節句などの行事を行うときの装飾品としてとらえている。

ウ　かわいらしいものというだけでなく、昔と今で形や使われ方が大きく変わったものとしてとらえている。

エ　小さくてかわいらしいものというだけでなく、子供のころを思い起こさせるなつかしいものとしてとらえている。

〔問2〕(i)ならない、(ii)想像について次の①、②に答えよ。

①　(i)ならないとあるが、これと同じ意味・用法のものを、次の各文の――を付けた「ならない」のうちから選べ。

ア　今回の失敗が残念でならない。

イ　ここの色は青くなければならない。

ウ　これから話すことは誰にも言ってはならない。

エ　彼の横暴な振る舞いにはもう我慢がならない。

②　(ii)想像とあるが、この熟語と同じ構成のものを、本文中の波線部アからエのうちから選べ。

ア　退去

イ　状態

ウ　画策

エ　対置

〔問3〕(2)それほど巨大なものだと人形という可愛らしさはないけれども、ここは雛人形の始源的な姿がはっきりと記されている珍しい例といえよう。とあるが、「雛人形の始源的な姿がはっきりと記されている」の例に相当する部分を古文から十五字でそのまま抜き出して書け。

〔問4〕(3)そうだとすると雛もまた、当該主題に要請されて物語の必然としてそこに存在しているはずである。とあるが、若紫巻において雛が「物語の必然として存在している」とはどういうことか。次のうちから最も適切なものを選べ。

ア　十歳の少女に対して身近な存在と感じさせる雰囲気を作り出し、彼女の心を引きつけるものとして登場させている。

イ　十歳の少女に対して源氏が一緒に遊ぶ約束を果たそうとし、彼女に実際に贈られたものとして登場させている。

ウ　十歳の少女に対して同年代の子供と遊ぶ機会を作り出

とあって、少女と源氏とはかつての約束通り一緒に人形遊びをしている。

　＊北山で源氏が少女を垣間見た時に、「十ばかりにやあらむ」と年齢を推定した少女が、実際には何歳であったかということが読みの問題として尾を引いている。少女が雛遊びを好むということは、其の判断の一助となっている。しかし、これによって実年齢が確定するということはなくて、少女の実年齢よりも幼い精神性というものを強調する材料となっていると考えられる。(4)雛遊びが提示する物語内における意味は、きわめて多様であることがうかがわれる。

　紅葉賀巻も源氏十八歳の時の出来事を記している。その冬はすでに少女は二条院に引き取られている。少女の＊乳母の少納言は、雛遊びをしている少女に次のような助言をする。

　　＊今年だにすこしおとなびさせたまへ。十にあまりぬる人は雛遊びは忌みはべるものを。

　ここでも雛遊びをするということが、その人物の精神年齢を決定づけるものとして会話文の形で述べられている。雛人形遊びというものが、幼児期の遊びであったことを基準にしてこの時期の紫の上の人物造型がなされている点に注目しておきたい。

（杉山英昭「古典聚影」による）

〔注〕上巳の節句――三月三日に雛祭りを行うのが通例。
巳の日――巳は十二支の巳であり、旧暦において日にちを十二支で表すことがあった。
禊――身を洗い清めること。
軟障――簾などに添えて垂らした幕。
陰陽師――吉凶を占う力をもった者。
祓――災厄や汚れを除き去ること。
流謫――罪によって遠方に流されること。
須磨――現在の兵庫県神戸市の地名。
邂逅――思いがけなく出会うこと。
若紫――紫の上の幼少時の通称。
いざたまへよ。をかしき絵など多く、雛遊びなどする所に
――さあいらっしゃいよ。おもしろい絵などがたくさんあって、人形遊びなどをする所に。
女房――貴人に仕える女性。
雛遊びにも、絵描いたまふにも、源氏の君と作り出でて、きよらなる衣着せかしづきたまふ
――雛遊びにも、絵をお描きになるにも、これは源氏の君というふうにとくにこしらえて、美しい着物を着せてだいじにしていらっしゃる。
例の、もろともに雛遊びしたまふ
――いつものようにごいっしょにお人形遊びをなさる。
北山――京都郊外にある山々。
乳母の少納言――若紫の世話係の女性。
今年だにすこしおとなびさせたまへ。十にあまりぬる人は雛遊びは忌みはべるものを

人のきこゆれ、海づらもゆかしうて出でたまふ。いとおろそかに、＊軟障ばかりを引きめぐらして、この国に通ひける＊陰陽師召して、＊祓せさせたまふ。舟にことごとしき人形のせて流すを見たまふも、よそへられて、

知らざりし大海の原に流れきてひとかたにやはものは悲しき

（三月の初めにまわってきた巳の日に、「今日という日は、このようにご心労がおありの方は禊をなさるのがよろしい」といって、なまはんかの物知りが申し上げるので、海辺の景色も御覧になりたくて（源氏は）お出ましになる。ほんのかりそめに軟障ぐらいを張りめぐらして、この国に通ってくる陰陽師をお呼びになって、祓をおさせになる。舟におおげさな人形を積んで流すのを御覧になるにつけても、我が身になぞらえずにはいらっしゃれないので、〈源氏の歌〉人形のように、まだ知らぬ大海原に流れきて、ひとかたならず、あれこれと悲しい思いを重ねている。）

光源氏二十七歳のできごとで、時は春であった。折から京を(ア)退去して＊流謫の(イ)状態にあった源氏が、＊須磨の海岸に出て禊祓をする場面である。この時は等身大の人形が用意され、海に流されたとある。(2)それほど巨大なものだと人形という可愛らしさはないけれども、ここは雛人形の始源的な姿がはっきりと記されている珍しい例といえよう。

物語に登場するすべてのものは、ただ漠然と記されているのではなくて、主題に要請されて現象していると考えなくてはならない。(3)そうだとすると雛もまた、当該主題に要請されて物語の必然としてそこに存在しているはずである。若紫巻は源氏の生涯の伴侶となる紫の上との＊邂逅を描く巻であることが知られている。十歳ほどの少女＊若紫を源氏が自邸の二条院に連れて来ようと(ウ)画策をはじめるところに雛が言葉として登場する。

（源氏が若紫に）「＊いざたまへよ。をかしき絵など多く、雛遊びなどする所に」

この誘いの言葉に少女は源氏に親しみを感じるが、一方、父親の兵部卿宮が少女の所へ迎えに来た際に、

君は若き人々などあれば、もろともに遊びて、いとようものしたまひなむ

（本宅は異母兄弟の小さい人々がいるので、一緒に遊んで、たいそう楽しくお過ごしになれよう。）

と言ったのだった。実父の言葉と源氏の言葉とを(エ)対置してみると、少女が、どちらへ行きたいと考えるかは、遊びの種類によって決定することになる点が注目される。雛遊びが少女の心をとらえるものという、少女の心理を源氏は若いながらよく理解していたといえよう。

若紫巻と末摘花巻とは源氏十八歳の時の出来事として語られているが、若紫巻には二条院におもむく前に少女に向かって＊女房が、源氏のお子になりなさいと言うと、「＊雛遊びにも、絵描いたまふにも、源氏の君と作り出でて、きよらなる衣着せかしづきたまふ。」とすなおに源氏を慕う場面がある。末摘花巻には、「＊例の、もろともに雛遊びしたまふ」

うことにあなたは気づいているでしょうか。とあるが、「類型的なものに陥」らないために筆者が大切だと考えていることを次の［　　］のように説明するものとする。［　　］について、本文中の言葉を用いて二十五字以上三十字以内でまとめて書け。

> 対話の話題について、［　　］、それを相手との相互関係において解明していく態度。

〔問7〕「対話」についてあなたはどのように考えるか。本文の内容を踏まえ、あなた自身の経験や見聞を含めて二百字以内で書け。なお、書き出しや改行の際の空欄、、や。や「などもそれぞれ一字と数えよ。

4

次の文章を読んで、あとの各問に答えよ。なお、本文中に引用された古文の後の（　）内の文章は、現代語訳である。（＊印の付いている言葉には、本文のあとに〔注〕がある。）

『枕草子』の文章は、その内容によって三つに分けることができる。随筆的な章段と日記的な章段、そして辞典的な章段である。辞典的という表現は、また類聚的とも言い換えることができる。ひとつの同じ性格と思われる物や事柄をひとまとめにして、グループとして提示している。そのグループの表現法には「……もの」型と「……は」型とのふたつがある。『枕草子』一四五段「うつくしきもの」は、「……もの」であるから類聚章段である。「うつくしき」というのは古今異義語で、古典での意味はかわいらしいの意である。清少納言がかわいらしいと感じたものを列挙していくと、次の部分が現れる。

雛の調度。蓮の浮き葉のいと小さきを、池より取り上げたる。葵のいと小さき。何も何も、小さきものは、みなうつくし。

二八段の「過ぎにし方恋しきもの」をみると、

過ぎにし方恋しきもの。枯れたる葵。雛遊びの調度。

この(1)「雛の調度」あるいは「雛遊びの調度」とは、人形遊びの道具である。「雛」は雛壇に並べられた現今の雛人形ではなくて、紙製の人形であり、「調度」はその道具を意味している。「雛」は＊上巳の節句にはなくては(i)ならない物となったが、その役割は女児の節句の祝儀の際の装飾品というよりも、本来は日常の罪や汚れを付着させて、供え物と一緒に川へ流す紙製の雛であった。いわゆる「流し雛」である。雛が「過ぎにし方恋しきもの」という人生の追憶をになう物となっている記述があることからすると、子供たちの日常生活の中にも紙びながあってずいぶんと親しまれた遊戯の品であったことが(ii)想像される。

『枕草子』よりわずかに時代が下る『源氏物語』には雛が数多く登場している。

弥生の朔日に出で来たる＊巳の日、「今日なむ、かく申すことのある人は、＊禊したまふべき」と、なまさかしきことが大切だから。

エ　テーマに対する自分の思考を停止させないために、様々な情報を速く集め、考え直して自分の意見を表明していくことが大切だから。

〔問3〕(3)情報の問題に関連して、ここには、ある共通の問題が潜んでいることが多いものです。とあるが、「共通の問題」とはどういうことか。次のうちから最も適切なものを選べ。

ア　あることについて自分の知り得たことを伝えただけでは、他人との隔たりをなくすことにはならないということ。

イ　あることについて知りたい、教えたいと思うだけでは、現象について自ら考えたことにはならないということ。

ウ　あることについて好奇心や知識欲を満たしただけでは、情報が本来もっている意味は理解できないということ。

エ　あることについて知識や情報を交換するだけでは、議論を深く発展させていくことにつながらないということ。

〔問4〕(4)この膠着(こうちゃく)状態を根本から揺り動かすものが、「なぜ」という問いです。とあるが、「『なぜ』という問い」とはどういうことか。次のうちから最も適切なものを選べ。

ア　対話における話題が、どのような理由で評判になっているのかを考え続けること。

イ　対話における話題の意義や目的を、相手とのやりとりを通じて深く考えてみること。

ウ　対話における話題の価値や重みを、まずは他者の助けを借りずに深く考えてみること。

エ　対話における話題が、自分とどれだけ重要な関わりがあるものなのかを考え続けること。

〔問5〕(5)ここに、無自覚的な「客観性」神話があるといえるでしょう。とあるが、「無自覚的な『客観性』神話」とはどういうことか。次のうちから最も適切なものを選べ。

ア　多く報道されていることと照らし合わせて意見を深めることが、対話を成り立たせるための正しい方法だと思い込んでいること。

イ　調査した結果から自分がもっている疑問を解決していくことが、対話を継続するための正しい方法だと思い込んでいること。

ウ　他者の学術的な意見や人々から集めた多くのデータを用意することが、対話をするために重要だと思い込んでいること。

エ　過去の偉人たちや神々の多くの逸話を自分の意見に取り入れることが、対話をするために必要だと思い込んでいること。

〔問6〕(6)そうした問いなしに、一般論としての情報が重要だと思い込んでいると、テーマそのものの取り上げ方や切り込み方がきわめて類型的なものに陥ってしまのていねいなやりとりによって解きあかしていく姿勢、これが、対話という活動にとって不可欠の＊プロセスなのです。

（中略）

自分の「考えていること」について話すことは、結局、自分の個人的なことになってしまい、それは主観的なことになるから話してはいけないという考え方も多くあります。客観的な事実を話すための方法とは資料を集めることだ、そうでなければ、相手を説得することはできない、というのがこれまでの考え方でした。

たとえば、対話の話題を提案するとき、あなたは、文献やテキストあるいは参考書などで紹介されている事例や、テレビや新聞、マスコミで評判になっているものを選ぶ傾向がありませんか。

しかも、他者に示すものであるからには、知識的な要素を含んだもの、たとえば、文献資料を調べるとか、アンケート調査をして結果を出すとか、そういうものが課題の解決にふさわしいのだと思い込んでいませんか。

だから、「私」の視点からテーマを考えるというと、自分のことだけで主観的な問題になってしまい、客観的な結果にならない、という批判を恐れてはいませんか。

(5)ここに、無自覚な「客観性」神話があるといえるでしょう。

文献資料やアンケート調査などの情報収集が一切ダメだといっているわけでは決してありません。しかし、そうした情報収集の前に、あなた自身の、なぜ○○が問題なのかという「私」の問いがなければ、何も始まらないといっているのです。(6)そうした問いなしに、一般論としての情報が重要だと思い込んでいると、テーマそのものの取り上げ方や切り込み方がきわめて類型的なものに陥ってしまうことにあなたは気づいているでしょうか。

（細川英雄「対話をデザインする」による）

〔注〕 ベクトル――方向性。
プロセス――過程。手順。

〔問1〕 (1)対話では、「何が言いたいのか」ということが常に大切であるわけです。とあるが、筆者の述べる「対話」とはどのようなことか。本文中から五十四字で探し、その始めと終わりの五字を書け。

〔問2〕 (2)しかし、この発想をまず疑ってみてください。とあるが、筆者がこのように述べるのはなぜか。次のうちから最も適切なものを選べ。

ア テーマに対する自分の関わり方を定めた上で、集めた情報をもとに検討し、その内容を自分のことばで表明していくことが大切だから。

イ テーマに対する多くの情報の中から、他者との考え方の違いが鮮明なものを選び出し、自分の考えとして表明していくことが大切だから。

ウ テーマに対する自分の考えを見つけるために、メディアの情報を無視せずに取り入れ、自分の立場を表明していくしかし、自分の「考えていること」を相手に示し、それについて相手から意見をもらいつつ、また、さらに考えていくという活動のためには、情報を集め、それを提供するという姿勢そのものが相手とのやりとりにおいて壁をつくってしまうことに、気づかなければなりません。対話という行為は、とてもインターラクティブ（相互関係的）な活動です。相手あっての自分であり、自分あっての相手です。こうした関係性の中で、情報を提供する／受けとるだけという、表層的なやりとりでは、そうした相互作用がきわめて起こりにくくなるのです。

そこで、この「知りたい、わかりたい、調べたい」や「教えてあげたい、知らせたい」の知識情報授受症候群から、いち早く脱出することを考えなければなりません。

では、どのようにしたら脱出することができるのでしょうか。(4)この膠着（こうちゃく）状態を根本から揺り動かすものが、「なぜ」という問いです。

あなたは日々の生活の中でいつも何か特定のテーマを自覚しつつ行動しているわけではないでしょう。大きく考えれば、わたしたちは常にテーマを求めて生きているともいえるのですが、そうは言っても、「さあ、テーマを決めて」と言われると何をどのようにすればいいのかわからなくなるのです。これはいわば当然のことです。

そこでまず、あなた自身の「考えていること」をさまざまなかたちで外側に出してみるという活動が必要になります。これは、一般にはブレーンストーミングと呼ばれるものですが、要するに、自分の「考えていること」を一人でメモに書きつけたり、あるいは雑談風にだれかに語ったりすることによって「自分のテーマ」へのヒントが生まれるというものです。

このときに肝心なのは、そのテーマが自分にとってどれだけ大切なものであるかを考えることです。

では、なぜ○○なのか。○○について考えることは、あなたにとってどれだけ切実であるか、つまり、あなたにとっての「テーマ」であるか否かなのです。これを考えることが「なぜ」に答えるだけの「考えていること・言いたいこと」を決定する力になります。

「テーマ」に対する「なぜ」があってはじめて「考えていること」が明確になり、そこから「言いたいこと」が生まれ、それによって対話の視点が定まるといっていいでしょう。

まず、話題を自分のものとしてとらえ、「自分のテーマ」と関連づけて、そこから自分の「言いたいこと」を見出すこと。すなわち、話題を自分のテーマとしてとらえられるか。これが対話活動の出発点となります。

ここで「自分にとって」というのは、個人の利害のことを言っているのではありません。また、個人的な体験を述べればいいというわけでもないのです。なぜなら、そのテーマが「自分にしかできないもの」であることを要求しているかどうかを自分で検証することだからです。

このように、自分の中に常に「なぜ」という問いを持ち、対象としての話題を自分の問題としてとらえ、それを相手と無自覚にかかわらず、いつの間にかわたしたちの仕事や生活のための情報源になっているということはもはや否定できない事実でしょう。

しかし、よく考えてみてください。それらの情報の速さと量は、決して情報の質そのものを高めるわけではないのです。たとえば、インターネットが一般化するようになってから、世界のどこかで起きた一つの事件について、地球上のすべての人々がほぼ同時に知ることが可能になりました。しかし、その情報の質は実にさまざまであり、決して同じではないのです。しかも、その情報をもとにしたそれぞれの人の立場・考え方は、これまた千差万別です。

こう考えると、一つの現象をめぐり、さまざまな情報が蝶（ちょう）のようにあなたの周囲を飛び回っていることがわかるはずです。大切なことは、そうした諸情報をどのようにあなたが自分の目と耳で切り取り、それについて、どのように自分のことばで語ることができるか、ということではないでしょうか。

もし、自分の固有の立場を持たなかったら、さまざまな情報を追い求めることによって、あなたの思考はいつの間にか停止を余儀なくされるでしょう。言説資料による、さまざまな情報に振り回されて右往左往する群衆の一人になってしまうということです。

だからこそ、情報あっての自分であり、同時に、自分あっての情報なのです。

(3)情報の問題に関連して、ここには、ある共通の問題が潜んでいることが多いものです。

一つは、知らないことを知りたい、わかりたい、だから調べたい、というものです。

もう一つは、自分の知っていることをみんなに教えてあげたい、というものです。

まず、「知りたい、わかりたい、調べたい」という意欲そのものは、人間の好奇心の一端としてとても重要です。ただ、そうした情報を得たいと思うだけでは対話は成り立たないのです。もう一歩踏み込んで、「なぜ自分は○○が知りたいのか」というところまで突き詰めないと、あなた自身の立場が見えてこないからです。ここでいう立場というのは、テーマについて自分がどう考えているかというあなた自身のスタンスというものです。

次に、「教えてあげたい、知らせたい」というのも、ほぼ同じ構造を持っています。これも、自分の知っている知識や情報を、知らない人に与えようとする発想から出ているわけで、「知りたい、わかりたい、調べたい」とは反対の＊ベクトルではありますが、やはり知識・情報のやりとりのレベルにとどまっているからです。単なる知識・情報のやりとりだけでは、自分の固有の主張にはなりにくいため、展開される議論そのものが表面的で薄っぺらなものになってしまうのです。

もちろん、知識・情報を求めることが悪いといっているのではありません。前述のように、そのこと自体は、人間の好奇心を満たすものであり、前向きに考えるための重要なきっかけではあります。

ア　パンダを見ることができないからといって一人で留守番すると答えるはずがないことを三郎に見すかされてしまったことに照れ臭さを感じ、顔を上げられないでいた。

イ　驚かされた相手である君枝と動物園に行くことをもどかしく思っていることを三郎に気づかれてしまったことに決まり悪さを感じ、顔を上げられないでいた。

ウ　パンダを見に行く約束が破られてしまうのではないかと心配していることを三郎に見すかされてしまったことに照れ臭さを感じ、顔を上げられないでいた。

エ　博史を元気づけようと気づかう母や優子の思いを素直に受け入れられないでいることを三郎に気づかれてしまったことに決まり悪さを感じ、顔を上げられないでいた。

〔問7〕　本文の内容や表現について述べたものとして最も適切なものは、次のうちではどれか。

ア　登場人物が大切にしている思い出を鮮明に描写するために、昔の場面と今の場面との二つの構成にしている。

イ　登場人物の視点に立ったような臨場感をもたらすために、場面ごとに登場人物の呼称を変えている。

ウ　昔と今の生活のあり方や考え方の違いを明確に表すために、実在の地名や出来事を具体的に取り上げている。

エ　様々な人間関係の中で成長していく主人公を描くために、主人公と関わりのある人々を数多く登場させている。

3　次の文章を読んで、あとの各問に答えよ。（＊印の付いている言葉には、本文のあとに〔注〕がある。）

(1)対話では、「何が言いたいのか」ということが常に大切であるわけです。

「何が言いたいのかがわからない」対話は、テーマが明らかでないのと同様、「何を話しているのかわからない」ということになりますね。その「テーマ」について「何が言いたいのか」がはっきりと相手に見えなければなりません。

ところが、その「言いたいこと」がなかなか見出せないあなたには、どのような課題があるのでしょうか。

「言いたいこと」を見出すために、あなたは、おそらくまず「情報の収集を」と考えていませんか。情報がなければ、構想が立てられない、だから、まず情報を、というのがあなたの立場かもしれません。

(2)しかし、この発想をまず疑ってみてください。

情報といえば、まずテレビでしょうか。それから、もちろんのこと、インターネットの存在は、日々の生活や仕事の中で不可欠なものです。インターネットの普及は、情報の概念を大きく変えたといっても過言ではないでしょう。インターネットの力によって、世界中のさまざまな情報が瞬時にして地球上のあらゆるところまで伝わるようになりました。その他、ラジオ、新聞、雑誌等を含めた、各種のメディアの力による情報収集の方法を、わたしたちは無視するわけにはいきません。しかも、こうしたメディアが、あなた自身の自覚・

ア　君枝に言ったことで、三郎は自分こそがみんなで動物園に行って、昔の動物園での思い出をたどりたかったのだと実感したから。

イ　君枝に言ったことで、三郎は何回も行っていたにもかかわらず、忘れていた動物園での出来事を確認できると期待したから。

ウ　君枝に言ったことで、三郎は君枝と二人で動物園に行って、記憶から消えていた動物園の様子を思い出せると確信したから。

エ　君枝に言ったことで、三郎は昔動物園に一緒に行けなかったことを思い出し、自分は君枝とそこを訪れたかったのだと痛感したから。

〔問4〕(4)君枝さんは微笑むだけだった。とあるが、君枝のこのときの様子を三郎はどのように受け止めたかの説明として最も適切なのは、次のうちではどれか。

ア　君枝がキリンの赤ちゃんのことを覚えてはいないということが察せられ、大切なことを忘れたとしても、今から新しい思い出を作ればいいのだと三郎はあらためて思った。

イ　君枝が驚いて出て行ってしまった博史を心配していることが察せられ、博史と一緒に動物園に行くことで、二人が仲直りできそうだということを三郎はあらためて感じた。

ウ　君枝がキリンの赤ちゃんを見たことを覚えているということが察せられ、たとえ断片的であっても、家族との思い出を大切にしてくれている君枝の愛情を三郎はあらためて感じた。

エ　君枝が子どもたちとの思い出を大切にしているということが察せられ、何を見たかは問題ではなく、心温まる日々を覚えていることが大切なのだと三郎はあらためて思った。

〔問5〕(5)勢い込んで訊くお母さんを、まあまあ、と手で軽く制して、三人に言った。とあるが、このときの三郎の様子として最も適切なのは、次のうちではどれか。

ア　気がかりだったことが思い過ごしでしかなかったと安心した表情で戻ってきた三郎が、君枝の様子を気にかけている智恵子の不安を打ち消そうとしている。

イ　心配するようなことは何もなかったかのような落ち着いた表情で戻ってきた三郎が、君枝の様子を一刻も早く知りたがっている智恵子をなだめようとしている。

ウ　悩んでいたことは解決しなかったものの納得した表情で戻ってきた三郎が、君枝とのこれからに不安を覚えている智恵子を受け止めようとしている。

エ　これから君枝とどうするかが大切だと心に決めた表情で戻ってきた三郎が、これまでの君枝との関係ばかりを気にする智恵子の態度をたしなめようとしている。

〔問6〕(6)博史はうつむいた。とあるが、これ以降の博史の様子の説明として最も適切なのは、次のうちではどれか。

と言った。

「博史、どうする？　留守番するか？」

最初から答えがわかっている口調で、お父さんが訊いた。

顔を上げた博史に、お父さんは「おばあちゃん、博史をびっくりさせたこと、謝ってたぞ。」と言った。

（重松清「あの年の秋」による）

〔注〕コウちゃん――三郎の弟で幸四郎のこと。

ああなった――幸四郎が昭和二十年に八王子空襲で亡くなったこと。

司郎さん――君枝の夫。

隆一郎さん――三郎の兄。

昭次兄さん――三郎の兄。

節子姉ちゃん――三郎の姉。

〔問1〕(1)三郎さんはかぶりを振って部屋に入り、君枝さんと並んで仏壇と向き合う格好で腰を下ろした。とあるが、この表現から読み取れる三郎の様子として最も適切なのは、次のうちではどれか。

ア　君枝と共に仏壇の写真を見ながら、博史が出て行ってしまったわけを君枝に説明しようとしている。

イ　君枝と面と向かって座りつつ、博史をしかってしまったことを悔やんでいる君枝を慰めようとしている。

ウ　君枝の横に寄り添うことで、博史を驚かせてしまったことを気に病んでいる君枝をなだめようとしている。

エ　君枝の隣に腰を落ち着けて、博史とうまくいかず悩んでいる君枝の気持ちを理解しようとしている。

〔問2〕(2)君枝さんはきょとんとして、そのおかげで左肘からやっと右手が離れた。とあるが、ここまでの君枝の気持ちの変化の説明として最も適切なのは、次のうちではどれか。

ア　君枝は博史を悲しませたことを悔い改めるために左肘をつねっていたが、予想外ではあったものの納得できる三郎からの提案によって、博史と仲直りできると思い安心した。

イ　君枝は寝ぼけたような状態から抜け出すために左肘をつねっていたが、思いがけない三郎の提案で思い出の場所に行けることをうれしく思い、目が覚めたように感じた。

ウ　君枝は左肘をつねることで心の中で思い込んでいたことを言わないようにしていたが、三郎の言葉によって、三郎が君枝の心情を理解していてくれたことに気づいた。

エ　君枝は左肘をつねることで必死に自分を支えようとしていたが、とっさに理解することができなかったものの思いもよらない三郎の言葉で、張り詰めていた気持ちがほぐれた。

〔問3〕(3)ただ、一度口に出すと、ああそうか、そうなんだよ、と妙に納得した。とあるが、三郎が「納得した」わけとして最も適切なのは、次のうちではどれか。

を叩いてくれたのだ。

「お母さんも覚えてる?」

君枝さんはこくんとうなずいて、思い出の中と同じしぐさで手を叩いた。まなざしが遠くに向く。昔を見つめる。もう会えない人たちに微笑みかける。

「でも、あのとき、キリンの赤ちゃんいたかなあ。親のキリンを見たのは覚えてるんだけど、赤ちゃんもいたのかどうかは、はっきりしないんだ。」

人の記憶というのはおかしなものだ。隆一郎さんが幸四郎さんを肩車した光景は、一度思いだしたあとはどんどん鮮明になって、手を伸ばせば触れられそうなほどなのに、肝心かなめのキリンの赤ちゃんのことは、まったく浮かんでこない。ただ、あの日は楽しかった。出来事でも場面でもなく、温もりの記憶だけは、確かに、しっかりと——思いだしたのだから、もう決して忘れない。

「お母さんはどう? キリンの赤ちゃんを覚えてる?」

(4)君枝さんは微笑むだけだった。そうだよね、それでいいよね、と三郎さんは部屋を出た。

居間に戻ってきたお父さんの顔は、博史の予想に反して、すっきりしていた。お姉ちゃんに気づいて「ああ、優子もいたのか。」と言ったときには、笑顔にもなった。「じゃあよかった、話が早い。」

(5)「ねえ、お義母さんどうだった?」

勢い込んで訊くお母さんを、まあまあ、と手で軽く制して、三人に言った。

「お父さん、これからおばあちゃんと一緒に上野動物園に行くから。」

お母さんとお姉ちゃんは驚いて顔を見合わせ、博史も目をまるくして「今日?」と訊いた。「パンダ見るの?」

「いや、パンダはもう間に合わないな。動物園に着くのは十一時頃になるから。」

「じゃあ、なにを見に行くの?」

「パンダ以外にもたくさんいるだろ。キリンとか、ゾウとか、シマウマとか。」

「お父さんとおばあちゃん、二人で?」

「ああ。でも、みんなも一緒に来てくれたら、おばあちゃんは喜ぶし、お父さんもうれしいんだけど。」

(6)博史はうつむいた。不安だった。動物園に連れて行ってくれる約束を、これで果たしたと言われたら、パンダはどうなってしまうのだろう。

すると、お父さんは「心配するな。」と笑って言った。「パンダはまた今度、絶対に連れて行ってやるから。」

ほっとした。けれど、今度は胸の内を見抜かれてしまったのが恥ずかしくなって、顔を上げられなかった。

「わたし、お母さんも行くんだったら、行ってもいいよ。」

お姉ちゃんが言った。「パンダ以外の動物はひがんでると思うから、見てあげたい。」

お母さんは「ひねくれてるのか優しいのか、よくわかんないね。」と苦笑しながらも、「じゃあ、お母さんも付き合う。」

行ったことはいままで何度もあるのに、だめだな、ずっと忘れてた。」

*司郎さんは亡くなっていたが、*隆一郎さんはまだ兵隊に取られる前——昭和十八年の秋、上野動物園でキリンの赤ちゃんが生まれた。その年の夏、東京が空襲を受けたときに備えてライオンやトラやクマなどの猛獣が処分されてしまった上野動物園にとっては、ひさびさの明るいニュースだった。

新聞に出たのか、ラジオで言っていたのか、家族の誰かがどこかで聞いてきたのか、とにかくそれを知った幸四郎さんが、動物園に行こう行こうと言いだして、休みの日に家族みんなで出かけたのだ。

日付は覚えていないが、真冬の服は着ていなかったので十一月頃だろうか。街路樹の梢は葉を落としていたので、もう十二月になっていただろうか。だとすれば、隆一郎さんに召集令状が来るほんの少し前だったことになる。

三郎さんは肩の力を抜き、声の響きをなるべくやわらかくして、君枝さんに言った。

「お母さん、動物園に行ってみないか。」

「いまから？」

「そう。上野なら、地下鉄を一回乗り換えるだけで行けるから。」

(2)君枝さんはきょとんとして、そのおかげで左肘からやっと右手が離れた。

「俺が行ってみたいんだ。お母さんも行こうよ。智恵子と子どもたちも誘ってみるし、あと……そうだな、*昭次兄さんも、南千住からならすぐだから、声をかけてみよう。」

君枝さんはまだ、話がよく呑み込めていない様子だった。三郎さん自身、なぜ急にそうしようと思ったのか、よくわからない。

(3)ただ、一度口に出すと、ああそうか、そうなんだよ、と妙に納得した。

「行こうよ。」

立ち上がって、仏壇の写真を見つめて「みんなで行こう。」と続け、まだ黙ったままの君枝さんに、笑ってもう一言、声をかけた。

「お母さん、昔のことを覚えていてくれて、ありがとう。」

慰めでも励ましでもない。博史から聞くまで忘れていた。けれどそれは、思いださなかったというだけで、記憶から消え去っていたわけではなかった。

「おっきいちゃんが、コウちゃんを肩車してやったんだ。もうコウちゃんはそんなことしてもらうような歳じゃなかったけど、あいつ甘えちゃって。」

剣道をやっていた隆一郎さんは、当時としては長身で、がっしりした体格だった。それでも八歳の男の子を肩車するのは楽ではない。幸四郎さんを肩に乗せて立ち上がると、足元がふらついた。

「コウちゃんが落ちそうだったから、俺と昭次兄さんが後ろに回ってお尻を支えて、*節子姉ちゃんが、騎馬戦みたい、って笑って……」

君枝さんが、がんばれ、がんばれ、と拍子をとるように手

＜国語＞

時間五〇分　満点一〇〇点

【注意】答えは、**特別の指示**のあるもののほかは、各問の**ア・イ・ウ・エ**のうちから、最も適切なものをそれぞれ**一つずつ**選んで、その記号を書きなさい。また、答えに字数制限がある場合には、**、や。や「なども それぞれ一字と数えなさい。**

1

次の各文の――を付けた漢字の読みがなを書き、かたかなの部分に当たる漢字を楷書で書け。

(1) かつて生糸は日本の重要な輸出品だった。

(2) 彫金の技術を継承する。

(3) 掛け軸一幅を床の間に飾る。

(4) 都市計画の大綱を決める。

(5) 合成ヒカクでかばんを作る。

(6) モクタンには消臭効果がある。

(7) 災害に備えて食料をチョゾウする。

(8) 目先の利害に捕らわれるのはチョウサンボシと一緒だ。

2

次の文章を読んで、あとの各問に答えよ。（＊印の付いている言葉には、本文のあとに〔注〕がある。）

小学四年生の博史(ひろし)は父の三郎(さぶろう)、母の智恵子(ちえこ)、姉の優子(ゆうこ)、祖母の君枝(きみえ)と一緒に暮らしている。博史は祖母の君枝の部屋で君枝と過ごしていた。話しているうちに急に様子が変わった君枝を見て、博史は部屋から飛び出してきた。

泣きだしそうな顔の智恵子さんに「だいじょうぶだ、心配するな。」と声をかけ、戸口に立ちつくす博史の頭を軽く撫(な)でてから、三郎さんは居間を出た。

博史が襖(ふすま)を開けっ放しにしていたので、廊下から君枝さんの様子が見える。仏壇の前に座って、写真なのか位牌(いはい)なのか、亡くなった家族と向き合いながら、右手で左肘の内側をつねっていた。

三郎さんに気づいた君枝さんは、寂しそうに微笑(ほほえ)んで、「ヒロちゃん、びっくりしてたでしょう。」と言った。「ごめんね、かわいそうなことをしちゃった。」

(1)三郎さんはかぶりを振って部屋に入り、君枝さんと並んで仏壇と向き合う格好で腰を下ろした。

「お母さん、もう、だいじょうぶ?」

「うん……どうしたんだろうね、起きてるのに寝ぼけてたみたいで、人違いしちゃった。」

「＊コウちゃんはちょうどいまの博史の歳で八王子(はちおうじ)のほうに行って、＊ああなったからね。だから間違えてもしかたないよ。」

「でも、歳を取るとやっぱりだめねえ、いろんなところが錆(さ)び付いて、ネジもゆるんで。」

もう頭もポンコツよね、と君枝さんは笑う。肘の内側から指が離れない。つねっていなければ笑えないのかもしれない。

三郎さんは君枝さんから目をそらし、仏壇の写真に語りかけるように「キリンの赤ちゃんのこと、俺、ひさしぶりに思いだしたよ。」と言った。「優子や博史を上野(うえの)動物園に連れて

2020年度

解答と解説

《2020年度の配点は解答欄に掲載してあります。》

＜数学解答＞

1 〔問1〕 0
〔問2〕 $\dfrac{-9\pm\sqrt{65}}{8}$
〔問3〕 $53-4\sqrt{7}$
〔問4〕 $\dfrac{7}{36}$
〔問5〕 84度
〔問6〕 (a) 540　(b) 220
〔問7〕 右図

2 〔問1〕 $-\dfrac{21}{8}\leqq b\leqq -\dfrac{5}{4}$
〔問2〕 $y=\dfrac{11}{12}x+\dfrac{35}{6}$
〔問3〕 (a) 75　(b) $\dfrac{11}{2}$　(c) $-\dfrac{15}{2}$　(d) $\dfrac{6}{5}x+13$
(e) $\dfrac{7}{10}$ (途中の式や計算は解説参照)

3 〔問1〕 $\dfrac{45}{8}$cm
〔問2〕 (a) キ　(b) ニ　(c) ト　(d) イ　(e) ノ　(f) セ
(g) タ　(h) コ
〔問3〕 $\dfrac{20}{81}$倍

4 〔問1〕 $\dfrac{32}{3}\text{cm}^3$
〔問2〕 $2\sqrt{29}\text{cm}^2$
〔問3〕 $\dfrac{8\sqrt{10}}{3}$cm
〔問4〕 $\dfrac{40}{3}\text{cm}^3$

○配点○
1 〔問6〕 各4点×2　〔問7〕 7点　他　各5点×5
2 〔問3〕 (a)・(b)・(c) 各1点×3　(d) 2点　他　各5点×3
3 〔問1〕・〔問3〕 各6点×2　他　各1点×8　4 各5点×4　計100点

＜数学解説＞

1 (数の計算，二次方程式，式の値，確率，円の性質と角度，連立方程式の応用，作図)

〔問1〕 $\left(\dfrac{5}{7}-\dfrac{1}{21}\right)\times\dfrac{3}{\sqrt{6}}-\dfrac{\sqrt{3}}{2}\div\sqrt{\dfrac{9}{8}}=\left(\dfrac{15}{21}-\dfrac{1}{21}\right)\times\dfrac{3\times\sqrt{6}}{\sqrt{6}\times\sqrt{6}}-\dfrac{\sqrt{3}}{2}\times\sqrt{\dfrac{8}{9}}=\dfrac{14}{21}\times\dfrac{3\sqrt{6}}{6}-\dfrac{\sqrt{3}}{2}\times$

$\frac{2\sqrt{2}}{3}=\frac{2}{3}\times\frac{\sqrt{6}}{2}-\frac{\sqrt{6}}{3}=\frac{\sqrt{6}}{3}-\frac{\sqrt{6}}{3}=0$

〔問2〕 $(2x+3)^2-3(x+3)+2=1$ $4x^2+12x+9-3x-9+2-1=0$ $4x^2+9x+1=0$ 解の公式より，$x=\frac{-9\pm\sqrt{9^2-4\times4\times1}}{2\times4}=\frac{-9\pm\sqrt{65}}{8}$

基本 〔問3〕 $X=x+y$, $Y=x-y$とする。$x^2+2xy+y^2+4x-4y=(x+y)^2+4(x-y)=X^2+4Y$ $X=\frac{5-4\sqrt{7}}{2}+\frac{5+8\sqrt{7}}{2}=\frac{10+4\sqrt{7}}{2}=5+2\sqrt{7}$, $X-Y=\frac{5-4\sqrt{7}}{2}-\frac{5+8\sqrt{7}}{2}=-6\sqrt{7}$ よって，$X^2+4Y=(5+2\sqrt{7})^2+4\times(-6\sqrt{7})=25+20\sqrt{7}+28-24\sqrt{7}=53-4\sqrt{7}$

〔問4〕 カードの取り出し方は，$6\times6=36$(通り) このうち，$\sqrt{ab}$が整数となるのは，(a, b)＝(1, 1)，(1, 4)，(2, 2)，(3, 3)，(4, 1)，(4, 4)，(5, 5)，(6, 6)の8通り。このとき，$(2a+b, \sqrt{ab})$＝<u>(3, 1)</u>，<u>(6, 2)</u>，<u>(6, 2)</u>，<u>(9, 3)</u>，(9, 2)，<u>(12, 4)</u>，<u>(15, 5)</u>，<u>(18, 6)</u>より，$\frac{2a+b}{\sqrt{ab}}$が整数となるのは，下線をつけた7通り。よって，求める確率は，$\frac{7}{36}$

基本 〔問5〕 $\overset{\frown}{AB}:\overset{\frown}{AD}:\overset{\frown}{CD}=6:2:1$ $\angle DAC=\angle DBC=a°$とすると，円周角は弧の長さに比例するから，$\angle ABD=2a°$，$\angle BCA=6a°$ △ABCはBA＝BCの二等辺三角形だから，△ABCで，$(2a°+a°)+6a°\times2=180°$ $15a°=180°$ $a=12$ よって，$\angle x=\angle BAD=6a°+a°=7a°=7\times12°=84°$

〔問6〕 商品Aの税込み価格をa円，商品Bの税込み価格をb円とする。現金で購入するときの消費税額より，$\frac{8}{100+8}a+\frac{10}{100+10}b=60$ $\frac{8}{108}a+\frac{10}{110}b=60$ $\frac{2}{27}a+\frac{1}{11}b=60$ …① キャッシュレス決済で購入するときの金額より，$\left(1-\frac{5}{100}\right)a+\left(1-\frac{5}{100}\right)b=722$ $\frac{19}{20}a+\frac{19}{20}b=722$ $a+b=760$…② ①，②を連立方程式として解く。①より，$b=660-\frac{22}{27}a$…①′ ①′を②に代入して，$a+660-\frac{22}{27}a=760$ $\frac{5}{27}a=100$ $a=540$ $a=540$を②に代入して，$540+b=760$ $b=220$ よって，$a=540$，$b=220$

〔問7〕 ∠ADCの二等分線と∠BADの二等分線との交点が円の中心Oより，点Oから辺CDにひいた垂線と辺CDとの交点をEとすればよい。

2 (図形と関数・グラフ，直線の式・傾き)

〔問1〕 $a=-10$のとき，P(−10, 25)より，$b=\frac{4-25}{-2-(-10)}=-\frac{21}{8}$ $a=-6$のとき，P(−6, 9)より，$b=\frac{4-9}{-2-(-6)}=-\frac{5}{4}$ よって，bのとる値の範囲は，$-\frac{21}{8}\leqq b\leqq-\frac{5}{4}$

重要 〔問2〕 点Aと点Qはy軸について対称だから，Q(2, 4) よって，$AQ=2-(-2)=4$ 点Pの座標を$\left(-t, \frac{1}{4}t^2\right)$とすると，線分PRはx軸に平行だから，$R\left(t, \frac{1}{4}t^2\right)$ AQ：PR＝2：7より，$PR=\frac{7}{2}AQ=\frac{7}{2}\times4=14$なので，$PR=t-(-t)=2t=14$ $t=7$ よって，$R\left(7, \frac{49}{4}\right)$ 2点A，Rを通る直線の式は，傾きが，$\left(\frac{49}{4}-4\right)\div\{7-(-2)\}=\frac{33}{4}\div9=\frac{11}{12}$なので，$y=\frac{11}{12}x+c$とおいて，A(−2, 4)を代入すると，$4=\frac{11}{12}\times(-2)+c$ $c=\frac{35}{6}$ よって，$y=\frac{11}{12}x+\frac{35}{6}$

〔問3〕 (a)～(d)の流れは，(ア)平行線と面積の関係を利用して，△ARPの面積をASを用いて表す。(イ) 2点Q，Rのx座標は等しいことを利用して，△AQRの面積を求める。(ウ) △ARPの面積と△AQRの面積の比の関係から点Sの座標を求める。(エ) 直線PSの式を求める。

(e) $\frac{1}{4}p^2=\frac{6}{5}p+13$より，$5p^2-24p-260=0$ 2次方程式の解の公式より，$p=$

$\frac{-24\pm\sqrt{24^2-4\times5\times(-260)}}{2\times5}=-\frac{26}{5}$，10　点Pのx座標は負だから，点Pの座標は$\left(-\frac{26}{5},\ \frac{169}{25}\right)$である。点Rの座標は(8，16)より，直線PRの傾きは，xの増加量が，$8-\left(-\frac{26}{5}\right)=\frac{66}{5}$　yの増加量が，$16-\frac{169}{25}=\frac{231}{25}$　よって，$\frac{231}{66\times5}=\frac{231}{330}=\frac{7}{10}$

3　(平面図形，線分の長さ，証明，面積比)

〔問1〕　△ABCで，三平方の定理により，$AB^2=BC^2+AC^2=9^2+12^2=225$　AB>0より，$AB=\sqrt{225}=15$(cm)　△ABCと△AQPにおいて，∠ACB=∠APQ=90°，∠BAC=QAP(共通)より，2組の角がそれぞれ等しいから，△ABC∽△AQP　よって，CB：PQ=AC：AP　9：PQ=12：$\frac{15}{2}$　$12PQ=9\times\frac{15}{2}$　$PQ=\frac{45}{8}$(cm)

重要　〔問2〕　本証明の要旨は，(ア)　△ABCの面積と△APQの面積の比の関係から，線分QRと線分BCの比を求める。(イ)　△AQRと△ABCが相似であることを示す。(ウ)　点Rが線分APの中点であることを示す。(エ)　直線QRが線分APの垂直二等分線より，△APQが二等辺三角形であることを示す。

やや難　〔問3〕　△APEと△AQEにおいて，∠PAE=∠QAE，∠AEP=∠AEQ=90°，AE=AE(共通)より，1組の辺とその両端の角がそれぞれ等しいから，△APE≡△AQE　よって，PE=QE　線分ADは∠BACの二等分線なので，BD：DC=AB：AC=15：12=5：4　よって，$DC=\frac{4}{9}\times9=4$(cm)　△ACDで，三平方の定理により，$AD^2=CD^2+AC^2=4^2+12^2=160$　AD>0より，$AD=\sqrt{160}=4\sqrt{10}$(cm)　△ACDと△AEQにおいて，∠ACD=∠AEQ=90°，∠CAD=∠EAQ(共通)より，2組の角がそれぞれ等しいから，△ACD∽△AEQ　相似な図形の面積の比は相似比の2乗に等しいから，$\triangle ACD:\triangle AEQ=AC^2:AE^2=12^2:(2\sqrt{10})^2=18:5$　よって，$\triangle APQ=2\triangle AEQ=2\times\frac{5}{18}\triangle ACD=2\times\frac{5}{18}\times\frac{4}{9}\triangle ABC=\frac{20}{81}\triangle ABC$　したがって，$\frac{20}{81}$倍。

4　(空間図形，体積，面積，表面上の最短距離)

〔問1〕　点Pは，1×3=3(cm)移動するから辺AB上にあり，点Qは，3×3=9(cm)移動するから辺GH上にある。よって，立体P－EFQの体積は，$\frac{1}{3}\times\triangle EFQ\times AE=\frac{1}{3}\times\left(\frac{1}{2}\times4\times4\right)\times4=\frac{32}{3}$ (cm^3)

重要　〔問2〕　点Pは，1×2=2(cm)移動するから，辺ABの中点にある。点Qは，3×2=6(cm)移動するから，辺FGの中点にある。三平方の定理により，$PH^2=PD^2+DH^2=AP^2+AD^2+DH^2=2^2+4^2+4^2=36$　PH>0より，PH=6(cm)　$PQ^2=BP^2+BQ^2=BP^2+BF^2+FQ^2=2^2+4^2+2^2=24$　PQ>0より，$PQ=\sqrt{24}=2\sqrt{6}$ (cm)　$HQ^2=HG^2+GQ^2=4^2+2^2=20$　HQ>0より，$HQ=\sqrt{20}=2\sqrt{5}$ (cm)　点Qから線分PHに垂線QIをひき，PI=xcmとする。△PQIで，三平方の定理により，$QI^2=(2\sqrt{6})^2-x^2=24-x^2$　△HQIで，三平方の定理により，$QI^2=(2\sqrt{5})^2-(6-x)^2=-16+12x-x^2$　$24-x^2=-16+12x-x^2$　$12x=40$　$x=\frac{10}{3}$　よって，$QI^2=24-\left(\frac{10}{3}\right)^2=\frac{116}{9}$　QI>0より，$QI=\frac{2\sqrt{29}}{3}$(cm)　したがって，△HPQの面積は，$\triangle HPQ=\frac{1}{2}\times6\times\frac{2\sqrt{29}}{3}=2\sqrt{29}$ (cm^2)

〔問3〕 点Pは，$1\times3=3$(cm)移動するから辺AB上にあり，PB=1cmである。点Qは，$3\times5=15$(cm)移動するから辺HE上にあり，HQ=3cmである。側面の展開図を考えると，AA′//EE′なので，三角形と比の定理により，BR：RF=PB：FQ=1：(4+4+3)=1：11なので，$\mathrm{BR}=\frac{1}{12}\mathrm{BF}=\frac{1}{12}\times4=\frac{1}{3}$(cm) DT：TH=PD：HQ=(1+4+4)：3=9：3=3：1なので，$\mathrm{DT}=\frac{3}{4}\mathrm{DH}=\frac{3}{4}\times4=3$(cm) 点Rから線分DHに垂線RJをひくと，△RTJで，三平方の定理により，$\mathrm{RT}^2=8^2+\left(3-\frac{1}{3}\right)^2=8^2+\left(\frac{8}{3}\right)^2=\frac{640}{9}$ RT＞0より，$\mathrm{RT}=\frac{8\sqrt{10}}{3}$(cm)

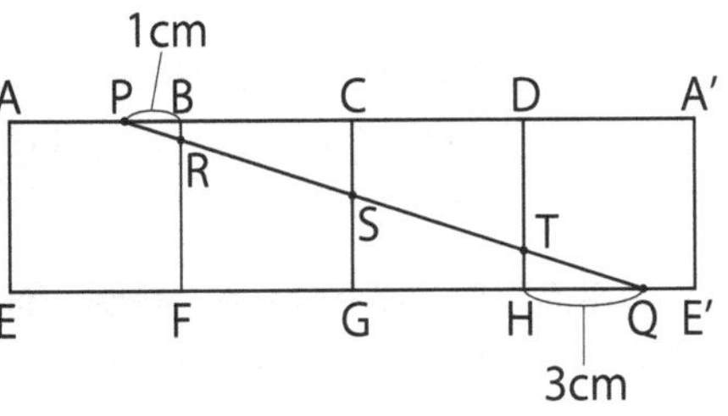

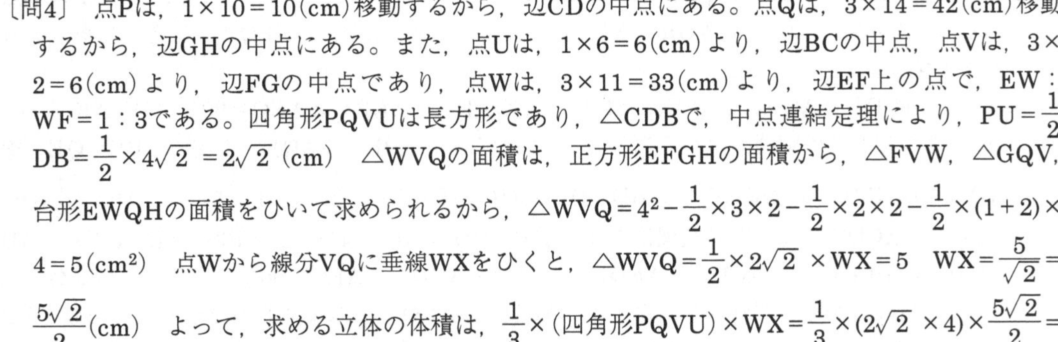

やや難 〔問4〕 点Pは，$1\times10=10$(cm)移動するから，辺CDの中点にある。点Qは，$3\times14=42$(cm)移動するから，辺GHの中点にある。また，点Uは，$1\times6=6$(cm)より，辺BCの中点，点Vは，$3\times2=6$(cm)より，辺FGの中点であり，点Wは，$3\times11=33$(cm)より，辺EF上の点で，EW：WF=1：3である。四角形PQVUは長方形であり，△CDBで，中点連結定理により，$\mathrm{PU}=\frac{1}{2}\mathrm{DB}=\frac{1}{2}\times4\sqrt{2}=2\sqrt{2}$(cm) △WVQの面積は，正方形EFGHの面積から，△FVW，△GQV，台形EWQHの面積をひいて求められるから，$\triangle\mathrm{WVQ}=4^2-\frac{1}{2}\times3\times2-\frac{1}{2}\times2\times2-\frac{1}{2}\times(1+2)\times4=5$(cm^2) 点Wから線分VQに垂線WXをひくと，$\triangle\mathrm{WVQ}=\frac{1}{2}\times2\sqrt{2}\times\mathrm{WX}=5$ $\mathrm{WX}=\frac{5}{\sqrt{2}}=\frac{5\sqrt{2}}{2}$(cm) よって，求める立体の体積は，$\frac{1}{3}\times$(四角形PQVU)$\times\mathrm{WX}=\frac{1}{3}\times(2\sqrt{2}\times4)\times\frac{5\sqrt{2}}{2}=\frac{40}{3}$(cm^3)

★ワンポイントアドバイス★

2〔問2〕は，点Aと点Q，点Pと点Rがそれぞれy軸について対称であることを利用しよう。3〔問3〕は，点Eが線分PQの中点であることに気付こう。4〔問3〕は，側面の展開図をかいて考えよう。

<英語解答>

1 〔問題A〕 <対話文1> ウ <対話文2> エ <対話文3> イ
〔問題B〕 <Question 1> ウ <Question 2> They should tell a teacher.

2 〔問1〕 オ 〔問2〕 ウ 〔問3〕 all kinds of things
〔問4〕 influence 〔問5〕 ア 〔問6〕 エ

3 〔問1〕 ア 〔問2〕 イ 〔問3〕 ウ 〔問4〕 hold 〔問5〕 biomimetics
〔問6〕 オ

4 〔問1〕 エ 〔問2〕 エ 〔問3〕 ア 〔問4〕 イ 〔問5〕 オ
〔問6〕 イ
〔問7〕 To have some plans is important to enjoy daily life. Some old people don't do anything to stay healthy, but if they have a plan, they

may try to do that. I can help them when they make plans. Then, they can be healthy. (44語)

○配点○

1 各4点×5　2 各4点×6　3 各4点×6　4 〔問7〕 8点　他 各4点×6

計100点

＜英語解説＞

1 (リスニングテスト)

放送台本の和訳は，2020年度都立共通問題37ページに掲載。

2 (対話文読解問題：文挿入，語句整序，内容吟味，要旨把握，内容真偽)

(全訳)

Miho, AyaそしてKenは高校の美術部のメンバーである。　今日，彼らは東京の美術館での北斎の展覧会に来ている。彼らは美術館の前にいる。

Miho：あの長い列を見て！

Aya　：えー，イヤだ！　すごく大勢の人がここにいるわ。

Ken　：1時間以上待たなくちゃいけないね。

Miho：Ken，待っているあいだ，北斎について私たちに教えてくれない？

Kenは北斎の大ファンで，この展覧会の前から北斎についてたくさん勉強してきた。

Aya　：いい考えね！

Ken　：いいよ。じゃあ，北斎についてどんなことを知ってる？

Miho：えーと，彼は江戸時代の浮世絵師だったんだよね。

Aya　：彼は日本でだけでなく，世界中で有名だよね。北斎の展覧会はたくさんの国で開かれているわよ。

Ken　：北斎は世界で1番知られている日本の画家だと言われているね。

Miho：1-a　⑥　北斎はどのようにして西洋世界に紹介されたの？

Ken　：最初，ヨーロッパの人たちは包装紙として使われた彼の版画を見たんだ。そして1862年のロンドンの万国博覧会や，1867年のパリの万国博覧会の後に，西洋でかなり有名になった。当時のもっとも偉大な芸術家の多くが北斎のやり方をまねしたんだよ。

Aya　：1-b　②　例えば，彼はだれに影響を与えたの？

Ken　：ヴァン・ゴッホのような画家だよ。

Miho：わあ！　それは知らなかったわ。　1-c　⑤　彼はどのようにしてそんなにすごい画家になったの？

Ken　：彼が6歳のとき描き始めたと本人は言っているんだ。毎日，彼は自分の周りにあるものを描いた。19歳のときに，勝川春章の弟子となって，春朗と呼ばれた。春章のもとで，役者，美人，動物，植物，有名な場所などの描き方を学んだんだ。

Aya　：へえー！　彼はあらゆる種類のものを描くことを学んだのね！

Ken　：15年後，彼は別の絵師のグループへ移って，それまでとはかなり違う描き方のスタイルを学んだんだ。彼の筆致はこれまでよりも太く，力強いものになったんだ。彼の時代，彼は西洋画にも影響を受けて，風景版画を作成するために遠近法を使ったんだよ。彼はこの時期に，独自のスタイルを生み出したんだよね。

Aya ：Ken，彼の絵の描き方についてもっと教えて。1-d ④ 彼の描くスタイルはどのように違っていて特別なの？

Ken ：彼はその構図の技術と色使いで有名だよ。こうしたスキルを当時の最高の画家から学んだんだ。でも彼の最大の師は自然だった。(2) 彼は自然を注意深く見つめ，他人が見えないものを描こうとさえしたんだ。

Miho：どういう意味？

Ken ：人々は彼の絵を見たとき，風を感じたり，音を聞いたり，そして気持ちが理解できたりたんだ。この後，彼はほかのどの集団にも所属しなかったんだよ。自分の道を突き進んだんだ。

Aya ：それから何があったの？

Ken ：自分の名前を葛飾北斎に変えて，物語本の挿し絵を創作し，1番人気のある浮世絵師になったんだ。それから，また名前を変え，3 あらゆる種類のものの写生図を示した絵の手引書を出版したんだよね。当時，彼には200人以上の弟子がいて，彼らに教科書が必要だったんだ。手引書は彼の弟子のためだったんだけど，世界中の北斎ファンのためでもあったんだ。

Aya ：あっ，それ知っている。北斎漫画と呼ばれてるよね。

Ken ：うん。北斎漫画は3,900の写生図が入った15冊の本から成るんだ。第1巻はとても有名だよ。

Miho：北斎漫画は19世紀後半の西洋文化に大きな影響を与えたらしいわね。

Ken ：そのとおり。北斎漫画と富嶽三十六景が，日本から西洋の芸術と文化に影響をもたらしたジャポニズムの始まりだ，という人もいるよ。これは絵画だけでなく，西洋の音楽や建築などにも影響を及ぼしたんだ。

Aya ：いつ彼は富嶽三十六景を生み出したの？

Ken ：71歳から75歳の間に，彼は，1日のいろいろな時間帯に，さまざまな天候のもとで，そしてあらゆる角度から，四季折々の富士山の版画を創作したんだ。その富士山の版画はただの風景じゃなかった。版画のいくつかには人も描かれているよ。

Miho：彼が絵を描くのをやめたのは何歳のときだったの？

Ken ：90歳まで描いたよ。

Aya ：そんなに歳をとって上手に描けたのかしら？

Ken ：うん，その時までとても上手に描いていたんだ。実のところ，彼は自分が110歳まで生きると信じ，100歳になれば完璧な画家になるだろうと言っていたんだ。だから90歳のときには，彼は本物の画家になるためにまだ学んでいるところだ，と思っていたんだよ。

Miho：彼は確かに大物だったのね。

Ken ：そうだね。彼は人生で30回以上自分の名前を変えたことは知ってる？ 理由は定かではないけど，彼は常に5 ア 新しいことに挑戦して前進したいと思っていたんだろうね。

Aya ：彼は本物のフロントランナーだったわね！ もう今では，北斎のことがよく分かるわ。展覧会がより一層楽しめるね。ありがとう，Ken！

Miho：私たちやっと，美術館に入れるよー。

〔問1〕 上記全訳も参照し，話の展開を整理しよう。

やや難 〔問2〕 **He looked at nature very carefully and even【tried to draw things that other people could not see】.** 〈try to＋動詞の原形…〉「…しようとする」〈先行詞things＋目的格関係代名詞that＋主語other people＋(助)動詞could not see〉「他人が見

ることのできなかったもの」

〔問3〕 Kenの6番目の発言の後半，およびAyaの5番目の発言を参照。

やや難 〔問4〕 Japonismに関する説明をしている，Kenの12番目の発言を参照。　問題文空所直後のonにも着目する。〈influence on ～〉「～に対する影響」

〔問5〕 上記全訳を参照し，本文の流れを確認。Kenの6，7番目の発言および最後から2番目の発言を参照。それらの発言の共通点として，Kenは 'learn' (学ぶ) という動詞を用いて北斎の生き方を説明している。Ayaの最後の発言1文目も参照。

〔問6〕 ア　現在だけでなく150年前も，世界中の人々は北斎の絵画や版画を楽しむことができた。(×)

イ　北斎は西洋美術に影響を受け，遠近法を用いた唯一の日本の画家だったので特別な存在だった。(×)

ウ　北斎の弟子のために描かれた教科書である北斎漫画は15冊あり，それらはすべて有名である。(×)

エ　北斎は様々な異なる状況にある富士山を描いた。これらの絵画の中に時として，人を見つけることができる。(○)　Kenの最後から4番目の発言を参照。

オ　北斎は全人生をかけて画家として技術を向上させ続け，90歳のとき，彼はついに自分は完璧になったと感じた。(×)

3 **(長文読解問題・論説文：内容吟味，文整序，内容一致，語句補充，要旨把握)**

(全訳)

[1]　人類史の初期において，人間は家を造ったり，他の有用なものを作ったりするために，石や草のような素材を用いた。素材は我々にとって大変重要なものとなっている。人類史の時代名が，その当時に産み出されたり，使用されたりした素材の名前に由来するものもある。例えば，石器時代などである。新しくより良い素材を創造することにより，我々は自身の生活を向上させることが可能となってきた。

[2]　Biomimeticsというのは，自然界からアイディアを得るために自然を研究することである。今日，多くの科学者が新たな素材を創造するために自然界を見つめている。いくつかの例を見てみよう。

[3]　住宅を建造するための素材を生産する会社に勤める科学者たちは，クリーンな状態を保つ壁タイルを作ろうとしていた。その設計のデザインはカタツムリから来ていた。その科学者たちはカタツムリに関する不思議なあることに気づいた。カタツムリは自分の周りの地面がきれいではない時でさえ，殻をクリーンに保っていた。科学者はカタツムリを注意深く研究し，カタツムリの殻に細い溝があることが分かった。ア　これら溝と溝の間には極小の水たまりがあるのだ。科学者がその殻に油を垂らすと，その油はすぐに流れ落ちた。それは，これらの極小の水たまりの上に油が浮いたためである。自然界においては，雨が殻に当たるとき同じようになる。泥が簡単に洗い出されるのだ。このことを知って科学者たちは，このアイディアは使えると確信した。

[4]　数年にわたる注意深い研究とテストの後，シリカコーティングが誕生した。シリカ(無水珪酸)は地中に存在する素材である。2　イ　②　コーティングとは，他のものを覆うもののことである。　⑤　このシリカコーティングで壁タイルを塗ると，カタツムリの殻の溝のようにそのタイルに小さな溝ができる。　③　空気中の水分がこれらの溝の間にとどまる。　①　これが，カタツムリの殻に見られるのと同じような，水たまりを作り出すのだ。　④　空中の泥や油分が，これらの水たまりの上に浮く。雨が降るたびに，コーティング上のその泥や油分が洗い流され

る。そして住宅やビルなどの壁タイルはクリーンな状態を保つのだ。まさにカタツムリの殻のように！

[5] ヤモリはどうして壁や天井から落ちることなく歩けるのだろうか？　別の会社の科学者たちはこのことを不思議に思った。まず彼らは，ヤモリの足先の5本の足の指から何かねばねばするものが出ているのだと考えた。ア　しかし研究によって，ヤモリの足の指には1,000,000本以上の毛があるということが分かった。　イ　それぞれの毛の先端には，さらに細い毛の集まりがあるのだ。（ウ　実は，彼らの足はまた，とてもねばねばするものも分泌しているのだ。そしてそのことが理由で，ヤモリは壁や天井を容易に歩けるのだ。）エ　これらの小さな毛の集まりそれぞれが壁や天井に触れるとわずかな力が生じる。　オ　ヤモリにはそれぞれの足の指先にたくさんの毛があることを思い出してほしい。生じるその力が合わさるとその力はとても強くなるので，ヤモリは壁や天井にくっつくことができるのだ。

[6] この力は何なのだろうか？　ヤモリの毛の分子にある電子と，壁の分子にある電子が協働すると，電磁気の力が生まれる。この力が働くと，もの同士がくっつく。これこそがヤモリのすばらしい付着力の正体なのである。ヤモリの足はもう一つの長所をもっている。毛の角度が変わることによって，足は物にくっついたり，はがれたりということが可能なのだ。このようにして，ヤモリは素早く壁や天井が歩けるのである。

[7] この発見後，その会社の科学者たちは1,000,000,000本のナノチューブ(炭素原子から作られた極小のチューブ)を1cm²の大きさの1片の素材に付けた。この素材を天井に付けてみると，それは重さ500gのビンを4　つかまえておくことができたのである。この新しいテープは，ヤモリの足と同様の付着力をもっている。このテープは簡単にはがれるので，同じテープを繰り返し使用できるのだ。

[8] これらの例から分かるように今日，biomimetics(生体模倣科学)を使うことにより，いくつかの素材が生み出されている。将来，新たな素材が人々の生活を向上させるだろう。未来の素材を用いて我々はどんな世界を作るのだろうか？

重要　〔問1〕 挿入文中の 'these ridges'「これらの溝」は，空所アの直前の，'thin ridges'「細い溝」を指す。また，空所イの直後の文にある 'these small water pools'「これらの小さな水たまり」にも着目。　挿入文にある指示語these，空所アの直後の指示語theseがそれぞれ何を指すのか押さえることが正答のヒントとなる。

やや難　〔問2〕 上記全訳で流れを確認。　空所2の2文前に 'a silica coating' とある。そして，空所直後の文には，'the coating' と定冠詞theが用いてあることから，空所には，このcoatingに関する説明が順序だてて入ると考えながら整理しよう。　①から⑤のそれぞれの文にある，前後を自然につなげるキーワードが何かを押さえながら一組ずつ結び付けた上で自然な流れの文に整えよう。

重要　〔問3〕 上記全訳で確認しよう。

〔問4〕 第5段落最終文を参照。

基本　〔問5〕 第2段落1文目，第8段落1文目を参照。

〔問6〕 ア　人類史の初めから，時代名はその当時使われていた素材からとられている。(×)

イ　カタツムリは体と殻の両方をいつもクリーンな状態に保つことができる。なぜならその殻は水に満たされた小さな溝で覆われているからである。(×)

ウ　発見後すぐに，その会社に勤める科学者たちは大した努力をすることなく，シリカコーティングに覆われた特別なタイルを作り出した。(×)

エ　2つのものがかなり近づくと，分子中の電子が互いに影響し合ってお互いを押しのける。(×)

オ　極細のヤモリの毛のような，たくさんの小さなチューブの付いた特別なテープが作り出された。そしてそれはとてもねばねばするが，簡単にはがせる。(○)　第7段落を参照。

4 **(長文読解問題・物語文：語句整序，内容吟味，文整序，内容真偽，条件英作文など)**

（全訳）　老人ホーム行きのそのバスはガラガラだった。リョウタは窓側の席に座り，重いバッグと野球シューズを隣りに置いた。しかし，小さな苗木だけは肌身離さずに持ち続けていた。あたかもとても大切なものであるかのように。車内の他の乗客はリョウタよりもずっと年上だった。

彼らは皆，自分たちの家族を訪問するところであった。

老人ホームは，高い木々に囲まれた大きな建物だった。「大勢のお年寄りがここで日々過ごしているんだな」とリョウタは思った。良い世話が受けられるという理由からここに移って来ることを選んだ人もいる。より多くの友人を作るために来た人もいる。彼は，自分もいずれここに住むのだろうかと思わずにはいられなかった。その時，わずかに風がそよぎ，夏の香りを運んできた。彼はどうして自分がそこいるのかを，ふと思い出した。彼は建物に入った。

受付で，リョウタは机の上に苗木を置き，自分の名前を書いた。

「これはあなたの植物ですか？」と受付の女性が尋ねた。

「はい。　贈り物のトマトの苗木です」

「素敵ですね。でも苗木を世話するのはお年寄りには難しいかもしれませんね」

「大丈夫です！　サブローさんはトマトの育て方なら何でも知っています」

「あら，彼はあなたのおじいちゃん？」

リョウタの答えに彼女は驚いていた。

「いいえ違います。私の友だちです」

リョウタは思い出していた。ある夏の日，サブローがトマトに水をやっているときに霧の中の虹にさわろうとしていた。霧の中に差し込む日の光が，ちょうど空の虹のように，様々な色を見せた。サブローが彼に語ったように，彼はその虹にさわれると本当に思った。そのとき彼は4歳，サブローは67歳だった。それが彼にとっての1番昔の思い出だ。

実際のところ，彼らの友情はもっと早くから始まっていた。リョウタは一人で遊ぶのが好きな子だったが，ある日，リョウタは畑でサブローを見かけて，こんにちは，と言いに彼のところに駆け寄った。

「トマトをもらえますか？」

「いいぞ。一番デカいのを見つけに行こう！」

そんなふうにして，彼らは友だちになった。

彼らは一緒に多くの時間を過ごした。サブローはリョウタにボールの投げ方や自転車の乗り方を教えてあげた。リョウタは中学校に入ってからもなお，サブローのところへ行き続けた。

サブローは歳を重ね，動作が以前よりもかなり遅くなった。(1)独力で生活することが難しくなったとき，サブローは老人ホームに入る決心をした。そのあと，リョウタとサブローは別の場所で生活するようになった。

次の夏，登校途中，あるものがリョウタの目にとまった。雑草に覆われたサブローの畑でトマトが赤くなっていたのだ。知らないうちに，リョウタは畑に立っており，トマトを摘み取っていた。「おーい！　ここで一番デカいのをとったぞ！」 彼は顔をあげたが，そこにはサブローはいなかった。不意に，彼はサブローがいなくて自分がどれほど寂しく感じているのかを悟った。

「彼のお部屋にご案内しますね」と受付の女性が言った。そしてこう続けた，「サブローさんを訪問する人はだれもいなくて，最近は少し意気消沈しているんですよ。外に出たり，友だちを作ったり，自分が楽しめることを何か見つけるように言うんですけど，そうされないんですよね」

リョウタはサブローにもっと早く会うこともできたのに，そうはしなかった。彼はそのことでとても後悔した。

「こちらが彼の部屋です」と女性が言った。

リョウタは即座にドアを開けなかった。その代わりに，息を深く吸い込み，それからドアを開けた。サブローは，読んでいた雑誌から顔をあげ，リョウタを目にした。

「リョウタ！　ずいぶん背が高くなったな！　さあ中に入って！」 サブローは立ち上がり，彼を歓迎した。

「サブローさんにこれを持ってきました」 リョウタは植木鉢を見せた。

「トマトの苗木だ！　お前は私のことをよく分かってるな。ありがとう，リョウタ」

リョウタは日光の入る窓のそばのテーブルに植木鉢を置いた。

「そう，トマトは日光がたくさん必要なんだ。誰がお前にそれを教えたんだ？」

サブローとリョウタは二人とも一緒に笑い始めた。サブローが笑ったのは久しぶりだった。リョウタが訪問してくれたので，サブローはとてもうれしかった。

彼らはあれやこれやといろんなことを話したが，ほとんどの時間はリョウタがしゃべって，サブローはそれを聞いていた。

「野球を一生懸命練習しているんだけど，チームメートほどぼくはうまくないんだ。どうしたらいいのか分からないよ」とリョウタは言った。

サブローはリョウタが話し終えるのを待った。

「試合に参加せずにベンチからただ見守るのは本当にきついよ」とリョウタは言った。ようやくサブローが話した，「そうだな。それはきついな。リョウタ，よく聞いて。少しずつ物事をするということは今後もそうしていくということだよ。ひたすら練習し続けるんだ。そうすればもっとうまくなれるぞ。一番デカいトマトだって最初は小さな種からスタートしたんだ。おまえは私と一緒にトマトを育てたんだから，このことはもうおまえも学んだことだよな」

リョウタはしばらく黙っていた。それから言った，「ありがとう，サブローさん。もう少し頑張って続けてみるよ。おじさんは頼りになるね」

サブローは自分の友だちの役に立てたことがうれしかった。リョウタの帰り際に，サブローが言った，「なあ，次におまえが来るときには，トマトの種をいくらか持ってきてくれないか？　こんなこと言うつもりは全然なかったんだけど，トマトの園芸クラブをみんなとここで始めたくなったんだ」

リョウタはサブローに会いに来れたことをとてもうれしく思った。彼は，サブローが新しい友人と充実した時間を過ごしてほしいと願った。リョウタは振り返り，微笑んで言った，「とってもいいアイディアだね！　ここの人たちはおじさんのトマトが大好きになるよ！　でも1番大きいのは必ずぼくにとっておいてね！」

やや難　〔問1〕 **When 【it became difficult for <u>him</u> to <u>live</u> all by himself】, Saburo made the decision to move into a retirement home.**　〈become＋形容詞〉「～になる」← becomeは感情的・肉体的状態の<u>変化</u>に用いる動詞。〈all by himself〉「独力で」

基本　〔問2〕〔質問〕リョウタはサブローの部屋のドアをすぐに開けなかった。それなぜか？

エ　もっと早く来なかったので彼は後悔した。　下線部(1)の12文後の部分(老人ホームの受付の女性に案内される場面)に，“He felt really bad about that.”とある。

〔問3〕 ア 「あなたがいつも私のためにそこにいてくれることを知っている。」 “rock”「岩，支え，拠りどころ」

重要 〔問4〕 イ 彼は，自分の生活を変えて新たな友人と生活を楽しみたいと思っていた。 最後から2段落目最終文を参照。

やや難 〔問5〕 ④ リョウタはサブローに出会い，彼の畑で育ったトマトをくれるように彼に頼んだ。 → ② サブローは畑のトマトに水をやり，その水が虹を生じさせた。 → ③ ある夏の日，サブローは，雑草で覆われたサブローの畑でトマトを見つけた。 → ① リョウタはバスに乗ってトマトの苗木を運んだ。 → ⑥ リョウタは自分の友人に会うため老人ホームへ行った。 → ⑤ リョウタは老人ホームでのサブローの暮らしについて知った。 本文にはリョウタの回想場面が途中で挿入され，時系列通りの順番で出来事が述べられていないので注意。

やや難 〔問6〕 ① 高い木々に囲まれた老人ホームにリョウタが着いた時，彼は自分が年をとってもそこで暮らすことは決してないと思った。(×)

② リョウタはとても若かったので，受付の女性はリョウタがサブローの友人だと知って驚いた。(○) 第3段落最後の2文を参照。

③ リョウタがサブローの部屋の日の当たる場所にトマトの苗木を置くまで，サブローは自分がリョウタにトマトの育て方を教えたことを思い出せなかった。(×)

④ サブローはとても賢い男性で，人の話を聞いたり，問題を理解したりすることなく，人に良いアドバイスを与えることが好きな人である。(×)

⑤ リョウタの野球技術はあまり向上しなかったが，挑戦し続ければすべてそれでよいのだということを彼はいつも分かっている。(×)

⑥ サブローはベンチから試合を見ることはきついことになりうることに同意し，毎日の少しの練習によってリョウタがより上手な選手になると言った。(○) 最後から3段落目の後半を参照。

やや難 〔問7〕(解答例訳) 何かの予定を立てることは日常生活を楽しむうえで大切なことである。健康でいるために何かするということが全くないお年寄りもいるが，もし予定を立てるなら，それをしようと努力するかもしれない。彼らが計画を立てたなら，私は彼らのお手伝いができる。そうすれば，彼らは健康でいられる。

★ワンポイントアドバイス★

4〔問7〕 のような条件英作文問題に対応できるよう，以下のような対策を講じよう。教科書の重要例文を，構文を理解したうえで暗記する。英作文問題を数多くこなす。短い英文日記をつけたり，英語で手紙を書いたりして、自己表現や他者へのアドバイスなどの記述訓練を重ねる。

<国語解答>

1

(1)　きいと　(2)　ちょうきん　(3)　いっぷく　(4)　たいこう
(5)　皮革　(6)　木炭　(7)　貯蔵　(8)　朝三暮四

2

〔問1〕　ウ　〔問2〕　エ　〔問3〕　ア　〔問4〕　エ　〔問5〕　イ
〔問6〕　ウ　〔問7〕　イ

3

〔問1〕　始　自分の「考　終　という活動
〔問2〕　ア　〔問3〕　エ　〔問4〕　エ　〔問5〕　ウ
〔問6〕　(例)　自分の中に「なぜ」という問いを持ち，自分の問題としてとらえて
〔問7〕　(例)　世界の環境問題についての授業中に友人が最近なぜこんなに暑いのかと質問した。それがきっかけで，自分たちの住んでいる地域の平均気温を調べてみると，二十年前より大幅に上がっていることが分かった。このことで温暖化防止の重要性を実感し，地域でできる取り組みについて友人と話し合い，自分にできることを意識して生活するようになった。　意見の交換をすることで，考えが深まり，行動が変化することが対話の意味だと思う。

4

〔問1〕　エ　〔問2〕　①　イ　②　ウ
〔問3〕　舟にことごとしき人形のせて流す　〔問4〕　ア　〔問5〕　ウ

○配点○
1　各2点×8　2　各4点×7　3　問7　10点　他　各4点×6
4　問2　各3点×2　他　各4点×4　計　100点

<国語解説>

1　(漢字の読み書き)

(1)カイコの繭からとったまま、まだ練らない糸。　(2)たがねで金属に彫刻をすること。　(3)書画を表装した掛け物の単数をあらわす語。　(4)ある事柄のうちで重要な点。または大体の骨組み・アウトライン。　(5)動物の皮を加工したもの。　(6)「炭」の訓読みは「すみ」，音読みは「タン」。　(7)「貯」は，10画目以降に注意が必要。「丁」である。「寸」にしない。　(8)目の前の差にばかりこだわって，結果が同じになるのを知らないこと。

2　(小説―情景・心情，内容吟味，文脈把握，表現技法)

基本　〔問1〕君枝さんは，博史をびっくりさせてかわいそうなことをしたと申し訳なく思っている。また，三郎は「お母さん，もう，だいじょうぶ？」と気遣っている。この二人の心境をふまえて選択肢を選べばよい。

〔問2〕君枝さんは，博史をコウちゃんと勘違いしてしまった自分を「寝ぼけてたみたい」と話していることから，左肘の内側をつねって，痛みを感じることで現実にとどまろうとしているのだ。つねることで自分を律しようとしている様子が読み取れる。きょとんとしたのは，三郎さんが唐

突に動物園に行くことを提案したからで，思いがけない話に気が持っていかれ，自分を律しなければという張りつめた気持ちがほぐれたと考えられる。唐突な提案は，君枝さんの目を張りつめた思いから解放したと考えられる。

〔問3〕「そうなんだよ」というのは，なぜ急に動物園に行こうと思ったかという問いに対して納得する解答だ。急に動物園に行こうと思ったのは，「ただ，あの日は楽しかった。」という温もりある記憶が確かにあって，その記憶を大切にしたくて，兄弟みんなで行きたくなったのである。大事にしたかったのは「思い出」「温もりの記憶」であることに留意して選択肢を選べばよい。記憶の詳細を確認したかったわけではない。

重要

〔問4〕傍線(4)の後に「そうだよね，それでいいよね」という三郎の心の声がある。「それ」というのは，「人の記憶というのはおかしなものだ。……もう決して忘れない。」という記述の内容を指している。ここからは，三郎がキリンの赤ちゃんなどの見たものの記憶ではなく，温もりの記憶を忘れずにいることが大切だと感じていることが読み取れる。それと同じことを君枝さんが感じていることを察したことによって，「そうだよね」という同意を求める言葉が出たのだ。

〔問5〕三郎は顔が「すっきりしていた」ことから,心配事や悩みが晴れたとわかる。三郎は君枝と話すことで,年老いてもながい時が過ぎても,大切な温もりある記憶は忘れることはないのだと確信し,君枝の老いを案じる必要がないことを察した。したがって,三郎の心中は穏やかで安定した状態である。また,三郎が,お母さん(智恵子)を「手で軽く制して」いることから,智恵子は君枝のことを心配するあまり,前のめりになっていることが読み取れる。それを落ち着かせようとして制しているのだ。この二人の心中をおさえて,選択肢を選べばよい。アは「気がかりだったことが思い過ごしでしかなかった」という点が誤りである。君枝が老いていて,物忘れや記憶の欠如が起こることは思い過ごしではなく避けようのない事実だからだ。そのうえで,詳細な記憶よりも温もりの記憶の大切さを認識したことで,不安は払しょくされ,穏やかな心境になったのである。

〔問6〕傍線(6)以降の「不安だった。動物園に……顔を上げられなかった。」までの記述をおさえて選択肢を選べばよい。

〔問7〕本文の前半は，三郎・智恵子・優子などと名前が用いられているが，後半ではお父さん・お母さん・お姉ちゃんという呼称を用いており，博史の視点に立ったような書き方である。途中には，三郎さんの視点に立ったような記述もされている。このように，場面によって呼称を変えるという表現の工夫が施されている。

3　(論説文―大意・要旨，内容吟味，文脈把握，脱文・脱語補充，作文)

基本

〔問1〕本文の内容に則すると，「対話」とは，インターラクティヴ(相互関係的)な活動である。話題を自分の問題としてとらえ，相手とのやりとりを通して考えを深める活動なのだ。こうした内容を指定字数の五十四字で探すと，「しかし」で始まる段落に「自分の『考えていること』を相手に示し，それについて相手から意見をもらいつつ，また，さらに考えていくという活動」とある。

〔問2〕「この発想」は，前段落の「『言いたいこと』を見出すために，……『情報の収集を』と考えて」いることを指す。この内容を否定しうるのは，結論として「こう考えると」の段落にある「大切なことは，そうした諸情報をどのようにあなたが自分の目と耳で切り取り，それについて，どのように自分のことばで語ることができるか」ということを導いているからだ。ここをふまえて選択肢を選べばよい。

〔問3〕傍線(3)以降，共通の問題点についての説明が展開されていて，その終わりに「単なる知識・情報のやりとりだけでは，自分の固有の主張にはなりにくいため，展開される議論そのものが表面的で薄っぺらなものになってしまう」とある。これが問題点だ。「表面的で薄っぺらなもの」

ということは，議論が深まりも発展もしないということである。

〔問4〕ただ情報を集めるだけにとどまらないようにするために大切なポイントが「なぜ○○なのか」と考えることなのだ。本文にも「○○について考えることは，あなたにとってどれだけ切実であるか」を考えることにつながると書かれている。つまり，「なぜという問い」・疑問を持つことは，その話題・テーマが「自分にとってどれだけ大切なものであるかを考えること」なのだ。

〔問5〕傍線(5)の前の「たとえば，対話の話題を……思い込んでいませんか。」という部分が，「無自覚な『客観性』神話」の具体的な例である。これをふまえると，対話の話題提案においては，客観的な事実に裏打ちされたデータを収集することが適切だという考えを読み取ることができる。さらに，そうしたデータは数が多ければ多いほど客観性が増すので，多くの情報を入手することが重要だと思い込んでしまう傾向も含めて選択肢を選べばよい。

重要 〔問6〕類型的なものに陥ると，対話が成立しないということをまずおさえる。これを言い換えれば，類型的なものに陥らないために必要なことは，対話を成立させるための条件である，となる。対話の成立に不可欠なことは，「このように」で始まる段落に述べられているように「自分の中に常に『なぜ』という問いを持ち，対象としての話題を自分の問題としてとらえ，それを相手とのていねいなやりとりによって解きあかしていく姿勢」である。ここを用いて，空欄補充すればよく，解答の際は，相手とのやりとりについての部分は明記されているので用いる必要がない。適所を的確に用いてまとめよう。

やや難 〔問7〕作文のテーマは“対話について”だ。本文の要旨をふまえた上で，意見を述べる必要がある。

ある話題を自分の問題としてとらえて考え，相手とのやりとりを通して考えを深めたり解決したりすることを「対話」という活動だとしている。これをふまえてあなたがどのような「対話」活動をしていこうと考えているのか，またそうした「対話」活動が自分に何をもたらすかという点について考察するとよいだろう。

4 (論説文・古文―内容吟味，熟語，品詞・用法)

基本 〔問1〕「雛の調度」は，「うつくしきもの」の章段にあることから，かわいらしいものとしてとらえられていたことと，さらに，「雛が『過ぎにし方恋しきもの』という人生の追憶をになう物となっている記述がある」と述べた部分をふまえて選択肢を選べばよい。

〔問2〕①(ⅰ)「なくてはならない」の「ならない」は，義務の意味で用いている。アはどうしようもないという意味で「残念で仕方がない」，イは義務の意味，ウは禁止の意味で「言うことは許されない」，エは不可能の意味で「我慢できない」である。②(ⅱ)「想像」は「像を想う」という熟語構成で，下の語が上の語を修飾している。ア「退去」は似た意味の語の組み合わせ，イ「状態」は似た意味の語の組み合わせ。「状」も「態」も様子や有様・形を表す漢字である。ウ「画策」は「策を画す」という熟語構成で，下の語が上の語を修飾している。エ「対置」は「対に置く」という熟語構成で，上の語が下の語を修飾している。

〔問3〕雛人形の様子は「舟におおげさな人形を積んで流す」という訳文に対応する古文を見つければよく，「舟にことごとしき人形のせて流す」を抜き出す。

重要 〔問4〕源氏が少女若紫を自邸に連れて来ようと画策した際に「雛」という言葉を源氏が出したのは，「雛遊びが少女の心をとらえるもの」だと理解していたからである。すなわち，源氏が十歳の少女の心を引きつけるための手段として，「雛」は必然的なものだったのである。

〔問5〕紅葉賀巻の抜粋は「今年だにすこしおとなびさせたまへ。十にあまりぬる人は雛遊びは忌みはべるものを。」である。これが「精神年齢を決定づけるもの」とする会話であり，「大人らしく」や「もうお人形遊びなどはいけない」といった訳から，雛遊びによって，若紫が実年齢よりも幼い精神年齢であることを示していることが読み取れる。

★ワンポイントアドバイス★

長文が三つ出題されているので，時間配分に留意したい。小説・論説・古文の得意なものから解き始めるとよい。作文もあるので，日頃から文章を書く練習しておく必要がある。設問は，記号で答えるものが多いので，的確に根拠となる記述をおさえながら，効率よく読み進める力を養おう。

大切なことはメモしておこう ネ！

T.G

東京都公立高等学校

2024年度

★★★★★★★★★★★★★★★★★★★★★★★

共通問題（理科・社会）

2024年度

●くわしい解説……31ページ

＜理科＞

時間　50分　　満点　100点

1　次の各問に答えよ。

〔問1〕 水素と酸素が結び付いて水ができるときの化学変化を表したモデルとして適切なのは，下のア～エのうちではどれか。

ただし，矢印の左側は化学変化前の水素と酸素のモデルを表し，矢印の右側は化学変化後の水のモデルをそれぞれ表すものとする。また，●は水素原子1個を，○は酸素原子1個を表すものとする。

ア　●●　＋　○　→　●○●

イ　●　●　＋　○　→　●○●

ウ　●　●　●　●　＋　○○　→　●○●　●○●

エ　●●　●●　＋　○○　→　●○●　●○●

〔問2〕 図1のように，発泡ポリスチレンのコップの中の水に電熱線を入れた。電熱線に6Vの電圧を加えたところ，1.5Aの電流が流れた。このときの電熱線の抵抗の大きさと，電熱線に6Vの電圧を加え5分間電流を流したときの電力量とを組み合わせたものとして適切なのは，次の表のア～エのうちではどれか。

図1

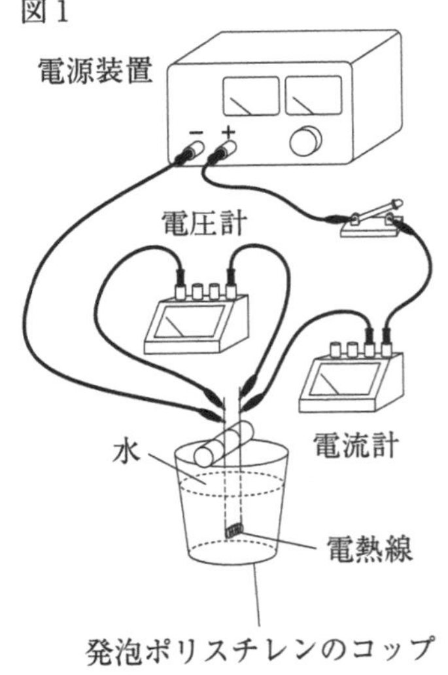

	電熱線の抵抗の大きさ〔Ω〕	電熱線に6Vの電圧を加え5分間電流を流したときの電力量〔J〕
ア	4	450
イ	4	2700
ウ	9	450
エ	9	2700

〔問3〕 次のA～Eの生物の仲間を，脊椎(せきつい)動物と無脊椎動物とに分類したものとして適切なのは，下の表のア～エのうちではどれか。

A　昆虫類　　B　魚類　　C　両生類　　D　甲殻類　　E　鳥類

	脊椎動物	無脊椎動物
ア	A，C，D	B，E
イ	A，D	B，C，E
ウ	B，C，E	A，D
エ	B，E	A，C，D

〔問4〕　図2は，ヘリウム原子の構造を模式的に表したものである。原子核の性質と電子の性質について述べたものとして適切なのは，下のア～エのうちではどれか。

図2

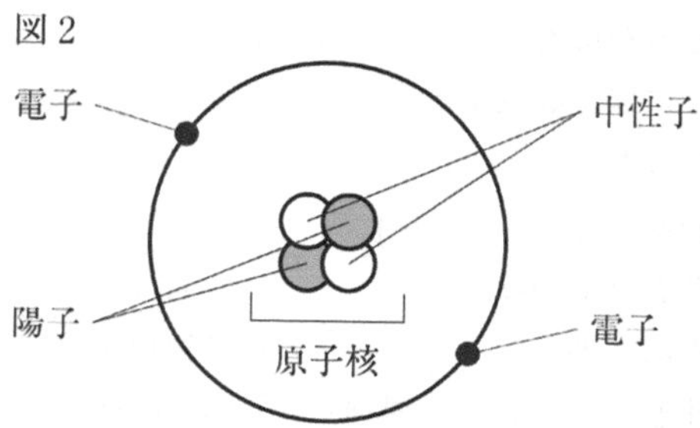

ア　原子核は，プラスの電気をもち，電子は，マイナスの電気をもつ。

イ　原子核は，マイナスの電気をもち，電子は，プラスの電気をもつ。

ウ　原子核と電子は，共にプラスの電気をもつ。

エ　原子核と電子は，共にマイナスの電気をもつ。

〔問5〕　表1は，ある日の午前9時の東京の気象観測の結果を記録したものである。また，表2は，風力と風速の関係を示した表の一部である。表1と表2から，表1の気象観測の結果を天気，風向，風力の記号で表したものとして適切なのは，下のア～エのうちではどれか。

表1

天気	風向	風速〔m/s〕
くもり	北東	3.0

表2

風力	風速〔m/s〕
0	0.3未満
1	0.3以上1.6未満
2	1.6以上3.4未満
3	3.4以上5.5未満
4	5.5以上8.0未満

ア　　**イ**

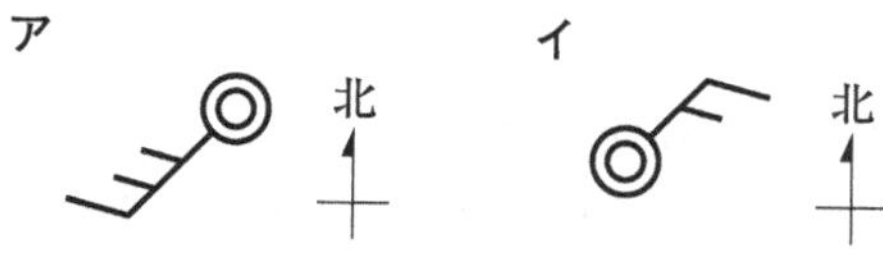

ウ

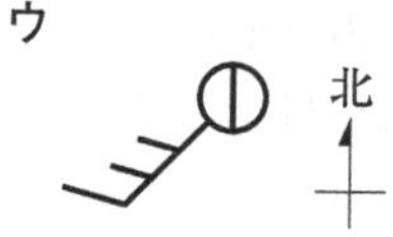

エ

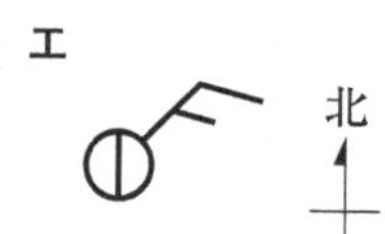

〔問6〕　ヒトのヘモグロビンの性質の説明として適切なのは，次のうちではどれか。

ア　ヒトのヘモグロビンは，血液中の白血球に含まれ，酸素の少ないところでは酸素と結び付き，酸素の多いところでは酸素をはなす性質がある。

イ　ヒトのヘモグロビンは，血液中の白血球に含まれ，酸素の多いところでは酸素と結び付き，酸素の少ないところでは酸素をはなす性質がある。

ウ　ヒトのヘモグロビンは，血液中の赤血球に含まれ，酸素の少ないところでは酸素と結び付き，酸素の多いところでは酸素をはなす性質がある。

エ　ヒトのヘモグロビンは，血液中の赤血球に含まれ，酸素の多いところでは酸素と結び付き，酸素の少ないところでは酸素をはなす性質がある。

2 生徒が，岩石に興味をもち，調べたことについて科学的に探究しようと考え，自由研究に取り組んだ。生徒が書いたレポートの一部を読み，次の各問に答えよ。

<レポート１>　身近な岩石に含まれる化石について

河原を歩いているときに様々な色や形の岩石があることに気付き，河原の岩石を観察したところ，貝の化石を見付けた。

身近な化石について興味をもち，調べたところ，建物に使われている石材に化石が含まれるものもあることを知った。そこで，化石が含まれているいくつかの石材を調べ，表１のようにまとめた。

表１

石材	含まれる化石
建物Ａの壁に使われている石材ａ	フズリナ
建物Ｂの壁に使われている石材ｂ	アンモナイト
建物Ｂの床に使われている石材ｃ	サンゴ

〔問１〕　**<レポート１>**から，化石について述べた次の文章の ① と ② にそれぞれ当てはまるものを組み合わせたものとして適切なのは，下の表の**ア**～**エ**のうちではどれか。

> 表１において，石材ａに含まれるフズリナの化石と石材ｂに含まれるアンモナイトの化石のうち，地質年代の古いものは ① である。また，石材ｃに含まれるサンゴの化石のように，その化石を含む地層が堆積した当時の環境を示す化石を ② という。

	①	②
ア	石材ａに含まれるフズリナの化石	示相化石
イ	石材ａに含まれるフズリナの化石	示準化石
ウ	石材ｂに含まれるアンモナイトの化石	示相化石
エ	石材ｂに含まれるアンモナイトの化石	示準化石

<レポート２>　金属を取り出せる岩石について

山を歩いているときに見付けた緑色の岩石について調べたところ，クジャク石というもので，この石から銅を得られることを知った。不純物を含まないクジャク石から銅を得る方法に興味をもち，具体的に調べたところ，クジャク石を加熱すると，酸化銅と二酸化炭素と水に分解され，得られた酸化銅に炭素の粉をよく混ぜ，加熱すると銅が得られることが分かった。

クジャク石に含まれる銅の割合を，実験と資料により確認することにした。

まず，不純物を含まない人工的に作られたクジャク石の粉0.20ｇを理科室で図１のように加熱し，完全に反応させ，0.13ｇの黒色の固体を得た。次に，銅の質量とその銅を加熱して得られる酸化銅の質量の関係を調べ，表２（次のページ）のような資料にまとめた。

図１

人工的に作られたクジャク石の粉

表2

銅の質量〔g〕	0.08	0.12	0.16	0.20	0.24	0.28
加熱して得られる酸化銅の質量〔g〕	0.10	0.15	0.20	0.25	0.30	0.35

〔問2〕 **<レポート2>**から，人工的に作られたクジャク石の粉0.20gに含まれる銅の割合として適切なのは，次のうちではどれか。

ア 20%　**イ** 52%　**ウ** 65%　**エ** 80%

<レポート3>　石英について

山を歩いているときに見付けた無色透明な部分を含む岩石について調べたところ，無色透明な部分が石英であり，ガラスの原料として広く使われていることを知った。

ガラスを通る光の性質に興味をもち，調べるために，空気中で図2のように方眼紙の上に置いた直方体のガラスに光源装置から光を当てる実験を行った。光は，物質の境界面Q及び境界面Rで折れ曲がり，方眼紙に引いた直線Lを通り過ぎた。光の道筋と直線Lとの交点を点Pとした。なお，図2は真上から見た図であり，光源装置から出ている矢印（→）は光の道筋と進む向きを示したものである。

図2

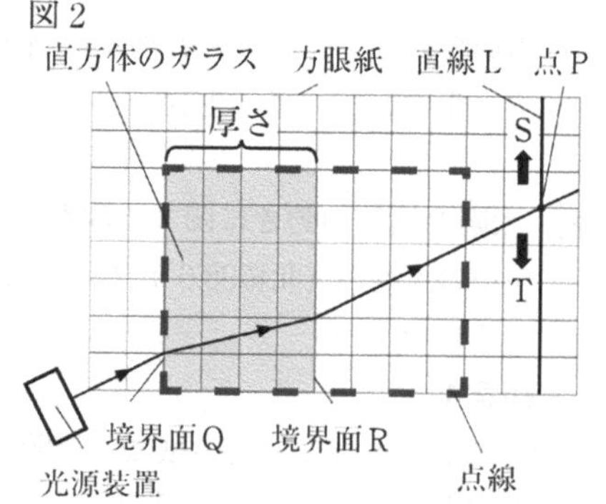

〔問3〕 **<レポート3>**から，図2の境界面Qと境界面Rのうち光源装置から出た光が通過するとき入射角より屈折角が大きくなる境界面と，厚さを2倍にした直方体のガラスに入れ替えて同じ実験をしたときの直線L上の点Pの位置の変化について述べたものとを組み合わせたものとして適切なのは，下の表の**ア**～**エ**のうちではどれか。

ただし，入れ替えた直方体のガラスは，**<レポート3>**の直方体のガラスの厚さのみを変え，点線（‐ ‐）の枠に合わせて設置するものとする。

	光源装置から出た光が通過するとき入射角より屈折角が大きくなる境界面	厚さを2倍にした直方体のガラスに入れ替えて同じ実験をしたときの直線L上の点Pの位置の変化について述べたもの
ア	境界面Q	点Pの位置は，Sの方向にずれる。
イ	境界面R	点Pの位置は，Sの方向にずれる。
ウ	境界面Q	点Pの位置は，Tの方向にずれる。
エ	境界面R	点Pの位置は，Tの方向にずれる。

<レポート4>　生物由来の岩石について

河原を歩いているときに見付けた岩石について調べたところ，その岩石は，海中の生物の死がいなどが堆積してできたチャートであることを知った。海中の生物について興味をもち，調べたところ，海中の生態系を構成する生物どうしは，食べたり食べられたりする関係でつながっていることが分かった。また，ある生態系を構成する生物どうしの数量的な関係は，図3のように，ピラミッドのような形で表すことができ，食べられる側の生物の数のほうが，食べる側の生物の数よりも多くなることも分かった。

図3

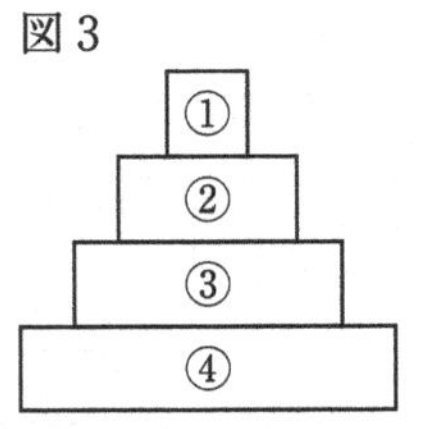

〔問4〕 生物どうしの数量的な関係を図3のように表すことができるモデル化した生態系Vについて，＜資料＞のことが分かっているとき，＜レポート4＞と＜資料＞から，生態系Vにおいて，図3の③に当てはまるものとして適切なのは，下の**ア**～**エ**のうちではどれか。

＜**資料**＞
生態系Vには，生物w，生物x，生物y，生物zがいる。生態系Vにおいて，生物wは生物xを食べ，生物xは生物yを食べ，生物yは生物zを食べる。

ただし，生態系Vにおいて，図3の①，②，③，④には，生物w，生物x，生物y，生物zのいずれかが，それぞれ別々に当てはまるものとする。

ア　生物w　　**イ**　生物x　　**ウ**　生物y　　**エ**　生物z

3　太陽と地球の動きに関する観察について，次の各問に答えよ。

東京のX地点（北緯35.6°）で，ある年の6月のある日に＜**観察1**＞を行ったところ，＜**結果1**＞のようになった。

＜**観察1**＞

(1)　図1のように，白い紙に，透明半球の縁と同じ大きさの円と，円の中心Oで垂直に交わる線分ACと線分BDをかいた。かいた円に合わせて透明半球をセロハンテープで白い紙に固定した。

(2)　N極が黒く塗られた方位磁針を用いて点Cが北の方角に一致するよう線分ACを南北方向に合わせ，透明半球を日当たりのよい水平な場所に固定した。

(3)　8時から16時までの間，2時間ごとに，油性ペンの先の影が円の中心Oと一致する透明半球上の位置に•印と観察した時刻を記録した。

(4)　(3)で記録した•印を滑らかな線で結び，その線を透明半球の縁まで延ばして，東側で交わる点をE，西側で交わる点をFとした。

(5)　(3)で2時間ごとに記録した透明半球上の•印の間隔をそれぞれ測定した。

図1

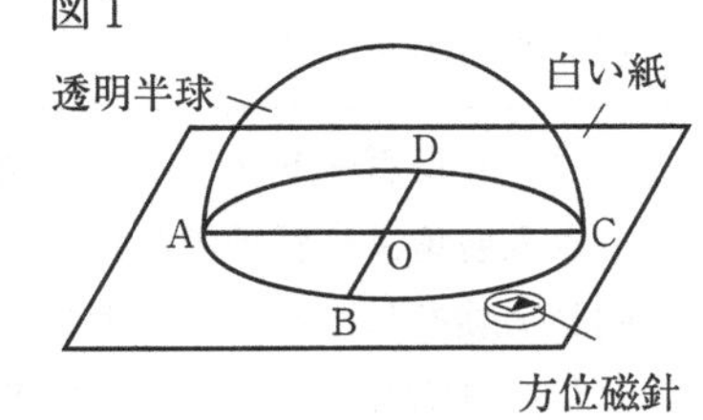

＜**結果1**＞

(1)　＜**観察1**＞の(3)と(4)の透明半球上の記録は図2のようになった。

(2)　＜**観察1**＞の(5)では，2時間ごとに記録した透明半球上の•印の間隔はどれも5.2cmであった。

図2

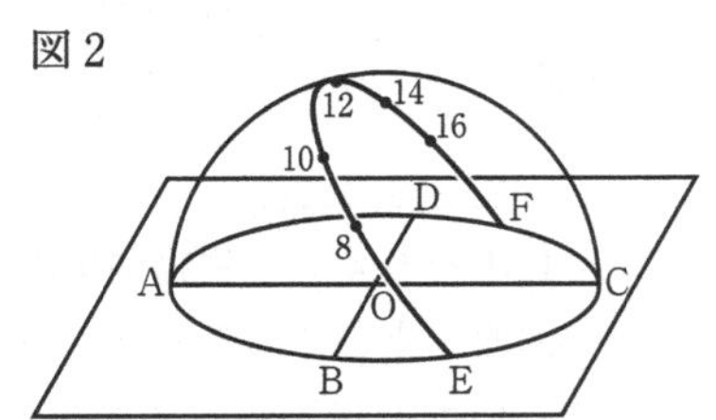

〔問1〕　**<結果1>**の(1)から，**<観察1>**の観測日の南中高度をRとしたとき，Rを示した模式図として適切なのは，下の**ア**～**エ**のうちではどれか。

ただし，下の**ア**～**エ**の図中の点Pは太陽が南中した時の透明半球上の太陽の位置を示している。

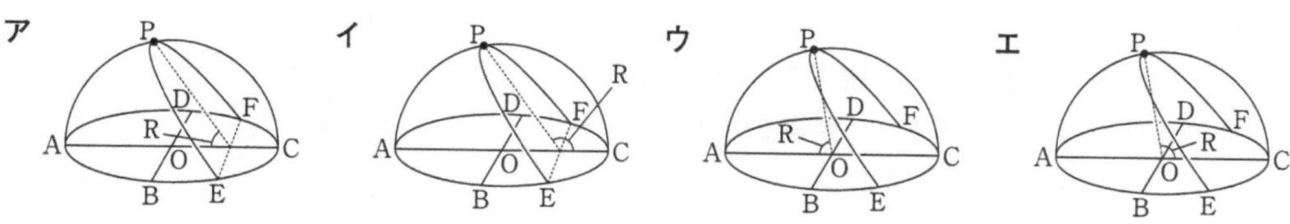

〔問2〕　**<結果1>**の(2)から，地球上での太陽の見かけ上の動く速さについてどのようなことが分かるか。「2時間ごとに記録した透明半球上の•印のそれぞれの間隔は，」に続く形で，理由も含めて簡単に書け。

〔問3〕　図3は，北極点の真上から見た地球を模式的に表したものである。点J，点K，点L，点Mは，それぞれ東京のX地点（北緯35.6°）の6時間ごとの位置を示しており，点Jは南中した太陽が見える位置である。地球の自転の向きについて述べた次の文章の ① ～ ④ に，それぞれ当てはまるものを組み合わせたものとして適切なのは，後の表の**ア**～**エ**のうちではどれか。

図3

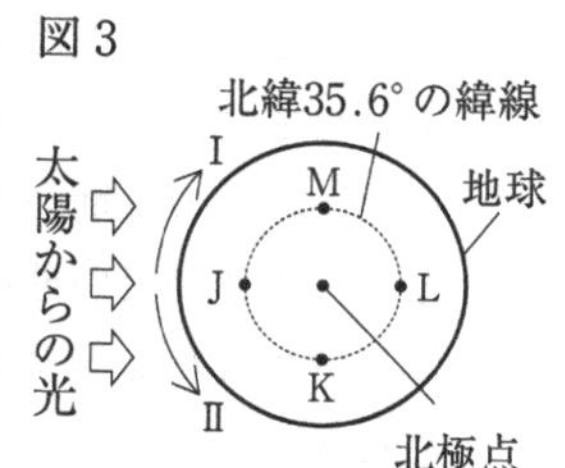

> **<結果1>**の(1)から，地球上では太陽は見かけ上， ① に移動して見えることが分かる。また，図3において，東の空に太陽が見えるのは点 ② の位置であり，西の空に太陽が見えるのは点 ③ の位置である。そのため地球は， ④ の方向に自転していると考えられる。

	①	②	③	④
ア	西の空から東の空	K	M	Ⅰ
イ	東の空から西の空	K	M	Ⅱ
ウ	西の空から東の空	M	K	Ⅰ
エ	東の空から西の空	M	K	Ⅱ

次に，東京のX地点（北緯35.6°）で，**<観察1>**を行った日と同じ年の9月のある日に**<観察2>**を行ったところ，**<結果2>**（次のページ）のようになった。

<観察2>

(1)　**<観察1>**の(3)と(4)の結果を記録した図2（前のページ）のセロハンテープで白い紙に固定した透明半球を準備した。

(2)　N極が黒く塗られた方位磁針を用いて点Cが北の方角に一致するよう線分ACを南北方向に合わせ，透明半球を日当たりのよい水平な場所に固定した。

(3)　8時から16時までの間，2時間ごとに，油性ペンの先の影が円の中心Oと一致する透明半球上の位置に▲印と観察した時刻を記録した。

(4)　(3)で記録した▲印を滑らかな線で結び，その線を透明半球の縁まで延ばした。

(5)　<**観察1**>と<**観察2**>で透明半球上にかいた曲線の長さをそれぞれ測定した。

<**結果2**>

(1)　<**観察2**>の(3)と(4)の透明半球上の記録は図4のようになった。

(2)　<**観察2**>の(5)では，<**観察1**>の(4)でかいた曲線の長さは約37.7cmで，<**観察2**>の(4)でかいた曲線の長さは約33.8cmであった。

図4

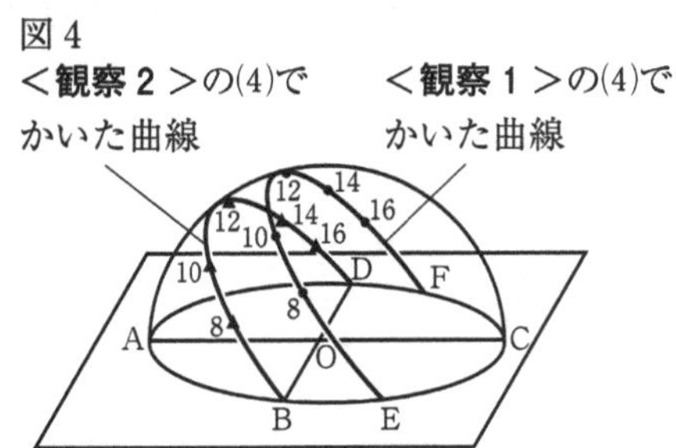

〔問4〕　図5は，<**観察1**>を行った日の地球を模式的に表したものである。図5のX地点は<**観察1**>を行った地点を示し，図5のY地点は北半球にあり，X地点より高緯度の地点を示している。<**結果2**>から分かることを次の①，②から一つ，図5のX地点とY地点における夜の長さを比較したとき夜の長さが長い地点を下の③，④から一つ，それぞれ選び，組み合わせたものとして適切なのは，下の**ア**～**エ**のうちではどれか。

図5

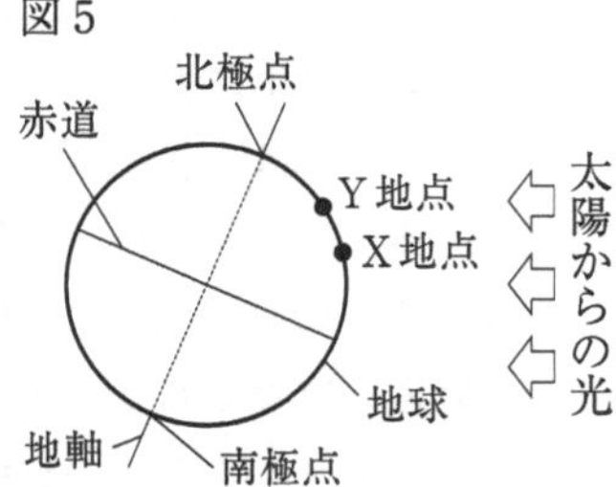

①　日の入りの位置は，<**観察1**>を行った日の方が<**観察2**>を行った日よりも北寄りで，昼の長さは<**観察1**>を行った日の方が<**観察2**>を行った日よりも長い。

②　日の入りの位置は，<**観察1**>を行った日の方が<**観察2**>を行った日よりも南寄りで，昼の長さは<**観察2**>を行った日の方が<**観察1**>を行った日よりも長い。

③　X地点

④　Y地点

ア　①，③　　**イ**　①，④　　**ウ**　②，③　　**エ**　②，④

4　植物の働きに関する実験について，次の各問に答えよ。
<**実験**>を行ったところ，<**結果**>のようになった。

<**実験**>

(1)　図1のように，2枚のペトリ皿に，同じ量の水と，同じ長さに切ったオオカナダモA，オオカナダモBを用意した。オオカナダモA，オオカナダモBの先端付近の葉をそれぞれ1枚切り取り，プレパラートを作り，顕微鏡で観察し，細胞内の様子を記録した。

図1

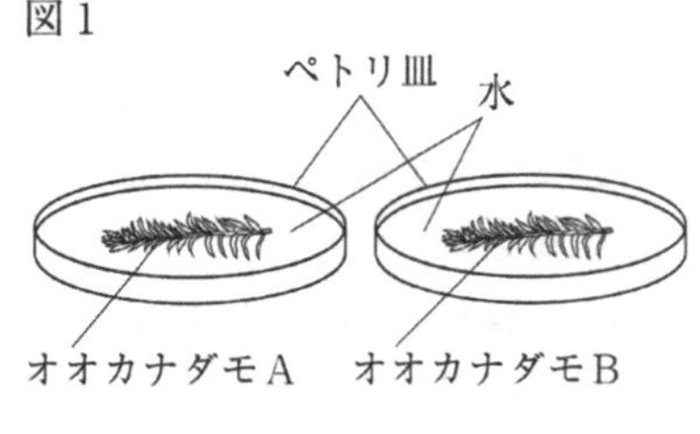

(2)　図2のように，オオカナダモA，オオカナダモBを，20℃の条件の下で，光が当たらない場所に2日間置いた。

図2

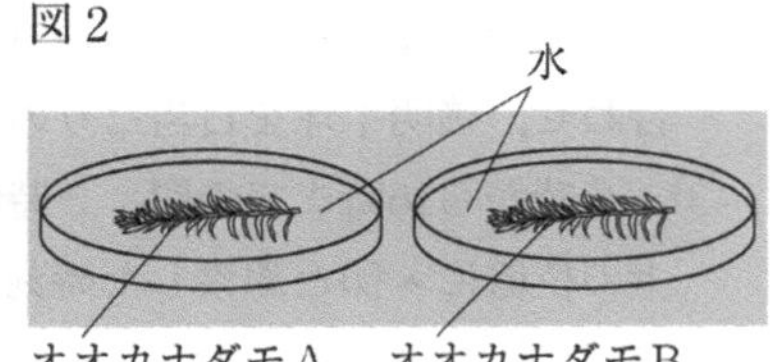

(3)　2日後，オオカナダモA，オオカナダモBの先端付近の葉をそれぞれ1枚切り取り，熱湯に浸した後，温

めたエタノールに入れ，脱色した。脱色した葉を水で洗った後，ヨウ素液を1滴落とし，プレパラートを作り，顕微鏡で観察し，細胞内の様子を記録した。

(4) (2)で光が当たらない場所に2日間置いたオオカナダモBの入ったペトリ皿をアルミニウムはくで覆い，ペトリ皿の内部に光が入らないようにした。

(5) 図3のように，20℃の条件の下で，(2)で光が当たらない場所に2日間置いたオオカナダモAが入ったペトリ皿と，(4)でアルミニウムはくで覆ったペトリ皿を，光が十分に当たる場所に3日間置いた。

(6) 3日後，オオカナダモAとオオカナダモBの先端付近の葉をそれぞれ1枚切り取った。

図3

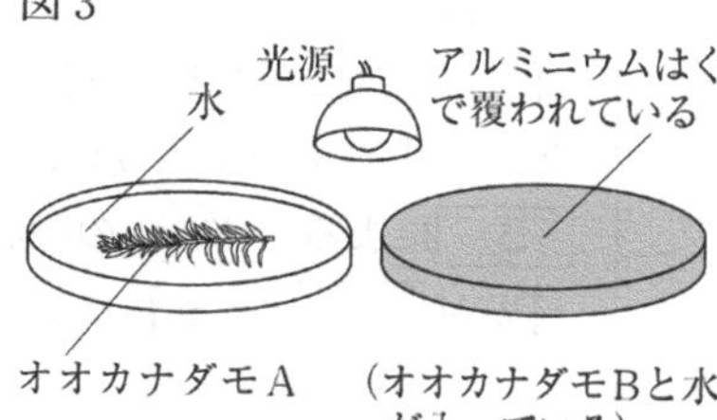

(7) (6)で切り取った葉を熱湯に浸した後，温めたエタノールに入れ，脱色した。脱色した葉を水で洗った後，ヨウ素液を1滴落とし，プレパラートを作り，顕微鏡で観察し，細胞内の様子を記録した。

<結果>

(1) <**実験**>の(1)のオオカナダモAとオオカナダモBの先端付近の葉の細胞内には，緑色の粒がそれぞれ多数観察された。

(2) <**実験**>の(3)のオオカナダモの先端付近の葉の細胞内の様子の記録は，表1のようになった。

表1

オオカナダモAの先端付近の葉の細胞内の様子	オオカナダモBの先端付近の葉の細胞内の様子
<**実験**>の(1)で観察された緑色の粒と同じ形の粒は，透明であった。	<**実験**>の(1)で観察された緑色の粒と同じ形の粒は，透明であった。

(3) <**実験**>の(7)のオオカナダモの先端付近の葉の細胞内の様子の記録は，表2のようになった。

表2

オオカナダモAの先端付近の葉の細胞内の様子	オオカナダモBの先端付近の葉の細胞内の様子
<**実験**>の(1)で観察された緑色の粒と同じ形の粒は，青紫色に染色されていた。	<**実験**>の(1)で観察された緑色の粒と同じ形の粒は，透明であった。

〔問1〕 <**実験**>の(1)でプレパラートを作り，顕微鏡で観察をする準備を行う際に，プレパラートと対物レンズを，最初に，できるだけ近づけるときの手順について述べたものと，対物レンズが20倍で接眼レンズが10倍である顕微鏡の倍率とを組み合わせたものとして適切なのは，次の表の**ア**～**エ**のうちではどれか。

	顕微鏡で観察をする準備を行う際に，プレパラートと対物レンズを，最初に，できるだけ近づけるときの手順	対物レンズが20倍で接眼レンズが10倍である顕微鏡の倍率
ア	接眼レンズをのぞきながら，調節ねじを回してプレパラートと対物レンズをできるだけ近づける。	200倍
イ	顕微鏡を横から見ながら，調節ねじを回してプレパラートと対物レンズをできるだけ近づける。	200倍
ウ	接眼レンズをのぞきながら，調節ねじを回してプレパラートと対物レンズをできるだけ近づける。	30倍
エ	顕微鏡を横から見ながら，調節ねじを回してプレパラートと対物レンズをできるだけ近づける。	30倍

〔問２〕　＜**実験**＞の(6)で葉を切り取ろうとした際に，オオカナダモＡに気泡が付着していることに気付いた。このことに興味をもち，植物の働きによる気体の出入りについて調べ，＜**資料**＞にまとめた。

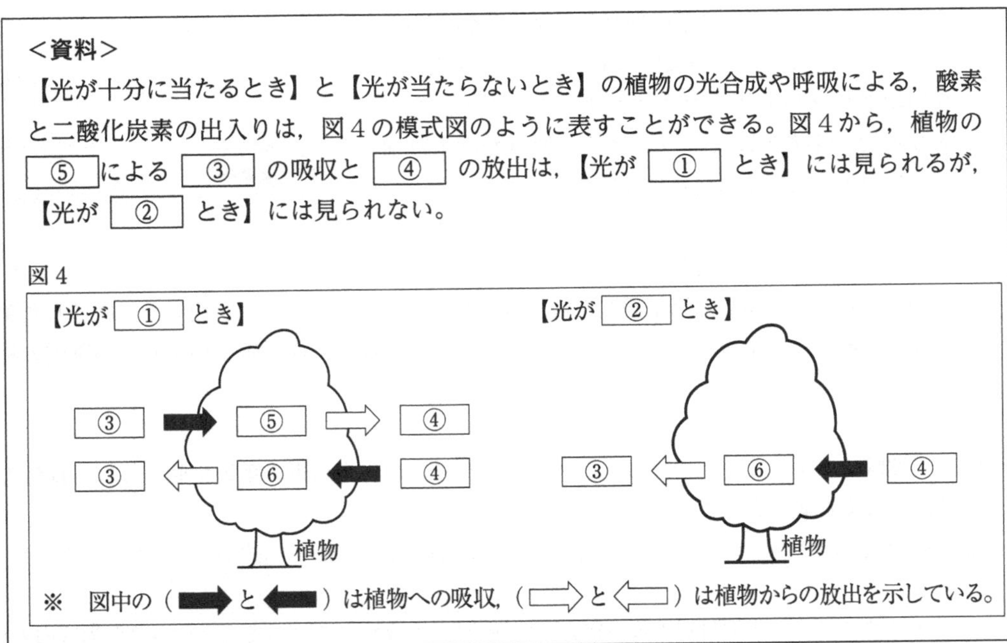

＜**資料**＞

【光が十分に当たるとき】と【光が当たらないとき】の植物の光合成や呼吸による，酸素と二酸化炭素の出入りは，図４の模式図のように表すことができる。図４から，植物の［⑤］による［③］の吸収と［④］の放出は，【光が［①］とき】には見られるが，【光が［②］とき】には見られない。

図４

※　図中の（➡と⬅）は植物への吸収，（⇨と⇦）は植物からの放出を示している。

＜**資料**＞の［①］～［⑥］にそれぞれ当てはまるものを組み合わせたものとして適切なのは，次の表の**ア**～**エ**のうちではどれか。

	①	②	③	④	⑤	⑥
ア	十分に当たる	当たらない	二酸化炭素	酸素	光合成	呼吸
イ	十分に当たる	当たらない	酸素	二酸化炭素	呼吸	光合成
ウ	当たらない	十分に当たる	二酸化炭素	酸素	光合成	呼吸
エ	当たらない	十分に当たる	酸素	二酸化炭素	呼吸	光合成

〔問３〕　＜**結果**＞の(1)～(3)から分かることとして適切なのは，次のうちではどれか。

ア　光が十分に当たる場所では，オオカナダモの葉の核でデンプンが作られることが分かる。

イ　光が十分に当たる場所では，オオカナダモの葉の核でアミノ酸が作られることが分かる。

ウ　光が十分に当たる場所では，オオカナダモの葉の葉緑体でデンプンが作られることが分かる。

エ　光が十分に当たる場所では，オオカナダモの葉の葉緑体でアミノ酸が作られることが分かる。

5　水溶液に関する実験について，あとの各問に答えよ。

＜**実験１**＞を行ったところ，＜**結果１**＞（次のページ）のようになった。

＜**実験１**＞

(1)　ビーカーＡ，ビーカーＢ，ビーカーＣにそれぞれ蒸留水（精製水）を入れた。

(2)　ビーカーBに塩化ナトリウムを加えて溶かし，５％の塩化ナトリウム水溶液を作成した。ビーカーCに砂糖を加えて溶かし，５％の砂糖水を作成した。

(3)　図１のように実験装置を組み，ビーカーAの蒸留水，ビーカーBの水溶液，ビーカーCの水溶液に，それぞれ約３Ｖの電圧を加え，電流が流れるか調べた。

図１

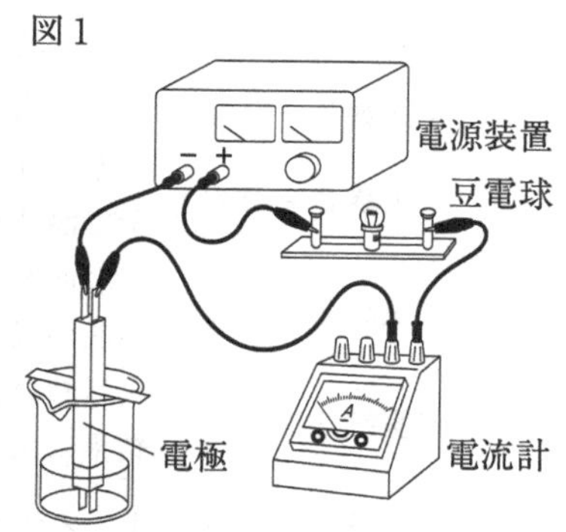

<**結果１**>

ビーカーA	ビーカーB	ビーカーC
電流が流れなかった。	電流が流れた。	電流が流れなかった。

〔問１〕　<**結果１**>から，ビーカーBの水溶液の溶質の説明と，ビーカーCの水溶液の溶質の説明とを組み合わせたものとして適切なのは，次の表の**ア**～**エ**のうちではどれか。

	ビーカーBの水溶液の溶質の説明	ビーカーCの水溶液の溶質の説明
ア	蒸留水に溶け，電離する。	蒸留水に溶け，電離する。
イ	蒸留水に溶け，電離する。	蒸留水に溶けるが，電離しない。
ウ	蒸留水に溶けるが，電離しない。	蒸留水に溶け，電離する。
エ	蒸留水に溶けるが，電離しない。	蒸留水に溶けるが，電離しない。

次に，<**実験２**>を行ったところ，<**結果２**>のようになった。

<**実験２**>

(1)　試験管A，試験管Bに，室温と同じ27℃の蒸留水（精製水）をそれぞれ５ｇ（５cm^3）入れた。次に，試験管Aに硝酸カリウム，試験管Bに塩化ナトリウムをそれぞれ３ｇ加え，試験管をよくふり混ぜた。試験管A，試験管Bの中の様子をそれぞれ観察した。

(2)　図２のように，試験管A，試験管Bの中の様子をそれぞれ観察しながら，ときどき試験管を取り出し，ふり混ぜて，温度計が27℃から60℃を示すまで水溶液をゆっくり温めた。

(3)　加熱を止め，試験管A，試験管Bの中の様子をそれぞれ観察しながら，温度計が27℃を示すまで水溶液をゆっくり冷やした。

(4)　試験管A，試験管Bの中の様子をそれぞれ観察しながら，さらに温度計が20℃を示すまで水溶液をゆっくり冷やした。

(5)　(4)の試験管Bの水溶液を１滴とり，スライドガラスの上で蒸発させた。

図２

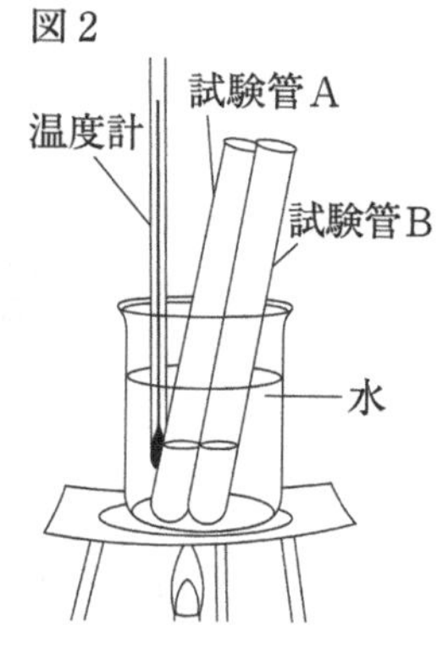

<**結果２**>

(1)　<**実験２**>の(1)から<**実験２**>の(4)までの結果は次のページの表のようになった。

	試験管Aの中の様子	試験管Bの中の様子
<**実験2**>の(1)	溶け残った。	溶け残った。
<**実験2**>の(2)	温度計が約38℃を示したときに全て溶けた。	<**実験2**>の(1)の試験管Bの中の様子に比べ変化がなかった。
<**実験2**>の(3)	温度計が約38℃を示したときに結晶が現れ始めた。	<**実験2**>の(2)の試験管Bの中の様子に比べ変化がなかった。
<**実験2**>の(4)	結晶の量は，<**実験2**>の(3)の結果に比べ増加した。	<**実験2**>の(3)の試験管Bの中の様子に比べ変化がなかった。

(2)　<**実験2**>の(5)では，スライドガラスの上に白い固体が現れた。
さらに，硝酸カリウム，塩化ナトリウムの水に対する溶解度を図書館で調べ，<**資料**>を得た。

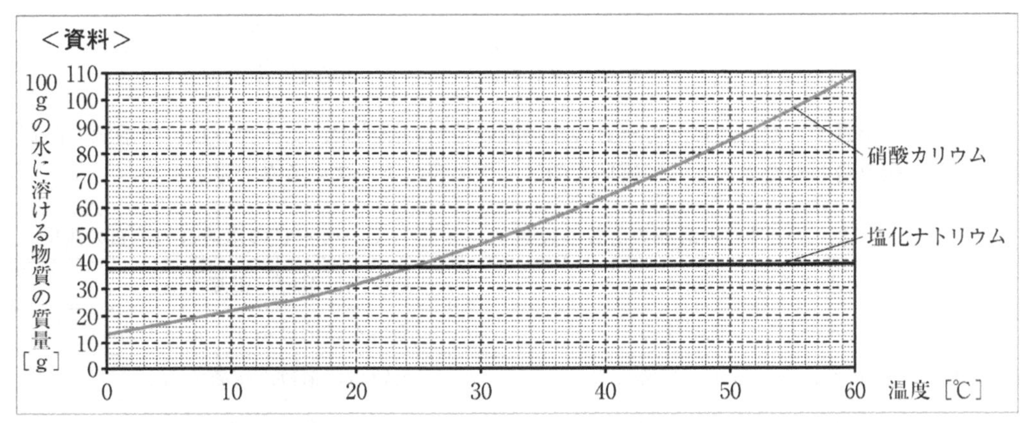

〔問2〕　<**結果2**>の(1)と<**資料**>から，温度計が60℃を示すまで温めたときの試験管Aの水溶液の温度と試験管Aの水溶液の質量パーセント濃度の変化との関係を模式的に示した図として適切なのは，次のうちではどれか。

ア

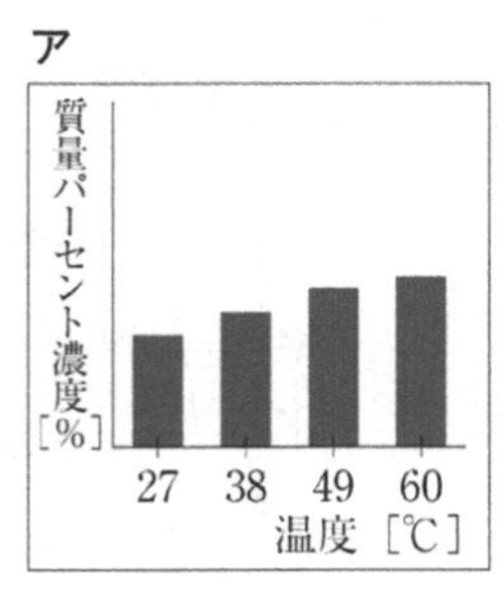

イ

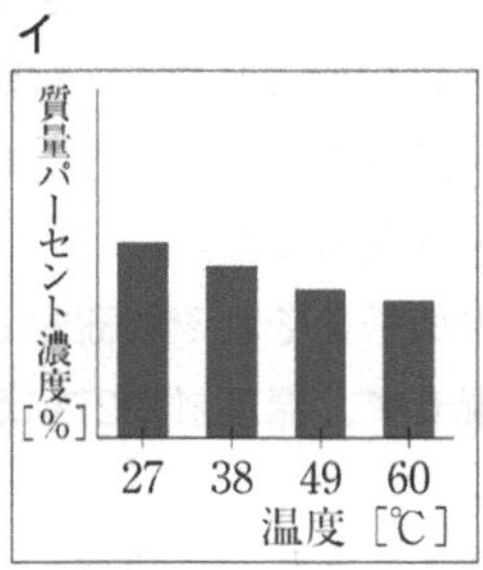

ウ

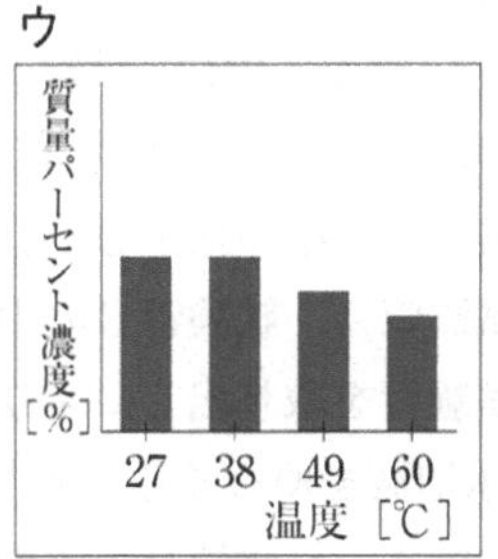

エ

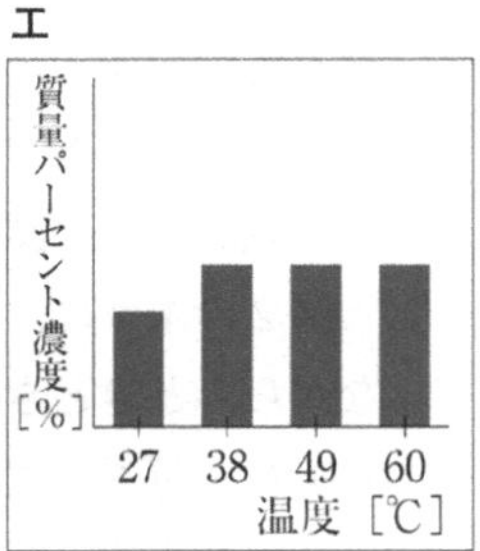

〔問3〕　<**結果2**>の(1)から，試験管Bの中の様子に変化がなかった理由を，温度の変化と溶解度の変化の関係に着目して，「<**資料**>から，」に続く形で，簡単に書け。

〔問4〕　<**結果2**>の(2)から，水溶液の溶媒を蒸発させると溶質が得られることが分かった。試験管Bの水溶液の温度が20℃のときと同じ濃度の塩化ナトリウム水溶液が0.35gあった場合，<**資料**>を用いて考えると，溶質を全て固体として取り出すために蒸発させる溶媒の質量として適切なのは，次のうちではどれか。

ア　約0.13g　　**イ**　約0.21g　　**ウ**　約0.25g　　**エ**　約0.35g

6　力学的エネルギーに関する実験について，次の各問に答えよ。
ただし，質量100ｇの物体に働く重力の大きさを１Ｎとする。

＜実験１＞を行ったところ，＜結果１＞のようになった。

＜実験１＞

(1)　図１のように，力学台車と滑車を合わせた質量600ｇの物体を糸でばねばかりにつるし，基準面で静止させ，ばねばかりに印を付けた。その後，ばねばかりをゆっくり一定の速さで水平面に対して垂直上向きに引き，物体を基準面から10cm持ち上げたとき，ばねばかりが示す力の大きさと，印が動いた距離と，移動にかかった時間を調べた。

図１

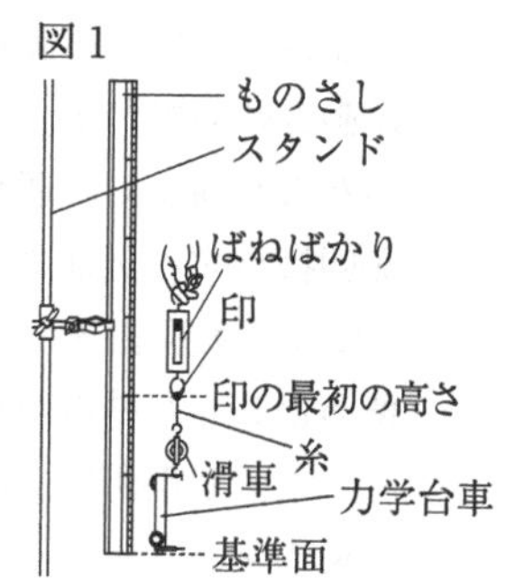

(2)　図２のように，(1)と同じ質量600ｇの物体を，一端を金属の棒に結び付けた糸でばねばかりにつるし，(1)と同じ高さの基準面で静止させ，ばねばかりに印を付けた。その後，ばねばかりをゆっくり一定の速さで水平面に対して垂直上向きに引き，物体を基準面から10cm持ち上げたとき，ばねばかりが示す力の大きさと，印が動いた距離と，移動にかかった時間を調べた。

図２

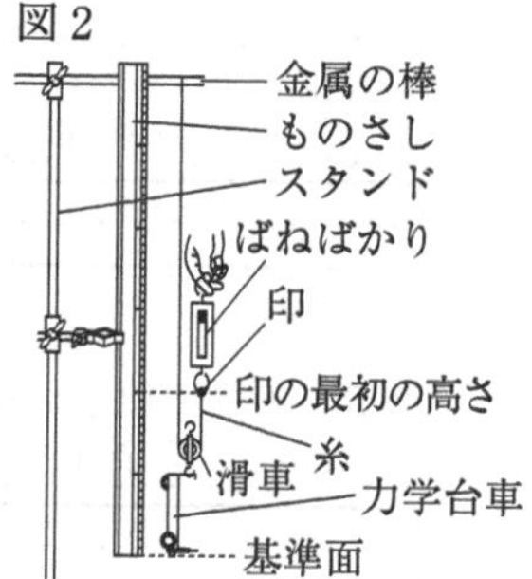

＜結果１＞

	ばねばかりが示す力の大きさ〔N〕	印が動いた距離〔cm〕	移動にかかった時間〔s〕
＜実験１＞の(1)	6	10	25
＜実験１＞の(2)	3	20	45

〔問１〕　＜結果１＞から，＜実験１＞の(1)で物体を基準面から10cm持ち上げたときに「ばねばかりが糸を引く力」がした仕事の大きさと，＜実験１＞の(2)で「ばねばかりが糸を引く力」を作用としたときの反作用とを組み合わせたものとして適切なのは，次の表の**ア**～**エ**のうちではどれか。

	「ばねばかりが糸を引く力」がした仕事の大きさ〔J〕	＜実験１＞の(2)で「ばねばかりが糸を引く力」を作用としたときの反作用
ア	0.6	力学台車と滑車を合わせた質量600gの物体に働く重力
イ	6	力学台車と滑車を合わせた質量600gの物体に働く重力
ウ	0.6	糸がばねばかりを引く力
エ	6	糸がばねばかりを引く力

次に，＜実験２＞を行ったところ，＜結果２＞のようになった。（次のページ）

＜実験２＞

(1)　図３のように，斜面の傾きを10°にし，記録テープを手で支え，力学台車の先端を点Aの位置にくるように静止させた。

(2)　記録テープから静かに手をはなし，力学台車が動き始めてから，点Bの位置にある車止めに当たる直前までの運動を，１秒間に一定間隔で50回打点する記録タイマーで記録テープに記録した。

(3)　(2)で得た記録テープの，重なっている打点を用いずに，はっきり区別できる最初の打点を基準点とし，基準点から５打点間隔ごとに長さを測った。

(4)　(1)と同じ場所で，同じ実験器具を使い，斜面の傾きを20°に変えて同じ実験を行った。

図３

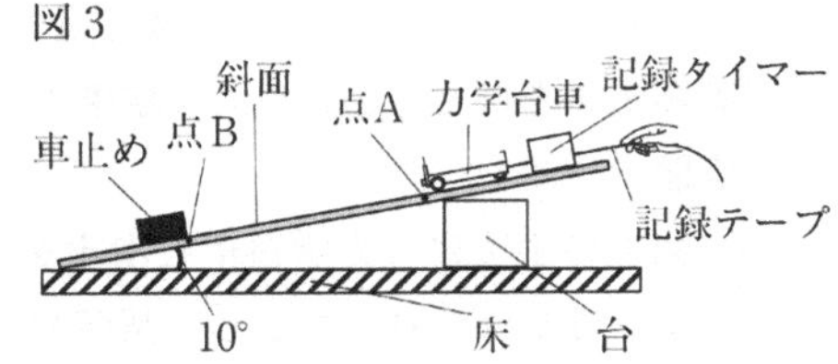

＜結果２＞

図４　斜面の傾きが10°のときの記録テープ

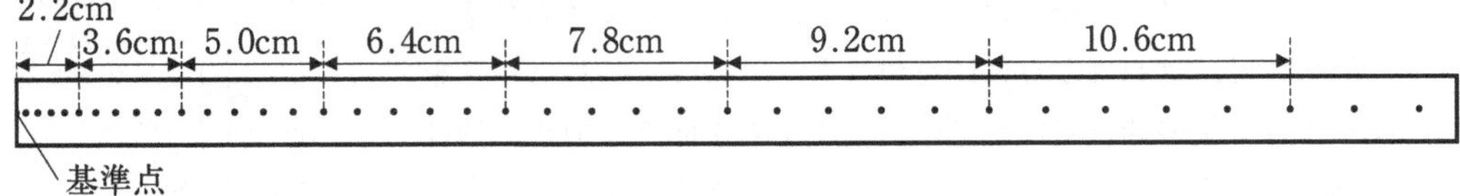

図５　斜面の傾きが20°のときの記録テープ

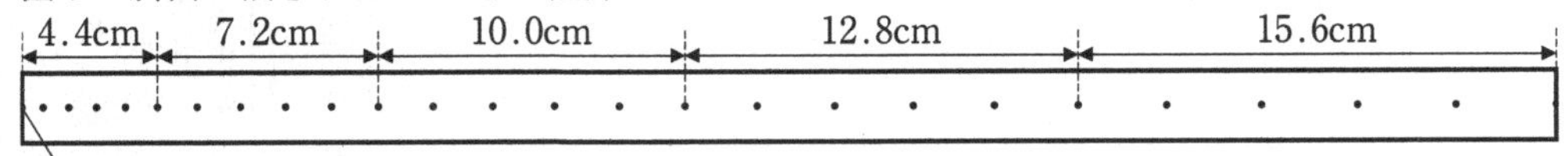

〔問２〕　＜結果２＞から，力学台車の平均の速さについて述べた次の文章の ① と ② にそれぞれ当てはまるものとして適切なのは，下のア～エのうちではどれか。

> ＜実験２＞の(2)で，斜面の傾きが10°のときの記録テープの基準点が打点されてから0.4秒経過するまでの力学台車の平均の速さをCとすると，Cは ① である。また，＜実験２＞の(4)で，斜面の傾きが20°のときの記録テープの基準点が打点されてから0.4秒経過するまでの力学台車の平均の速さをDとしたとき，CとDの比を最も簡単な整数の比で表すとC：D＝ ② となる。

①	ア　16cm/s	イ　32cm/s	ウ　43cm/s	エ　64cm/s
②	ア　1：1	イ　1：2	ウ　2：1	エ　14：15

〔問３〕　＜結果２＞から，＜実験２＞で斜面の傾きを10°から20°にしたとき，点Aから点Bの直前まで斜面を下る力学台車に働く重力の大きさと，力学台車に働く重力を斜面に平行な（沿った）方向と斜面に垂直な方向の二つの力に分解したときの斜面に平行な方向に分解した力の大きさとを述べたものとして適切なのは，次のうちではどれか。

ア　力学台車に働く重力の大きさは変わらず，斜面に平行な分力は大きくなる。

イ　力学台車に働く重力の大きさは大きくなり，斜面に平行な分力も大きくなる。

ウ　力学台車に働く重力の大きさは大きくなるが，斜面に平行な分力は変わらない。

エ　力学台車に働く重力の大きさは変わらず，斜面に平行な分力も変わらない。

〔問4〕 ＜**実験**１＞の位置エネルギーと＜**実験２**＞の運動エネルギーの大きさについて述べた次の文章の ① と ② にそれぞれ当てはまるものを組み合わせたものとして適切なのは，下の表の**ア**～**エ**のうちではどれか。

＜**実験１**＞の⑴と⑵で，ばねばかりをゆっくり一定の速さで引きはじめてから25秒経過したときの力学台車の位置エネルギーの大きさを比較すると ① 。
＜**実験２**＞の⑵と⑷で，力学台車が点Aから点Bの位置にある車止めに当たる直前まで下ったとき，力学台車のもつ運動エネルギーの大きさを比較すると ② 。

	①	②
ア	＜**実験１**＞の⑴と⑵で等しい	＜**実験２**＞の⑵と⑷で等しい
イ	＜**実験１**＞の⑴と⑵で等しい	＜**実験２**＞の⑷の方が大きい
ウ	＜**実験１**＞の⑴の方が大きい	＜**実験２**＞の⑵と⑷で等しい
エ	＜**実験１**＞の⑴の方が大きい	＜**実験２**＞の⑷の方が大きい

＜社会＞

時間　50分　　満点　100点

1　次の各問に答えよ。

〔問1〕　次の地形図は，2017年の「国土地理院発行2万5千分の1地形図（取手）」の一部を拡大して作成した地形図上に●で示したA点から，B～E点の順に，F点まで移動した経路を太線（━━）で示したものである。次のページの**ア**～**エ**の写真と文は，地形図上のB～E点の**いずれか**の地点の様子を示したものである。地形図上のB～E点のそれぞれに当てはまるのは，次のページの**ア**～**エ**のうちではどれか。

（編集の都合で90％に縮小してあります。）

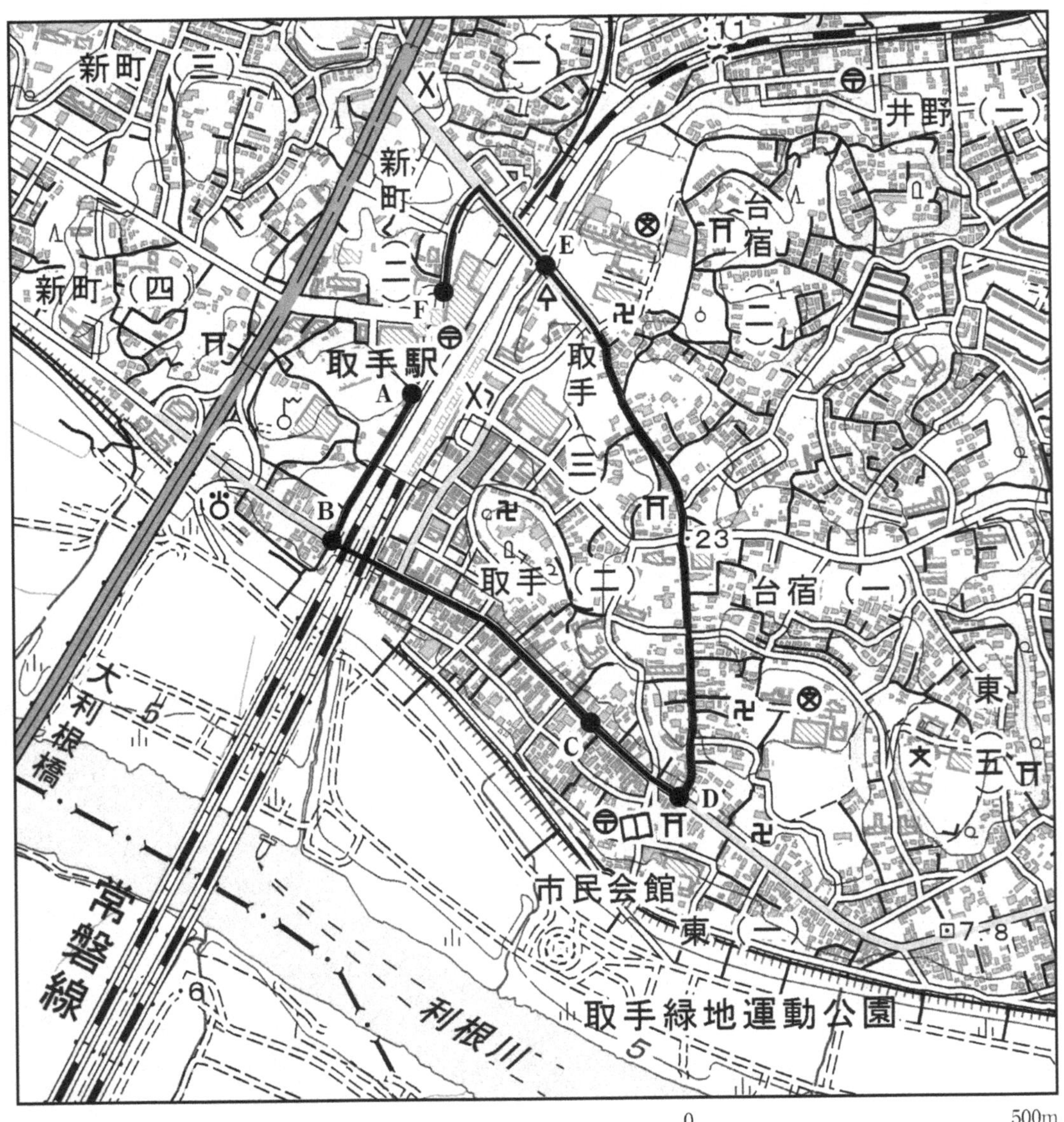

ア

この地点から進行する方向を見ると，鉄道の線路の上に橋が架けられており，道路と鉄道が立体交差していた。

イ

この地点から進行する方向を見ると，道路の上に鉄道の線路が敷設（ふせつ）されており，道路と鉄道が立体交差していた。

ウ

丁字形（ていじけい）の交差点であるこの地点に立ち止まり，進行する方向を見ると，登り坂となっている道の両側に住宅が建ち並んでいた。

エ

直前の地点から約470m進んだこの地点に立ち止まり，北東の方向を見ると，宿場の面影を残す旧取手宿本陣表門（きゅうとりでしゅくほんじんおもてもん）があった。

〔問２〕　次の文で述べている決まりに当てはまるのは，下のア～エのうちのどれか。

> 戦国大名が，領国を支配することを目的に定めたもので，家臣が，勝手に他国から嫁や婿を取ることや他国へ娘を嫁に出すこと，国内に城を築くことなどを禁止した。

ア　御成敗式目（ごせいばいしきもく）　　イ　大宝律令（たいほうりつりょう）　　ウ　武家諸法度（ぶけしょはっと）　　エ　分国法（ぶんこくほう）

〔問３〕　次の文章で述べているものに当てはまるのは，下のア～エのうちのどれか。

> 衆議院の解散による衆議院議員の総選挙後に召集され，召集とともに内閣が総辞職するため，両議院において内閣総理大臣の指名が行われる。会期は，その都度，国会が決定し，２回まで延長することができる。

ア　常会　　イ　臨時会　　ウ　特別会　　エ　参議院の緊急集会

2　次の略地図を見て，あとの各問に答えよ。

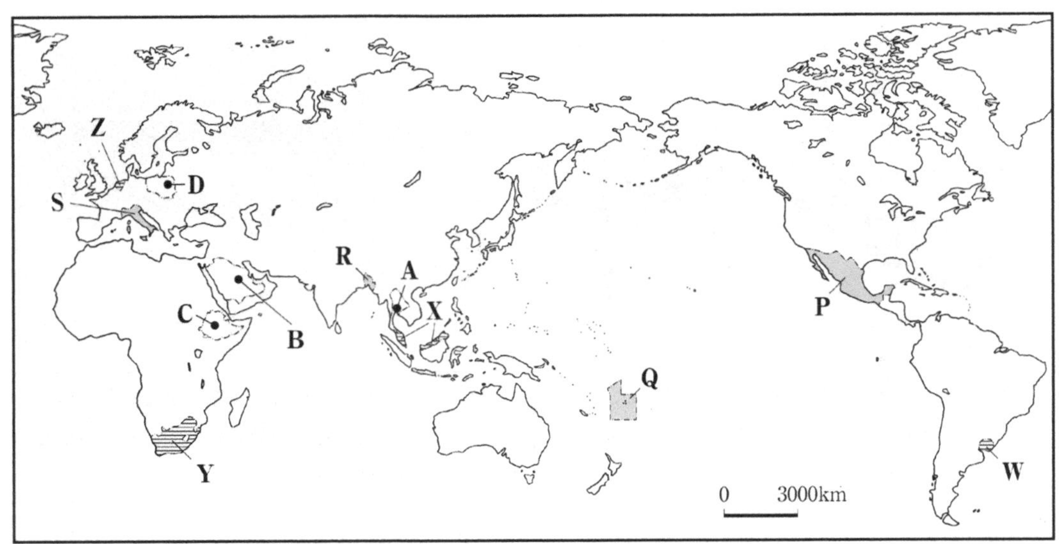

〔問1〕　略地図中のA～Dは，それぞれの国の首都の位置を示したものである。次のⅠの文章は，略地図中のA～Dの**いずれか**の首都を含む国の自然環境と農業についてまとめたものである。Ⅱの**ア**～**エ**のグラフは，略地図中のA～Dの**いずれか**の首都の，年平均気温と年降水量及び各月の平均気温と降水量を示したものである。Ⅰの文章で述べている国の首都に当てはまるのは，略地図中のA～Dのうちのどれか，また，その首都のグラフに当てはまるのは，Ⅱの**ア**～**エ**のうちのどれか。

Ⅰ

> 首都は標高約2350mに位置し，各月の平均気温の変化は年間を通して小さい。コーヒー豆の原産地とされており，2019年におけるコーヒー豆の生産量は世界第5位であり，輸出額に占める割合が高く，主要な収入源となっている。

Ⅱ

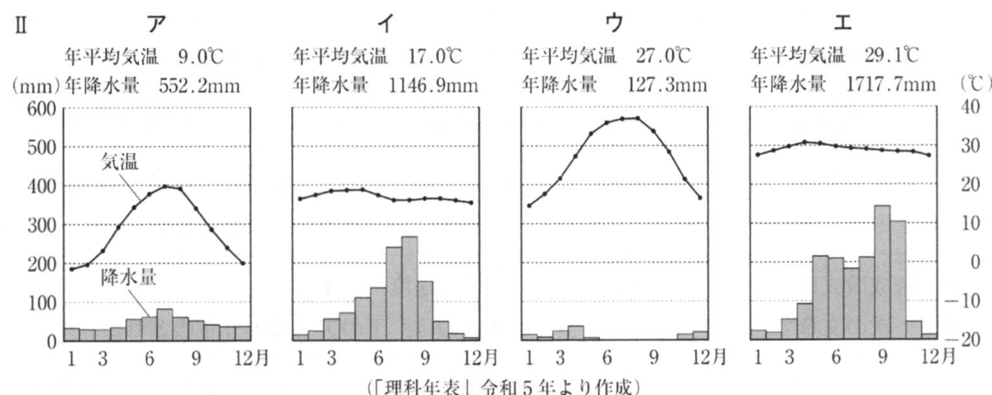

（「理科年表」令和5年より作成）

〔問２〕　次の表の**ア**～**エ**は，前のページの略地図中に▒▒で示した**P**～**S**の**いずれか**の国の，2019年における米，小麦，とうもろこしの生産量，農業と食文化の様子についてまとめたものである。略地図中の**P**～**S**のそれぞれの国に当てはまるのは，次の表の**ア**～**エ**のうちではどれか。

	米（万ｔ）	小麦（万ｔ）	とうもろこし（万ｔ）	農業と食文化の様子
ア	25	324	2723	○中央部の高原ではとうもろこしの栽培が行われ，北西部ではかんがい農業や牛の放牧が行われている。 ○とうもろこしが主食であり，とうもろこしの粉から作った生地を焼き，具材を挟んだ料理などが食べられている。
イ	149	674	628	○北部の平野では冬季に小麦の栽培が行われ，沿岸部では柑橘（かんきつ）類やオリーブなどの栽培が行われている。 ○小麦が主食であり，小麦粉から作った麺に様々なソースをあわせた料理などが食べられている。
ウ	0.6	－	0.1	○畑ではタロいもなどの栽培が行われ，海岸沿いの平野ではさとうきびなどの栽培が行われている。 ○タロいもが主食であり，バナナの葉に様々な食材と共にタロいもを包んで蒸した料理などが食べられている。
エ	5459	102	357	○河川が形成した低地では雨季の降水などを利用した稲作が行われ，北東部では茶の栽培が行われている。 ○米が主食であり，鶏やヤギの肉と共に牛乳から採れる油を使って米を炊き込んだ料理などが食べられている。

（注）－は，生産量が不明であることを示す。

（「データブック オブ・ザ・ワールド」2022年版などより作成）

〔問３〕　次のⅠとⅡ（次のページ）の表の**ア**～**エ**は，略地図中に▤で示した**W**～**Z**の**いずれか**の国に当てはまる。Ⅰの表は，2001年と2019年における日本の輸入額，農産物の日本の主な輸入品目と輸入額を示したものである。Ⅱの表は，2001年と2019年における輸出額，輸出額が多い上位３位までの貿易相手国を示したものである。次のページのⅢの文章は，略地図中の**W**～**Z**の**いずれか**の国について述べたものである。Ⅲの文章で述べている国に当てはまるのは，略地図中の**W**～**Z**のうちのどれか，また，ⅠとⅡの表の**ア**～**エ**のうちのどれか。

Ⅰ

		日本の輸入額（百万円）	農産物の日本の主な輸入品目と輸入額（百万円）					
ア	2001年	226492	植物性原材料	18245	ココア	4019	野菜	3722
	2019年	343195	豚肉	17734	チーズ等	12517	植物性原材料	6841
イ	2001年	5538	羊毛	210	米	192	チーズ等	31
	2019年	3017	牛肉	1365	羊毛	400	果実	39
ウ	2001年	338374	とうもろこし	12069	果実	9960	砂糖	5680
	2019年	559098	果実	7904	植物性原材料	2205	野菜	2118
エ	2001年	1561324	パーム油	14952	植物性原材料	2110	天然ゴム	2055
	2019年	1926305	パーム油	36040	植物性原材料	15534	ココア	15390

（財務省「貿易統計」より作成）

Ⅱ

		輸出額（百万ドル）	輸出額が多い上位3位までの貿易相手国		
			1位	2位	3位
ア	2001年	169480	ドイツ	イギリス	ベルギー
	2019年	576785	ドイツ	ベルギー	フランス
イ	2001年	2058	ブラジル	アルゼンチン	アメリカ合衆国
	2019年	7680	中華人民共和国	ブラジル	アメリカ合衆国
ウ	2001年	27928	アメリカ合衆国	イギリス	ドイツ
	2019年	89396	中華人民共和国	ドイツ	アメリカ合衆国
エ	2001年	88005	アメリカ合衆国	シンガポール	日本
	2019年	240212	中華人民共和国	シンガポール	アメリカ合衆国

（国際連合「貿易統計年鑑」2020などより作成）

Ⅲ　この国では農業の機械化が進んでおり，沿岸部の砂丘では花や野菜が栽培され，ポルダーと呼ばれる干拓地では酪農が行われている。
　2001年と比べて2019年では，日本の輸入額は2倍に届いてはいないが増加し，輸出額は3倍以上となっている。2019年の輸出額は日本に次ぎ世界第5位となっており，輸出額が多い上位3位までの貿易相手国は全て同じ地域の政治・経済統合体の加盟国となっている。

3　次の略地図を見て，あとの各問に答えよ。

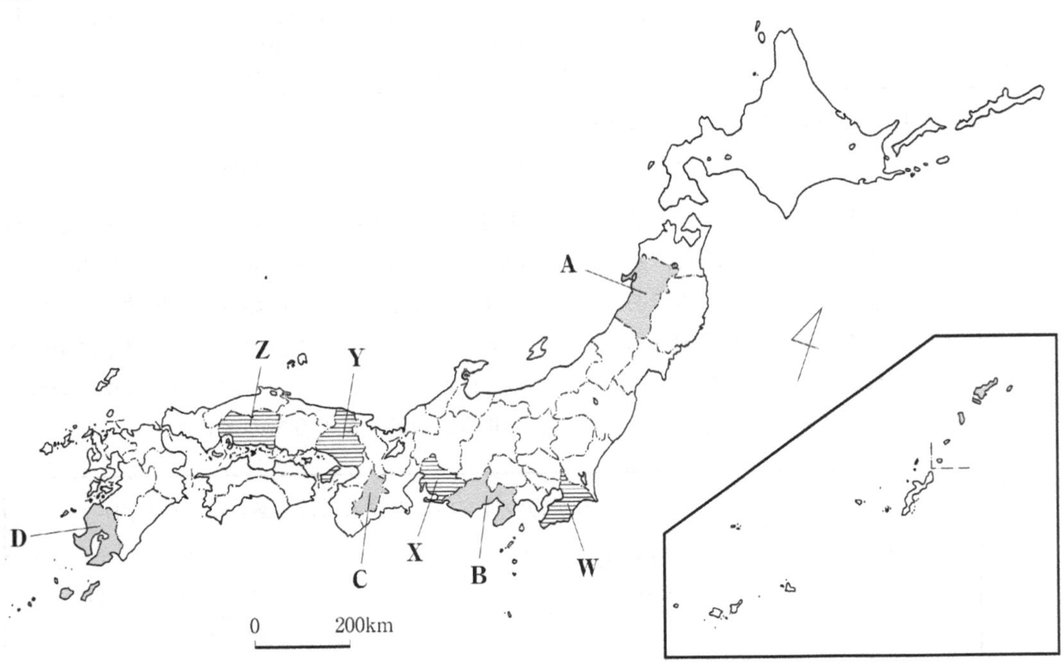

〔問1〕　次のページの表の**ア**～**エ**の文章は，略地図中に ▒ で示した，A～Dの**いずれか**の県の，自然環境と第一次産業の様子についてまとめたものである。A～Dのそれぞれの県に当てはまるのは，次の表の**ア**～**エ**のうちではどれか。

	自然環境と第一次産業の様子
ア	○南東側の県境付近に位置する山を水源とする河川は，上流部では渓谷を蛇行しながら北西方向に流れた後，流路を大きく変えて西流し，隣接する県を貫流して海に注いでいる。 ○南東部は，季節風の影響などにより国内有数の多雨地域であり，木材の生育に適していることから，古くから林業が営まれ，高品質な杉などが生産されていることが知られている。
イ	○北側の3000m級の山々が連なる山脈は，南北方向に走っており，東部の半島は，複数の火山が見られる山がちな地域であり，入り組んだ海岸線が見られる。 ○中西部にある台地は，明治時代以降に開拓され，日当たりと水はけがよいことから，国内有数の茶の生産量を誇っており，ブランド茶が生産されていることが知られている。
ウ	○南側の県境付近に位置する山を水源とする河川は，上流部や中流部では，南北方向に連なる山脈と山地の間に位置する盆地を貫流し，下流部では平野を形成して海に注いでいる。 ○南東部にある盆地は，夏に吹く北東の冷涼な風による冷害の影響を受けにくい地形の特徴などがあることから，稲作に適しており，銘柄米が生産されていることが知られている。
エ	○二つの半島に挟まれた湾の中に位置する島や北東側の県境に位置する火山などは，現在でも活動中であり，複数の離島があり，海岸線の距離は約2600kmとなっている。 ○水を通しやすい火山灰などが積もってできた台地が広範囲に分布していることから，牧畜が盛んであり，肉牛などの飼育頭数は国内有数であることが知られている。

〔問２〕　次のⅠの表の**ア**～**エ**は，略地図中に ▤ で示した**W**～**Z**の**いずれか**の県の，2020年における人口，県庁所在地の人口，他の都道府県への従業・通学者数，製造品出荷額等，製造品出荷額等に占める上位３位の品目と製造品出荷額等に占める割合を示したものである。次のⅡの文章は，Ⅰの表の**ア**～**エ**の**いずれか**の県の工業や人口の様子について述べたものである。Ⅱの文章で述べている県に当てはまるのは，Ⅰの**ア**～**エ**のうちのどれか，また，略地図中の**W**～**Z**のうちのどれか。

Ⅰ

	人口（万人）	県庁所在地の人口（万人）	他の都道府県への従業・通学者数（人）	製造品出荷額等（億円）	製造品出荷額等に占める上位３位の品目と製造品出荷額等に占める割合（％）
ア	628	97	797943	119770	石油・石炭製品(23.1)，化学(17.2)，食料品(13.3)
イ	280	120	26013	89103	輸送用機械(32.8)，鉄鋼(11.2)，生産用機械(9.7)
ウ	547	153	348388	153303	化学（13.6），鉄鋼（11.0），食料品（10.8）
エ	754	233	88668	441162	輸送用機械(53.0)，電気機械(7.7)，鉄鋼(4.9)

（2021年経済センサスなどより作成）

Ⅱ

○湾に面した沿岸部は，1950年代から埋め立て地などに，製油所，製鉄所や火力発電所などが建設されており，国内最大規模の石油コンビナートを有する工業地域となっている。

○中央部及び北西部に人口が集中しており，2020年における人口に占める他の都道府県への従業・通学者数の割合は，１割以上となっている。

〔問３〕　次の資料は，2019年に富山市が発表した「富山市都市マスタープラン」に示された，富山市が目指すコンパクトなまちづくりの基本的な考え方の一部をまとめたものである。資料から読み取れる，将来の富山市における日常生活に必要な機能の利用について，現状と比較し，自宅からの移動方法に着目して，簡単に述べよ。

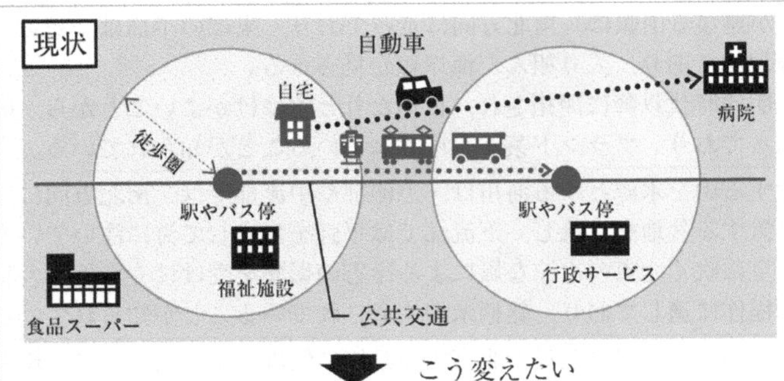

・公共交通のサービス水準が不十分で利用しにくい。
・駅やバス停を中心とした徒歩圏に日常生活に必要な機能がそろっていない。
・自動車を利用しないと生活しづらい。

こう変えたい

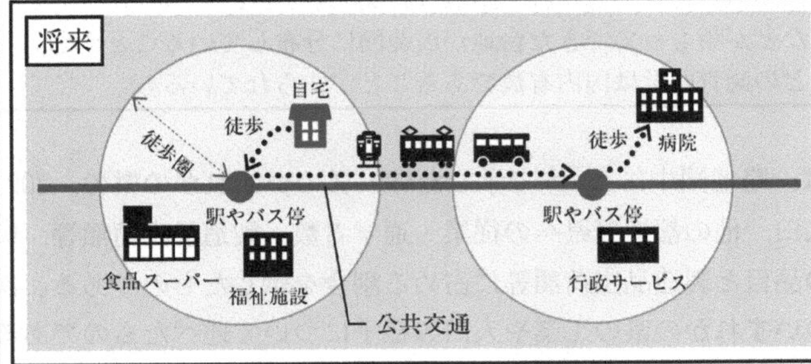

・公共交通のサービス水準が向上して利用しやすい。
・駅やバス停を中心とした徒歩圏に日常生活に必要な機能がそろっている。

（注）
・日常生活に必要な機能とは，行政サービス，福祉施設，病院，食品スーパーである。
・公共交通のサービス水準とは，鉄道・路面電車・バスの運行頻度などである。

（「富山市都市マスタープラン」より作成）

4　次の文章を読み，あとの各問に答えよ。

海上交通は，一度に大量の人や物を輸送することができることから，社会の発展のために重要な役割を果たしてきた。

古代から，各時代の権力者は，(1)周辺の国々へ使節を派遣し，政治制度や文化を取り入れたり，貿易により利益を得たりすることなどを通して，権力の基盤を固めてきた。時代が進むと，商人により，貨幣や多様な物資がもたらされ，堺（さかい）や博多（はかた）などの港が繁栄した。

江戸時代に入り，幕府は海外との貿易を制限するとともに，(2)国内の海上交通を整備し，全国的な規模で物資の輸送を行うようになった。開国後は，(3)諸外国との関わりの中で，産業が発展し，港湾の開発が進められた。

第二次世界大戦後，政府は，経済の復興を掲げ，海上交通の再建を目的に，造船業を支援した。(4)現在でも，外国との貿易の大部分は海上交通が担（にな）い，私たちの生活や産業の発展を支えている。

〔問１〕 (1)周辺の国々へ使節を派遣し，政治制度や文化を取り入れたり，貿易により利益を得たりすることなどを通して，権力の基盤を固めてきた。とあるが，次のア～エは，飛鳥時代から室町時代にかけて，権力者による海外との交流の様子などについて述べたものである。時期の古いものから順に記号を並べよ。

ア　混乱した政治を立て直すことを目的に，都を京都に移し，学問僧として唐へ派遣された最澄が帰国後に開いた密教を許可した。

イ　将軍を補佐する第五代執権として，有力な御家人を退けるとともに，国家が栄えることを願い，宋より来日した禅僧の蘭渓道隆を開山と定め，建長寺を建立した。

ウ　明へ使者を派遣し，明の皇帝から「日本国王」に任命され，勘合を用いて朝貢の形式で行う貿易を開始した。

エ　隋に派遣され，政治制度などについて学んだ留学生を国博士に登用し，大化の改新における政治制度の改革に取り組ませた。

〔問２〕 (2)国内の海上交通を整備し，全国的な規模で物資の輸送を行うようになった。とあるが，次のⅠの文章は，河村瑞賢が，1670年代に幕府に命じられた幕府の領地からの年貢米の輸送について，幕府に提案した内容の一部をまとめたものである。Ⅱの略地図は，Ⅰの文章で述べられている寄港地などの所在地を示したものである。ⅠとⅡの資料を活用し，河村瑞賢が幕府に提案した，幕府の領地からの年貢米の輸送について，輸送経路，寄港地の役割に着目して，簡単に述べよ。

Ⅰ

○陸奥国信夫郡（現在の福島県）などの幕府の領地の年貢米を積んだ船は，荒浜を出航したあと，平潟，那珂湊，銚子，小湊を寄港地とし，江戸に向かう。
○出羽国（現在の山形県）の幕府の領地の年貢米を積んだ船は，酒田を出航したあと，小木，福浦，柴山，温泉津，下関，大阪，大島，方座，安乗，下田を寄港地とし，江戸に向かう。
○寄港地には役人を置き，船の発着の日時や積荷の点検などを行う。

Ⅱ

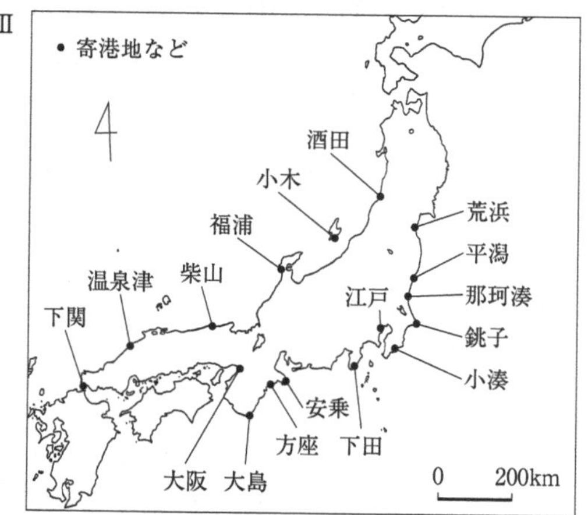

〔問３〕 (3)諸外国との関わりの中で，産業が発展し，港湾の開発が進められた。とあるが，次のページの略年表は，江戸時代から昭和時代にかけての，外交に関する主な出来事についてまとめたものである。略年表中のＡ～Ｄのそれぞれの時期に当てはまるのは，後のア～エのうちではどれか。

ア　四日市港は，日英通商航海条約の調印により，治外法権が撤廃され，関税率の一部引き上げが可能になる中で，外国との貿易港として開港場に指定された。

イ　東京港は，関東大震災の復旧工事の一環として，関東大震災の２年後に日の出ふ頭が完成したことにより，大型船の接岸が可能となった。

ウ　函館港は，アメリカ合衆国との間に締結した和親条約により，捕鯨船への薪と水，食糧を補給する港として開港された。

エ　三角(みすみ)港は，西南戦争で荒廃した県内の産業を発展させることを目的に，オランダ人技術者の設計により造成され，西南戦争の10年後に開港された。

西暦	外交に関する主な出来事	
1842	●幕府が天保(てんぽう)の薪水給与令を出し，異国船打ち払い令を緩和した。	
		A
1871	●政府が不平等条約改正の交渉などのために，岩倉使節団を欧米に派遣した。	
		B
1889	●大日本帝国憲法が制定され，近代的な政治制度が整えられた。	
		C
1911	●日米新通商航海条約の調印により，関税自主権の回復に成功した。	
		D
1928	●15か国が参加し，パリ不戦条約が調印された。	

〔問４〕 (4)現在でも，外国との貿易の大部分は海上交通が担(にな)い，私たちの生活や産業の発展を支えている。とあるが，次のグラフは，1950年から2000年までの，日本の海上貿易量（輸出）と海上貿易量（輸入）の推移を示したものである。グラフ中のA～Dのそれぞれの時期に当てはまるのは，後のア～エのうちではどれか。

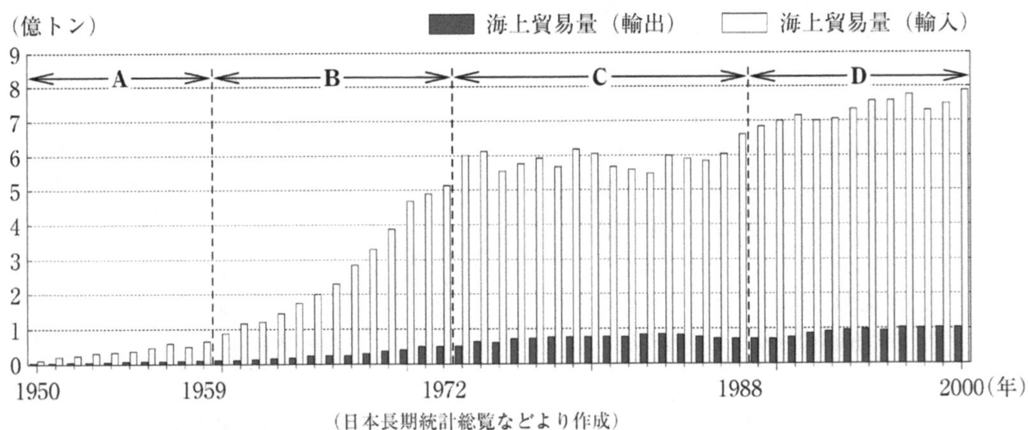

（日本長期統計総覧などより作成）

ア　サンフランシスコ平和条約（講和条約）を結び，国際社会に復帰する中で，海上貿易量は輸出・輸入ともに増加し，特に石油及び鉄鋼原料の需要の増加に伴い，海上貿易量（輸入）の増加が見られた。

イ　エネルギーの供給量において石油が石炭を上回り，海上輸送においてタンカーの大型化が進展する中で，日本初のコンテナ船が就航した他，この時期の最初の年と比較して最後の年では，海上貿易量（輸出）は約４倍に，海上貿易量（輸入）は約６倍に増加した。

ウ　冷たい戦争（冷戦）が終結するとともに，アジアにおいて経済発展を背景にした巨大な海運市場が形成される中で，海上貿易量は輸出・輸入ともに増加傾向にあったが，国内景気の後退や海外生産の増加を要因として，一時的に海上貿易量は輸出・輸入ともに減少が見られた。

エ　この時期の前半は二度にわたる石油価格の急激な上昇が，後半はアメリカ合衆国などとの貿易摩擦の問題がそれぞれ見られる中で，前半は海上貿易量（輸出）が増加し，後半は急速な円高により海上貿易量（輸入）は減少から増加傾向に転じた。

5　次の文章を読み，あとの各問に答えよ。

> 私たちは，家族，学校など様々な集団を形成しながら生活している。(1)一人一人が集団の中で個人として尊重されることが重要であり，日本国憲法においては，基本的人権が保障されている。
>
> 集団の中では，考え方の違いなどにより対立が生じた場合，多様な価値観をもつ人々が互いに受け入れられるよう，合意に至る努力をしている。例えば，国権の最高機関である(2)国会では，国の予算の使途や財源について合意を図るため，予算案が審議され，議決されている。
>
> 国際社会においても，(3)世界の国々が共存していくために条約を結ぶなど，合意に基づく国際協調を推進することが大切である。
>
> 今後も，よりよい社会の実現のために，(4)私たち一人一人が社会の課題に対して自らの考えをもち，他の人たちと協議するなど，社会に参画し，積極的に合意形成に努めることが求められている。

〔問1〕　(1)一人一人が集団の中で個人として尊重されることが重要であり，日本国憲法においては，基本的人権が保障されている。とあるが，基本的人権のうち，平等権を保障する日本国憲法の条文は，次の**ア**～**エ**のうちではどれか。

ア　すべて国民は，健康で文化的な最低限度の生活を営む権利を有する。

イ　すべて国民は，法の下に平等であつて，人種，信条，性別，社会的身分又は門地により，政治的，経済的又は社会的関係において，差別されない。

ウ　何人も，自己に不利益な供述を強要されない。

エ　何人も，裁判所において裁判を受ける権利を奪はれない。

〔問2〕　(2)国会では，国の予算の使途や財源について合意を図るため，予算案が審議され，議決されている。とあるが，次のページのⅠのグラフは，1989年度と2021年度における我が国の一般会計歳入額及び歳入項目別の割合を示したものである。Ⅰのグラフ中の**A**～**D**は，法人税，公債金，所得税，消費税の**いずれか**に当てはまる。次のページのⅡの文章は，Ⅰのグラフ中の**A**～**D**の**いずれか**について述べたものである。Ⅱの文章で述べている歳入項目に当てはまるのは，Ⅰの**A**～**D**のうちのどれか，また，その歳入項目について述べているのは，後の**ア**～**エ**のうちではどれか。

Ⅰ

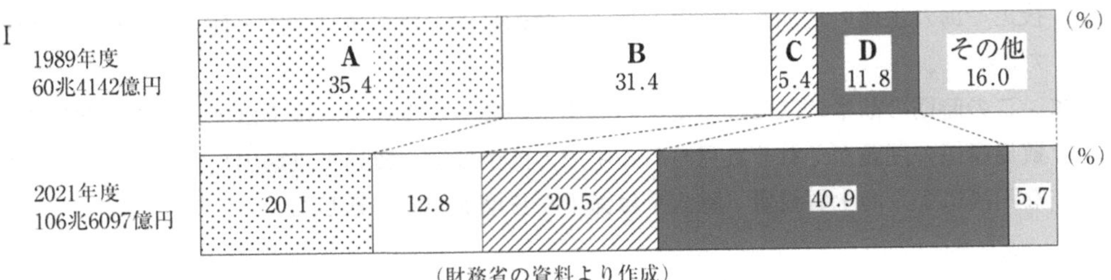

（財務省の資料より作成）

Ⅱ

> 間接税の一つであり，1989年に国民福祉の充実などに必要な歳入構造の安定化を図るために導入され，その後，段階的に税率が引き上げられた。2021年度の歳入額は20兆円を超え，1989年度に比べて６倍以上となっている。

ア　歳入の不足分を賄うため，借金により調達される収入で，元本の返済や利子の支払いなどにより負担が将来の世代に先送りされる。

イ　給料や商売の利益などに対して課され，主に勤労世代が負担し，税収が景気や人口構成の変化に左右されやすく，負担額は負担者の収入に応じて変化する。

ウ　商品の販売やサービスの提供に対して課され，勤労世代など特定の世代に負担が集中せず，税収が景気や人口構成の変化に左右されにくい。

エ　法人の企業活動により得られる所得に対して課され，税率は他の税とのバランスを図りながら，財政事情や経済情勢等を反映して決定される。

〔問３〕 (3)世界の国々が共存していくために条約を結ぶなど，合意に基づく国際協調を推進することが大切である。とあるが，次のⅠの文章は，ある国際的な合意について述べたものである。Ⅱの略年表は，1948年から2019年までの，国際社会における合意に関する主な出来事についてまとめたものである。Ⅰの国際的な合意が結ばれた時期に当てはまるのは，Ⅱの略年表中の**ア**～**エ**のうちではどれか。

Ⅰ

> 地球上の「誰一人取り残さない」ことをスローガンに掲げ，「質の高い教育をみんなに」などの17のゴールと169のターゲットで構成されている。持続可能でよりよい世界を目指し全ての国が取り組むべき国際目標として，国際連合において加盟国の全会一致で採択された。

Ⅱ

西暦	国際社会における合意に関する主な出来事	
1948	●世界人権宣言が採択された。	
		ア
1976	●国際連合において，児童権利宣言の20周年を記念して，1979年を国際児童年とすることが採択された。	
		イ
1990	●「気候変動に関する政府間パネル」により第一次評価報告書が発表された。	
		ウ
2001	●「極度の貧困と飢餓の撲滅」などを掲げたミレニアム開発目標が設定された。	
		エ
2019	●国際連合において，科学者グループによって起草された「持続可能な開発に関するグローバル・レポート2019」が発行された。	

〔問４〕 (4)私たち一人一人が社会の課題に対して自らの考えをもち，他の人たちと協議するなど，社会に参画し，積極的に合意形成に努めることが求められている。とあるが，次のⅠの文章は，2009年に法務省の法制審議会において取りまとめられた「民法の成年年齢の引下げについての最終報告書」の一部を分かりやすく書き改めたものである。Ⅱの表は，2014年から2018年までに改正された18歳，19歳に関する法律の成立年と主な改正点を示したものである。ⅠとⅡの資料を活用し，Ⅱの表で示された一連の法改正における，国の若年者に対する期待について，主な改正点に着目して，簡単に述べよ。

Ⅰ

○民法の成年年齢を20歳から18歳に引き下げることは，18歳，19歳の者を大人として扱い，社会への参加時期を早めることを意味する。

○18歳以上の者を，大人として処遇することは，若年者が将来の国づくりの中心であるという国としての強い決意を示すことにつながる。

Ⅱ

	成立年	主な改正点
憲法改正国民投票法の一部を改正する法律	2014	投票権年齢を満18歳以上とする。
公職選挙法等の一部を改正する法律	2015	選挙権年齢を満18歳以上とする。
民法の一部を改正する法律	2018	一人で有効な契約をすることができ，父母の親権に服さず自分の住む場所や，進学や就職などの進路について，自分の意思で決めることができるようになる成年年齢を満18歳以上とする。

6 次の文章を読み，あとの各問に答えよ。

国際社会では，人，物，お金や情報が，国境を越えて地球規模で移動するグローバル化が進んでいる。例えば，科学や文化などの面では，(1)これまでも多くの日本人が，研究などを目的に海外に移動し，滞在した国や地域，日本の発展に貢献してきた。また，経済の面では，(2)多くの企業が，世界規模で事業を展開するようになり，一企業の活動が世界的に影響を与えるようになってきた。

地球規模の課題は一層複雑になっており，課題解決のためには，(3)国際連合などにおける国際協調の推進が一層求められている。

〔問１〕 (1)これまでも多くの日本人が，研究などを目的に海外に移動し，滞在した国や地域，日本の発展に貢献してきた。とあるが，次のページの表の**ア**～**エ**は，次のページの略地図中に ▒ で示したＡ～Ｄの**いずれか**の国に滞在した日本人の活動などについて述べたものである。略地図中のＡ～Ｄのそれぞれの国に当てはまるのは，後の表の**ア**～**エ**のうちではどれか。

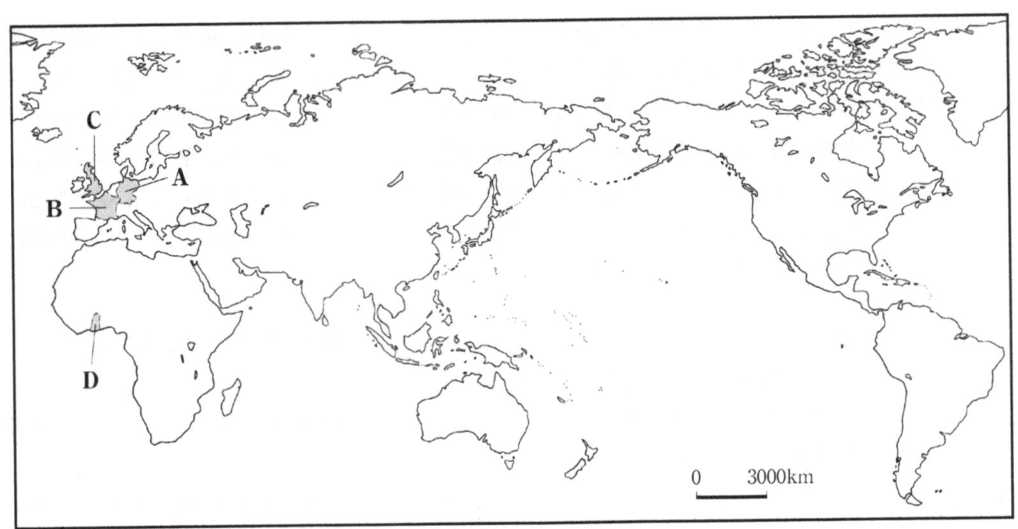

	日本人の活動など
ア	1789年に市民革命が起こったこの国に，1884年から1893年まで留学した黒田清輝（くろだせいき）は，途中から留学目的を洋画研究に変更し，ルーブル美術館で模写をするなどして，絵画の技法を学んだ。帰国後は，展覧会に作品を発表するとともに，後進の育成にも貢献した。
イ	1871年に統一されたこの国に，1884年から1888年まで留学した森鷗外（もりおうがい）は，コレラ菌などを発見したことで知られるコッホ博士などから細菌学を学んだ。帰国後は，この国を舞台とした小説を執筆するなど，文学者としても活躍した。
ウ	1902年に日本と同盟を結んだこの国に，1900年から1903年まで留学した夏目漱石（なつめそうせき）は，シェイクスピアの作品を観劇したり，研究者から英文学の個人指導を受けたりした。帰国後は，作家として多くの作品を発表し，文学者として活躍した。
エ	ギニア湾岸にあるこの国に，1927年から1928年まで滞在した野口英世（のぐちひでよ）は，この国を含めて熱帯地方などに広まっていた黄熱病（おうねつびょう）の原因を調査し，予防法や治療法の研究を行った。功績を記念し，1979年にこの国に野口記念医学研究所が設立された。

〔問２〕　(2)多くの企業が，世界規模で事業を展開するようになり，一企業の活動が世界的に影響を与えるようになってきた。とあるが，次のページのⅠの略年表は，1976年から2016年までの，国際会議に関する主な出来事についてまとめたものである。次のページのⅡの文は，Ⅰの略年表中の**ア**～**エ**の**いずれか**の国際会議について述べたものである。Ⅱの文で述べている国際会議に当てはまるのは，Ⅰの略年表中の**ア**～**エ**のうちのどれか。

Ⅰ

西暦	国際会議に関する主な出来事
1976	●東南アジア諸国連合（ＡＳＥＡＮ）首脳会議がインドネシアで開催された。……………………ア
1993	●アジア太平洋経済協力（ＡＰＥＣ）首脳会議がアメリカ合衆国で開催された。…………………イ
1996	●世界貿易機関（ＷＴＯ）閣僚会議がシンガポールで開催された。
2008	●金融・世界経済に関する首脳会合（G20サミット）がアメリカ合衆国で開催された。…………ウ
2016	●主要国首脳会議（Ｇ７サミット）が日本で開催された。………………………………………………エ

Ⅱ

アメリカ合衆国に本社がある証券会社の経営破綻などを契機に発生した世界金融危機（世界同時不況，世界同時金融危機）と呼ばれる状況に対処するために，初めて参加国の首脳が集まる会議として開催された。

〔問３〕 (3)国際連合などにおける国際協調の推進が一層求められている。とあるが，次のⅠのグラフ中のア～エは，1945年から2020年までのアジア州，アフリカ州，ヨーロッパ州，南北アメリカ州の**いずれか**の州の国際連合加盟国数の推移を示したものである。Ⅱの文章は，Ⅰのグラフ中のア～エの**いずれか**の州について述べたものである。Ⅱの文章で述べている州に当てはまるのは，Ⅰのア～エのうちのどれか。

Ⅰ

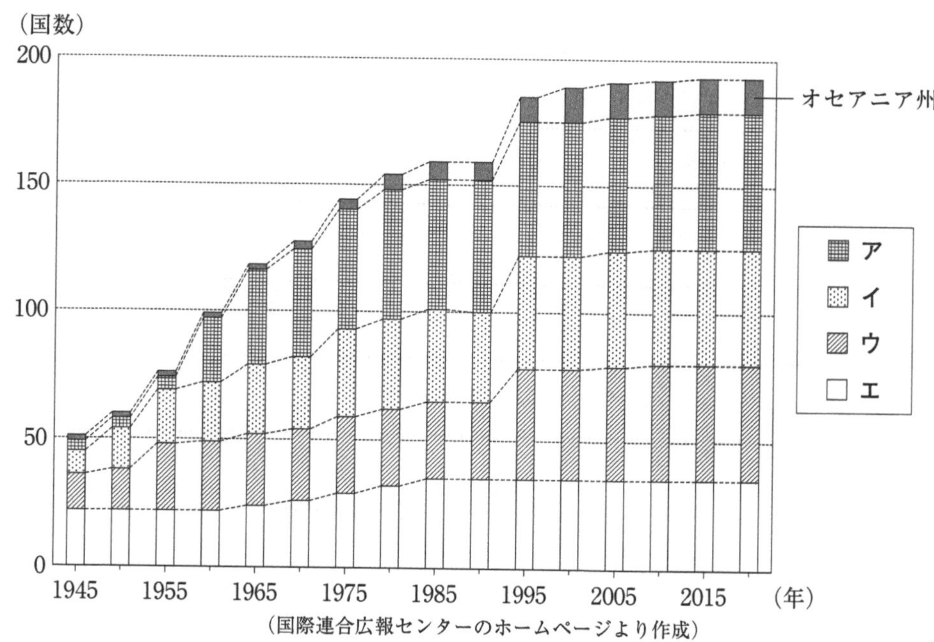

（国際連合広報センターのホームページより作成）

Ⅱ

○国際連合が設立された1945年において，一部の国を除き他国の植民地とされており，民族の分布を考慮しない直線的な境界線が引かれていた。
○国際連合総会で「植民地と人民に独立を付与する宣言」が採択された1960年に，多くの国が独立し，2020年では，50か国を超える国が国際連合に加盟している。

大切なことはメモしておこうネ！

2024年度

解答と解説

《2024年度の配点は解答用紙集に掲載してあります。》

<理科解答>

1 〔問1〕 エ　〔問2〕 イ　〔問3〕 ウ　〔問4〕 ア　〔問5〕 イ　〔問6〕 エ
2 〔問1〕 ア　〔問2〕 イ　〔問3〕 エ　〔問4〕 ウ
3 〔問1〕 ウ　〔問2〕 2時間ごとに記録した透明半球上の・印のそれぞれの間隔は，どれも等しいため，地球上での太陽の見かけ上の動く速さは一定であることが分かる。
〔問3〕 エ　〔問4〕 ア
4 〔問1〕 イ　〔問2〕 ア　〔問3〕 ウ
5 〔問1〕 イ　〔問2〕 エ　〔問3〕 <資料>から，塩化ナトリウムの溶解度は，温度によってほとんど変化しないものであるため。　〔問4〕 ウ
6 〔問1〕 ウ　〔問2〕 ① ウ　② イ　〔問3〕 ア　〔問4〕 エ

<理科解説>

1 (小問集合－物質の成り立ち，化学変化と物質の質量：質量保存の法則，電流：オームの法則・電力量，動物の特徴と分類，原子の成り立ちとイオン：原子の構造，気象要素の観測，動物の体のつくりとはたらき)

〔問1〕 水素，酸素，水は分子として存在する。また，質量保存の法則により，化学変化の前後で，原子の組み合わせは変化するが，原子の種類と数は変化しない。以上により，**水素2分子と酸素1分子が結びついて，水2分子ができるモデル**，エが正解である。

〔問2〕 **電熱線の抵抗の大きさ〔Ω〕**$=\frac{6〔V〕}{1.5〔A〕}$=4〔Ω〕である。**電力量〔J〕=6〔V〕×1.5〔A〕×300〔s〕**=9.0〔W〕×300〔s〕=2700〔J〕である。

〔問3〕 **甲殻類はエビ・カニの仲間**であるため無脊椎動物である。よって，魚類，両生類，鳥類が脊椎動物であり，昆虫類と甲殻類が無脊椎動物である。

〔問4〕 原子核はプラスの電気をもつ陽子と，電気をもたない中性子からできているため，**原子核はプラスの電気**をもつ。**電子はマイナスの電気**をもち，ふつうの状態では**陽子の数と等しい。**

〔問5〕 くもりの**天気記号**は◎であり，風向が北東であるため矢は北東の向きにかく。表1より風速が3.0〔m/s〕であるため，表2より風力は2であり，矢ばねは2本である。よって，**天気図記号**はイである。

〔問6〕 ヒトの**ヘモグロビン**は，血液中の赤血球に含まれ，酸素の多いところでは酸素と結び付き，**酸素の少ないところでは酸素をはなす性質**がある。

2 (自由研究－身近な地形や地層・岩石の観察，地層の重なりと過去の様子，化学変化と物質の質量，化学変化：酸化と還元，光と音：光の屈折，自然界のつり合い)

〔問1〕 **フズリナは古生代の示準化石**であり，**アンモナイトは中生代の示準化石**であるため，地質年代の古いものは石材aに含まれるフズリナの化石である。石材cに含まれる**サンゴの化石**は，その化石を含む地層が堆積した当時の環境を示す**示相化石**である。

〔問2〕 不純物を含まないクジャク石の粉0.20gを加熱すると，酸化銅0.13gと二酸化炭素と水に分解される。**得られた酸化銅に炭素をよく混ぜ加熱すると，酸化銅が還元されて銅が得られるが，このときの銅の質量を求める。**表2より，**銅の質量〔g〕：加熱して得られる酸化銅の質量〔g〕＝4：5，**である。酸化銅0.13gに含まれる銅の質量をxgとすると，x〔g〕：0.13〔g〕＝4：5，x〔g〕＝0.104〔g〕，である。よって，クジャク石の粉0.20gに含まれる銅の割合は，**0.104〔g〕÷0.20〔g〕×100**＝52〔%〕，より，52%である。

〔問3〕 図2の境界面RをR_1とすると，光源装置から出た光が通過するとき**入射角より屈折角が大きくなる境界面は境界面R_1**である。厚さを2倍にした直方体のガラスを点線の枠に合わせて入れ替えた場合は，空気側からガラス側に入射して屈折した光を**厚さが2倍になった境界面R_2まで光の道筋をまっすぐ延長して，境界面R_2で屈折するように作図する**と，直線L上の点Pの位置はTの方向にずれる。

〔問4〕 生態系を構成する生物どうしの数量的な関係は，ピラミッドのような形で表すことができ，**食べられる側の生物の数の方が，食べる側の生物の数よりも多くなる。**生態系Vにおいて生物の数が少ないものから順に並べると，生物w＜x＜y＜z，であるため，図3の③はウの生物yである。

3 (天体の動きと地球の自転・公転：透明半球を用いた太陽の日周経路の観察・北極側から見た地球の自転と太陽の方向に対する地上の方位の変化・地軸の傾きと季節の変化及び緯度の高低による夜の長さ)

〔問1〕 太陽が天頂より南側で子午線(天頂と南北を結ぶ線)を通過するときの太陽の高度が**南中高度**である。高度は**観察者の位置(円の中心O)**で地平線から太陽までの角度で表す。

〔問2〕 2時間ごとに記録した透明半球上の・印のそれぞれの間隔は，どれも等しいため，地球上での**太陽の見かけ上の動く速さは一定**であることが分かる。

〔問3〕 地球上では太陽は見かけ上，①東から西に移動して見える。それは，**地球が北極側から見て反時計回り，**④図3ではⅡの方向に自転しているためである。**東の空に太陽が見えるのは，**②点Mの位置であり，**西の空に太陽が見えるのは，**③点Kの位置である。

〔問4〕 <観察1>は夏至の頃であり，<観察2>は秋分の頃である。図4より，**日の入りの位置は，<観察1>を行った日の方が**<観察2>を行った日よりも**北寄り**である。<結果2>より，<観察1>の(4)でかいた曲線の長さの方が，<観察2>の(4)でかいた曲線の長さよりも長いため，**昼の長さは<観察1>を行った日の方が**<観察2>を行った日よりも**長い。**また，地球が公転面に対して23.4°傾けて公転していることにより，**図5は北極点が太陽の方向に傾いているため，夜の長さはX地点の方がY地点よりも長い。**

4 (植物の体のつくりとはたらき：光合成の対照実験・光合成の条件，光の明るさと光合成量・呼吸量の関係，生物と細胞：顕微鏡操作)

〔問1〕 顕微鏡で観察をする準備を行う際に，プレパラートと対物レンズを，最初に，できるだけ近づけるときの手順は，**顕微鏡を横から見ながら，**調節ねじを回してプレパラートと対物レンズを**できるだけ近づける。**対物レンズが20倍で接眼レンズが10倍である顕微鏡の倍率は，20×10＝200〔倍〕，である。

〔問2〕 植物は昼間など，光の当たるときだけ光合成を行うが，呼吸は光が当たるかどうかに関係なく，昼も夜も行われている。よって，左の図は，**光が①十分に当たる**ときであり，植物の**⑤光合成**による**③二酸化炭素**の吸収と**④酸素**の放出が見られるが，右の図の光が②当たらないときには見られない。左右の図に**共通**して見られる**⑥は呼吸**であり，④**酸素**の吸収と③**二酸化炭素**の放出が見られる。**光が強い日中は，光合成によって出入りする気体の量の方が呼吸によって出入りする量より多い**ため，光が当たると光合成だけが行われているように見える。

〔問3〕　オオカナダモAとオオカナダモBは**対照実験**を行うために用意されている。<結果>(1)では，オオカナダモの葉AとBの細胞内に緑色の**葉緑体**を観察できた。<結果>(2)では，表1から，オオカナダモの葉AとBがヨウ素液に反応しなかったことから，**光が当たらない場所に2日間置いたため，**オオカナダモの葉AとBが作っていた**デンプンはすべてなくなっていたことがわかる。**<実験>(5)で，オオカナダモAは光が十分に当たる場所に置き，オオカナダモBはそのペトリ皿を光が当たらないようにアルミはくで覆って，Aと同様に光が十分に当たる場所に置いた。3日後，<実験>(7)による<結果>(3)表2から，対照実験を行った結果，**光が十分当たる場所に置いたオオカナダモAの葉緑体にのみ，青紫色に染色されたヨウ素液への反応があらわれた**ことから，**光が十分に当たる場所では，オオカナダモの葉の葉緑体で，デンプンが作られる**ことが分かる。

5　**(水溶液：溶質と溶媒・飽和水溶液・溶解度曲線の温度変化にともなう水溶液の濃度の変化・溶質の取り出し，水溶液とイオン：電離・電解質と非電解質)**

〔問1〕　砂糖を水にとかすと，砂糖水ができる。この場合，砂糖のように，とけている物質を**溶質**，水のように，溶質をとかす液体を**溶媒**という。溶質が溶媒にとけた液全体を**溶液**という。溶媒が水である溶液を**水溶液**という。ビーカーBの水溶液の溶質である**塩化ナトリウムは電解質**であるため，蒸留水に溶け，電離する。ビーカーCの水溶液の溶質である**砂糖は非電解質**であるため，蒸留水に溶けるが，電離しない。

〔問2〕　**水100gに物質を溶かして飽和水溶液にしたとき，溶けた溶質の質量〔g〕の値を溶解度という。資料の溶解度曲線は，溶解度と温度との関係を表している。**<実験2>(1)では試験管Aに27℃の蒸留水5gと硝酸カリウム3gを入れたが，水溶液の温度による溶質の溶け方の変化について**溶解度曲線を用いて考察するには，**試験管Aには**27℃の蒸留水100g**を入れ，同じ濃度になるように**硝酸カリウム60g**を加えたとして考察する。**27℃のとき**の溶解度は41であるため，**溶け残る**と考察でき，<実験2>の(1)の結果と一致する。**溶解度が60になり，飽和の状態になるのは38℃**である。**27℃から38℃**までは硝酸カリウムが**溶ける質量は少しずつ増加する**ため，**質量パーセント濃度〔%〕は増加**し，**38℃で飽和**して**濃度は最大**になる。**38℃から60℃**まで**水溶液の温度が上昇しても質量パーセント濃度〔%〕は一定**である。

〔問3〕　試験管Bの水溶液の温度を27℃から60℃まで上昇させても，その後，27℃，20℃とゆっくり冷やしても，試験管の中の様子に変化がなかったのは，資料から，**塩化ナトリウムの溶解度は，温度によってほとんど変化しないものである**ためである。

〔問4〕　試験管Bの塩化ナトリウム水溶液の温度が**20℃のとき，溶解度は約38**であり，溶質である塩化ナトリウムの濃度は，38〔g〕÷(100〔g〕+38〔g〕)×100≒28〔%〕，である。水溶液0.35gのうち，**溶質の質量が28%**であるため，**溶媒である水の質量は72%**である。よって，**溶質を全て固体として取り出すために蒸発させる溶媒の質量は，**0.35〔g〕×0.72≒0.25〔g〕，より，約0.25gである。

6　**(力と物体の運動：斜面上での台車の運動，力のつり合いと合成・分解：斜面上の台車に働く力の分解と作用・反作用の法則，力学的エネルギー：位置エネルギーと運動エネルギー，仕事とエネルギー)**

〔問1〕「ばねばかりが糸を引く力」がした**仕事の大きさ〔J〕＝6〔N〕×0.1〔m〕＝**0.6〔J〕である。**ば**

ねばかりが糸に引く力(作用)を加えると，同時に，ばねばかりは糸から大きさが同じで逆向きの引く力(反作用)を受ける。よって，「ばねばかりが糸を引く力」を作用としたときの反作用は，「糸がばねばかりを引く力」である。

〔問2〕 ① 記録タイマーは1秒間に50回打点するから，0.1秒間に5回打点する。よって，0.4秒経過するまでの力学台車の平均の速さ〔cm/s〕$=\frac{2.2+3.6+5.0+6.4〔cm〕}{0.4〔s〕}=43$〔cm/s〕である。

② 0.4秒経過するまでの力学台車の移動距離は，斜面の傾きが図4の10°では17.2cmでありその速さをC，図5の20°では34.4cmでありその速さをDとしたとき，同じ時間でDの移動距離はCの2倍であったため，CとDの比は1：2である。

〔問3〕 斜面を下る力学台車に働く重力の大きさは変わらない。斜面の傾きを大きくしていくほど，重力の斜面に平行な分力は大きくなり，重力の斜面に垂直な分力は小さくなる。

〔問4〕 ① ばねばかりを引きはじめてから25秒経過したときの力学台車の位置エネルギーを比較する。<結果1><実験1>の(1)図1では，力学台車は基準面から10cmの高さであり，<実験1>の(2)図2では，糸を引く速さは，動滑車を使った場合は物体を引く力の大きさが半分になるためか，少し大きくなっているが，25秒間で印が動いた距離は<実験1>の(1)とほぼ同じであると考えると，動滑車を用いたので物体は引いた距離の半分しか上がらないため，力学台車は基準面から約5cmの高さにしかならない。表のデータからは，一定の速さで45秒間引くと力学台車は基準面から10cmの高さになるので，25秒間では，$\frac{10〔cm〕\times 25〔s〕}{45〔s〕}\fallingdotseq 5.6$〔cm〕，と計算できる。よって，力学台車の位置エネルギーの大きさは，<実験1>の(1)の方が大きい。 ② 運動エネルギーは力学台車の速さが速いほど大きく，〔問2〕から力学台車の速さは斜面の角度が大きい方が速いため，<実験2>の(4)の方が大きい。

<社会解答>

1 〔問1〕 B イ　C エ　D ウ　E ア　〔問2〕 エ　〔問3〕 ウ

2 〔問1〕 (略地図中のA～D) C　(Ⅱのア～エ) イ　〔問2〕 P ア　Q ウ　R エ　S イ　〔問3〕 (略地図中のW～Z) Z　(ⅠとⅡのア～エ) ア

3 〔問1〕 A ウ　B イ　C ア　D エ　〔問2〕 (Ⅰのア～エ) ア　(略地図中のW～Z) W　〔問3〕 自動車を利用しなくても，公共交通を利用することで，日常生活に必要な機能が利用できる。

4 〔問1〕 エ→ア→イ→ウ　〔問2〕 太平洋のみを通る経路と，日本海と太平洋を通る経路で，寄港地では積荷の点検などを行い，江戸に輸送すること。　〔問3〕 A ウ　B エ　C ア　D イ　〔問4〕 A ア　B イ　C エ　D ウ

5 〔問1〕 イ　〔問2〕 (ⅠのA～D) C　(ア～エ) ウ　〔問3〕 エ　〔問4〕 投票権年齢，選挙権年齢，成年年齢を満18歳以上とし，社会への参加時期を早め，若年者が将来の国づくりの中心として積極的な役割を果たすこと。

6 〔問1〕 A イ　B ア　C ウ　D エ　〔問2〕 ウ　〔問3〕 ア

<社会解説>

1 (地理的分野―日本地理－地形図の見方，歴史的分野―日本史時代別－鎌倉時代から室町時代，―日本史テーマ別－法律史，公民的分野―国の政治の仕組み)

〔問1〕 B地点　地形図によれば，B地点からC地点に向かうと，すぐに鉄道との立体交差を通過す

る。B地点はイである。　C地点　C地点からD地点の長さは，地形図上では2cm弱である。この地形図の**縮尺**は，2万5千分の1である。それにより，実際の距離を計算すれば，2.0(cm)×25,000＝50,000(cm)＝約500(m)である。説明文の470mとほぼ合致する。C地点はエである。D地点　D地点は丁(てい)字形の交差点であり，進行する方向には道の両側に住宅地が見られる。D地点はウである。　E地点　E地点からF地点に向かうには，鉄道の上を道路が通る立体交差があるとの説明文があり，地形図と合致する。E地点はアである。

〔問2〕　**中世**から**近世**へ移り変わるころには，**下剋上**の風潮が強まり，実力のあるものが上の者を倒して**戦国大名**へとのし上がって行った。**戦国大名**が，自分の領国を治めるために制定したのが，**分国法**である。分国法の内容としては，家臣の統制など具体的なものが多い。家臣間の争いを禁じた**喧嘩両成敗**の規定が多くの分国法に見られる。分国法としては，今川氏の今川仮名目録，武田氏の甲州法度などが有名である。なお，アの**御成敗式目**は，1232年に鎌倉幕府によって定められたもの，イの**大宝律令**は，701年に朝廷によって定められたもの，ウの**武家諸法度**は江戸時代に幕府によって定められたものである。

〔問3〕　**日本国憲法**第54条によって定められる，**衆議院**の解散による衆議院議員総選挙後の30日以内に召集しなければならない国会を，**特別会**または**特別国会**という。特別国会が召集されると，日本国憲法第67条にあるように，「内閣総理大臣を，国会議員の中から国会の議決で，これを指名する。この指名は，他のすべての案件に先だって，これを行う。」ことになっている。

2　(地理的分野―世界地理－気候・人々のくらし・産業・貿易)

〔問1〕　まず，A～Dの国・都市を確定する。Aはタイの首都バンコク，Bはサウジアラビアの首都リャド，Cはエチオピアの首都アディスアベバ，Dはポーランドの首都ワルシャワである。Ⅰの文章は，「標高2350m」「コーヒーの生産量世界第5位」との記述から，エチオピアの首都アディスアベバだとわかる。解答はCである。アディスアベバは，**標高**2000m以上の高地にあるため，年間を通して最高気温25℃前後，最低気温15℃前後である。**降雨量**は**小雨季**(2月～5月)，**大雨季**(6月～9月)，**乾季**(10月～1月)に分かれるが，全体として降雨量は多くはない。Ⅱの中では，イの**雨温図**がアディスアベバを表している。

〔問2〕　まず，P～Sの国を確定する。Pはメキシコ，Qはフィジー，Rはバングラデシュ，Sはイタリアである。アは，「**とうもろこし**が主食であり，(中略)生地に具材を挟んだ料理などが食べられている。」(この料理はトルティーヤである)との記述からPのメキシコであるとわかる。イは，地中海性気候を生かした農業を行うSのイタリアについての説明であるとわかる。冬は気温10度前後で，雨が少なく，夏は気温が高く，雨がほとんど降らないのが，**地中海性気候**の特徴である。地中海沿岸部では，気候を生かして，夏は乾燥に強いオレンジやオリーブやぶどうなどの作物を栽培し，冬は北部を中心に小麦を栽培している。ウは，「**タロイモ**が主食であり」「バナナの葉に様々な食材と共にタロイモを包んで蒸した料理(以下略)」との記述から，Qのフィジーであるとわかる。エは，**雨季**の降水に依存して米を大量に生産し，米を主食とするところから，Rのバングラデシュであるとわかる。上記により，正しい組み合わせは，Pア・Qウ・Rエ・Sイとなる。

〔問3〕　まず，W～Zの国を確定する。Wはウルグアイ，Xはマレーシア，Yは南アフリカ共和国，Zはオランダである。Ⅲの文章の「ポルダー」とは，低湿地の干拓によって造成した土地のことを言い，普通はオランダやベルギーの干拓地のことを指す。したがって，Ⅲの文章で述べている国は，Zのオランダである。また，オランダは，2001年から2019年で輸出額は3倍以上となり，輸出額では世界第5位となっている。輸出相手国はEU加盟国が多くを占めている。Ⅰ表・Ⅱ表では，アである。

3 **(地理的分野―日本地理－地形・農林水産業・気候・工業・交通)**

〔問1〕 まず，A～Dの県を確定する。Aは秋田県，Bは静岡県，Cは奈良県，Dは鹿児島県である。次にア～エの県を確定する。アは，「国内有数の多雨地域」「古くから林業が営まれ，高品質な杉などが生産されている」等の文から，吉野杉の産地であるCの奈良県であるとわかる。イは，「北側の3000m級の山々」が**南アルプス**を指すところから，静岡県であるとわかる。また，「国内有数の茶の生産量」との記述からも，イが静岡県であるとわかる。ウは，文中の河川が秋田県の雄物川を指す。日本海側に位置するため，夏の「**やませ**」による冷害の影響を受けにくく，「あきたこまち」等の**銘柄米**が生産されていることから，秋田県であることがわかる。エは，二つの半島が大隅半島と薩摩半島であり，この二つの半島に囲まれているのが**活火山**の桜島である。**牧畜**が盛んであることからも，エが鹿児島県であることがわかる。上記により，正しい組み合わせは，Aウ・Bイ・Cア・Dエとなる。

〔問2〕 まず，W～Zの県を確定する。Wは千葉県，Xは愛知県，Yは兵庫県，Zは広島県である。ア～エのうち，人口に占める他の都道府県への従業・通学者の割合が1割以上となっているのは，アの千葉県である。また，国内最大規模の**石油コンビナート**を有するのは，京葉工業地域の千葉県である。Ⅱの文章に当てはまるのは，アである。千葉県は，上記で明らかなように，略地図中のW～Zのうち，Wに当たる。

〔問3〕 徒歩で利用できるところに，食品スーパー・福祉施設等の機能をそろえ，また，徒歩圏外のところでも，自動車でなく，電車やバスなどの**公共交通**を利用して，行政サービス・病院など日常生活に必要な機能が利用できるようになる。上記のような趣旨を簡潔にまとめて解答すればよい。

4 **(歴史的分野―日本史時代別－古墳時代から平安時代・鎌倉時代から室町時代・安土桃山時代から江戸時代・明治時代から現代，―日本史テーマ別－文化史・政治史・経済史・外交史・社会史)**

〔問1〕 ア **桓武天皇**が，混乱した政治を立て直すことを目的に，都を京都に移したのは，794年のことである。 イ **鎌倉幕府**の将軍を補佐する第五代**執権北条時頼**は，有力な御家人を退ける一方，**建長寺**を建立した。建長寺の建立は1253年である。 ウ **室町幕府**の三代将軍**足利義満**が明に使者を派遣し，**勘合貿易**を始めたのは1404年である。 エ **隋**から帰国した留学生を**国博士**とし，645年に始まる**大化改新**の改革に取り組ませたのは，**中大兄皇子**(のちの**天智天皇**)である。したがって，時代の古い順に並べると，エ→ア→イ→ウとなる。

〔問2〕 江戸前期の17世紀に，**河村瑞賢**は奥州荒浜から太平洋のみを通り江戸に至る**東回り航路**と，出羽酒田から日本海・瀬戸内海を通って，太平洋に出て江戸に至る**西回り航路**の両者を整えた。寄港地では積荷の点検などを行い，**年貢米**や各地の特産品を江戸に輸送することを実現した。以上の趣旨を簡潔にまとめて記せばよい。

〔問3〕 ア 四日市港は**日英通商航海条約**により，1899年に開港地に指定された。 イ 東京港では**関東大震災後**に復旧工事が行われ，震災の2年後の1925年に日の出ふ頭が完成した。 ウ 函館港は**日米和親条約**により1854年に開港され，薪・水・食糧の補給地となった。 エ 熊本の三角港は，**西南戦争**10年後の1887年にオランダ人技術者の設計により造成され，開港された。よって，略年表と照らし合わせれば，Aウ・Bエ・Cア・Dイとなる。

〔問4〕 ア 1951年に**サンフランシスコ平和条約**が結ばれ，特に海上貿易(輸入)の増加がみられた。 イ エネルギー源が**石炭**から**石油**へ転換する**エネルギー革命**が起こったのは1950年代以降である。 ウ 米ソ首脳が**マルタ島**で会談し，**冷戦終結**を宣言したのが，1989年のことであり，一時的に海上貿易量の減少がみられた。 エ 二度にわたる石油価格の急激な上昇とは，1973年の第一次石油危機と1979年の**第二次石油危機**のことを指す。この時期には海上貿易量の増加がみられた。したがって，正しい組み合わせは，Aア・Bイ・Cエ・Dウとなる。

5 (公民的分野―基本的人権・財政・国際社会との関わり・民主主義)

〔問1〕 アは，**日本国憲法**第25条の条文であり，**社会権**の中の**生存権**である。ウは，憲法第38条の条文であり，**自由権**の中の**身体の自由**である。エは，憲法第32条の条文であり，**請求権**である。残されたイが，憲法第14条に示された**平等権**である。

〔問2〕 ⅠのAは**法人税**，Bが**所得税**，Cが**消費税**，Dが**公債金**である。Ⅱの文章で説明されているのは消費税であり，Cである。また，ア・イ・ウ・エのうち，アは公債金，イは所得税，エは法人税についての説明である。消費税を正しく説明しているのは，ウである。消費税は，1989年に導入された。**3%→5%→8%→10%**と税率が変更されるにしたがって，税収が増えてきた。消費税は，年収が低いほど，税負担の割合が高いという**逆進性**がある。

〔問3〕 2015年にニューヨークで開催された「**国連持続可能な開発に関するサミット**」において採択された世界共通の17の目標が，**持続可能な開発目標(SDGs)**である。目標の例をあげれば「貧困をなくそう」「飢餓をゼロに」「質の高い教育をみんなに」「ジェンダー平等を実現しよう」「エネルギーをみんなに　そしてクリーンに」「気候変動に具体的な対策を」など，世界の様々な問題を根本的に解決し，すべての人たちにとってより良い世界をつくるために設定されたものである。時期はエである。

〔問4〕 **投票権年齢**，**選挙権年齢**，**成年年齢**をそれぞれ満20歳から満18歳以上へと引き下げることにより，政治・社会への参加時期を2年間早めることが実現されてきた。これにより，若年者自らが大人であることを自覚し，自分の考えを持ち，他者と協議し，社会に参画して積極的に合意形成に努め，若年者が将来の国づくりの中心として積極的な役割を果たすことが期待されている。上記のような趣旨のことを簡潔にまとめて解答すればよい。

6 (歴史的分野―日本史時代別－明治時代から現代，―日本史テーマ別－文化史，―世界史－経済史・政治史)

〔問1〕 はじめに，A～Dの国を確定する。Aはドイツ，Bはフランス，Cはイギリス，Dはガーナである。1789年に**市民革命**が起こったのはフランスであり，アの**黒田清輝**は1880年代から1890年代にかけてこの国に留学して，**洋画**を学んだ。1871年に統一されたのはドイツであり，イの**森鷗外**は1884年から1888年まで留学し，**細菌学**を学んだ。1902年に日本と**日英同盟**を結んだのはイギリスであり，ウの**夏目漱石**は1900年から1902年までイギリスに留学し，英文学を学んだ。現在のガーナにあたる西アフリカで，1927年から1928年にかけて，エの**野口英世**は**黄熱病**の研究に努めた。したがって，正しい組み合わせは，Aイ・Bア・Cウ・Dエである。

〔問2〕 2008年9月に，**アメリカ合衆国**の投資銀行である**リーマン・ブラザーズ**が破綻したことに端を発して，**リーマン・ショック**といわれる**世界金融危機**が発生した。日本でも大幅に景気が後退し，**実質経済成長率**はマイナスとなった。リーマンショックに対処するため，同年11月にワシントンで第一回**G20サミット**が開催された。このG20は，各国の**首脳**(大統領・首相・国王・国家主席等)のみが集まる初めての国際会議として開催された。正解はウである。

〔問3〕 19世紀までにヨーロッパ諸国により**植民地**とされていたアフリカ各地で，**第二次世界大戦**後に**独立運動**が活発になり，1960年前後に一斉に独立を達成した。特に1960年は，17か国が独立をし，「**アフリカの年**」といわれる。これらの独立をした国々が**国際連合**に加盟したために，1960年前後はアフリカ州の国々の加盟国数が急激に増えた。Ⅱの文章は，アフリカ州について述べている。Ⅰのグラフのうち，1960年前後に国連加盟国数が急激に増えているのはアであり，アフリカ州がアである。

2024年度英語 リスニングテスト

〔放送台本〕

これから，リスニングテストを行います。リスニングテストは，全て放送による指示で行います。リスニングテストの問題には，問題Aと問題Bの二つがあります。問題Aと，問題Bの<Question 1>では，質問に対する答えを選んで，その記号を答えなさい。問題Bの<Question 2> では，質問に対する答えを英語で書きなさい。英文とそのあとに出題される質問が，それぞれ全体を通して二回ずつ読まれます。問題用紙の余白にメモをとってもかまいません。答えは全て解答用紙に書きなさい。

〔問題A〕

問題Aは，英語による対話文を聞いて，英語の質問に答えるものです。ここで話される対話文は全部で三つあり，それぞれ質問が一つずつ出題されます。質問に対する答えを選んで，その記号を答えなさい。では，<対話文1>を始めます。

Tom: Satomi, I heard you love dogs.
Satomi: Yes, Tom. I have one dog. How about you?
Tom: I have two dogs. They make me happy every day.
Satomi: My dog makes me happy, too. Our friend, Rina also has dogs. I think she has three.
Tom: Oh, really?
Satomi: Yes. I have an idea. Let's take a walk with our dogs this Sunday. How about at four p.m.?
Tom: OK. Let's ask Rina, too. I can't wait for next Sunday.

Question: How many dogs does Tom have?
<対話文2 >を始めます。

John: Our grandfather will be here soon. How about cooking spaghetti for him, Mary?
Mary: That's a nice idea, John.
John: Good. We can use these tomatoes and onions. Do we need to buy anything?
Mary: We have a lot of vegetables. Oh, we don't have cheese.
John: OK. Let's buy some cheese at the supermarket.
Mary: Yes, let's.
John: Should we buy something to drink, too?
Mary: I bought some juice yesterday. So, we don't have to buy anything to drink.

Question: What will John and Mary buy at the supermarket?
<対話文3 >を始めます。

Jane:	Hi, Bob, what are you going to do this weekend?
Bob:	Hi, Jane. I'm going to go to the stadium to watch our school's baseball game on Sunday afternoon.
Jane:	Oh, really? I'm going to go to watch it with friends, too. Can we go to the stadium together?
Bob:	Sure. Let's meet at Momiji Station. When should we meet?
Jane:	The game will start at two p.m. Let's meet at one thirty at the station.
Bob:	Well, why don't we eat lunch near the station before then?
Jane:	That's good. How about at twelve?
Bob:	That's too early.
Jane:	OK. Let's meet at the station at one.
Bob:	Yes, let's do that.

Question: When will Jane and Bob meet at Momiji Station?
これで問題Aを終わり，問題Bに入ります。

〔英文の訳〕

〔問題A〕

＜対話文1＞

トム　：サトミ，あなたは犬が大好きだと聞きましたよ。
サトミ：はい，トム。私は犬を1匹飼っています。あなたは？
トム　：私は2匹飼っています。彼らは毎日私を幸せにしてくれます。
サトミ：私の犬も私を幸せにしてくれます。友達のリナも犬を飼っています。彼女は3匹飼っていると思います。
トム　：へえ，本当に？
サトミ：はい。考えがあります。この日曜日に一緒に犬を散歩しましょう。午後の4時はどうですか？
トム　：オーケー。リナにも聞きましょう。次の日曜日が待ちきれません。
質問：トムは何匹の犬を飼っていますか？
答え：イ　2匹。

＜対話文2＞

ジョン　：おじいちゃんがもうすぐここに来るよ。彼にスパゲッティを作るのはどうだろう，メアリー？
メアリー：それはいいアイディアね，ジョン。
ジョン　：いいね。このトマトと玉ねぎを使えるね。何か買う必要あるかな？
メアリー：野菜はたくさんあるね。ああ，チーズがないよ。
ジョン　：オーケー。スーパーでチーズを買おう。
メアリー：うん，そうしよう。
ジョン　：何か飲み物も買うべきかな？
メアリー：昨日ジュースを買ったよ。だから飲み物を買う必要はないよ。
質問：ジョンとメアリーはスーパーで何を買いますか？

答え：ウ　チーズ。

<対話文3>

ジェイン：こんにちは，ボブ。この週末は何をするつもりですか？

ボブ　　：こんにちは，ジェイン。日曜日の午後に学校の野球の試合を見にスタジアムに行くつもりです。

ジェイン：あら，本当？　私も友達と一緒に行くつもりです。一緒にスタジアムへ行ってもいいですか？

ボブ　　：もちろん。モミジ駅で会いましょう。いつ会いましょうか？

ジェイン：試合は午後2時に始まります。1時半に駅で会いましょう。

ボブ　　：ええと，その前に駅のそばでランチを食べるのはどうですか？

ジェイン：それはいいですね。12時はどうですか？

ボブ　　：それは早すぎます。

ジェイン：オーケー。じゃあ1時に駅で会いましょう。

ボブ　　：はい，そうしましょう。

質問：ジェインとボブはいつモミジ駅で会いますか？

答え：エ　1時。

〔放送台本〕

〔問題B〕

これから聞く英語は，ある動物園の来園者に向けた説明です。内容に注意して聞きなさい。あとから，英語による質問が二つ出題されます。<Question 1> では，質問に対する答えを選んで，その記号を答えなさい。<Question 2> では，質問に対する答えを英語で書きなさい。なお，<Question 2>のあとに，15 秒程度，答えを書く時間があります。では，始めます。

Good morning everyone. Welcome to Tokyo Chuo Zoo. We have special news for you. We have a new rabbit. It's two months old. It was in a different room before. But one week ago, we moved it. Now you can see it with other rabbits in "Rabbit House." You can see the rabbit from eleven a.m. Some rabbits are over one year old. They eat vegetables, but the new rabbit doesn't.

In our zoo, all the older rabbits have names. But the new one doesn't. We want you to give it a name. If you think of a good one, get some paper at the information center and write the name on it. Then put the paper into the post box there. Thank you.

<Question 1>　How old is the new rabbit?

<Question 2>　What does the zoo want people to do for the new rabbit?

〔英文の訳〕

〔問題B〕

みなさん，おはようございます。東京中央動物園へようこそ。みなさんに特別なニュースがあります。新しいウサギがいます。生後2か月のウサギです。以前は違う部屋にいました。しかし1週間前に移動しました。「ウサギハウス」で他のウサギと一緒にそのウサギを見ることができます。午前11時からそのウサギを見ることができます。1歳以上のウサギもいます。彼らは野菜を食べますが，その新しいウサギは食べません。

私たちの動物園では全ての年上のウサギには名前があります。しかしその新しいウサギには名前がありません。みなさんにそのウサギに名前をつけてもらいたいです。いい名前を思いついたら，インフォメーションセンターで紙をもらってそれに名前を書いてください。そしてそこにあるポストボックスに紙を入れてください。ありがとうございました。

質問1：新しいウサギは何歳ですか？

答え　：ア　生後2か月。

質問2：動物園は新しいウサギのために人々に何をしてもらいたいですか？

答え　：(例)それに名前をつけること。

大切なことはメモしておこうネ！

東京都公立高等学校

2023年度

★★★★★★★★★★★★★★★★★★★★★★★

共通問題（理科・社会）

2023年度

●くわしい解説……29ページ

＜理科＞

時間　50分　　満点　100点

1　次の各問に答えよ。

〔問1〕 次のA～Fの生物を生産者と消費者とに分類したものとして適切なのは，下の表のア～エのうちではどれか。

A　エンドウ　B　サツマイモ　C　タカ　D　ツツジ　E　バッタ　F　ミミズ

	生産者	消費者
ア	A，B，D	C，E，F
イ	A，D，F	B，C，E
ウ	A，B，E	C，D，F
エ	B，C，D	A，E，F

〔問2〕 図1の岩石Aと岩石Bのスケッチは，一方が玄武岩であり，もう一方が花こう岩である。岩石Aは岩石Bより全体的に白っぽく，岩石Bは岩石Aより全体的に黒っぽい色をしていた。岩石Aと岩石Bのうち玄武岩であるものと，玄武岩のでき方とを組み合わせたものとして適切なのは，下の表のア～エのうちではどれか。

図1

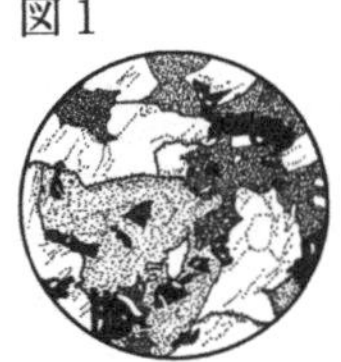

岩石A

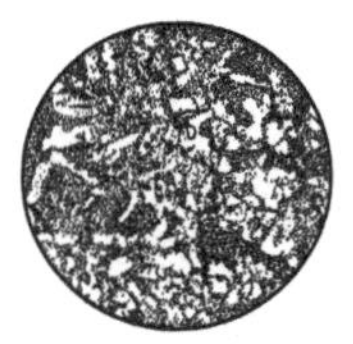
岩石B

	玄武岩	玄武岩のでき方
ア	岩石A	マグマがゆっくりと冷えて固まってできた。
イ	岩石A	マグマが急激に冷えて固まってできた。
ウ	岩石B	マグマがゆっくりと冷えて固まってできた。
エ	岩石B	マグマが急激に冷えて固まってできた。

〔問3〕 図2のガスバーナーに点火し，適正な炎の大きさに調整したが，炎の色から空気が不足していることが分かった。炎の色を青色の適正な状態にする操作として適切なのは，あとのア～エのうちではどれか。

図2

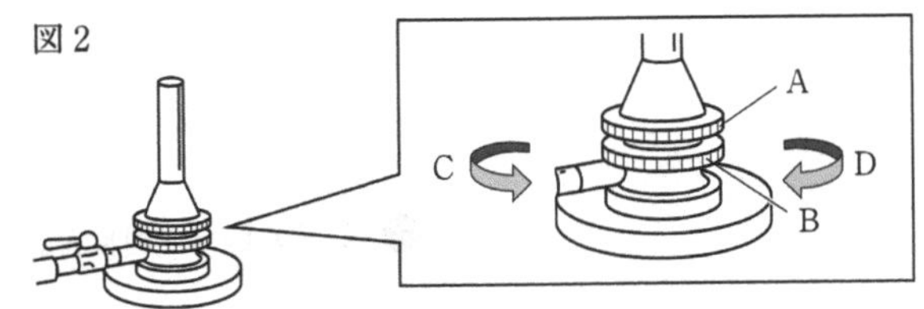

ア　Aのねじを押さえながら，Bのねじを Cの向きに回す。

イ　Aのねじを押さえながら，Bのねじを D の向きに回す。

ウ　Bのねじを押さえながら，Aのねじを C の向きに回す。

エ　Bのねじを押さえながら，Aのねじを D の向きに回す。

〔問4〕　図3のように，凸レンズの二つの焦点を通る一直線上に，物体（光源付き），凸レンズ，スクリーンを置いた。

凸レンズの二つの焦点を通る一直線上で，スクリーンを矢印の向きに動かし，凸レンズに達する前にはっきりと像が映る位置に調整した。図3のA点，B点のうちはっきりと像が映るときのスクリーンの位置と，このときスクリーンに映った像の大きさについて述べたものとを組み合わせたものとして適切なのは，下の表の**ア**～**エ**のうちではどれか。

図3

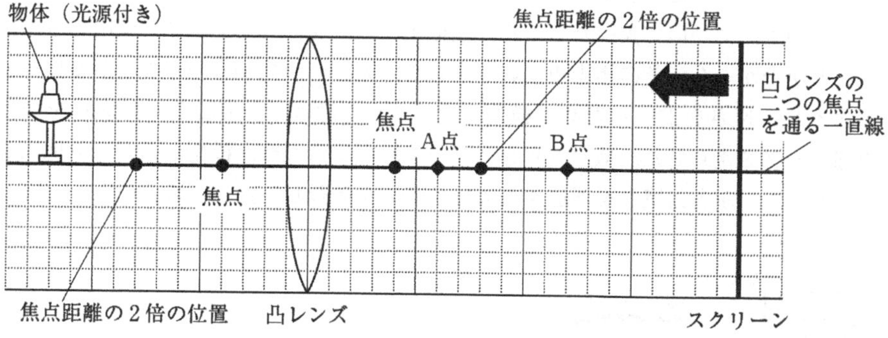

	スクリーンの位置	スクリーンに映った像の大きさについて述べたもの
ア	A点	物体の大きさと比べて，スクリーンに映った像の方が大きい。
イ	A点	物体の大きさと比べて，スクリーンに映った像の方が小さい。
ウ	B点	物体の大きさと比べて，スクリーンに映った像の方が大きい。
エ	B点	物体の大きさと比べて，スクリーンに映った像の方が小さい。

〔問5〕　次のA～Dの物質を化合物と単体とに分類したものとして適切なのは，次の表の**ア**～**エ**のうちではどれか。

A　二酸化炭素

B　水

C　アンモニア

D　酸素

	化合物	単体
ア	A，B，C	D
イ	A，B	C，D
ウ	C，D	A，B
エ	D	A，B，C

〔問6〕　図4はアブラナの花の各部分を外側にあるものからピンセットではがし，スケッチしたものである。図4のA～Dの名称を組み合わせたものとして適切なのは，次のページの表の**ア**～**エ**のうちではどれか。

図4

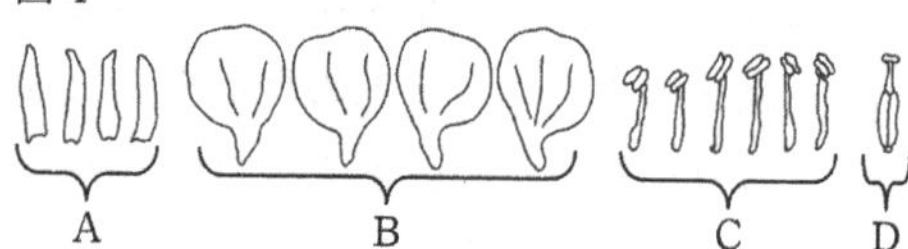

	A	B	C	D
ア	がく	花弁	めしべ	おしべ
イ	がく	花弁	おしべ	めしべ
ウ	花弁	がく	おしべ	めしべ
エ	花弁	がく	めしべ	おしべ

2　生徒が，南極や北極に関して科学的に探究しようと考え，自由研究に取り組んだ。生徒が書いたレポートの一部を読み，次の各問に答えよ。

<レポート１>　雪上車について

雪上での移動手段について調べたところ，南極用に設計され，－60℃でも使用できる雪上車があることが分かった。その雪上車に興味をもち，大きさが約40分の１の模型を作った。

図１のように，速さを調べるために模型に旗（◀）を付け，１ｍごとに目盛りをつけた７ｍの直線コースを走らせた。旗（◀）をスタート地点に合わせ，模型がスタート地点を出発してから旗（◀）が各目盛りを通過するまでの時間を記録し，表１にまとめた。

図１

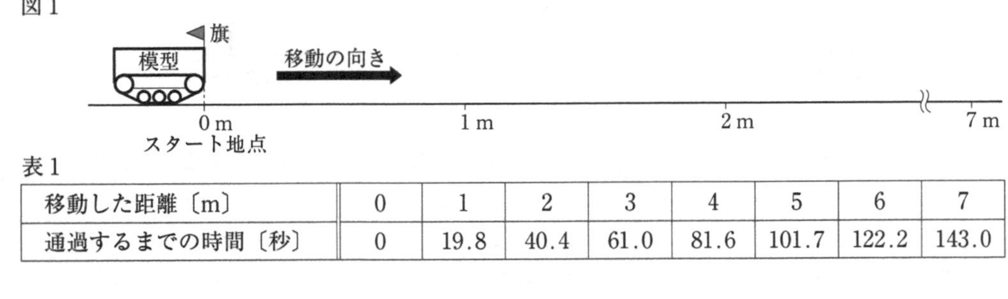

表１

移動した距離〔m〕	0	1	2	3	4	5	6	7
通過するまでの時間〔秒〕	0	19.8	40.4	61.0	81.6	101.7	122.2	143.0

〔問１〕　<レポート１>から，模型の旗（◀）が２ｍ地点を通過してから６ｍ地点を通過するまでの平均の速さを計算し，小数第三位を四捨五入したものとして適切なのは，次のうちではどれか。

ア　0.02m／s　　イ　0.05m／s　　ウ　0.17m／s　　エ　0.29m／s

<レポート２>　海氷について

北極圏の海氷について調べたところ，海水が凍ることで生じる海氷は，海面に浮いた状態で存在していることや，海水よりも塩分の濃度が低いことが分かった。海氷ができる過程に興味をもち，食塩水を用いて次のようなモデル実験を行った。

図２のように，３％の食塩水をコップに入れ，液面上部から冷却し凍らせた。凍った部分を取り出し，その表面を取り除き残った部分を二つに分けた。その一つを溶かし食塩の濃度を測定したところ，0.84％であった。また，もう一つを３％の食塩水に入れたところ浮いた。

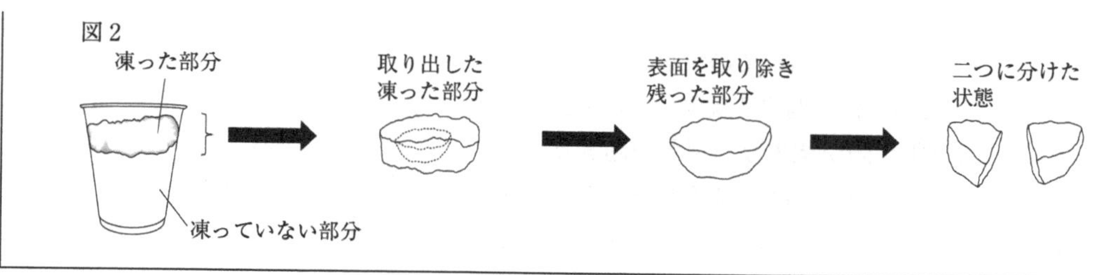

〔問2〕　＜レポート2＞から，「3％の食塩水100gに含まれる食塩の量」に対する「凍った部分の表面を取り除き残った部分100gに含まれる食塩の量」の割合として適切なのは，下の ① のアとイのうちではどれか。また，「3％の食塩水の密度」と「凍った部分の表面を取り除き残った部分の密度」を比べたときに，密度が大きいものとして適切なのは，下の ② のアとイのうちではどれか。ただし，凍った部分の表面を取り除き残った部分の食塩の濃度は均一であるものとする。

① ア　約13％　　イ　約28％

② ア　3％の食塩水　　イ　凍った部分の表面を取り除き残った部分

＜レポート3＞　生物の発生について

水族館で，南極海に生息している図3のようなナンキョクオキアミの発生に関する展示を見て，生物の発生に興味をもった。発生の観察に適した生物を探していると，近所の池で図4の模式図のようなカエル（ニホンアマガエル）の受精卵を見付けたので持ち帰り，発生の様子をルーペで継続して観察したところ，図5や図6の模式図のように，細胞分裂により細胞数が増えていく様子を観察することができた。なお，図5は細胞数が2個になった直後の胚（はい）を示しており，図6は細胞数が4個になった直後の胚を示している。

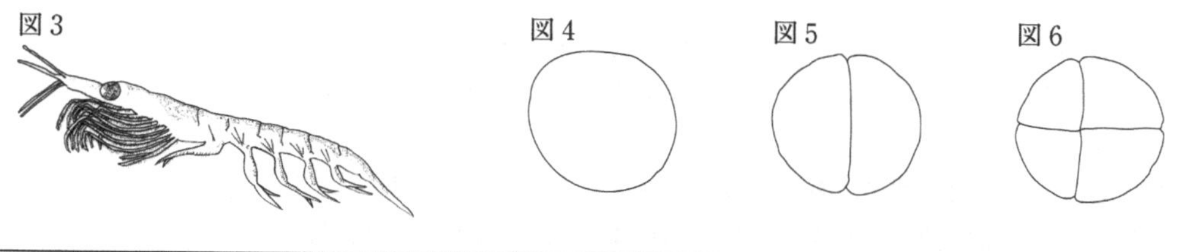

〔問3〕　＜レポート3＞の図4の受精卵の染色体の数を24本とした場合，図5及び図6の胚に含まれる合計の染色体の数として適切なのは，次の表のア～エのうちではどれか。

	図5の胚に含まれる合計の染色体の数	図6の胚に含まれる合計の染色体の数
ア	12本	6本
イ	12本	12本
ウ	48本	48本
エ	48本	96本

<レポート４>　北極付近での太陽の動きについて

北極付近での天体に関する現象について調べたところ，1日中太陽が沈まない現象が起きることが分かった。１日中太陽が沈まない日に北の空を撮影した連続写真には，図７のような様子が記録されていた。

地球の公転軌道を図８のように模式的に表した場合，図７のように記録された連続写真は，図８のAの位置に地球があるときに撮影されたことが分かった。

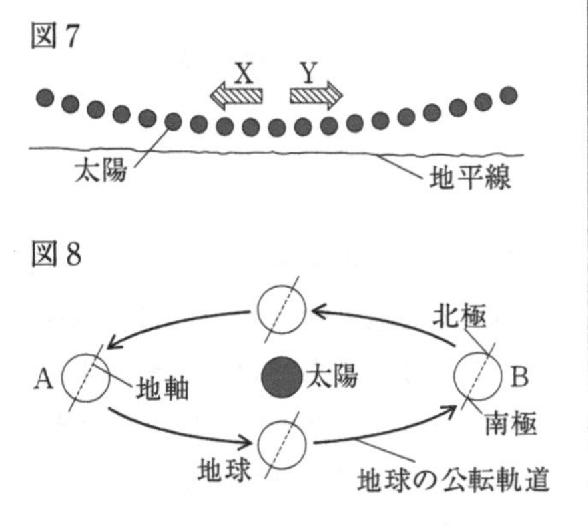

〔問４〕　**<レポート４>**から，図７のXとYのうち太陽が見かけ上動いた向きと，図８のAとBのうち日本で夏至となる地球の位置とを組み合わせたものとして適切なのは，次の表の**ア**～**エ**のうちではどれか。

	図７のXとYのうち太陽が見かけ上動いた向き	図８のAとBのうち日本で夏至となる地球の位置
ア	X	A
イ	X	B
ウ	Y	A
エ	Y	B

3　露点及び雲の発生に関する実験について，次の各問に答えよ。

<実験１>を行ったところ，次のページの**<結果１>**のようになった。

<実験１>

(1)　ある日の午前10時に，あらかじめ実験室の室温と同じ水温にしておいた水を金属製のコップの半分くらいまで入れ，温度計で金属製のコップ内の水温を測定した。

(2)　図１のように，金属製のコップの中に氷水を少しずつ加え，水温が一様になるようにガラス棒でかき混ぜながら，金属製のコップの表面の温度が少しずつ下がるようにした。

(3)　金属製のコップの表面に水滴が付き始めたときの金属製のコップ内の水温を測定した。

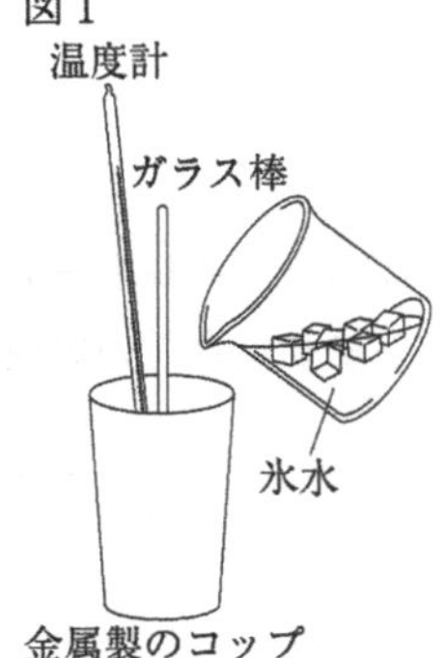

(4)　**<実験１>**の(1)～(3)の操作を同じ日の午後６時にも行った。

なお，この実験において，金属製のコップ内の水温とコップの表面付近の空気の温度は等しいものとし，同じ時刻における実験室内の湿度は均一であるものとする。

＜結果１＞

	午前10時	午後６時
＜実験１＞の(1)で測定した水温〔℃〕	17.0	17.0
＜実験１＞の(3)で測定した水温〔℃〕	16.2	12.8

〔問１〕　＜実験１＞の(2)で，金属製のコップの表面の温度が少しずつ下がるようにしたのはなぜか。簡単に書け。

〔問２〕　図２は，気温と飽和水蒸気量の関係をグラフに表したものである。

図２

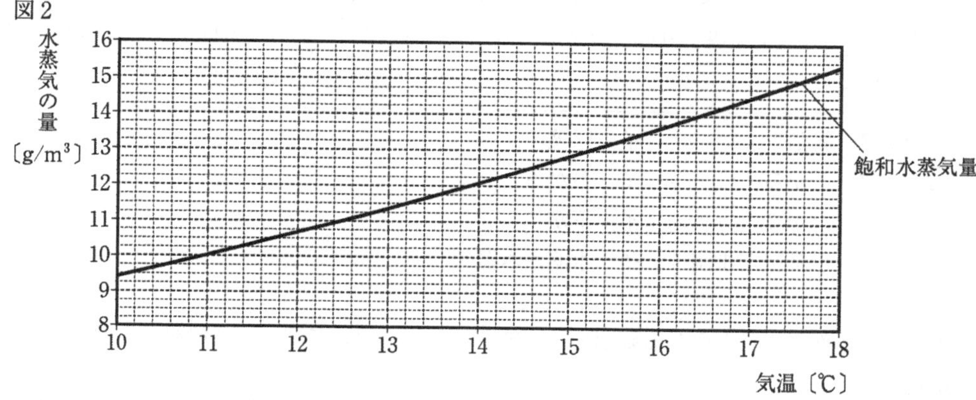

＜結果１＞から，午前10時の湿度として適切なのは，下の ① のアとイのうちではどれか。また，午前10時と午後６時の実験室内の空気のうち，1 m³に含まれる水蒸気の量が多い空気として適切なのは，下の ② のアとイのうちではどれか。

① ア　約76%　　イ　約95%

② ア　午前10時の実験室内の空気　　イ　午後６時の実験室内の空気

次に＜実験２＞を行ったところ，次のページの＜結果２＞のようになった。

＜実験２＞

(1)　丸底フラスコの内部をぬるま湯でぬらし，線香のけむりを少量入れた。

(2)　図３のように，ピストンを押し込んだ状態の大型注射器とデジタル温度計を丸底フラスコに空気がもれないようにつなぎ，装置を組み立てた。

(3)　大型注射器のピストンをすばやく引き，すぐに丸底フラスコ内の様子と丸底フラスコ内の温度の変化を調べた。

(4)　＜実験２＞の(3)の直後，大型注射器のピストンを元の位置まですばやく押し込み，すぐに丸底フラスコ内の様子と丸底フラスコ内の温度の変化を調べた。

図３

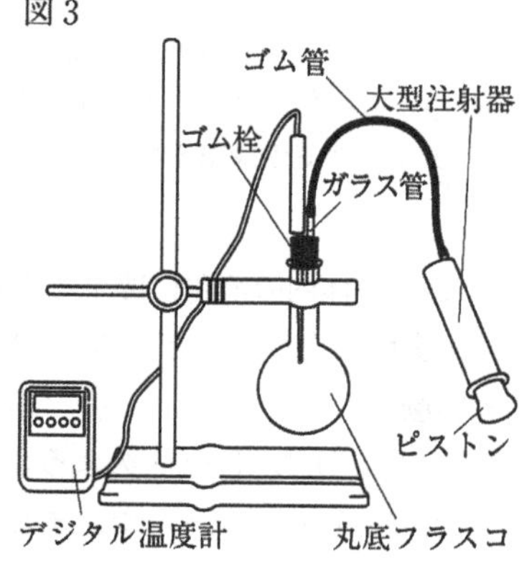

<結果２>

	<実験２>の(3)の結果	<実験２>の(4)の結果
丸底フラスコ内の様子	くもった。	くもりは消えた。
丸底フラスコ内の温度	26.9℃から26.7℃に変化した。	26.7℃から26.9℃に変化した。

〔問３〕 **<結果２>**から分かることをまとめた次の文章の ① ～ ④ にそれぞれ当てはまるものとして適切なのは，下の**ア**と**イ**のうちではどれか。

> ピストンをすばやく引くと，丸底フラスコ内の空気は ① し丸底フラスコ内の気圧は ② 。その結果，丸底フラスコ内の空気の温度が ③ ，丸底フラスコ内の ④ に変化した。

① **ア**　膨張　　**イ**　収縮
② **ア**　上がる　　**イ**　下がる
③ **ア**　上がり　　**イ**　下がり
④ **ア**　水蒸気が水滴　　**イ**　水滴が水蒸気

さらに，自然界で雲が生じる要因の一つである前線について調べ，**<資料>**を得た。

<資料>

次の文章は，日本のある場所で寒冷前線が通過したときの気象観測の記録について述べたものである。

> 午前６時から午前９時までの間に，雨が降り始めるとともに気温が急激に下がった。この間，風向は南寄りから北寄りに変わった。

〔問４〕 **<資料>**から，通過した前線の説明と，前線付近で発達した雲の説明とを組み合わせたものとして適切なのは，次の表の**ア**～**エ**のうちではどれか。

	通過した前線の説明	前線付近で発達した雲の説明
ア	暖気が寒気の上をはい上がる。	広い範囲に長く雨を降らせる雲
イ	暖気が寒気の上をはい上がる。	短時間に強い雨を降らせる雲
ウ	寒気が暖気を押し上げる。	広い範囲に長く雨を降らせる雲
エ	寒気が暖気を押し上げる。	短時間に強い雨を降らせる雲

4 ヒトの体内の消化に関する実験について，次の各問に答えよ。
<実験>を行ったところ，**<結果>**のようになった。

<実験>

(1) 図１（次のページ）のように，試験管A，試験管B，試験管C，試験管Dに0.5％のデンプン溶液を５cm³ずつ入れた。また，試験管A，試験管Cには唾液を１cm³ずつ入れ，試験管B，試験管Dには水を１cm³ずつ入れた。

(2) 図２（次のページ）のように，試験管A，試験管B，試験管C，試験管Dを約40℃に保った水に10分間つけた。

(3) 図3のように，試験管A，試験管Bにヨウ素液を入れ，10分後，溶液の色の変化を観察した。
(4) 図4のように，試験管C，試験管Dにベネジクト液と沸騰石を入れ，その後，加熱し，1分後，溶液の色の変化を観察した。

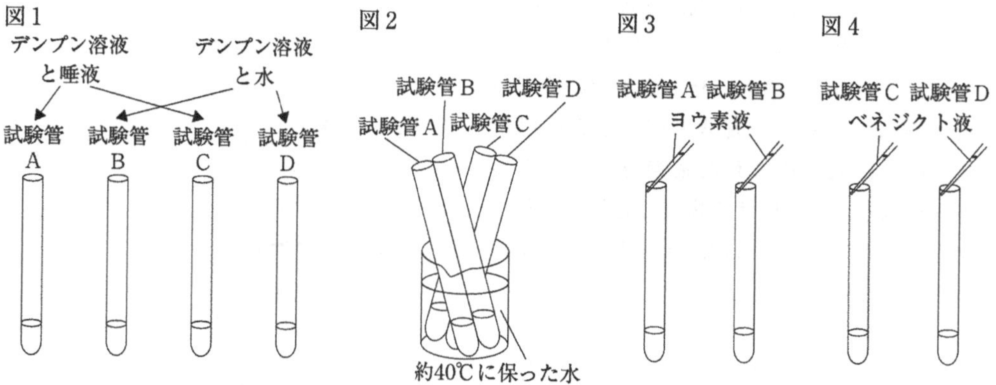

＜結果＞

	試験管A	試験管B	試験管C	試験管D
色の変化	変化しなかった。	青紫色になった。	赤褐色になった。	変化しなかった。

〔問1〕 ＜結果＞から分かる唾液のはたらきについて述べたものとして適切なのは，次のうちではどれか。

ア 試験管Aと試験管Bの比較から，唾液にはデンプンをデンプンではないものにするはたらきがあることが分かり，試験管Cと試験管Dの比較から，唾液にはデンプンをアミノ酸にするはたらきがあることが分かる。

イ 試験管Aと試験管Dの比較から，唾液にはデンプンをデンプンではないものにするはたらきがあることが分かり，試験管Bと試験管Cの比較から，唾液にはデンプンをアミノ酸にするはたらきがあることが分かる。

ウ 試験管Aと試験管Bの比較から，唾液にはデンプンをデンプンではないものにするはたらきがあることが分かり，試験管Cと試験管Dの比較から，唾液にはデンプンをブドウ糖がいくつか結合した糖にするはたらきがあることが分かる。

エ 試験管Aと試験管Dの比較から，唾液にはデンプンをデンプンではないものにするはたらきがあることが分かり，試験管Bと試験管Cの比較から，唾液にはデンプンをブドウ糖がいくつか結合した糖にするはたらきがあることが分かる。

〔問2〕 消化酵素により分解されることで作られた，ブドウ糖，アミノ酸，脂肪酸，モノグリセリドが，ヒトの小腸の柔毛で吸収される様子について述べたものとして適切なのは，あとのうちではどれか。

ア アミノ酸とモノグリセリドはヒトの小腸の柔毛で吸収されて毛細血管に入り，ブドウ糖と脂肪酸はヒトの小腸の柔毛で吸収された後に結合してリンパ管に入る。

イ ブドウ糖と脂肪酸はヒトの小腸の柔毛で吸収されて毛細血管に入り，アミノ酸とモノグリセリドはヒトの小腸の柔毛で吸収された後に結合してリンパ管に入る。

ウ 脂肪酸とモノグリセリドはヒトの小腸の柔毛で吸収されて毛細血管に入り，ブドウ糖とアミノ酸はヒトの小腸の柔毛で吸収された後に結合してリンパ管に入る。

エ　ブドウ糖とアミノ酸はヒトの小腸の柔毛で吸収されて毛細血管に入り，脂肪酸とモノグリセリドはヒトの小腸の柔毛で吸収された後に結合してリンパ管に入る。

〔問3〕　図5は，ヒトの体内における血液の循環の経路を模式的に表したものである。図5のAとBの場所のうち，ヒトの小腸の毛細血管から吸収された栄養分の濃度が高い場所と，細胞に取り込まれた栄養分からエネルギーを取り出す際に使う物質とを組み合わせたものとして適切なのは，次の表の**ア**～**エ**のうちではどれか。

図5

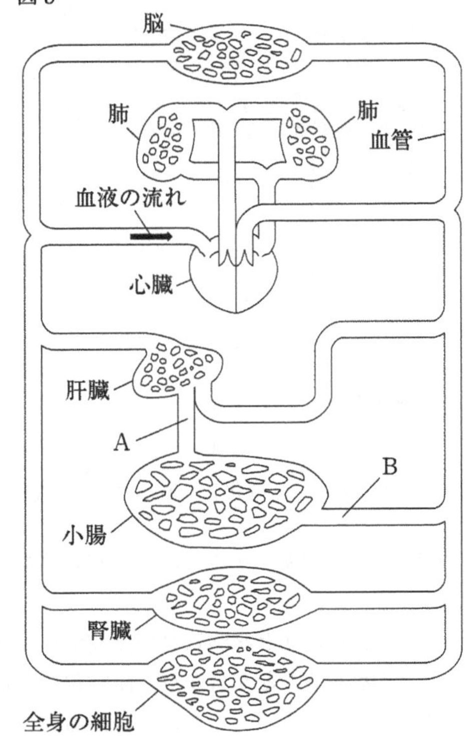

	栄養分の濃度が高い場所	栄養分からエネルギーを取り出す際に使う物質
ア	A	酸素
イ	A	二酸化炭素
ウ	B	酸素
エ	B	二酸化炭素

5　水溶液の実験について，次の各問に答えよ。

<実験１>を行ったところ，**<結果１>**のようになった。

<実験１>

(1)　図1のように，炭素棒，電源装置をつないで装置を作り，ビーカーの中に5％の塩化銅水溶液を入れ，3.5Vの電圧を加えて，3分間電流を流した。

電流を流している間に，電極A，電極B付近の様子などを観察した。

(2)　**<実験１>**の(1)の後に，それぞれの電極を蒸留水（精製水）で洗い，電極の様子を観察した。

電極Aに付着した物質をはがし，その物質を薬さじでこすった。

図1

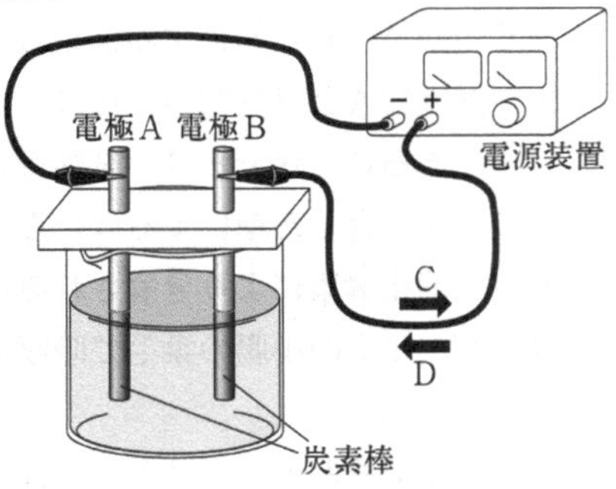

電極A　電極B　－　＋　電源装置　C　D　炭素棒

<結果１>

(1)　**<実験１>**の(1)では，電極Aに物質が付着し，電極B付近から気体が発生し，刺激臭がした。

(2)　**<実験１>**の(2)では，電極Aに赤い物質の付着が見られ，電極Bに変化は見られなかった。

その後，電極Aからはがした赤い物質を薬さじでこすると，金属光沢が見られた。

次に<**実験2**>を行ったところ，<**結果2**>のようになった。

<**実験2**>

⑴　図1のように，炭素棒，電源装置をつないで装置を作り，ビーカーの中に5％の水酸化ナトリウム水溶液を入れ，3.5Vの電圧を加えて，3分間電流を流した。

電流を流している間に，電極Aとその付近，電極Bとその付近の様子を観察した。

⑵　<**実験2**>の⑴の後，それぞれの電極を蒸留水で洗い，電極の様子を観察した。

<**結果2**>

⑴　<**実験2**>の⑴では，電流を流している間に，電極A付近，電極B付近からそれぞれ気体が発生した。

⑵　<**実験2**>の⑵では，電極A，電極B共に変化は見られなかった。

〔問1〕　塩化銅が蒸留水に溶けて陽イオンと陰イオンに分かれた様子を表したモデルとして適切なのは，下の**ア**～**オ**のうちではどれか。

ただし，モデルの●は陽イオン1個，○は陰イオン1個とする。

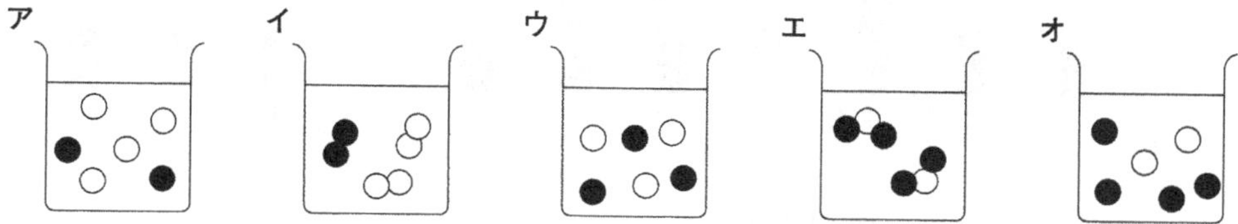

〔問2〕　<**結果1**>から，電極Aは陽極と陰極のどちらか，また，回路に流れる電流の向きはCとDのどちらかを組み合わせたものとして適切なのは，次の表の**ア**～**エ**のうちではどれか。

	電極A	回路に流れる電流の向き
ア	陽極	C
イ	陽極	D
ウ	陰極	C
エ	陰極	D

〔問3〕　<**結果1**>の⑴から，電極B付近で生成された物質が発生する仕組みを述べた次の文の ① と ② にそれぞれ当てはまるものを組み合わせたものとして適切なのは，下の表の**ア**～**エ**のうちではどれか。

> 塩化物イオンが電子を ① ，塩素原子になり，塩素原子が ② ，気体として発生した。

	①	②
ア	放出し（失い）	原子1個で
イ	放出し（失い）	2個結び付き，分子になり
ウ	受け取り	原子1個で
エ	受け取り	2個結び付き，分子になり

〔問４〕　＜**結果１**＞から，電流を流した時間と水溶液中の銅イオンの数の変化の関係を模式的に示した図として適切なのは，下の ① の**ア**～**ウ**のうちではどれか。また，＜**結果２**＞から，電流を流した時間と水溶液中のナトリウムイオンの数の変化の関係を模式的に示した図として適切なのは，下の ② の**ア**～**ウ**のうちではどれか。

①

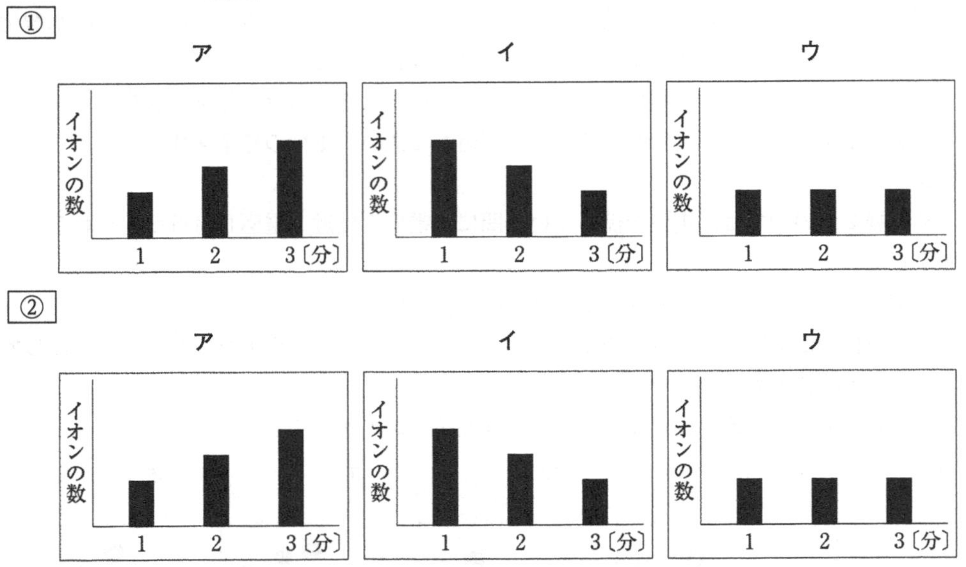

6　電流の実験について，次の各問に答えよ。

＜**実験**＞を行ったところ，次のページの＜**結果**＞のようになった。

＜**実験**＞

(1)　電気抵抗の大きさが５Ωの抵抗器Ｘと20Ωの抵抗器Ｙ，電源装置，導線，スイッチ，端子，電流計，電圧計を用意した。

(2)　図１のように回路を作った。電圧計で測った電圧の大きさが1.0Ｖ，2.0Ｖ，3.0Ｖ，4.0Ｖ，5.0Ｖになるように電源装置の電圧を変え，回路を流れる電流の大きさを電流計で測定した。

(3)　図２のように回路を作った。電圧計で測った電圧の大きさが1.0Ｖ，2.0Ｖ，3.0Ｖ，4.0Ｖ，5.0Ｖになるように電源装置の電圧を変え，回路を流れる電流の大きさを電流計で測定した。

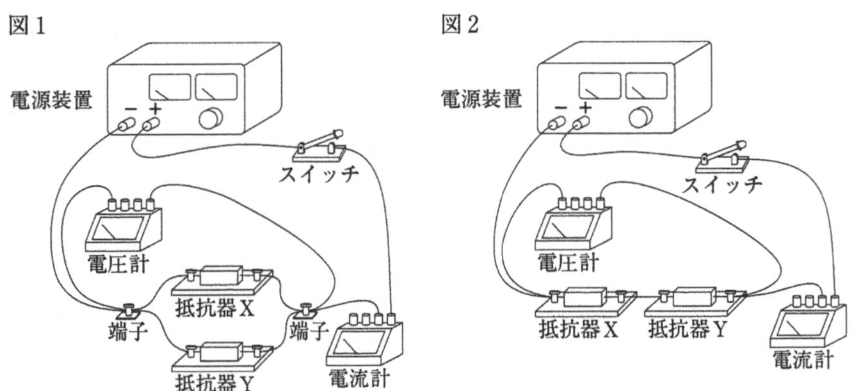

<結果>

<実験>の⑵と**<実験>**の⑶で測定した電圧と電流の関係をグラフに表したところ，図3のようになった。

図3

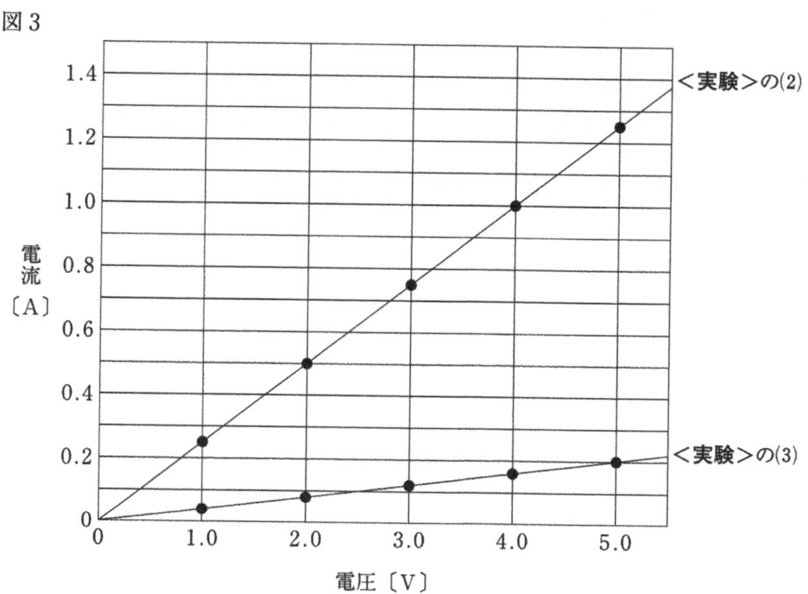

〔問1〕　**<結果>**から，図1の回路の抵抗器Xと抵抗器Yのうち，「電圧の大きさが等しいとき，流れる電流の大きさが大きい方の抵抗器」と，**<結果>**から，図1の回路と図2の回路のうち，「電圧の大きさが等しいとき，流れる電流の大きさが大きい方の回路」とを組み合わせたものとして適切なのは，次の表の**ア**～**エ**のうちではどれか。

	電圧の大きさが等しいとき，流れる電流の大きさが大きい方の抵抗器	電圧の大きさが等しいとき，流れる電流の大きさが大きい方の回路
ア	抵抗器X	図1の回路
イ	抵抗器X	図2の回路
ウ	抵抗器Y	図1の回路
エ	抵抗器Y	図2の回路

〔問2〕　**<結果>**から，次のA，B，Cの抵抗の値の関係を表したものとして適切なのは，下の**ア**～**カ**のうちではどれか。

A　抵抗器Xの抵抗の値

B　抵抗器Xと抵抗器Yを並列につないだ回路全体の抵抗の値

C　抵抗器Xと抵抗器Yを直列につないだ回路全体の抵抗の値

ア　A＜B＜C　　**イ**　A＜C＜B　　**ウ**　B＜A＜C

エ　B＜C＜A　　**オ**　C＜A＜B　　**カ**　C＜B＜A

〔問3〕　**<結果>**から，**<実験>**の⑵において抵抗器Xと抵抗器Yで消費される電力と，**<実験>**の⑶において抵抗器Xと抵抗器Yで消費される電力が等しいときの，図1の回路の抵抗器Xに加わる電圧の大きさをS，図2の回路の抵抗器Xに加わる電圧の大きさをTとしたときに，最も簡単な整数の比でＳ：Ｔを表したものとして適切なのは，次の**ア**～**オ**のうちではどれか。

ア　1：1　**イ**　1：2　**ウ**　2：1　**エ**　2：5　**オ**　4：1

〔問４〕 図２の回路の電力と電力量の関係について述べた次の文の □ に当てはまるものとして適切なのは，下の**ア**～**エ**のうちではどれか。

回路全体の電力を９Ｗとし，電圧を加え電流を２分間流したときの電力量と，回路全体の電力を４Ｗとし，電圧を加え電流を □ 間流したときの電力量は等しい。

ア　２分　**イ**　４分30秒　**ウ**　４分50秒　**エ**　７分

＜社会＞

時間　50分　　満点　100点

1　次の各問に答えよ。

〔問１〕　次の発表用資料は，地域調査を行った神奈川県鎌倉市の亀ヶ谷坂切通周辺の様子をまとめたものである。発表用資料中の＜地形図を基に作成したＡ点→Ｂ点→Ｃ点の順に進んだ道の傾斜を模式的に示した図＞に当てはまるのは，次のページのア～エのうちではどれか。

発表用資料

鎌倉の切通を調査する（亀ヶ谷坂切通班）

○調査日　令和４年９月３日（土）　天候　晴れ

○集合場所・時間　北鎌倉駅・午前９時

○調査ルート　＜亀ヶ谷坂切通周辺の地形図＞に示したＡ点→Ｂ点→Ｃ点の順に進んだ。

＜亀ヶ谷坂切通の位置＞

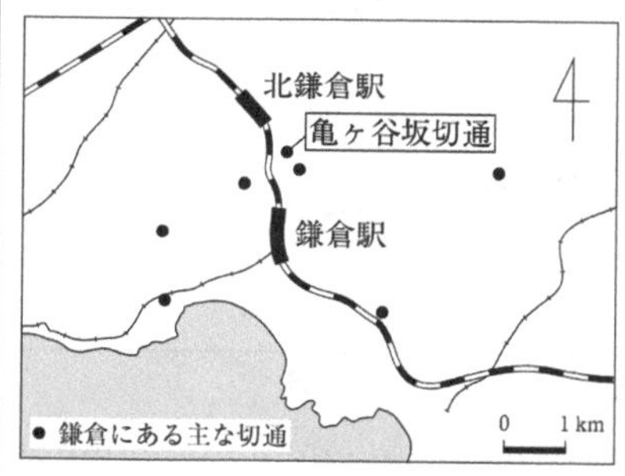

＜亀ヶ谷坂切通周辺の地形図＞

↖北鎌倉駅

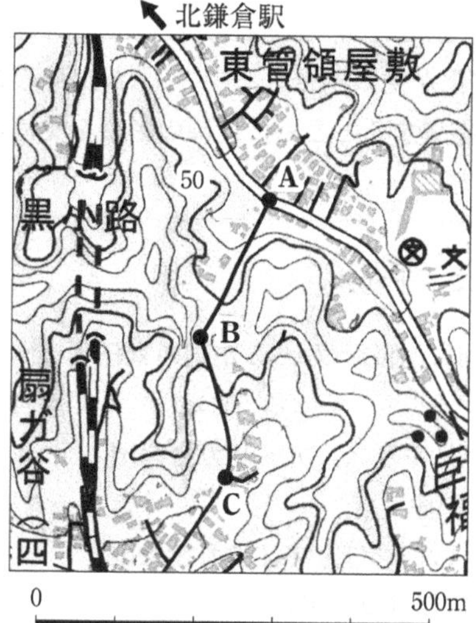

0　500m

（2016年の「国土地理院発行２万５千分の１地形図（鎌倉）」の一部を拡大して作成）

＜Ａ点，Ｂ点，Ｃ点　それぞれの付近の様子＞

Ａ点　亀ヶ谷坂切通の方向を示した案内板が設置されていた。

Ｂ点　切通と呼ばれる山を削って作られた道なので，地層を見ることができた。

Ｃ点　道の両側に住居が建ち並んでいた。

＜Ｂ点付近で撮影した写真＞

＜地形図を基に作成したＡ点→Ｂ点→Ｃ点の順に進んだ道の傾斜を模式的に示した図＞

＜調査を終えて＞
○切通は，谷を利用して作られた道で，削る部分を少なくする工夫をしていると感じた。
○道幅が狭かったり，坂道が急であったりしていて，守りが堅い鎌倉を実感することができた。
○徒歩や自転車で通る人が多く，現在でも生活道路として利用されていることが分かった。

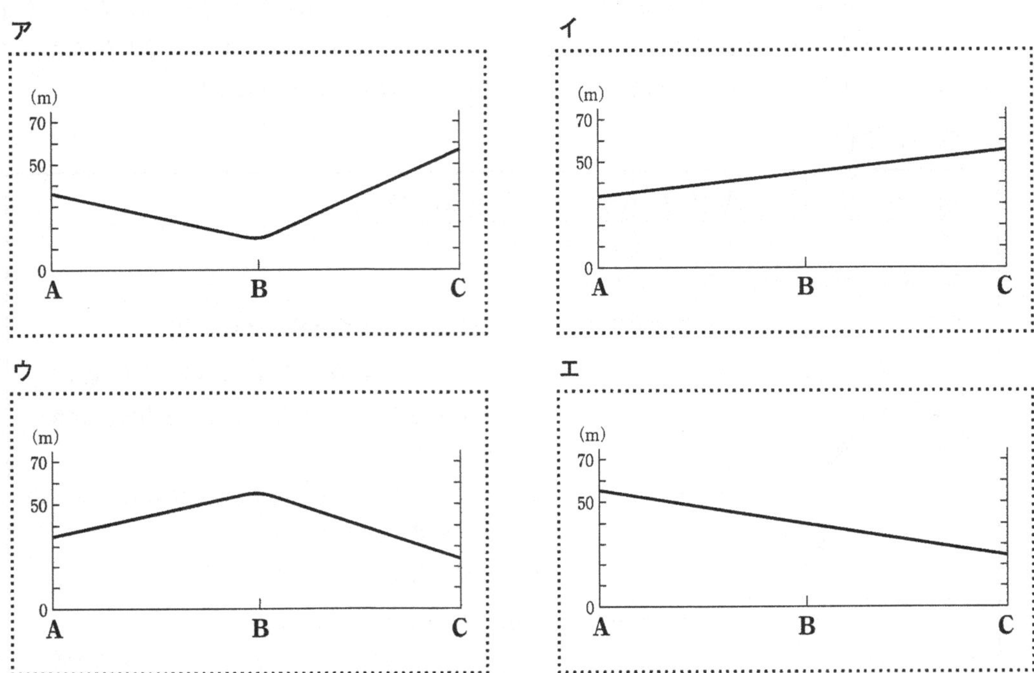

［問２］　次の文で述べている人物に当てはまるのは，下の**ア**～**エ**のうちのどれか。

大名や都市の豪商の気風を反映した壮大で豪華な文化が生み出される中で，堺(さかい)出身のこの人物は，全国統一を果たした武将に茶の湯の作法を指導するとともに，禅の影響を受けたわび茶を完成させた。

ア　喜多川歌麿(きたがわうたまろ)　　**イ**　栄西(えいさい／ようさい)　　**ウ**　尾形光琳(おがたこうりん)　　**エ**　千利休(せんのりきゅう)

［問３］　2022年における国際連合の安全保障理事会を構成する国のうち，５か国の常任理事国を全て示しているのは，次の**ア**～**エ**のうちのどれか。

ア　中華人民共和国，フランス，ロシア連邦（ロシア），イギリス，アメリカ合衆国
イ　インド，フランス，ケニア，イギリス，アメリカ合衆国
ウ　中華人民共和国，ケニア，ノルウェー，ロシア連邦（ロシア），アメリカ合衆国
エ　ブラジル，インド，フランス，ノルウェー，ロシア連邦（ロシア）

2 次の略地図を見て，あとの各問に答えよ。

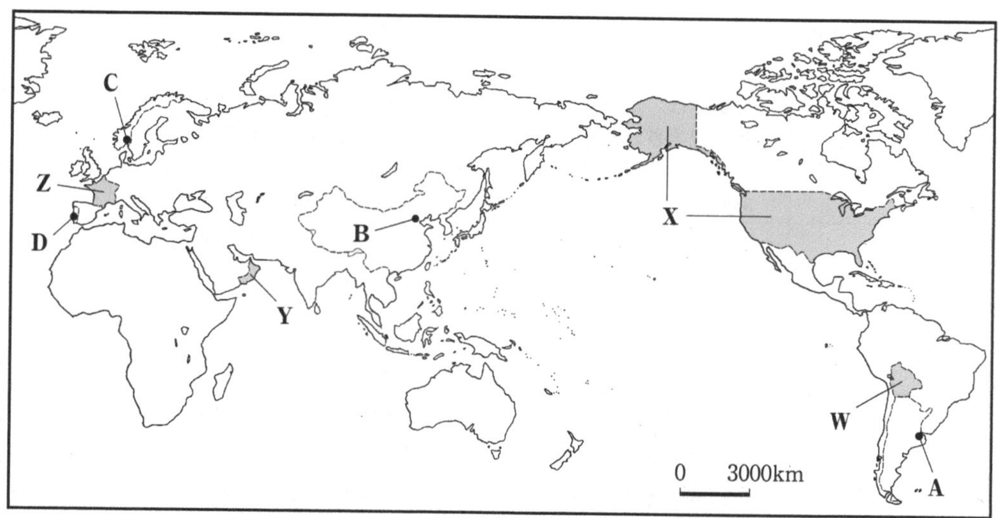

〔問1〕 次のⅠの文章は，略地図中にA～Dで示した**いずれか**の都市の商業などの様子についてまとめたものである。Ⅱの**ア**～**エ**のグラフは，略地図中のA～Dの**いずれか**の都市の，年平均気温と年降水量及び各月の平均気温と降水量を示したものである。Ⅰの文章で述べている都市に当てはまるのは，略地図中のA～Dのうちのどれか，また，その都市のグラフに当てはまるのは，Ⅱの**ア**～**エ**のうちのどれか。

Ⅰ

夏季は高温で乾燥し，冬季は温暖で湿潤となる気候を生かして，ぶどうやオリーブが栽培されている。国産のぶどうやオリーブは加工品として販売され，飲食店では塩漬けにされたタラをオリーブ油で調理した料理などが提供されている。

Ⅱ

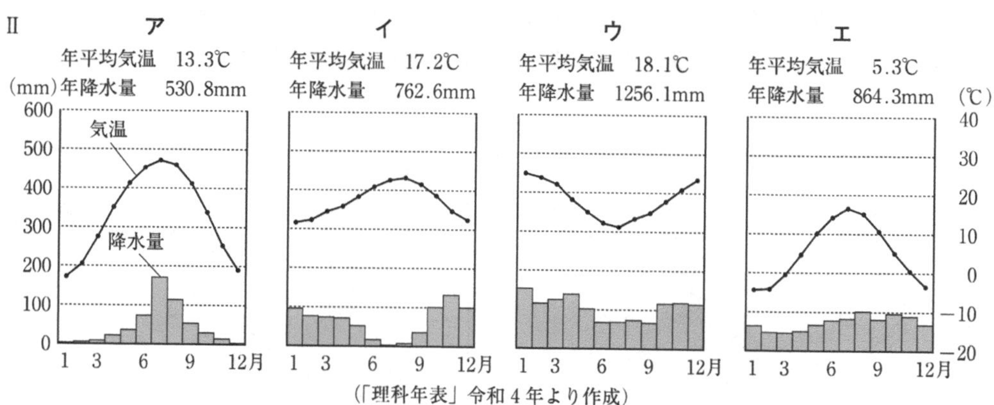

（「理科年表」令和4年より作成）

〔問2〕 次のページの表の**ア**～**エ**は，略地図中に［網掛け］で示したW～Zの**いずれか**の国の，2019年における一人当たりの国民総所得，小売業などの様子についてまとめたものである。略地図中のW～Zのそれぞれの国に当てはまるのは，次の表の**ア**～**エ**のうちではどれか。

	一人当たりの国民総所得（ドル）	小売業などの様子
ア	3520	○市場では，ポンチョや強い紫外線を防ぐ帽子，この地方が原産で傾斜地などで栽培された様々な種類のじゃがいもが販売されている。 ○キリスト教徒の割合が最も多く，先住民の伝統的な信仰との結び付きがあり，農耕儀礼などに用いる品々を扱う店舗が立ち並ぶ町並が見られる。
イ	42290	○キリスト教徒（カトリック）の割合が最も多く，基本的に日曜日は非労働日とされており，休業日としている店舗がある。 ○首都には，ガラス製のアーケードを備えた商店街（パサージュ）や，鞄（かばん）や洋服などの世界的なブランド店の本店が立ち並ぶ町並が見られる。
ウ	65910	○高速道路（フリーウエー）が整備されており，道路沿いの巨大なショッピングセンターでは，大量の商品が陳列され，販売されている。 ○多民族国家を形成し，同じ出身地の移民が集まる地域にはそれぞれの国の料理を扱う飲食店や物産品を扱う店舗が立ち並ぶ町並が見られる。
エ	14150	○スークと呼ばれる伝統的な市場では，日用品に加えて，なつめやし，伝統衣装，香料などが販売されている。 ○イスラム教徒の割合が最も多く，断食（だんじき）が行われる期間は，日没後に営業を始める飲食店が立ち並ぶ町並が見られる。

（注）一人当たりの国民総所得とは，一つの国において新たに生み出された価値の総額を人口で割った数値のこと。
（「データブック オブ・ザ・ワールド」2022年版より作成）

〔問３〕　次のⅠの略地図は，2021年における東南アジア諸国連合（ＡＳＥＡＮ（アセアン））加盟国の2001年と比較した日本からの輸出額の増加の様子を数値で示したものである。Ⅱの略地図は，2021年における東南アジア諸国連合（ＡＳＥＡＮ）加盟国の2001年と比較した進出日本企業の増加数を示したものである。次のページのⅢの文章で述べている国に当てはまるのは，次のページのア～エのうちのどれか。

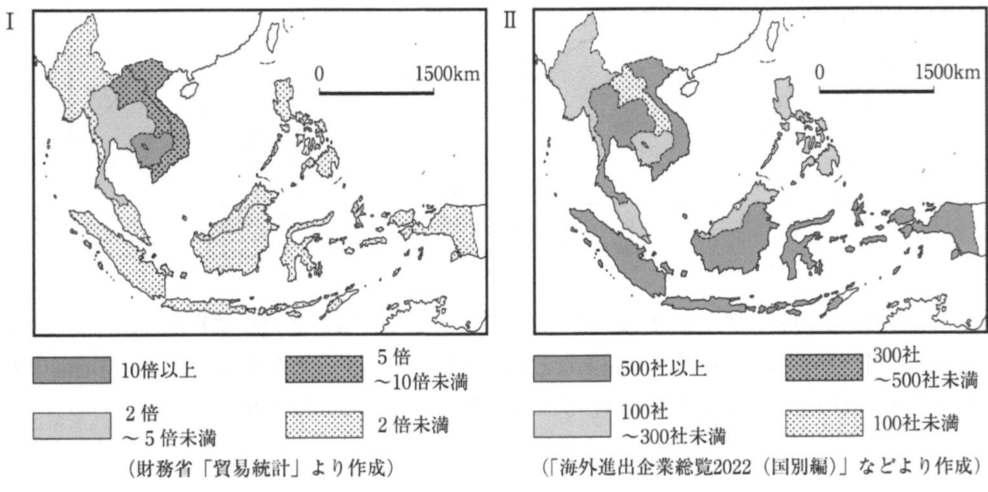

（財務省「貿易統計」より作成）
（「海外進出企業総覧2022（国別編）」などより作成）

Ⅲ

1945年の独立宣言後，国が南北に分離した時代を経て，1976年に統一された。国営企業中心の経済からの転換が図られ，現在では外国企業の進出や民間企業の設立が進んでいる。

2001年に約2164億円であった日本からの輸出額は，2021年には約2兆968億円となり，2001年に179社であった進出日本企業数は，2021年には1143社へと増加しており，日本との結び付きを強めている。首都の近郊には日系の自動車工場が見られ，最大の人口を有する南部の都市には，日系のコンビニエンスストアの出店が増加している。

ア　インドネシア　　イ　ベトナム　　ウ　ラオス　　エ　タイ

3　次の略地図を見て，あとの各問に答えよ。

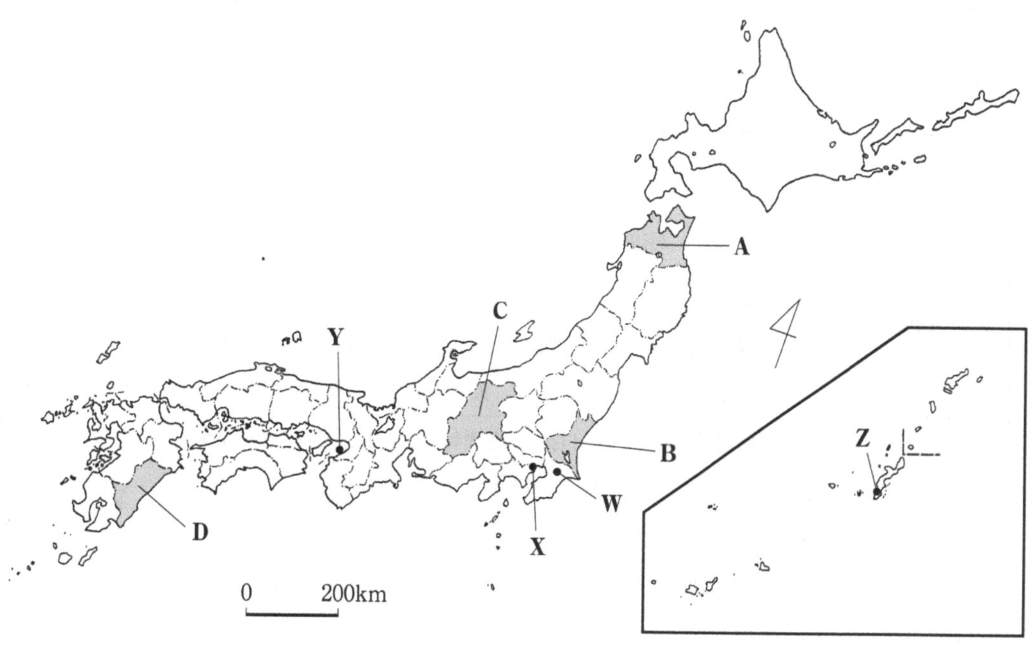

〔問1〕　次の表のア～エの文章は，略地図中に▒で示した，A～Dのいずれかの県の，自然環境と農産物の東京への出荷の様子についてまとめたものである。A～Dのそれぞれの県に当てはまるのは，あとの表のア～エのうちではどれか。

	自然環境と農産物の東京への出荷の様子
ア	○平均標高は1132mで，山脈が南北方向に連なり，フォッサマグナなどの影響によって形成された盆地が複数見られる。 ○東部の高原で他県と比べ時期を遅らせて栽培されるレタスは，明け方に収穫後，その日の正午頃に出荷され，東京まで約5時間かけて主に保冷トラックで輸送されている。
イ	○平均標高は100mで，北西部には山地が位置し，中央部から南西部にかけては河川により形成された平野が見られ，砂丘が広がる南東部には，水はけのよい土壌が分布している。 ○南東部で施設栽培により年間を通して栽培されるピーマンは，明け方に収穫後，その日の午後に出荷され，東京まで約3時間かけてトラックで輸送されている。

ウ	○平均標高は402mで，北西部に山地が位置し，中央部から南部にかけて海岸線に沿って平野が広がっている。 ○平野で施設栽培により年間を通して栽培されるきゅうりは，明け方に収穫後，翌日に出荷され，東京まで１日以上かけてフェリーなどで輸送されている。
エ	○平均標高は226mで，西部には平野が広がり，中央部に位置する火山の南側には水深が深い湖が見られ，東部の平坦な地域は夏季に吹く北東の風の影響で冷涼となることがある。 ○病害虫の影響が少ない東部で栽培されるごぼうは，収穫され冷蔵庫で保管後，発送日の午前中に出荷され，東京まで約10時間かけてトラックで輸送されている。

（国土地理院の資料より作成）

〔問２〕　次の表の**ア**～**エ**は，前のページの略地図中に**W**～**Z**で示した成田国際空港，東京国際空港，関西国際空港，那覇空港の**いずれか**の空港の，2019年における国内線貨物取扱量，輸出額及び輸出額の上位３位の品目と輸出額に占める割合，輸入額及び輸入額の上位３位の品目と輸入額に占める割合を示したものである。略地図中の**X**の空港に当てはまるのは，次の表の**ア**～**エ**のうちのどれか。

	国内線貨物取扱量（t）	輸出額（億円）／輸入額（億円）	輸出額の上位３位の品目と輸出額に占める割合（％）／輸入額の上位３位の品目と輸入額に占める割合（％）
ア	14905	51872	電気機器（44.4），一般機械（17.8），精密機器類（6.4）
		39695	電気機器（32.3），医薬品（23.2），一般機械（11.6）
イ	204695	42	肉類及び同調製品（16.8），果実及び野菜（7.5），魚介類及び同調製品（4.4）
		104	輸送用機器（40.1），一般機械（15.9），その他の雑製品（11.3）
ウ	22724	105256	電気機器（23.7），一般機械（15.1），精密機器類（7.0）
		129560	電気機器（33.9），一般機械（17.4），医薬品（12.3）
エ	645432	3453	金属製品（7.5），電気機器（5.0），医薬品（4.2）
		12163	輸送用機器（32.3），電気機器（18.2），一般機械（11.8）

（国土交通省「令和２年空港管理状況調書」などより作成）

〔問３〕　次のⅠの資料は，国土交通省が推進しているモーダルシフトについて分かりやすくまとめたものである。Ⅱのグラフは，2020年度における，重量１ｔの貨物を１㎞輸送する際に，営業用貨物自動車及び鉄道から排出される二酸化炭素の排出量を示したものである。Ⅲの略地図は，2020年における貨物鉄道の路線，主な貨物ターミナル駅，七地方区分の境界を示したものである。Ⅰ～Ⅲの資料から読み取れる，⑴「国がモーダルシフトを推進する目的」と⑵「国がモーダルシフトを推進する上で前提となる，七地方区分に着目した貨物鉄道の路線の敷設（ふせつ）状況及び貨物ターミナル駅の設置状況」の二点について，それぞれ簡単に述べよ。

（Ⅰの資料，Ⅱのグラフ，Ⅲの略地図は次のページにあります。）

Ⅰ

○モーダルシフトとは，トラックなどの営業用貨物自動車で行われている貨物輸送を，貨物鉄道などの利用へと転換することをいう。転換拠点は，貨物ターミナル駅などである。

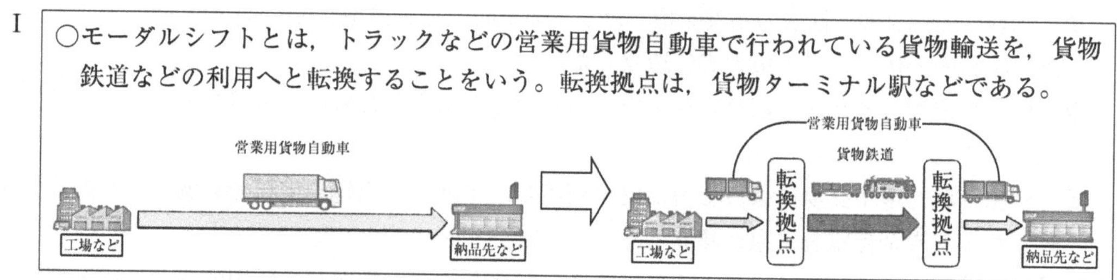

（国土交通省の資料より作成）

Ⅱ　　　　　　　　　　Ⅲ

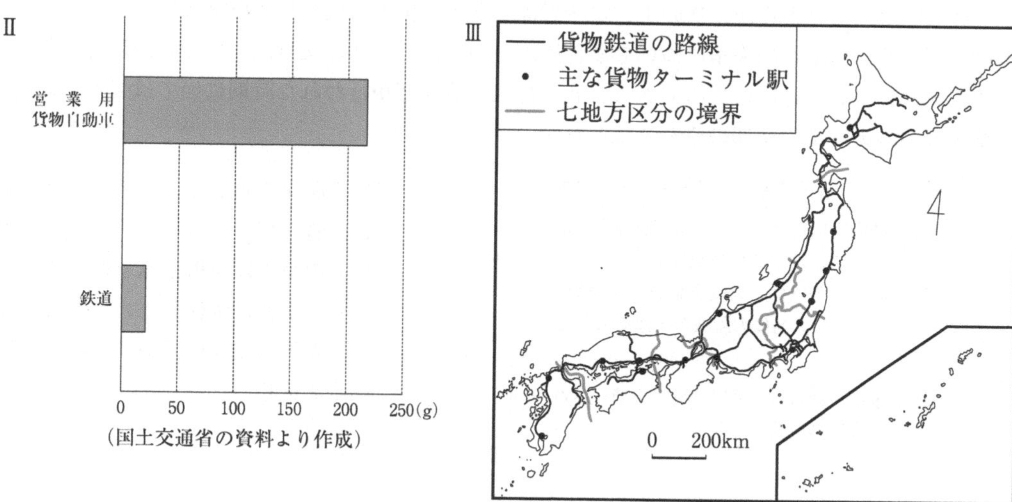

（国土交通省の資料より作成）　（国土交通省の資料などより作成）

4　次の文章を読み，あとの各問に答えよ。

私たちは，いつの時代も最新の知識に基づいて生産技術を向上させ，新たな技術を生み出すことで，社会を発展させてきた。

古代から，各時代の権力者は，(1)統治を継続することなどを目的に，高度な技術を有する人材に組織の中で役割を与え，寺院などを築いてきた。

中世から近世にかけて，農業においても新しい技術が導入されることで生産力が向上し，各地で特産物が生産されるようになった。また，(2)財政再建を行う目的で，これまで培（つちか）ってきた技術を生かし，新田開発などの経済政策を実施してきた。

近代以降は，政府により，(3)欧米諸国に対抗するため，外国から技術を学んで工業化が進められた。昭和時代以降は，(4)飛躍的に進歩した技術を活用し，社会の変化に対応した新たな製品を作り出す企業が現れ，私たちの生活をより豊かにしてきた。

〔問1〕　(1)統治を継続することなどを目的に，高度な技術を有する人材に組織の中で役割を与え，寺院などを築いてきた。とあるが，あとの**ア**～**エ**は，飛鳥（あすか）時代から室町時代にかけて，各時代の権力者が築いた寺院などについて述べたものである。時期の古いものから順に記号を並べよ。

ア　公家（くげ）の山荘を譲り受け，寝殿造（しんでんづくり）や禅宗様（ぜんしゅうよう）の様式を用いた三層からなる金閣（きんかく）を京都の北山（きたやま）に築いた。

イ　仏教の力により，社会の不安を取り除き，国家の安泰を目指して，3か年８回にわたる鋳造の末，銅製の大仏を奈良の東大寺に造立した。

ウ　仏教や儒教の考え方を取り入れ，役人の心構えを示すとともに，金堂などからなる法隆寺を斑鳩に建立した。

エ　産出された金や交易によって得た財を利用し，金ぱく，象牙や宝石で装飾し，極楽浄土を表現した中尊寺金色堂を平泉に建立した。

〔問２〕　(2)財政再建を行う目的で，これまで培ってきた技術を生かし，新田開発などの経済政策を実施してきた。とあるが，次のⅠの略年表は，安土・桃山時代から江戸時代にかけての，経済政策などに関する主な出来事についてまとめたものである。Ⅱの文章は，ある時期に行われた経済政策などについて述べたものである。Ⅱの経済政策などが行われた時期に当てはまるのは，Ⅰの略年表中の**ア**～**エ**の時期のうちではどれか。

Ⅰ

西暦	経済政策などに関する主な出来事	
1577	●織田信長は，安土の城下を楽市とし，一切の役や負担を免除した。	
		ア
1619	●徳川秀忠は，大阪を幕府の直轄地とし，諸大名に大阪城の再建を命じた。	
		イ
1695	●徳川綱吉は，幕府の財政を補うため，貨幣の改鋳を命じた。	
		ウ
1778	●田沼意次は，長崎貿易の輸出品である俵物の生産を奨励した。	
		エ
1841	●水野忠邦は，物価の上昇を抑えるため，株仲間の解散を命じた。	

Ⅱ

○新田開発を奨励し，開発に当たり商人に出資を促し，将軍と同じく，紀伊藩出身の役人に技術指導を担わせた。

○キリスト教に関係しない，漢文に翻訳された科学技術に関係する洋書の輸入制限を緩和した。

〔問３〕　(3)欧米諸国に対抗するため，外国から技術を学んで工業化が進められた。とあるが，次の**ア**～**ウ**は，明治時代に操業を開始した工場について述べたものである。略地図中のA～Cは，**ア**～**ウ**の**いずれか**の工場の所在地を示したものである。**ア**～**ウ**について，操業を開始した時期の古いものから順に記号を並べよ。また，略地図中のBに当てはまるのは，次の**ア**～**ウ**のうちではどれか。

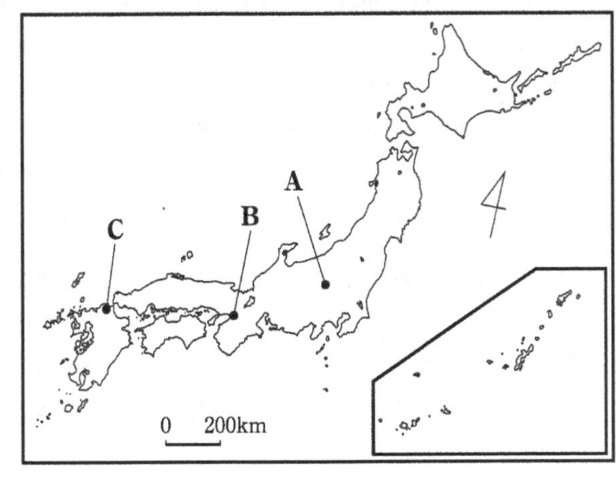

ア　実業家が発起人となり，イギリスの技術を導入し設立され，我が国における産業革命の契機となった民間の紡績会社で，綿糸の生産が開始された。

イ　国産生糸の増産や品質の向上を図ることを目的に設立された官営模範製糸場で，フランスの技術を導入し生糸の生産が開始された。

ウ　鉄鋼の増産を図ることを目的に設立された官営の製鉄所で，国内産の石炭と輸入された鉄鉱石を原材料に外国人技術者の援助を受けて鉄鋼の生産が開始された。

〔問４〕 (4)飛躍的に進歩した技術を活用し，社会の変化に対応した新たな製品を作り出す企業が現れ，私たちの生活をより豊かにしてきた。とあるが，次の略年表は，昭和時代から平成時代にかけて，東京に本社を置く企業の技術開発に関する主な出来事についてまとめたものである。略年表中のＡ～Ｄのそれぞれの時期に当てはまるのは，下のア～エのうちではどれか。

西暦	東京に本社を置く企業の技術開発に関する主な出来事	
1945	●造船会社により製造されたジェットエンジンを搭載した飛行機が，初飛行に成功した。	
1952	●顕微鏡・カメラ製造会社が，医師からの依頼を受け，日本初の胃カメラの実用化に成功した。	A
1955	●通信機器会社が，小型軽量で持ち運び可能なトランジスタラジオを販売した。	
		B
1972	●計算機会社が，大規模集積回路を利用した電子式卓上計算機を開発した。	
		C
1989	●フィルム製造会社が，家電製造会社と共同開発したデジタルカメラを世界で初めて販売した。	
		D
2003	●建築会社が，独立行政法人と共同して，不整地歩行などを実現するロボットを開発した。	

ア　地価や株価が上がり続けるバブル経済が終わり，構造改革を迫られ，インターネットの普及が急速に進み，撮影した写真を送信できるカメラ付き携帯電話が初めて販売された。

イ　連合国軍最高司令官総司令部（ＧＨＱ）の指令に基づき日本政府による民主化政策が実施され，素材，機器，測定器に至る全てを国産化した移動無線機が初めて製作された。

ウ　石油危機により，省エネルギー化が進められ，運動用品等に利用されていた我が国の炭素素材が，航空機の部材として初めて使用された。

エ　政府により国民所得倍増計画が掲げられ，社会資本の拡充の一環として，速度を自動的に調整するシステムを導入した東海道新幹線が開業した。

5　次の文章を読み，あとの各問に答えよ。

企業は，私たちが消費している財（もの）やサービスを提供している。企業には，国や地方公共団体が経営する公企業と民間が経営する私企業がある。(1)私企業は，株式の発行や銀行からの融資などにより調達した資金で，生産に必要な土地，設備，労働力などを用意し，利潤を得ることを目的に生産活動を行っている。こうして得た財やサービスの価格は，需要量と供給量との関係で変動するものや，(2)政府や地方公共団体により料金の決定や改定が行われるものなどがある。

私企業は，自社の利潤を追求するだけでなく，(3)国や地方公共団体に税を納めることで，社会を支えている。また，社会貢献活動を行い，社会的責任を果たすことが求められている。

(4)日本経済が発展するためには，私企業の経済活動は欠かすことができず，今後，国内外からの信頼を一層高めていく必要がある。

〔問１〕 (1)私企業は，株式の発行や銀行からの融資などにより調達した資金で，生産に必要な土地，設備，労働力などを用意し，利潤を得ることを目的に生産活動を行っている。とあるが，経済活動の自由を保障する日本国憲法の条文は，次のア～エのうちではどれか。

ア　すべて国民は，法の下に平等であつて，人種，信条，性別，社会的身分又は門地により，政治的，経済的又は社会的関係において，差別されない。

イ　何人も，法律の定める手続によらなければ，その生命若しくは自由を奪はれ，又はその他の刑罰を科せられない。

ウ　すべて国民は，法律の定めるところにより，その能力に応じて，ひとしく教育を受ける権利を有する。

エ　何人も，公共の福祉に反しない限り，居住，移転及び職業選択の自由を有する。

〔問2〕　(2)政府や地方公共団体により料金の決定や改定が行われるものなどがある。とあるが，次の文章は，令和2年から令和3年にかけて，ある公共料金が改定されるまでの経過について示したものである。この文章で示している公共料金に当てはまるのは，下のア～エのうちではどれか。

> ○所管省庁の審議会分科会が公共料金の改定に関する審議を開始した。（令和2年3月16日）
> ○所管省庁の審議会分科会が審議会に公共料金の改定に関する審議の報告を行った。（令和2年12月23日）
> ○所管省庁の大臣が審議会に公共料金の改定に関する諮問を行った。（令和3年1月18日）
> ○所管省庁の審議会が公共料金の改定に関する答申を公表した。（令和3年1月18日）
> ○所管省庁の大臣が公共料金の改定に関する基準を告示した。（令和3年3月15日）

ア　鉄道運賃　　**イ**　介護報酬　　**ウ**　公営水道料金　　**エ**　郵便料金（手紙・はがきなど）

〔問3〕　(3)国や地方公共団体に税を納めることで，社会を支えている。とあるが，次の表は，企業の経済活動において，課税する主体が，国であるか，地方公共団体であるかを，国である場合は「国」，地方公共団体である場合は「地」で示そうとしたものである。表のAとBに入る記号を正しく組み合わせているのは，次のア～エのうちのどれか。

	課税する主体
企業が提供した財やサービスの売上金から経費を引いた利潤にかかる法人税	**A**
土地や建物にかかる固定資産税	**B**

	ア	イ	ウ	エ
A	地	地	国	国
B	国	地	地	国

〔問4〕　(4)日本経済が発展するためには，私企業の経済活動は欠かすことができず，今後，国内外からの信頼を一層高めていく必要がある。とあるが，次のページのⅠの文章は，2010年に開催された法制審議会会社法制部会第1回会議における資料の一部を分かりやすく書き改めたものである。次のページのⅡの文は，2014年に改正された会社法の一部を分かりやすく書き改めたもので

ある。Ⅲのグラフは，2010年から2020年までの東京証券取引所に上場する会社における，具体的な経営方針等を決定する取締役会（とりしまりやくかい）に占める，会社と利害関係を有しない独立性を備えた社外取締役の人数別の会社数の割合を示したものである。Ⅰ～Ⅲの資料を活用し，2014年に改正された会社法によりもたらされた取締役会の変化について，社外取締役の役割及び取締役会における社外取締役の人数に着目して，簡単に述べよ。

Ⅰ

> ○現行の会社法では，外部の意見を取り入れる仕組を備える適正な企業統治を実現するシステムが担保されていない。
> ○我が国の上場会社等の企業統治については，内外の投資者等から強い懸念（けねん）が示されている。

Ⅱ

> これまでの会社法では，社外取締役の要件は，自社又は子会社の出身者等でないことであったが，親会社の全ての取締役等，兄弟会社の業務執行取締役等，自社の取締役等及びその配偶者の近親者等でないことを追加する。

Ⅲ

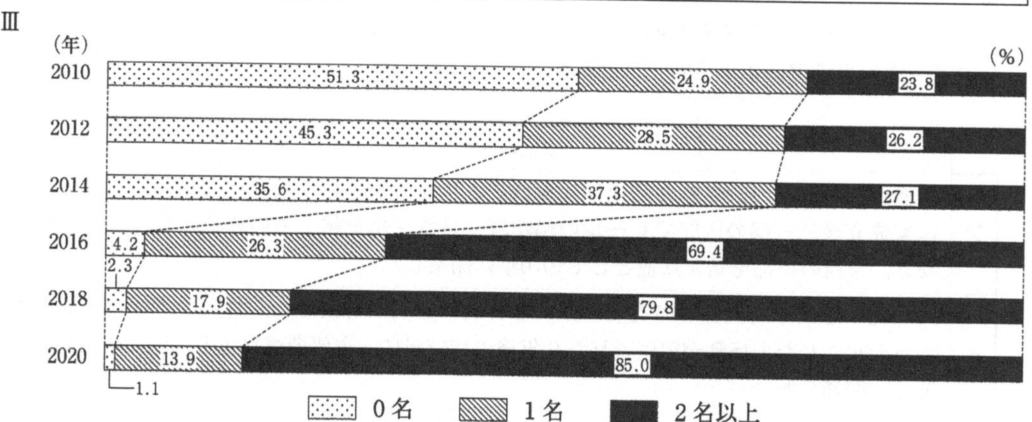

（注）四捨五入をしているため，社外取締役の人数別の会社数の割合を合計したものは，100%にならない場合がある。
（東京証券取引所の資料より作成）

6　次の文章を読み，次のページの略地図を見て，あとの各問に答えよ。

> (1)1851年に開催された世界初の万国博覧会は，蒸気機関車などの最新技術が展示され，鉄道の発展のきっかけとなった。1928年には，国際博覧会条約が35か国により締結され，(2)テーマを明確にした国際博覧会が開催されるようになった。
> 2025年に大阪において「いのち輝く未来社会のデザイン」をテーマとした万国博覧会の開催が予定されており，(3)我が国で最初の万国博覧会が大阪で開催された時代と比べ，社会の様子も大きく変化してきた。

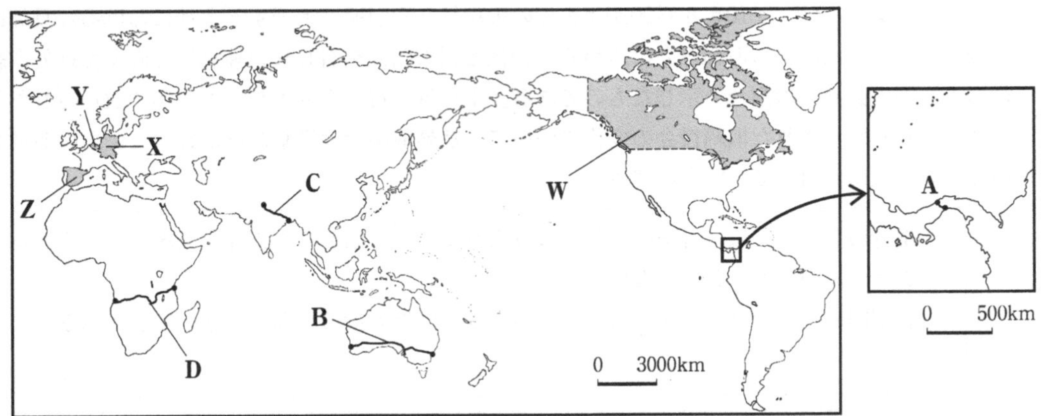

〔問１〕 (1)1851年に開催された世界初の万国博覧会は，蒸気機関車などの最新技術が展示され，鉄道の発展のきっかけとなった。とあるが，略地図中に●━━●で示したＡ～Ｄは，世界各地の主な鉄道の路線を示したものである。次の表のア～エは，略地図中にＡ～Ｄで示した**いずれか**の鉄道の路線の様子についてまとめたものである。略地図中のＡ～Ｄのそれぞれの鉄道の路線に当てはまるのは，次の表のア～エのうちではどれか。

	鉄道の路線の様子
ア	植民地時代に建設された鉄道は，地域ごとにレールの幅が異なっていた。1901年の連邦国家成立後，一部の区間でレールの幅が統一され，州を越えての鉄道の乗り入れが可能となり，東西の州都を結ぶ鉄道として1970年に開業した。
イ	綿花の輸出や内陸部への支配の拡大を目的に建設が計画され，外国の支配に不満をもつ人々が起こした大反乱が鎮圧された９年後の1867年に，主要港湾都市と内陸都市を結ぶ鉄道として開通した。
ウ	二つの大洋をつなぎ，貿易上重要な役割を担（にな）う鉄道として，1855年に開業した。日本人技術者も建設に参加した国際運河が1914年に開通したことにより，貿易上の役割は低下したが，現在では観光資源としても活用されている。
エ	1929年に内陸部から西側の港へ銅を輸送する鉄道が開通した。この鉄道は内戦により使用できなくなり，1976年からは内陸部と東側の港とを結ぶ新たに作られた鉄道がこの地域の主要な銅の輸送路となった。2019年にこの二本の鉄道が結ばれ，大陸横断鉄道となった。

〔問２〕 (2)テーマを明確にした国際博覧会が開催されるようになった。とあるが，次のページのⅠの略年表は，1958年から2015年までの，国際博覧会に関する主な出来事についてまとめたものである。次のページのⅡの文章は，Ⅰの略年表中のＡ～Ｄの**いずれか**の国際博覧会とその開催国の環境問題について述べたものである。Ⅱの文章で述べている国際博覧会に当てはまるのは，Ⅰの略年表中のＡ～Ｄのうちのどれか，また，その開催国に当てはまるのは，略地図中に▒▒で示したＷ～Ｚのうちのどれか。

Ⅰ

西暦	国際博覧会に関する主な出来事
1958	●「科学文明とヒューマニズム」をテーマとした万国博覧会が開催された。……A
1967	●「人間とその世界」をテーマとした万国博覧会が開催された。……B
1974	●「汚染なき進歩」をテーマとした国際環境博覧会が開催された。
1988	●「技術時代のレジャー」をテーマとした国際レジャー博覧会が開催された。
1992	●「発見の時代」をテーマとした万国博覧会が開催された。……C
2000	●「人間・自然・技術」をテーマとした万国博覧会が開催された。……D
2015	●「地球に食料を，生命にエネルギーを」をテーマとした万国博覧会が開催された。

Ⅱ

この博覧会は，「環境と開発に関するリオ宣言」などに基づいたテーマが設定され，リオデジャネイロでの地球サミットから８年後に開催された。この当時，国境の一部となっている北流する国際河川の東側に位置する森林（シュヴァルツヴァルト）で生じた木々の立ち枯れは，偏西風などにより運ばれた有害物質による酸性雨が原因であると考えられていた。

〔問３〕 (3)我が国で最初の万国博覧会が大阪で開催された時代と比べ，社会の様子も大きく変化してきた。とあるが，次のⅠの**ア**～**エ**のグラフは，1950年，1970年，2000年，2020年の**いずれか**の我が国における人口ピラミッドを示したものである。次のページのⅡの文章で述べている年の人口ピラミッドに当てはまるのは，Ⅰの**ア**～**エ**のうちのどれか。

Ⅰ

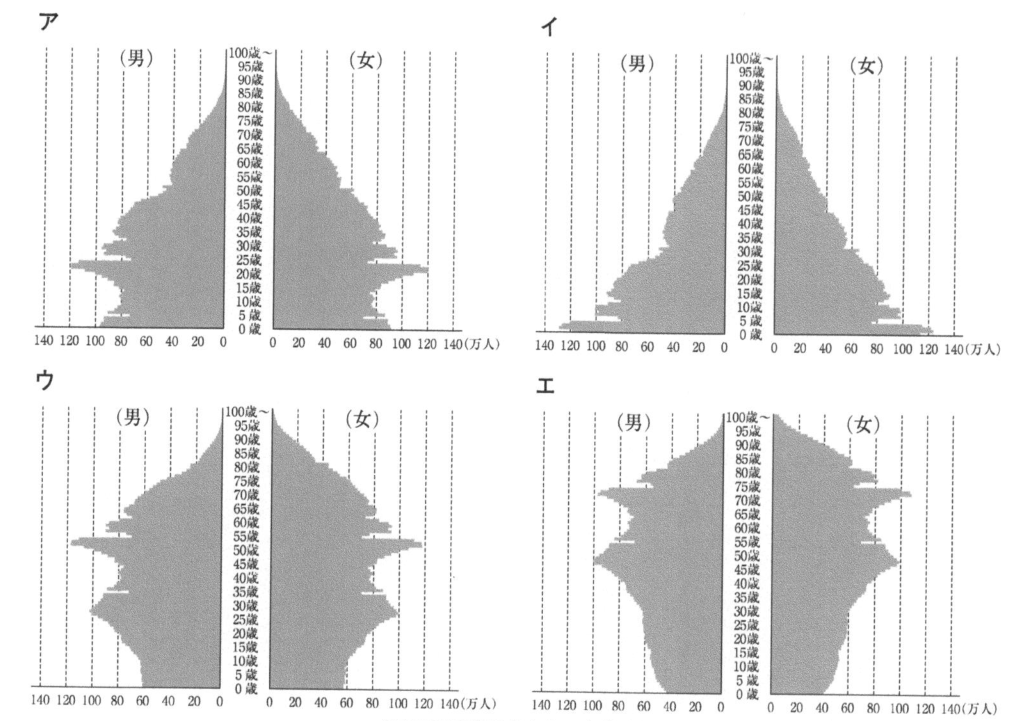

（2020年国勢調査などより作成）

Ⅱ

○我が国の人口が１億人を突破して３年後のこの年は，65歳以上の割合は７％を超え，高齢化社会の段階に入っている。
○地方から都市への人口移動が見られ，郊外にニュータウンが建設され，大阪では「人類の進歩と調和」をテーマに万国博覧会が開催された。

2023年度

解 答 と 解 説

《2023年度の配点は解答用紙集に掲載してあります。》

<理科解答>

1	〔問1〕 ア　〔問2〕 エ　〔問3〕 ウ　〔問4〕 イ　〔問5〕 ア　〔問6〕 イ
2	〔問1〕 イ　〔問2〕 ① イ　② ア　〔問3〕 エ　〔問4〕 ウ
3	〔問1〕 水滴が付き始める瞬間の温度を正確に読み取るため。　〔問2〕 ① イ　② ア 〔問3〕 ① ア　② イ　③ イ　④ ア　〔問4〕 エ
4	〔問1〕 ウ　〔問2〕 エ　〔問3〕 ア
5	〔問1〕 ア　〔問2〕 エ　〔問3〕 イ　〔問4〕 ① イ　② ウ
6	〔問1〕 ア　〔問2〕 ウ　〔問3〕 ウ　〔問4〕 イ

<理科解説>

1　(小問集合－自然界のつり合い，火山活動と火成岩：火山岩，身のまわりの物質とその性質：ガスバーナーの操作，光と音：凸レンズによってできる像，物質の成り立ち，植物の体のつくりとはたらき：花のつくり)

〔問1〕 **生産者は光合成を行い，みずから有機物をつくり出すことができる生物**であり，消費者はほかの生物から有機物を得る生物である。よって，生産者は**葉緑体**があるエンドウ，サツマイモ，ツツジである。消費者はタカ，バッタ，ミミズである。

〔問2〕 **玄武岩**はマグマが冷え固まって岩石になった火成岩であり，火成岩のうち，上昇したマグマが地表に近い地下や，溶岩のように地表にふき出て急激に冷えて固まってできた**火山岩**である。**斑状組織でカンラン石やキ石のような有色鉱物を多く含むため**，岩石は**黒っぽい**。

〔問3〕 ガスバーナーに点火し，適正な炎の大きさに調整した後，**空気不足になっている炎を青色の適正な状態にする操作は，Bのガス調節ねじを押さえながら，Aの空気調節ねじだけをCの向きに回して少しずつ開き**，青色の安定した炎にする。

〔問4〕 図3において，光の進み方を作図する。物体から光軸に平行に凸レンズに入った光は，屈折した後，反対側の焦点を通る。凸レンズの中心を通った光は，そのまま直進する。スクリーンの位置がA点にあると，2つの直線の交点がスクリーン上にくるため，はっきりと像が映る。作図から，物体の大きさと比べて，スクリーンに映った像の方が小さいことが分かる。

〔問5〕 **単体は1種類の元素からできている物質であり，2種類以上の元素からできている物質が化合物である**。よって，A 二酸化炭素の化学式はCO_2，B 水の化学式はH_2O，C アンモニアの化学式はNH_3，D 酸素の化学式はO_2であるため，化合物はA，B，Cであり，単体はDである。

〔問6〕 アブラナの花のつくりは，外側から，A がく，B 花弁，C おしべ，D めしべである。

2　(自由研究－力と物体の運動：平均の速さ，身のまわりの物質とその性質：密度，水溶液：濃度，力のつり合いと合成・分解：浮力，生物の成長と生殖：発生，天体の動きと地球の自転・公転：白夜の太陽の見かけの動き)

〔問1〕 平均の速さ〔m/s〕$=\dfrac{6〔m〕-2〔m〕}{122.2〔s〕-40.4〔s〕}=0.048\cdots$〔m/s〕$\fallingdotseq 0.05$〔m/s〕である。

〔問2〕 (凍った部分の表面を取り除き残った部分100gに含まれる食塩の量)÷(3%の食塩水100gに含まれる食塩の量)×100=(100g×0.0084)÷(100g×0.03)×100=28，よって，28%である。食塩水の上部に浮いた凍った部分の表面を取り除き残った部分に含まれる食塩の量は，3%の食塩水の28%であるため，3%の食塩水の方が密度が大きいと言える。このことは，**食塩水を凍らせると，凍った部分が浮くのは，凍って密度が小さくなった部分にかかる重力より，凍った部分より密度が大きい食塩水からの水圧による浮力のほうが大きい**ことからもわかる。

〔問3〕 図4，5，6は，**カエルの受精卵が体細胞分裂により細胞の数をふやして胚になる過程**である。体細胞分裂であるため，**分裂を何回くり返しても，ひとつひとつの細胞の染色体の数は変わらない**。よって，図5の胚に含まれる細胞の和は2個であるため，合計の染色体の和は、24本×2=48本，である。同様にして，図6の胚に含まれる細胞の和は4個であるため，合計の染色体の和は、24本×4=96(本)，である。

〔問4〕 地軸を中心に太陽が北側へとまわってきたとき，図7の**北の空では，向かって右方向が東**であるため，**太陽は見かけ上，東方向に向かって上昇するように動く**。よって，太陽が見かけ上動いた向きはYである。日本で**夏至**となる地球の位置は，**北緯35°付近にある日本で太陽の南中高度が最も高く**，日の出と日の入りの位置が北寄りになり，日照時間が最も長くなるAである。

3 **(気象要素の観測：金属製のコップによる露点の測定実験と湿度の計算，天気の変化：雲の発生に関する実験と寒冷前線)**

〔問1〕 **金属製のコップの表面の温度が少しずつ下がるようにしたのは，「水滴が付き始める瞬間の温度を正確に読み取るため。」**である。

〔問2〕 午前10時に測定した水温は，同じ時刻の実験室の室温と等しいので，午前10時の実験室内の気温は17.0℃である。また，金属製のコップの表面に水滴がつき始めたときの金属製のコップ内の水温が露点であり，**この場合，露点16.2℃における飽和水蒸気量が，実際に午前10時の実験室内の1m³の空気に含まれる水蒸気の質量〔g/m³〕である**。よって，湿度〔%〕= $\frac{1\text{m}^3\text{の空気に含まれる水蒸気の質量〔g/m}^3\text{〕}}{\text{その空気と同じ気温での飽和水蒸気量〔g/m}^3\text{〕}}\times 100$，から，午前10時の湿度〔%〕= $\frac{13.8\text{〔g/m}^3\text{〕}}{14.5\text{〔g/m}^3\text{〕}}\times 100 \fallingdotseq 95.2$〔%〕である。午後6時も同じ気温であるため，露点が高いほうが1m³の空気に含まれる水蒸気の量が多いので，結果1の表から，午前10時の実験室内の空気である。

〔問3〕 ＜実験2＞は雲を発生させる実験装置である。「ピストンをすばやく引くと，丸底フラスコ内の空気は**膨張し**，丸底フラスコ内の**気圧は下がる**。その結果，丸底フラスコ内の**空気の温度が下がり露点に達し**，丸底フラスコ内の**水蒸気が水滴に変化**した。」そのため，丸底フラスコ内はくもった。自然界では**雲**である。

〔問4〕 寒冷前線は，**寒気が**暖気の下にもぐりこみ，**暖気を押し上げながら進んでいく**。暖気が急激に上空高くに押し上げられ，強い上昇気流が生じて**積乱雲**が発達するため，**短時間に強い雨**が降り，**強い風**がふくことが多い。

4 **(動物の体のつくりとはたらき：消化の対照実験・柔毛での吸収・血液の循環・細胞の呼吸)**

〔問1〕 試験管AとBは，**ヨウ素液**との反応により，**唾液がデンプンをデンプンではないものに変えるはたらき**があるのか否か比較して調べる**対照実験**である。試験管CとDは，**ベネジクト液を加えて加熱する**ことにより，唾液にはデンプンをブドウ糖がいくつか結合した**糖に変えるはたらき**があるのか否か比較して調べる対照実験である。

〔問2〕 消化酵素により分解されることで作られた，**ブドウ糖とアミノ酸は**ヒトの小腸の**柔毛**で吸収されて**毛細血管**に入り，**脂肪酸とモノグリセリドは**ヒトの小腸の柔毛で吸収された後に結合してリンパ管に入る。

〔問3〕　心臓の左心室から送り出された血液はBの動脈を通って小腸の毛細血管に入る。毛細血管で栄養分を吸収し，**小腸から肝臓へと向かう血液が流れるA**の肝門脈を通って肝臓に運ばれる。よって，**栄養分の濃度が高い場所は，A**である。**細胞による呼吸**については，血液の成分である血しょうがしみ出て組織液となり，養分や酸素を細胞に届ける。からだを構成しているひとつひとつの細胞では，届いた**酸素を使い，養分からエネルギーが取り出される。このとき，二酸化炭素と水ができる。**

5　**(水溶液とイオン・原子の成り立ちとイオン：塩化銅の電気分解の仕組み・イオンの粒子モデル・化学式，物質の成り立ち：水の電気分解，気体の発生とその性質)**

〔問1〕　**＜実験1＞は塩化銅の電気分解**である。塩化銅が水に溶けて電離したようすを化学式を使って表すと，$CuCl_2 \rightarrow Cu^{2+} + 2Cl^-$，であり，陽イオンの数：陰イオンの数＝1：2，である。よって，モデルはアである。

〔問2〕　電極Aは，電源装置の－端子に接続しているので陰極である。また，実験結果から，**陽イオンとなっていた銅が付着していたことから，電極Aは，陰極**であると言える。回路に流れる**電流の向きは，**電源装置の**＋端子から出て－端子に入る向き**であると決められているので，Dである。

〔問3〕　陽極である電極B付近からは，**刺激臭がする気体である塩素**が生成された。塩素の気体が発生する仕組みは，「**塩化物イオンCl^-が，電子を放出し(失い)，塩素原子になり，塩素原子が2個結びつき，分子になり，気体として発生した。**」である。

〔問4〕　＜結果1＞は塩化銅の電気分解の結果であり，**銅イオンCu^{2+}は，陰極から電子を2個受けとり，銅原子Cuになり，陰極に金属となって付着するため，**電流を流した時間が長くなるほど，水溶液中の銅イオンの数は減少する。よって，グラフはイである。＜結果2＞は水の電気分解の結果であり，**5％の水酸化ナトリウム水溶液を加えたのは，電流が流れやすくするためであり，水酸化ナトリウムそのものは分解されない**ので，電流を流した時間が長くなっても，水溶液中のナトリウムイオンの数は変化しない。よって，グラフはウである。水の電気分解の化学反応式は，$2H_2O \rightarrow 2H_2 + O_2$，であり，**陰極**である電極A付近から発生した気体は**水素**で，**陽極**である電極Bから発生した気体は**酸素**である。

6　**(電流：電圧と電流と抵抗・電力・電力量)**

〔問1〕　オームの法則により，電流$=\frac{電圧}{抵抗}$であるから，**電圧の大きさが等しいとき，**5Ωの抵抗器Xの方が，20Ωの抵抗器Yよりも大きい電流が流れる。また，＜結果＞図3のグラフから，電圧の大きさが等しいとき，＜実験＞の(2)図1の**並列回路の方が，**＜実験＞の(3)図2の**直列回路よりも大きい電流が流れる。**

〔問2〕　抵抗器Xと抵抗器Yを**並列**につないだ回路**全体の抵抗をR_P**とすると，$\frac{1}{R_P[\Omega]}=\frac{1}{5[\Omega]}+\frac{1}{20[\Omega]}$より，$R_P$〔Ω〕＝4〔Ω〕である。抵抗器Xと抵抗器Yを**直列**につないだ回路全体の**抵抗をR_S**とすると，R_S〔Ω〕＝5〔Ω〕＋20〔Ω〕＝25〔Ω〕である。抵抗Xは5Ωであるため，ウが適切である。

〔問3〕　**＜結果＞の図3グラフから，＜実験＞の(2)並列回路では2.0Vのとき0.5Aであり，電力〔W〕＝2.0〔V〕×0.5〔A〕＝1.0〔W〕である。＜実験＞の(3)直列回路では5.0Vのとき0.2Aであり，電力〔W〕＝5.0〔V〕×0.2〔A〕＝1.0〔W〕である。**このとき，抵抗器Xと抵抗器Yで消費される電力は1.0Wで等しい。図1の**並列回路では，各抵抗の両端の電圧は電源の電圧に等しいため，**抵抗器Xに加わる電圧の大きさSは，2.0Vである。図2の**直列回路を流れる電流の大きさはどこでも等し**

いため，抵抗器Xに加わる電圧の大きさTは，T〔V〕＝0.2〔A〕×5〔Ω〕＝1.0〔V〕である。よって，S：T＝2：1である。

〔問4〕 回路全体の電力を9Wとし，電圧を加え電流を2分間流したときの**電力量〔J〕＝9〔W〕×120〔s〕＝1080〔J〕**である。回路全体の電力を4Wとし，電圧を加え電流をt秒間流したときの電力量1080〔J〕＝4〔W〕×t〔s〕である。よって，t〔s〕＝270〔s〕であるから，電流を4分30秒間流したときである。

＜社会解答＞

1 〔問1〕 ウ　〔問2〕 エ　〔問3〕 ア

2 〔問1〕 略地図中のA～D　D　Ⅱのア～エ　イ　〔問2〕 W　ア　X　ウ　Y　エ　Z　イ　〔問3〕 イ

3 〔問1〕 A　エ　B　イ　C　ア　D　ウ　〔問2〕 エ　〔問3〕 (1)（目的） 貨物輸送で生じる二酸化炭素の排出量を減少させるため。　(2)（敷設(ふせつ)状況及び設置状況） 全ての地方に貨物鉄道の路線と貨物ターミナル駅がある。

4 〔問1〕 ウ→イ→エ→ア　〔問2〕 ウ　〔問3〕（時期） イ→ア→ウ　（略地図） ア　〔問4〕 A　イ　B　エ　C　ウ　D　ア

5 〔問1〕 エ　〔問2〕 イ　〔問3〕 ウ　〔問4〕 適正な企業統治を実現する役割をになう社外取締役の要件が追加され，取締役会に外部の意見がより反映されるよう，社外取締役を2名以上置く会社数の割合が増加した。

6 〔問1〕 A　ウ　B　ア　C　イ　D　エ
〔問2〕 Ⅰの略年表中のA～D　D　略地図中のW～Z　X　〔問3〕 ア

＜社会解説＞

1 **(地理的分野―日本地理－地形図の見方，歴史的分野―日本史時代別－安土桃山時代から江戸時代，―日本史テーマ別－文化史，公民的分野―国際社会との関わり)**

〔問1〕 縮尺2万5千分の1の**地形図**では，**等高線**は**標高差10m**ごとに引かれている。等高線を手がかりに見ると，A地点は標高約40m，B地点は約60m，C地点は約30mである。したがって，ウの図が適当である。

〔問2〕 安土桃山時代の茶人で，**千家流**茶道の創始者であるのが**千利休**(せんのりきゅう)である。堺の出身で，幼少のころから**茶の湯**に親しみ，**武野紹鴎**(たけのじょうおう)に師事して茶の湯を学び，**わび茶**を大成させた。織田信長と豊臣秀吉に続けて仕えたが，最後は秀吉に切腹を命じられた。

〔問3〕 国際の平和と安全の維持について,主要な責任を有するのが，**国際連合**の**安全保障理事会**である。具体的には，紛争当事者に対して，紛争を平和的手段によって解決するよう要請したり，平和に対する脅威の存在を決定し，平和と安全の維持と回復のために勧告を行うこと，経済制裁などの非軍事的強制措置及び軍事的強制措置を決定すること等を，その主な権限とする。しかし，**アメリカ・イギリス・フランス・ロシア・中国**の5か国の**常任理事国**が1か国でも反対すると，決議ができないことになっている。常任理事国は**拒否権**を持っていることになる。なお，日本は10か国ある非常任理事国の一つである(2023年現在)。

2 (地理的分野―世界地理－都市・気候・人々のくらし・産業)

〔問1〕 まず，A～Dの国・都市を確定する。Aはアルゼンチンのブエノスアイレス，Bは中国の北京，Cはノルウェーのオスロ，Dはポルトガルのリスボンである。Ⅰの文章は，**地中海性気候**のポルトガルのリスボンについての説明である。夏は気温が30度近く，雨がほとんど降らず，冬は気温10度前後で，夏に比べて雨が多いのが，地中海性気候の特徴である。雨温図のイである。地中海沿岸部の，ポルトガル・スペイン・イタリア・ギリシャ等の国では，気候を生かして夏は乾燥に強いオレンジやオリーブやぶどうなどの作物を，冬は小麦を栽培している。

〔問2〕 まず，W～Zの国を確認する。Wはボリビア，Xはアメリカ合衆国，Yはオマーン，Zはフランスである。かつてスペインの植民地であり，「キリスト教徒の割合が最も多い」「この地方が原産で傾斜地などで栽培された様々な種類のじゃがいも」との記述から，アは，ボリビアである。「高速道路が整備され」「多民族国家を形成し」との一節から，また，**一人当たりの国民総所得**が最も多いウがアメリカ合衆国である。「代表的市場はスークと呼ばれる」「断食が行われる」の一節から，エは**イスラム教徒**の最も多いオマーンである。「**キリスト教徒**(**カトリック**)の信者の割合が最も多く」「日曜日は非労働日とされており休日とする店舗がある」という記述から，イはフランスである。よって正しい組み合わせは，Wア　Xウ　Yエ　Zイとなる。

〔問3〕 1967年に設立され，現在はタイ・インドネシア・ベトナム・フィリピン・マレーシア・ブルネイ・シンガポール・ラオス・ミャンマー・カンボジアの10か国から構成されているのが，**ASEAN**(東南アジア諸国連合)である。ASEANの中で，ベトナムは，独自の歴史を持っている。フランス・アメリカが援助する**資本主義**の南ベトナム共和国と，中国・ソ連が援助する**社会主義**のベトナム民主共和国(北ベトナム)が対立し，**ベトナム戦争**へと発展した。1964年には，アメリカが**北爆**を開始し，ベトナム戦争は本格化したが，最終的に北ベトナムが勝利し，1976年に**南北ベトナムが統一**された。こうして成立したベトナムは，中国や韓国と比べて，労働者の月額平均賃金が安価であり，生産コストを抑えられるために，ベトナムに進出する日本企業数が大幅に増加しているのである。

3 (地理的分野―日本地理－農林水産業・工業・貿易・交通)

〔問1〕 まず，A～Dの県名を確定する。Aは青森県，Bは茨城県，Cは長野県，Dは宮崎県である。次にア～エの都道府県を確定する。アは，「**フォッサマグナ**」「レタスの**抑制栽培**」等の語句から，長野県の説明であるとわかる。イは，「**施設栽培**により年間を通して栽培されるピーマン」「東京まで3時間」との記述から，**近郊農業**を行う茨城県であるとわかる。ウは，「**施設栽培**により年間を通して栽培されるきゅうり」「フェリーで1日以上」との記述から，宮崎県についての説明であるとわかる。エは，「ごぼうは(中略)東京まで約10時間かけてトラックで輸送」との記述から，青森県であるとわかる。青森県はごぼうの生産量全国第1位である。したがって正しい組み合わせは，Aがエの青森県，Bがイの茨城県，Cがアの長野県，Dがウの宮崎県となる。

〔問2〕 まず，W～Zの空港を確定する。Wは**成田国際空港**，Xは**東京国際空港**(羽田空港)，Yは**関西国際空港**，Zが**那覇空港**である。このうち輸出入額の一番小さいZが，空港規模の最も小さい那覇空港であり，表中のイである。日本で最大の輸出入のある空港はWの成田国際空港であり，表中のウである。関西国際空港は，医薬品の輸入が多いのが特徴であり，表中のアである。残るエが東京国際空港である。なお，東京国際空港では医薬品は輸出の第3位である。

〔問3〕 (1) 〔目的〕 **モーダルシフト**とは，トラック等の自動車で行われている貨物輸送を環境負荷の小さい鉄道や船舶の利用へと転換することをいい，それによって貨物輸送で生じる**温暖化**の原因となる**二酸化炭素**の排出量を減少させることを目的として行われる。上記のような趣旨を簡潔にまとめればよい。 (2) 〔敷設状況及び設置状況〕 七地方区分の全ての地方に，貨物鉄道の路線と貨物ターミナル駅があることを指摘し簡潔に述べればよい。「全ての地方」「貨物鉄道」「貨物ターミナル駅」の語句を必ず使うことに注意して解答する必要がある。

4 **(歴史的分野―日本史時代別－古墳時代から平安時代・鎌倉時代から室町時代・安土桃山時代から江戸時代・明治時代から現代，―日本史テーマ別－文化史・政治史・技術史・経済史)**

〔問1〕 ア **室町幕府**の3代将軍である**足利義満**は，**南北朝**を統一した後，1397年に**金閣**を建立した。金閣は1950年に放火により焼失し，現在の金閣は再建されたものである。 イ 奈良の**平城京**を中心にして8世紀に花開いた貴族文化・仏教文化を，**聖武天皇**のときの元号である「天平」から**天平文化**と呼ぶ。天平文化は，**遣唐使**を通じて盛唐の影響を強く受けていた。さらにシルクロードを通じて，国際色豊かな文化が花開いていた。一方，奈良時代の社会は疫病が流行り，大きな戦乱が起こるなど混乱していた。聖武天皇は，国家を守るという仏教の**鎮護国家**の働きに頼ろうとし，都に**東大寺**と**大仏**を，諸国に**国分寺**・国分尼寺を建立させた。大仏造立の詔は743年に出され，開眼供養は752年に行われた。 ウ **飛鳥時代**には，**聖徳太子**によって，603年に**冠位十二階の制**が定められ，604年には**憲法十七条**が定められた。また607年には**遣隋使**が派遣され，同年に**法隆寺**が建立された。 エ 12世紀に**奥州平泉**を本拠地とし，豊富だった金(きん)や馬を利用して勢力を築き上げ，**中尊寺金色堂**を建立したのは，**奥州藤原氏**である。奥州藤原氏は，1189年に源頼朝によって滅ぼされた。したがって時期の古い順に並べると，ウ→イ→エ→アとなる。

〔問2〕 資料Ⅱは，江戸幕府の8代将軍**徳川吉宗**が，**享保の改革**の際に行った1726年の**新田**検地条目と1720年の**洋書輸入の制限緩和**について述べている。よって，資料Ⅰのウの時期に該当する。

〔問3〕 (時期) ア 1882年に，**渋沢栄一**らの主唱で大阪に近代的設備を備えた**大阪紡績会社**(現在の東洋紡)が設立された。 イ **富岡製糸場**は，**殖産興業**政策の一環として，1872年に群馬県に建設された，日本で最初の**官営模範工場**である。フランス人技師が招かれ，全国から多くの**工女**を集めて操業を開始した。富岡製糸場は，2014年に**UNESCO**(国連教育科学文化機関)によって**世界遺産**に登録された。 ウ この製鉄所は，北九州に建設された官営の**八幡製鉄所**である。この製鉄所は中国から輸入される鉄鉱石を原料とし，近くの炭田から採掘される石炭を燃料として生産するのに適した場所として，北九州に建設された。操業は1901年に開始された。八幡製鉄所は，日本の鉄鋼の生産高の大部分を占めるようになり，13％強だった日本の鉄鋼の自給率を3倍近くまで高めた。したがって，操業を開始した時期の古い順に並べると，イ→ア→ウとなる。 (略地図) Bは大阪であり，大阪紡績会社について述べているアに該当する。

〔問4〕 Aの時期にあたるのは，イである。この時期の前半には日本を占領する**GHQ**(連合国最高司令官総司令部)によって**財閥解体・農地改革**など様々な日本民主化政策がとられていた。Bの時期にあたるのは，エである。1960年に**池田勇人内閣**は，実質国民総生産を10年以内に2倍にすることを目標とする**「国民所得倍増計画」**を閣議決定し，政策を実施した。また，この時期には東海道新幹線が開業した。Cの時期にあたるのは，ウである。1973年に第4次**中東戦争**を機に，**OPEC**(石油輸出国機構)の各国が石油価格を大幅に引き上げた。このことにより，世界経済全体が大きな混乱に陥ったことを，**石油危機**という。1979年には，第2次石油危機があった。Dにあたるのは，アである。土地や株式に対する投資が増大し，実際の価値以上に地価や株価が異常に高くなる現象を，**バブル経済**という。1986年末に始まったバブル経済が崩壊したのは，1991年である。バブル崩壊後は，景気が後退し，構造改革が進んだ。よって組み合わせは，Aイ・Bエ・Cウ・Dアである

5 **(公民的分野—基本的人権・財政・経済一般)**

〔問1〕 アは，**法の下の平等**を定めた**日本国憲法**第14条である。イは，**生命及び自由の保障**について定めた日本国憲法第31条である。ウは，**教育を受ける権利**について定めた日本国憲法第26条である。ア・イ・ウのどれも経済活動の自由とは関係がない。エが，日本国憲法第21条の，**居住・移転・職業選択の自由**であり，**経済活動の自由を保障**する条文である。これが経済活動の自由を保障した条文とは分かりにくいので注意が必要である。

〔問2〕 様々な料金の中で，その決定や変更に国会・政府・地方自治体が関わっているものを**公共料金**と呼ぶ。資料の診療報酬や介護報酬といった医療関連の公共料金は，所轄省庁の審議会・分科会での審議を経て，所轄省庁である厚生労働省の大臣が発議し，国が決定するものである。

〔問3〕 **法人税**は国税であり，**固定資産税**は**地方税**である。したがって，正しい組み合わせはウである。

〔問4〕 2014年に会社法が改正され，適正な**企業統治**を実現する役割をになう**社外取締役**の条件が追加された。これにより**取締役会**に外部の意見がより反映されるよう，社外取締役を2名以上置く会社数の割合が，2014年の20％台から2020年の80％台まで増加した。このような趣旨のことを簡潔にまとめればよい。

6 **(歴史的分野—世界史－政治史，公民的分野—公害・環境問題，地理的分野—日本地理－人口)**

〔問1〕 略地図上のAは，「国際運河が1914年に開通した」との記述から，パナマの鉄道だとわかる。ウの文章と合致する。略地図上のBは，「1901年に連邦国家が成立した」との記述から，オーストラリアの鉄道だとわかる。さらに「州を越え東西の州都を結ぶ鉄道が，1970年に開業した」との記述から，アの文章と合致する。略地図上のCは，「大反乱が鎮圧された9年後の1867年」との記述が，1857年に起こり翌年鎮圧された**インド大反乱**を指し，インドの鉄道だとわかる。文章のイと合致する。略地図上のDは，「2019年にこの2本の鉄道が結ばれ，大陸横断鉄道となった」に該当し，エの文章と合致する。よって組み合わせは，Aウ・Bア・Cイ・Dエとなる。

〔問2〕 1992年に，**「国連持続可能な開発会議」**がブラジルのリオデジャネイロで開催された。その8年後の2000年にドイツのハノーバーで，**万国博覧会**が開催された。当時のドイツでは，南西部の**シュバルツバルトの森**と呼ばれる地域で，強い酸を含む酸性雨の影響で多くの木々が突然枯れる現象が起こっていた。Ⅰの略年表のDである。また，ドイツの位置は略地図上のXである。

〔問3〕 Ⅱの文章は，大阪で万国博覧会が開催された年であるから，1970年である。1970年は**少子高齢化社会**の段階に入り，65歳以上の人口が7％を超えている。該当する**人口ピラミッド**は，アである。なお，人口ピラミッドのイは1950年，ウは2000年，エは2020年である。

2023年度英語　リスニングテスト

〔放送台本〕

これから，リスニングテストを行います。リスニングテストは，全て放送による指示で行います。リスニングテストの問題には，問題Aと問題Bの二つがあります。問題Aと，問題Bの＜Question1＞では，質問に対する答えを選んで，その記号を答えなさい。問題Bの＜Question2＞では，質問に対する答えを英語で書きなさい。英文とそのあとに出題される質問が，それぞれ全体を通して二回ずつ読まれます。問題用紙の余白にメモをとってもかまいません。答えは全て解答用紙に書きなさい。

〔問題A〕

問題Aは，英語による対話文を聞いて，英語の質問に答えるものです。ここで話される対話文は全部で三つあり，それぞれ質問が一つずつ出題されます。質問に対する答えを選んで，その記号を答えなさい。では，＜対話文1＞を始めます。

Meg: Hi, Taro. What did you do last Sunday?
Taro: Hi, Meg. I went to my grandmother's house to have a birthday party.
Meg: That's nice.
Taro: In the morning, I wrote a birthday card for her at home. Then I visited her and gave her the card. She looked happy. After that, she made some tea for me.
Meg: That sounds good.
Taro: In the evening, my sisters, mother, and father brought a cake for her.
Meg: Did you enjoy the party?
Taro: Yes, very much.

Question: Why did Taro go to his grandmother's house?

＜対話文2＞を始めます。

Satomi: Hi, John. I've been looking for you. Where were you?
John: I'm sorry, Satomi. I was very busy.
Satomi: I went to your classroom in the morning and during lunch time. What were you doing then?
John: Early in the morning, I gave water to flowers in the school garden. After that, I did my homework in my classroom.
Satomi: Oh, you did. How about during lunch time? I went to your room at one o'clock.
John: After I ate lunch, I went to the library. That was at about twelve fifty. I read some history books there for twenty minutes and came back to my room at one fifteen.

Question: What was John doing at one o'clock?

＜対話文3＞を始めます。

Jane: Hi, Bob. I'm happy that I can come to the concert today.
Bob: Hi, Jane. Yes. Me, too.
Jane: How did you get here today?
Bob: Why? I came by bike from home.
Jane: This morning, I watched the weather news. I think it'll be rainy this afternoon.
Bob: Oh, really? I'll have to go home by train and bus. What should I do with my bike?
Jane: After the concert, I will keep it at my house. We can walk to my house.
Bob: Thank you.
Jane: You're welcome. And you can use my umbrella when you go back home from my house.

Question: How did Bob get to the concert from home today?

〔英文の訳〕

［問題A］

＜対話文1＞

メグ　：こんにちは，タロウ。この前の日曜日は何をしましたか。
タロウ：こんにちは，メグ。誕生会をするために祖母の家に行きました。
メグ　：それはいいですね。
タロウ：午前中，家で彼女への誕生日カードを書きました。そして彼女を訪れそのカードを彼女に渡しました。彼女は嬉しそうでした。その後私に紅茶をいれてくれました。
メグ　：いいですね。
タロウ：夜に姉[妹]たちと母，父が彼女にケーキを持ってきました。
メグ　：パーティーは楽しかったですか。
タロウ：はい，とても。
質問：タロウはなぜ彼の祖母の家に行きましたか。
答え：ア　誕生会をするため。

＜対話文2＞

サトミ：こんにちは，ジョン。あなたを探していたんです。どこにいたんですか。
ジョン：ごめんなさい，サトミ。とても忙しかったんです。
サトミ：午前中と昼食の時間にあなたの教室に行きました。そのときは何をしていたんですか。
ジョン：午前中の早い時間に学校の庭の花に水をあげました。そのあと教室で宿題をしました。
サトミ：ああ，そうだったんですね。昼食の時間はどうでしたか。1時にあなたの教室へ行きました。
ジョン：昼食を食べたあと図書館へ行きました。それが大体12時50分でした。そこで20分歴史の本をいくつか読んで1時15分に教室に戻りました。
質問：ジョンは1時に何をしていましたか。
答え：エ　彼は歴史の本をいくつか読んでいました。

<対話文3>

ジェイン：こんにちは，ボブ。今日はコンサートに来られてうれしいです。
ボブ　　：こんにちは，ジェイン。はい，僕もです。
ジェイン：今日はどうやってここに来ましたか。
ボブ　　：なんでですか？　家から自転車で来ました。
ジェイン：今朝天気予報を見ました。今日の午後は雨だと思います。
ボブ　　：え，本当ですか？　電車とバスで家に帰らなければならないでしょうね。自転車をどうしたらいいでしょうか。
ジェイン：コンサートのあとに私の家に置いておきますよ。私たちは家まで歩けます。
ボブ　　：ありがとうございます。
ジェイン：どういたしまして。そして私の家から帰るときには私のカサを使っていいですよ。
質問：今日ボブはどのようにして家からコンサートまで来ましたか。
答え：ウ　彼は自転車でそこに来ました。

〔放送台本〕

〔問題B〕

これから聞く英語は，外国人のEmily先生が，離任式で中学生に向けて行ったスピーチです。内容に注意して聞きなさい。あとから，英語による質問が二つ出題されます。<Question1>では，質問に対する答えを選んで，その記号を答えなさい。<Question2>では，質問に対する答えを英語で書きなさい。なお，<Question2>のあとに，15秒程度，答えを書く時間があります。では，始めます。

Hello, everyone. This will be my last day of work at this school. First, I want to say thank you very much for studying English with me. You often came to me and taught me Japanese just after I came here. Your smiles always made me happy. I hope you keep smiling when you study English.

I had many good experiences here. I ran with you in sports festivals, and I sang songs with your teachers in school festivals. I was especially moved when I listened to your songs.

After I go back to my country, I'll keep studying Japanese hard. I want you to visit other countries in the future. I think English will help you have good experiences there. Goodbye, everyone.

<Question1> What made Emily happy?
<Question2> What does Emily want the students to do in the future?

〔英文の訳〕

〔問題B〕

みなさん，こんにちは。今日が私のこの学校で働く最後の日です。まず，私と英語を勉強してくれて本当にありがとうと言いたいです。みなさんは私がここに来てすぐあと，よく私のところに来て日本語を教えてくれました。あなた方の笑顔はいつも私を幸せにしてくれました。みなさんが英語を勉強するときに笑顔でいられることを願っています。

私はここでたくさんのいい経験をしました。体育祭でみなさんと一緒に走り，学園祭では先生方と一緒に歌を歌いました。私はみなさんの歌を聞いたときに特に感動しました。

国に戻ったら日本語を一生懸命勉強し続けるつもりです。将来みなさんには他の国々を訪れて欲しいです。英語がそこでいい経験をするのを手助けしてくれると思います。みなさん，さようなら。

質問1：何がエミリーを幸せにしましたか。

答え　：イ　生徒たちの笑顔。

質問2：エミリーは生徒たちに将来何をしてもらいたいですか。

答え　：(例)他の国々を訪れること。

大切なことはメモしておこうネ！

東京都公立高等学校

2022年度

★★★★★★★★★★★★★★★★★★★★★★★★

共通問題（理科・社会）

2022年度

●くわしい解説……31ページ

＜理科＞

時間　50分　　満点　100点

1　次の各問に答えよ。

〔問1〕　図1は，質量を測定した木片に火をつけ，酸素で満たした集気びんPに入れ，ふたをして燃焼させた後の様子を示したものである。図2は，質量を測定したスチールウールに火をつけ，酸素で満たした集気びんQに入れ，ふたをして燃焼させた後の様子を示したものである。

燃焼させた後の木片と，燃焼させた後のスチールウールを取り出し質量を測定するとともに，それぞれの集気びんに石灰水を入れ，ふたをして振った。

燃焼させた後に質量が大きくなった物体と，石灰水が白くにごった集気びんとを組み合わせたものとして適切なのは，下の表のア～エのうちではどれか。

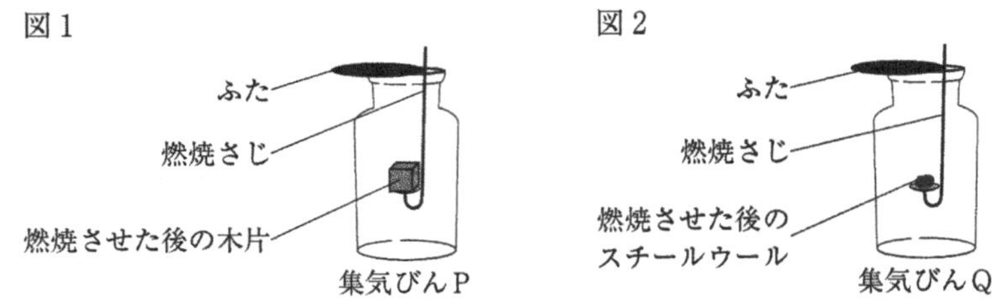

	燃焼させた後に質量が大きくなった物体	石灰水が白くにごった集気びん
ア	木片	集気びんP
イ	スチールウール	集気びんP
ウ	木片	集気びんQ
エ	スチールウール	集気びんQ

〔問2〕　図3は，ヒトの心臓を正面から見て，心臓から送り出された血液が流れる血管と心臓に戻ってくる血液が流れる血管を模式的に表したものである。また，図中の矢印（➡）は全身から右心房に戻る血液の流れを示している。

血管A～血管Dのうち，動脈と，動脈血が流れる血管とを組み合わせたものとして適切なのは，次の表のア～エのうちではどれか。

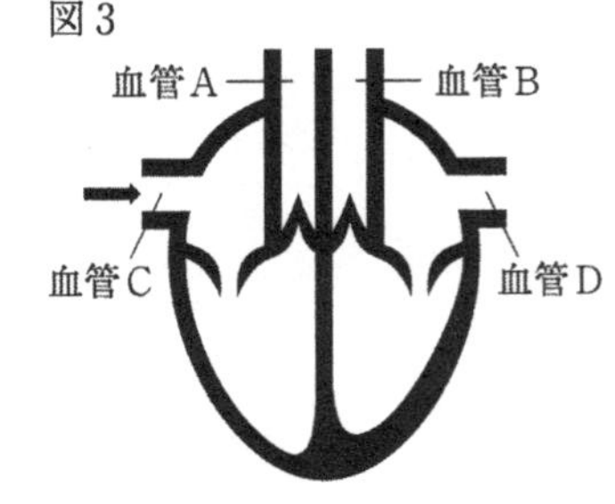

	動脈	動脈血が流れる血管
ア	血管Aと血管B	血管Bと血管D
イ	血管Aと血管B	血管Aと血管C
ウ	血管Cと血管D	血管Bと血管D
エ	血管Cと血管D	血管Aと血管C

〔問3〕 図4は，平らな底に「A」の文字が書かれた容器に水を入れた状態を模式的に表したものである。水中から空気中へ進む光の屈折に関する説明と，観察者と容器の位置を変えずに内側の「A」の文字の形が全て見えるようにするときに行う操作とを組み合わせたものとして適切なのは，下の表のア～エのうちではどれか。

図4

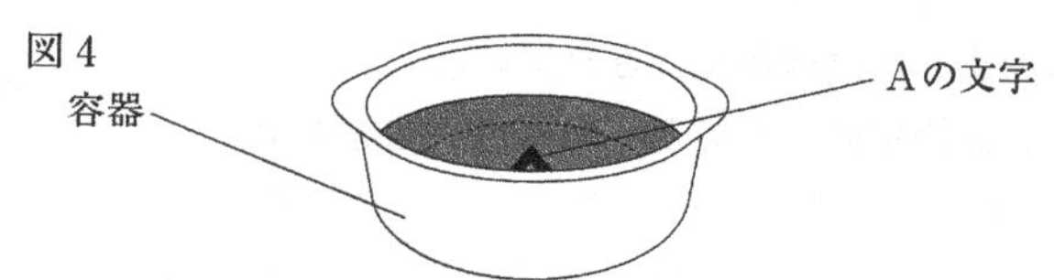

	水中から空気中へ進む光の屈折に関する説明	「A」の文字の形が全て見えるようにするときに行う操作
ア	屈折角より入射角の方が大きい。	容器の中の水の量を減らす。
イ	屈折角より入射角の方が大きい。	容器の中の水の量を増やす。
ウ	入射角より屈折角の方が大きい。	容器の中の水の量を減らす。
エ	入射角より屈折角の方が大きい。	容器の中の水の量を増やす。

〔問4〕 前線が形成されるときの暖気と寒気の動きを矢印（⇨）で模式的に表したものがA，Bである。温暖前線付近の暖気と寒気の動きを次のA，Bから一つ，できた直後の温暖前線付近の暖気と寒気を比較したときに，密度が小さいものを下のC，Dから一つ，それぞれ選び，組み合わせたものとして適切なのは，下のア～エのうちではどれか。

暖気と寒気の動き

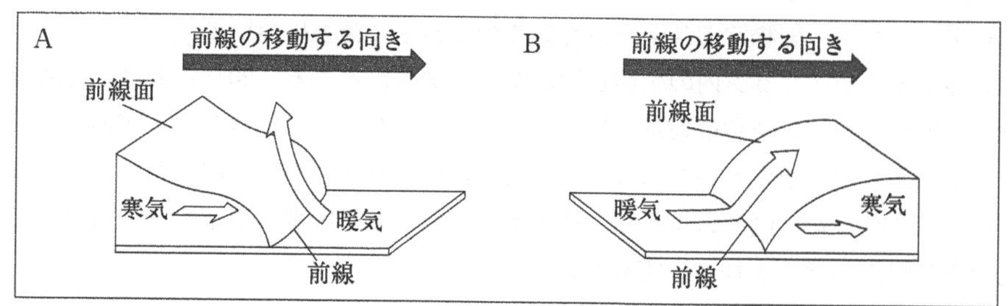

密度が小さいもの

ア　A，C　　イ　A，D　　ウ　B，C　　エ　B，D

〔問5〕 図5は，12Vの電源装置と1.2Ωの抵抗器A，2Ωの抵抗器B，3Ωの抵抗器Cをつないだ回路図である。この回路に電圧を加えたときの，回路上の点p，点q，点rを流れる電流の大きさを，それぞれP〔A〕，Q〔A〕，R〔A〕とした。このときP，Q，Rの関係を表したものとして適切なのは，次のうちではどれか。

図5

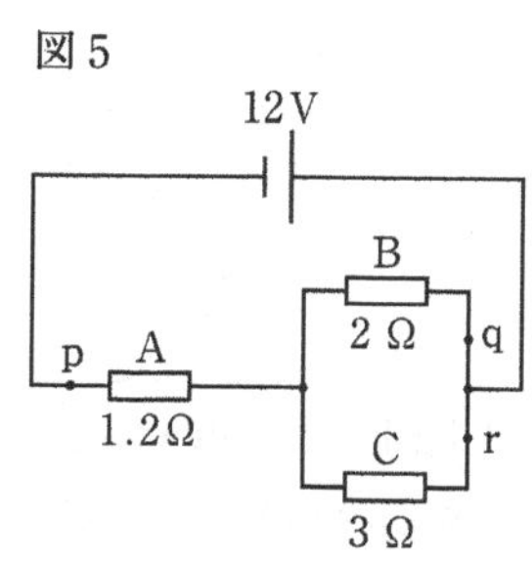

ア　P<Q<R　　イ　P<R<Q

ウ　Q<R<P　　エ　R<Q<P

2 生徒が，国際宇宙ステーションに興味をもち，科学的に探究しようと考え，自由研究に取り組んだ。生徒が書いたレポートの一部を読み，次の各問に答えよ。

<レポート１>　日食について

金環日食が観察された日の地球にできた月の影を，国際宇宙ステーションから撮影した画像が紹介されていた。

日食が生じるときの北極星側から見た太陽，月，地球の位置関係を模式的に示すと，図１のようになっていた。さらに，日本にある観測地点Ａは，地球と月と太陽を一直線に結んだ線上に位置していた。

図１

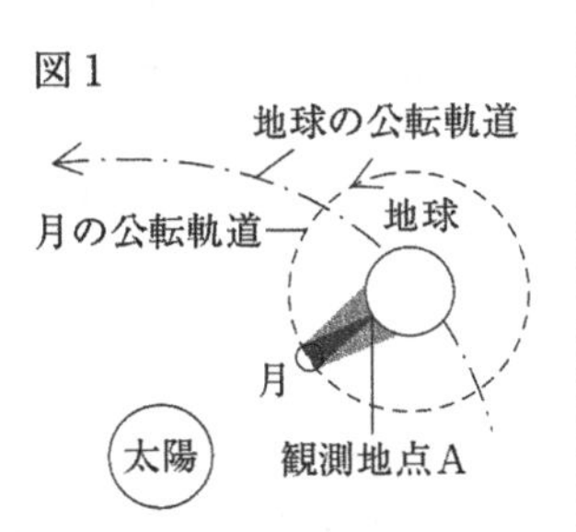

〔問１〕 **<レポート１>**から，図１の位置関係において，観測地点Ａで月を観測したときに月が真南の空に位置する時刻と，この日から１週間後に観察できる月の見え方に最も近いものとを組み合わせたものとして適切なのは，次の表の**ア**～**エ**のうちではどれか。

	真南の空に位置する時刻	１週間後に観察できる月の見え方
ア	12時	上弦の月
イ	18時	上弦の月
ウ	12時	下弦の月
エ	18時	下弦の月

<レポート２>　国際宇宙ステーションでの飲料水の精製について

国際宇宙ステーション内の生活環境に関して調べたところ，2018年では，生活排水をタンクに一時的にため，蒸留や殺菌を行うことできれいな水にしていたことが紹介されていた。

蒸留により液体をきれいな水にすることに興味をもち，液体の混合物から水を分離するモデル実験を行った。図２のように，塩化ナトリウムを精製水（蒸留水）に溶かして５％の塩化ナトリウム水溶液を作り，実験装置で蒸留した。蒸留して出てきた液体が試験管に約１cmたまったところで蒸留を止めた。枝付きフラスコに残った水溶液Ａと蒸留して出てきた液体Ｂをそれぞれ少量とり，蒸発させて観察し，結果を表１にまとめた。

図２

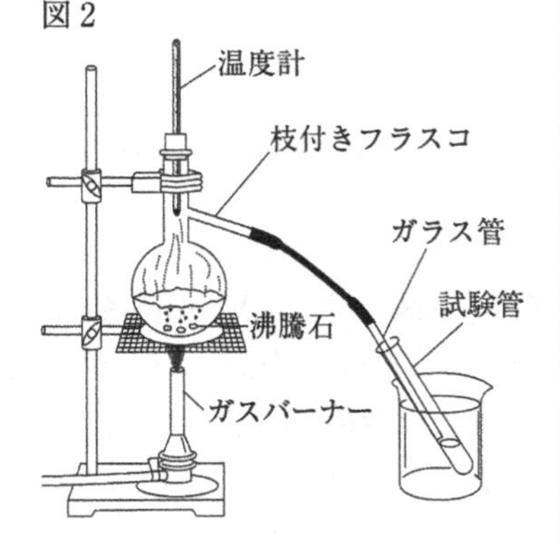

表１

蒸発させた液体	観察した結果
水溶液Ａ	結晶が見られた。
液体Ｂ	結晶が見られなかった。

〔問２〕 **<レポート２>**から，結晶になった物質の分類と，水溶液Ａの濃度について述べたものとを組み合わせたものとして適切なのは，次のページの表の**ア**～**エ**のうちではどれか。

	結晶になった物質の分類	水溶液Aの濃度
ア	混合物	5％より高い。
イ	化合物	5％より高い。
ウ	混合物	5％より低い。
エ	化合物	5％より低い。

＜レポート3＞　国際宇宙ステーションでの植物の栽培について

国際宇宙ステーションでは，宇宙でも効率よく成長する植物を探すため，図3のような装置の中で植物を発芽させ，実験を行っていることが紹介されていた。植物が光に向かって成長することから，装置の上側に光源を設置してあることが分かった。

植物の成長に興味をもち，植物を真上から観察すると，上下にある葉が互いに重ならないようにつき，成長していくことが分かった。

図3

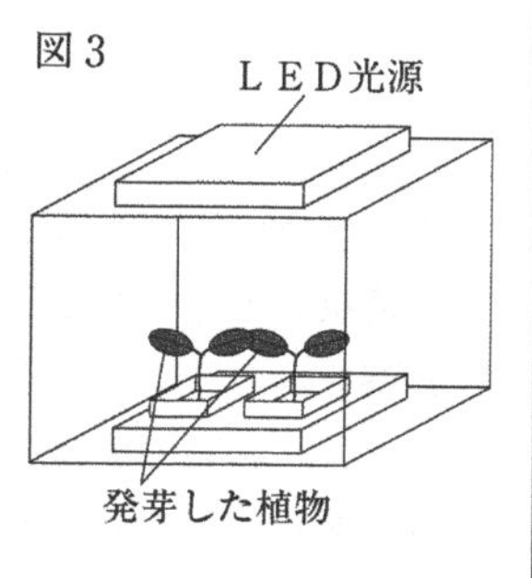

〔問3〕　＜レポート3＞から，上下にある葉が互いに重ならないようにつく利点と，葉で光合成でつくられた養分（栄養分）が通る管の名称とを組み合わせたものとして適切なのは，次の表のア～エのうちではどれか。

	上下にある葉が互いに重ならないようにつく利点	光合成でつくられた養分（栄養分）が通る管の名称
ア	光が当たる面積が小さくなる。	道管
イ	光が当たる面積が小さくなる。	師管
ウ	光が当たる面積が大きくなる。	道管
エ	光が当たる面積が大きくなる。	師管

＜レポート4＞　月面での質量と重さの関係について

国際宇宙ステーション内では，見かけ上，物体に重力が働かない状態になるため，てんびんや地球上で使っている体重計では質量を測定できない。そのため，宇宙飛行士は質量を測る際に特別な装置で行っていることが紹介されていた。

地球上でなくても質量が測定できることに興味をもち調べたところ，重力が変化しても物体そのものの量は，地球上と変わらないということが分かった。

また，重力の大きさは場所によって変わり，月面では同じ質量の物体に働く重力の大きさが地球上と比べて約6分の1であることも分かった。

図4のような測定を月面で行った場合，質量300gの物体Aを上皿てんびんに載せたときにつり合う分銅の種類と，物体Aをはかりに載せたときの目盛りの値について考えた。

図4

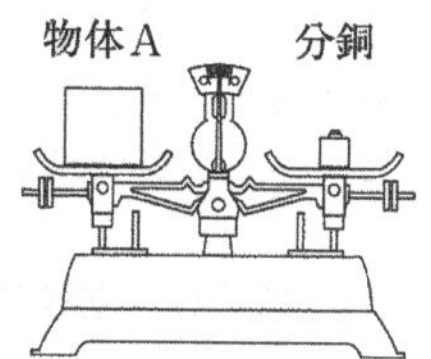

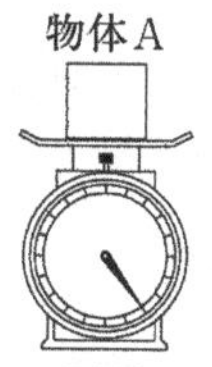

〔問4〕 **＜レポート4＞**から，図4のような測定を月面で行った場合，質量300ｇの物体Ａを上皿てんびんに載せたときにつり合う分銅の種類と，物体Ａをはかりに載せたときの目盛りの値とを組み合わせたものとして適切なのは，次の表の**ア**～**エ**のうちではどれか。

	上皿てんびんに載せたときにつり合う分銅の種類	はかりに載せたときの目盛りの値
ア	50gの分銅	約50g
イ	50gの分銅	約300g
ウ	300gの分銅	約50g
エ	300gの分銅	約300g

3 岩石や地層について，次の各問に答えよ。

＜観察＞を行ったところ，**＜結果＞**のようになった。

＜観察＞

図1は，岩石の観察を行った地域Ａと，ボーリング調査の記録が得られた地域Ｂとを示した地図である。

(1) 地域Ａでは，特徴的な岩石Ｐと岩石Ｑを採取後，ルーペで観察し，スケッチを行い特徴を記録した。

(2) 岩石Ｐと岩石Ｑの，それぞれの岩石の中に含まれているものを教科書や岩石に関する資料を用いて調べた。

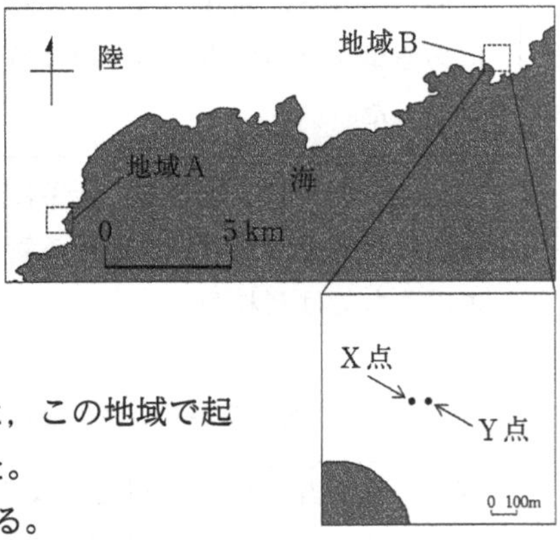

(3) 地域ＢにあるＸ点とＹ点でのボーリング調査の記録と，この地域で起きた過去の堆積の様子についてインターネットで調べた。

なお，Ｘ点の標高は40.3m，Ｙ点の標高は36.8mである。

図1

＜結果＞

(1) **＜観察＞**の(1)と(2)を，表1のように，岩石Ｐと岩石Ｑについてまとめた。

表1

	岩石Ｐ	岩石Ｑ
スケッチ		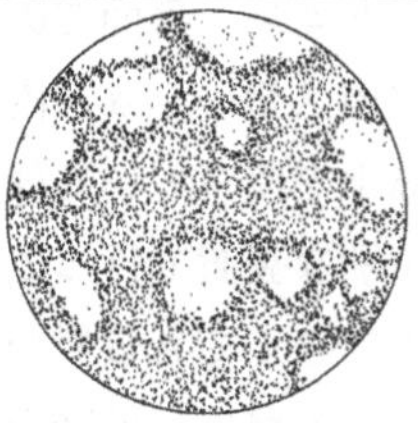
特徴	全体的に黒っぽい色で，小さな鉱物の間に，やや大きな鉱物が散らばっていた。	全体的に灰色で，白く丸いものが多数散らばっていた。
教科書や資料から分かったこと	無色鉱物である長石や，有色鉱物である輝石が含まれていた。	丸いものはフズリナの化石であった。

(2) 次のページの図2は**＜観察＞**の(3)で調べた地域ＢにあるＸ点とＹ点のそれぞれのボーリング調査の記録（柱状図）である。凝灰岩の層は同じ時期に堆積している。また，地域Ｂの地層で

は上下の入れ替わりは起きていないことが分かった。

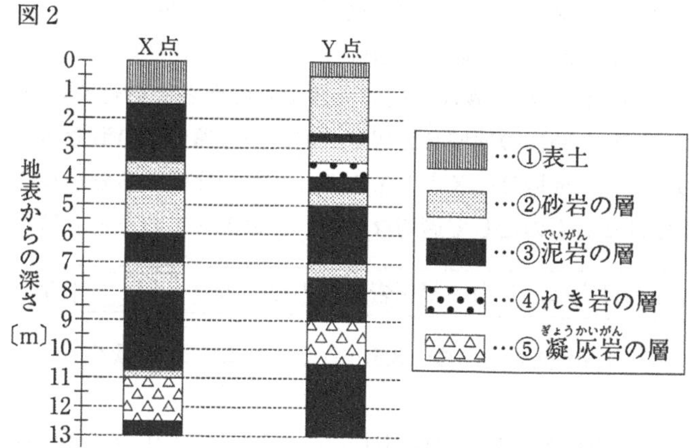

〔問1〕 ＜**結果**＞の(1)の岩石Pと＜**結果**＞の(2)の④の層に含まれるれき岩の，それぞれのでき方と，れき岩を構成する粒の特徴とを組み合わせたものとして適切なのは，次の表の**ア**～**エ**のうちではどれか。

	岩石Pとれき岩のそれぞれのでき方	れき岩を構成する粒の特徴
ア	岩石Pは土砂が押し固められてできたもので，れき岩はマグマが冷えてできたものである。	角が取れて丸みを帯びた粒が多い。
イ	岩石Pは土砂が押し固められてできたもので，れき岩はマグマが冷えてできたものである。	角ばった粒が多い。
ウ	岩石Pはマグマが冷えてできたもので，れき岩は土砂が押し固められてできたものである。	角が取れて丸みを帯びた粒が多い。
エ	岩石Pはマグマが冷えてできたもので，れき岩は土砂が押し固められてできたものである。	角ばった粒が多い。

〔問2〕 ＜**結果**＞の(1)で，岩石Qが堆積した地質年代に起きた出来事と，岩石Qが堆積した地質年代と同じ地質年代に生息していた生物とを組み合わせたものとして適切なのは，次の表の**ア**～**エ**のうちではどれか。

	岩石Qが堆積した地質年代に起きた出来事	同じ地質年代に生息していた生物
ア	魚類と両生類が出現した。	アンモナイト
イ	魚類と両生類が出現した。	三葉虫（サンヨウチュウ）
ウ	鳥類が出現した。	アンモナイト
エ	鳥類が出現した。	三葉虫（サンヨウチュウ）

〔問3〕 ＜**結果**＞の(2)にある泥岩(でいがん)の層が堆積した時代の地域B周辺の環境について述べたものとして適切なのは，次の**ア**～**エ**のうちではどれか。

ア 流水で運搬され海に流れた土砂は，粒の小さなものから陸の近くに堆積する。このことから，泥岩の層が堆積した時代の地域B周辺は，河口から近い浅い海であったと考えられる。

イ 流水で運搬され海に流れた土砂は，粒の大きなものから陸の近くに堆積する。このことから，泥岩の層が堆積した時代の地域Ｂ周辺は，河口から近い浅い海であったと考えられる。

ウ　流水で運搬され海に流れた土砂は，粒の小さなものから陸の近くに堆積する。このことから，泥岩の層が堆積した時代の地域Ｂ周辺は，河口から遠い深い海であったと考えられる。

エ　流水で運搬され海に流れた土砂は，粒の大きなものから陸の近くに堆積する。このことから，泥岩の層が堆積した時代の地域Ｂ周辺は，河口から遠い深い海であったと考えられる。

〔問４〕　**＜結果＞**の(2)から，地域ＢのＸ点とＹ点の柱状図の比較から分かることについて述べた次の文の［　　］に当てはまるものとして適切なのは，下の**ア**～**エ**のうちではどれか。

Ｘ点の凝灰岩の層の標高は，Ｙ点の凝灰岩の層の標高より［　　　］なっている。

ア　1.5m高く　　**イ**　1.5m低く　　**ウ**　3.5m高く　　**エ**　3.5m低く

4　植物の花のつくりの観察と，遺伝の規則性を調べる実験について，次の各問に答えよ。

＜観察＞を行ったところ，**＜結果１＞**のようになった。

＜観察＞

(1)　メンデルの実験で用いられた品種と同じエンドウを校庭で育てた。

(2)　(1)から花を１個採取後，分解しセロハンテープに並べて貼り付けた。

(3)　(1)からさらに花をもう１個採取後，花の内側にある花弁が２枚合わさるように重なっている部分（図１の点線）をカッターナイフで切り，断面を観察して，スケッチした。

図１
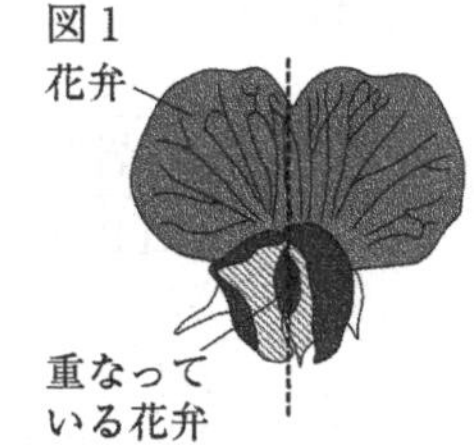

＜結果１＞

(1)　**＜観察＞**の(2)から，図２のようにエンドウの花弁は５枚あり，その１枚１枚が離れていた。

(2)　**＜観察＞**の(3)から，図３のように，おしべとめしべは内側の２枚の花弁で包まれていた。また，子房の中には，胚珠（はいしゅ）が見られた。

図２
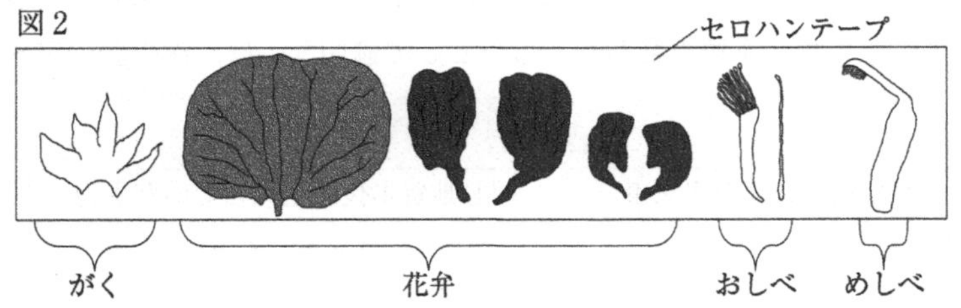

図３
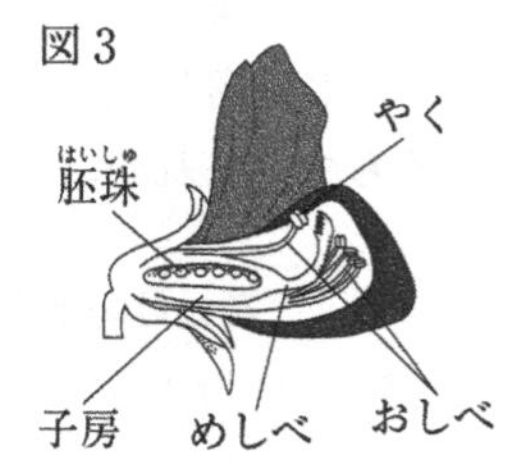

次に，**＜実験＞**を行ったところ，**＜結果２＞**のようになった。

＜実験＞

(1)　校庭で育てたエンドウには，草たけ（茎の長さ）の高い個体と低い個体がそれぞれあった。

(2)　草たけが高い個体を１本選び，エンドウが自家受粉し，受精後にできた種子を採取した。

(3)　草たけが低い個体を１本選び，エンドウが自家受粉し，受精後にできた種子を採取した。

(4)　(2)で採取した種子をまいて育て，成長したエンドウの草たけを調べた。

(5)　(3)で採取した種子をまいて育て，成長したエンドウの草たけを調べた。

(6)　(4)で調べたエンドウの花で，花粉がつくられる前に，やくを全て取り除いた。

(7)　(6)のエンドウの花の柱頭に，(5)で調べたエンドウの花のやくから採取した花粉を付け，受精した後にできた種子を採取した。

(8)　(7)で採取した種子をまいて育て，成長したエンドウの草たけを調べた。

＜結果２＞

(1)　**＜実験＞**の(4)から，全て草たけの高い個体（図４のＰ）であった。

(2)　**＜実験＞**の(5)から，全て草たけの低い個体（図４のＱ）であった。

(3)　**＜実験＞**の(8)から，全て草たけの高い個体（図４のＲ）であった。

図４　**＜実験＞**の模式図

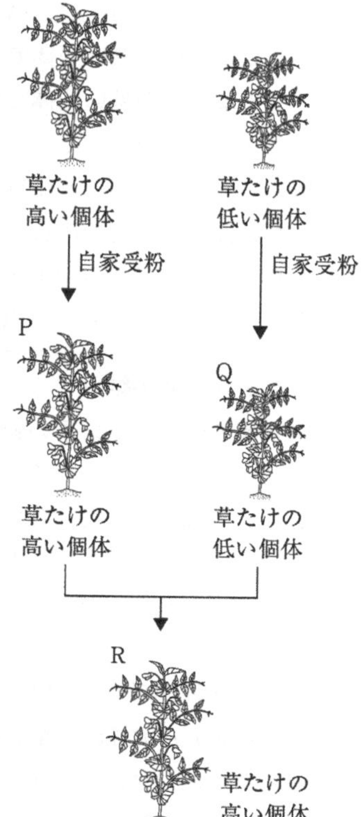

〔問１〕　**＜結果１＞**の(1)の花のつくりをもつ植物の子葉の枚数と，**＜結果１＞**の(2)のように胚珠が子房の中にある植物のなかまの名称とを組み合わせたものとして適切なのは，次の表の**ア**～**エ**のうちではどれか。

	子葉の枚数	胚珠が子房の中にある植物のなかまの名称
ア	1枚	被子植物
イ	1枚	裸子植物
ウ	2枚	被子植物
エ	2枚	裸子植物

〔問２〕　**＜実験＞**の(7)では，花粉から花粉管が伸長し，その中を移動する生殖細胞１個の染色体数は７本である。花粉管の中を移動する生殖細胞のうち１個と合体する細胞と，受精卵１個に含まれる染色体数とを組み合わせたものとして適切なのは，次の表の**ア**～**エ**のうちではどれか。

	花粉管の中を移動する生殖細胞のうち１個と合体する細胞	受精卵１個に含まれる染色体数
ア	卵	7本
イ	卵	14本
ウ	卵細胞	7本
エ	卵細胞	14本

〔問３〕　**＜結果２＞**の(3)の個体で，花粉がつくられる前にやくを全て取り除き，柱頭に**＜結果２＞**の(2)の個体のやくから採取した花粉を付け受精させ，種子を採取した。その種子をまいて育て，成長したエンドウの草たけを調べたときの結果として適切なのは，あとのうちではどれか。

ア　草たけの高い個体数と草たけの低い個体数のおよその比は１：１であった。
イ　草たけの高い個体数と草たけの低い個体数のおよその比は１：３であった。
ウ　全て草たけの高い個体であった。
エ　全て草たけの低い個体であった。

〔問４〕　メンデルが行ったエンドウの種子の形の遺伝に関する実験では，顕性形質の丸形と，潜性形質のしわ形があることが分かった。遺伝子の組み合わせが分からない丸形の種子を２個まき，育てた個体どうしをかけ合わせる**＜モデル実験の結果＞**から，**＜考察＞**をまとめた。

ただし，エンドウの種子が丸形になる遺伝子をＡ，しわ形になる遺伝子をａとし，子や孫の代で得られた種子は，遺伝の規則性のとおりに現れるものとする。

＜モデル実験の結果＞

(1)　親の代で，遺伝子の組み合わせが分からない丸形の種子を２個まき，育てた個体どうしをかけ合わせたところ，子の代では丸形の種子だけが得られた。

(2)　子の代として得られた丸形の種子を全てまき，育てた個体をそれぞれ自家受粉させたところ，孫の代として，丸形の種子だけが得られた個体と丸形・しわ形の種子が得られた個体の両方があった。

＜考察＞

＜モデル実験の結果＞の(1)で，子の代として得られた丸形の種子の遺伝子の組み合わせは，**＜モデル実験の結果＞**の(2)から，2種類あることが分かる。このことから，親の代としてまいた２個の丸形の種子の遺伝子の組み合わせを示すと［　　］であることが分かる。

＜考察＞の［　　］に当てはまるものとして適切なのは，下の**ア**～**ウ**のうちではどれか。

ア　ＡＡとＡＡ　　**イ**　ＡａとＡａ　　**ウ**　ＡＡとＡａ

5　イオンの性質を調べる実験について，次の各問に答えよ。

＜実験１＞を行ったところ，**＜結果１＞**のようになった。

＜実験１＞

(1)　図１のように，ビーカー①に硫酸亜鉛水溶液を入れ，亜鉛板Ｐを設置した。次に，ビーカー①に硫酸銅水溶液を入れたセロハンの袋を入れ，セロハンの袋の中に銅板Ｑを設置した。プロペラ付きモーターに亜鉛板Ｐと銅板Ｑを導線でつないだ後に金属板の表面の様子を観察した。

(2)　図２のように，簡易型電気分解装置に薄い水酸化ナトリウム水溶液を入れ，電極Ｒと電極Ｓを導線で電源装置につなぎ，電圧を加えて電流を流した後に電極の様子を観察した。

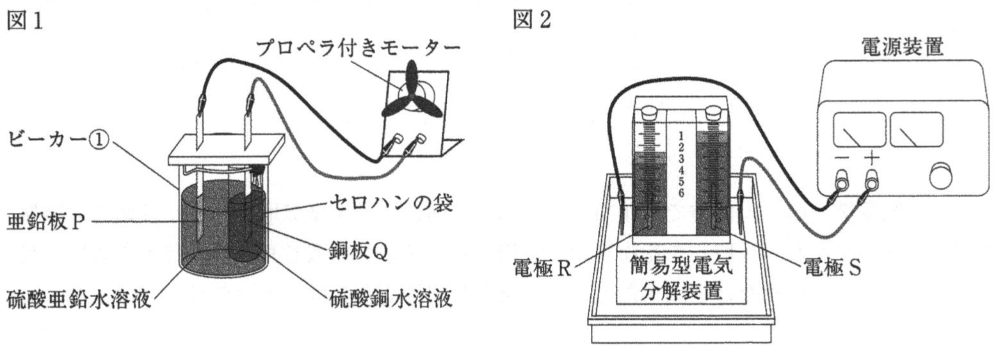

＜結果１＞

(1)　＜実験１＞の(1)でプロペラは回転した。亜鉛板Ｐは溶け，銅板Ｑには赤茶色の物質が付着した。

(2)　＜実験１＞の(2)で電極Ｒと電極Ｓからそれぞれ気体が発生した。

〔問１〕　＜結果１＞の(1)から，水溶液中の亜鉛板Ｐと銅板Ｑの表面で起こる化学変化について，亜鉛原子１個を●，亜鉛イオン１個を$●^{2+}$，銅原子１個を●，銅イオン１個を$●^{2+}$，電子１個を•というモデルで表したとき，亜鉛板Ｐの様子をＡ，Ｂから一つ，銅板Ｑの様子をＣ，Ｄから一つ，それぞれ選び，組み合わせたものとして適切なのは，下の**ア**～**エ**のうちではどれか。

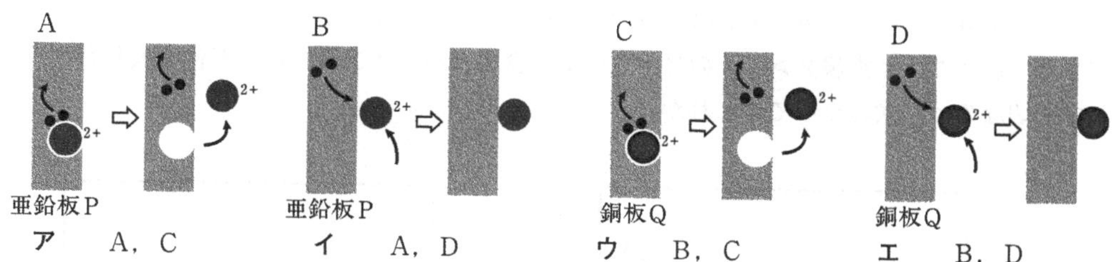

ア　Ａ，Ｃ　　**イ**　Ａ，Ｄ　　**ウ**　Ｂ，Ｃ　　**エ**　Ｂ，Ｄ

〔問２〕　＜結果１＞の(1)と(2)から，ビーカー①内の硫酸亜鉛水溶液と硫酸銅水溶液を合わせた水溶液中に含まれるZn^{2+}の数とCu^{2+}の数のそれぞれの増減と，電極Ｒと電極Ｓでそれぞれ発生する気体の性質とを組み合わせたものとして適切なのは，次の表の**ア**～**カ**のうちではどれか。

	合わせた水溶液に含まれるZn^{2+}の数	合わせた水溶液に含まれるCu^{2+}の数	電極Ｒで発生する気体の性質	電極Ｓで発生する気体の性質
ア	増える。	減る。	空気より軽い。	水に溶けにくい。
イ	増える。	増える。	空気より軽い。	水に溶けやすい。
ウ	増える。	減る。	空気より重い。	水に溶けにくい。
エ	減る。	増える。	空気より軽い。	水に溶けやすい。
オ	減る。	減る。	空気より重い。	水に溶けやすい。
カ	減る。	増える。	空気より重い。	水に溶けにくい。

次に，＜実験２＞を行ったところ，＜結果２＞のようになった。

＜実験２＞

(1)　ビーカー②に薄い塩酸を12㎤入れ，BTB溶液を５滴加えてよく混ぜた。図３は，水溶液中の陽イオンを○，陰イオンを⊗というモデルで表したものである。

(2)　水酸化ナトリウム水溶液を10㎤用意した。

(3)　(2)の水酸化ナトリウム水溶液をビーカー②に少しずつ加え，ガラス棒でかき混ぜ水溶液の様子を観察した。

(4)　(3)の操作を繰り返し，水酸化ナトリウム水溶液を合計６㎤加えると，水溶液は緑色になった。

図３

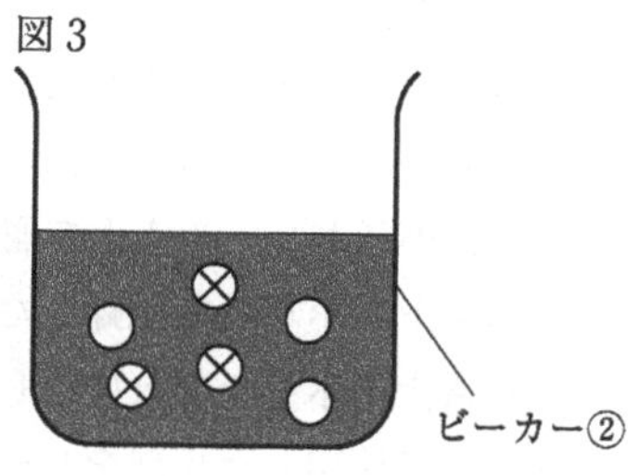

(5)　緑色になった水溶液をスライドガラスに１滴取り，水を蒸発させた後，観察した。

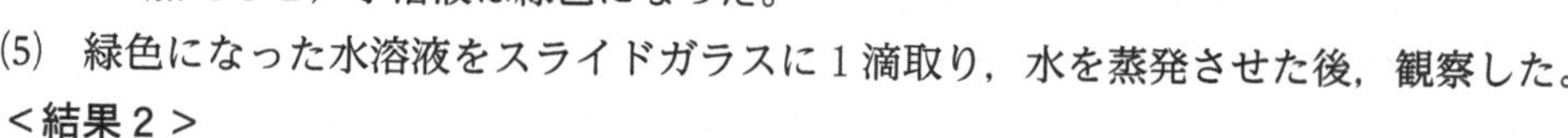
＜結果２＞

スライドガラスには，塩化ナトリウムの結晶が見られた。

〔問３〕　**＜実験２＞**の(4)のビーカー②の水溶液中で起きた化学変化を下の点線で囲まれた**＜化学反応式＞**で表すとき，下線部にそれぞれ当てはまる化学式を一つずつ書け。

ただし，**＜化学反応式＞**において酸の性質をもつ物質の化学式は（酸）の上の＿＿に，アルカリの性質をもつ物質の化学式は（アルカリ）の上の＿＿に，塩は（塩）の上の＿＿に書くこと。

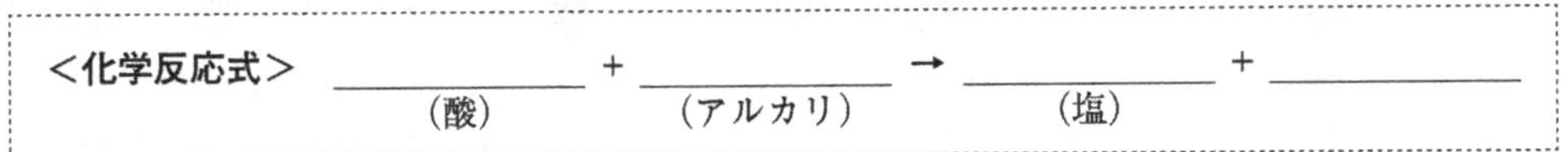

〔問４〕　**＜実験２＞**の(5)の後，**＜実験２＞**の(3)の操作を繰り返し，用意した水酸化ナトリウム水溶液を全て加えた。**＜実験２＞**の(1)のビーカー②に含まれるイオンの総数の変化を表したグラフとして適切なのは，次のうちではどれか。

ア

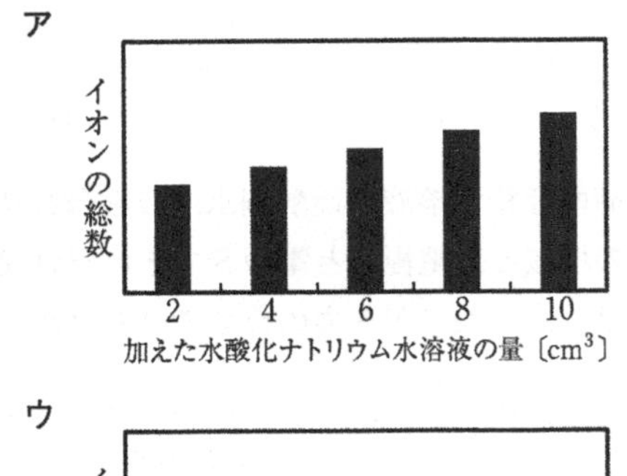

イ

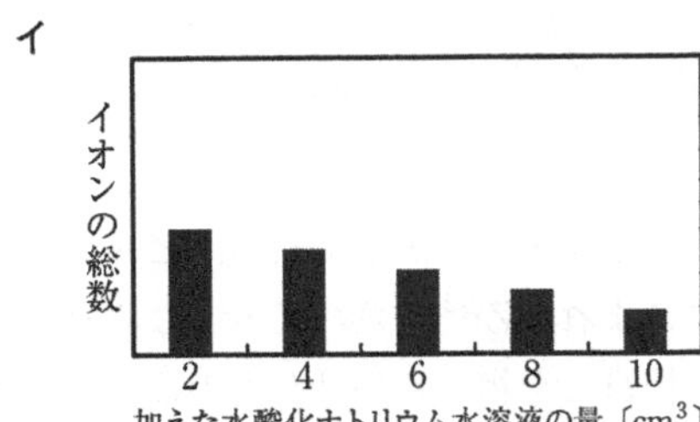

ウ

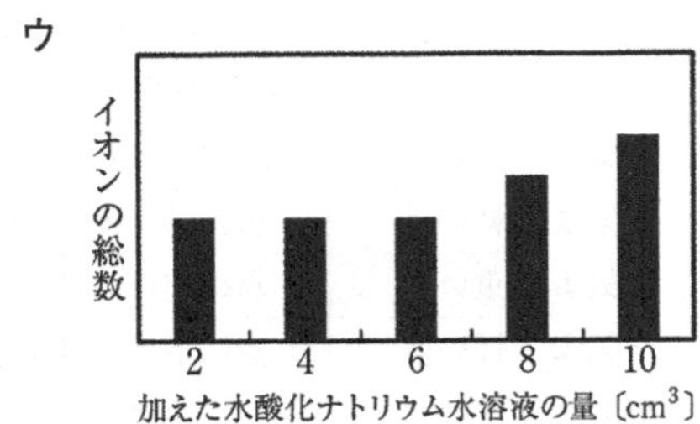

エ

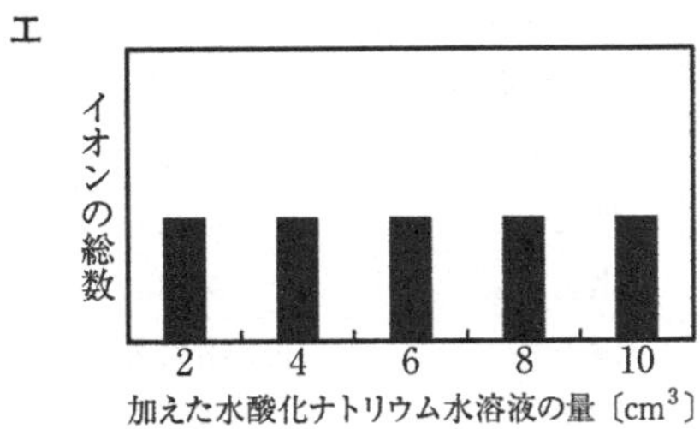

6　物体の運動に関する実験について，次の各問に答えよ。

＜実験＞を行ったところ，**＜結果＞**のようになった。

＜実験＞

(1)　形が異なるレールＡとレールＢを用意し，それぞれに目盛りを付け，次のページの図１のように水平な床に固定した。

(2)　レールＡ上の水平な部分から９cmの高さの点ａに小球を静かに置き，手を放して小球を転がし，小球がレールＡ上を運動する様子を，小球が最初に一瞬静止するまで，発光時間間隔0.1秒のストロボ写真で記録した。レールＡ上の水平な部分からの高さが４cmとなる点を点ｂ，レールＡ上の水平な部分に達した点を点ｃとした。

(3)　(2)で使用した小球をレールＢ上の水平な部分から９cmの高さの点ｄに静かに置き，(2)と同様の実験をレールＢ上で行った。レールＢ上の水平な部分からの高さが5.2cmとなる点を点ｅ，レールＢ上の水平な部分に達した点を点ｆとした。

(4)　ストロボ写真に記録された結果から，小球がレールＡ上の点ａから運動を始め，最初に一瞬静止するまでの0.1秒ごとの位置を模式的に表すと次のページの図２のようになった。さらに

0.1秒ごとに①から⑪まで，順に区間番号を付けた。

(5)　レールBについて，(4)と同様に模式的に表し，0.1秒ごとに①から⑪まで，順に区間番号を付けた。

(6)　レールAとレールBにおいて，①から⑪までの各区間における小球の移動距離を測定した。

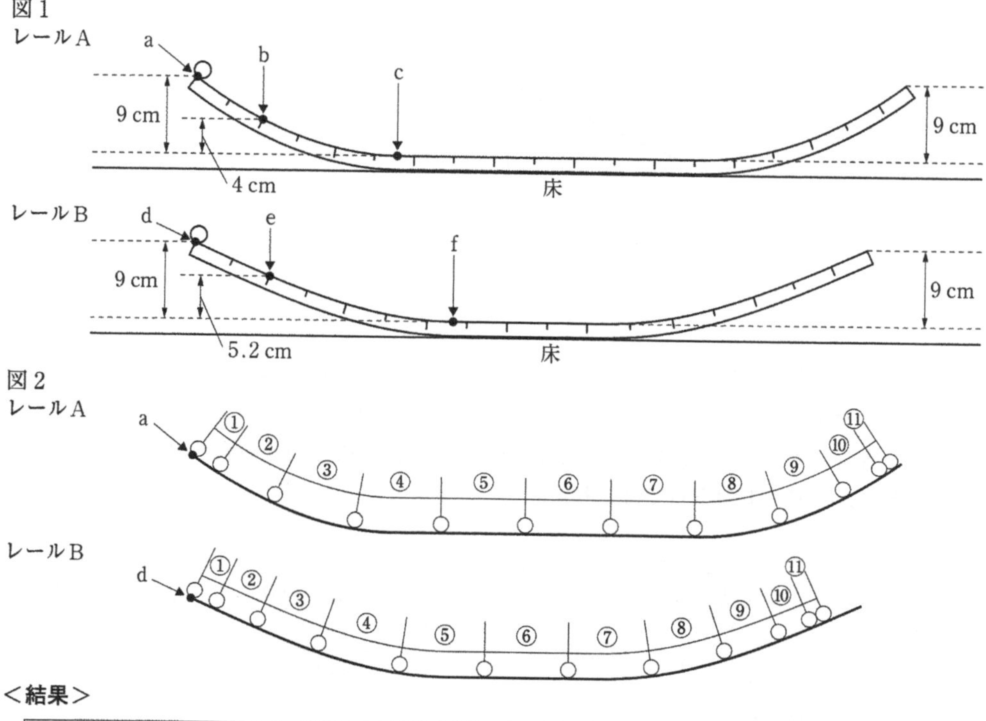

＜結果＞

区間番号	①	②	③	④	⑤	⑥	⑦	⑧	⑨	⑩	⑪
時間〔s〕	0~0.1	0.1~0.2	0.2~0.3	0.3~0.4	0.4~0.5	0.5~0.6	0.6~0.7	0.7~0.8	0.8~0.9	0.9~1.0	1.0~1.1
レールAにおける移動距離〔cm〕	3.6	7.9	10.4	10.9	10.9	10.9	10.8	10.6	9.0	5.6	1.7
レールBにおける移動距離〔cm〕	3.2	5.6	8.0	10.5	10.9	10.9	10.6	9.5	6.7	4.2	1.8

〔問1〕　＜結果＞から，レールA上の⑧から⑩までの小球の平均の速さとして適切なのは，次のうちではどれか。

ア　0.84m/s　　**イ**　0.95m/s　　**ウ**　1.01m/s　　**エ**　1.06m/s

〔問2〕　＜結果＞から，小球がレールB上の①から③まで運動しているとき，小球が運動する向きに働く力の大きさと小球の速さについて述べたものとして適切なのは，次のうちではどれか。

ア　力の大きさがほぼ一定であり，速さもほぼ一定である。

イ　力の大きさがほぼ一定であり，速さはほぼ一定の割合で増加する。

ウ　力の大きさがほぼ一定の割合で増加し，速さはほぼ一定である。

エ　力の大きさがほぼ一定の割合で増加し，速さもほぼ一定の割合で増加する。

〔問3〕　次のページの図3の矢印は，小球がレールB上の⑨から⑪までの斜面上にあるときの小球に働く重力を表したものである。小球が斜面上にあるとき，小球に働く重力の斜面に平行な分力と，斜面に垂直な分力を解答用紙の方眼を入れた図にそれぞれ矢印でかけ。

図3

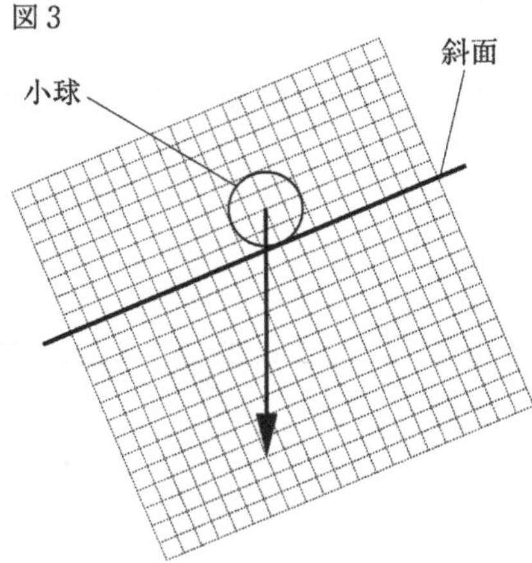

〔問4〕　**＜実験＞**の(2)，(3)において，点bと点eを小球がそれぞれ通過するときの小球がもつ運動エネルギーの大きさの関係について述べたものと，点cと点fを小球がそれぞれ通過するときの小球がもつ運動エネルギーの大きさの関係について述べたものとを組み合わせたものとして適切なのは，次の表の**ア**～**エ**のうちではどれか。

	点bと点eを小球がそれぞれ通過するときの小球がもつ運動エネルギーの大きさの関係	点cと点fを小球がそれぞれ通過するときの小球がもつ運動エネルギーの大きさの関係
ア	点bの方が大きい。	点fの方が大きい。
イ	点bの方が大きい。	ほぼ等しい。
ウ	ほぼ等しい。	点fの方が大きい。
エ	ほぼ等しい。	ほぼ等しい。

＜社会＞

時間　50分　　満点　100点

1　次の各問に答えよ。

〔問１〕　次の資料は，ある地域の様子を地域調査の発表用としてまとめたものの一部である。次のページのア～エの地形図は，「国土地理院発行２万５千分の１地形図」の一部を拡大して作成した地形図上に●で示したＡ点から，Ｂ点を経て，Ｃ点まで移動した経路を太線（━━）で示したものである。資料で示された地域に当てはまるのは，次のページのア～エのうちではどれか。

漁師町の痕跡を巡る

調査日　令和３年10月２日（土）　天候　晴れ

複数の文献等に共通した地域の特徴

○Ａ点付近の様子
　ベカ舟がつながれていた川，漁業を営む家，町役場

○Ｂ点付近の様子
　にぎやかな商店街，細い路地

〔ベカ舟〕

長さ約4.8m，幅約1.0m，高さ約0.6m

漁師町の痕跡を巡った様子

　Ａ点で川に架かる橋から東を見ると，漁業に使うベカ舟がつながれていた川が曲がっている様子が見えた。その橋を渡ると，水準点がある場所に旧町役場の跡の碑があった。南へ約50m歩いて南東に曲がった道路のＢ点では，明治時代初期の商家の建物や細い路地がいくつか見られた。川に並行した道路を約450m歩き，北東に曲がって川に架かる橋を渡り，少し歩いて北西に曲がって川に並行した道路を約250m直進し，曲がりくねった道を進み，東へ曲がると，学校の前のＣ点に着いた。

Ａ点（漁業に使うベカ舟がつながれていた川）

Ｂ点（明治時代初期の商家の建物が見られる道路）

ア

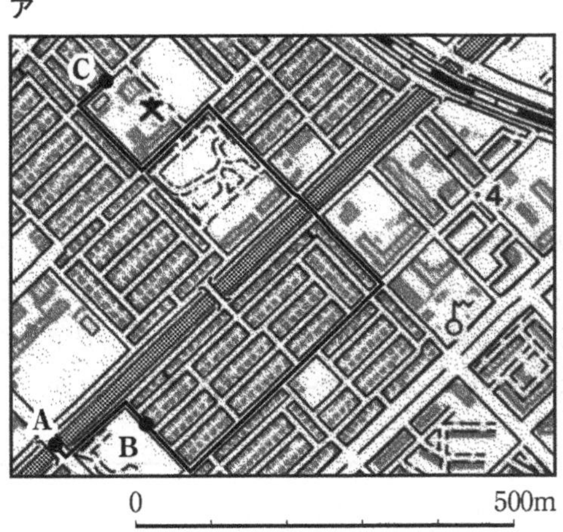

（2019年の「国土地理院発行2万5千分の1地形図（千葉西部）」の一部を拡大して作成）

イ

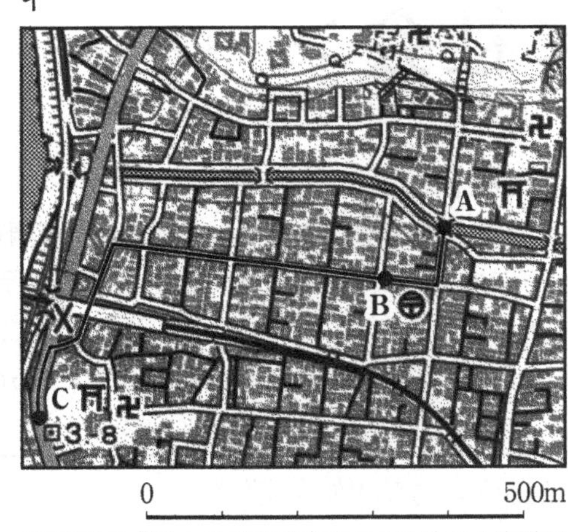

（2019年の「国土地理院発行2万5千分の1地形図（船橋）」の一部を拡大して作成）

ウ

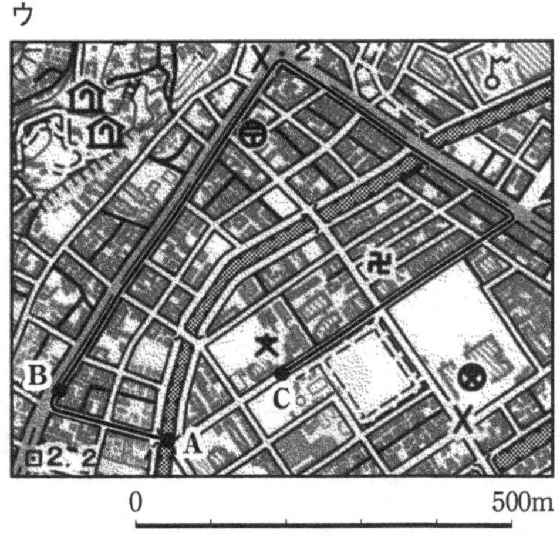

（2020年の「国土地理院発行2万5千分の1地形図（横浜西部）」の一部を拡大して作成）

エ

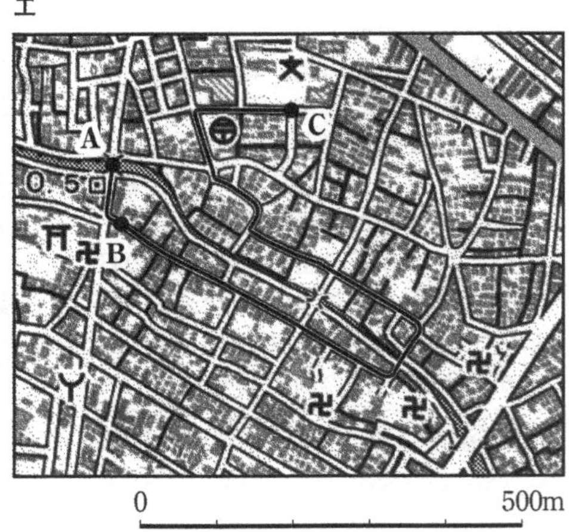

（2015年の「国土地理院発行2万5千分の1地形図（浦安）」の一部を拡大して作成）

〔問2〕　次のページのⅠの略地図中のア～エは，世界遺産に登録されている我が国の主な歴史的文化財の所在地を示したものである。Ⅱの文章で述べている歴史的文化財の所在地に当てはまるのは，略地図中のア～エのうちのどれか。

Ⅰ

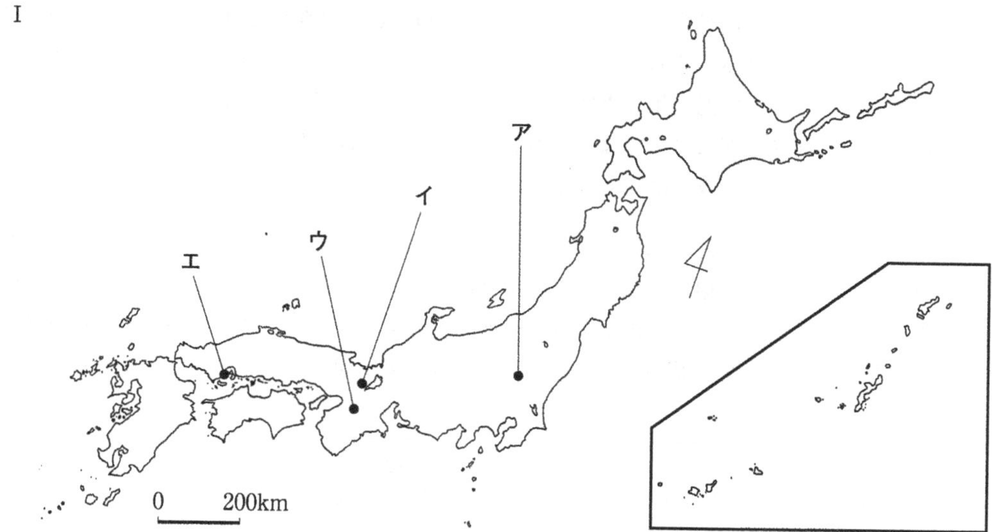

Ⅱ

> 鑑真によって伝えられた戒律を重んじる律宗の中心となる寺院は，中央に朱雀大路が通り，碁盤の目状に整備された都に建立された。金堂や講堂などが立ち並び，鑑真和上坐像が御影堂に納められており，1998年に世界遺産に登録された。

〔問３〕　次の文章で述べている司法機関に当てはまるのは，下の**ア**～**エ**のうちのどれか。

> 都府県に各１か所，北海道に４か所の合計50か所に設置され，開かれる裁判は，原則，第一審となり，民事裁判，行政裁判，刑事裁判を扱う。重大な犯罪に関わる刑事事件の第一審では，国民から選ばれた裁判員による裁判が行われる。

ア　地方裁判所　　**イ**　家庭裁判所　　**ウ**　高等裁判所　　**エ**　簡易裁判所

2　次の略地図を見て，あとの各問に答えよ。

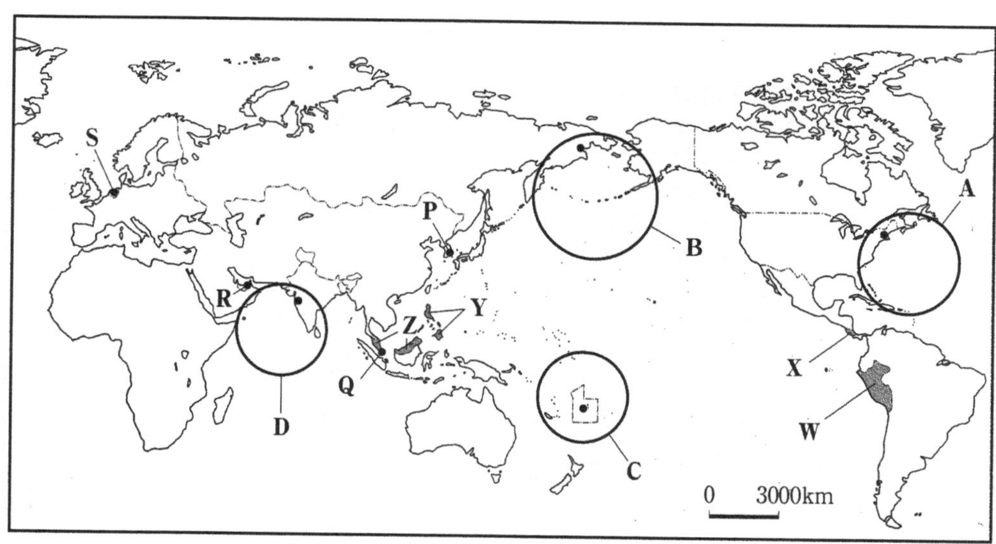

〔問１〕　次のⅠの文章は，略地図中に◯で示したＡ～Ｄの**いずれか**の範囲の海域と都市の様子についてまとめたものである。Ⅱの**ア**～**エ**のグラフは，略地図中のＡ～Ｄの**いずれか**の範囲内に●で示した都市の，年平均気温と年降水量及び各月の平均気温と降水量を示したものである。Ⅰの文章で述べている海域と都市に当てはまるのは，略地図中のＡ～Ｄのうちのどれか，また，その範囲内に位置する都市のグラフに当てはまるのは，Ⅱの**ア**～**エ**のうちのどれか。

Ⅰ

> イスラム商人が，往路は夏季に発生する南西の風とその風の影響による海流を，復路は冬季に発生する北東の風とその風の影響による海流を利用して，三角帆のダウ船で航海をしていた。●で示した都市では，季節風（モンスーン）による雨の到来を祝う文化が見られ，降水量が物価動向にも影響するため，気象局が「モンスーン入り」を発表している。

Ⅱ

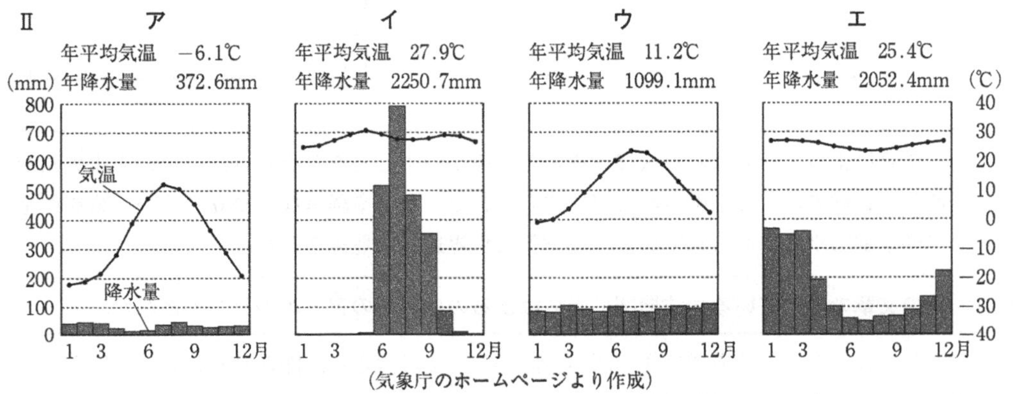

（気象庁のホームページより作成）

〔問２〕　次の表の**ア**～**エ**は，コンテナ埠頭（ふとう）が整備された港湾が位置する都市のうち，略地図中にＰ～Ｓで示した，釜山（プサン），シンガポール，ドバイ，ロッテルダムの**いずれか**の都市に位置する港湾の，2018年における総取扱貨物量と様子についてまとめたものである。略地図中のＰ～Ｓのそれぞれの都市に位置する港湾に当てはまるのは，次の表の**ア**～**エ**のうちではどれか。

	総取扱貨物量（百万ｔ）	港湾の様子
ア	461	経済大国を最短距離で結ぶ大圏航路上付近に位置する利点を生かし，国際貨物の物流拠点となるべく，国家事業として港湾整備が進められ，2018年にはコンテナ取扱量は世界第６位となっている。
イ	174	石油の輸送路となる海峡付近に位置し，石油依存の経済からの脱却を図る一環として，この地域の物流を担（にな）う目的で港湾が整備され，2018年にはコンテナ取扱量は世界第10位となっている。
ウ	469	複数の国を流れる河川の河口に位置し，2020年では域内の国の人口の合計が約４億5000万人，国内総生産（ＧＤＰ）の合計が約15兆2000億ドルの単一市場となる地域の中心的な貿易港で，2018年にはコンテナ取扱量は世界第11位となっている。
エ	630	人口密度約8000人/km^{2}を超える国の南部に位置し，地域の安定と発展を目的に1967年に５か国で設立され現在10か国が加盟する組織において，ハブ港としての役割を果たし，2018年にはコンテナ取扱量は世界第２位となっている。

（注）国内総生産とは，一つの国において新たに生み出された価値の総額を示した数値のことである。

（「データブック オブ・ザ・ワールド」2021年版などより作成）

〔問3〕 次のⅠとⅡの表の**ア〜エ**は，略地図中に ▒ で示したW〜Zの**いずれか**の国に当てはまる。Ⅰの表は，1999年と2019年における日本の輸入総額，日本の主な輸入品目と輸入額を示したものである。Ⅱの表は，1999年と2019年における輸出総額，輸出額が多い上位3位までの貿易相手国を示したものである。Ⅲの文章は，略地図中のW〜Zの**いずれか**の国について述べたものである。Ⅲの文章で述べている国に当てはまるのは，略地図中のW〜Zのうちのどれか，また，ⅠとⅡの表の**ア〜エ**のうちのどれか。

Ⅰ

		日本の輸入総額（億円）	日本の主な輸入品目と輸入額（億円）		
ア	1999年	12414	電気機器 3708	一般機械 2242	液化天然ガス 1749
	2019年	19263	電気機器 5537	液化天然ガス 4920	一般機械 755
イ	1999年	331	金属鉱及びくず 112	非鉄金属 88	飼料 54
	2019年	2683	金属鉱及びくず 1590	液化天然ガス 365	揮発油 205
ウ	1999年	93	一般機械 51	コーヒー 14	植物性原材料 6
	2019年	459	精密機器類 300	電気機器 109	果実 15
エ	1999年	6034	一般機械 1837	電気機器 1779	果実 533
	2019年	11561	電気機器 4228	金属鉱及びくず 1217	一般機械 1105

（「データブック オブ・ザ・ワールド」2021年版などより作成）

Ⅱ

		輸出総額（億ドル）	輸出額が多い上位3位までの貿易相手国		
			1位	2位	3位
ア	1999年	845	アメリカ合衆国	シンガポール	日本
	2019年	2381	中華人民共和国	シンガポール	アメリカ合衆国
イ	1999年	59	アメリカ合衆国	スイス	イギリス
	2019年	461	中華人民共和国	アメリカ合衆国	カナダ
ウ	1999年	63	アメリカ合衆国	オランダ	イギリス
	2019年	115	アメリカ合衆国	オランダ	ベルギー
エ	1999年	350	アメリカ合衆国	日本	オランダ
	2019年	709	アメリカ合衆国	日本	中華人民共和国

（国際連合貿易統計データベースより作成）

Ⅲ

1946年に独立したこの国では，軽工業に加え電気機器関連の工業に力を注ぎ，外国企業によるバナナ栽培などの一次産品中心の経済から脱却を図ってきた。1989年にはアジア太平洋経済協力会議（APEC（エイペック））に参加し，1999年と比較して2019年では，日本の輸入総額は2倍に届かないものの増加し，貿易相手国としての中華人民共和国の重要性が増している。1960年代から日本企業の進出が見られ，近年では，人口が1億人を超え，英語を公用語としていることからコールセンターなどのサービス産業も発展している。

3　次の略地図を見て，あとの各問に答えよ。

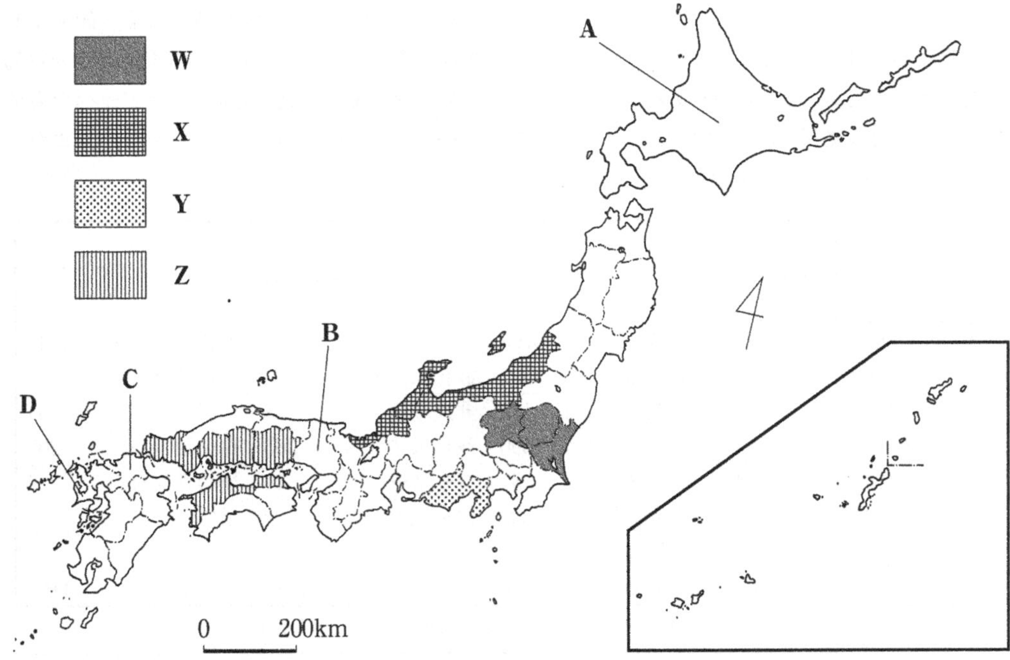

〔問1〕　次の表の**ア**～**エ**は，略地図中に**A**～**D**で示した**いずれか**の道県の，2019年における鉄鋼業と造船業の製造品出荷額等，海岸線と臨海部の工業の様子についてまとめたものである。**A**～**D**のそれぞれの道県に当てはまるのは，次の表の**ア**～**エ**のうちではどれか。

	製造品出荷額等（億円）		海岸線と臨海部の工業の様子
	鉄鋼	造船	
ア	9769	193	○678kmの海岸線には，干潟や陸と島をつなぐ砂州が見られ，北東部にある東西20km，南北2kmの湾に，工業用地として埋め立て地が造成された。 ○国内炭と中国産の鉄鉱石を原料に鉄鋼を生産していた製鉄所では，現在は輸入原料を使用し，自動車用の鋼板を生産している。
イ	19603	2503	○855kmの海岸線には，北部に国立公園に指定されたリアス海岸が見られ，南部に工業用地や商業用地として埋め立て地が造成された。 ○南部の海岸には，高度経済成長期に輸入原料を使用する製鉄所が立地し，国際貿易港に隣接する岬には，造船所が立地している。
ウ	3954	310	○4445kmの海岸線には，砂嘴（さし）や砂州，陸繋島（りくけいとう），プレート運動の力が複雑に加わり形成された半島などが見られる。 ○国内炭と周辺で産出される砂鉄を原料に鉄鋼を生産していた製鉄所では，現在は輸入原料を使用し，自動車の部品に使われる特殊鋼を生産している。
エ	336	2323	○4170kmの海岸線には，多くの島や半島，岬によって複雑に入り組んだリアス海岸が見られる。 ○人口が集中している都市の臨海部に，カーフェリーなどを建造する造船所が立地し，周辺にはボイラーの製造などの関連産業が集積している。

（「日本国勢図会」2020/21年版などより作成）

〔問２〕　次のⅠの**ア**～**エ**のグラフは，略地図中に**W**～**Z**で示した**いずれか**の地域の1971年と2019年における製造品出荷額等と産業別の製造品出荷額等の割合を示したものである。Ⅱの文章は，Ⅰの**ア**～**エ**の**いずれか**の地域について述べたものである。Ⅱの文章で述べている地域に当てはまるのは，Ⅰの**ア**～**エ**のうちのどれか，また，略地図中の**W**～**Z**のうちのどれか。

Ⅰ

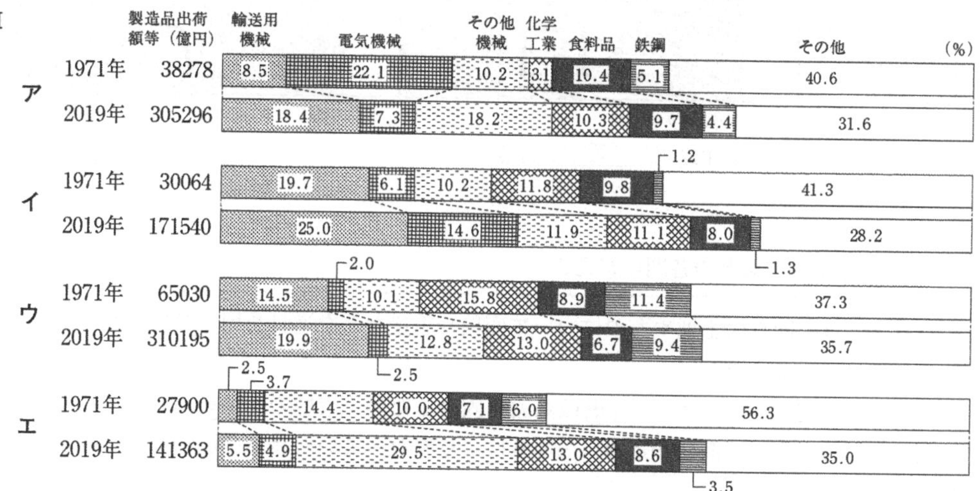

（注）四捨五入をしているため，産業別の製造品出荷額等の割合を合計したものは，100％にならない場合がある。
（2019年工業統計表などより作成）

Ⅱ

絹織物や航空機産業を基礎として，電気機械等の製造業が発展した。高速道路網の整備に伴い，1980年に西部が，1987年に中部が東京とつながり，2011年には1998年開港の港湾と結ばれた。西部の高速道路沿いには，未来技術遺産に登録された製品を生み出す高度な技術をもつ企業の工場が立地している。2019年には電気機械の出荷額等は約２兆円となる一方で，自動車関連の輸送用機械の出荷額等が増加し，5兆円を超えるようになった。

〔問３〕　次のⅠ(1)と次のページのⅡ(1)の文は，1984年に示された福島市と1997年に示された岡山市の太線（━━）で囲まれた範囲を含む地域に関する地区計画の一部を分かりやすく書き改めたものである。Ⅰ(2)は1984年・1985年のⅠ(3)は2018年の「２万５千分の１地形図（福島北部・福島南部）」の一部を拡大して作成したものである。Ⅱ(2)は1988年の，Ⅱ(3)は2017年の「２万５千分の１地形図（岡山南部）」の一部を拡大して作成したものである。ⅠとⅡの資料から読み取れる，太線で囲まれた範囲に共通した土地利用の変化について，簡単に述べよ。また，ⅠとⅡの資料から読み取れる，その変化を可能にした要因について，それぞれの県内において乗降客数が多い駅の一つである福島駅と岡山駅に着目して，簡単に述べよ。

Ⅰ

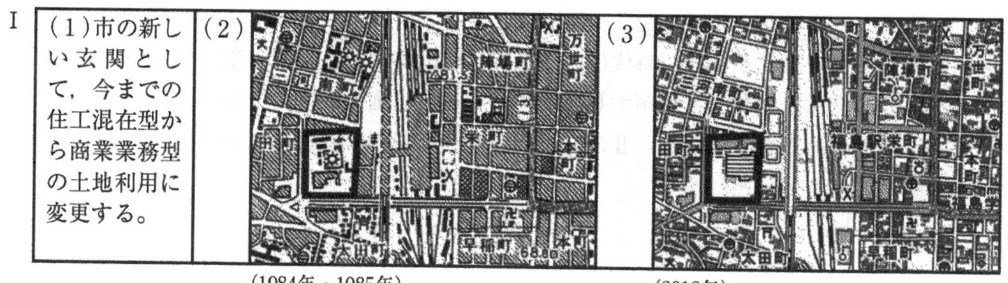

(1984年・1985年)　　(2018年)

Ⅱ

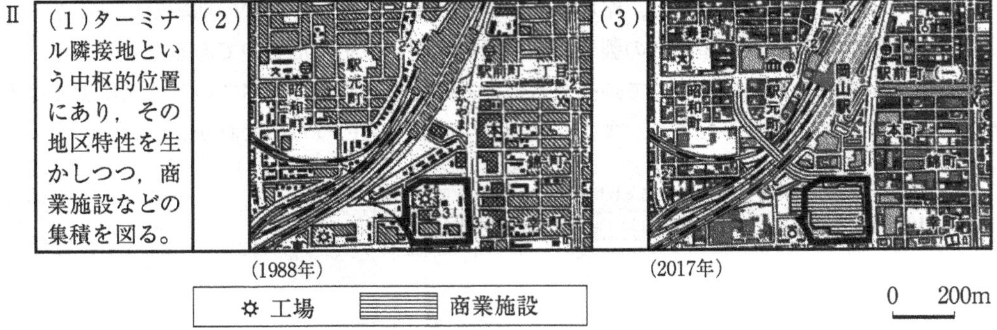

4　次の文章を読み，あとの各問に答えよ。

> 私たちは，身の回りの土地やものについて面積や重量などを道具を用いて計測し，その結果を暮らしに役立ててきた。
>
> 古代から，各時代の権力者は，(1)財政基盤を固めるため，土地の面積を基に税を徴収するなどの政策を行ってきた。時代が進み，(2)地域により異なっていた長さや面積などの基準が統一された。
>
> (3)江戸時代に入ると，天文学や数学なども発展を遂げ，明治時代以降，我が国の科学技術の研究水準も向上し，独自の計測技術も開発されるようになった。
>
> 第二次世界大戦後になると，従来は計測することができなかった距離や大きさなどが，新たに開発された機器を通して計測することができるようになり，(4)環境問題などの解決のために生かされてきた。

〔問1〕　(1)財政基盤を固めるため，土地の面積を基に税を徴収するなどの政策を行ってきた。とあるが，次の**ア**～**エ**は，権力者が財政基盤を固めるために行った政策の様子について述べたものである。時期の古いものから順に記号を並べよ。

ア　朝廷は，人口増加に伴う土地不足に対応するため，墾田永年私財法を制定し，新しく開墾した土地であれば，永久に私有地とすることを認めた。

イ　朝廷は，財政基盤を強化するため，摂関政治を主導した有力貴族や寺社に集中していた荘園を整理するとともに，大きさの異なる枡の統一を図った。

ウ　朝廷は，元号を建武に改め，天皇中心の政治を推進するため，全国の田畑について調査させ，年貢などの一部を徴収し貢納させた。

エ　二度にわたる元軍の襲来を退けた幕府は，租税を全国に課すため，諸国の守護に対して，田地面積や領有関係などを記した文書の提出を命じた。

〔問2〕　(2)地域により異なっていた長さや面積などの基準が統一された。とあるが，次のページのⅠの略年表は，室町時代から江戸時代にかけての，政治に関する主な出来事についてまとめたものである。Ⅱの文章は，ある人物が示した検地における実施命令書の一部と計測基準の一部を分かりやすく書き改めたものである。Ⅱの文章が出された時期に当てはまるのは，Ⅰの略年表中の**ア**～**エ**の時期のうちではどれか。

Ⅰ

西暦	政治に関する主な出来事	
1560	●駿河国（静岡県）・遠江国（静岡県）などを支配していた人物が，桶狭間において倒された。	
		ア
1582	●全国統一を目指していた人物が，京都の本能寺において倒された。	
		イ
1600	●関ヶ原の戦いに勝利した人物が，全国支配の実権をにぎった。	
		ウ
1615	●全国の大名が守るべき事柄をまとめた武家諸法度が定められた。	
		エ
1635	●全国の大名が，国元と江戸とを１年交代で往復する制度が定められた。	

Ⅱ

【実施命令書の一部】

○日本全国に厳しく申し付けられている上は，おろそかに実施してはならない。

【計測基準の一部】

○田畑・屋敷地は長さ６尺３寸を１間とする竿を用い，５間かける60間の300歩を，１反として面積を調査すること。

○上田の石盛は１石５斗，中田は１石３斗，下田は１石１斗，下々田は状況で決定すること。

○升は京升に定める。必要な京升を準備し渡すようにすること。

〔問３〕 (3)江戸時代に入ると，天文学や数学なども発展を遂げ，明治時代以降，我が国の科学技術の研究水準も向上し，独自の計測技術も開発されるようになった。とあるが，次の**ア**～**エ**は，江戸時代から昭和時代にかけての我が国独自の計測技術について述べたものである。時期の古いものから順に記号を並べよ。

ア　後にレーダー技術に応用される超短波式アンテナが開発された頃，我が国最初の常設映画館が開館した浅草と，上野との間で地下鉄の運行が開始された。

イ　正確な暦を作るために浅草に天文台が設置された後，寛政の改革の一環として，幕府直轄の昌平坂学問所や薬の調合などを行う医官養成機関の医学館が設立された。

ウ　西洋時計と和時計の技術を生かして，時刻や曜日などを指し示す機能を有する万年自鳴鐘が開発された頃，黒船来航に備えて台場に砲台を築造するため，水深の計測が実施された。

エ　中部地方で発生した地震の研究に基づいて大森式地震計が開発された頃，日英同盟の締結を契機に，イギリスの無線技術を基にした無線電信機が開発された。

〔問４〕 (4)環境問題などの解決のために生かされてきた。とあるが，次のページのⅠのグラフは，1965年から2013年までの，東京のある地点から富士山が見えた日数と，大気汚染の一因となる二酸化硫黄の東京における濃度の変化を示したものである。Ⅱの文章は，Ⅰのグラフの**ア**～**エ**の**いずれか**の時期における国際情勢と，我が国や東京の環境対策などについてまとめたものである。Ⅱの文章で述べている時期に当てはまるのは，Ⅰのグラフの**ア**～**エ**の時期のうちではどれか。

I
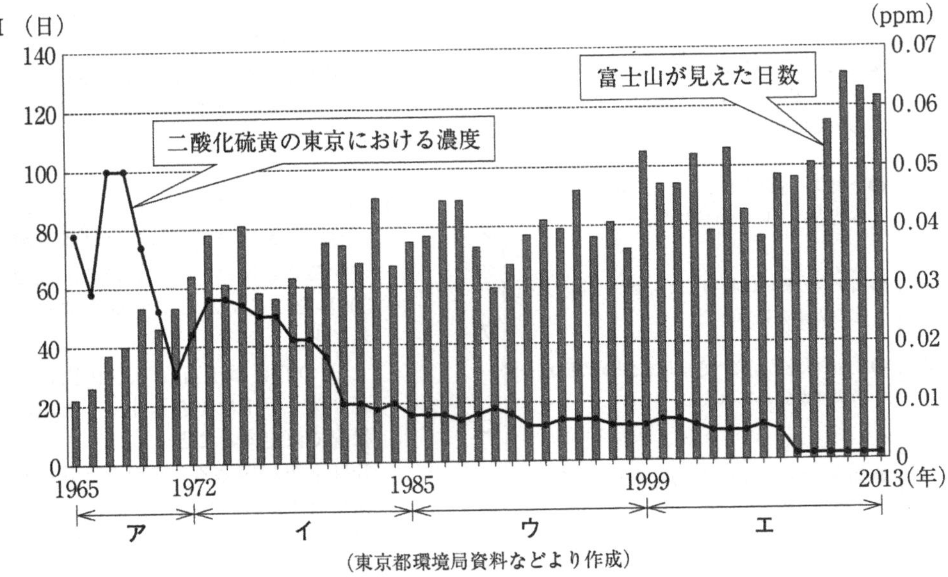

（東京都環境局資料などより作成）

II

> 東ヨーロッパ諸国で民主化運動が高まり，東西ドイツが統一されるなど国際協調の動きが強まる中で，国際連合を中心に地球温暖化防止策が協議され，温室効果ガスの排出量の削減について数値目標を設定した京都議定書が採択された。長野県では，施設建設において極力既存の施設を活用し，自然環境の改変が必要な場合は大会後復元を図った，オリンピック・パラリンピック冬季競技大会が開催され，東京都においては，「地球環境保全東京アクションプラン」を策定し，大気汚染の状況は改善された。この時期には，Ⅰのグラフの観測地点から平均して週１回は富士山を見ることができた。

5 次の文章を読み，あとの各問に答えよ。

> 明治時代に作られた情報という言葉は，ある事柄の内容について文字などで伝達する知らせを表す意味として現在は用いられている。天気予報や経済成長率などの情報は，私たちの日々の暮らしに役立っている。
>
> 日本国憲法の中では，(1)自分の意見を形成し他者に伝える権利が，一定の決まり（ルール）の下で保障されている。
>
> 現代の社会は (2)情報が大きな役割を担(にな)うようになり，情報化社会とも呼ばれるようになった。その後，インターネットの普及は，私たちと情報との関わり方を変えることとなった。
>
> (3)情報が新たな価値を生み出す社会では，企業の中で，情報化を推進し，課題の解決策を示したり，ソフトウェアを開発したりする，デジタル技術を活用できる人材を確保していくことの重要性が増している。また，(4)情報の活用を進め，社会の様々な課題を解決していくためには，新たな決まり（ルール）を定める必要がある。

〔問１〕 (1)自分の意見を形成し他者に伝える権利が，一定の決まり（ルール）の下で保障されている。とあるが，精神（活動）の自由のうち，個人の心の中にある，意思，感情などを外部に明らかにすることを保障する日本国憲法の条文は，次の**ア**～**エ**のうちではどれか。

ア　何人も，いかなる奴隷的拘束も受けない。又，犯罪に因る処罰の場合を除いては，その意に反する苦役に服させられない。

イ　思想及び良心の自由は，これを侵してはならない。

ウ　何人も，公共の福祉に反しない限り，居住，移転及び職業選択の自由を有する。

エ　集会，結社及び言論，出版その他一切の表現の自由は，これを保障する。

［問２］　(2)情報が大きな役割を担うようになり，情報化社会とも呼ばれるようになった。とあるが，次のⅠの略年表は，1938年から1998年までの，我が国の情報に関する主な出来事をまとめたものである。Ⅱの文章は，Ⅰの略年表中の**ア**～**エ**の**いずれか**の時期における社会の様子について，①は通信白書の，②は国民生活白書の一部をそれぞれ分かりやすく書き改めたものである。Ⅱの文章で述べている時期に当てはまるのは，Ⅰの略年表中の**ア**～**エ**の時期のうちではどれか。

Ⅰ

西暦	我が国の情報に関する主な出来事	
1938	●標準放送局型ラジオ受信機が発表された。	
1945	●人が意見を述べる参加型ラジオ番組の放送が開始された。	ア
1953	●白黒テレビ放送が開始された。	
1960	●カラーテレビ放送が開始された。	
1964	●東京オリンピック女子バレーボール決勝の平均視聴率が関東地区で66.8％を記録した。	イ
1972	●札幌オリンピック閉会式の平均視聴率が札幌で59.5％を記録した。	
1974	●テレビの深夜放送が一時的に休止された。	ウ
1985	●テレビで文字多重放送が開始された。	
1989	●衛星テレビ放送が開始された。	エ
1998	●ニュースなどを英語で発信するワールドテレビ放送が開始された。	

Ⅱ

①私たちの社会は，情報に対する依存を強めており，情報の流通は食料品や工業製品などの流通，つまり物流と同等あるいはそれ以上の重要性をもつようになった。

②社会的な出来事を同時に知ることができるようになり，テレビやラジオを通じて人々の消費生活も均質化している。また，節約の経験により，本当に必要でなければ買わないで今持っているものの使用期間を長くする傾向が，中東で起きた戦争の影響を受けた石油危機から３年後の現在も見られる。

［問３］　(3)情報が新たな価値を生み出す社会では，企業の中で，情報化を推進し，課題の解決策を示したり，ソフトウェアを開発したりする，デジタル技術を活用できる人材を確保していくことの重要性が増している。とあるが，次のページのⅠの文章は，2019年の情報通信白書の一部を分かりやすく書き改めたものである。次のページのⅡのグラフは，2015年の我が国とアメリカ合衆国における情報処理・通信に携わる人材の業種別割合を示したものである。Ⅱのグラフから読み取れる，Ⅰの文章が示された背景となる我が国の現状について，我が国より取り組みが進んでいるアメリカ合衆国と比較して，情報通信技術を提供する業種と利用する業種の構成比の違いに着目し，簡単に述べよ。

Ⅰ

○今後，情報通信技術により，企業は新しい製品やサービスを市場に提供することが可能となる。
○新たな製品やサービスを次々と迅速に開発・提供していくために，情報通信技術を利用する業種に十分な情報通信技術をもった人材が必要である。

Ⅱ

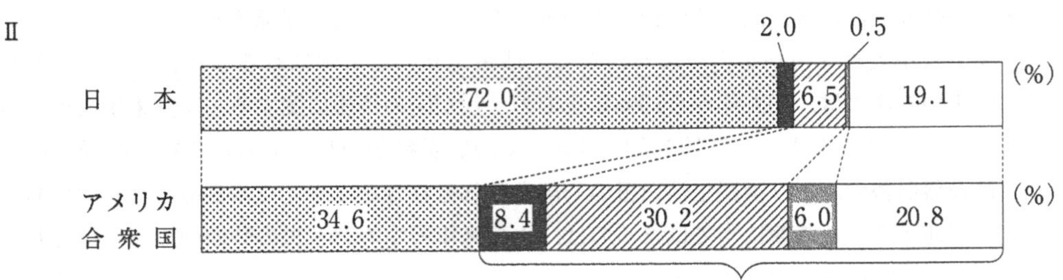

情報通信技術を提供する業種　金融業　サービス業　公務　その他

（注）四捨五入をしているため，情報処理・通信に携わる人材の業種別割合を合計したものは，100%にならない場合がある。

（独立行政法人情報処理推進機構資料より作成）

〔問４〕 (4)情報の活用を進め，社会の様々な課題を解決していくためには，新たな決まり（ルール）を定める必要がある。とあるが，次のⅠのＡ～Ｅは，令和３年の第204回通常国会で，情報通信技術を用いて多様で大量の情報を適正かつ効果的に活用することであらゆる分野における創造的かつ活力ある発展が可能となる社会の形成について定めた「デジタル社会形成基本法」が成立し，その後，公布されるまでの経過について示したものである。Ⅱの文で述べていることが行われたのは，下のア～エのうちではどれか。

Ⅰ

Ａ　第204回通常国会が開会される。（１月18日）
Ｂ　法律案が内閣で閣議決定され，国会に提出される。（２月９日）
Ｃ　衆議院の本会議で法律案が可決される。（４月６日）
Ｄ　参議院の本会議で法律案が可決される。（５月12日）
Ｅ　内閣の助言と承認により，天皇が法律を公布する。（５月19日）

（衆議院，参議院のホームページより作成）

Ⅱ

衆議院の内閣委員会で法律案の説明と質疑があり，障害の有無などの心身の状態による情報の活用に関する機会の格差の是正を着実に図ることや，国や地方公共団体が公正な給付と負担の確保のための環境整備を中心とした施策を行うことを，原案に追加した修正案が可決される。

ア　ＡとＢの間　　イ　ＢとＣの間　　ウ　ＣとＤの間　　エ　ＤとＥの間

6　次の文章を読み，下の略地図を見て，あとの各問に答えよ。

> 都市には，小さな家屋から超高層建築まで多様な建物が見られ，(1)人々が快適な生活を送るために様々な社会資本が整備されてきた。また，(2)政治の中心としての役割を果たす首都には，新たに建設された都市や，既存の都市に政府機関を設置する例が見られる。
> 都市への人口集中は，経済を成長させ新たな文化を創造する一方で，(3)交通渋滞などの都市問題を深刻化させ，我が国は多くの国々の都市問題の解決に協力している。

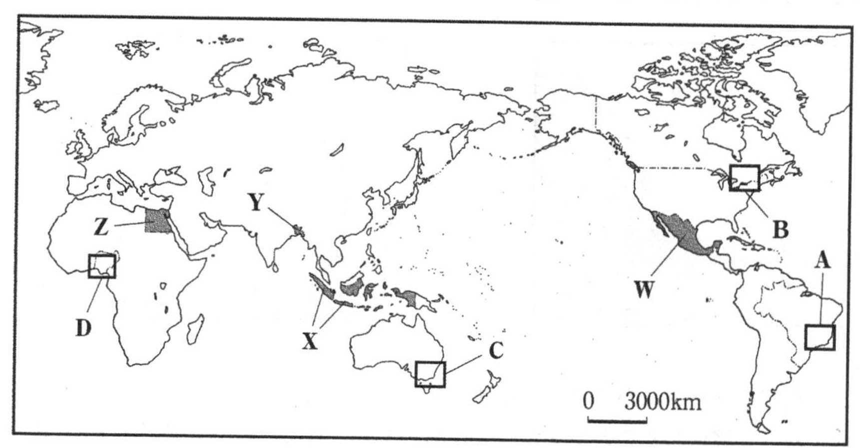

〔問1〕　(1)人々が快適な生活を送るために様々な社会資本が整備されてきた。とあるが，次の**ア**～**エ**の文は，それぞれの時代の都市の様子について述べたものである。時期の古いものから順に記号を並べよ。

ア　ドイツ帝国の首都ベルリンでは，ビスマルクの宰相（さいしょう）任期中に，工業の発展により人口の流入が起き，上下水道が整備され，世界で初めて路面電車の定期運行が開始された。

イ　イギリスの首都ロンドンでは，冷戦（冷たい戦争）と呼ばれる東西の対立が起き緊張が高まる中で，ジェット旅客機が就航し，翌年，空港に新滑走路が建設された。

ウ　アメリカ合衆国の都市ニューヨークでは，300mを超える超高層ビルが建設され，フランクリン・ルーズベルト大統領によるニューディール政策の一環で公園建設なども行われた。

エ　オーストリアの首都ウィーンでは，フランス同様に国王が強い政治権力をもつ専制政治（絶対王政）が行われ，マリア・テレジアが住んでいた郊外の宮殿の一角に動物園がつくられた。

〔問2〕　(2)政治の中心としての役割を果たす首都には，新たに建設された都市や，既存の都市に政府機関を設置する例が見られる。とあるが，次のページのⅠの**A**～**D**は，略地図中の**A**～**D**の□で示した部分を拡大し，主な都市の位置を**ア**～**ウ**で示したものである。次のページのⅡの文章は，略地図中の**A**～**D**の中に首都が位置する**いずれか**の国とその国の首都の様子について述べたものである。Ⅱの文章で述べているのは，Ⅰの**A**～**D**のうちのどれか，また，首都に当てはまるのは，選択したⅠの**A**～**D**の**ア**～**ウ**のうちのどれか。

Ⅰ A

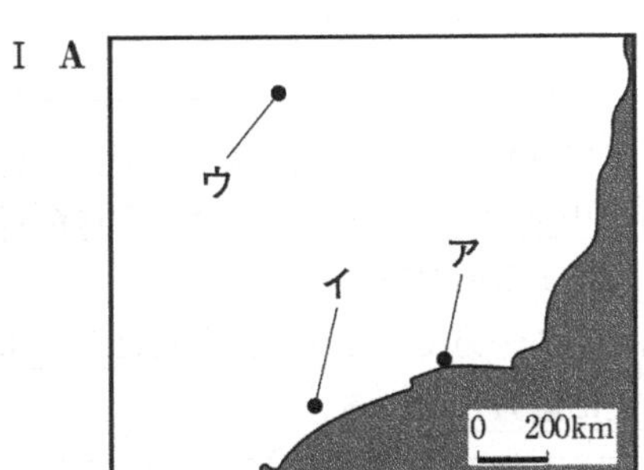

B

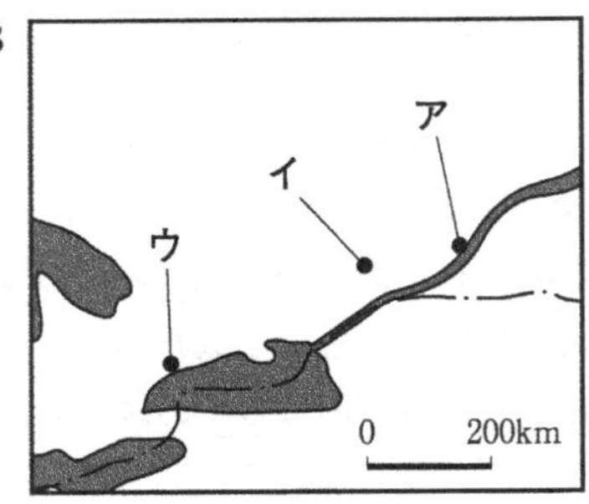

C

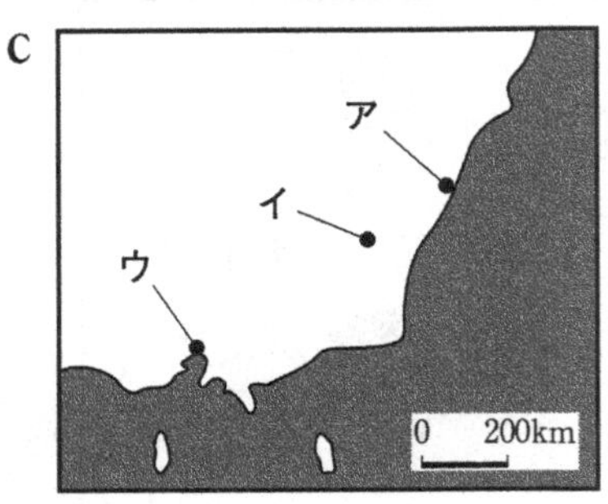

D

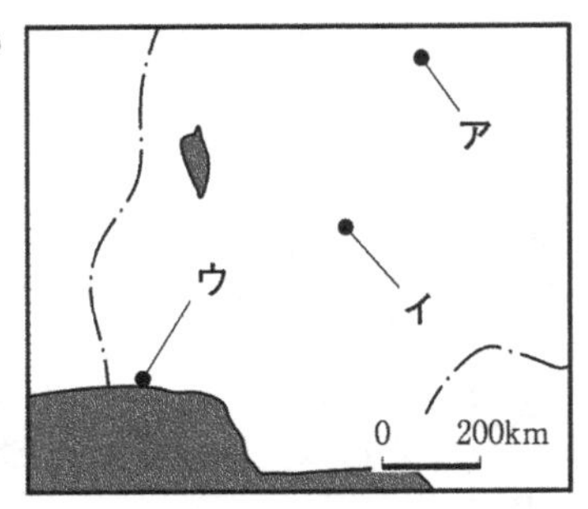

Ⅱ

16世紀にフランスがこの国の東部に進出し，隣国からイギリス人がフランス人の定住地を避けて移住したことで二つの文化圏が形成されたため，立憲君主である国王により文化圏の境界に位置する都市が首都と定められた。首都から約350km離れイギリス系住民が多い都市は，自動車産業などで隣国との結び付きが見られ，首都から約160km離れフランス系住民が多い都市は，フランス語のみで示されている道路標識などが見られる。

〔問 3〕 (3)<u>交通渋滞などの都市問題を深刻化させ．我が国は多くの国々の都市問題の解決に協力している。</u>とあるが，次のⅠのW～Zのグラフは，略地図中に ▓ で示したW～Zのそれぞれの国の，1950年から2015年までの第1位の都市圏と第2位の都市圏の人口の推移を示したものである。Ⅱの文章で述べている国に当てはまるのは，略地図中のW～Zのうちのどれか。

Ⅰ

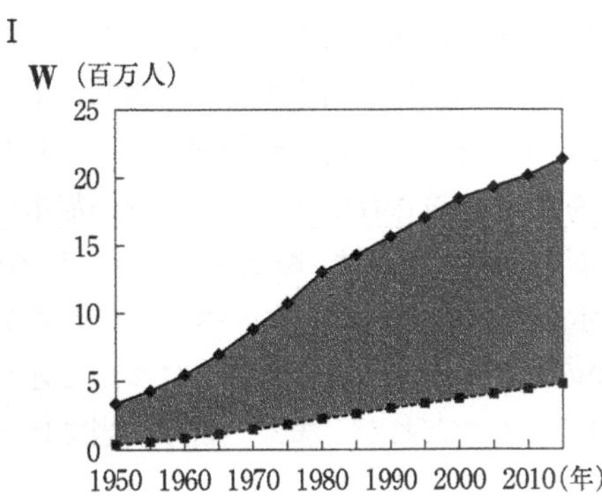

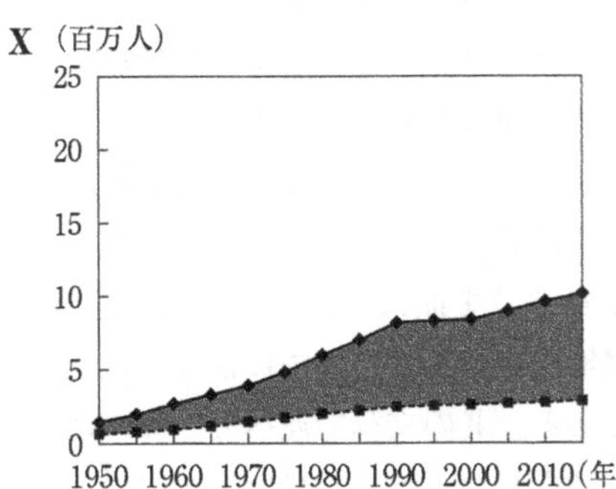

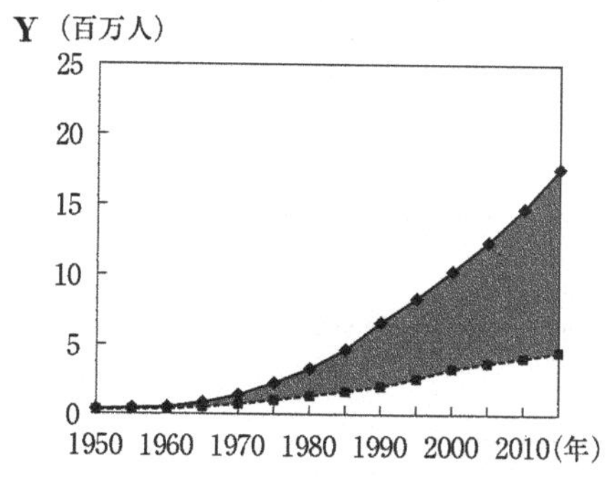

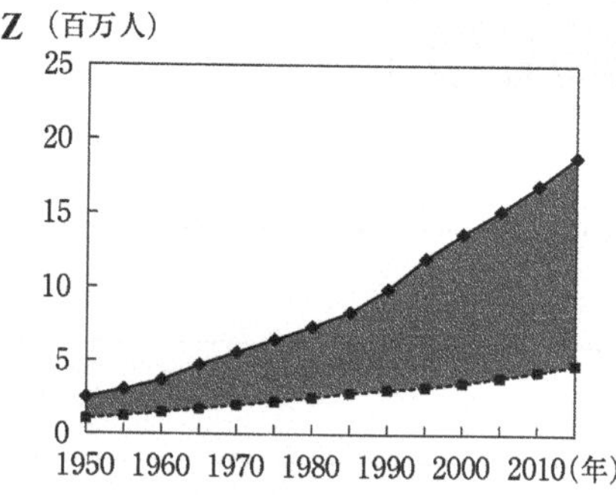

―◆― 第１位の都市圏の人口　--■-- 第２位の都市圏の人口

（国際連合資料より作成）

Ⅱ

○1949年にオランダから独立し，イスラム教徒が８割を超えるこの国では，第１位の都市圏と第２位の都市圏の人口差は，1950年に100万人を下回っていたが，1990年には人口差は約７倍と急激に拡大しており，その後緩やかな拡大傾向が続いた。

○深刻化した交通渋滞や大気汚染などの都市問題を解決するため，日本の技術や運営の支援を受け，都市の中心部と住宅地をつなぐ国内初の地下鉄が2019年に開通した。

MEMO

大切なことはメモしておこうネ！

T.G

2022年度

解 答 と 解 説

《2022年度の配点は解答用紙集に掲載してあります。》

＜理科解答＞

1 〔問1〕 イ 〔問2〕 ア 〔問3〕 エ 〔問4〕 ウ 〔問5〕 エ
2 〔問1〕 ア 〔問2〕 イ 〔問3〕 エ 〔問4〕 ウ
3 〔問1〕 ウ 〔問2〕 イ 〔問3〕 エ 〔問4〕 ア
4 〔問1〕 ウ 〔問2〕 エ 〔問3〕 ア 〔問4〕 ウ
5 〔問1〕 イ 〔問2〕 ア
〔問3〕 ＜化学反応式＞ HCl（酸）＋NaOH（アルカリ）→NaCl（塩）＋H_2O
〔問4〕 ウ
6 〔問1〕 ア 〔問2〕 イ 〔問3〕 右図
〔問4〕 イ

＜理科解説＞

1 **(小問集合―化学変化：燃焼，気体の発生とその性質，動物の体のつくりとはたらき：血液の循環，光と音：光の屈折，天気の変化：温暖前線，電流：電圧と電流と抵抗)**

〔問1〕 木には炭素原子や水素原子などがふくまれているので，木をじゅうぶんに燃焼させると，炭素や水素が酸化されて，**二酸化炭素や水(水蒸気)**などができる。二酸化炭素や水蒸気は空気中に出ていき，残るのは少量の灰なので質量が小さくなる。一方，スチールウールを燃焼させると，**酸素と化合して固体の酸化鉄になる**ので，結びついた酸素の分，質量が大きくなる。よって，石灰水が白くにごったのは，二酸化炭素が発生した集気びんPである。

〔問2〕 全身から戻った血液は大静脈Cを通って右心房に入り，右心室へ送られ，**静脈血は右心室から肺動脈Aへ送られ**，肺でガス交換が行われ動脈血となる。**動脈血は肺静脈Dを通って左心房に入り**，左心室へ送られる。動脈血は左心室から大動脈Bを通って全身に送り出される。よって，動脈は血管Aと血管Bであり，動脈血が流れる血管は血管Dと血管Bである。

〔問3〕 水中から空気中へ光が入射する場合，入射角より屈折角の方が大きい。容器の中の水の量を増やすと，**「A」の文字からの光が水面で屈折する点が上がるため，光はその点で屈折して目に入るようになる**。よって，屈折光の延長線上に実際より浮き上がった位置に見えるため，「A」の文字の形が全て見えるようになる。

〔問4〕 温暖前線は，**密度が小さい暖気が，密度が大きい寒気の上にはい上がり**，寒気をおしやりながら進んでいく。

〔問5〕 **P〔A〕＝Q〔A〕＋R〔A〕より，Q＜Pであり，R＜Pである。BとCは並列回路により，各抵抗にかかる電圧は等しい。よって抵抗が小さい方が大きい電流が流れるため，R＜Qである。よって，3点を流れる電流の大きさは，R＜Q＜P，である。**

2 **(自由研究—太陽系と恒星：月の見え方・日食，状態変化：蒸留，水溶液，物質の成り立ち，植物の体のつくりとはたらき，力と圧力：月面での重力)**

〔問1〕 観測地点Aは，地球と月と太陽を一直線に結んだ線上に位置している。このとき，太陽は真南の空に位置しているので，時刻は12時である。よって，**月が真南の空に位置する時刻は12時**である。北極星側から見ると，**月は地球のまわりを約1か月かけて反時計回りに公転**している。そのため，1週間後に真南の空に観察できる月の見え方は，**西側が光って見える上弦の月**である。

〔問2〕 蒸留して出てきた液体Bは水である。蒸留後，枝付きフラスコに残った水溶液Aは5%より濃度が高くなった塩化ナトリウム水溶液であるため，結晶は塩化ナトリウムであり，**塩化ナトリウムは，ナトリウム原子と塩素原子の2種類の原子でできている化合物**である。

〔問3〕 装置の上側に設置された光源に向かって成長していく植物では，上下にある葉が互いに重ならないようにつくが，その利点は，**光が当たる面積が大きくなり，光合成量が増加する**ことである。光合成でつくられた養分(栄養分)は，水にとけやすい物質に変化してから，**師管**を通ってからだ全体の細胞に運ばれ，それぞれの細胞で使われる。

〔問4〕 **月面で質量300gの物体Aに**働く重力の大きさは，地球上と比べて約6分の1の0.5Nである。月面で質量300gの分銅に働く重力の大きさは，地球上と比べて約6分の1の0.5Nである。よって，**上皿てんびんに載せたときにつり合うのは質量300gの分銅**である。物体A**をはかりに載せたときの目盛りの値は，**0.5Nの重力が物体Aに働くので，**約50g**である。

3 **(地層の重なりと過去の様子：柱状図・示準化石・堆積岩，動物の分類と生物の進化：セキツイ動物の出現，火山活動と火成岩，)**

〔問1〕 岩石Pは**石基と斑晶**が見られ，斑状組織であることから，岩石Pはマグマが冷えてできたもので，れき岩は土砂が押し固められてできたものである。れき岩を構成する粒の特徴は，流れる水のはたらきで，角が取れて**丸みを帯びた粒**が多い。

〔問2〕 岩石Qにはフズリナの化石が含まれていたので，岩石Qは古生代に堆積したもので，**古生代には魚類と両生類が出現**した。また，示準化石であるサンヨウチュウも生息していた。

〔問3〕 流水で運搬され海に流れ出た土砂は，粒の大きいものから陸の近くに堆積する。このことから，泥岩の層が堆積した時代の地域B周辺は，**河口から遠い深い海**であったと考えられる。

〔問4〕 X地点の**凝灰岩層の標高は，40.3m－11m＝29.3m**，であり，Y地点の凝灰岩層の標高は，36.8m－9m＝27.8m，である。よって，X地点の凝灰岩層の標高は，Y地点の凝灰岩層の標高より，29.3m－27.8m＝1.5m，高くなっている。

4 **(遺伝の規則性と遺伝子：メンデルの実験，生物の成長と生殖：減数分裂，植物の分類)**

〔問1〕 図2で，エンドウは花弁が1枚1枚離れていることから，**双子葉類の離弁花**であるため，子葉は2枚である。また，胚珠が子房の中にあることから，**被子植物**である。

〔問2〕 花粉の中では雄の生殖細胞の精細胞がつくられ，胚珠の中には雌の生殖細胞の卵細胞がつくられるが，**生殖細胞は減数分裂によりつくられるので，染色体数は体細胞の2分の1である。**よって，精細胞の核と卵細胞の核が合体してできた受精卵の核の染色体数は14本である。

〔問3〕 草たけが高い個体が**自家受粉**し，受精後にできた種子をまいて育てた結果は，<結果2>(1)のように，全て草たけの高い個体(図4のP)であった。これらのことから，エンドウの草たけを高くする遺伝子をA，対立形質である草たけを低くする遺伝子をaとすると，**エンドウPとその親の遺伝子はAAで表せる。**同様に，**エンドウQとその親の遺伝子はaa**で表せる。<結果2>の(3)の個体Rは，<実験>(7)で**PとQをかけ合わせ**てできた個体で，遺伝子は**全てAa**であり，草たけが高い形質が顕性形質であると，全て草たけが高い個体になる。**遺伝子Aaの個体Rに，<結果2>の(2)，すなわち<実験>(5)の結果である図4の遺伝子がaaの個体Qをかけ合わせると，**子の遺伝子は，Aa：aa＝草たけが高い個体の数：草たけが低い個体の数＝1：1，である。

〔問4〕　<モデル実験の結果から>子の代では丸形の種子だけが得られたが，丸形は顕性であることから，**子の代の遺伝子はAAとAaの2種類が考えられる。子の代を自家受粉させると，孫の代では丸形の種子だけが得られた個体と丸形・しわ形の種子が得られた個体の両方あったことから，前者の子の代は丸形の純系で遺伝子はAAであり親の代の遺伝子もAAである。後者では丸形としわ形の種子が得られたことから，子の代の遺伝子はAaであったと考えられ，親の代の遺伝子もAaであると考えられる。**よって，親の代としてまいた2個の丸形の種子の遺伝子の組み合わせは，AAとAaである。

5　**(化学変化と電池，水溶液とイオン，物質の成り立ち：電気分解，気体の発生とその性質，酸・アルカリとイオン，中和と塩)**

〔問1〕　図1は，**ダニエル電池**である。ダニエル電池の特徴は，セロハンで2種類の電解質の水溶液を仕切っているという点である。亜鉛板を硫酸亜鉛水溶液に，銅板を硫酸銅水溶液にひたし，導線でつないだつくりになっている。セロハンにはとても小さな穴が開いており，水溶液中の陽イオンと陰イオンはこの穴を通りぬけることができる。ダニエル電池では，**イオン化傾向(イオンへのなりやすさ)の大きい亜鉛原子Znが水溶液中に亜鉛イオンZn^{2+}となってとけ出し，亜鉛板に残った電子は導線を通って銅板へ移動し電流が流れる。水溶液中の銅イオンCu^{2+}は銅板に達した電子を受けとって銅原子Cuになる。(－極)$Zn \rightarrow Zn^{2+}+2e^-$，**によりモデルで表した図はAであり，**(＋極)$Cu^{2+}+2e^- \rightarrow Cu$，**によりモデルで表した図はDである。

〔問2〕　図1のダニエル電池については，－極の亜鉛が次々にイオンとなって溶け出すので，Zn^{2+}は増加し，＋極では水溶液中のCu^{2+}が，導線を通ってやってきた亜鉛が放出した電子を受けとって，銅の金属となって電極に付着するため，Cu^{2+}は減少する。**図2は水の電気分解**である。－極である電極Rには空気より軽い水素が発生し，＋極である電極Sには水に溶けにくい酸素が発生する。

〔問3〕　<実験2>は，酸にアルカリを加えるごとに酸の性質が打ち消され，塩と水ができる中和の実験である。よって，**化学反応式は，$HCl+NaOH \rightarrow NaCl+H_2O$，**である。

〔問4〕　図3のモデルで表した薄い塩酸に水酸化ナトリウム水溶液を加えるたびに起きる化学変化を，イオン式を用いて表し，ビーカー②に含まれるイオンの総数を考察する。**$(3H^+ +3Cl^-)+(Na^+ +OH^-) \rightarrow Na^+ +Cl^- +H_2O+2H^+ +2Cl^-$，であり，$H^+ +OH^- \rightarrow H_2O$，の中和反応によって$H^+$が1個減少するが，$Na^+ +Cl^-$は水に溶ける塩なので，$Na^+$が1個増加するため，化学変化の前後で水素イオンの総数は変わらない。さらに水酸化ナトリウム水溶液を加えても，同様の考察ができる。H^+とOH^-が同数の中性になるまで化学変化の前後でイオンの総数は変わらない。**<実験2>の場合，薄い塩酸12cm^{3}に水酸化ナトリウム水溶液を6cm^{3}加えたとき，BTB溶液が緑色になったことから，中性である。**中性を過ぎると，加えた水酸化ナトリウムは化学変化をしないのでNa^+とOH^-のどちらもイオンとして残り，イオンの総数は増加する。**

6　**(力と物体の運動：斜面を下る小球の運動，力の規則性：重力の分力，力学的エネルギー：力学的エネルギーの保存)**

〔問1〕　小球の平均の速さ〔m/s〕＝{(10.6＋9.0＋5.6)÷100}〔m〕÷3÷0.1〔s〕＝0.84〔m/s〕である。

〔問2〕　レールBの斜面①から③の上の小球に働く重力は，小球に働く斜面下向きの斜面に平行な力と斜面に垂直な力に分解できる。小球に働く斜面下向きの力は小球が運動する向きに働く力である。**斜面①から③までは斜面の傾きはほぼ一定であるから，小球が運動する向きに働く力はほぼ一定である。小球が運動する向きに働く力がほぼ一定であり続けるとき，小球の速さはほぼ一定の割合で増加する。**よって，イが適切である。

〔問3〕　小球に働く重力が対角線となるような長方形をかく。小球に働く重力の斜面に平行な分力と斜面に垂直な分力の大きさを長方形の各辺の長さとして矢印をかく。

〔問4〕　点aと点dは9cmの同じ高さなので小球がもつ位置エネルギーは等しい。小球がもつ位置エネルギーは，斜面を下るにつれて運動エネルギーに変わるが，**位置エネルギーと運動エネルギーの和の力学的エネルギーは一定に保存されている。**点bと点eはそれぞれ4cmと5.2cmの高さなので，小球がもつ運動エネルギーは点bの方が大きい。点cと点fはそれぞれ水平な部分の上なので，小球がもつ位置エネルギーは，全て運動エネルギーに変っているため，運動エネルギーの大きさはほぼ等しい。

<社会解答>

1　〔問1〕　エ　〔問2〕　ウ　〔問3〕　ア

2　〔問1〕（略地図中のA～D）　D　（Ⅱのア～エ）　イ　〔問2〕　P　ア　Q　エ　R　イ　S　ウ　〔問3〕（略地図中のW～Z）　Y　（ⅠとⅡの表のア～エ）　エ

3　〔問1〕　A　ウ　B　イ　C　ア　D　エ　〔問2〕（Ⅰのア～エ）　ア　（略地図中のW～Z）　W　〔問3〕〔変化〕地区計画により，工場であった土地に，商業施設が建てられた。　〔要因〕多くの人が集まる駅に近いこと。

4　〔問1〕　ア→イ→エ→ウ　〔問2〕　イ　〔問3〕　イ→ウ→エ→ア　〔問4〕　ウ

5　〔問1〕　エ　〔問2〕　ウ　〔問3〕　情報処理・通信に携わる人材は，アメリカ合衆国では，情報通信技術を利用する業種に就いている割合が高いが，我が国では，情報通信技術を提供する業種に就いている割合が高い。　〔問4〕　イ

6　〔問1〕　エ→ア→ウ→イ　〔問2〕　ⅠのA～D　B　ⅠのA～Dのア～ウ　イ　〔問3〕　X

<社会解説>

1　(地理的分野―日本地理―地形図の見方，歴史的分野―日本史時代別―古墳時代から平安時代，―日本史テーマ別―文化史，公民的分野―三権分立)

〔問1〕　資料で示されたA地点からB地点に到達するまでに**水準点**「⊡」を通るのは，エの**地形図**のみである。歩いた距離や方角を正確に表しているのも，エの地形図のみである。

〔問2〕　8世紀半ばに**鑑真**によって開かれた**唐招提寺**は，大和国の**平城京**に建立された。平城京の位置は地図のウである。

〔問3〕　**裁判員裁判**は，重大な**刑事事件**の**第一審**で，**地方裁判所**で行われる。**家庭裁判所**は，公に公開される通常の訴訟手続きにはそぐわないと考えられている家庭内の紛争や，非行のある少年の事件を扱う裁判所である。**簡易裁判所**は，日常生活において発生する軽微な民事事件・刑事事件を迅速・簡易に処理するための裁判所である。**高等裁判所**は，地方裁判所および簡易裁判所の第一審判決に対する控訴を扱う裁判所である。

2　(地理的分野―世界地理―都市・気候・産業・貿易)

〔問1〕　Ⅰの文章は，イスラム商人の航海に関する記述から，Dの海域の説明であることがわかる。

また，その範囲内に位置する都市の**雨温図**は，**赤道**に近い都市であることから，一年間の気温差が少ないもの，**北半球**に属することから山型の気温変化があるもの，また**モンスーン**の季節以外は極めて雨が少なく，**雨季**と**乾季**があるものを選べばよい。これにあたるのが，イである。

〔問2〕 イは石油依存の経済との説明から，アラブ首長国連邦のドバイの説明であることがわかる。ウはEUの中心的な貿易港であるとの説明から，オランダのロッテルダムのことだとわかる。エはASEANの中のハブ港との記述から，シンガポールであるとわかる。残るアは，釜山だとわかる。

〔問3〕 初めに，略地図中のW～Zの国を確定する。Wはペルー，Xはニカラグア，Yはフィリピン，Zはマレーシアである。このうちⅢの文章にある「1946年に独立し」,「1989年にAPECに参加し」,「人口が1億人を超え」に該当するのはフィリピンである。また，Ⅲの文章を読み，Ⅰの表を見ると，日本の輸入総額が1999年から2019年の間で2倍弱増加し，果実の輸入量が上位3位から脱落していることから，エがフィリピンに該当するとわかる。また，Ⅱの表で上位3か国に中華人民共和国が新たに入ったことから，エがフィリピンに該当するとわかる。

3 **(地理的分野―日本地理―地形・工業・交通・地形図の見方)**

〔問1〕 初めに，AからDの道県を確定する。Aが北海道，Bが兵庫県，Cが福岡県，Dが長崎県である。都道府県中で最も海岸線が長いのは北海道であり，Aはウである。次に長いのは長崎県であり，Dがエである。都道府県中で最も鉄鋼の生産量が多いのは愛知県であり，兵庫県は第2位である。Bがイである。残るCがアである。

〔問2〕 Ⅱは**北関東工業地域**の説明である。北関東工業地域では，輸送用機械の出荷額の割合が増えている。輸送用機械を作るためには広い工場敷地面積が必要であり，北関東では，広い敷地を安く確保できるからである。また，1980年に**関越自動車道**が開通し，群馬から東京への輸送が容易になった。1987年には**東北自動車道**が開通し，栃木から東京への輸送が容易になった。さらに2011年の**北関東自動車道**の開通によって，内陸地の群馬県や栃木県から太平洋岸に輸送しやすくなったこと等が要因である。飛躍的に**輸送用機械**の出荷額が伸びているアのグラフが該当する。略地図中のW～Zのうち，Wが北関東工業地域である。

〔問3〕〔変化〕 地区計画により，工場「☼」であった土地に，商業施設が建てられたことを簡潔に指摘すればよい。 〔要因〕 乗降客数が多い駅に近く，人が集まりやすいことを指摘すればよい。

4 **(歴史的分野―日本史時代別―古墳時代から平安時代・鎌倉時代から室町時代・安土桃山時代から江戸時代・明治時代から現代，―日本史テーマ別―政治史・社会史，―世界史―政治史)**

〔問1〕 アは8世紀の奈良時代の政策の様子である。イは11世紀の**後三条天皇**の時代の政策の様子である。ウは14世紀の**後醍醐天皇**の時代の政策の様子である。エは13世紀の鎌倉時代の政策の様子である。したがって，時代の古い順に並べると，ア→イ→エ→ウとなる。

〔問2〕 Ⅱは**太閤検地**の説明である。太閤検地は，**織田信長**の死後に**豊臣秀吉**によって行われた。略年表中のイの時期にあてはまる。

〔問3〕 ア 浅草から上野の間に**地下鉄**が開通したのは，1927年である。 イ **寛政の改革**が行われたのは，1787年から1793年である。 ウ **黒船**来航に備えて**台場**に砲台が設置されたのは，1853年からである。 エ **日英同盟**が締結されたのは，1902年である。したがって，時代の古い順に並べると，イ→ウ→エ→アとなる。

〔問4〕 **東西ドイツの統一**は1990年，**京都議定書**の採択は1997年，長野オリンピックは1998年に開催された。いずれも略年表のウの時期にあてはまる。

5　(公民的分野―基本的人権・経済一般・国の政治の仕組み)

〔問1〕　日本国憲法第21条には「集会，結社及び言論，出版その他一切の**表現の自由**は，これを保障する。」との規定があり，個人の心の中にある，意思，感情などを外部に明らかにすることを保障している。

〔問2〕　**第4次中東戦争**が勃発し，OPEC諸国は原油の値上げを決定し，いわゆる**石油危機**が起こったのは，1973年のことであり，ウの時期がこれにあたる。

〔問3〕　情報処理・通信に携わる人材は，我が国では，日本のグラフに見られるように，**情報通信技術**を提供する業種に就いている割合が72％と高い。これに対し，アメリカ合衆国のグラフでは，金融業・サービス業など情報通信技術を利用する業種に就いている割合が65.4％と高くなっている。このような趣旨のことを簡潔に述べればよい。

〔問4〕　**内閣委員会**は，**常任委員会**の一つで，内閣府の所管に属する事項のうち，他の常任委員会の所管に属さないものなどを扱う。常任委員会は国会に提出された法律案を，本会議の審議前に審議するので，BとCの間になる。

6　(歴史的分野―世界史―政治史，地理的分野―世界地理―都市・人口)

〔問1〕　ア　**ビスマルク**の宰相在任中とは，19世紀後期である。　イ　**冷戦**と呼ばれた東西の対立が起き，緊張が高まったのは，20世紀後期である。　ウ　**ニューディール政策**は，20世紀前期にアメリカで行われた。　エ　**マリア・テレジア**がハプスブルク家の皇帝フランツ1世の皇后にして共同統治者の地位にあったのは，18世紀である。したがって，時代の古い順に並べると，エ→ア→ウ→イとなる。

〔問2〕　Ⅱの文章は，「イギリス系住民」「フランス系住民」の記述から，カナダの説明であることがわかる。A～Dのうち，五大湖の一部が描かれているBがカナダである。カナダの首都オタワの位置は，ア～ウのうち，イである。

〔問3〕　Ⅱの文章は，「オランダから独立」「イスラム教徒が8割を超える」との記述から，インドネシアを指していることがわかる。1950年に人口差が100万人を下回っており，1990年には約7倍，その後は緩やかな拡大傾向が続いているグラフは，Xである。

2022年度英語　リスニングテスト

〔放送台本〕

これから，リスニングテストを行います。リスニングテストは，全て放送による指示で行います。リスニングテストの問題には，問題Aと問題Bの二つがあります。問題Aと，問題Bの＜Question 1＞では，質問に対する答えを選んで，その記号を答えなさい。問題Bの＜Question 2＞では，質問に対する答えを英語で書きなさい。英文とそのあとに出題される質問が，それぞれ全体を通して二回ずつ読まれます。問題用紙の余白にメモをとってもかまいません。答えは全て解答用紙に書きなさい。

〔問題A〕

問題Aは，英語による対話文を聞いて，英語の質問に答えるものです。ここで話される対話文は全部で三つあり，それぞれ質問が一つずつ出題されます。質問に対する答えを選んで，その記号を答えなさい。では，＜対話文1＞を始めます。

Sakura: Hi, Tom, do you think it's going to rain this afternoon?
Tom: Hi, Sakura. I don't think so.
Sakura: Really? It was sunny this morning, but it's cloudy now. If it rains, we will have to change our plan to practice tennis this afternoon.
Tom: Don't worry. We won't have to do that. The weather news says it will rain tomorrow morning, but not today.
Sakura: I'm glad to hear that.
Tom: Let's talk about today's practice on the phone this evening.
Sakura: Sure.

Question : When will Sakura and Tom practice tennis?
<対話文2>を始めます。

Jane: Excuse me. I'm Jane. I'm a new student. Can you help me?
Bob: Hi, Jane. I'm Bob. What's the problem?
Jane: I want to see Ms. Brown. Can you tell me the way to the teacher's room?
Bob: Well, she is usually in the music room.
Jane: I see. So, where is the music room?
Bob: Can you see the library? Turn right at the library and you'll see the music room next to the art room. Also, she sometimes reads some books in the library.
Jane: Thanks. I will go to the library first.
Bob: I hope you find her.

Question : Where will Jane go first?
<対話文3>を始めます。

Girl: My school looks new, but it has a long history.
Boy: What do you mean?
Girl: The building is new, but my school will be one hundred years old next year.
Boy: Really?
Girl: Yes. My grandfather was a student of the same school sixty years ago.
Boy: Oh, how old is your grandfather?
Girl: He will be seventy-two years old this year.
Boy: Oh, is that right?
Girl: Yes. We sometimes sing our school song together.
Boy: Sounds nice!

Question : How old is the school now?

〔英文の訳〕

＜対話文1＞

サクラ：こんにちは，トム，今日の午後雨が降ると思う？

トム　：こんにちは，サクラ。そうは思わないよ。

サクラ：本当？　今朝は天気が良かったけど今は曇ってるね。もし雨が降ったら午後のテニスの練習予定を変えないといけないね。

トム　：心配ないよ。そうする必要はないよ。天気予報は今日じゃなくて明日の朝に降るって言ってるよ。

サクラ：それを聞いてよかったわ。

トム　：今晩電話で今日の練習について話そう。

サクラ：わかった。

質問：サクラとトムはいつテニスを練習しますか？

答え：ア　今日の午後。

＜対話文2＞

ジェーン：すみません。私はジェーンです。新しい生徒です。手伝ってもらえますか？

ボブ　　：こんにちは，ジェーン。僕はボブ。どうしましたか？

ジェーン：ブラウン先生に会いたいんです。教員室への行き方を教えてくれませんか。

ボブ　　：ああ，彼女はたいてい音楽室にいますよ。

ジェーン：そうですか。じゃあ音楽室はどこですか。

ボブ　　：図書館が見えますか？　図書館を右に曲がると美術室のとなりに音楽室が見えます。あと彼女は図書館でときどき本を読みます。

ジェーン：ありがとう。まず図書館に行きますね。

ボブ　　：彼女が見つかるといいですね。

質問：ジェーンは最初にどこへ行きますか？

答え：ウ　図書館へ。

＜対話文3＞

女の子：私の学校は新しく見えるけど長い歴史があるのよ。

男の子：どういう意味？

女の子：建物は新しいけど私の学校は来年で100年になるの。

男の子：本当に？

女の子：うん。祖父は60年前に同じ学校の生徒だったの。

男の子：ええ，おじいさんは何歳なの？

女の子：今年72歳になるよ。

男の子：ええ，そうなの？

女の子：うん。時々一緒に校歌を歌うよ。

男の子：いいね！

質問：今この学校は何周年になりますか？

答え：イ　99年。

〔放送台本〕
〔問題B〕

これから聞く英語は，カナダの中学生の Cathy が，日本の中学生とのオンライン交流で行ったスピーチです。内容に注意して聞きなさい。あとから，英語による質問が二つ出題されます。<Question 1>では，質問に対する答えを選んで，その記号を答えなさい。<Question 2>では，質問に対する答えを英語で書きなさい。なお，<Question 2>のあとに，15秒程度，答えを書く時間があります。
では，始めます。

Hello, everyone! My name is Cathy. I'm fifteen years old. I'm happy to meet you on the Internet today.

First, I will talk about my country. In summer, many people enjoy walking and bird watching in the mountains. I often go to a swimming pool during summer vacation. In winter, many people enjoy watching basketball games. They are very exciting, and I like to watch them, too. Also, people enjoy skiing. The mountains are beautiful with snow. I go skiing with my family every year. I like skiing the best of all sports. I have learned that there are a lot of places for skiing in Japan. Do you like winter sports?

Next, I will tell you about things I want to know about Japan. I'm very interested in Japanese movies. I think the stories are interesting. I want you to tell me about some popular Japanese movies. I'm looking for a new one to enjoy watching. Let's have fun on the Internet today.

<Question 1> What sport does Cathy like the best?
<Question 2> What does Cathy think about the stories in Japanese movies?

〔英文の訳〕
みなさん，こんにちは！　私の名前はキャシーです。15歳です。今日はインターネットでみなさんにお会いできて嬉しいです。

まず，私の国について話します。夏は多くの人たちが山で歩いたりバードウオッチングをしたりして楽しみます。私は夏休みの間よくプールに行きます。冬は多くの人たちがバスケットボールの試合を見て楽しみます。とてもワクワクするし私も見るのが好きです。またみんなスキーを楽しみます。山は雪をかぶって美しいです。私は毎年家族とスキーに行きます。全てのスポーツの中でスキーが一番好きです。日本にはたくさんのスキー場があると知りました。みなさんは冬のスポーツは好きですか？

次に，私が日本について知っていることについて話します。私は日本の映画にとても興味があります。ストーリーが面白いと思います。人気の日本映画についてみなさんに教えてもらいたいです。見て楽しめる映画を今探しています。今日はインターネットで楽しみましょう。

質問1：キャシーが一番好きなスポーツは何ですか？
答え　：エ　スキー。
質問2：日本映画のストーリーについてキャシーはどう思っていますか？
答え　：(例)それは面白い。

大切なことはメモしておこうネ！

東京都公立高等学校

2021年度

★★★★★★★★★★★★★★★★★★★★★★★★

共通問題（理科・社会）

2021年度

●くわしい解説……29ページ

＜理科＞

時間　50分　　満点　100点

1　次の各問に答えよ。

〔問1〕　図1は，ヒトのからだの器官を模式的に表したものである。消化された養分を吸収する器官を図1のA，Bから一つ，アンモニアを尿素(にょうそ)に変える器官を図1のC，Dから一つ，それぞれ選び，組み合わせたものとして適切なのは，次のうちではどれか。

図1

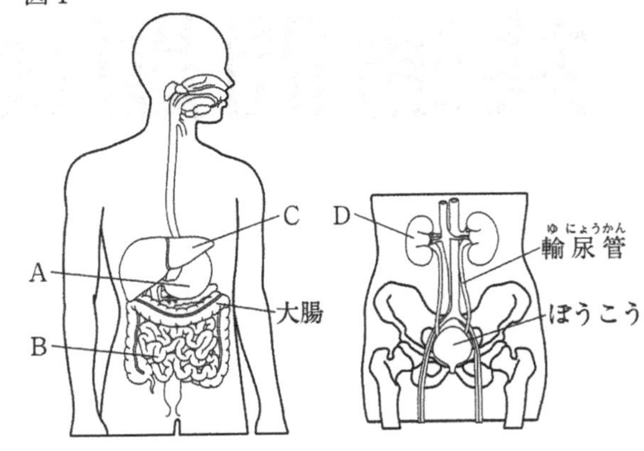

ア　A，C

イ　A，D

ウ　B，C

エ　B，D

〔問2〕　音さXと音さYの二つの音さがある。音さXをたたいて出た音をオシロスコープで表した波形は，図2のようになった。図中のAは1回の振動にかかる時間を，Bは振幅を表している。音さYをたたいて出た音は，図2で表された音よりも高くて大きかった。この音をオシロスコープで表した波形を図2と比べたとき，波形の違いとして適切なのは，次のうちではどれか。

図2

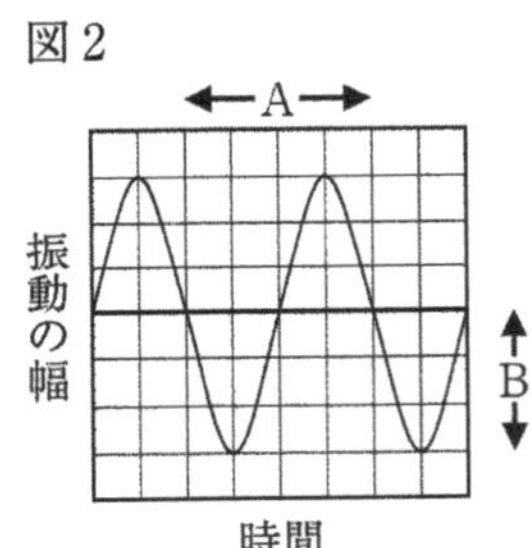

ア　Aは短く，Bは大きい。

イ　Aは短く，Bは小さい。

ウ　Aは長く，Bは大きい。

エ　Aは長く，Bは小さい。

〔問3〕　表1は，ある場所で起きた震源が浅い地震の記録のうち，観測地点A～Cの記録をまとめたものである。この地震において，震源からの距離(きょり)が90kmの地点で初期微動の始まった時刻は10時10分27秒であった。震源からの距離が90kmの地点で主要動の始まった時刻として適切なのは，下のア～エのうちではどれか。

ただし，地震の揺(ゆ)れを伝える2種類の波は，それぞれ一定の速さで伝わるものとする。

表1

観測地点	震源からの距離	初期微動の始まった時刻	主要動の始まった時刻
A	36km	10時10分18秒	10時10分20秒
B	54km	10時10分21秒	10時10分24秒
C	108km	10時10分30秒	10時10分36秒

ア　10時10分28秒　　イ　10時10分30秒　　ウ　10時10分31秒　　エ　10時10分32秒

〔問4〕 スライドガラスの上に溶液Aをしみ込ませたろ紙を置き，図3のように，中央に ✖ 印を付けた2枚の青色リトマス紙を重ね，両端をクリップで留めた。薄い塩酸と薄い水酸化ナトリウム水溶液を青色リトマス紙のそれぞれの ✖ 印に少量付けたところ，一方が赤色に変色した。両端のクリップを電源装置につないで電流を流したところ，赤色に変色した部分は陰極側に広がった。このとき溶液Aとして適切なのは，下の [①] のア～エのうちではどれか。また，青色リトマス紙を赤色に変色させたイオンとして適切なのは，下の [②] のア～エのうちではどれか。

図3

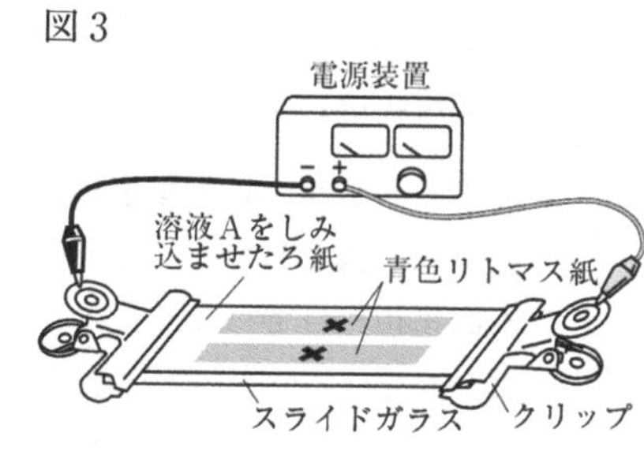

[①]　**ア**　エタノール水溶液　**イ**　砂糖水　**ウ**　食塩水　**エ**　精製水（蒸留水）

[②]　**ア**　H^{+}　**イ**　Cl^{-}　**ウ**　Na^{+}　**エ**　OH^{-}

〔問5〕 エンドウの丸い種子の個体とエンドウのしわのある種子の個体とをかけ合わせたところ，得られた種子は丸い種子としわのある種子であった。かけ合わせた丸い種子の個体としわのある種子の個体のそれぞれの遺伝子の組み合わせとして適切なのは，下の**ア**～**エ**のうちではどれか。

ただし，種子の形の優性形質（丸）の遺伝子をA，劣性形質（しわ）の遺伝子をａとする。

ア　ＡＡとＡａ
イ　ＡＡとａａ
ウ　ＡａとＡａ
エ　Ａａとａａ

〔問6〕 図4のA～Cは，机の上に物体を置いたとき，机と物体に働く力を表している。力のつり合いの関係にある2力と作用・反作用の関係にある2力とを組み合わせたものとして適切なのは，下の表の**ア**～**エ**のうちではどれか。

ただし，図4ではA～Cの力は重ならないように少しずらして示している。

図4

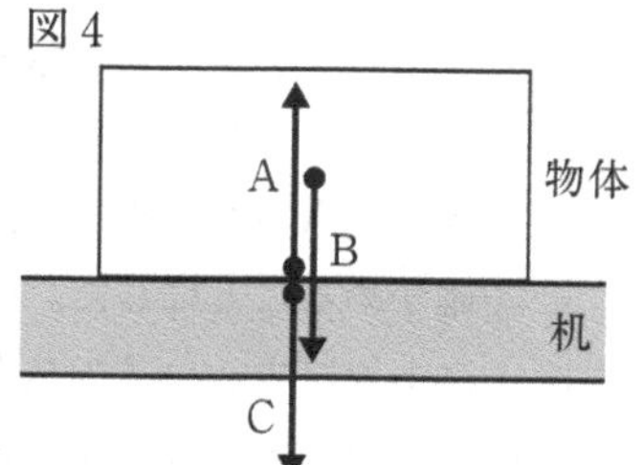

A：机が物体を押す力
B：物体に働く重力
C：物体が机を押す力

	力のつり合いの関係にある2力	作用・反作用の関係にある2力
ア	AとB	AとB
イ	AとB	AとC
ウ	AとC	AとB
エ	AとC	AとC

2　生徒が，毎日の暮らしの中で気付いたことを，科学的に探究しようと考え，自由研究に取り組んだ。生徒が書いたレポートの一部を読み，次の各問に答えよ。

<レポート１>　しらす干しに混じる生物について

食事の準備をしていると，しらす干しの中にはイワシの稚魚だけではなく，エビのなかまやタコのなかまが混じっていることに気付いた。しらす干しは，製造する過程でイワシの稚魚以外の生物を除去していることが分かった。そこで，除去する前にどのような生物が混じっているのかを確かめることにした。

しらす漁の際に捕れた，しらす以外の生物が多く混じっているものを購入（こうにゅう）し，それぞれの生物の特徴を観察し，表1のように4グループに分類した。

表1

グループ	生物
A	イワシ・アジのなかま
B	エビ・カニのなかま
C	タコ・イカのなかま
D	二枚貝のなかま

〔問1〕　<レポート１>から，生物の分類について述べた次の文章の ① と ② にそれぞれ当てはまるものとして適切なのは，下の**ア**～**エ**のうちではどれか。

表1の4グループを，セキツイ動物とそれ以外の生物で二つに分類すると，セキツイ動物のグループは， ① である。また，軟体動物（なんたいどうぶつ）とそれ以外の生物で二つに分類すると，軟体動物のグループは， ② である。

① **ア**　A　**イ**　AとB　**ウ**　AとC　**エ**　AとBとD

② **ア**　C　**イ**　D　**ウ**　CとD　**エ**　BとCとD

<レポート２>　おもちゃの自動車の速さについて

ぜんまいで動くおもちゃの自動車で弟と遊んでいたときに，本物の自動車の速さとの違いに興味をもった。そこで，おもちゃの自動車が運動する様子をビデオカメラで撮影し，速さを確かめることにした。

ストップウォッチのスタートボタンを押すと同時におもちゃの自動車を走らせて，方眼紙の上を運動する様子を，ビデオカメラの位置を固定して撮影した。おもちゃの自動車が運動を始めてから0.4秒後，0.5秒後及び0.6秒後の画像は，図1のように記録されていた。

図1

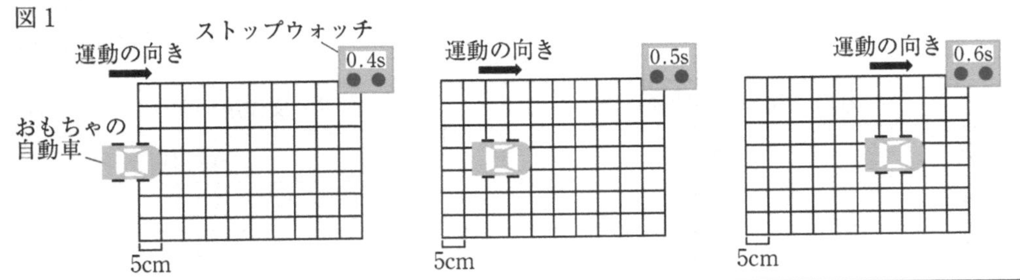

〔問2〕　<レポート２>から，おもちゃの自動車が運動を始めて0.4秒後から0.6秒後までの平均の速さとして適切なのは，次のうちではどれか。

ア　2.7km/h　**イ**　5.4km/h　**ウ**　6.3km/h　**エ**　12.6km/h

<レポート３>　プラスチックごみの分別について

ペットボトルを資源ごみとして分別するため，ボトル，ラベル，キャップに分けて水を入れた洗いおけの中に入れた。すると，水で満たされたボトルとラベルは水に沈み，キャップは水に浮くことに気付いた。ボトルには，図２の表示があったのでプラスチックの種類はＰＥＴであることが分かったが，ラベルには，プラスチックの種類の表示がなかったため分からなかった。そこで，ラベルのプラスチックの種類を調べるため食塩水を作り，食塩水への浮き沈みを確かめることにした。

図２

水50㎤に食塩15ｇを加え，体積を調べたところ55㎤であった。この食塩水に小さく切ったラベルを，空気の泡が付かないように全て沈めてから静かに手を放した。すると，小さく切ったラベルは食塩水に浮いた。

また，ペットボトルに使われているプラスチックの種類を調べたところ，表２のうちの，いずれかであることが分かった。

表２

プラスチックの種類	密度〔g/cm^3〕
ポリエチレンテレフタラート	1.38～1.40
ポリスチレン	1.05～1.07
ポリエチレン	0.92～0.97
ポリプロピレン	0.90～0.92

〔問３〕　**<レポート３>**から，食塩水に浮いたラベルのプラスチックの種類として適切なのは，下の**ア**～**エ**のうちではどれか。

ただし，ラベルは１種類のプラスチックからできているものとする。

ア　ポリエチレンテレフタラート　　**イ**　ポリスチレン

ウ　ポリエチレン　　**エ**　ポリプロピレン

<レポート４>　夜空に見える星座について

毎日同じ時刻に戸じまりをしていると，空に見える星座の位置が少しずつ移動して見えることに気付いた。そこで，南の空に見られるオリオン座の位置を，同じ時刻に観察して確かめることにした。

方位磁針を使って東西南北を確認（かくにん）した後，午後10時に地上の景色と共にオリオン座の位置を記録した。11月15日から１か月ごとに記録した結果は，図３のようになり，１月15日のオリオン座は真南に見えた。

図３

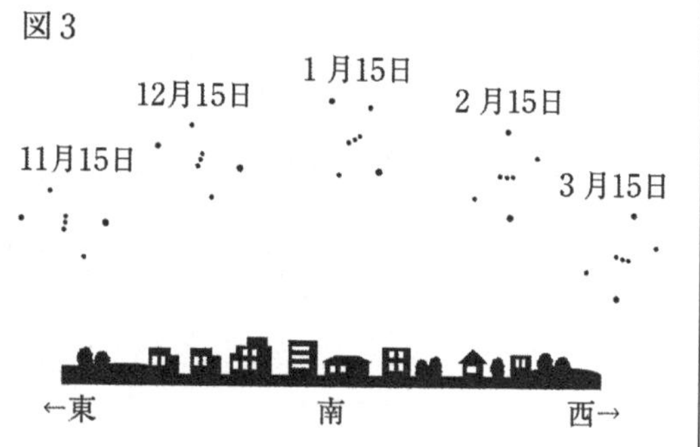

〔問４〕　**<レポート４>**から，２月15日にオリオン座が真南に見える時刻として適切なのは，次のうちではどれか。

ア　午前０時頃（ごろ）　　**イ**　午前２時頃　　**ウ**　午後６時頃　　**エ**　午後８時頃

3 天気の変化と気象観測について，次の各問に答えよ。

＜観測＞を行ったところ，**＜結果＞**のようになった。

＜観測＞

天気の変化について調べるために，ある年の３月31日から連続した３日間，観測地点Ｐにおいて，気象観測を行った。気温，湿度，気圧は自動記録計により測定し，天気，風向，風力，天気図はインターネットで調べた。図１は観測地点Ｐにおける１時間ごとの気温，湿度，気圧の気象データを基に作成したグラフと，３時間ごとの天気，風向，風力の気象データを基に作成した天気図記号を組み合わせたものである。図２，図３，図４はそれぞれ３月31日から４月２日までの12時における日本付近の天気図であり，前線Ｘ（▼▼）は観測を行った期間に観測地点Ｐを通過した。

＜結果＞

図１

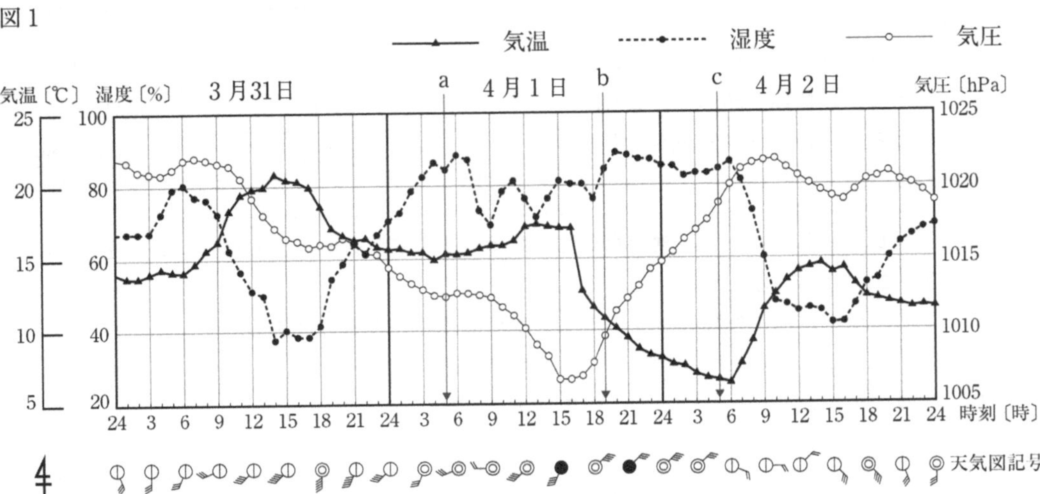

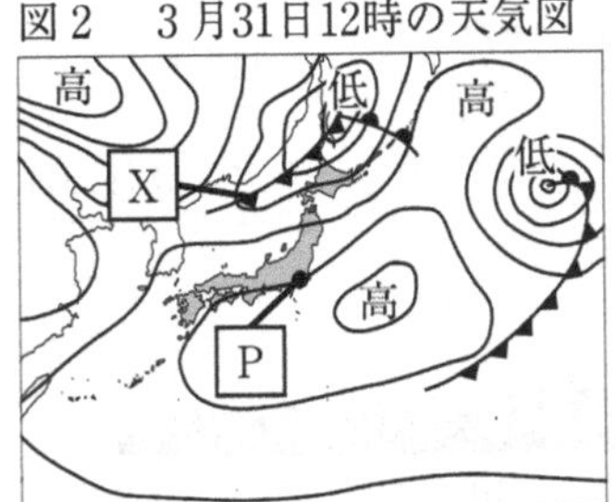

図２　３月31日12時の天気図

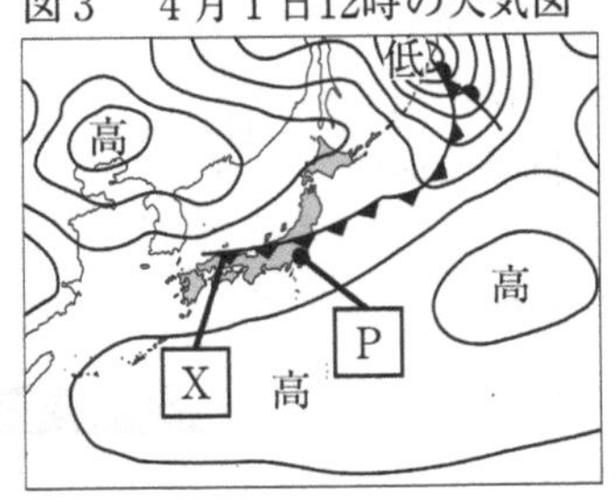

図３　４月１日12時の天気図

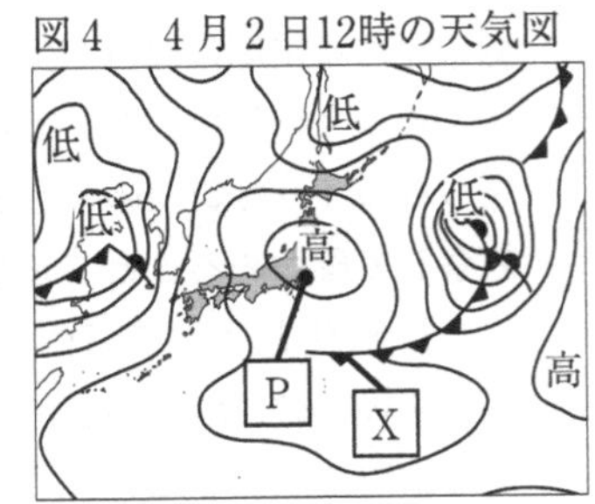

図４　４月２日12時の天気図

〔問１〕　**＜結果＞**の図１のａ，ｂ，ｃの時刻における湿度は全て84%であった。ａ，ｂ，ｃの時刻における空気中の水蒸気の量をそれぞれＡ〔g/m³〕，Ｂ〔g/m³〕，Ｃ〔g/m³〕としたとき，Ａ，Ｂ，Ｃの関係を適切に表したものは，次のうちではどれか。

ア　Ａ＝Ｂ＝Ｃ　　**イ**　Ａ＜Ｂ＜Ｃ　　**ウ**　Ｂ＜Ａ＜Ｃ　　**エ**　Ｃ＜Ｂ＜Ａ

〔問２〕　**＜結果＞**の図１から分かる，３月31日の天気の概況について述べた次のページの文章の ① ～ ③ にそれぞれ当てはまるものとして適切なのは，あとの**ア**～**ウ**のうちではどれか。

> 日中の天気はおおむね [①] で，[②] が吹く。[③] は日が昇るとともに上がり始め，昼過ぎに最も高くなり，その後しだいに下がる。

[①]　ア　快晴　　イ　晴れ　　ウ　くもり
[②]　ア　東寄りの風　　イ　北寄りの風　　ウ　南寄りの風
[③]　ア　気温　　イ　湿度　　ウ　気圧

〔問3〕　<結果>から，4月1日の15時～18時の間に前線Xが観測地点Pを通過したと考えられる。前線Xが通過したときの観測地点Pの様子として適切なのは，下の [①] のア～エのうちではどれか。また，図4において，観測地点Pを覆う高気圧の中心付近での空気の流れについて述べたものとして適切なのは，下の [②] のア～エのうちではどれか。

[①]　ア　気温が上がり，風向は北寄りに変化した。
　　イ　気温が上がり，風向は南寄りに変化した。
　　ウ　気温が下がり，風向は北寄りに変化した。
　　エ　気温が下がり，風向は南寄りに変化した。

[②]　ア　地上から上空へ空気が流れ，地上では周辺から中心部へ向かって風が吹き込む。
　　イ　地上から上空へ空気が流れ，地上では中心部から周辺へ向かって風が吹き出す。
　　ウ　上空から地上へ空気が流れ，地上では周辺から中心部へ向かって風が吹き込む。
　　エ　上空から地上へ空気が流れ，地上では中心部から周辺へ向かって風が吹き出す。

〔問4〕　日本には，季節の変化があり，それぞれの時期において典型的な気圧配置が見られる。次のア～エは，つゆ（6月），夏（8月），秋（11月），冬（2月）のいずれかの典型的な気圧配置を表した天気図である。つゆ，夏，秋，冬の順に記号を並べよ。

ア

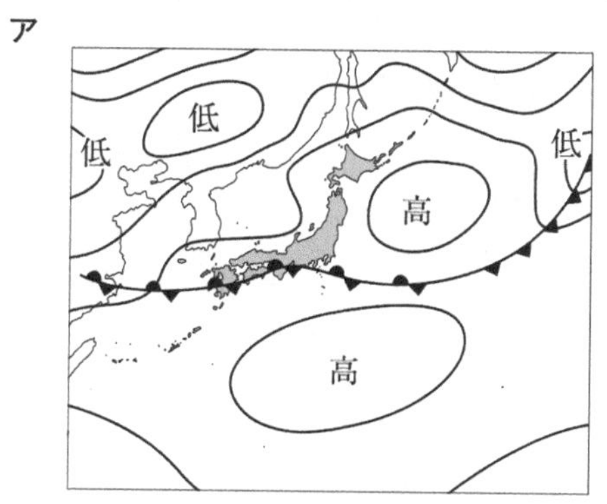

イ

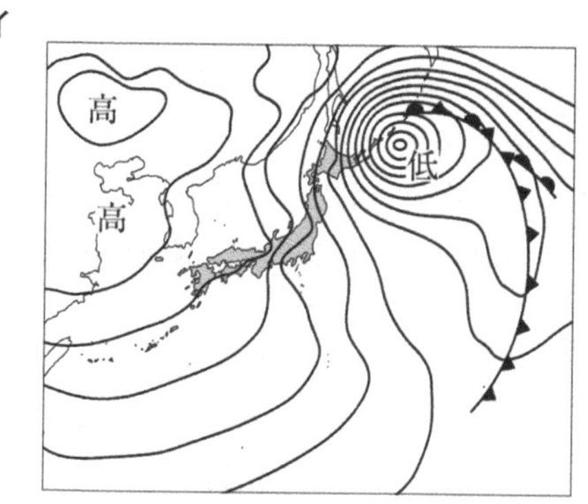

ウ

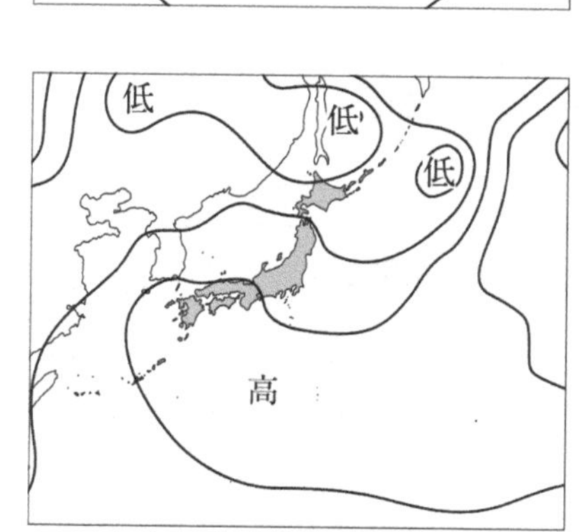

エ

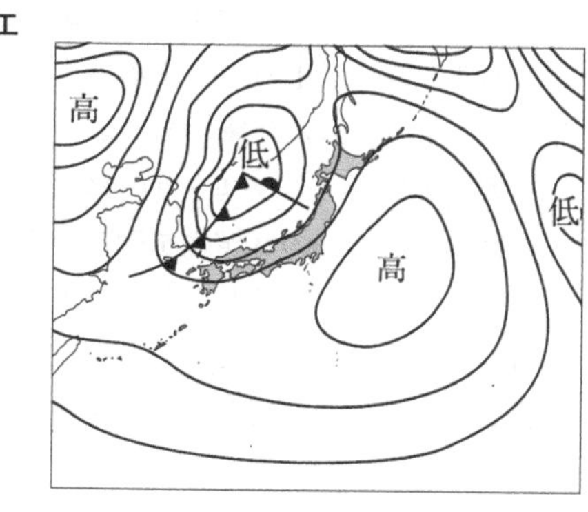

4　ツユクサを用いた観察，実験について，次の各問に答えよ。

＜観察＞を行ったところ，**＜結果１＞**のようになった。

＜観察＞

(1)　ツユクサの葉の裏側の表皮をはがし，スライドガラスの上に載せ，水を１滴落とし，プレパラートを作った。

(2)　(1)のプレパラートを顕微鏡で観察した。

(3)　(1)の表皮を温めたエタノールに入れ，脱色されたことを顕微鏡で確認した後，スライドガラスの上に載せ，ヨウ素液を１滴落とし，プレパラートを作った。

(4)　(3)のプレパラートを顕微鏡で観察した。

図１

A　B

＜結果１＞

(1)　**＜観察＞**の(2)では，図１のAのような２個の三日月形の細胞で囲まれた隙間が観察された。三日月形の細胞にはBのような緑色の粒が複数見られた。

(2)　**＜観察＞**の(4)では，**＜結果１＞**の(1)のBが青紫色に変化した。

〔問１〕　**＜結果１＞**で観察されたAについて述べたものと，Bについて述べたものとを組み合わせたものとして適切なのは，次の表の**ア**～**エ**のうちではどれか。

	Aについて述べたもの	Bについて述べたもの
ア	酸素，二酸化炭素などの気体の出入り口である。	植物の細胞に見られ，酸素を作る。
イ	酸素，二酸化炭素などの気体の出入り口である。	植物の細胞の形を維持する。
ウ	細胞の活動により生じた物質を蓄えている。	植物の細胞に見られ，酸素を作る。
エ	細胞の活動により生じた物質を蓄えている。	植物の細胞の形を維持する。

次に，**＜実験１＞**を行ったところ，**＜結果２＞**のようになった。

図２

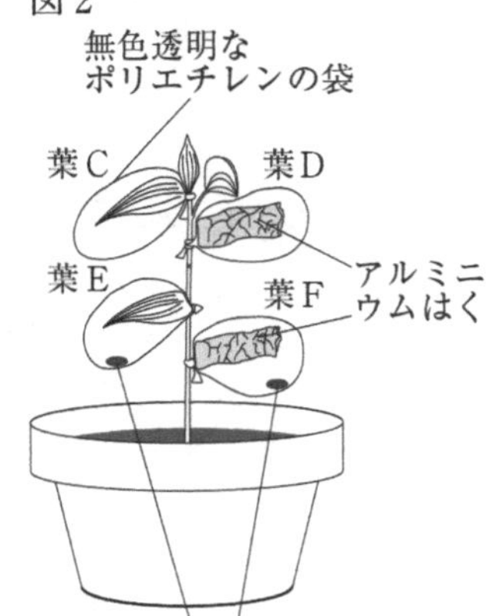

＜実験１＞

(1)　無色透明なポリエチレンの袋４枚と，ツユクサの鉢植えを１鉢用意した。大きさがほぼ同じ４枚の葉を選び，葉C，葉D，葉E，葉Fとした。

(2)　図２のように，葉D・葉Fは，それぞれアルミニウムはくで葉の両面を覆った。葉C，葉Dは，それぞれ袋で覆い，紙ストローで息を吹き込み密封した。葉E，葉Fは，それぞれ袋で覆い，紙ストローで息を吹き込んだ後，二酸化炭素を吸収する性質のある水酸化ナトリウム水溶液をしみ込ませたろ紙を，葉に触れないように入れて密封した。

(3)　<u>**＜実験１＞**の(2)のツユクサの鉢植えを暗室に24時間置いた。</u>

(4)　**＜実験１＞**の(3)の鉢植えを明るい場所に３時間置いた後，葉C～Fをそれぞれ切り取った。

(5)　切り取った葉C～Fを温めたエタノールに入れて脱色し，ヨウ素液に浸して色の変化を調べた。

＜結果２＞

	色の変化
葉C	青紫色に変化した。
葉D	変化しなかった。
葉E	変化しなかった。
葉F	変化しなかった。

〔問2〕 <**実験1**>の(3)の下線部のように操作する理由として適切なのは，下の ① の**ア**～**ウ**のうちではどれか。また，<**結果2**>から，光合成には二酸化炭素が必要であることを確かめるための葉の組合せとして適切なのは，下の ② の**ア**～**ウ**のうちではどれか。

① **ア**　葉にある水を全て消費させるため。
イ　葉にある二酸化炭素を全て消費させるため。
ウ　葉にあるデンプンを全て消費させるため。

② **ア**　葉Cと葉D　　**イ**　葉Cと葉E　　**ウ**　葉Dと葉F

次に，<**実験2**>を行ったところ，<**結果3**>のようになった。

<**実験2**>

(1)　明るさの度合いを1，2の順に明るくすることができる照明器具を用意した。葉の枚数や大きさ，色が同程度のツユクサを入れた同じ大きさの無色透明なポリエチレンの袋を3袋用意し，袋G，袋H，袋Iとした。

(2)　袋G～Iのそれぞれの袋に，紙ストローで息を十分に吹き込み，二酸化炭素の割合を気体検知管で測定した後，密封した。

(3)　袋Gは，暗室に5時間置いた後，袋の中の二酸化炭素の割合を気体検知管で測定した。

(4)　袋Hは，図3のように，照明器具から1m離れたところに置き，明るさの度合いを1にして5時間光を当てた後，袋の中の二酸化炭素の割合を気体検知管で測定した。

(5)　袋Iは，図3のように，照明器具から1m離れたところに置き，明るさの度合いを2にして5時間光を当てた後，袋の中の二酸化炭素の割合を気体検知管で測定した。

図3

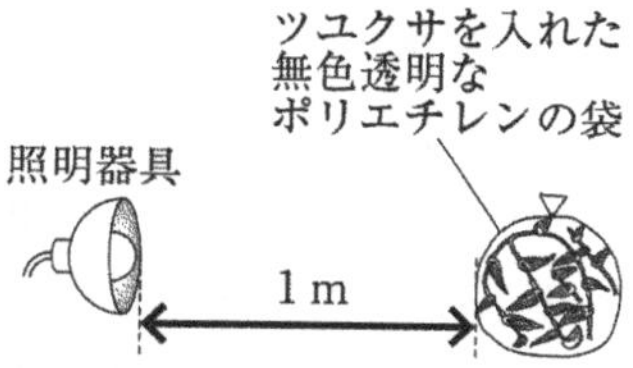

<**結果3**>

		袋G 暗室	袋H 明るさの度合い1	袋I 明るさの度合い2
		暗い → 明るい		
二酸化炭素の割合〔%〕	実験前	4.0	4.0	4.0
	実験後	7.6	5.6	1.5

〔問3〕 <**結果3**>から，袋Hと袋Iのそれぞれに含（ふく）まれる二酸化炭素の量の関係について述べたものとして適切なのは，下の ① の**ア**～**ウ**のうちではどれか。また，<**結果2**>と<**結果3**>から，袋Hと袋Iのそれぞれのツユクサでできるデンプンなどの養分の量の関係について述べたものとして適切なのは，次のページの ② の**ア**～**ウ**のうちではどれか。

① **ア**　呼吸によって出される二酸化炭素の量よりも，光合成によって使われた二酸化炭素の量の方が多いのは，袋Hである。
イ　呼吸によって出される二酸化炭素の量よりも，光合成によって使われた二酸化炭素の量の方が多いのは，袋Iである。
ウ　袋Hも袋Iも呼吸によって出される二酸化炭素の量と光合成によって使われた二酸化炭素の量は，同じである。

② ア　デンプンなどの養分のできる量が多いのは，袋Hである。
イ　デンプンなどの養分のできる量が多いのは，袋Ｉである。
ウ　袋Hと袋Ｉでできるデンプンなどの養分の量は，同じである。

5　物質の変化やその量的な関係を調べる実験について，次の各問に答えよ。
＜実験１＞を行ったところ，＜結果１＞のようになった。

＜実験１＞

(1)　乾いた試験管Aに炭酸水素ナトリウム2.00gを入れ，ガラス管をつなげたゴム栓(せん)をして，試験管Aの口を少し下げ，スタンドに固定した。

(2)　図１のように，試験管Aを加熱したところ，ガラス管の先から気体が出てきたことと，試験管Aの内側に液体が付いたことが確認(かくにん)できた。出てきた気体を３本の試験管に集めた。

図１

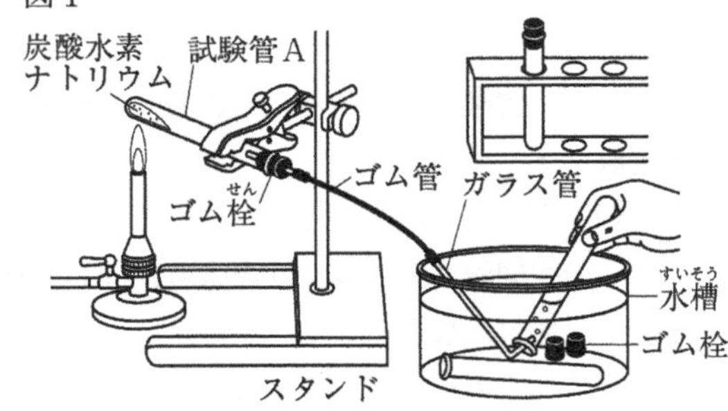

(3)　ガラス管を水槽(すいそう)の水の中から取り出した後，試験管Aの加熱をやめ，試験管Aが十分に冷めてから試験管Aの内側に付いた液体に青色の塩化コバルト紙を付けた。

(4)　気体を集めた３本の試験管のうち，１本目の試験管には火のついた線香を入れ，２本目の試験管には火のついたマッチを近付け，３本目の試験管には石灰水(せっかいすい)を入れてよく振った。

(5)　加熱後の試験管Aの中に残った物質の質量を測定した。

(6)　水5.0㎤を入れた試験管を２本用意し，一方の試験管には炭酸水素ナトリウムを，もう一方の試験管には＜実験１＞の(5)の物質をそれぞれ1.00g入れ，水への溶け方を観察した。

＜結果１＞

塩化コバルト紙の色の変化	火のついた線香の変化	火のついたマッチの変化	石灰水の変化	加熱後の物質の質量	水への溶け方
青色から赤色（桃色(ももいろ)）に変化した。	線香の火が消えた。	変化しなかった。	白く濁った。	1.26g	炭酸水素ナトリウムは溶け残り，加熱後の物質は全て溶けた。

〔問１〕　＜実験１＞の(3)の下線部のように操作する理由として適切なのは，下の ① のア～エのうちではどれか。また，＜実験１＞の(6)の炭酸水素ナトリウム水溶液と加熱後の物質の水溶液のpHの値(あたい)について述べたものとして適切なのは，下の ② のア～ウのうちではどれか。

① ア　試験管A内の気圧が上がるので，試験管Aのゴム栓が飛び出すことを防ぐため。
イ　試験管A内の気圧が上がるので，水槽の水が試験管Aに流れ込むことを防ぐため。
ウ　試験管A内の気圧が下がるので，試験管Aのゴム栓が飛び出すことを防ぐため。
エ　試験管A内の気圧が下がるので，水槽の水が試験管Aに流れ込むことを防ぐため。

② ア　炭酸水素ナトリウム水溶液よりも加熱後の物質の水溶液の方がpHの値が小さい。
イ　炭酸水素ナトリウム水溶液よりも加熱後の物質の水溶液の方がpHの値が大きい。
ウ　炭酸水素ナトリウム水溶液と加熱後の物質の水溶液のpHの値は同じである。

〔問2〕 <**実験1**>の⑵で試験管A内で起きている化学変化と同じ種類の化学変化として適切なのは，下の ① のア～エのうちではどれか。また，<**実験1**>の⑵で試験管A内で起きている化学変化をモデルで表した図2のうち，ナトリウム原子1個を表したものとして適切なのは，下の ② のア～エのうちではどれか。

① **ア** 酸化銀を加熱したときに起こる化学変化
イ マグネシウムを加熱したときに起こる化学変化
ウ 鉄と硫黄（いおう）の混合物を加熱したときに起こる化学変化
エ 鉄粉と活性炭の混合物に食塩水を数滴（すうてき）加えたときに起こる化学変化

図2

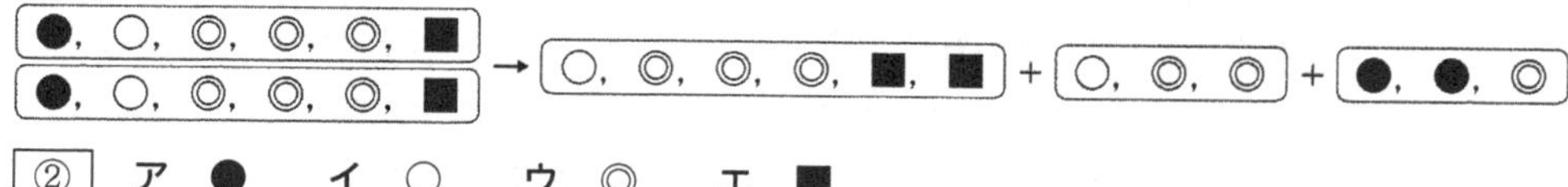

② **ア** ● **イ** ○ **ウ** ◎ **エ** ■

次に，<**実験2**>を行ったところ，<**結果2**>のようになった。

<**実験2**>

⑴ 乾いたビーカーに薄い塩酸10.0cm³を入れ，図3のようにビーカーごと質量を測定し，反応前の質量とした。

⑵ 炭酸水素ナトリウム0.50gを，<**実験2**>の⑴の薄い塩酸の入っているビーカーに少しずつ入れたところ，気体が発生した。気体の発生が止まった後，ビーカーごと質量を測定し，反応後の質量とした。

⑶ <**実験2**>の⑵で，ビーカーに入れる炭酸水素ナトリウムの質量を，1.00g，1.50g，2.00g，2.50g，3.00gに変え，それぞれについて<**実験2**>の⑴，⑵と同様の実験を行った。

図3

<**結果2**>

反応前の質量〔g〕	79.50	79.50	79.50	79.50	79.50	79.50
炭酸水素ナトリウムの質量〔g〕	0.50	1.00	1.50	2.00	2.50	3.00
反応後の質量〔g〕	79.74	79.98	80.22	80.46	80.83	81.33

〔問3〕 <**結果2**>から，炭酸水素ナトリウムの質量と発生した気体の質量との関係を表したグラフとして適切なのは，次のうちではどれか。

ア

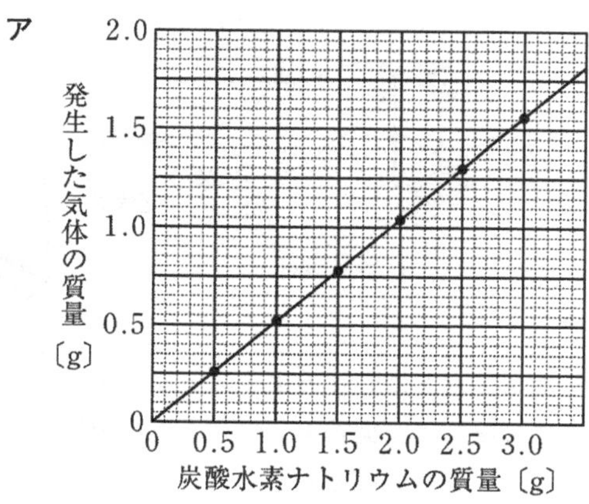

イ

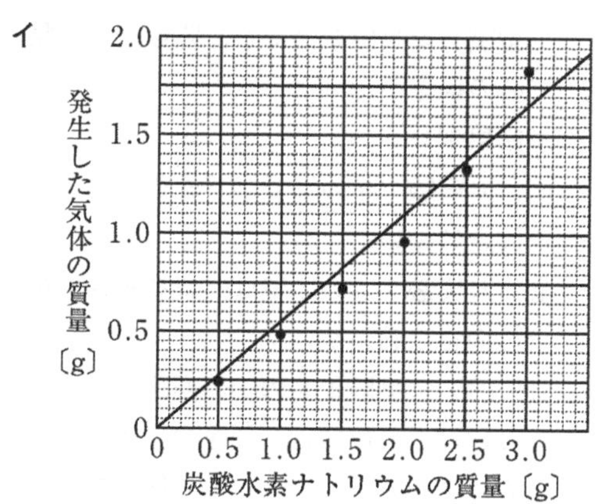

ウ

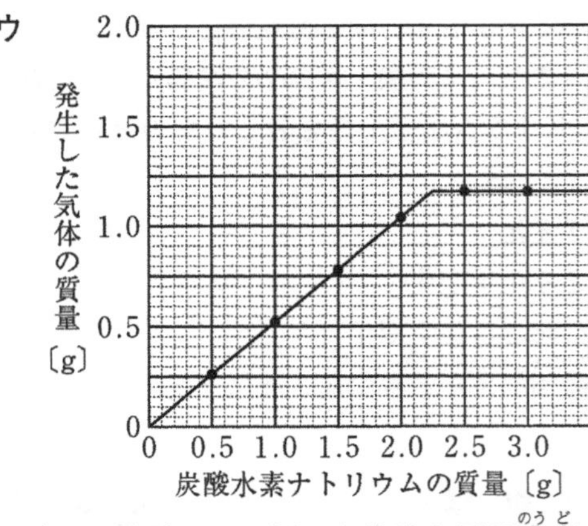

エ

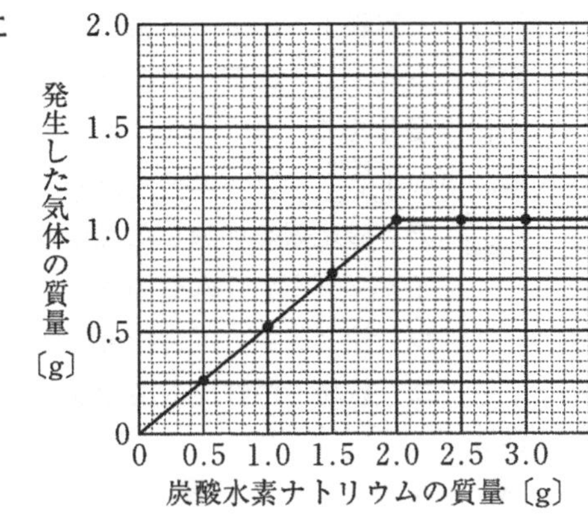

〔問４〕　**＜実験２＞**で用いた塩酸と同じ濃度の塩酸10.0㎝^{3}に，炭酸水素ナトリウムが含まれているベーキングパウダー4.00ｇを入れたところ，0.65ｇの気体が発生した。ベーキングパウダーに含まれている炭酸水素ナトリウムは何％か。答えは，小数第一位を四捨五入して整数で求めよ。

ただし，発生した気体はベーキングパウダーに含まれている炭酸水素ナトリウムのみが反応して発生したものとする。

6　電流と磁界に関する実験について，次の各問に答えよ。

＜実験１＞を行ったところ，**＜結果１＞**のようになった。

＜実験１＞

(1)　木の棒を固定したスタンドを水平な机の上に置き，図１のように電源装置，導線，スイッチ，20Ωの抵抗器，電流計，コイルＡを用いて回路を作った。

(2)　コイルＡの下にＮ極が黒く塗られた方位磁針を置いた。

(3)　電源装置の電圧を５Ｖに設定し，回路のスイッチを入れた。

(4)　**＜実験１＞**の(1)の回路に図２のようにＵ字型磁石をＮ極を上にして置き，**＜実験１＞**の(3)の操作を行った。

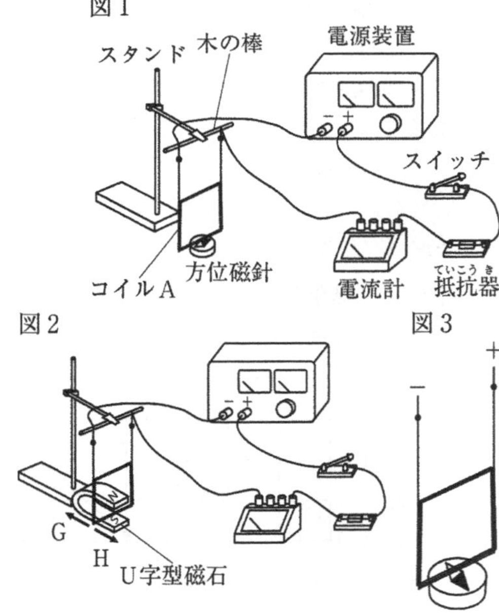

＜結果１＞

(1)　**＜実験１＞**の(3)では，磁針は図３で示した向きに動いた。

(2)　**＜実験１＞**の(4)では，コイルＡは図２のＨの向きに動いた。

〔問１〕　**＜実験１＞**の(1)の回路と木の棒を固定したスタンドに図４のようにアクリル板２枚を取り付け，方位磁針２個をコイルＡの内部と上部に設置し，**＜実験１＞**の(3)の操作を行った。このときの磁針の向きとして適切なのは，次のページのうちではどれか。

図4

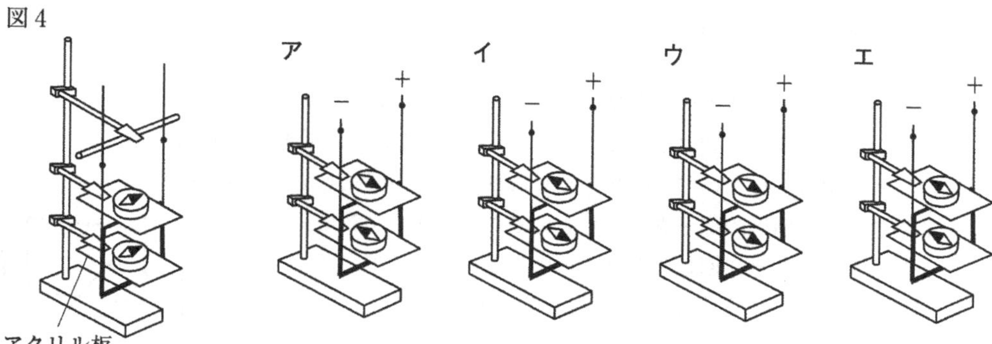

次に，<実験2>を行ったところ，<結果2>のようになった。

<実験2>

(1)　図5のようにコイルAに導線で検流計をつないだ。

(2)　コイルAを手でGとHの向きに交互に動かし，検流計の針の動きを観察した。

図5

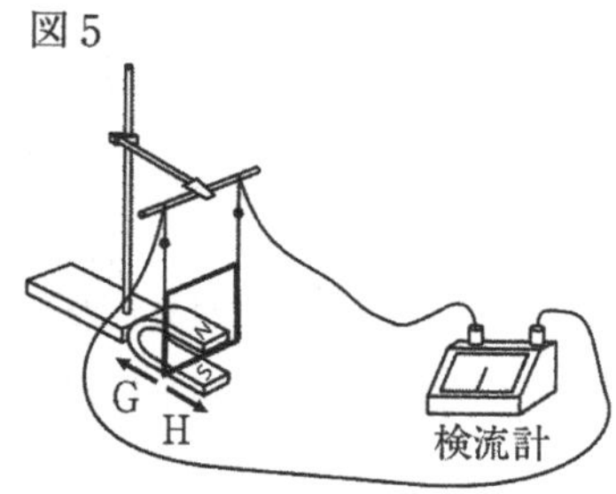

<結果2>

コイルAを動かすと，検流計の針は左右に振れた。

〔問2〕　<結果2>から，コイルAに電圧が生じていることが分かる。コイルAに電圧が生じる理由を簡単に書け。

次に，<実験3>を行ったところ，<結果3>のようになった。

<実験3>

(1)　図6において，電流をeからfに流すとき，a→b→c→dの向きに電流が流れるようエナメル線を巻き，左右に軸を出した。e側の軸のエナメルを下半分，f側の軸のエナメルを全てはがしたコイルBを作った。
なお，図6のエナメル線の白い部分はエナメルをはがした部分を表している。

図6

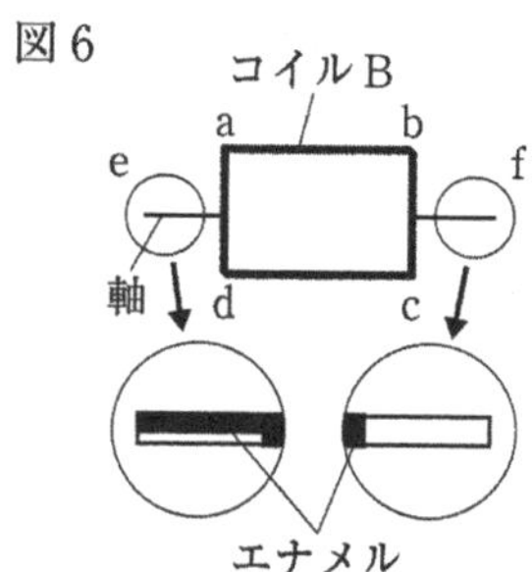

(2)　図7のように，磁石のS極を上にして置き，その上にコイルBをabの部分が上になるように金属製の軸受けに載せた。電源装置，導線，スイッチ，20Ωの抵抗器，電流計，軸受けを用いて回路を作り，<実験1>の(3)の操作を行った。

図7

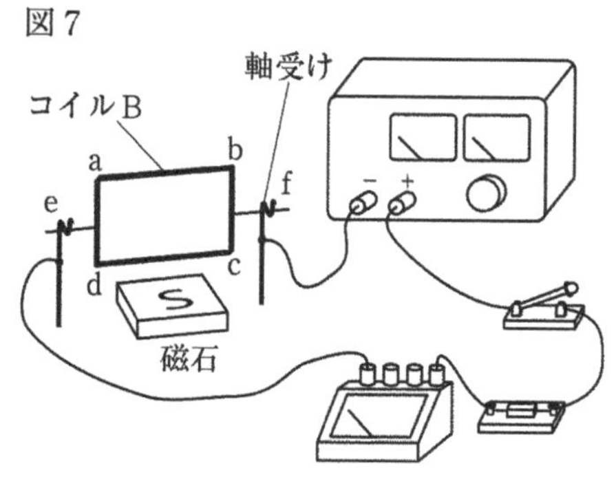

<結果3>

コイルBは，同じ向きに回転し続けた。

〔問3〕　<実験3>の(2)において，コイルBを流れる電流を大きくするとコイルの回転が速くなる。次のページのア～エは，図7の回路の抵抗器にもう一つ抵抗器をつなぐ際の操作を示したものである。＜実験１＞の⑶の操作を行うとき，コイルＢが速く回転するつなぎ方の順に記号を並べよ。

ア　５Ωの抵抗器を直列につなぐ。　**イ**　５Ωの抵抗器を並列につなぐ。
ウ　10Ωの抵抗器を直列につなぐ。　**エ**　10Ωの抵抗器を並列につなぐ。

〔問４〕　**＜結果３＞**において，図８と図９はコイルＢが回転しているときのある瞬間の様子を表したものである。次の文章は，コイルＢが同じ向きに回転し続けた理由を述べたものである。文章中の ① ～ ④ にそれぞれ当てはまるものとして適切なのは，下の**ア**～**ウ**のうちではどれか。

図８

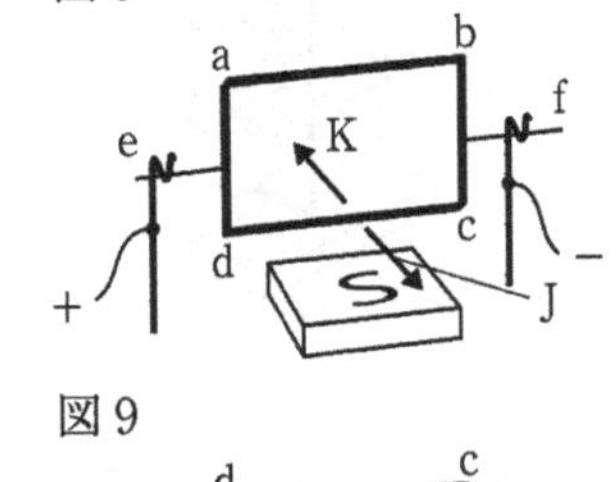

図９

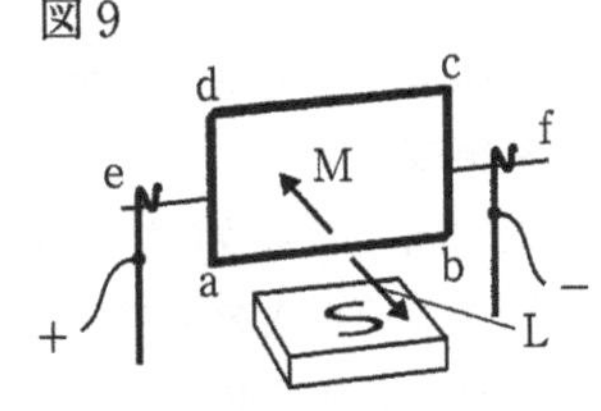

> 図８の状態になったときには，コイルＢのｃｄの部分には ① ため，磁界から ② 。半回転して図９の状態になったときには，コイルＢのａｂの部分には ③ ため，磁界から ④ 。そのため，同じ向きの回転を続け，さらに半回転して再び図８の状態になるから。

① **ア**　ｃ→ｄの向きに電流が流れる　**イ**　ｄ→ｃの向きに電流が流れる
　ウ　電流が流れない

② **ア**　Ｊの向きに力を受ける　**イ**　Ｋの向きに力を受ける
　ウ　力を受けない

③ **ア**　ａ→ｂの向きに電流が流れる　**イ**　ｂ→ａの向きに電流が流れる
　ウ　電流が流れない

④ **ア**　Ｌの向きに力を受ける　**イ**　Ｍの向きに力を受ける
　ウ　力を受けない

＜社会＞

時間　50分　　満点　100点

1　次の各問に答えよ。

I

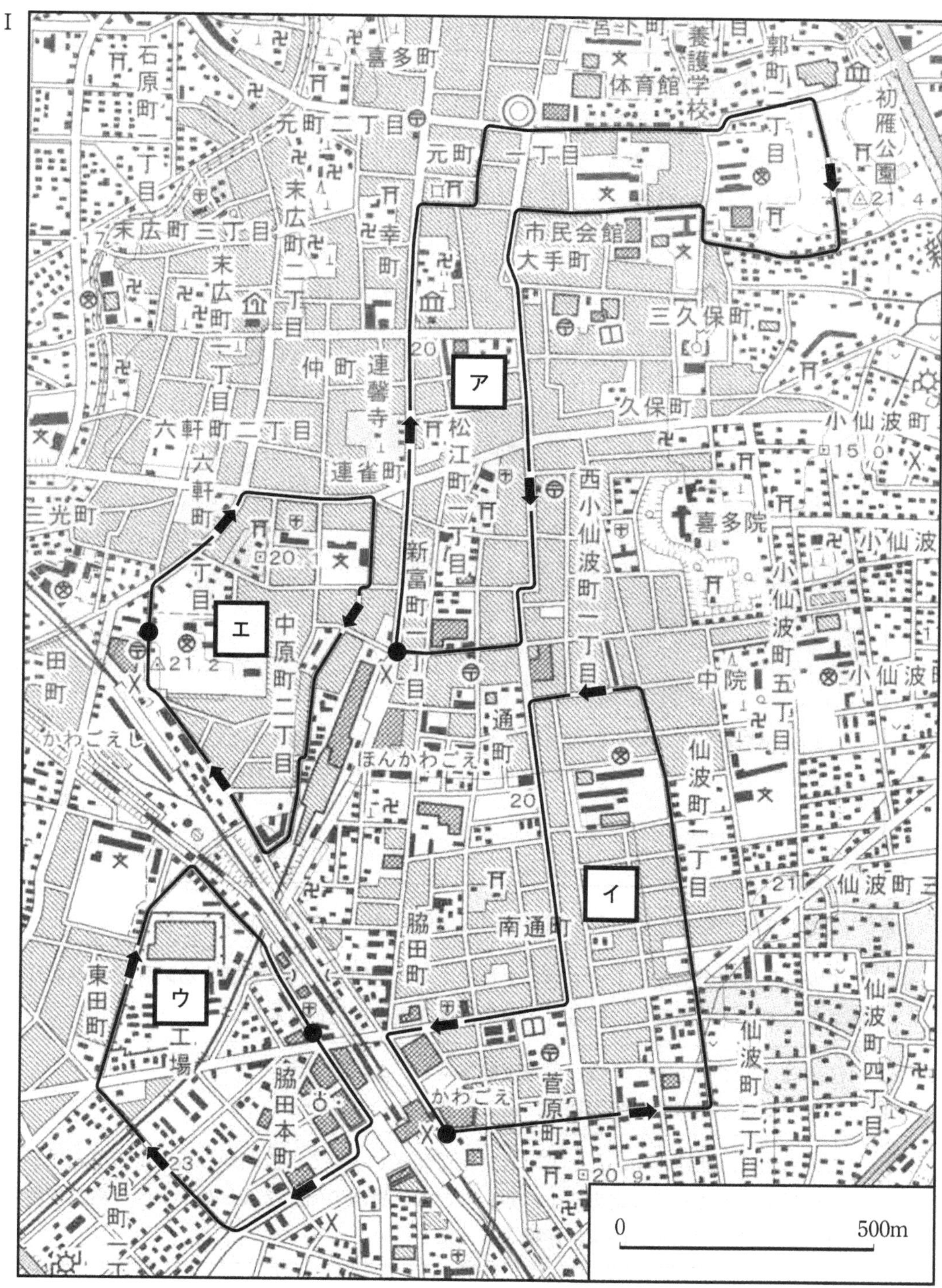

〔問１〕 前のページのⅠの地形図は，2006年と2008年の「国土地理院発行２万５千分の１地形図(川越南部・川越北部)」の一部を拡大して作成したものである。下のⅡの図は，埼玉県川越市中心部の地域調査で確認できる城下町の痕跡を示したものである。Ⅰの**ア**～**エ**の経路は，地域調査で地形図上に●で示した地点を起点に矢印（➡）の方向に移動した様子を――で示したものである。Ⅱの図で示された痕跡を確認することができる経路に当てはまるのは，Ⅰの**ア**～**エ**のうちではどれか。(31ページの地図は編集の都合で90%に縮小してあります。)

Ⅱ

城下町の痕跡を探そう

調 査 日　令和２年10月３日（土）　　集合時刻　午前９時

集合場所　駅前交番前

移動距離　約4.1km

痕跡１　城に由来するものが，現在の町名に残っている。

郭町　城の周囲にめぐらした郭に由来する。　大手町　川越城の西大手門に由来する。

痕跡２　城下に「時」を告げてきた鐘つき堂

地形図上では，「高塔」の地図記号で示されている。

痕跡３　見通しを悪くし，敵が城に侵入しづらくなるようにした鍵型の道路

通行しやすくするために，鍵型の道路は直線的に結ばれている。

（↓は写真を撮った向きを示す。）

〔問２〕 次の文章で述べている我が国の歴史的文化財は，下の**ア**～**エ**のうちのどれか。

平安時代中期の貴族によって建立された，阿弥陀如来坐像を安置する阿弥陀堂であり，極楽浄土の世界を表現している。1994年に世界遺産に登録された。

ア　法隆寺　**イ**　金閣　**ウ**　平等院鳳凰堂　**エ**　東大寺

〔問３〕 次の文章で述べている人物は，あとの**ア**～**エ**のうちのどれか。

この人物は，江戸を中心として町人文化が発展する中で，波間から富士山を垣間見る構図の作品に代表される「富嶽三十六景」などの風景画の作品を残した。大胆な構図や色彩はヨーロッパの印象派の画家に影響を与えた。

ア　雪舟　　イ　葛飾北斎　　ウ　菱川師宣　　エ　狩野永徳

〔問4〕　次の条文がある法律の名称は，下のア～エのうちのどれか。

○労働条件は，労働者と使用者が，対等の立場において決定すべきものである。
○使用者は，労働者に，休憩時間を除き一週間について四十時間を超えて，労働させてはならない。

ア　男女共同参画社会基本法　　イ　労働組合法
ウ　男女雇用機会均等法　　エ　労働基準法

2　次の略地図を見て，あとの各問に答えよ。

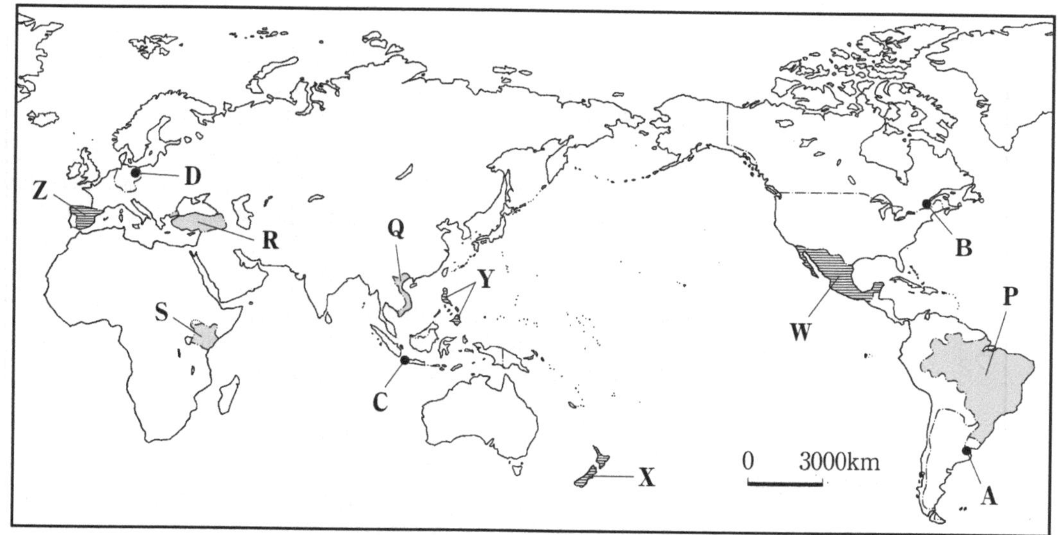

〔問1〕　次のⅠのア～エのグラフは，略地図中にA～Dで示した**いずれか**の都市の，年平均気温と年降水量及び各月の平均気温と降水量を示したものである。Ⅱの表のア～エは，略地図中にA～Dで示した**いずれか**の都市を含む国の，2017年における米，小麦，とうもろこし，じゃがいもの生産量を示したものである。略地図中のDの都市のグラフに当てはまるのは，Ⅰのア～エのうちのどれか，また，その都市を含む国の，2017年における米，小麦，とうもろこし，じゃがいもの生産量に当てはまるのは，次のページのⅡの表のア～エのうちのどれか。

Ⅰ

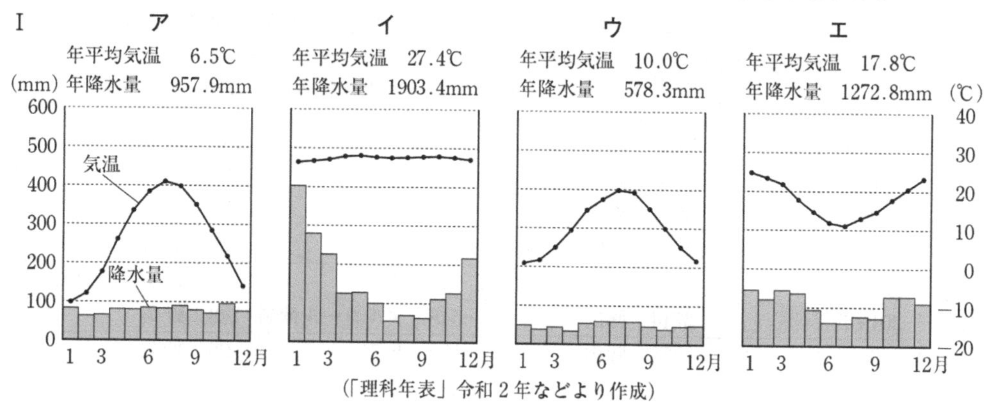

（「理科年表」令和2年などより作成）

Ⅱ

	米（万ｔ）	小麦（万ｔ）	とうもろこし(万ｔ)	じゃがいも（万ｔ）
ア	8138	−	2795	116
イ	133	1840	4948	245
ウ	−	2998	1410	441
エ	−	2448	455	1172

（注）−は，生産量が不明であることを示す。（「データブック　オブ・ザ・ワールド」2020年版などより作成）

〔問２〕 次の表のア～エは，略地図中に ▒▒ で示したＰ～Ｓのいずれかの国の，2017年におけるコーヒー豆と茶の生産量，国土と食文化の様子についてまとめたものである。略地図中のＰ～Ｓのそれぞれの国に当てはまるのは，次の表のア～エのうちではどれか。

	コーヒー豆(百ｔ)	茶(百ｔ)	国土と食文化の様子
ア	−	2340	○北西部には二つの州を隔てる海峡が位置し，北部と南部も海に面し，中央部には首都が位置する高原が広がっている。 ○帝国時代からコーヒーが飲まれ，共和国時代に入り紅茶の消費量も増え，トマトや羊肉のスープを用いた料理などが食べられている。
イ	26845	5	○北部の盆地には流域面積約700万km²の河川が東流し，南部にはコーヒー栽培に適した土壌が分布し，首都が位置する高原が広がっている。 ○ヨーロッパ風に，小さなカップで砂糖入りの甘いコーヒーが飲まれ，豆と牛や豚の肉を煮込んだ料理などが食べられている。
ウ	15424	2600	○南北方向に国境を形成する山脈が走り，北部には首都が位置する平野が，南部には国内最大の稲作地域である三角州が広がっている。 ○練乳入りコーヒーや主に輸入小麦で作られたフランス風のパンが見られ，スープに米粉の麺と野菜を入れた料理などが食べられている。
エ	386	4399	○中央部には標高5000mを超える火山が位置し，西部には茶の栽培に適した土壌が分布し，首都が位置する高原が広がっている。 ○イギリス風に紅茶を飲む習慣が見られ，とうもろこしの粉を湯で練った主食と，野菜を炒め塩で味付けした料理などが食べられている。

（注）−は，生産量が不明であることを示す。（「データブック　オブ・ザ・ワールド」2020年版などより作成）

〔問３〕 次のⅠとⅡ（次のページ）の表のア～エは，略地図中に ▤▤ で示したＷ～Ｚのいずれかの国に当てはまる。Ⅰの表は，1999年と2019年における日本の輸入総額，農産物の日本の主な輸入品目と輸入額を示したものである。Ⅱの表は，1999年と2019年における輸出総額，輸出額が多い上位３位までの貿易相手国を示したものである。あとのⅢの文章は，ⅠとⅡの表におけるア～エのいずれかの国について述べたものである。Ⅲの文章で述べている国に当てはまるのは，ⅠとⅡの表のア～エのうちのどれか，また，略地図中のＷ～Ｚのうちのどれか。

Ⅰ

		日本の輸入総額(億円)	農産物の日本の主な輸入品目と輸入額（億円）					
ア	1999年	2160	野菜	154	チーズ	140	果実	122
	2019年	2918	果実	459	チーズ	306	牛肉	134
イ	1999年	6034	果実	533	野菜	34	麻類	6
	2019年	11561	果実	1033	野菜	21	植物性原材料	8
ウ	1999年	1546	アルコール飲料	44	果実	31	植物性原材料	11
	2019年	3714	豚肉	648	アルコール飲料	148	野菜	50
エ	1999年	1878	豚肉	199	果実	98	野菜	70
	2019年	6440	豚肉	536	果実	410	野菜	102

（財務省「貿易統計」より作成）

Ⅱ

		輸出総額（億ドル）	輸出額が多い上位3位までの貿易相手国		
			1位	2位	3位
ア	1999年	125	オーストラリア	アメリカ合衆国	日本
	2019年	395	中華人民共和国	オーストラリア	アメリカ合衆国
イ	1999年	350	アメリカ合衆国	日本	オランダ
	2019年	709	アメリカ合衆国	日本	中華人民共和国
ウ	1999年	1115	フランス	ドイツ	ポルトガル
	2019年	3372	フランス	ドイツ	イタリア
エ	1999年	1363	アメリカ合衆国	カナダ	ドイツ
	2019年	4723	アメリカ合衆国	カナダ	ドイツ

（国際連合貿易統計データベースより作成）

Ⅲ

現在も活動を続ける造山帯に位置しており，南部には氷河に削られてできた複雑に入り組んだ海岸線が見られる。偏西風（へんせいふう）の影響を受け，湿潤（しつじゅん）な西部に対し，東部の降水量が少ない地域では，牧羊が行われている。一次産品が主要な輸出品となっており，1999年と比べて2019年では，日本の果実の輸入額は3倍以上に増加し，果実は外貨獲得（かくとく）のための貴重な資源となっている。貿易の自由化を進め，2018年には，日本を含む6か国による多角的な経済連携（けいざいれんけい）協定（きょうてい）が発効したことなどにより，貿易相手国の順位にも変化が見られる。

3 次の略地図を見て，あとの各問に答えよ。

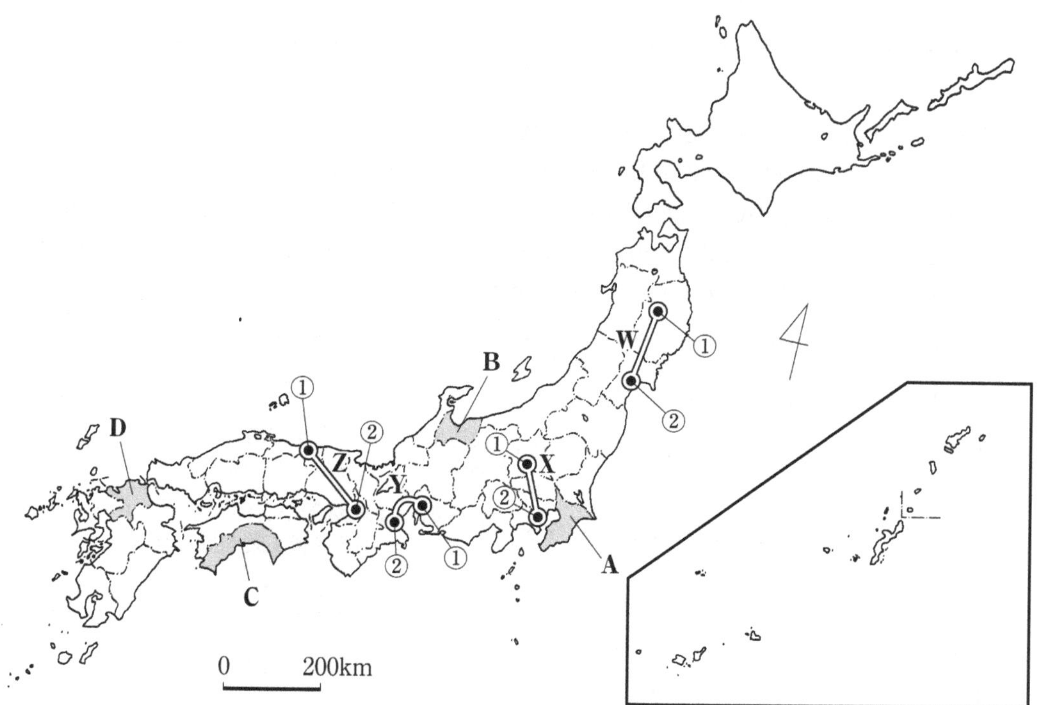

〔問1〕 次のページの表の**ア**～**エ**は，略地図中に ▒▒ で示した，**A**～**D**の**いずれか**の県の，2019年における人口，県庁所在地（市）の人口，県内の自然環境と情報通信産業などの様子についてまとめたものである。**A**～**D**のそれぞれの県に当てはまるのは，次の表の**ア**～**エ**のうちではどれか。

	人口(万人) / 県庁所在地(市)の人口(万人)	県内の自然環境と情報通信産業などの様子
ア	70 / 33	○北部には山地が位置し，中央部には南流する複数の河川(かせん)により形成された平野が見られ，沖合(おきあい)を流れる暖流の影響で，気候が温暖である。 ○県庁が所在する平野部には，園芸農業を行う施設内の環境を自動制御(せいぎょ)するためのシステムを開発する企業(きぎょう)が立地している。
イ	510 / 154	○北西部に広がる平野の沖合には暖流が流れ，北東部には潮流が速い海峡(かいきょう)が見られ，南西部に広がる平野は干満差の大きい干潟(ひがた)のある海に面している。 ○県庁所在地の沿岸部には，住宅地開発を目的に埋め立てられた地域に，報道機関やソフトウェア設計の企業などが集積している。
ウ	104 / 42	○冬季に降水が多い南部の山々を源流とし，北流する複数の河川が形成する平野が中央部に見られ，東部には下流に扇状地を形成する河川が見られる。 ○県庁が所在する平野部には，豊富な水を利用した医薬品製造拠点があり，生産管理のための情報技術などを開発する企業が立地している。
エ	626 / 97	○平均標高は約40mで，北部にはローム層が堆積する台地があり，西部には大都市が立地し，南部には温暖な気候の丘陵(きゅうりょう)地帯が広がっている。 ○県庁所在地に近い台地には，安定した地盤(じばん)であることを生かして金融(きんゆう)関係などの情報を処理する電算センターが立地している。

(「日本国勢図会(にほんこくせいずえ)」2020／21年版などより作成)

〔問2〕 略地図中に① ◉═◉ ②で示したW～Zは，それぞれの①の府県の府県庁所在地と②の府県の府県庁所在地が，鉄道と自動車で結び付く様子を模式的に示したものである。次の表の**ア**～**エ**は，W～Zの**いずれか**の府県庁所在地間の直線距離(きょり)，2017年における，府県相互間の鉄道輸送量，自動車輸送量，起点となる府県の産業の様子を示したものである。略地図中のW～Zのそれぞれに当てはまるのは，次の表の**ア**～**エ**のうちではどれか。

	起点 終点	直線距離(km)	鉄道(百t)	自動車(百t)	起点となる府県の産業の様子
ア	①→②	117.1	1078	32172	輸送用機械関連企業が南部の工業団地に立地し，都市部では食品加工業が見られる。
	②→①		10492	25968	沿岸部では鉄鋼業や石油化学コンビナートが，内陸部では電子機械工業が見られる。
イ	①→②	161.1	334	41609	中山間部には畜産業(ちくさんぎょう)や林業，木材加工業が，南北に走る高速道路周辺には電子工業が見られる。
	②→①		3437	70931	平野部には稲作(いなさく)地帯が広がり，沿岸部では石油精製業が見られる。
ウ	①→②	147.9	209	11885	漁港周辺には水産加工業が，砂丘が広がる沿岸部には果樹栽培(さいばい)が見られる。
	②→①		33	9145	沿岸部には鉄鋼業が，都市中心部には中小工場が，内陸部には電気機械工業が見られる。

エ	①→②	61.8	1452	79201	世界を代表する輸送用機械関連企業が内陸部に位置し，沿岸部には鉄鋼業などが見られる。
	②→①		1777	95592	石油化学コンビナートや，岬と入り江が入り組んだ地形を生かした養殖業が見られる。

（国土交通省「貨物地域流動調査」などより作成）

〔問3〕　次のⅠとⅡの地形図は，千葉県八千代市の1983年と2009年の「国土地理院発行2万5千分の1地形図（習志野）」の一部である。Ⅲの略年表は，1980年から1996年までの，八千代市（萱田）に関する主な出来事についてまとめたものである。ⅠとⅡの地形図を比較して読み取れる，◯で示した地域の変容について，宅地に着目して，簡単に述べよ。また，Ⅰ～Ⅲの資料から読み取れる，◯で示した地域の変容を支えた要因について，八千代中央駅と東京都（大手町）までの所要時間に着目して，簡単に述べよ。

Ⅰ

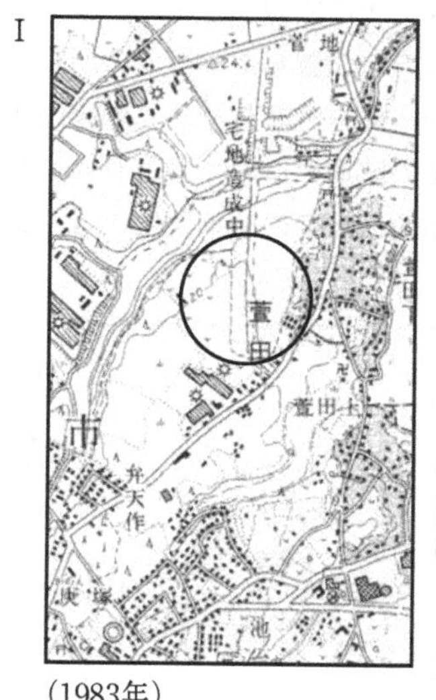

（1983年）

Ⅱ

（2009年）

Ⅲ

西暦	八千代市（萱田）に関する主な出来事
1980	●萱田の土地区画整理事業が始まった。
1985	●東葉高速鉄道建設工事が始まった。
1996	●東葉高速鉄道が開通した。 ●八千代中央駅が開業した。 ●東京都（大手町）までの所要時間は60分から46分に，乗換回数は3回から0回になった。

（注）所要時間に乗換時間は含まない。

（「八千代市統計書」などより作成）

4　次の文章を読み，あとの各問に答えよ。

政治や行政の在り方は，時代とともにそれぞれ変化してきた。

古代では，クニと呼ばれるまとまりが生まれ，政治の中心地が，やがて都となり，行政を行う役所が設けられるようになった。さらに，(1)都から各地に役人を派遣し，土地や人々を治める役所を設け，中央集権体制を整えた。

中世になると，武家が行政の中心を担うようになり，(2)支配を確実なものにするために，独自の行政の仕組みを整え，新たな課題に対応してきた。

明治時代に入ると，近代化政策が推進され，欧米諸国を模範として，(3)新たな役割を担う行政機関が設置され，地方自治の制度も整備された。そして，社会の変化に対応した政策を実現するため，(4)様々な法律が整備され，行政が重要な役割を果たすようになった。

〔問1〕　(1)都から各地に役人を派遣し，土地や人々を治める役所を設け，中央集権体制を整えた。

とあるが，次のア～エは，飛鳥時代から室町時代にかけて，各地に設置された行政機関について述べたものである。時期の古いものから順に記号を並べよ。

ア　足利尊氏は，関東への支配を確立する目的で，関東８か国と伊豆・甲斐の２か国を支配する機関として，鎌倉府を設置した。

イ　桓武天皇は，支配地域を拡大する目的で，東北地方に派遣した征夷大将軍に胆沢城や志波城を設置させた。

ウ　中大兄皇子は，白村江の戦いに敗北した後，大陸からの防御を固めるため，水城や山城を築き，大宰府を整備した。

エ　北条義時を中心とする幕府は，承久の乱後の京都の治安維持，西国で発生した訴訟の処理，朝廷の監視等を行う機関として，六波羅探題を設置した。

〔問２〕　(2)支配を確実なものにするために，独自の行政の仕組みを整え，新たな課題に対応してきた。とあるが，次のⅠの略年表は，室町時代から江戸時代にかけての，外国人に関する主な出来事をまとめたものである。Ⅱの略地図中のＡ～Ｄは，幕府が設置した奉行所の所在地を示したものである。Ⅲの文章は，幕府直轄地の奉行への命令の一部を分かりやすく書き改めたものである。Ⅲの文章が出されたのは，Ⅰの略年表中のア～エの時期のうちではどれか。また，Ⅲの文章の命令を主に実行する奉行所の所在地に当てはまるのは，Ⅱの略地図中のＡ～Ｄのうちのどれか。

Ⅰ

西暦	外国人に関する主な出来事	
1549	●フランシスコ・ザビエルが，キリスト教を伝えるため来航した。	
		ア
1600	●漂着したイギリス人ウィリアム・アダムスが徳川家康と会見した。	
		イ
1641	●幕府は，オランダ商館長によるオランダ風説書の提出を義務付けた。	
		ウ
1709	●密入国したイタリア人宣教師シドッチを新井白石が尋問した。	
		エ
1792	●ロシア使節のラクスマンが来航し，通商を求めた。	

Ⅱ

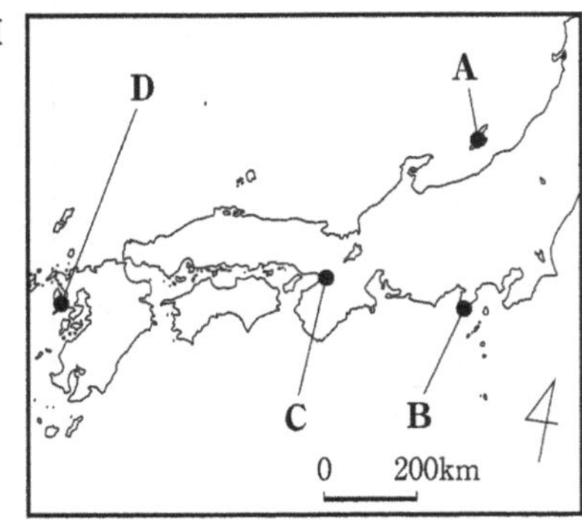

Ⅲ

○外国へ日本の船を行かせることを厳禁とする。
○日本人を外国へ渡航させてはならない。

〔問３〕　(3)新たな役割を担う行政機関が設置され，とあるが，次の文章は，帝都復興院総裁を務めることになる後藤新平が，1923年９月６日に　閣議に文書を提出する際に記した決意の一部を分かりやすく書き改めたものである。この決意をした時期の東京の様子について述べているのは，あとのア～エのうちではどれか。

○大変災は突如として帝都を震え上がらせた。
○火災に包まれる帝都を目撃し，自分の任務が極めて重要であることを自覚すると同時に復興の計画を策定することが急務であることを痛感した。
○第一に救護，第二に復旧，第三に復興の方針を執るべきである。

ア　新橋・横浜間に鉄道が開通するなど，欧米の文化が取り入れられ始め，現在の銀座通りに洋風れんが造りの２階建ての建物が建設された。

イ　我が国の国際的な地位を高めるために，イギリスと同盟を結び，我が国最初の国立図書館である帝国図書館が上野公園内に建設された。

ウ　大日本帝国憲法が制定され，近代的な政治制度が整えられ，東京では，都市の整備が進み，我が国最初のエレベーターを備える凌雲閣が浅草に建設された。

エ　東京駅が開業し，都市で働くサラリーマンや工場労働者の人口が大きく伸び，バスの車掌やタイピストなどの新しい職業に就く女性が増え，丸の内ビルヂング（丸ビル）が建設された。

〔問４〕　(4)様々な法律が整備され，行政が重要な役割を果たすようになった。とあるが，次の略年表は，大正時代から昭和時代にかけての，我が国の法律の整備に関する主な出来事についてまとめたものである。略年表中のＡ～Ｄのそれぞれの時期に当てはまるのは，下のア～エのうちではどれか。

西暦	我が国の法律の整備に関する主な出来事	
1921	●工業品規格の統一を図るため，度量衡法が改正され，メートル法への統一が行われた。	
		A
1931	●国家による電力の管理体制を確立するため，電気事業法が改正され，国家経済の基礎となる産業への優先的な電力供給が始まった。	
		B
1945	●我が国の民主化を進めるため，衆議院議員選挙法が改正され，女性に選挙権が与えられた。	
1950	●我が国の文化財の保護・活用のため，文化財保護法が公布され，新たに無形文化財や埋蔵文化財が保存の対象として取り入れられた。	C
1961	●所得格差の改善を図るため，農業基本法が公布され，農業の生産性向上及び農業総生産の増大などが国の施策として義務付けられた。	
		D
1973	●物価の急激な上昇と混乱に対処するため，国民生活安定緊急措置法が公布され，政府は国民生活に必要な物資の確保と価格の安定に努めることを示した。	

ア　普通選挙などを求める運動が広がり，連立内閣が成立し，全ての満25歳以上の男子に選挙権を認める普通選挙法が制定され，国民の意向が政治に反映される道が開かれた。

イ　急速な経済成長をとげる一方で，公害が深刻化し，国民の健康と生活環境を守るため，公害対策基本法が制定され，環境保全に関する施策が展開された。

ウ　農地改革などが行われ，日本国憲法の精神に基づく教育の基本を確立するため，教育基本法が制定され，教育の機会均等，男女共学などが定められた。

エ　日中戦争が長期化し，国家総動員法が制定され，政府の裁量により，経済，国民生活，労務，言論などへの広範な統制が可能となった。

5 次の文章を読み，あとの各問に答えよ。

地方自治は，民主政治を支える基盤である。地方自治を担う地方公共団体は，住民が安心した生活を送ることができるように，地域の課題と向き合い，その課題を解決する重要な役割を担っている。(1)日本国憲法では，我が国における地方自治の基本原則や地方公共団体の仕組みなどについて規定している。

地方自治は，住民の身近な生活に直接関わることから，(2)住民の意思がより反映できるように，直接民主制の要素を取り入れた仕組みになっている。

国は，民主主義の仕組みを一層充実させ，住民サービスを向上させるなどの目的で，(3)1999年に地方分権一括法を成立させ，国と地方が，「対等・協力」の関係で仕事を分担できることを目指して，地方公共団体に多くの権限を移譲してきた。現在では，全国の地方公共団体が地域の課題に応じた新たな取り組みを推進できるように　国に対して地方分権改革に関する提案を行うことができる仕組みが整えられている。

〔問１〕 (1)日本国憲法では，我が国における地方自治の基本原則や地方公共団体の仕組みなどについて規定している。とあるが，日本国憲法が規定している地方公共団体の仕事について述べているのは，次のア～エのうちではどれか。

ア　条約を承認する。

イ　憲法及び法律の規定を実施するために，政令を制定する。

ウ　条例を制定する。

エ　一切の法律，命令，規則又は処分が憲法に適合するかしないかを決定する。

〔問２〕 (2)住民の意思がより反映できるように，直接民主制の要素を取り入れた仕組みになっている。とあるが，住民が地方公共団体に対して行使できる権利について述べているのは，次のア～エのうちではどれか。

ア　有権者の一定数以上の署名を集めることで，議会の解散や，首長及び議員の解職，事務の監査などを請求することができる。

イ　最高裁判所の裁判官を，任命後初めて行われる衆議院議員総選挙の際に，直接投票によって適任かどうかを審査することができる。

ウ　予算の決定などの事項について，審議して議決を行ったり，首長に対して不信任決議を行ったりすることができる。

エ　国政に関する調査を行い，これに関して，証人の出頭及び証言，記録の提出を要求することができる。

〔問３〕 (3)1999年に地方分権一括法を成立させ，国と地方が，「対等・協力」の関係で仕事を分担できることを目指して，地方公共団体に多くの権限を移譲してきた。とあるが，次のページのⅠのグラフは，1995年から2019年までの我が国の地方公共団体への事務・権限の移譲を目的とした法律改正数を示したものである。Ⅱの文章は，2014年に地方公共団体への事務・権限の移譲を目的とした法律改正が行われた後の，2014年６月24日に地方分権改革有識者会議が取りまとめた「個性を活かし自立した地方をつくる～地方分権改革の総括と展望～」の一部を分かりやすく書き改めたものである。ⅠとⅡの資料を活用し，1995年から2014年までの期間と比較した，2015年から2019年までの期間の法律改正数の動きについて，地方分権改革の推進手法と，毎年の法律改正の有無及び毎年の法律改正数に着目して，簡単に述べよ。

Ⅰ

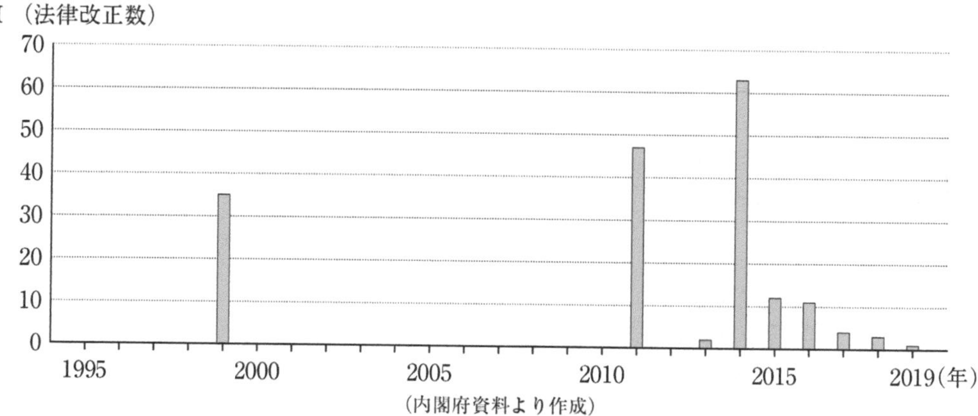

（内閣府資料より作成）

Ⅱ

○これまでの地方分権改革の推進手法は，国が主導する短期集中型の方式であり，この取組を実施することで一定の成果を得ることができた。
○今後は，これまでの改革の理念を継承し，更に発展させていくことが重要である。
○今後の地方分権改革の推進手法については，地域における実情や課題を把握している地方公共団体が考え提案する長期継続型の方式を導入する。

6 次の文章を読み，あとの各問に答えよ。

世界各国では，株式会社や国営企業などが，(1)利潤を追求するなどの目的で誕生してきた。

人口が集中し，物資が集積する交通の要衝に設立された企業や，地域の自然環境や地下資源を生かしながら発展してきた企業など，(2)企業は立地条件に合わせ多様な発展を見せてきた。

(3)我が国の企業は，世界経済の中で，高度な技術を生み出して競争力を高め，我が国の経済成長を支えてきた。今後は，国際社会において，地球的規模で社会的責任を果たしていくことが，一層求められている。

〔問1〕 (1)利潤を追求するなどの目的で誕生してきた。とあるが，次のア～エは，それぞれの時代に設立された企業について述べたものである。時期の古いものから順に記号を並べよ。

ア 綿織物を大量に生産するために産業革命が起こったイギリスでは，動力となる機械の改良が進み，世界最初の蒸気機関製造会社が設立された。

イ 南部と北部の対立が深まるアメリカ合衆国では，南北戦争が起こり，西部開拓を進めるために大陸を横断する鉄道路線を敷設する会社が設立された。

ウ 第一次世界大戦の休戦条約が結ばれ，ベルサイユ条約が締結されるまでのドイツでは，旅客輸送機の製造と販売を行う会社が新たに設立された。

エ スペインの支配に対する反乱が起こり，ヨーロッパの貿易で経済力を高めたオランダでは，アジアへの進出を目的とした東インド会社が設立された。

〔問2〕 (2)企業は立地条件に合わせ多様な発展を見せてきた。とあるが，下の表のア～エの文章は，略地図中に示したA～Dのいずれかの都市の歴史と，この都市に立地する企業の様子についてまとめたものである。A～Dのそれぞれの都市に当てはまるのは，下の表のア～エのうちではどれか。

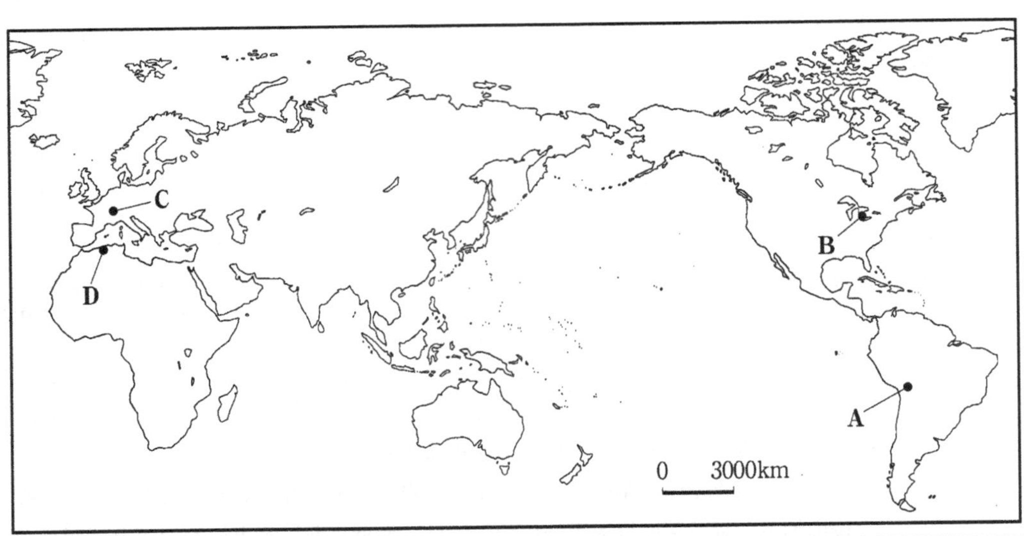

	都市の歴史と，この都市に立地する企業の様子
ア	○この都市は，標高3000mを超え，強風を遮るすり鉢状の地形に位置する首都で，1548年にスペイン人により建設され，金鉱もあったことから発展し，政治と経済の拠点となった。 ○国営企業が，銀，亜鉛などの鉱山開発を行っており，近年では，新たに国営企業が設立され，塩湖でのリチウムイオン電池の原料の採取を複数の外国企業と共同で行っている。
イ	○この都市は，標高3000mを超える山脈の北側に位置する首都で，内陸部にはイスラム風の旧市街地が，沿岸部にはフランスの影響を受けた建物が見られる港湾都市となっている。 ○独立後に設立された，砂漠地帯で採掘される天然ガスや石油などを扱う国営企業は，近年，石油の増産と輸出の拡大に向けて外国企業との共同開発を一層進めている。
ウ	○この都市は，1701年にフランス人により砦が築かれ，毛皮の交易が始まり，水運の拠点となり，1825年に東部との間に運河が整備され，20世紀に入り海洋とつながった。 ○19世紀後半には自動車の生産が始まり，20世紀に入ると大量生産方式の導入により，自動車工業の中心地へと成長し，現在でも巨大自動車会社が本社を置いている。
エ	○この都市は，20世紀に入り，湖の南西部に広がる市街地に国際連盟の本部が置かれ，第二次世界大戦後は200を超える国際機関が集まる都市となった。 ○16世紀後半に小型時計製造の技術が伝わったことにより精密機械関連企業が立地し，近年では生産の合理化や販売網の拡大などを行い，高価格帯腕時計の輸出量を伸ばしている。

〔問3〕 (3)我が国の企業は，世界経済の中で，高度な技術を生み出して競争力を高め，我が国の経済成長を支えてきた。とあるが，次のページのⅠのグラフは，1970年度から2018度までの我が国の経済成長率と法人企業の営業利益の推移を示したものである。Ⅱの文章は，Ⅰのグラフ

の**ア**～**エ**の**いずれか**の時期における我が国の経済成長率と法人企業の営業利益などについてまとめたものである。Ⅱの文章で述べている時期に当てはまるのは，Ⅰのグラフの**ア**～**エ**の時期のうちではどれか。

Ⅰ

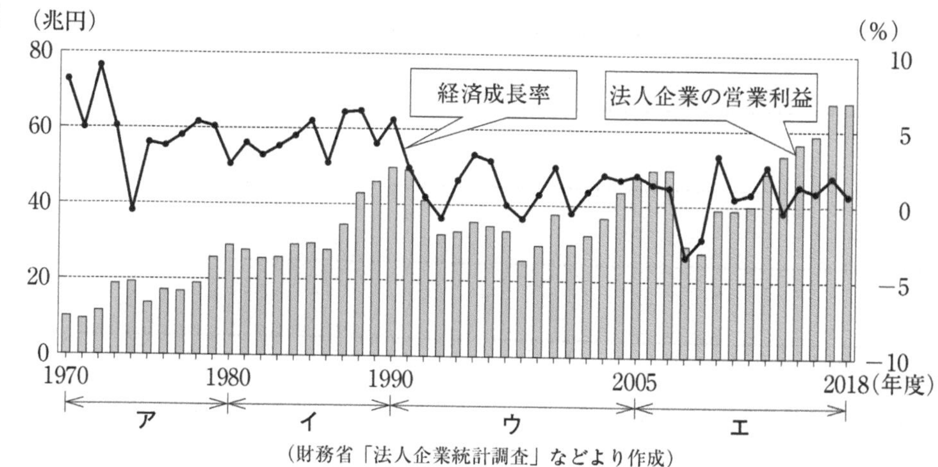

（財務省「法人企業統計調査」などより作成）

Ⅱ

○この時期の前半は，アメリカ合衆国の経済政策によって円安・ドル高が進行し，自動車などの輸送用機械や電気機械の輸出量が増えたことで，我が国の貿易収支は大幅な黒字となり，経済成長率は上昇傾向を示した。

○この時期の後半は，国際社会において貿易収支の不均衡（ふきんこう）を是正（ぜせい）するために為替相場（かわせそうば）を円高・ドル安へ誘導（ゆうどう）する合意がなされ，輸出量と輸出額が減少し，我が国の経済成長率は一時的に下降した。その後，日本銀行が貸付のための金利を下げたことなどで，自動車や住宅の購入（こうにゅう），株式や土地への投資が増え，株価や地価が高騰（こうとう）する好景気となり，法人企業の営業利益は増加し続けた。

大切なことはメモしておこうネ！

2021年度

解答と解説

《2021年度の配点は解答用紙集に掲載してあります。》

<理科解答>

1 〔問1〕 ウ 〔問2〕 ア 〔問3〕 エ 〔問4〕 ① ウ ② ア 〔問5〕 エ
〔問6〕 イ
2 〔問1〕 ① ア ② ウ 〔問2〕 ウ 〔問3〕 イ 〔問4〕 エ
3 〔問1〕 エ 〔問2〕 ① イ ② ウ ③ ア 〔問3〕 ① ウ ② エ
〔問4〕 ア→ウ→エ→イ
4 〔問1〕 ア 〔問2〕 ① ウ ② イ 〔問3〕 ① イ ② イ
5 〔問1〕 ① エ ② イ 〔問2〕 ① ア ② エ 〔問3〕 ウ 〔問4〕 31%
6 〔問1〕 ア 〔問2〕 (例)コイルAの中の磁界が変化するから。 〔問3〕 イ→エ→ア→ウ
〔問4〕 ① ア ② ア ③ ウ ④ ウ

<理科解説>

1 **(小問集合－動物の体のつくりとはたらき：ヒトのからだの器官，光と音：音の大小と高低，地震と地球内部のはたらき：地震波，水溶液とイオン，酸・アルカリとイオン，遺伝の規則性と遺伝子：メンデルの実験，力の規則性：2力のつり合いと作用・反作用の法則)**

〔問1〕 消化された養分は，Bの小腸の内側の壁にある，たくさんのひだの表面にある多数の柔毛から吸収される。細胞の活動にともなってできた**有害なアンモニアは，Cの肝臓で無害な尿素に変えられて**から排出される。

〔問2〕 振動数が多いほど音は高くなるので，Aは短い。振幅が大きいほど音は大きくなるので，Bは大きい。

〔問3〕 **初期微動継続時間は震源からの距離に比例して長くなる。**よって，震源からの距離が90kmの地点での初期微動継続時間をx〔s〕とすると，36〔km〕: 90〔km〕＝2〔s〕：x〔s〕，x〔s〕＝5〔s〕であり，初期微動継続時間は5秒である。したがって，震源からの距離が90kmの地点での主要動の始まった時刻は，10時10分27秒＋5秒＝10時10分32秒，である。

〔問4〕 ① この実験における溶液Aは電解質であり，水溶液は中性である必要があるため，ウの食塩水である。 ② 塩酸が電離すると，$HCl \rightarrow H^{+} + Cl^{-}$，により，青色のリトマス紙を赤色に変える水素イオン「H^{+}」が生じ，塩酸は酸性であることを示す。

〔問5〕 エンドウの種子は「丸」が優性形質，「しわ」が劣性形質なので，**エンドウの丸い種子がもつ遺伝子は，AAまたはAa**であり，しわのある種子がもつ遺伝子は，aaである。AAとaaのかけ合わせで得られる種子の遺伝子はすべてAaであり，すべて丸い種子である。Aaとaaのかけ合わせで得られる種子の遺伝子は，Aa：aa＝1：1，であり，丸い種子：しわのある種子＝1：1，となる。よって，かけ合わせた丸い種子の個体としわのある種子の個体のそれぞれの遺伝子の組み合わせは，Aaとaaである。

〔問6〕 **力のつり合いの関係にある2力は，1つの物体にはたらく。**物体には，物体にはたらく重力

Bと机が物体を押す力(垂直抗力)Aの2力がはたらく。この2力は，一直線上にあり，大きさが等しく，向きが逆向きなので，力のつり合いの関係にある。**作用・反作用の関係にある2力は，2つの物体に別々にはたらく。**物体が机を押す力Cは机にはたらくのに対して，机が物体を押す力(垂直抗力)Aは物体にはたらく。この2力も，一直線上にあり，大きさが等しく，向きが逆向きであり，作用・反作用の関係にある2力である。

2 **(自由研究－動物の分類と生物の進化：セキツイ動物と軟体動物，力と物体の運動：速さ，身のまわりの物質とその性質：密度，天体の動きと地球の自転・公転：星の日周運動・星の年周運動)**

〔問1〕 表1においては，セキツイ動物のグループは，魚類であるイワシ・アジのなかまである。軟体動物のグループは，**外とう膜で内臓がある部分が包まれていて，からだとあしには節がない，**タコ・イカのなかまと外とう膜をおおう貝殻がある二枚貝のなかまである。

〔問2〕 図1より，0.2秒間で7目盛りの35cm運動しているので，1時間に運動する距離をxkmとすると，0.2〔s〕：(60×60)〔s〕＝0.00035〔km〕：x〔km〕，x〔km〕＝6.3〔km〕，である。よって，平均の速さは，6.3km/hである。

〔問3〕 4℃の水の密度1g/cm³を用いて計算すると，**食塩水の密度〔g/cm³〕＝(15〔g〕＋50〔g〕)÷55〔cm³〕**＝1.18〔g/cm³〕，である。ラベルは，水に沈み，食塩水に浮いたため，**水の密度1g/cm³＜ラベルの密度＜食塩水の密度1.18g/cm³，**であり，ポリスチレンである。

〔問4〕 地球の太陽を中心とした西から東への公転による**年周運動**で，同時刻に見える星は1年に360°(1日に約1°)，東から西に動いて見える。また，地球の地軸を中心とした西から東への自転による**日周運動**で，星は1日に360°(1時間に15°)，東から西に動いて見える。よって，1月15日午後10時に真南に見えたオリオン座は，1か月後には年周運動により，30°西に見えるので，2月15日にオリオン座が真南に見える時刻は，自転により，30°÷15°＝2，であるため，2時間前の午後8時頃である。

3 **(天気の変化：空気中の水蒸気量・前線の通過，気象観測，日本の気象：日本の天気の特徴と天気図)**

〔問1〕 湿度〔%〕＝空気1m³にふくまれる水蒸気量〔g/m³〕÷その温度での飽和水蒸気量〔g/m³〕×100，であり，a，b，cの時刻における湿度は84%で等しい。よって，**空気1m³にふくまれる水蒸気量〔g/m³〕は，その温度での飽和水蒸気量〔g/m³〕が大きい方が，多い。**図1から，**aの気温は約15.5℃であり，bの気温は約11℃，cの気温は約6.5℃であるため，**その温度での**飽和水蒸気量〔g/m³〕は，a＞b＞c**である。よって，a，b，cの時刻における空気中の水蒸気の量は，C〔g/m³〕＜B〔g/m³〕＜A〔g/m³〕，である。

〔問2〕 観測地点Pは，図1の天気図記号から，日中の天気はおおむね晴れで，南寄りの風が吹く。気温は日が昇るとともに上がり始め，昼過ぎに最も高くなり，その後しだいに下がる。

〔問3〕 図1の**4月1日15時から18時にかけて，**天気図記号の**風向が，南寄りから北寄りに変わったことから前線Xは寒冷前線であり，**通過したとき，気圧が大きく下がり，気温が急激に下がったことがグラフから読みとれる。図4の観測地点Pを覆う高気圧の中心付近では，上空から地上へ空気が流れ，地上では中心部から周辺へ向かって風が吹き出す。

〔問4〕 つゆ(6月)の天気図は，南のあたたかくしめった気団と北の冷たくしめった気団の間に梅雨前線ができている，アである。夏(8月)は，小笠原気団におおわれ，南高北低の気圧配置になっている，ウである。**秋(11月)は，偏西風の影響を受けて，日本付近を移動性高気圧と低気圧が交互に通過し天気が周期的に変化する，**エである。冬(2月)は，西高東低の気圧配置で，南北方向の等圧線がせまい間隔で並ぶ，イである。

4 **(植物の体のつくりとはたらき：葉のつくり・光合成の実験・観察・対照実験・光の明るさの変化に伴う光合成量と呼吸量の関係)**

〔問1〕 Aは気孔で，呼吸や光合成によって生じる酸素や二酸化炭素などの気体の出入り口である。Bは気孔を囲む**孔辺細胞にある葉緑体**であり，＜観察＞の操作から，植物の細胞に見られ，ヨウ素液に反応して青紫色に変色したことから光合成によりデンプンが作られたことがわかる。光合成では酸素も作られる。

〔問2〕 光を当てる前に，＜実験1＞の(3)のツユクサの鉢植えを暗室に24時間置いた理由は，葉にあるデンプンを全て消費させるためである。葉にあるデンプンは分解されて糖になり，師管を通して植物体の各部に送られるが，多くの植物では，糖の移動は夜間に行われる。光合成に二酸化炭素が必要であることを確かめるための**対照実験**に適する葉の組み合わせは，葉緑体があり，日光が当たり，二酸化炭素があり，水がある「葉C」と，葉Cの条件のうち，水酸化ナトリウム水溶液をしみ込ませたろ紙を入れて二酸化炭素が無い状態にした「葉E」である。結果2により，光合成が，葉Cでは行われたが，葉Eでは行われなかったことから，光合成には二酸化炭素が必要であることが確かめられる。

〔問3〕 暗室に置いた「袋G」の場合，実験後の呼吸によって出された二酸化炭素の割合＝7.6％－4.0％＝3.6％であり，光合成によって使われた二酸化炭素の割合＝0％，である。明るさの度合い1の「袋H」の場合，実験後の呼吸によって出された二酸化炭素の割合は3.6％であり，光合成によって使われた二酸化炭素の割合＝7.6％－5.6％＝2.0％である。**明るさの度合い2の「袋I」の場合，実験後の呼吸によって出された二酸化炭素の割合は3.6％であり，光合成によって使われた二酸化炭素の割合＝7.6％－1.5％＝6.1％である。**よって，呼吸によって出される二酸化炭素の量よりも，光合成によって使われた二酸化炭素の量の方が多いのは,「袋I」である。そこで，デンプンなどの養分のできる量が多いのは，最も光合成量が大きかった「袋I」である。

5 **(化学変化と物質の質量：化学変化と質量の保存・質量変化の規則性，物質の成り立ち：熱分解・原子と分子・化学変化のモデル化，酸・アルカリとイオン：pH)**

〔問1〕 (3)で，ガラス管を水槽の水の中から取り出した後，試験管Aの加熱をやめるのは，**試験管Aが冷えて内部の気圧が大気圧より下がる**ことにより，水槽の水が試験管Aに**逆流するのを防ぐため**である。また，(6)で，加熱後にできた白い物質は，炭酸ナトリウムで，炭酸水素ナトリウムより水に溶けやすく，その水溶液は**強いアルカリ性**であるため，弱いアルカリ性である炭酸水素ナトリウムより，**pHの値が大きい**。

〔問2〕 ＜実験1＞の(2)で起きている化学変化は化学反応式で表すと，$2NaHCO_3 \rightarrow Na_2CO_3 + CO_2 + H_2O$，であり，**熱分解**である。よって，同じ種類の化学変化は酸化銀を加熱したときにも起こり，化学反応式で表すと，$2Ag_2O \rightarrow 4Ag + O_2$，の熱分解である。炭酸水素ナトリウムの熱分解を表したモデルでナトリウム原子1個を表しているのは，エの■である。

〔問3〕 ＜実験2＞の＜結果2＞の表から，炭酸水素ナトリウムの質量が0.50gのときに発生した気体の質量は，79.50g＋0.50g－79.74g＝0.26g，である。同様に計算して，炭酸水素ナトリウムの質量[g]をx，発生した気体の質量[g]をyとして，測定値の座標(x，y)をもとめると，(0.50g，0.26g)，(1.00g，0.52g)，(1.50g，0.78g)，(2.0g，1.04g)，(2.50g，1.17g)，(3.0g，1.17g)である。y＝0.52xとy＝1.17の交点の座標は(2.25，1.17)である。よって，**炭酸水素ナトリウムの質量が2.25gまでは，原点から各点のもっとも近いところを通る比例の直線，y＝0.52xであり，**

炭酸水素ナトリウムの質量が2.25g以上になると，y＝1.17の直線になる。

〔問4〕〔問3〕より，0.65gの気体が発生したときの塩酸10.0cm^3に加えた炭酸水素ナトリウムの質量xgは，0.65g＝0.52xg，xg＝1.25g，である。ベーキングパウダー4.00gに含まれていた炭酸水素ナトリウムの質量は1.25gであるため，1.25〔g〕÷4.00〔g〕×100＝31.25〔%〕であり，約31〔%〕である。ウのグラフからも1.25gは読みとれる。

6　**(電流と磁界：右ねじの法則・電磁誘導・フレミングの左手の法則・コイルの回転，電流：合成抵抗)**

〔問1〕　図3において，磁針のN極が指す向きがその点の磁界の向きであり，**右ねじの法則**により，電流は右ねじが進む向きに流れている。よって，電流は，コイルAの下側では＋方向(紙面向かって右)から－方向(紙面向かって左)へ流れている。図4において，コイルAの下側の導線がつくる磁界ではアクリル板上の磁針のN極の向きは図3の磁針のN極の向きとは反対になる。コイルAの上側は，コイルAの下側とは電流の向きが反対に変わるので，アの磁針の向きが適切である。

〔問2〕　コイルAをGとHの向きに交互に動かし，コイルAの中の**磁界が変化すると，電磁誘導により，その変化に応じた電圧が生じて，コイルAに誘導電流が流れる。**

〔問3〕　アの合成抵抗$R_ア$〔Ω〕＝20〔Ω〕＋5〔Ω〕＝25〔Ω〕である。ウの合成抵抗$R_ウ$〔Ω〕＝20〔Ω〕＋10〔Ω〕＝30〔Ω〕である。イの合成抵抗を$R_イ$〔Ω〕とすると，$\frac{1}{R_イ[\Omega]}=\frac{1}{20[\Omega]}+\frac{1}{5[\Omega]}=\frac{5}{20[\Omega]}$であるから，$R_イ$〔Ω〕＝4〔Ω〕である。エの合成抵抗を$R_エ$〔Ω〕とすると，$\frac{1}{R_エ[\Omega]}=\frac{1}{20[\Omega]}+\frac{1}{10[\Omega]}=\frac{3}{20[\Omega]}$であるから，$R_エ$〔Ω〕＝6.7〔Ω〕である。オームの法則より，合成抵抗の小さい順にコイルBを流れる電流は大きくなるため，コイルBが速く回転するつなぎ方の順は，イ→エ→ア→ウである。

〔問4〕　図8のときには，コイルBのc→dの向きに電流が流れるため，**フレミングの左手の法則**により，磁界からJの向きに力を受ける。半回転して図9になると，**コイルBのabの部分には電流が流れないため，磁界から力を受けないが，勢いで同じ向きの回転を続け，**さらに半回転して再び図8にもどる。

＜社会解答＞

1　〔問1〕ア　〔問2〕ウ　〔問3〕イ　〔問4〕エ

2　〔問1〕（Ⅰのア～エ）ウ　（Ⅱの表のア～エ）エ　〔問2〕P イ　Q ウ　R ア　S エ　〔問3〕（ⅠとⅡの表のア～エ）ア　（略地図中のW～Z）X

3　〔問1〕A エ　B ウ　C ア　D イ　〔問2〕W イ　X ア　Y エ　Z ウ　〔問3〕〔地域の変容〕(例)畑や造成中だった土地に，住宅が造られた。〔要因〕(例)八千代中央駅が開業し，東京都(大手町)までの所要時間が短くなり，移動が便利になった。

4　〔問1〕ウ→イ→エ→ア　〔問2〕（Ⅰの略年表中のア～エ）イ　（Ⅱの略地図中のA～D）D　〔問3〕エ　〔問4〕A ア　B エ　C ウ　D イ

5　〔問1〕ウ　〔問2〕ア　〔問3〕(例)国が主導する短期集中型の方式から地方公共団体が考え提案する長期継続型の方式となり，毎年ではなく特定の年に多く見られていた法律改正数は，数は少なくなったものの毎年見られるようになった。

6　〔問1〕エ→ア→イ→ウ　〔問2〕A ア　B ウ　C エ　D イ　〔問3〕イ

＜社会解説＞

1 (地理的分野―日本地理－地形図の見方，歴史的分野―日本史時代別－古墳時代から平安時代・安土桃山時代から江戸時代，―日本史テーマ別－文化史，公民的分野―経済一般)

〔問1〕 経路途中に大手町，郭町の地名が見られるところ，元町に鐘つき堂を示す高塔の地図記号「口」が見られるところから，Ⅰの図の経路アである。

〔問2〕 平安時代中期は**末法思想**の流行から，**浄土信仰**が全盛を迎え，**摂関政治**の全盛期である11世紀半ばに，**関白藤原頼通**によって浄土信仰に基づいて建立されたのが，宇治の**平等院鳳凰堂**である。

〔問3〕 江戸時代後期の**浮世絵**師であり，**化政文化**を代表するのは**葛飾北斎**である。代表作に『**富嶽三十六景**』がある。中でも『神奈川沖浪裏』『凱風快晴(赤富士)』等が特に有名である。

〔問4〕 労働者のための統一的な保護法として，1947年に制定されたのが**労働基準法**である。労働条件の基準を定め，**1日8時間労働制**や，改定を重ねて現在では**1週40時間労働制**などを内容としている。

2 (地理的分野―世界地理－都市・気候・地形・産業・人々のくらし・貿易)

〔問1〕 Aの都市はブエノスアイレスであり，**南半球**に属することから，Ⅰのエである。Bの都市はオタワであり，年間を通じ降水量が100mm弱で冷涼な気候であることから，Ⅰのアである。Cの都市はジャカルタであり，**赤道直下**に位置するため年間を通じ気温が高く，**雨季**と**乾季**があることから，Ⅰのイである。Dの都市はベルリンであり，**西岸海洋性気候**にあたることから，降水量は**偏西風**の影響で一年中一定で少ない。Ⅰのウである。ベルリンを首都とするドイツでは，世界のベストテンに入るほどじゃがいも・小麦の生産量が多い。Ⅱの表のエである。

〔問2〕 Pはブラジルである。「流域面積700km^{2}の河川が東流し」との文と，「南部にはコーヒー栽培に適した土壌が分布し」との文から，ブラジルはイであることがわかる。河川は**世界最大の流域面積**を持つ**アマゾン川**である。Qはベトナムである。「南北方向に国境を形成する山脈が走り，北部には首都が位置する平野が，南部には…**三角州**が広がっている」との文から，ベトナムはウであることがわかる。国境を形成する山脈とは，**アンナン山脈**である。ベトナムの首都はハノイである。Rはトルコである。「帝国時代からコーヒーが飲まれ」の一文から，トルコはアであることがわかる。4国の中で**帝国**時代を持つのはトルコだけである。Sはケニアである。「中央部には標高5000mを超える火山が位置し，西部には茶の栽培に適した土壌が分布し」との文から，ケニアがエであるとわかる。火山とは，**キリマンジャロ**に次ぐアフリカ第2の高峰，**ケニア火山**である。ケニアは紅茶の産地として有名である。

〔問3〕 Ⅲの文章は，「**偏西風**の影響を受け，湿潤な西部に対し，東部の降水量が少ない地域では**牧羊**が行われている」との文から，ニュージーランドの説明であるとわかる。　ⅠとⅡの表のア～エ　ニュージーランドからの日本への輸入品は果実・チーズなどで，果実は1999年から2019年で3倍以上に増えている。また，ニュージーランドは，1999年の段階では輸出総額の1位は隣国オーストラリアであったが，2019年の段階では，近年この地域に経済的影響力を増している中華人民共和国が1位となっている。　略地図中のW～Z　Xがニュージーランドである。Wはメキシコ，Yはフィリピン，Zはスペインである。

3 (地理的分野―日本地理－都市・地形・気候・農林水産業・工業・地形図の見方・交通)

〔問1〕 Aは千葉県であり，「北部には**ローム層**が堆積する台地があり」との文から，エが千葉県だとわかる。Bは富山県であり，「冬季に降水が多い南部の山々を源流とし」との文から，ウが富山県だとわかる。Cは高知県であり，「沖合を流れる**暖流**の影響で，気候が温暖である」との文から，アが高知県だとわかる。この暖流は**日本海流**である。Dは福岡県であり，「南西部に広がる平野は干満差の大きい干潟のある海に面している」との文から，イが福岡県であるとわかる。この海は**有明海**である。

〔問2〕　W　①は岩手県盛岡市であり，②は宮城県仙台市である。盛岡市周辺の山間部では**畜産業・林業**などが発達しており，仙台市周辺の平野部では**稲作地帯**が広がっているため，Wは表中のイである。　X　①は群馬県前橋市であり，②は神奈川県横浜市である。群馬県南部の**工業団地**には**輸送用機械関連企業**が多く，横浜市周辺の京浜工業地帯では**石油化学コンビナート**が見られるため，Xは表中のアである。　Y　①は愛知県名古屋市であり，②は三重県津市である。愛知県には，世界的**自動車関連企業**があり，津市近辺には**石油化学コンビナート**があり，周辺では**リアス海岸**を生かした**養殖業**が行われているため，Yは表中のエである。　Z　①は鳥取県鳥取市であり，②は大阪府大阪市である。鳥取県では**砂丘**の広がる沿岸部で果樹栽培が行われており，また，大阪市では都市中心部に**中小工場**が数多く見られるため，Zは表中のウである。

〔問3〕〔地域の変容〕　**地形図**によれば，1983年から2009年の間に，畑(「V」)や造成中だった土地が整備され，ゆりのき台と呼ばれる**住宅地**が造られた。〔要因〕　1996年に八千代中央駅が開業し，東京都(大手町)までの所要時間が60分から46分と短くなり，**通勤・通学**や**買い物**などの移動が便利になったことを指摘し解答する。

4　**(歴史的分野―日本史時代別－古墳時代から平安時代・鎌倉時代から室町時代・安土桃山時代から江戸時代・明治時代から現代，―日本史テーマ別－政治史・法律史・社会史)**

〔問1〕　ア　**足利尊氏**が**鎌倉府**を設置したのは，14世紀のことである。　イ　**桓武天皇**が**胆沢城**や**志波城**を設置させたのは，9世紀のことである。　ウ　**中大兄皇子**が**大宰府**を整備したのは，7世紀のことである。　エ　**北条義時**を中心とする幕府が**六波羅探題**を設置したのは，13世紀のことである。したがって，時代の古い順に並べると，ウ→イ→エ→アとなる。

〔問2〕　Ⅰの略年表中のア～エ　**日本人の海外渡航禁止・海外在住日本人の帰国禁止**の法令が出されたのは1635年のことであり，略年表中のイに該当する。　Ⅱの略地図中のA～D　こうした法令を主に実行するのは，**老中**直属の**遠国奉行**の一つで，**直轄領長崎**を支配した長崎の**奉行所**であった。略地図中のDが該当する。

〔問3〕　文章は，1923年の**関東大震災直後**に**後藤新平**が表明したものである。アの**新橋・横浜間**に**鉄道**が開通したのは，1872年のことである。イのイギリスと**日英同盟**を結んだのは，1902年のことである。ウの**大日本帝国憲法**が発布されたのは，1889年のことである。エの**東京駅**が開業したのは1914年，**丸ビル**が建設されたのは1923年である。したがって，文章と同時期の東京の様子を表しているのは，エである。

〔問4〕　アの**普通選挙法**が制定されたのは，1925年である。Aの時期にあてはまる。イの**公害対策基本法**が制定されたのは，1967年であり，Dの時期にあてはまる。ウの**教育基本法**が制定されたのは1947年であり，Cの時期にあてはまる。エの**国家総動員法**が制定されたのは，1938年であり，Bの時期にあてはまる。

5　**(公民的分野―地方自治・国の政治の仕組み)**

〔問1〕　日本国憲法第94条に「**地方公共団体**は，その財産を管理し，事務を処理し，及び行政を執行する権能を有し，法律の範囲内で**条例**を制定することができる。」とあり，地方公共団体は条例を議決・制定することができる。なお，アの**条約**を承認するのは**国会**の仕事である。イの**政令**

を制定するのは**内閣**の仕事である。エの法律等が**憲法**に適合するかどうか決定するのは，**最高裁判所**の仕事である。

〔問2〕 **地方自治法**において，**直接請求**の制度が定められ，有権者の一定数以上の署名を集めることで，**条例の改廃**や，**議会の解散**，**首長及び議員の解職**などを請求することができる。

〔問3〕 2014年の改正によって，**地方分権改革**の推進手法が，**国**が主導する短期集中型の方式から，**地方公共団体**が提案する長期継続型の方式となったことを指摘する。1995年から2014年の期間では，1999年・2011年・2014年など特定の年にのみ多く見られていた法律改正数が，2015年以降は，数は少なくなったが，毎年見られるようになったことを読み取り解答する。

6 **(歴史的分野―世界史－経済史，地理的分野―都市，公民的分野―経済一般)**

〔問1〕 ア　イギリスで**産業革命**が起こり，世界最初の**蒸気機関**製造会社が設立されたのは，18世紀後期である。　イ　アメリカで**南北戦争**が起こり，**大陸を横断**する鉄道路線を敷設する会社が設立されたのは，19世紀半ばである。　ウ　**第一次世界大戦後**のドイツで，旅客輸送機の製造と販売を行う会社が設立されたのは，20世紀前期である。　エ　オランダで**東インド会社**が設立されたのは，17世紀初頭である。時代の古い順に並べると，エ→ア→イ→ウとなる。

〔問2〕 Aの都市はボリビアの首都ラパスである。「標高3000mを超え，1548年にスペイン人により建設され，金鉱もあった。」との表現から，アが該当することがわかる。Bの都市はデトロイトである。「19世紀後半には自動車の生産が始まり，20世紀に入ると自動車工業の中心地へと成長し」との表現から，ウが該当するとわかる。Cの都市はジュネーブである。「**国際連盟**の本部が置かれ」との表現から，エが該当するとわかる。Dの都市はフランスを旧宗主国とするアルジェリアの首都アルジェである。「内陸部にはイスラム風の旧市街地が，沿岸部にはフランスの影響を受けた建物が見られる港湾都市となっている。」との表現から，イが該当するとわかる。

〔問3〕 グラフⅠに見られるように，1980年代の前半は**円安・ドル高**が進行し，日本の**貿易収支**は大幅な黒字となり，**経済成長率**は上昇傾向を見せた。その後1985年に**先進5か国蔵相・中央銀行総裁会議**がニューヨークのプラザホテルで行われ，ここで決定したプラザ合意により，円高・ドル安へと誘導され，日本の経済成長率は一時的に下降した。その後**日本銀行**が金利を下げたことなどで，株式や土地への投資が増え，株価や地価が高騰する**バブル景気**が到来し，法人企業の営業利益は増加し続けた。このバブル景気は1991年に終結を迎えた。Ⅱの文章で述べている時期に当てはまるのは，イの時期である。

2021年度英語　リスニングテスト

〔放送台本〕

これから，リスニングテストを行います。リスニングテストは，全て放送による指示で行います。リスニングテストの問題には，問題Aと問題Bの二つがあります。問題Aと，問題Bの<Question 1>では，質問に対する答えを選んで，その記号を答えなさい。問題Bの<Question 2>では，質問に対する答えを英語で書きなさい。英文とそのあとに出題される質問が，それぞれ全体を通して二回ずつ読まれます。問題用紙の余白にメモをとってもかまいません。答えは全て解答用紙に書きなさい。

〔問題A〕

問題Aは，英語による対話文を聞いて，英語の質問に答えるものです。ここで話される対話文は全部で三つあり，それぞれ質問が一つずつ出題されます。質問に対する答えを選んで，その記号を答えなさい。では，<対話文1>を始めます。

Yumi: David, we are on the highest floor of this building. The view from here is beautiful.
David: I can see some temples, Yumi.
Yumi: Look! We can see our school over there.
David: Where?
Yumi: Can you see that park? It's by the park.
David: Oh, I see it. This is a very nice view.
Yumi: I'm glad you like it. It's almost noon. Let's go down to the seventh floor. There are nice restaurants there.

Question: Where are Yumi and David talking?
<対話文2>を始めます。

Taro: Hi, Jane. Will you help me with my homework? It's difficult for me.
Jane: OK, Taro. But I have to go to the teachers' room now. I have to see Mr. Smith to give this dictionary back to him.
Taro: I see. Then, I'll go to the library. I have a book to return, and I'll borrow a new one for my homework.
Jane: I'll go there later and help you.
Taro: Thank you.

Question: Why will Jane go to the library?
<対話文3>を始めます。

Woman: Excuse me. I'd like to go to Minami Station. What time will the next train leave?
Man: Well, it's eleven o'clock. The next train will leave at eleven fifteen.
Woman: My mother hasn't come yet. I think she will get here at about eleven twenty.
Man: OK. Then you can take a train leaving at eleven thirty. You will arrive at Minami Station at eleven fifty-five.
Woman: Thank you. We'll take that train.

Question: When will the woman take a train?

〔英文の訳〕
<対話文1>
ユミ　：ディビッド，私たちはこの建物の一番高い階にいるわね。ここからの景色は美しいわね。

ディビッド：お寺がいくつか見えるね，ユミ。
ユミ　　　：見て！　あそこに私たちの学校が見えるわよ。
ディビッド：どこ？
ユミ　　　：あの公園が見える？　その公園のそばよ。
ディビッド：ああ，見えるよ。これはとてもいい景色だね。
ユミ　　　：あなたが気に入ってくれて嬉しいわ。もうそろそろ正午ね。7階に行きましょう。いいレストランがあるわ。
質問：ユミとディビッドはどこで話をしていますか。
答え：ア　建物の一番高い階。

<対話文2>

タロウ　：こんにちは，ジェイン。僕の宿題手伝ってくれる？　僕には難しいよ。
ジェイン：オーケー，タロウ。でも今教員室に行かないといけないの。スミス先生にこの辞書を返しに行かなといけないの。
タロウ　：そうか。じゃあ僕は図書館に行くよ。返す本があるし，宿題のために新しい本を借りるんだ。
ジェイン：後でそこに行って，お手伝いするわ。
タロウ　：ありがとう。
質問：なぜジェインは図書館に行きますか。
答え：エ　タロウを手伝うため。

<対話文3>

女性：すみません。ミナミ駅へ行きたいんですが。次の電車は何時に出発しますか。
男性：ええと，今11時です。次の電車は11時15分に出発します。
女性：母がまだ来ていません。11時20分くらいにここに着くと思います。
男性：オーケー。じゃあ11時30分に出発する電車に乗れます。ミナミ駅に11時55分に着くでしょう。
女性：ありがとうございます。その電車に乗ります。
質問：いつ女性は電車に乗りますか。
答え：ウ　11時30分。

〔放送台本〕

〔問題B〕

これから聞く英語は，ある外国人の英語の先生が，新しく着任した中学校の生徒に対して行った自己紹介です。内容に注意して聞きなさい。あとから，英語による質問が二つ出題されます。<Question 1>では，質問に対する答えを選んで，その記号を答えなさい。<Question 2>では，質問に対する答えを英語で書きなさい。なお，<Question 2>のあとに，15秒程度，答えを書く時間があります。では，始めます。

Good morning, everyone. My name is Margaret Green. I'm from Australia. Australia is a very large country. Have you ever been there? Many Japanese people visit my country every year. Before coming to Japan, I taught English for five years in China. I had a good time there.

I have lived in Japan for six years. After coming to Japan, I enjoyed traveling around the country for one year. I visited many famous places. Then I went to school to study Japanese for two years. I have taught English now for three years. This school is my second school as an English teacher in Japan. Please tell me about your school. I want to know about it. I' m glad to become a teacher of this school. Thank you.

<Question 1> How long has Ms. Green taught English in Japan?
<Question 2> What does Ms. Green want the students to do?
以上で，リスニングテストを終わります。

〔英文の訳〕

みなさん，おはようございます。私の名前はマーガレット・グリーンです。オーストラリアから来ました。オーストラリアはとても大きな国です。今までそこへ行ったことがありますか。毎年多くの日本人が私の国を訪れています。日本に来る前，私は中国で5年間英語を教えていました。そこでとてもいい時間を過ごしました。

私は日本に6年間住んでいます。日本に来たあと，1年間この国を旅行して楽しみました。多くの有名な場所を訪れました。そして2年間日本語を勉強するために学校へ行きました。今3年間英語を教えています。この学校は日本での英語の先生として2校目の学校です。あなた達の学校について教えてください。そのことを知りたいです。この学校の先生になれて嬉しいです。ありがとうございます。

質問1：グリーン先生は日本でどれくらい英語を教えていますか。
答え ：イ 3年間。
質問2：グリーン先生は生徒たちに何をしてもらいたいですか。
答え ：(例)彼らの学校について彼女に伝える。

東京都公立高等学校

2020年度

★★★★★★★★★★★★★★★★★★★★★★★★

共通問題（理科・社会）

●くわしい解説……31ページ

＜理科＞

時間　50分　　満点　100点

1 次の各問に答えよ。

〔問１〕 有性生殖では，受精によって新しい一つの細胞ができる。受精後の様子について述べたものとして適切なのは，次のうちではどれか。

ア　受精により親の体細胞に含まれる染色体の数と同じ数の染色体をもつ胚(はい)ができ，成長して受精卵になる。

イ　受精により親の体細胞に含まれる染色体の数と同じ数の染色体をもつ受精卵ができ，細胞分裂によって胚になる。

ウ　受精により親の体細胞に含まれる染色体の数の２倍の数の染色体をもつ胚ができ，成長して受精卵になる。

エ　受精により親の体細胞に含まれる染色体の数の２倍の数の染色体をもつ受精卵ができ，細胞分裂によって胚になる。

〔問２〕 図１のように，電気分解装置に薄い塩酸を入れ，電流を流したところ，塩酸の電気分解が起こり，陰極からは気体Ａが，陽極からは気体Ｂがそれぞれ発生し，集まった体積は気体Ａの方が気体Ｂより多かった。気体Ａの方が気体Ｂより集まった体積が多い理由と，気体Ｂの名称とを組み合わせたものとして適切なのは，次の表のア～エのうちではどれか。

図１

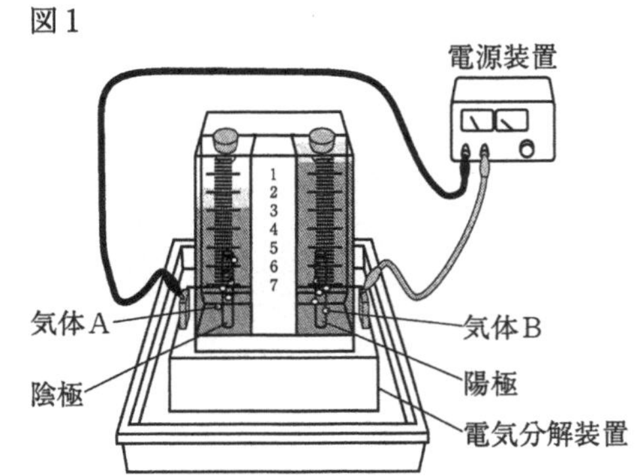

	気体Ａの方が気体Ｂより集まった体積が多い理由	気体Ｂの名称
ア	発生する気体Ａの体積の方が，発生する気体Ｂの体積より多いから。	塩素
イ	発生する気体Ａの体積の方が，発生する気体Ｂの体積より多いから。	酸素
ウ	発生する気体Ａと気体Ｂの体積は変わらないが，気体Ａは水に溶けにくく，気体Ｂは水に溶けやすいから。	塩素
エ	発生する気体Ａと気体Ｂの体積は変わらないが，気体Ａは水に溶けにくく，気体Ｂは水に溶けやすいから。	酸素

〔問３〕 150ｇの物体を一定の速さで1.6m持ち上げた。持ち上げるのにかかった時間は２秒だった。持ち上げた力がした仕事率を表したものとして適切なのは，下のア～エのうちではどれか。

ただし，100ｇの物体に働く重力の大きさは１Ｎとする。

ア　1.2W　　イ　2.4W　　ウ　120W　　エ　240W

〔問４〕 図２は，ある火成岩をルーペで観察したスケッチである。観察した火成岩は有色鉱物の割合が多く，黄緑色で不規則な形の有色鉱物Ａが見られた。観察した火成岩の種類の名称と，有色鉱物Ａの名称とを組み合わせたものとして適切なのは，次の表の**ア**～**エ**のうちではどれか。

図２

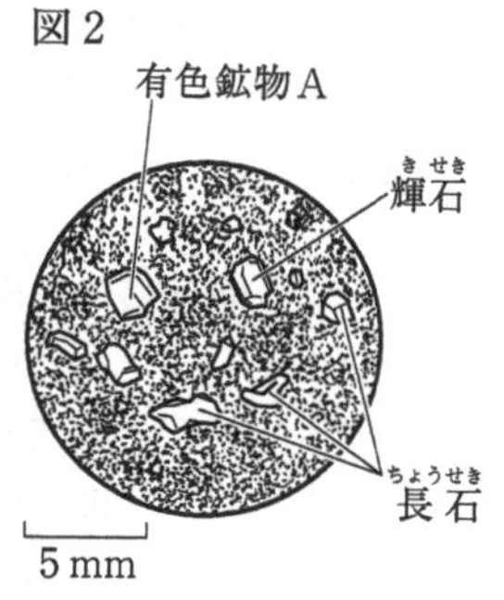

	観察した火成岩の種類の名称	有色鉱物Ａの名称
ア	はんれい岩	石英
イ	はんれい岩	カンラン石
ウ	玄武岩	石英
エ	玄武岩	カンラン石

〔問５〕 酸化銀を加熱すると，白色の物質が残った。酸化銀を加熱したときの反応を表したモデルとして適切なのは，下の**ア**～**エ**のうちではどれか。

ただし，●は銀原子１個を，○は酸素原子１個を表すものとする。

ア　○●○　○●○　→　●　●　＋　○○　○○
イ　●○●　●○●　→　●　●　●　●　＋　○○
ウ　●○　→　●　＋　○
エ　●○●　→　●　●　＋　○

2 生徒が，水に関する事物・現象について，科学的に探究しようと考え，自由研究に取り組んだ。生徒が書いたレポートの一部を読み，次の各問に答えよ。

<レポート１>　空気中に含まれる水蒸気と気温について

雨がやみ，気温が下がった日の早朝に，霧が発生していた。同じ気温でも，霧が発生しない日もある。そこで，霧の発生は空気中に含まれている水蒸気の量と温度に関連があると考え，空気中の水蒸気の量と，水滴が発生するときの気温との関係について確かめることにした。

教室の温度と同じ24℃のくみ置きの水を金属製のコップＡに半分入れた。次に，図１のように氷を入れた試験管を出し入れしながら，コップＡの中の水をゆっくり冷やし，コップＡの表面に水滴がつき始めたときの温度を測ると，14℃であった。教室の温度は24℃で変化がなかった。

また，飽和水蒸気量〔g/m³〕は表１のように温度によって決まっていることが分かった。

図１

表１

温度〔℃〕	飽和水蒸気量〔g/m³〕
12	10.7
14	12.1
16	13.6
18	15.4
20	17.3
22	19.4
24	21.8

〔問１〕　＜レポート１＞から，測定時の教室の湿度と，温度の変化によって霧が発生するときの空気の温度の様子について述べたものとを組み合わせたものとして適切なのは，次の表の**ア**～**エ**のうちではどれか。

	測定時の教室の湿度	温度の変化によって霧が発生するときの空気の温度の様子
ア	44.5%	空気が冷やされて，空気の温度が露点より低くなる。
イ	44.5%	空気が暖められて，空気の温度が露点より高くなる。
ウ	55.5%	空気が冷やされて，空気の温度が露点より低くなる。
エ	55.5%	空気が暖められて，空気の温度が露点より高くなる。

＜レポート２＞　凍結防止剤と水溶液の状態変化について

雪が降る予報があり，川にかかった橋の歩道で凍結防止剤が散布されているのを見た。凍結防止剤の溶けた水溶液は固体に変化するときの温度が下がることから，凍結防止剤は，水が氷に変わるのを防止するとともに，雪をとかして水にするためにも使用される。そこで，溶かす凍結防止剤の質量と温度との関係を確かめることにした。

３本の試験管Ａ～Ｃにそれぞれ10cm^3の水を入れ，凍結防止剤の主成分である塩化カルシウムを試験管Ｂには１ｇ，試験管Ｃには２ｇ入れ，それぞれ全て溶かした。試験管Ａ～Ｃのそれぞれについて−15℃まで冷却し試験管の中の物質を固体にした後，試験管を加熱して試験管の中の物質が液体に変化するときの温度を測定した結果は，表２のようになった。

表２

試験管	A	B	C
塩化カルシウム〔g〕	0	1	2
試験管の中の物質が液体に変化するときの温度〔℃〕	0	−5	−10

〔問２〕　＜レポート２＞から，試験管Ａの中の物質が液体に変化するときの温度を測定した理由について述べたものとして適切なのは，次のうちではどれか。

ア　塩化カルシウムを入れたときの水溶液の沸点が下がることを確かめるには，水の沸点を測定する必要があるため。

イ　塩化カルシウムを入れたときの水溶液の融点が下がることを確かめるには，水の融点を測定する必要があるため。

ウ　水に入れる塩化カルシウムの質量を変化させても，水溶液の沸点が変わらないことを確かめるため。

エ　水に入れる塩化カルシウムの質量を変化させても，水溶液の融点が変わらないことを確かめるため。

＜レポート３＞　水面に映る像について

池の水面にサクラの木が逆さまに映って見えた。そこで，サクラの木が水面に逆さまに映って見える現象について確かめることにした。

鏡を用いた実験では，光は空気中で直進し，空気とガラスの境界面で反射することや，光が反射するときには入射角と反射角は等しいという光の反射の法則が成り立つことを学んだ。水面に映るサクラの木が逆さまの像となる現象も，光が直進することと光の反射の法則により説明できることが分かった。

〔問３〕 ＜レポート３＞から，観測者が観測した位置を点Xとし，水面とサクラの木を模式的に表したとき，点Aと点Bからの光が水面で反射し点Xまで進む光の道筋と，点Xから水面を見たときの点Aと点Bの像が見える方向を表したものとして適切なのは，下の**ア**～**エ**のうちではどれか。ただし，点Aは地面からの高さが点Xの２倍の高さ，点Bは地面からの高さが点Xと同じ高さとする。

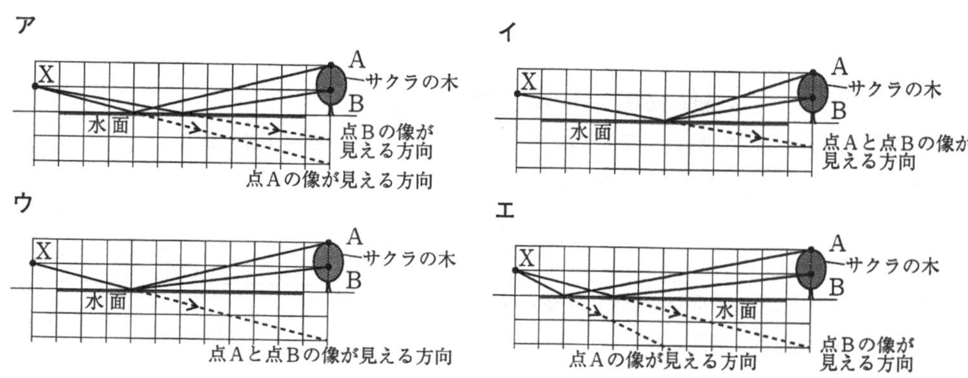

＜レポート４＞　水生生物による水質調査について

川にどのような生物がいるかを調査することによって，調査地点の水質を知ることができる。水生生物による水質調査では，表３のように，水質階級はⅠ～Ⅳに分かれていて，水質階級ごとに指標生物が決められている。調査地点で見つけた指標生物のうち，個体数が多い上位２種類を２点，それ以外の指標生物を１点として，水質階級ごとに点数を合計し，最も点数の高い階級をその地点の水質階級とすることを学んだ。そこで，学校の近くの川について確かめることにした。

表３

水質階級	指標生物
Ⅰ きれいな水	カワゲラ・ナガレトビケラ・ウズムシ・ヒラタカゲロウ・サワガニ
Ⅱ ややきれいな水	シマトビケラ・カワニナ・ゲンジボタル
Ⅲ 汚い水	タニシ・シマイシビル・ミズカマキリ
Ⅳ とても汚い水	アメリカザリガニ・サカマキガイ・エラミミズ・セスジユスリカ

学校の近くの川で調査を行った地点では，ゲンジボタルは見つからなかったが，ゲンジボタルの幼虫のエサとして知られているカワニナが見つかった。カワニナは内臓が外とう膜で覆われている動物のなかまである。カワニナのほかに，カワゲラ，ヒラタカゲロウ，シマトビケラ，シマイシビルが見つかり，その他の指標生物は見つからなかった。見つけた生物のうち，シマトビケラの個体数が最も多く，シマイシビルが次に多かった。

〔問４〕 ＜レポート４＞から，学校の近くの川で調査を行った地点の水質階級と，内臓が外とう膜で覆われている動物のなかまの名称とを組み合わせたものとして適切なのは，次の表の**ア**～**エ**のうちではどれか。

	調査を行った地点の水質階級	内臓が外とう膜で覆われている動物のなかまの名称
ア	Ⅰ	節足動物
イ	Ⅰ	軟体動物
ウ	Ⅱ	節足動物
エ	Ⅱ	軟体動物

3　太陽の１日の動きを調べる観察について，次の各問に答えよ。

東京の地点Ｘ（北緯35.6°）で，ある年の夏至の日に，**＜観察＞**を行ったところ，**＜結果１＞**のようになった。

＜観察＞

(1)　図１のように，白い紙に透明半球の縁と同じ大きさの円と，円の中心Ｏで垂直に交わる直線ＡＣと直線ＢＤをかいた。かいた円に合わせて透明半球をセロハンテープで固定した。

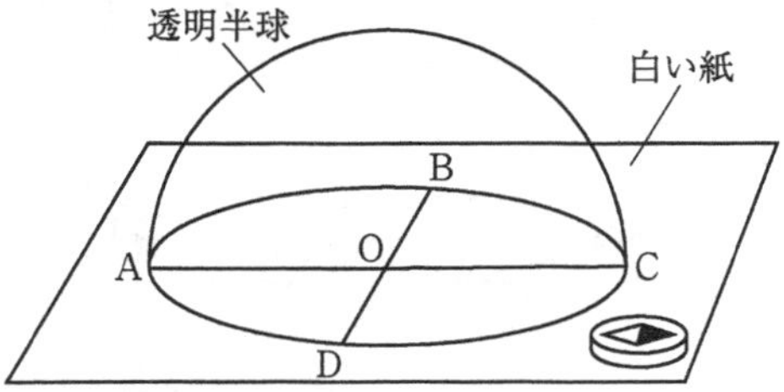

(2)　日当たりのよい水平な場所で，Ｎ極が黒く塗られた方位磁針の南北に図１の直線ＡＣを合わせて固定した。

(3)　９時から15時までの間，１時間ごとに，油性ペンの先の影が円の中心Ｏと一致する透明半球上の位置に●印と観察した時刻を記入した。

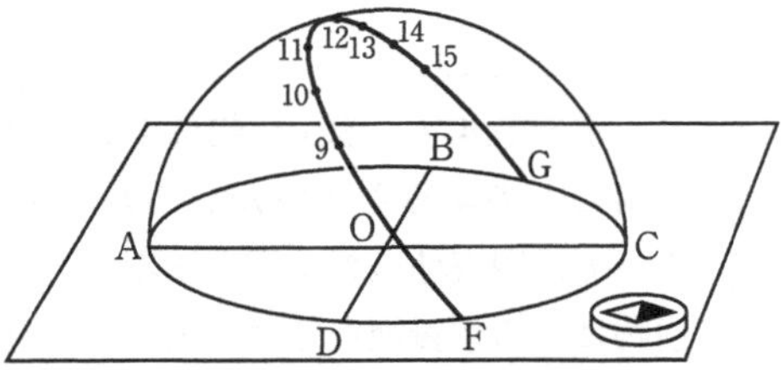

(4)　図２のように，記録した●印を滑らかな線で結び，その線を透明半球の縁まで延ばして東側で円と交わる点をＦとし，西側で円と交わる点をＧとした。

(5)　透明半球にかいた滑らかな線に紙テープを合わせて，１時間ごとに記録した●印と時刻を写し取り，点Ｆから９時までの間，●印と●印の間，15時から点Ｇまでの間をものさしで測った。

図１

図２

＜結果１＞

図３のようになった。

図３

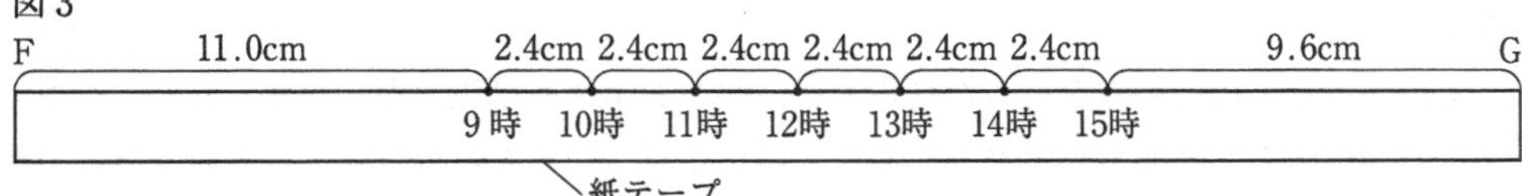

〔問１〕　**＜観察＞**を行った日の日の入りの時刻を，**＜結果１＞**から求めたものとして適切なのは，次のうちではどれか。

ア　18時　　**イ**　18時35分　　**ウ**　19時　　**エ**　19時35分

〔問２〕　**＜観察＞**を行った日の南半球のある地点Ｙ（南緯35.6°）における，太陽の動きを表した模式図として適切なのは，次のうちではどれか。

ア
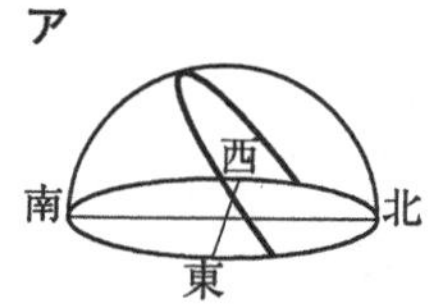

イ

ウ
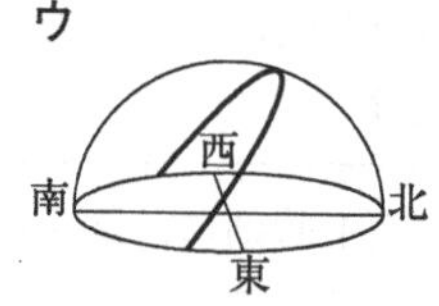

エ

次に，<**観察**>を行った東京の地点Xで，秋分の日に<**観察**>の(1)から(3)までと同様に記録し，記録した●印を滑らかな線で結び，その線を透明半球の縁まで延ばしたところ，図4のようになった。

図4
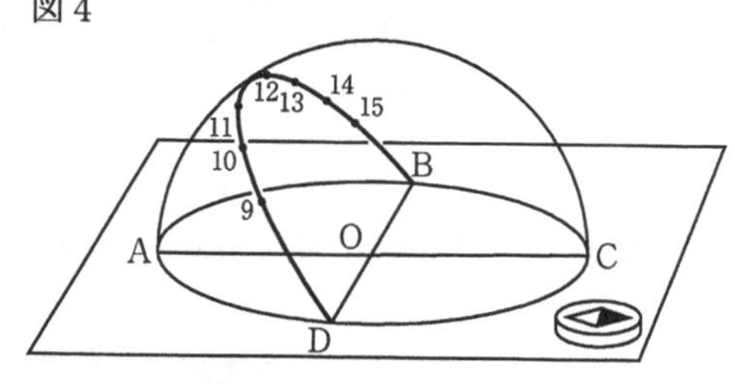

次に，秋分の日の翌日，東京の地点Xで，<**実験**>を行ったところ，<**結果2**>のようになった。

<**実験**>

(1)　黒く塗った試験管，ゴム栓，温度計，発泡ポリスチレンを二つずつ用意し，黒く塗った試験管に24℃のくみ置きの水をいっぱいに入れ，空気が入らないようにゴム栓と温度計を差し込み，図5のような装置を2組作り，装置H，装置Iとした。

(2)　12時に，図6のように，日当たりのよい水平な場所に装置Hを置いた。また，図7のように，装置Iを装置と地面（水平面）でできる角を角a，発泡ポリスチレンの上端と影の先を結んでできる線と装置との角を角bとし，黒く塗った試験管を取り付けた面を太陽に向けて，太陽の光が垂直に当たるように角bを90°に調節して，12時に日当たりのよい水平な場所に置いた。

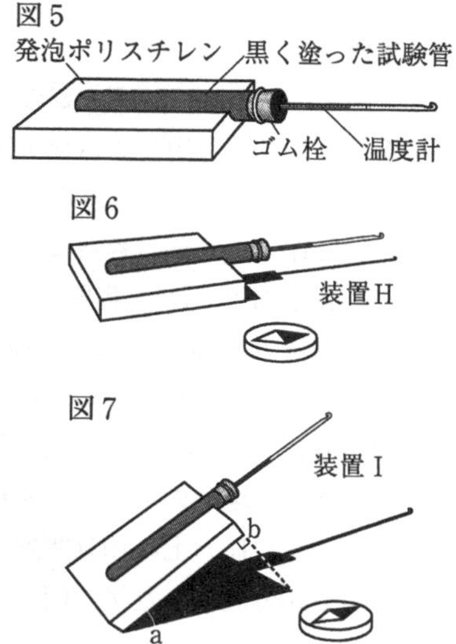

(3)　装置Hと装置Iを置いてから10分後の試験管内の水温を測定した。

<**結果2**>

	装置H	装置I
12時の水温〔℃〕	24.0	24.0
12時10分の水温〔℃〕	35.2	37.0

〔問3〕　南中高度が高いほど地表が温まりやすい理由を，<**結果2**>を踏まえて，同じ面積に受ける太陽の光の量（エネルギー）に着目して簡単に書け。

〔問4〕　次のページの図8は，<**観察**>を行った東京の地点X（北緯35.6°）での冬至の日の太陽の光の当たり方を模式的に表したものである。次のページの文は，冬至の日の南中時刻に，地点Xで図7の装置Iを用いて，黒く塗った試験管内の水温を測定したとき，10分後の水温が最も高くなる装置Iの角aについて述べている。

文中の ① と ② にそれぞれ当てはまるものとして適切なのは，次のページの**ア**～**エ**のうちではどれか。

ただし，地軸は地球の公転面に垂直な方向に対して23.4°傾いているものとする。

> 地点Xで冬至の日の南中時刻に，図7の装置Iを用いて，黒く塗った試験管内の水温を測定したとき，10分後の水温が最も高くなる角aは，図8中の角 ① と等しく，角の大きさは ② である。

図8

①	ア c	イ d	ウ e	エ f
②	ア 23.4°	イ 31.0°	ウ 59.0°	エ 66.6°

4 消化酵素の働きを調べる実験について，次の各問に答えよ。

<実験1>を行ったところ，<結果1>のようになった。

<実験1>

(1) 図1のように，スポンジの上に載せたアルミニウムはくに試験管用のゴム栓を押し付けて型を取り，アルミニウムはくの容器を6個作った。

図1

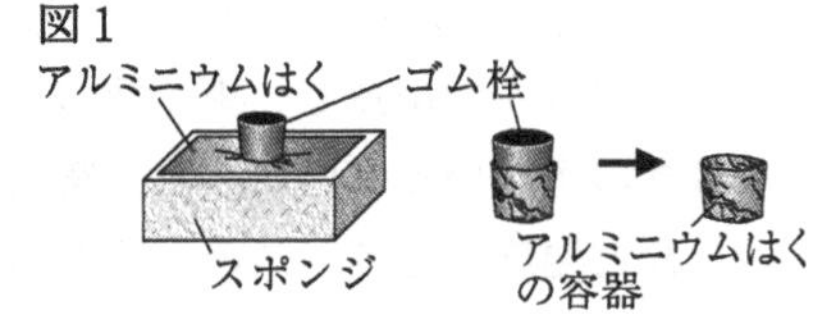

(2) (1)で作った6個の容器に1％デンプン溶液をそれぞれ2 cm^3ずつ入れ，容器A～Fとした。

(3) 容器Aと容器Bには水1 cm^3を，容器Cと容器Dには水で薄めた唾液1 cm^3を，容器Eと容器Fには消化酵素Xの溶液1 cm^3を，それぞれ加えた。容器A～Fを，図2のように，40℃の水を入れてふたをしたペトリ皿の上に10分間置いた。

図2

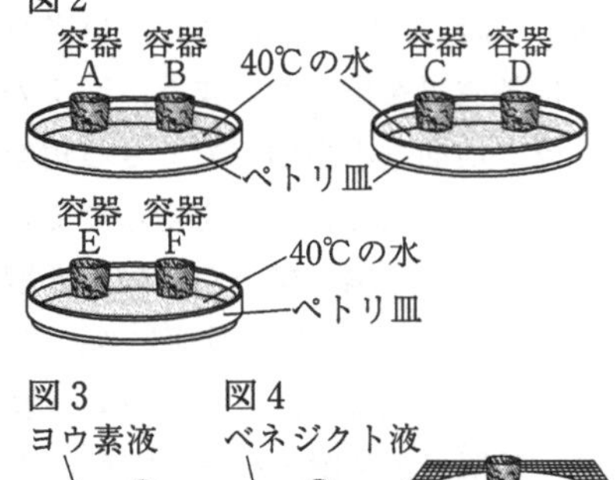

(4) (3)で10分間置いた後，図3のように，容器A，容器C，容器Eにはヨウ素液を加え，それぞれの溶液の色を観察した。また，図4のように，容器B，容器D，容器Fにはベネジクト液を加えてから弱火にしたガスバーナーで加熱し，それぞれの溶液の色を観察した。

図3　図4

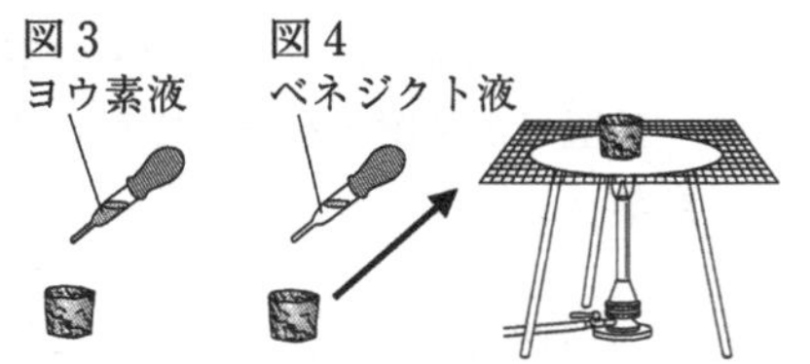

<結果1>

容器	1％デンプン溶液2 cm^3に加えた液体	加えた試薬	観察された溶液の色
A	水1 cm^3	ヨウ素液	青紫色
B		ベネジクト液	青色
C	水で薄めた唾液1 cm^3	ヨウ素液	茶褐色
D		ベネジクト液	赤褐色
E	消化酵素Xの溶液1 cm^3	ヨウ素液	青紫色
F		ベネジクト液	青色

次に，＜**実験１**＞と同じ消化酵素Ｘの溶液を用いて＜**実験２**＞を行ったところ，＜**結果２**＞のようになった。

＜**実験２**＞

(1)　ペトリ皿を２枚用意し，それぞれのペトリ皿に60℃のゼラチン水溶液を入れ，冷やしてゼリー状にして，ペトリ皿ＧとＨとした。ゼラチンの主成分はタンパク質であり，ゼリー状のゼラチンは分解されると溶けて液体になる性質がある。

(2)　図５のように，ペトリ皿Ｇには水をしみ込ませたろ紙を，ペトリ皿Ｈには消化酵素Ｘの溶液をしみ込ませたろ紙を，それぞれのゼラチンの上に載せ，24℃で15分間保った。

(3)　(2)で15分間保った後，ペトリ皿ＧとＨの変化の様子を観察した。

図５

ペトリ皿Ｇ　ペトリ皿Ｈ

ゼリー状のゼラチン

水をしみ込ませたろ紙

消化酵素Ｘの溶液をしみ込ませたろ紙

＜**結果２**＞

ペトリ皿	ろ紙にしみ込ませた液体	ろ紙を載せた部分の変化	ろ紙を載せた部分以外の変化
Ｇ	水	変化しなかった。	変化しなかった。
Ｈ	消化酵素Ｘの溶液	ゼラチンが溶けて液体になった。	変化しなかった。

次に，＜**実験１**＞と同じ消化酵素Ｘの溶液を用いて＜**実験３**＞を行ったところ，＜**結果３**＞のようになった。

＜**実験３**＞

(1)　ペトリ皿に60℃のゼラチン水溶液を入れ，冷やしてゼリー状にして，ペトリ皿Ｉとした。

(2)　図６のように，消化酵素Ｘの溶液を試験管に入れ80℃の水で10分間温めた後に24℃に戻し，加熱後の消化酵素Ｘの溶液とした。図７のように，ペトリ皿Ｉには加熱後の消化酵素Ｘの溶液をしみ込ませたろ紙を，ゼラチンの上に載せ，24℃で15分間保った後，ペトリ皿Ｉの変化の様子を観察した。

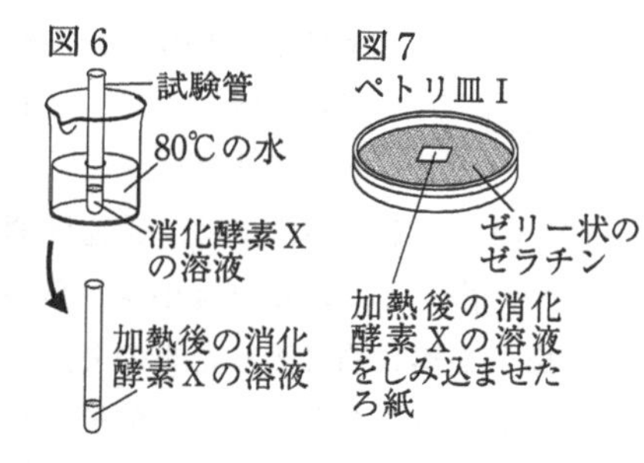

＜**結果３**＞

ろ紙を載せた部分も，ろ紙を載せた部分以外も変化はなかった。

〔問１〕　＜**結果１**＞から分かる，消化酵素の働きについて述べた次の文の ① ～ ③ にそれぞれ当てはまるものとして適切なのは，下の**ア**～**エ**のうちではどれか。

> ① の比較から，デンプンは ② の働きにより別の物質になったことが分かる。さらに， ③ の比較から， ② の働きによりできた別の物質は糖であることが分かる。

①　**ア**　容器Ａと容器Ｃ　**イ**　容器Ａと容器Ｅ
　　ウ　容器Ｂと容器Ｄ　**エ**　容器Ｂと容器Ｆ

②　**ア**　水　**イ**　ヨウ素液　**ウ**　唾液　**エ**　消化酵素Ｘ

③ ア 容器Aと容器C　イ 容器Aと容器E
ウ 容器Bと容器D　エ 容器Bと容器F

〔問2〕 <結果1>と<結果2>から分かる，消化酵素Xと同じ働きをするヒトの消化酵素の名称と，<結果3>から分かる，加熱後の消化酵素Xの働きの様子とを組み合わせたものとして適切なのは，次の表のア～エのうちではどれか。

	消化酵素Xと同じ働きをするヒトの消化酵素の名称	加熱後の消化酵素Xの働きの様子
ア	アミラーゼ	タンパク質を分解する。
イ	アミラーゼ	タンパク質を分解しない。
ウ	ペプシン	タンパク質を分解する。
エ	ペプシン	タンパク質を分解しない。

〔問3〕 ヒトの体内における，デンプンとタンパク質の分解について述べた次の文の ① ～ ④ にそれぞれ当てはまるものとして適切なのは，下のア～エのうちではどれか。

デンプンは， ① から分泌される消化液に含まれる消化酵素などの働きで，最終的に ② に分解され，タンパク質は， ③ から分泌される消化液に含まれる消化酵素などの働きで，最終的に ④ に分解される。

① ア 唾液腺・胆のう　イ 唾液腺・すい臓　ウ 胃・胆のう　エ 胃・すい臓
② ア ブドウ糖　イ アミノ酸　ウ 脂肪酸
エ モノグリセリド
③ ア 唾液腺・胆のう　イ 唾液腺・すい臓　ウ 胃・胆のう　エ 胃・すい臓
④ ア ブドウ糖　イ アミノ酸　ウ 脂肪酸
エ モノグリセリド

〔問4〕 ヒトの体内では，食物は消化酵素などの働きにより分解された後，多くの物質は小腸から吸収される。図8は小腸の内壁の様子を模式的に表したもので，約1㎜の長さの微小な突起で覆われていることが分かる。分解された物質を吸収する上での小腸の内壁の構造上の利点について，微小な突起の名称に触れて，簡単に書け。

図8

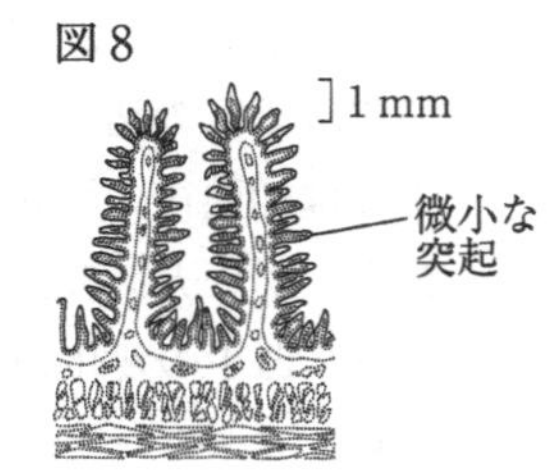

5 物質の性質を調べて区別する実験について，次の各問に答えよ。

4種類の白色の物質A～Dは，塩化ナトリウム，ショ糖（砂糖），炭酸水素ナトリウム，ミョウバンのいずれかである。

<実験1>を行ったところ，<結果1>のようになった。

<実験1>

⑴ 物質A～Dをそれぞれ別の燃焼さじに少量載せ，図1のように加熱し，物質の変化の様子を調べた。

⑵ <実験1>の⑴では，物質Bと物質Cは，燃えずに白色の物質が残り，区別がつかなかった。そのため，乾いた試験管を2本用意し，それ

図1

ぞれの試験管に物質Ｂ，物質Ｃを少量入れた。物質Ｂの入った試験管にガラス管がつながっているゴム栓をして，図２のように，試験管の口を少し下げ，スタンドに固定した。

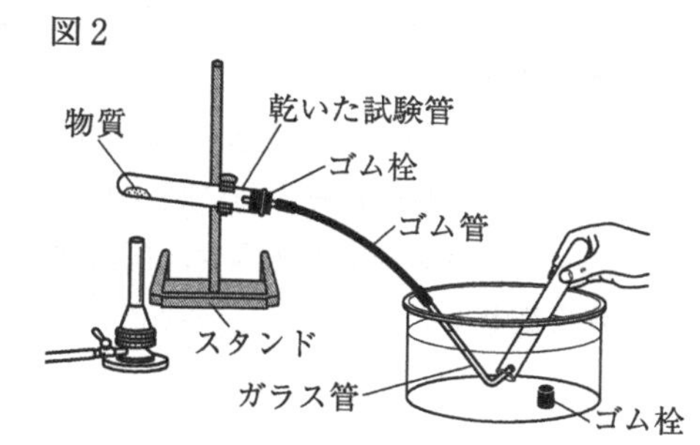

(3)　試験管を加熱し，加熱中の物質の変化を調べた。気体が発生した場合，発生した気体を水上置換法で集めた。

(4)　**＜実験１＞**の(2)の物質Ｂの入った試験管を物質Ｃの入った試験管に替え，**＜実験１＞**の(2)，(3)と同様の実験を行った。

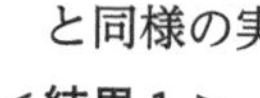

＜結果１＞

	物質Ａ	物質Ｂ	物質Ｃ	物質Ｄ
＜実験１＞の(1)で加熱した物質の変化	溶けた。	白色の物質が残った。	白色の物質が残った。	焦げて黒色の物質が残った。
＜実験１＞の(3)，(4)で加熱中の物質の変化		気体が発生した。	変化しなかった。	

〔問１〕　**＜実験１＞**の(1)で，物質Ｄのように，加熱すると焦げて黒色に変化する物質について述べたものとして適切なのは，次のうちではどれか。

ア　ろうは無機物であり，炭素原子を含まない物質である。
イ　ろうは有機物であり，炭素原子を含む物質である。
ウ　活性炭は無機物であり，炭素原子を含まない物質である。
エ　活性炭は有機物であり，炭素原子を含む物質である。

〔問２〕　**＜実験１＞**の(3)で，物質Ｂを加熱したときに発生した気体について述べた次の文の［①］に当てはまるものとして適切なのは，下の**ア**～**エ**のうちではどれか。また，［②］に当てはまるものとして適切なのは，下の**ア**～**エ**のうちではどれか。

> 物質Ｂを加熱したときに発生した気体には［①］という性質があり，発生した気体と同じ気体を発生させるには，［②］という方法がある。

［①］
ア　物質を燃やす
イ　空気中で火をつけると音をたてて燃える
ウ　水に少し溶け，その水溶液は酸性を示す
エ　水に少し溶け，その水溶液はアルカリ性を示す

［②］
ア　石灰石に薄い塩酸を加える
イ　二酸化マンガンに薄い過酸化水素水を加える
ウ　亜鉛に薄い塩酸を加える
エ　塩化アンモニウムと水酸化カルシウムを混合して加熱する

次に，＜実験２＞を行ったところ，＜結果２＞のようになった。

＜実験２＞

(1)　20℃の精製水（蒸留水）100 g を入れたビーカーを４個用意し，それぞれのビーカーに図３のように物質Ａ～Ｄを20 g ずつ入れ，ガラス棒でかき混ぜ，精製水（蒸留水）に溶けるかどうかを観察した。

図３

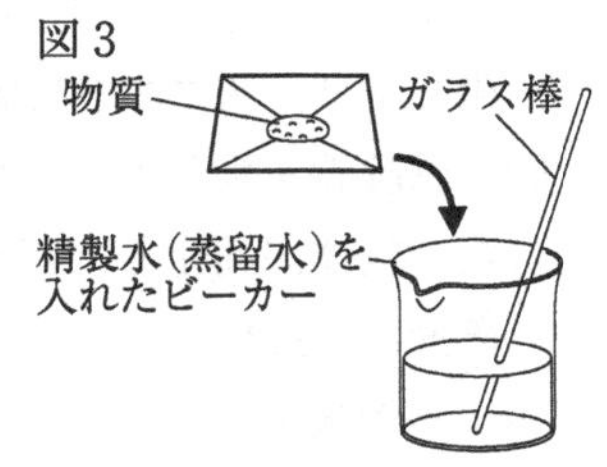

(2)　図４のように，ステンレス製の電極，電源装置，豆電球，電流計をつないで回路を作り，＜実験２＞の(1)のそれぞれのビーカーの中に，精製水（蒸留水）でよく洗った電極を入れ，電流が流れるかどうかを調べた。

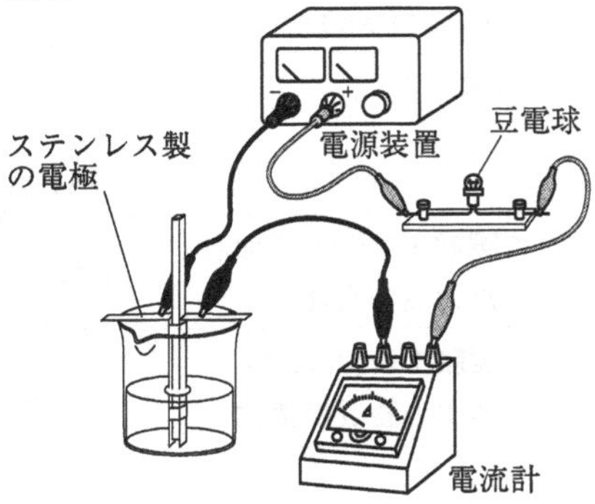

(3)　塩化ナトリウム，ショ糖（砂糖），炭酸水素ナトリウム，ミョウバンの水100 g に対する溶解度を，図書館で調べた。

図４

＜結果２＞

(1)　＜実験２＞の(1)，(2)で調べた結果は，次の表のようになった。

	物質Ａ	物質Ｂ	物質Ｃ	物質Ｄ
20℃の精製水（蒸留水）100 gに溶けるかどうか	一部が溶けずに残った。	一部が溶けずに残った。	全て溶けた。	全て溶けた。
電流が流れるかどうか	流れた。	流れた。	流れた。	流れなかった。

(2)　＜実験２＞の(3)で調べた結果は，次の表のようになった。

水の温度〔℃〕	塩化ナトリウムの質量〔g〕	ショ糖（砂糖）の質量〔g〕	炭酸水素ナトリウムの質量〔g〕	ミョウバンの質量〔g〕
0	35.6	179.2	6.9	5.7
20	35.8	203.9	9.6	11.4
40	36.3	238.1	12.7	23.8
60	37.1	287.3	16.4	57.4

〔問３〕　物質Ｃを水に溶かしたときの電離の様子を，化学式とイオン式を使って書け。

〔問４〕　＜結果２＞で，物質の一部が溶けずに残った水溶液を40℃まで加熱したとき，一方は全て溶けた。全て溶けた方の水溶液を水溶液Ｐとするとき，水溶液Ｐの溶質の名称を書け。また，40℃まで加熱した水溶液Ｐ120 g を20℃に冷やしたとき，取り出すことができる結晶の質量〔g〕を求めよ。

6　電熱線に流れる電流とエネルギーの移り変わりを調べる実験について，次の各問に答えよ。

<実験１>を行ったところ，<結果１>のようになった。

<実験１>

(1)　電流計，電圧計，電気抵抗の大きさが異なる電熱線Ａと電熱線Ｂ，スイッチ，導線，電源装置を用意した。

(2)　電熱線Ａをスタンドに固定し，図１のように，回路を作った。

(3)　電源装置の電圧を1.0Ｖに設定した。

(4)　回路上のスイッチを入れ，回路に流れる電流の大きさ，電熱線の両端に加わる電圧の大きさを測定した。

(5)　電源装置の電圧を2.0Ｖ，3.0Ｖ，4.0Ｖ，5.0Ｖに変え，<実験１>の(4)と同様の実験を行った。

(6)　電熱線Ａを電熱線Ｂに変え，<実験１>の(3)，(4)，(5)と同様の実験を行った。

図１

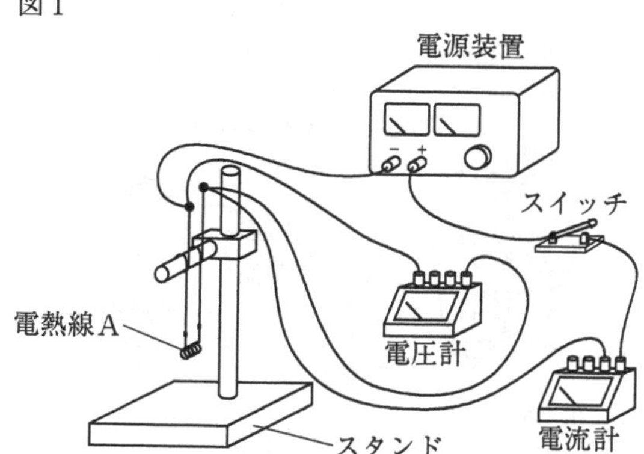

<結果１>

	電源装置の電圧〔V〕	1.0	2.0	3.0	4.0	5.0
電熱線Ａ	回路に流れる電流の大きさ〔A〕	0.17	0.33	0.50	0.67	0.83
	電熱線Ａの両端に加わる電圧の大きさ〔V〕	1.0	2.0	3.0	4.0	5.0
電熱線Ｂ	回路に流れる電流の大きさ〔A〕	0.25	0.50	0.75	1.00	1.25
	電熱線Ｂの両端に加わる電圧の大きさ〔V〕	1.0	2.0	3.0	4.0	5.0

〔問１〕　<結果１>から，電熱線Ａについて，電熱線Ａの両端に加わる電圧の大きさと回路に流れる電流の大きさの関係を，解答用紙の方眼を入れた図に●を用いて記入し，グラフをかけ。
また，電熱線Ａの両端に加わる電圧の大きさが9.0Ｖのとき，回路に流れる電流の大きさは何Ａか。

次に，<実験２>を行ったところ，<結果２>のようになった。

<実験２>

(1)　電流計，電圧計，<実験１>で使用した電熱線Ａと電熱線Ｂ，200ｇの水が入った発泡ポリスチレンのコップ，温度計，ガラス棒，ストップウォッチ，スイッチ，導線，電源装置を用意した。

(2)　図２（次のページ）のように，電熱線Ａと電熱線Ｂを直列に接続し，回路を作った。

(3)　電源装置の電圧を5.0Ｖに設定した。

(4)　回路上のスイッチを入れる前の水の温度を測定し，ストップウォッチのスタートボタンを押すと同時に回路上のスイッチを入れ，回路に流れる電流の大きさ，回路上の点ａから点ｂまでの間に加わる電圧の大きさを測定した。

⑸　１分ごとにガラス棒で水をゆっくりかきまぜ，回路上のスイッチを入れてから５分後の水の温度を測定した。

⑹　図３のように，電熱線Ａと電熱線Ｂを並列に接続し，回路を作り，**<実験２>**の⑶，⑷，⑸と同様の実験を行った。

図２

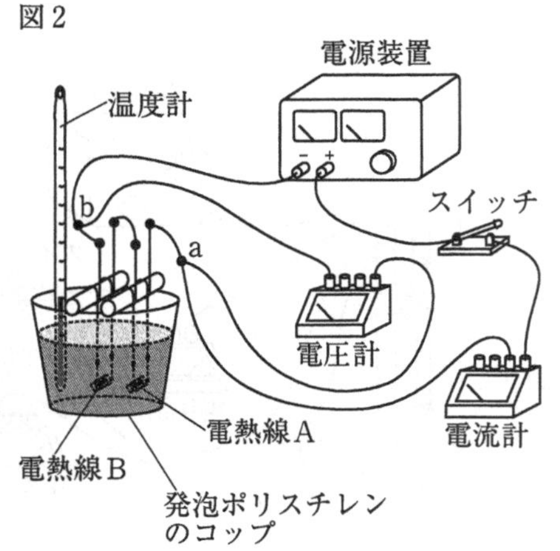

図３

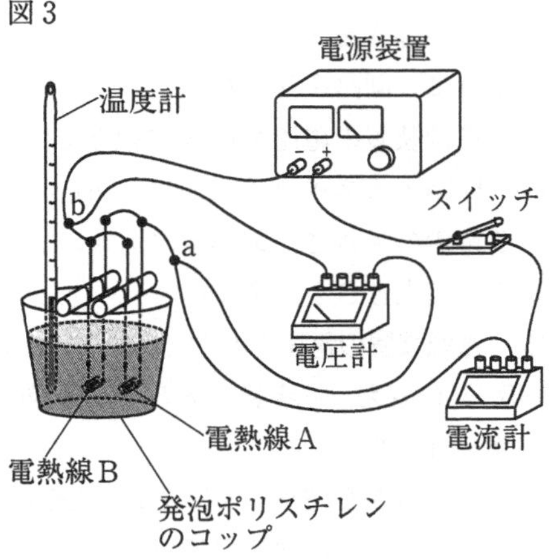

<結果２>

	電熱線Ａと電熱線Ｂを直列に接続したとき	電熱線Ａと電熱線Ｂを並列に接続したとき
電源装置の電圧〔V〕	5.0	5.0
スイッチを入れる前の水の温度〔℃〕	20.0	20.0
回路に流れる電流の大きさ〔A〕	0.5	2.1
回路上の点ａから点ｂまでの間に加わる電圧の大きさ〔V〕	5.0	5.0
回路上のスイッチを入れてから５分後の水の温度〔℃〕	20.9	23.8

〔問２〕　**<結果１>**と**<結果２>**から，電熱線Ａと電熱線Ｂを直列に接続したときと並列に接続したときの回路において，直列に接続したときの電熱線Ｂに流れる電流の大きさと並列に接続したときの電熱線Ｂに流れる電流の大きさを最も簡単な整数の比で表したものとして適切なのは，次のうちではどれか。

ア　１：５　　**イ**　２：５

ウ　５：21　　**エ**　10：21

〔問３〕　**<結果２>**から，電熱線Ａと電熱線Ｂを並列に接続し，回路上のスイッチを入れてから５分間電流を流したとき，電熱線Ａと電熱線Ｂの発熱量の和を**<結果２>**の電流の値を用いて求めたものとして適切なのは，次のうちではどれか。

ア　12.5 J　　**イ**　52.5 J

ウ　750 J　　**エ**　3150 J

〔問４〕　**<結果１>**と**<結果２>**から，電熱線の性質とエネルギーの移り変わりの様子について述べたものとして適切なのは，次のうちではどれか。

ア　電熱線には電気抵抗の大きさが大きくなると電流が流れにくくなる性質があり，電気エネルギーを熱エネルギーに変換している。

イ　電熱線には電気抵抗の大きさが大きくなると電流が流れにくくなる性質があり，電気エネルギーを化学エネルギーに変換している。

ウ　電熱線には電気抵抗の大きさが小さくなると電流が流れにくくなる性質があり，熱エネルギーを電気エネルギーに変換している。

エ　電熱線には電気抵抗の大きさが小さくなると電流が流れにくくなる性質があり，熱エネルギーを化学エネルギーに変換している。

＜社会＞

時間　50分　　満点　100点

[1] 次の各問に答えよ。

〔問１〕 次の図は，神奈川県藤沢(ふじさわ)市の「江の島(えのしま)」の様子を地域調査の発表用資料としてまとめたものである。この地域の景観を，●で示した地点から矢印⬋の向きに撮影した写真に当てはまるのは，下の**ア**～**エ**のうちではどれか。

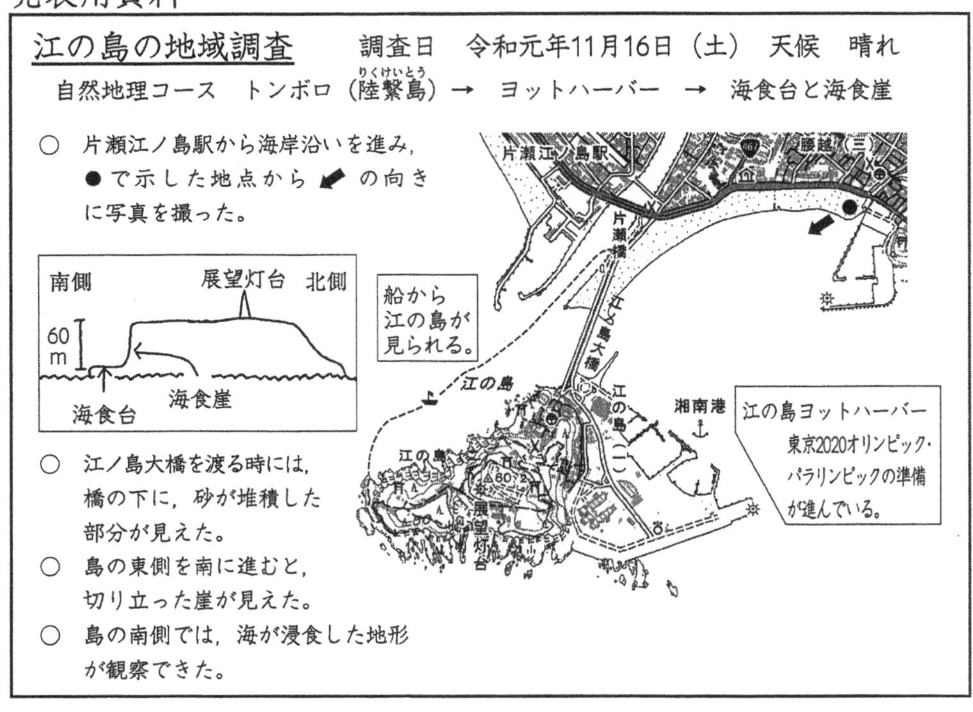

ア

イ

ウ

エ

〔問２〕　次のⅠの略地図中の**ア**～**エ**は，世界遺産に登録されている我が国の主な歴史的文化財の所在地を示したものである。Ⅱの文で述べている歴史的文化財の所在地に当てはまるのは，略地図中の**ア**～**エ**のうちのどれか。

Ⅰ

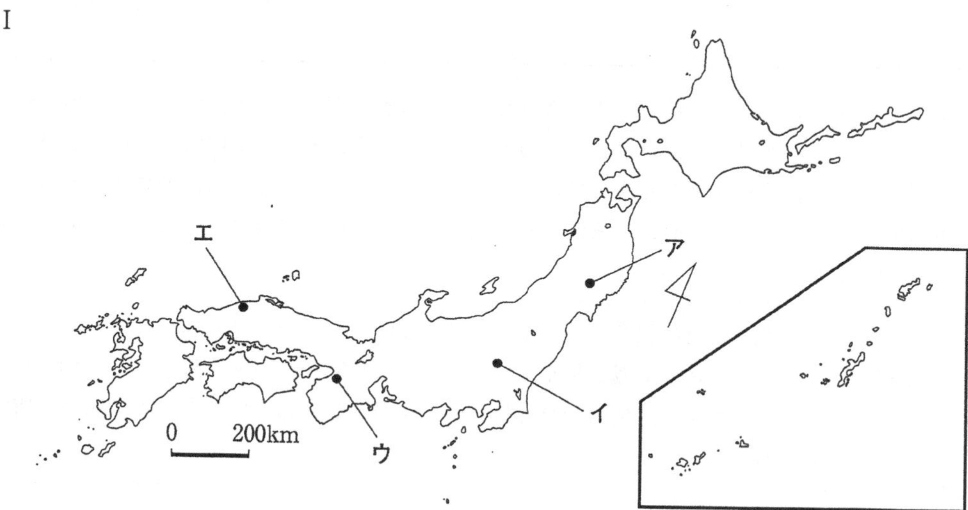

Ⅱ

> 5世紀中頃に造られた，大王（おおきみ）の墓と言われる日本最大の面積を誇る前方後円墳で，周囲には三重の堀が巡らされ，古墳の表面や頂上等からは，人や犬，馬などの形をした埴輪（はにわ）が発見されており，2019年に世界遺産に登録された。

〔問3〕 次の文で述べている国際連合の機関に当てはまるのは，下の**ア**～**エ**のうちのどれか。

> 国際紛争を調査し，解決方法を勧告する他，平和を脅（おびや）かすような事態の発生時には，経済封鎖や軍事的措置などの制裁を加えることができる主要機関である。

ア　国連難民高等弁務官事務所
イ　安全保障理事会
ウ　世界保健機関
エ　国際司法裁判所

2 次の略地図を見て，あとの各問に答えよ。

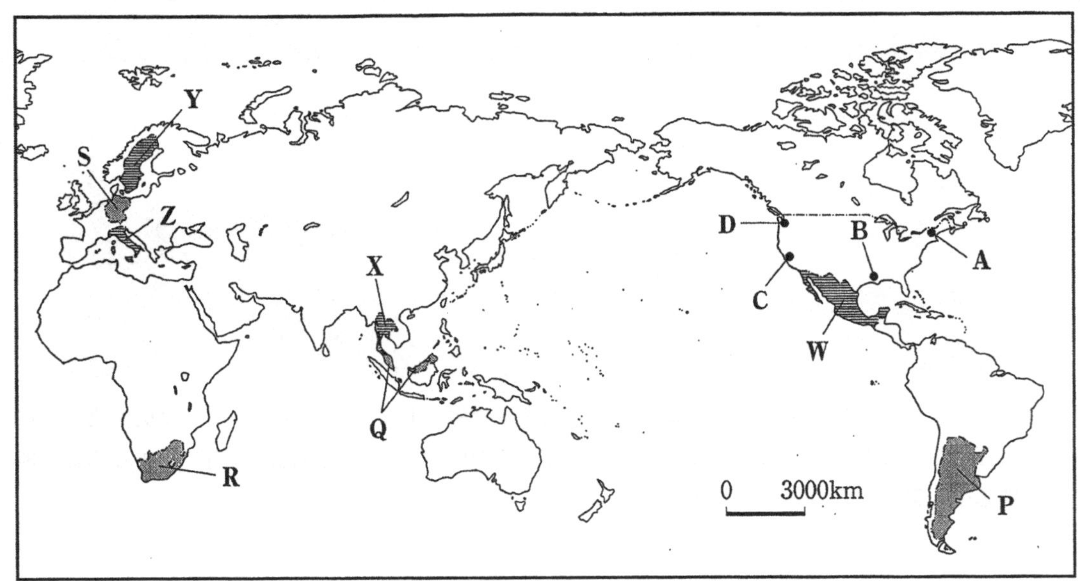

〔問1〕 次のⅠの文章は，略地図中のA～Dの**いずれか**の都市の様子についてまとめたものである。次のページのⅡのグラフは，A～Dの**いずれか**の都市の，年平均気温と年降水量及び各月の平均気温と降水量を示したものである。Ⅰの文章で述べている都市に当てはまるのは，略地図中のA～Dのうちのどれか，また，その都市のグラフに当てはまるのは，Ⅱの**ア**～**エ**のうちのどれか。

Ⅰ

> サンベルト北限付近に位置し，冬季は温暖で湿潤だが，夏季は乾燥し，寒流の影響で高温にならず，一年を通して過ごしやすい。周辺には1885年に大学が設立され，1950年代から半導体の生産が始まり，情報分野で世界的な企業が成長し，現在も世界各国から研究者が集まっている。

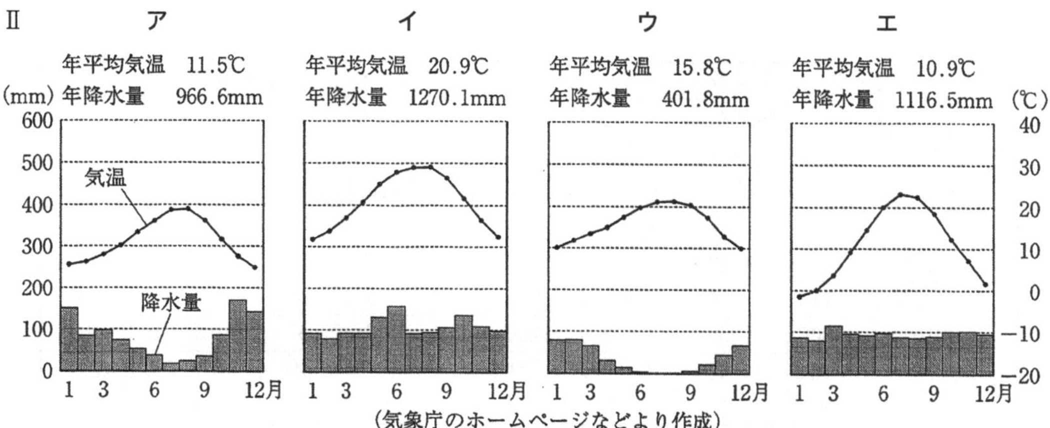

(気象庁のホームページなどより作成)

〔問2〕 次の表のア～エは，略地図中に ▒ で示したP～Sの**いずれか**の国の，2017年における自動車の生産台数，販売台数，交通や自動車工業の様子についてまとめたものである。略地図中のP～Sのそれぞれの国に当てはまるのは，次の表のア～エのうちではどれか。

	自動車 生産（千台）	自動車 販売（千台）	交通や自動車工業の様子
ア	460	591	○年間数万隻の船舶が航行する海峡に面する港に高速道路が延び，首都では渋滞解消に向け鉄道が建設された。 ○1980年代には，日本企業と協力して熱帯地域に対応した国民車の生産が始まり，近年は政策としてハイブリッド車などの普及を進めている。
イ	472	900	○現在も地殻変動が続き，国土の西側に位置し，国境を形成する山脈を越えて，隣国まで続く高速道路が整備されている。 ○2017年は，隣国の需要の低下により乗用車の生産が減少し，パンパでの穀物生産や牧畜で使用されるトラックなどの商用車の生産が増加した。
ウ	5646	3811	○国土の北部は氷河に削られ，城郭都市の石畳の道や，1930年代から建設が始まった速度制限のない区間が見られる高速道路が整備されている。 ○酸性雨の被害を受けた経験から，自動車の生産では，エンジンから排出される有害物質の削減に力を入れ，ディーゼル車の割合が減少している。
エ	590	556	○豊富な地下資源を運ぶトラックから乗用車まで様々な種類の自動車が見られ，1970年代に高速道路の整備が始められた。 ○欧州との時差が少なく，アジアまで船で輸送する利便性が高いことを生かして，欧州企業が日本向け自動車の生産拠点を置いている。

(「世界国勢図会」2018/19年版などより作成)

〔問3〕 次のページのⅠとⅡの表のア～エは，略地図中に ▤ で示したW～Zの**いずれか**の国に当てはまる。Ⅰの表は，1993年と2016年における進出日本企業数と製造業に関わる進出日本企業数，輸出額が多い上位3位までの貿易相手国，Ⅱの表は，1993年と2016年における日本との貿易総額，日本の輸入額の上位3位の品目と日本の輸入額に占める割合を示したものである。次のページのⅢの文章は，ⅠとⅡの表におけるア～エの**いずれか**の国について述べたものである。Ⅲの文章で述べている国に当てはまるのは，略地図中のW～Zのうちのどれか，また，ⅠとⅡの表のア～エのうちのどれか。

Ⅰ

		進出日本企業数		輸出額が多い上位3位までの貿易相手国		
			製造業	1位	2位	3位
ア	1993年	875	497	アメリカ合衆国	日本	シンガポール
	2016年	2318	1177	アメリカ合衆国	中華人民共和国	日本
イ	1993年	44	4	ドイツ	イギリス	アメリカ合衆国
	2016年	80	19	ノルウェー	ドイツ	デンマーク
ウ	1993年	113	56	アメリカ合衆国	カナダ	スペイン
	2016年	502	255	アメリカ合衆国	カナダ	中華人民共和国
エ	1993年	164	46	ドイツ	フランス	アメリカ合衆国
	2016年	237	72	ドイツ	フランス	アメリカ合衆国

（国際連合「貿易統計年鑑」2016などより作成）

Ⅱ

		貿易総額（億円）	日本の輸入額の上位3位の品目と日本の輸入額に占める割合（%）					
			1位		2位		3位	
ア	1993年	20885	魚介類	15.3	一般機械	11.3	電気機器	10.7
	2016年	51641	電気機器	21.1	一般機械	13.6	肉類・同調製品	8.0
イ	1993年	3155	電気機器	20.4	医薬品	16.7	自動車	15.3
	2016年	3970	医薬品	29.4	一般機械	11.9	製材	9.7
ウ	1993年	5608	原油・粗油	43.3	塩	8.1	果実及び野菜	7.8
	2016年	17833	原油	23.2	電気機器	17.0	自動車部品	7.9
エ	1993年	7874	一般機械	11.6	衣類	10.3	織物用糸・繊維製品	10.2
	2016年	14631	一般機械	12.1	バッグ類	10.9	医薬品	10.0

（国際連合「貿易統計年鑑」2016などより作成）

Ⅲ

雨季と乾季があり，国土の北部から南流し，首都を通り海に注ぐ河川の両側に広がる農地などで生産される穀物が，1980年代まで主要な輸出品であったが，1980年代からは工業化が進んだ。2016年には，製造業の進出日本企業数が1993年と比較し2倍以上に伸び，貿易相手国として中華人民共和国の重要性が高まった。また，この国と日本との貿易総額は1993年と比較し2倍以上に伸びており，電気機器の輸入額に占める割合も2割を上回るようになった。

3 次の略地図を見て，あとの各問に答えよ。

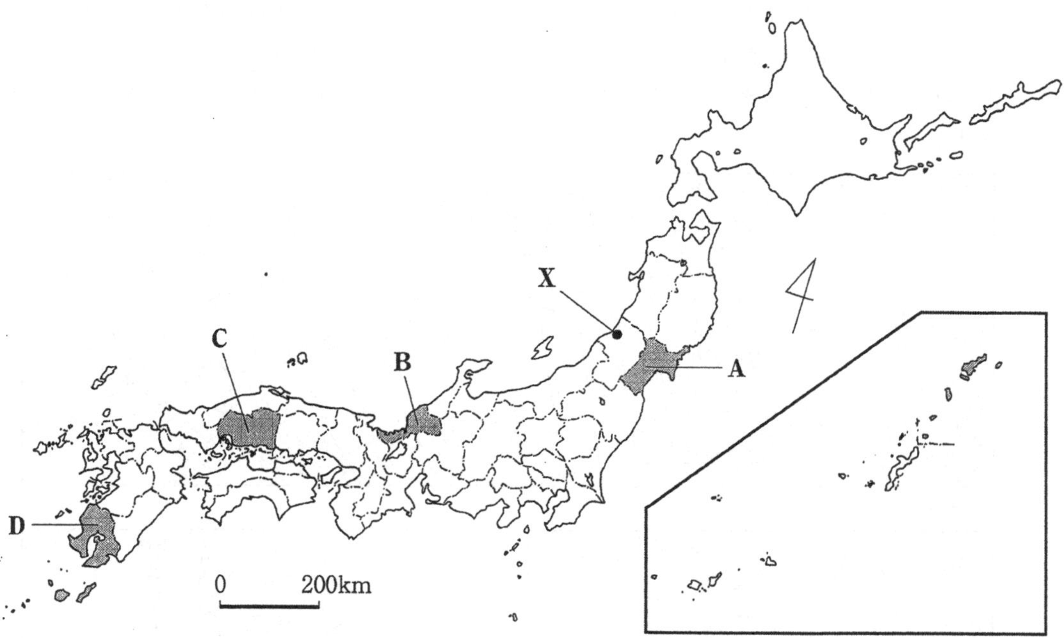

〔問１〕 次の表の**ア**～**エ**の文章は，略地図中に ▒▒ で示した，A～Dの**いずれか**の県の，2017年における鉄道の営業距離，県庁所在地（市）の人口，鉄道と県庁所在地の交通機関などの様子についてまとめたものである。略地図中のA～Dのそれぞれの県に当てはまるのは，次の表の**ア**～**エ**のうちではどれか。

	営業距離(km) 人口（万人）	鉄道と県庁所在地の交通機関などの様子
ア	710 119	○内陸部の山地では南北方向に，造船業や鉄鋼業が立地する沿岸部では東西方向に鉄道が走り，新幹線の路線には５駅が設置されている。 ○この都市では，中心部には路面電車が見られ，1994年に開業した鉄道が北西の丘陵地に形成された住宅地と三角州上に発達した都心部とを結んでいる。
イ	295 27	○リアス海岸が見られる地域や眼鏡産業が立地する平野を鉄道が走り，2022年には県庁所在地を通る新幹線の開業が予定されている。 ○この都市では，郊外の駅に駐車場が整備され，自動車から鉄道に乗り換え通勤できる環境が整えられ，城下町であった都心部の混雑が緩和されている。
ウ	642 109	○南北方向に走る鉄道と，西側に位置する山脈を越え隣県へつながる鉄道などがあり，1982年に開通した新幹線の路線には４駅が設置されている。 ○この都市では，中心となるターミナル駅に郊外から地下鉄やバスが乗り入れ，周辺の道路には町を象徴する街路樹が植えられている。
エ	423 61	○石油の備蓄基地が立地する西側の半島に鉄道が走り，2004年には北西から活動中の火山の対岸に位置する県庁所在地まで新幹線が開通した。 ○この都市では，路面電車の軌道を芝生化し，緑豊かな環境が整備され，シラス台地に開発された住宅地と都心部は，バス路線で結ばれている。

（「データで見る県勢」第27版などより作成）

［問２］ 次のⅠとⅡの地形図は，1988年と1998年の「国土地理院発行２万５千分の１地形図（湯野浜）」の一部である。Ⅲの文章は，略地図中にXで示した庄内空港が建設された地域について，ⅠとⅡの地形図を比較して述べたものである。Ⅲの文章の P ～ S のそれぞれに当てはまるのは，次のアとイのうちではどれか。なお，Ⅱの地形図上において，Y－Z間の長さは８㎝である。

Ⅰ

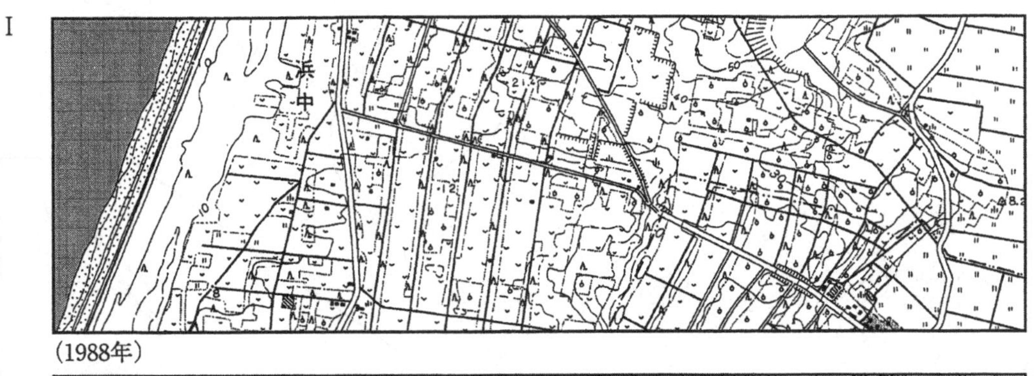

（1988年）

Ⅱ

（1998年）

Ⅲ

> この空港は，主に標高が約10mから約 P mにかけて広がる Q であった土地を造成して建設された。ジェット機の就航が可能となるよう約 R mの長さの滑走路が整備され，海岸沿いの針葉樹林は， S から吹く風によって運ばれる砂の被害を防ぐ役割を果たしている。

P	ア 40	イ 80	Q	ア 果樹園・畑	イ 水田
R	ア 1500	イ 2000	S	ア 南東	イ 北西

［問３］ 次のⅠの文章は，2012年４月に示された「つなぐ・ひろがる　しずおかの道」の内容の一部をまとめたものである。Ⅱの略地図は，2018年における東名高速道路と新東名高速道路の一部を示したものである。Ⅲの表は，Ⅱの略地図中に示した御殿場から三ヶ日までの，東名と新東名について，新東名の開通前（2011年４月17日から2012年４月13日までの期間）と，開通後（2014年４月13日から2015年４月10日までの期間）の，平均交通量と10㎞以上の渋滞回数を示したものである。自然災害に着目し，ⅠとⅡの資料から読み取れる，新東名が現在の位置に建設された理由と，平均交通量と10㎞以上の渋滞回数に着目し，新東名が建設された効果について，それぞれ簡単に述べよ。

Ⅰ

○東名高速道路は，高波や津波などによる通行止めが発生し，経済に影響を与えている。
○東名高速道路は，全国の物流・経済を支えており，10km以上の渋滞回数は全国1位である。

Ⅱ

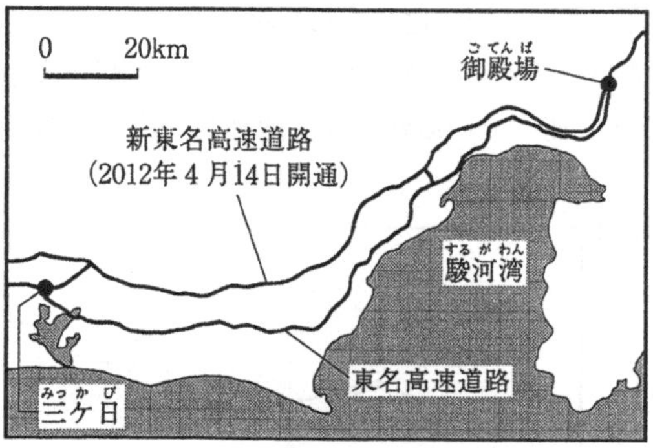

Ⅲ

		開通前	開通後
東名	平均交通量(千台／日)	73.2	42.9
	10km以上の渋滞回数(回)	227	4
新東名	平均交通量(千台／日)	−	39.5
	10km以上の渋滞回数(回)	−	9

(注) −は，データが存在しないことを示す。
(中日本高速道路株式会社作成資料より作成)

4 次の文章を読み，あとの各問に答えよ。

紙は，様々な目的に使用され，私たちの生活に役立ってきた。
古代では，様々な手段で情報を伝え，支配者はクニと呼ばれるまとまりを治めてきた。我が国に紙が伝来すると，(1)支配者は，公的な記録の編纂(へんさん)や情報の伝達に紙を用い，政治を行ってきた。
中世に入ると，(2)屋内の装飾の材料にも紙が使われ始め，我が国独自の住宅様式の確立につながっていった。
江戸時代には，各藩のひっ迫した財政を立て直すために工芸作物の生産を奨励される中で，各地で紙が生産され始め，人々が紙を安価に入手できるようになった。(3)安価に入手できるようになった紙は，書物や浮世絵(うきよえ)などの出版にも利用され，文化を形成してきた。
明治時代以降，欧米の進んだ技術を取り入れたことにより，従来から用いられていた紙に加え，西洋風の紙が様々な場面で使われるようになった。さらに，(4)生産技術が向上すると，紙の大量生産も可能となり，新聞や雑誌などが広く人々に行き渡ることになった。

〔問1〕 (1)支配者は，公的な記録の編纂(へんさん)や情報の伝達に紙を用い，政治を行ってきた。とあるが，次のア～エは，飛鳥(あすか)時代から室町時代にかけて，紙が政治に用いられた様子について述べたものである。時期の古いものから順に記号を並べよ。

ア 大宝律令(たいほうりつりょう)が制定され，天皇の文書を作成したり図書の管理をしたりする役所の設置など，大陸の進んだ政治制度が取り入れられた。

イ 武家政権と公家政権の長所を政治に取り入れた建武式目が制定され，治安回復後の京都に幕府が開かれた。

ウ 全国に支配力を及ぼすため，紙に書いた文書により，国ごとの守護と荘園(しょうえん)や公領ごとの地頭を任命する政策が，鎌倉で樹立された武家政権で始められた。

エ 各地方に設置された国分寺と国分尼寺(こくぶんにじ)へ，僧を派遣したり経典の写本を納入したりするなど，様々な災いから仏教の力で国を守るための政策が始められた。

〔問2〕 (2)屋内の装飾の材料にも紙が使われ始め，我が国独自の住宅様式の確立につながっていった。とあるが，次のⅠの略年表は，鎌倉時代から江戸時代にかけての，我が国の屋内の装飾に関する主な出来事についてまとめたものである。Ⅱの略地図中のA～Dは，我が国の主な建築物の所在地を示したものである。Ⅲの文は，ある時期に建てられた建築物について述べたものである。Ⅲの文で述べている建築物が建てられた時期に当てはまるのは，Ⅰの略年表中のア～エの時期のうちではどれか。また，Ⅲの文で述べている建築物の所在地に当てはまるのは，Ⅱの略地図中のA～Dのうちのどれか。

Ⅰ

西暦	我が国の屋内の装飾に関する主な出来事	
1212	●鴨長明が「方丈記」の中で，障子の存在を記した。	
		ア
1351	●藤原隆昌と父が「慕帰絵」の中で，襖に絵を描く僧の様子を表した。	
		イ
1574	●織田信長が上杉謙信に「洛中洛外図屏風」を贈った。	
		ウ
1626	●狩野探幽が二条城の障壁画を描いた。	
		エ
1688	●屏風の売買の様子を記した井原西鶴の「日本永代蔵」が刊行された。	

Ⅱ

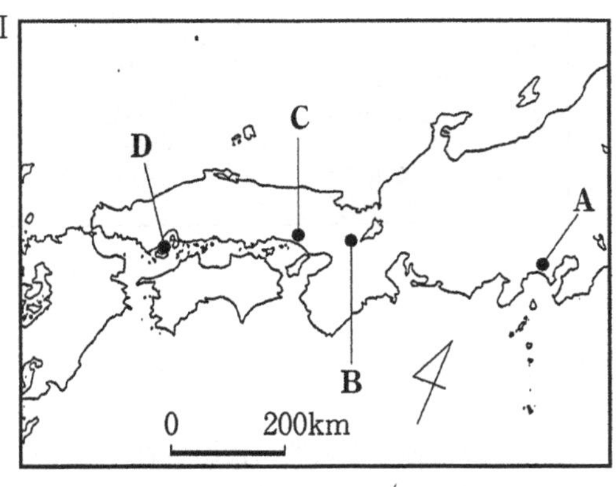

Ⅲ

慈照寺にある東求堂同仁斎には，障子や襖といった紙を用いた建具が取り入れられ，我が国の和室の原点と言われる書院造の部屋が造られた。

〔問3〕 (3)安価に入手できるようになった紙は，書物や浮世絵などの出版にも利用され，文化を形成してきた。とあるが，次の文章は，江戸時代の医師が著しさた「後見草」の一部を分かりやすく示したものである。下のア～エは，江戸時代に行われた政策について述べたものである。この書物に書かれた出来事の4年後から10年後にかけて主に行われた政策について当てはまるのは，下のア～エのうちではどれか。

○天明3年7月6日夜半，西北の方向に雷のような音と振動が感じられ，夜が明けても空はほの暗く，庭には細かい灰が舞い降りていた。7日は灰がしだいに大粒になり，8日は早朝から激しい振動が江戸を襲ったが，当初人々は浅間山が噴火したとは思わず，日光か筑波山で噴火があったのではないかと噂し合った。

○ここ3，4年，気候も不順で，五穀の実りも良くなかったのに，またこの大災害で，米価は非常に高騰し，人々の困窮は大変なものだった。

ア 物価の引き下げを狙って，公認した株仲間を解散させたり，外国との関係を良好に保つよう，外国船には燃料や水を与えるよう命じたりするなどの政策を行った。

イ 投書箱を設置し，民衆の意見を政治に取り入れたり，税収を安定させて財政再建を図ることを目的に，新田開発を行ったりするなどの政策を行った。

ウ 税収が安定するよう，株仲間を公認したり，長崎貿易の利益の増加を図るため，俵物と呼ばれる海産物や銅の輸出を拡大したりするなどの政策を行った。

エ　幕府が旗本らの生活を救うため借金を帳消しにする命令を出したり，江戸に出稼ぎに来ていた農民を農村に返し就農を進め，飢饉(ききん)に備え各地に米を蓄えさせたりするなどの政策を行った。

〔問４〕 (4)生産技術が向上すると，紙の大量生産も可能となり，新聞や雑誌などが広く人々に行き渡ることになった。とあるが，次の略年表は，明治時代から昭和時代にかけての，我が国の紙の製造や印刷に関する主な出来事についてまとめたものである。略年表中のＡの時期に当てはまるのは，下のア～エのうちではどれか。

西暦	我が国の紙の製造や印刷に関する主な出来事
1873	●渋沢栄一(しぶさわえいいち)により洋紙製造会社が設立された。
1876	●日本初の純国産活版洋装本が完成した。
1877	●国産第１号の洋式紙幣(しへい)である国立銀行紙幣が発行された。
1881	●日本で初めての肖像画入り紙幣が発行された。
1890	●東京の新聞社が，フランスから輪転印刷機を輸入し，大量高速印刷が実現した。
1904	●初の国産新聞輪転印刷機が大阪の新聞社に設置された。
1910	●北海道の苫小牧(とまこまい)で，新聞用紙国内自給化の道を拓(ひら)く製紙工場が操業を開始した。（Ａの始まり）
1928	●日本初の原色グラビア印刷が開始された。
1933	●３社が合併し，我が国の全洋紙生産量の85％の生産量を占める製紙会社が誕生した。（Ａの終わり）
1940	●我が国の紙・板紙の生産量が過去最大の154万トンになった。

ア　国家総動員法が制定され国民への生活統制が強まる中で，東京市が隣組回覧板を10万枚配布し，毎月２回の会報の発行を開始した。

イ　官営の製鉄所が開業し我が国の重工業化か進む中で，義務教育の就学率が90％を超え，国定教科書用紙が和紙から洋紙に切り替えられた。

ウ　東京でラジオ放送が開始されるなど文化の大衆化が進む中で，週刊誌や月刊誌の発行部数が急速に伸び，東京の出版社が初めて１冊１円の文学全集を発行した。

エ　廃藩置県により，実業家や政治の実権を失った旧藩主による製紙会社の設立が東京において相次ぐ中で，政府が製紙会社に対して地券用紙を大量に発注した。

5　次の文章を読み，あとの各問に答えよ。

> (1)我が国の行政の役割は，国会で決めた法律や予算に基づいて，政策を実施することである。行政の各部門を指揮・監督する(2)内閣は，内閣総理大臣と国務大臣によって構成され，国会に対し，連帯して責任を負う議院内閣制をとっている。
> 　行政は，人々が安心して暮らせるよう，(3)社会を支える基本的な仕組みを整え，資源配分や経済の安定化などの機能を果たしている。その費用は，(4)主に国民から納められた税金により賄われ，年を追うごとに財政規模は拡大している。

〔問１〕 (1)我が国の行政の役割は，国会で決めた法律や予算に基づいて，政策を実施することである。とあるが，内閣の仕事を規定する日本国憲法の条文は，次のページのア～エのうちではどれか。

ア　条約を締結すること。但し，事前に，時宜によっては事後に，国会の承認を経ることを必要とする。

イ　両議院は，各々国政に関する調査を行ひ，これに関して，証人の出頭及び証言並びに記録の提出を要求することができる。

ウ　すべて国民は，個人として尊重される。生命，自由及び幸福追求に対する国民の権利については，公共の福祉に反しない限り，立法その他の国政の上で，最大の尊重を必要とする。

エ　地方公共団体の組織及び運営に関する事項は，地方自治の本旨に基いて，法律でこれを定める。

〔問２〕　(2)内閣は，内閣総理大臣と国務大臣によって構成され，国会に対し，連帯して責任を負う議院内閣制をとっている。とあるが，次の表は，我が国の内閣と，アメリカ合衆国の大統領の権限について，「議会に対して法律案を提出する権限」，「議会の解散権」があるかどうかを，権限がある場合は「○」，権限がない場合は「×」で示そうとしたものである。表のＡとＢに入る記号を正しく組み合わせているのは，下の**ア**～**エ**のうちのどれか。

	我が国の内閣	アメリカ合衆国の大統領
議会に対して法律案を提出する権限	○	**A**
議会の解散権	**B**	×

	ア	イ	ウ	エ
A	○	○	×	×
B	○	×	○	×

〔問３〕　(3)社会を支える基本的な仕組みを整え，資源配分や経済の安定化などの機能を果たしている。とあるが，次の文章は，行政が担う役割について述べたものである。この行政が担う役割に当てはまるのは，下の**ア**～**エ**のうちではどれか。

> 社会資本は，長期間にわたり，幅広く国民生活を支えるものである。そのため，時代の変化に応じて機能の変化を見通して，社会資本の整備に的確に反映させ，蓄積・高度化を図っていくことが求められる。

ア　収入が少ない人々に対して，国が生活費や教育費を支給し，最低限度の生活を保障し，自立を助ける。

イ　国民に加入を義務付け，毎月，保険料を徴収し，医療費や高齢者の介護費を支給し，国民の負担を軽減する。

ウ　保健所などによる感染症の予防や食品衛生の管理，ごみ処理などを通して，国民の健康維持・増進を図る。

エ　公園，道路や上下水道，図書館，学校などの公共的な施設や設備を整え，生活や産業を支える。

〔問４〕　(4)主に国民から納められた税金により賄われ，年を追うごとに財政規模は拡大している。とあるが，次のページのⅠのグラフは，1970年度から2010年度までの我が国の歳入と歳出の決算総額の推移を示したものである。次のページのⅡの文章は，ある時期の我が国の歳入と歳出の決算総額の変化と経済活動の様子について述べたものである。Ⅱの文章で述べている経済活動の時期に当てはまるのは，Ⅰのグラフのア～エの時期のうちではどれか。

Ⅰ

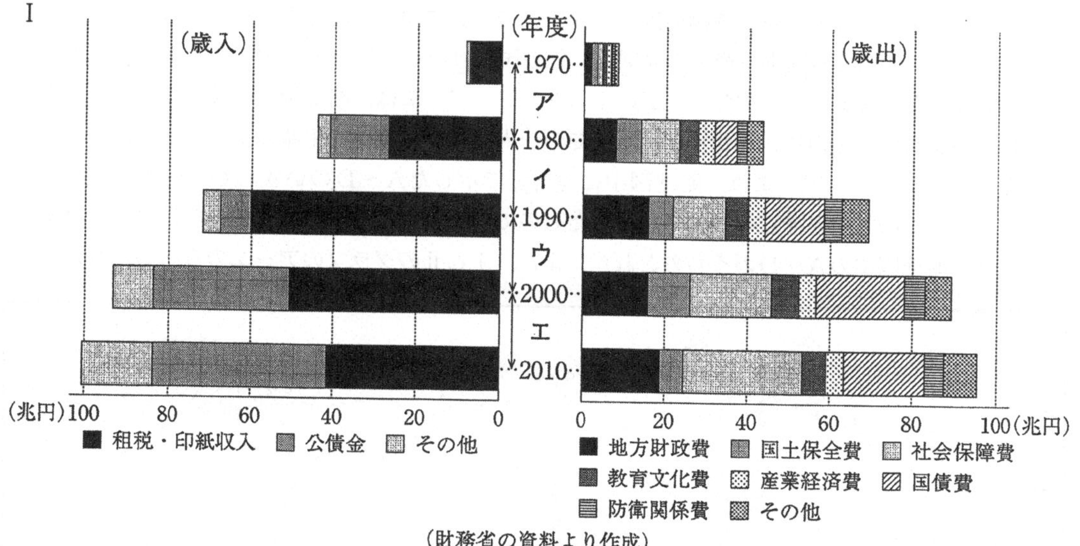

（財務省の資料より作成）

Ⅱ

> ○この10年間で，歳入総額に占める租税・印紙収入の割合の増加に伴い，公債金の割合が低下し，歳出総額は約1.5倍以上となり，国債費も約２倍以上に増加した。
> ○この時期の後半には，６％台の高い経済成長率を示すなど景気が上向き，公営企業の民営化や税制改革が行われる中で，人々は金融機関から資金を借り入れ，値上がりを見込んで土地や株の購入を続けた。

6　次の文章を読み，あとの各問に答えよ。

> 世界の国々は，地球上の様々な地域で，人々が活動できる範囲を広げてきた。そして，(1)対立や多くの困難に直面する度に，課題を克服し解決してきた。また，(2)科学技術の進歩や経済の発展は，先進国だけでなく発展途上国の人々の暮らしも豊かにしてきた。
> グローバル化が加速し，人口増加や環境の変化が急速に進む中で，持続可能な社会を実現するために，(3)我が国にも世界の国々と強調した国際貢献が求められている。

〔問１〕　(1)対立や多くの困難に直面する度に，課題を克服し解決してきた。とあるが，次のア～エは，それぞれの時代の課題を克服した様子について述べたものである。時期の古いものから順に記号で並べよ。

ア　特定の国による資源の独占が国家間の対立を生み出した反省から，資源の共有を目的とした共同体が設立され，その後つくられた共同体と統合し，ヨーロッパ共同体（ＥＣ）が発足した。

イ　アマゾン川流域に広がるセルバと呼ばれる熱帯林などの大規模な森林破壊の解決に向け，リオデジャネイロで国連環境開発会議（地球サミット）が開催された。

ウ　パリで講和会議が開かれ，戦争に参加した国々に大きな被害を及ぼした反省から，アメリカ合衆国大統領の提案を基にした，世界平和と国際協調を目的とする国際連盟が発足した。

エ ドイツ，オーストリア，イタリアが三国同盟を結び，ヨーロッパで政治的な対立が深まる一方で，科学者の間で北極と南極の国際共同研究の実施に向け，国際極年が定められた。

［問２］ (2)科学技術の進歩や経済の発展は，先進国だけでなく発展途上国の人々の暮らしも豊かにしてきた。とあるが，次のページのⅠのグラフの**ア**～**エ**は，略地図中に ▒ で示した**A**～**D**の**いずれか**の国の1970年から2015年までの一人当たりの国内総生産の推移を示したものである。Ⅱのグラフの**ア**～**エ**は，略地図中に ▒ で示した**A**～**D**の**いずれか**の国の1970年から2015年までの乳幼児死亡率の推移を示したものである。Ⅲの文章で述べている国に当てはまるのは，略地図中の**A**～**D**のうちのどれか，また，ⅠとⅡのグラフの**ア**～**エ**のうちのどれか。

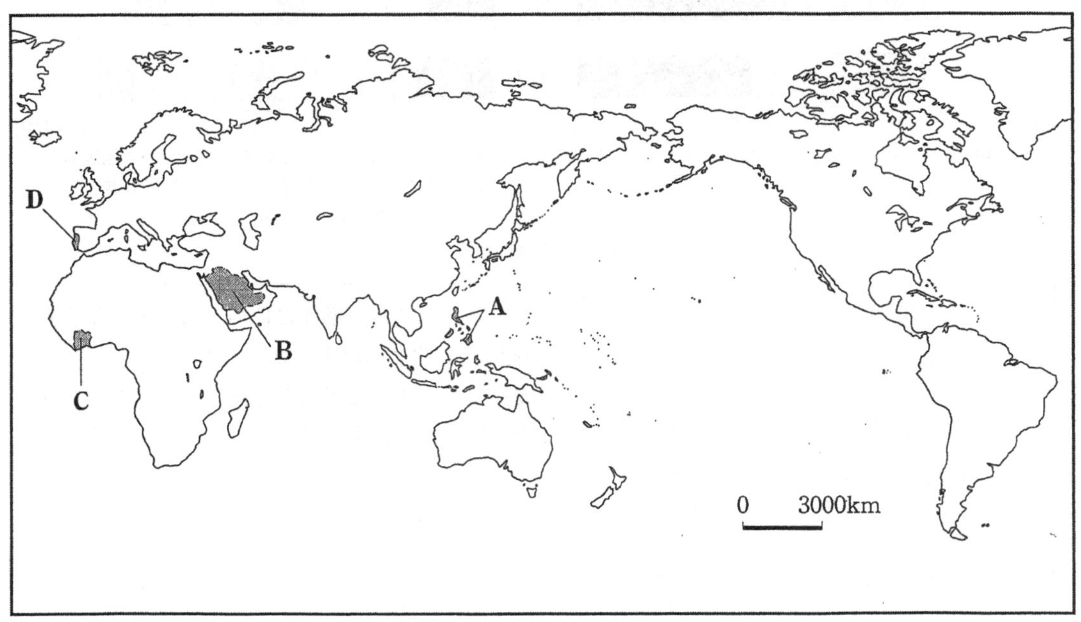

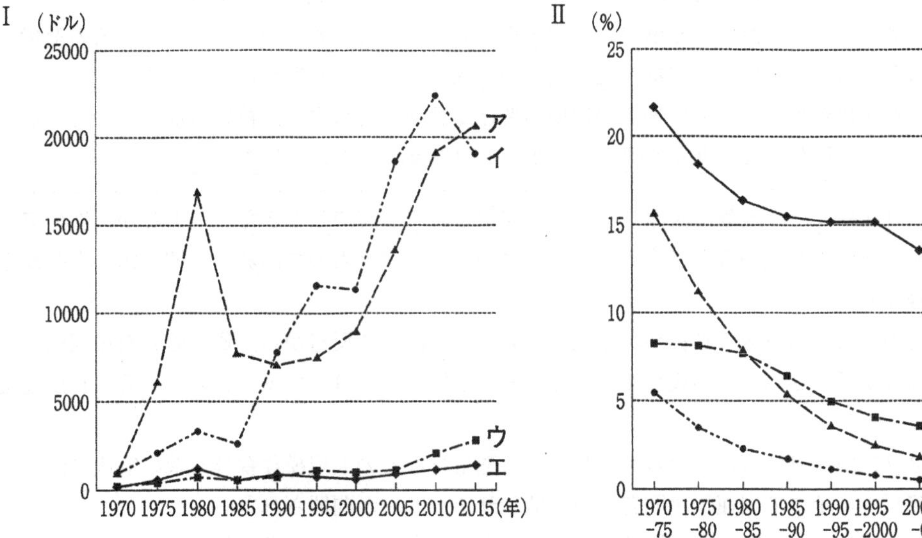

（注）国内総生産とは，一つの国において新たに生み出された価値の総額を示した数値のこと。

（国際連合のホームページより作成）

Ⅲ

文字と剣が緑色の下地に描かれた国旗をもつこの国は，石油輸出国機構（OPEC（オペック））に加盟し，二度の石油危機を含む期間に一人当たりの国内総生産が大幅に増加したが，一時的に減少し，1990年以降は増加し続けた。また，この国では公的医療機関を原則無料で利用することができ，1970年から2015年までの間に乳幼児死亡率は約10分の1に減少し，現在も人口増加が続き，近年は最新の技術を導入し，高度な医療を提供する病院が開業している。

〔問3〕 (3)我が国にも世界の国々と協調した国際貢献が求められている。とあるが，次のⅠの文章は，2015年に閣議決定し，改定された開発協力大綱の一部を抜粋して分かりやすく書き改めたものである。Ⅱの表は，1997年度と2018年度における政府開発援助（ODA）事業予算，政府開発援助（ODA）事業予算のうち政府貸付と贈与について示したものである。Ⅲの表は，Ⅱの表の贈与のうち，1997年度と2018年度における二国間政府開発援助贈与，二国間政府開発援助贈与のうち無償資金協力と技術協力について示したものである。1997年度と比較した2018年度における政府開発援助（ODA）の変化について，Ⅰ～Ⅲの資料を活用し，政府開発援助（ODA）事業予算と二国間政府開発援助贈与の内訳に着目して，簡単に述べよ。

Ⅰ

○自助努力を後押しし，将来における自立的発展を目指すのが日本の開発協力の良き伝統である。

○引き続き，日本の経験と知見を活用しつつ，当該国の発展に向けた協力を行う。

Ⅱ

	政府開発援助（ODA）事業予算（億円）		
		政府貸付	贈　与
1997年度	20147	9767（48.5%）	10380（51.5%）
2018年度	21650	13705（63.3%）	7945（36.7%）

Ⅲ

	二国間政府開発援助贈与（億円）		
		無償資金協力	技術協力
1997年度	6083	2202（36.2%）	3881（63.8%）
2018年度	4842	1605（33.1%）	3237（66.9%）

（外務省の資料より作成）

大切なことはメモしておこうネ！

2020年度

解　答　と　解　説

《2020年度の配点は解答用紙集に掲載してあります。》

＜理科解答＞

1 〔問1〕 イ　〔問2〕 ウ　〔問3〕 ア　〔問4〕 エ　〔問5〕 イ

2 〔問1〕 ウ　〔問2〕 イ　〔問3〕 ア　〔問4〕 エ

3 〔問1〕 ウ　〔問2〕 エ　〔問3〕 太陽の光の当たる角度が地面に対して垂直に近いほど，同じ面積に受ける太陽の光の量が多いから。
〔問4〕 ① ア　② ウ

4 〔問1〕 ① ア　② ウ　③ ウ　〔問2〕 エ
〔問3〕 ① イ　② ア　③ エ　④ イ
〔問4〕 柔毛で覆われていることで小腸の内側の壁の表面積が大きくなり，効率よく物質を吸収することができる点。

5 〔問1〕 イ　〔問2〕 ① ウ　② ア
〔問3〕 $NaCl \rightarrow Na^+ + Cl^-$
〔問4〕 溶質の名称 ミョウバン　結晶の質量 8.6g

6 〔問1〕 右図　電流の大きさ 1.5A　〔問2〕 イ
〔問3〕 エ　〔問4〕 ア

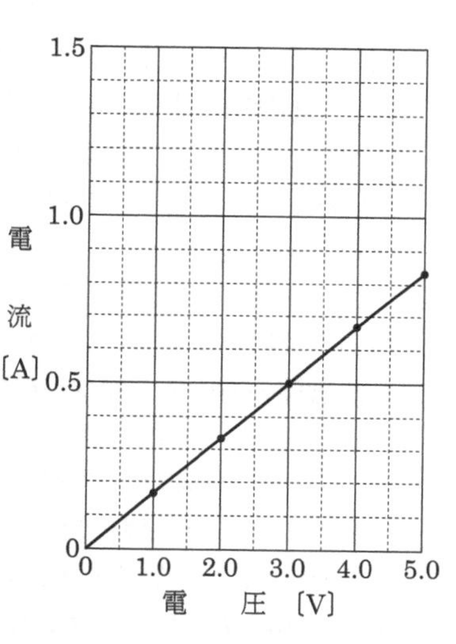

＜理科解説＞

1 **(小問集合－生物の成長と生殖，水溶液とイオン・電解質の電気分解，気体の発生とその性質，仕事とエネルギー：仕事率，火山活動と火成岩：火山岩，物質の成り立ち・化学変化：熱分解のモデル化)**

〔問1〕 動物では卵と精子，被子植物では卵細胞と精細胞の2種類の生殖細胞が結合し，それぞれの核が合体して1個の細胞となることを受精といい，受精卵の染色体数は親の体細胞の染色体と同数である。受精卵は体細胞分裂をして胚になる。

〔問2〕 塩酸の電離をイオン式で表すと，$HCl \rightarrow H^+ + Cl^-$，であり，電圧がかかると陰極からは気体Aの水素が発生し，陽極からは気体Bの塩素が発生する。塩酸の電気分解を化学反応式で表すと，$2HCl \rightarrow H_2 + Cl_2$，であり，発生する気体の体積比は，水素：塩素＝1：1，であるが，実験で集まった体積は，水素の方が塩素より多かった。それは，水素は水に溶けにくく，塩素は水に溶けやすいためである。

〔問3〕 持ち上げた力がした仕事率〔W〕$=1.5〔N〕\times\frac{1.6〔m〕}{2〔s〕}=\frac{2.4〔J〕}{2〔s〕}=1.2〔W〕$である。

〔問4〕 観察した火成岩は，**有色鉱物の割合が多く，図2より斑状組織であることから，ねばりけが弱いマグマが，地表や地表付近で短い時間で冷えて固まった火山岩**である。よって，この火成岩の種類は玄武岩であり，黄緑色で不規則な形の有色鉱物Aはカンラン石である。

〔問5〕 酸化銀の熱分解の化学反応式は，$2Ag_2O \rightarrow 4Ag + O_2$，であり，銀原子1個を●，酸素原子1個を○で表してモデル化すると，●○● ●○● → ● ● ● ● ＋ ○○，である。

2 **(自由研究－天気の変化：空気中の水蒸気量・霧の発生，光と音：光の反射と像の見え方，科学技術の発展：凍結防止剤，状態変化：融点，電流：電力・発熱量，自然環境の調査と環境保全：水質調査，動物の分類：無セキツイ動物)**

〔問1〕 **24℃の教室の1m³中に含まれる水蒸気量は，図1の金属製のコップAの表面に水滴がつき始めた温度，すなわち露点の14℃における飽和水蒸気量である。**よって，

教室の湿度〔%〕$= \dfrac{1\text{m}^3\text{の空気に含まれる水蒸気の質量}[\text{g/m}^3]}{\text{その空気と同じ気温での飽和水蒸気量}[\text{g/m}^3]} \times 100 = \dfrac{12.1[\text{g/m}^3]}{21.8[\text{g/m}^3]} \times 100 \fallingdotseq 55.5$〔%〕である。夜や明け方などに空気が冷やされ露点より低くなると，地表付近でも空気中の水蒸気が水滴に変わって，霧が発生する。

〔問2〕 **凍結防止剤**である塩化カルシウムが溶けた水溶液は固体に変化するときの温度が下がることから，水が氷に変わるのを防止する効果がある。そこで，塩化カルシウムを入れたときの水溶液の融点が下がることを確かめるには，氷が溶けて水になるときの温度である融点を測定する必要がある。

〔問3〕 アの作図は，さくらの木の点Aと点Bの各点からの光が水面に入射して反射するときの，入射角と反射角が等しい。また，この観察では，**水面が鏡のようになり，反射光線を反対側に延長した破線の方向に，サクラの木が水面に対して対称の位置に逆さまに映って見える。**

〔問4〕 学校近くの川の調査地点で見つかった，水質階級Ⅰの指標生物は，カワゲラとヒラタカゲロウで，水質階級Ⅱの指標生物は，シマトビケラとカワニナ，水質階級Ⅲの指標生物は，シマイシビルであった。個体数が最も多かったシマトビケラと次に多かったシマイシビルを2点とし，他を1点として計算すると，調査を行った付近の水質階級は，最も点数が多かった水質階級Ⅱである。**内蔵が外とう膜で覆われている動物の仲間の名称は，軟体動物である。**

3 **(太陽系と恒星：太陽の日周運動，太陽の南中高度と気温の変化)**

〔問1〕 図3より，1時間ごとの紙テープの長さは2.4cmであるため，15時から日の入りの点Gまでの紙テープの長さは9.6cmであることから，日の入りの時刻〔時〕＝15〔時〕＋9.6〔cm〕÷2.4〔cm/時〕＝19〔時〕である。

〔問2〕 地球の自転により，南半球では，太陽は天の南極を中心に回転して見える。<観測>を行ったのは東京が夏至の日であるため，南半球では冬至である。**南半球のある地点(南緯35.6°)では，冬至の北中高度(南半球では，南と天頂と北を結ぶ線(天の子午線)上を通過するとき，太陽は北中するという)は，最も低い**ため，エが正しい。

〔問3〕 図6と図7で，試験管と太陽の光がなす角度が装置Hより大きい装置Iは，結果2から水温の上昇が装置Hより大きかった。このモデル実験から，南中高度が高いほど，太陽の光の当たる角度が地面に対して垂直に近いため，同じ面積に受ける太陽の光の量(エネルギー)が多いから，地表が温まりやすいことがわかる。

〔問4〕 図7において，10分後の水温が最も高くなる角aは，太陽の光が装置Iの試験管に垂直に当たるように角bを90°にしたときである。このとき，**∠a＝90°－南中高度**，である。また，図8では，**90°－南中高度＝∠c**，である。よって，**∠a＝∠c**，である。したがって，図8で，同位角により，**∠c＝∠e(北緯)＋∠f(地軸の傾き)**＝35.6°＋23.4°＝59.0°＝∠a，である。

4 **(動物の体のつくりとはたらき：消化酵素のはたらきを調べる実験・ヒトの消化と吸収)**

〔問1〕 1%デンプン溶液に水を加えた容器Aと唾液を加えた容器Cを体温に近い40℃に保って比較すると，容器Cではヨウ素デンプン反応が起きないのでデンプンは**唾液のはたらき**により別の物質に変化したことが分かる。さらに，容器Bと容器Dの比較から，容器Dでは**ベネジクト液を加えて加熱した結果，赤褐色の沈殿ができたことから別の物質は糖であることが分かる。**

〔問2〕 消化酵素Xは，<実験1><結果1>では容器Aと容器Eの結果から，40℃においてデンプンを分解しないことが分かる。消化酵素Xは，<実験2><結果2>では容器Gと容器Hの結果から，24℃において主成分が**タンパク質であるゼラチンを別の物質に変化させた**ことがわかる。よって，消化酵素Xと同じはたらきをするヒトの消化酵素は**ペプシン**である。<実験3><結果3>から，80℃で加熱後の消化酵素Xは，タンパク質を分解しないことが分かる。

〔問3〕 デンプンは，唾液腺・すい臓から分泌される消化液に含まれる消化酵素などのはたらきで，最終的にブドウ糖に分解される。また，タンパク質は，胃・すい臓から分泌される消化液に含まれる消化酵素などのはたらきで，最終的にアミノ酸に分解される。

〔問4〕 小腸のかべにはたくさんのひだがあり，その表面はたくさんの柔毛で覆われていることで，小腸の内側のかべの**表面積は非常に大きくなっている**。このため，効率よく養分を吸収することができる。

5 **(身のまわりの物質とその性質：白い物質を区別する探究活動・有機物，物質の成り立ち：熱分解，気体の発生とその性質，水溶液とイオン，水溶液：溶解度・結晶)**

〔問1〕 物質Dは，加熱すると焦げて黒色に変化する炭素原子を含む物質で，4種類の白い物質のうちでは，有機物のショ糖である。ろうも強く熱すると，炎を出して燃え，二酸化炭素と水ができる炭素原子を含む物質で，**有機物**である。活性炭は，炭素原子を主成分とする多孔質の物質で，無機物である。

〔問2〕 4種類の白い物質のうち，燃焼さじで加熱すると白色の物質が残り，図2の装置で加熱すると水上置換で集められる気体が発生するのは，炭酸水素ナトリウムである。よって，物質Bは炭酸水素ナトリウムである。炭酸水素ナトリウムの熱分解の化学反応式は，$2NaHCO_3 \rightarrow Na_2CO_3 + H_2O + CO_2$，であり，発生する二酸化炭素の性質は，水に少し溶け，その水溶液は酸性を示す。また，二酸化炭素は，石灰石に薄い塩酸を加えても発生させることができる。

〔問3〕 物質Aと物質Cについては，<実験2>の<結果2>において，(1)の表から**物質Aと物質Cはどちらも電解質であるが，**(1)と(2)の表から**20℃のときの溶解度は物質Cの方が物質Aより大きいので，全て溶けた物質Cが塩化ナトリウムであり，物質Aがミョウバンである。**塩化ナトリウムが電離したときの様子を化学式とイオン式で表すと，$NaCl \rightarrow Na^+ + Cl^-$，である。

〔問4〕 (1)の表から，20℃のとき，一部が溶けずに残ったのは，物質Aのミョウバンと物質Bの炭酸水素ナトリウムである。(2)の表から，40℃のときの溶解度はミョウバンの方が大きいので，全部溶けた水溶液Pの溶質はミョウバンである。40℃のミョウバンの水溶液120gは，水100gにミョウバン20gが溶けている。これを20℃まで温度を下げると溶解度は11.4gなので，析出する結晶の質量は，20g－11.4g＝8.6g，である。

6 **(電流：電流と電圧と抵抗・発熱量，いろいろなエネルギー：エネルギーの変換)**

〔問1〕 電圧〔V〕をX軸に，電流〔A〕をY軸に表した方眼用紙に，<結果1>からの，(1.0, 0.17)，(2.0, 0.33)，(3.0, 0.50)，(4.0, 0.67)，(5.0, 0.83)の点を・を用いて記入する。次に，原点を通り，上記の5個の点の最も近くを通る直線を引く。y＝0.17xの直線のグラフとなる。x＝9.0〔V〕を代入すると，y＝0.17×9.0〔V〕≒1.5〔A〕である。

〔問2〕 電熱線Aと電熱線Bを直列に接続したとき，電熱線Aと電熱線Bには回路に流れる電流の大きさに等しい電流が流れる。よって，<結果2>から，このとき電熱線Bに流れる電流の大きさは0.5Aである。<結果1>から，電熱線Bの抵抗〔Ω〕$=\frac{4.0〔V〕}{1.00〔A〕}=$4.0〔Ω〕である。よって，**電熱線Aと電熱線Bを並列に接続したとき，電熱線Bに流れる電流の大きさ〔A〕$=\frac{5.0〔V〕}{4.0〔Ω〕}=$1.25〔A〕である。**よって，0.5A：1.25A＝2：5である。

〔問3〕 電熱線Aと電熱線Bの発熱量の和〔J〕＝2.1〔A〕×5.0〔V〕×300〔s〕＝10.5〔W〕×300〔s〕＝3150〔J〕である。

〔問4〕 電熱線には電気抵抗の大きさが大きくなると電流が流れにくくなる性質があり，電気エネルギーを熱エネルギーに変換して熱を発生している。

<社会解答>

1 〔問1〕 エ 〔問2〕 ウ 〔問3〕 イ

2 〔問1〕 略地図中のA～D C Ⅱのア～エ ウ 〔問2〕 P イ Q ア R エ S ウ 〔問3〕 略地図中のW～Z X ⅠとⅡの表のア～エ ア

3 〔問1〕 A ウ B イ C ア D エ 〔問2〕 P ア Q ア R イ S イ 〔問3〕 (建設された理由) 内陸に建設されたのは，高波や津波などの影響を受けにくいからである。 (建設された効果) 東名高速道路と新東名高速道路の交通量の合計は増加したが，分散が図られたことで渋滞回数が減少した。

4 〔問1〕 ア→エ→ウ→イ 〔問2〕 Ⅰの略年表中のア～エ イ Ⅱの略地図中のA～D B 〔問3〕 エ 〔問4〕 ウ

5 〔問1〕 ア 〔問2〕 ウ 〔問3〕 エ 〔問4〕 イ

6 〔問1〕 エ→ウ→ア→イ 〔問2〕 略地図中のA～D B ⅠとⅡのグラフのア～エ ア 〔問3〕 政府開発援助事業予算に占める，政府貸付の割合を増やすとともに，二国間政府開発援助贈与に占める，技術協力の割合を増やすことで，自助努力を後押しし，自立的発展を目指している。

<社会解説>

1 **(地理的分野―日本地理－地形図の見方，歴史的分野―日本史時代別－古墳時代から平安時代，―日本史テーマ別－文化史，公民的分野―国際社会との関わり)**

〔問1〕 ●印から矢印の方向に写真を写せば，右手前に砂浜が見え，左奥に江の島が見えるはずなので，エが正しい。

〔問2〕 問題文で説明されているのは，2019年に**ユネスコ**によって**世界文化遺産**に登録された，**百舌鳥・古市古墳群**の**大山古墳**(仁徳天皇陵と伝えられる)であり，地図上の位置としては，大阪府堺市を示すウが正しい。

〔問3〕 国際の平和と安全の維持について，主要な責任を有するのが，国際連合の**安全保障理事会**である。具体的には，紛争当事者に対して，紛争を平和的手段によって解決するよう要請したり，平和に対する脅威の存在を決定し，平和と安全の維持と回復のために勧告を行うこと，**経済制裁**などの**非軍事的強制措置**及び**軍事的強制措置**を決定すること等を，その主な権限とする。しかし，5か国ある**常任理事国**が1か国でも反対すると，決議ができないことになっている。常任理事国は**拒否権**を持っていることになる。

2 **(地理的分野—世界地理－都市・気候・産業・貿易)**

〔問1〕 Ⅰの文章は，**サンフランシスコ**を指しており，略地図中のCである。1885年にサンフランシスコ大学が創立され，郊外のサノゼ地区は**シリコンバレー**と呼ばれ，**半導体産業**の一大拠点となっている。サンフランシスコは，冬季は温暖湿潤で，夏季は乾燥するが高温にはならない。**雨温図**はウである。

〔問2〕 Pの国は**アルゼンチン**，Qは**インドネシア**，Rは**南アフリカ共和国**，Sは**ドイツ**である。パンパは，アルゼンチン中部のラプラタ川流域に広がる草原地帯であり，Pはイである。年間数万隻の船舶が通行する海峡とは，**マラッカ海峡**であり，Qはアである。欧州との時差が少なく，アジアまで船で輸送する利便性が高いのは，南アフリカ共和国であり，Rはエである。**シュバルツバルト**(黒い森)が**酸性雨**の被害を受けたのは，ドイツであり，Sはウである。

〔問3〕 略地図中のW～ZのWはメキシコ，Xはタイ，Yはスウェーデン，Zはイタリアである。

国土の北部から南流し，首都を通り，海に注ぐ河川とは，**タイ**のチャオプラヤー川であり，Ⅲの文章はタイの説明である。**進出日本企業数**が2倍以上となっていて，中華人民共和国の重要性が高まっているのは，Ⅰ表のアである。日本との貿易総額が2倍以上に伸び，電気機器の輸入額に占める割合が2割を上回るようになったのは，Ⅱ表のアである。

3 **(地理的分野—日本地理－都市・交通・地形図の見方・工業)**

〔問1〕 Aは**宮城県**であり，「中心となるターミナル駅に郊外から地下鉄やバスが乗り入れ(以下略)」との記述から，ウが該当することがわかる。宮城県の**県庁所在地**の**仙台市**では，地下鉄・市バスが乗り入れている。Bは**福井県**であり，「リアス海岸が見られる地域や眼鏡産業が立地する平野(以下略)」との記述から，イが該当することがわかる。福井県は，若狭湾の**リアス海岸**が有名であり，また福井県**鯖江市**は，日本に流通している眼鏡の9割以上を生産する，一大**眼鏡産業地帯**である。Cは**広島県**であり，「造船業や鉄鋼業が立地する沿岸部(以下略)」「中心部には路面電車が見られ(以下略)」との記述から，アが該当することがわかる。広島県の沿岸部では，**造船業**や**鉄鋼業**が盛んである。また，県庁所在地の**広島市**には，**路面電車**が運行されている。Dは**鹿児島県**であり，「シラス台地に開発された住宅地(以下略)」との記述から，エが該当することがわかる。**シラス台地**は，**桜島**などの火山の噴出物からなる，九州南部に分布する台地である。

〔問2〕 地形図は2万5千分の1地形図であり，**等高線**は10mごとに引かれているので，標高は，約10mから約40mである。空港は，Ⅰの地図で果樹園「♁」や畑「∨」であった土地を造成してつくられた。地形図は2万5千分の1地形図なので，計算すれば8cm×25000＝200000cm＝2000mである。海岸沿いの針葉樹林は，冬の北西からの**季節風**によって運ばれる砂の害を防ぐ**防砂林**の役割を果たしている。

〔問3〕 東名高速道路が**高波**や**津波**などの影響を受けていたため，**新東名高速道路**は，沿岸部を避けて，高波や津波などの影響を受けにくい内陸に建設されたことを簡潔に指摘する。建設された効果としては，東名高速道路と新東名高速道路の**交通量**の合計はやや増加したが，交通量の分散が実現したことで，**渋滞回数**が激減したことがあげられることを指摘する。

4 **(歴史的分野—日本史時代別－古墳時代から平安時代・鎌倉時代から室町時代・安土桃山時代から江戸時代・明治時代から現代，—日本史テーマ別－政治史・社会史・文化史)**

〔問1〕 ア **大宝律令**が制定されたのは，8世紀の初期である。 イ 十七か条の**建武式目**が制定されたのは，1336年である。 ウ **守護**や**地頭**を任命する政策が始められたのは，1185年のことである。 エ 各地方に**国分寺**や**国分尼寺**が建立されたのは，8世紀中期のことである。時期の古いものから順に並べると，ア→エ→ウ→イとなる。

〔問2〕 室町幕府の8代将軍の**足利義政**が，1480年代に東山に山荘を築き，これが後の**慈照寺**となった。Ⅰの略年表中のイの時期である。慈照寺は京都にあり，Ⅱの略地図上のBである。

〔問3〕 **浅間山**が**大噴火**を起こしたのは，1783年のことであり，その4年後から10年後にかけて行われたのは，**老中松平定信**の**寛政の改革**であり，**棄捐令・旧里帰農令・囲米の制**などの政策がとられた。

〔問4〕 **ラジオ放送**が開始され，新聞・週刊誌・月刊誌の発行部数が急速に伸び，1冊1円の**円本**が発行されたのは，大正期から昭和初期にかけてのことであり，ウが正しい。なお，アは昭和10年代，イは明治30年代，エは明治初期のことである。

5 **(公民的分野―国の政治の仕組み・財政)**

〔問1〕 日本国憲法第73条では，内閣の事務として，第3項に「**条約**を締結すること。但し，事前に，時宜によっては事後に，国会の承認を経ることを必要とする。」と定めている。

〔問2〕 **アメリカ合衆国の大統領**は，議会に対して法律案を提出する権限がないが，**大統領令**によって**行政権**を直接行使することができる。日本の**内閣**は，**衆議院**の**解散権**を持っている。

〔問3〕 **社会資本**とは，道路・港湾・上下水道・公園・公営住宅・病院・学校など，産業や生活の基盤となる公共施設のことを指し，その整備は行政の役割である。

〔問4〕 1980年から1990年の10年間で，**租税・印紙収入**は約2倍となり，歳入総額に占める割合が大幅に増加し，歳出総額も1.5倍以上となった。1980年代の後半には，**土地や株式**に対する投資が増大し，実際の価値以上に地価や株価が異常に高くなった。この時期の景気を，**バブル景気**という。その後は，バブル崩壊期を迎え，1991年から景気後退期となった。

6 **(歴史的分野―世界史－政治史，地理的分野―地理総合，公民的分野―国際社会との関わり)**

〔問1〕 ア **ヨーロッパ共同体(EC)**が発足したのは，1967年のことである。 イ **国連環境開発会議**がリオデジャネイロで開催されたのは，1992年のことである。 ウ **パリ**で**講和会議**が開かれ，**国際連盟**が発足したのは，1919年から1920年にかけてである。 エ ドイツ・オーストリア・イタリアの**三国同盟**が結ばれたのは，1882年のことである。年代の古い順に並べると，エ→ウ→ア→イとなる。

〔問2〕 略地図中のAはフィリピン，Bはサウジアラビア，Cはコートジボワール，Dはポルトガルである。**石油輸出国機構**の加盟国であるのは，サウジアラビアである。サウジアラビアで1973年と1979年の二度の**石油危機**を含む期間に，一人当りの**国内総生産**が大幅に増加し，1990年以降に国内総生産が増加し続けているのを示しているのは，Ⅰグラフのアである。また，乳幼児死亡率が約10分の1に減少しているのを示しているのは，Ⅱグラフのアである。

〔問3〕 まず，**政府開発援助**事業予算に占める，途上国に対して無償で提供される**贈与**を減らし，将来に途上国が返済することを前提とした**政府貸付**の割合を増やしたことを指摘する。また，**二国間政府開発援助贈与**に占める，返済義務を課さない**無償資金協力**の割合を減らし，日本の知識・技術・経験を活かし，同地域の経済社会開発の担い手となる人材の育成を行う**技術協力**の割合を増やしたことを指摘する。**開発途上国**の**自助努力**を後押しし，**自立的発展**を目指して援助を行う傾向が強まっていることを，全般的な傾向として指摘する。

2020年度英語　リスニングテスト

〔放送台本〕

これから，リスニングテストを行います。リスニングテストは，全て放送による指示で行います。リスニングテストの問題には，問題Aと問題Bの二つがあります。問題Aと，問題Bの<Question 1>では，質問に対する答えを選んで，その記号を答えなさい。問題Bの<Question 2>では，質問に対する答えを英語で書きなさい。

英文とそのあとに出題される質問が，それぞれ全体を通して二回ずつ読まれます。問題用紙の余白にメモをとってもかまいません。答えは全て解答用紙に書きなさい。

〔問題A〕

問題Aは，英語による対話文を聞いて，英語の質問に答えるものです。ここで話される対話文は全部で三つあり，それぞれ質問が一つずつ出題されます。質問に対する答えを選んで，その記号を答えなさい。では，<対話文1>を始めます。

Tom: I am going to buy a birthday present for my sister. Lisa, can you go with me?
Lisa: Sure, Tom.
Tom: Are you free tomorrow?
Lisa: Sorry. I can't go tomorrow. When is her birthday?
Tom: Next Monday. Then, how about next Saturday or Sunday?
Lisa: Saturday is fine with me.
Tom: Thank you.
Lisa: What time and where shall we meet?
Tom: How about at eleven at the station?
Lisa: OK. See you then.

Question : When are Tom and Lisa going to buy a birthday present for his sister?
<対話文2>を始めます。

（呼び出し音）
Bob's mother: Hello?
Ken: Hello. This is Ken. Can I speak to Bob, please?
Bob's mother: Hi, Ken. I'm sorry, he is out now. Do you want him to call you later?
Ken: Thank you, but I have to go out now. Can I leave a message?
Bob's mother: Sure.
Ken: Tomorrow we are going to do our homework at my house. Could you ask him to bring his math notebook? I have some questions to ask him.
Bob's mother: OK. I will.
Ken: Thank you.

Bob's mother: You're welcome.

Question : What does Ken want Bob to do?

<対話文3>を始めます。

Yumi: Hi, David. What kind of book are you reading?
David: Hi, Yumi. It's about *ukiyoe* pictures. I learned about them last week in an art class.
Yumi: I see. I learned about them, too. You can see *ukiyoe* in the city art museum now.
David: Really? I want to visit there. In my country, there are some museums that have *ukiyoe*, too.
Yumi: Oh, really? I am surprised to hear that.
David: I have been there to see *ukiyoe* once. I want to see them in Japan, too.
Yumi: I went to the city art museum last weekend. It was very interesting. You should go there.

Question : Why was Yumi surprised?

〔英文の訳〕

<対話文1>

トム：妹(姉)に誕生日プレゼントを買うつもりなんだ。リサ，一緒に行ってもらえるかい？
リサ：もちろんよ，トム。
トム：明日はひま？
リサ：ごめんね，明日は行けないの。彼女のお誕生日はいつなの？
トム：次の月曜日だよ。じゃあ次の土曜日か日曜日はどう？
リサ：土曜日が都合がいいわ。
トム：ありがとう。
リサ：何時にどこで会う？
トム：11時に駅はどう？
リサ：オーケー。じゃあね。
質問：トムとリサはいつ妹(姉)の誕生日プレゼントを買いに行くつもりですか。
答え：ウ　次の土曜日

<対話文2>

ボブの母：もしもし。
ケン　　：もしもし。ケンです。ボブはいらっしゃいますか。
ボブの母：こんにちは，ケン。ごめんなさいね，ボブは今外出中なのよ。後で電話させましょうか？
ケン　　：ありがとうございます。でも僕は今出かけないといけないんです。伝言をお願いできますか。
ボブの母：もちろんよ。

ケン　　：明日僕たちは僕の家で宿題をするつもりです。ボブに数学のノートを持ってくるように言ってもらえますか。いつくか聞きたいことがあるんです。

ボブの母：オーケー。伝えておくわ。

ケン　　：ありがとうございます。

ボブの母：どういたしまして。

質問：ケンはボブに何をしてもらいたいですか。

答え：エ　彼の数学のノートを持ってくる。

<対話文3>

ユミ　　　：こんにちは，ディビッド。何の本を読んでいるの？

ディビッド：こんにちは，ユミ。これは浮世絵についての本だよ。先週美術の時間にこのことについて習ったんだ。

ユミ　　　：なるほどね。私もそのことを習ったわ。今市の美術館で浮世絵を見られるわよ。

ディビッド：本当？　行きたいな。僕の国でも浮世絵がある美術館がいくつかあるよ。

ユミ　　　：あら，本当に？　それを聞いて驚いたわ。

ディビッド：一度そこに浮世絵を見に行ったことがあるんだ。日本でも見たいな。

ユミ　　　：先週末にその市の美術館に行ったのよ。とても興味深かったわよ。行った方がいいわよ。

質問：なぜユミは驚いたのですか。

答え：イ　ディビッドが彼の国の美術館に浮世絵があると言ったから。

〔放送台本〕

〔問題B〕

これから聞く英語は，カナダの高校に留学している日本の生徒たちに向けて，留学先の生徒が行った留学初日の行動についての説明及び連絡です。内容に注意して聞きなさい。あとから，英語による質問が二つ出題されます。<Question 1>では，質問に対する答えを選んで，その記号を答えなさい。<Question 2>では，質問に対する答えを英語で書きなさい。なお，<Question 2>のあとに，15秒程度，答えを書く時間があります。では，始めます。

Welcome to our school. I am Linda, a second-year student of this school. We are going to show you around our school today.

Our school was built in 2015, so it's still new. Now we are in the gym. We will start with the library, and I will show you how to use it. Then we will look at classrooms and the music room, and we will finish at the lunch room. There, you will meet other students and teachers.

After that, we are going to have a welcome party.

There is something more I want to tell you. We took a group picture in front of our school. If you want one, you should tell a teacher tomorrow. Do you have any questions? Now let's start. Please come with me.

<Question 1>　Where will the Japanese students meet other students and teachers?

<Question 2>　If the Japanese students want a picture, what should they do tomorrow?

以上で，リスニングテストを終わります。

〔英文の訳〕

私たちの学校へようこそ。私はこの学校の２年生のリンダです。今日は私たちが皆さんに学校を案内します。

私たちの学校は2015年に設立されたのでまだ新しいです。今私たちは体育館にいます。最初は図書館からスタートして使い方を説明します。そして教室と音楽室を見て，最後はランチルームになります。そこで他の生徒や先生達と会います。

その後，歓迎会を行うつもりです。

さらにお伝えしたいことがあります。学校の前でグループ写真を撮りました。もし1枚欲しいようでしたら明日先生に伝えてください。何か質問はありますか。では始めましょう。一緒に来てください。

質問1：日本の生徒たちはどこで他の生徒や先生達に会いますか。

答え　：ウ　ランチルームで。

質問2：もし日本の生徒たちが写真を欲しいときは，明日何をすべきですか。

答え　：先生に伝えるべきだ。

解答用紙集

○月×日 △曜日 天気（合格日和）

◆ご利用のみなさまへ
＊解答用紙の公表を行っていない学校につきましては、弊社の責任において、解答用紙を制作いたしました。
＊編集上の理由により一部縮小掲載した解答用紙がございます。
＊編集上の理由により一部実物と異なる形式の解答用紙がございます。

人間の最も偉大な力とは、その一番の弱点を克服したところから生まれてくるものである。――カール・ヒルティ――

東京学参株式会社

都立新宿高等学校　2024年度

◇数学◇

※ 139%に拡大していただくと，解答欄は実物大になります。

1	
〔問 1〕	
〔問 2〕	$x=$
	$y=$
〔問 3〕	
〔問 4〕	
〔問 5〕	度
〔問 6〕	

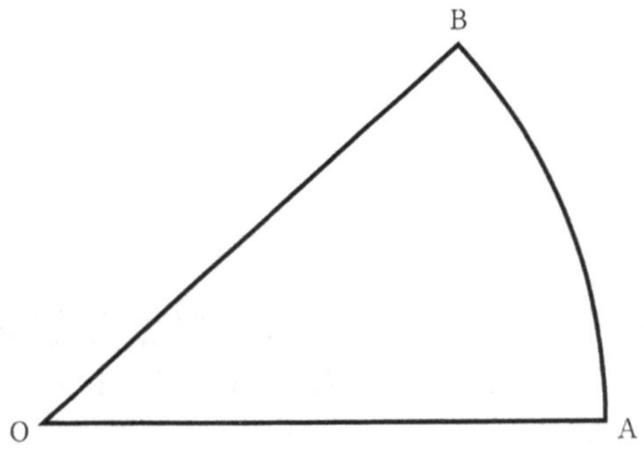

B

O　A

2		
〔問 1〕		
〔問 2〕	(1)	$y =$
	(2)	
	(3)	

3	
〔問 1〕	cm²
〔問 2〕	【 途中の式や計算など 】 （答え） cm

3		
〔問 3〕	①	
	②	
	③	
	④	
	⑤	
	⑥	
	⑦	
	⑧	
	⑨	
	⑩	

4	
〔問 1〕	
〔問 2〕	cm
〔問 3〕	cm³

都立新宿高等学校　2024年度

◇英語◇

※ 139％に拡大していただくと，解答欄は実物大になります。

1	〔問題A〕	<対話文1>	
		<対話文2>	
		<対話文3>	
	〔問題B〕	<Question1>	
		<Question2>	

2	〔問1〕	
	〔問2〕	
	〔問3〕	
	〔問4〕	
	〔問5〕	
	〔問6〕	

3		
	〔問１〕	
	〔問２〕	
	〔問３〕	最初 / 最後
	〔問４〕	
	〔問５〕	
	〔問６〕	

4		
	〔問１〕	
	〔問２〕	
	〔問３〕	
	〔問４〕	
	〔問５〕	
	〔問６〕	
	〔問７〕	35語 / 45語

◇国語◇

都立新宿高等学校　２０２４年度

※１４５％に拡大していただくと、解答欄は実物大になります。

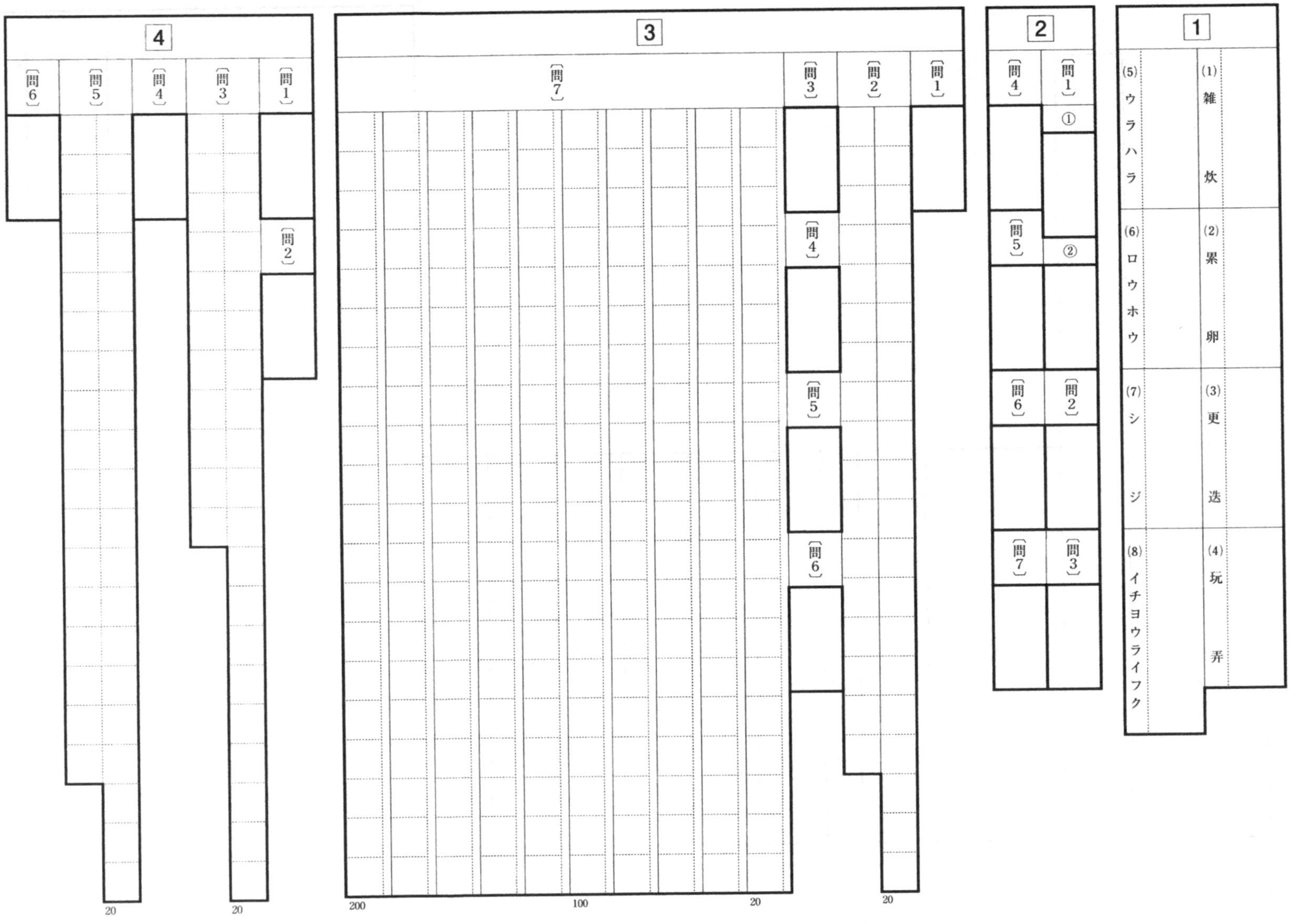

都立新宿高等学校　　2023年度

◇数学◇

※ 143％に拡大していただくと，解答欄は実物大になります。

1	
〔問１〕	
〔問２〕	$a=$
	$b=$
〔問３〕	
〔問４〕	
〔問５〕	度
〔問６〕	

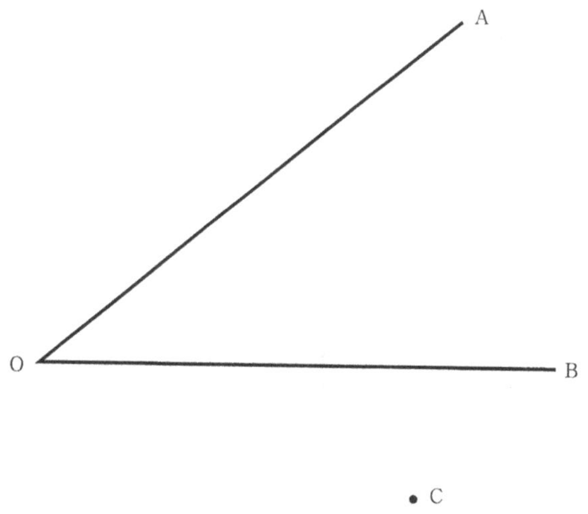

A

O

B

C

2

〔問１〕 $y=$

〔問２〕

(1) 【 途中の式や計算など 】

点Aのx座標を $-t$（$t>0$）とする。

（答え） cm

(2)

3

〔問１〕	①	
	②	
	③	
	④	
	⑤	
	⑥	
	⑦	
〔問２〕		cm^2
〔問３〕		cm

4

〔問１〕		cm
〔問２〕	(1)	cm^2
	(2)	cm^3

都立新宿高等学校　2023年度

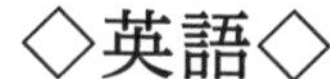

※ 143％に拡大していただくと，解答欄は実物大になります。

1	〔問題A〕	<対話文1>	
		<対話文2>	
		<対話文3>	
	〔問題B〕	<Question 1>	
		<Question 2>	

2	〔問1〕	
	〔問2〕	
	〔問3〕	
	〔問4〕	
	〔問5〕	
	〔問6〕	

3	〔問 1〕	
	〔問 2〕	
	〔問 3〕	
	〔問 4〕	
	〔問 5〕	
	〔問 6〕	

4	〔問 1〕	
	〔問 2〕	
	〔問 3〕	
	〔問 4〕	
	〔問 5〕	
	〔問 6〕	
	〔問 7〕	35語 45語

◇国語◇

都立新宿高等学校　２０２３年度

※１４９％に拡大していただくと、解答欄は実物大になります。

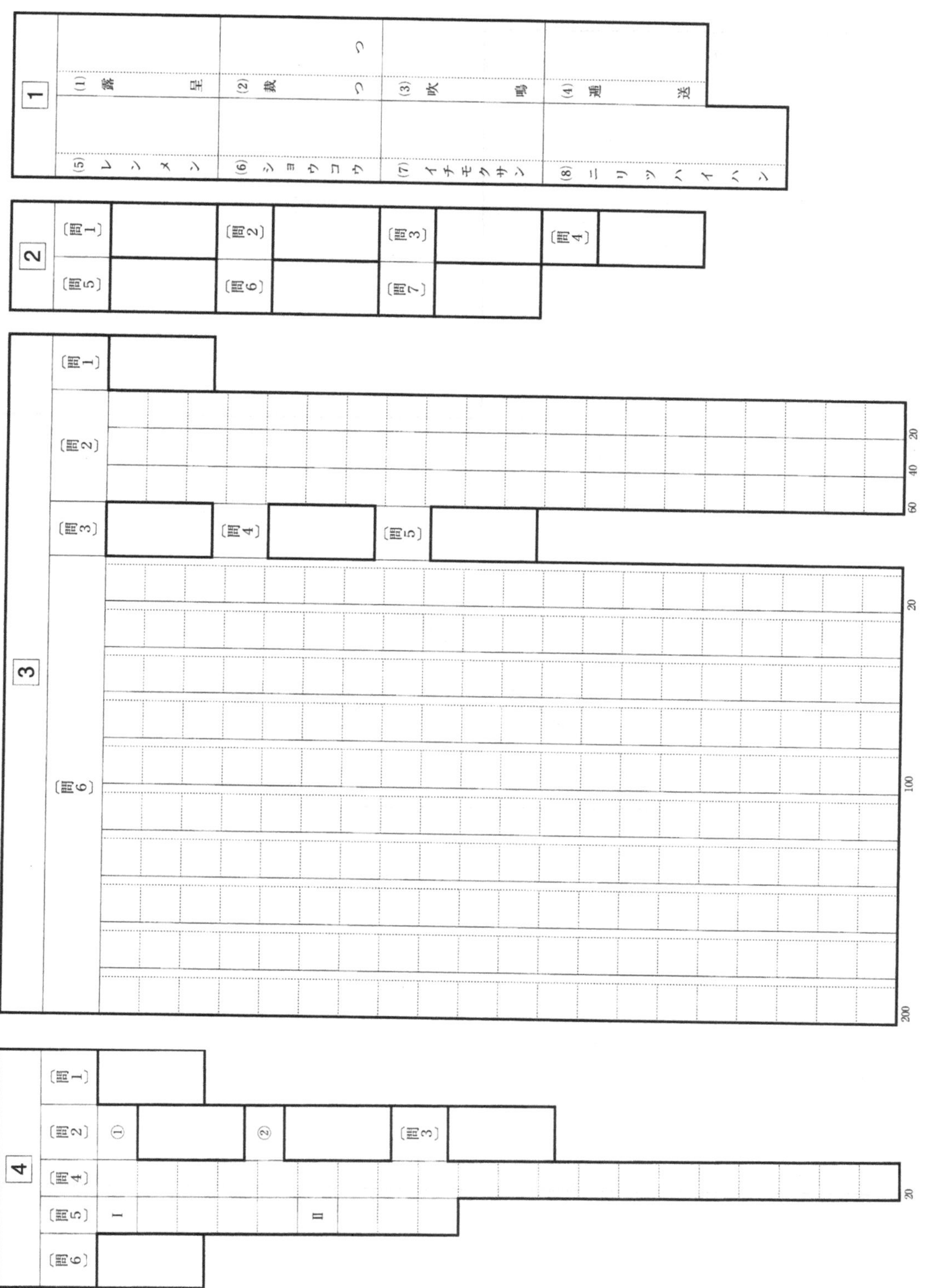

都立新宿高等学校　　2022年度

◇数学◇

※ 143％に拡大していただくと，解答欄は実物大になります。

1	
〔問1〕	
〔問2〕	$x =$
	$y =$
〔問3〕	
〔問4〕	度
〔問5〕	

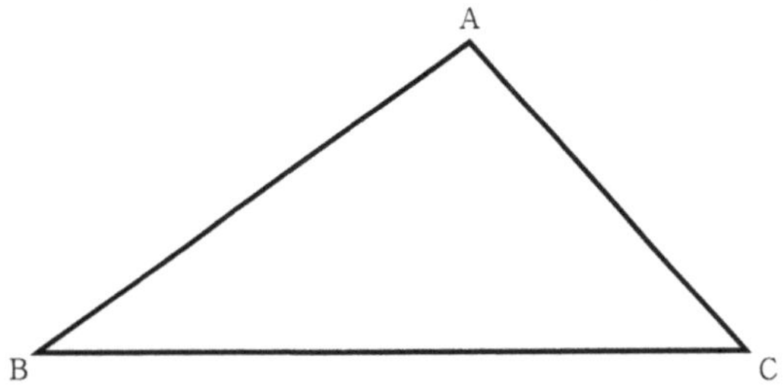

A

B　　C

2		
〔問1〕		倍
〔問2〕		
〔問3〕	(あ)	
	(い)	
	(う)	【途中の式や計算など】 (答え)

3			
〔問1〕	(ア)		
	(イ)		
〔問2〕	(1)	(a)	
		(b)	
		(c)	
		(d)	
		(e)	
		(f)	
		(g)	
		(h)	
	(2)		cm
〔問3〕			cm^2

4		
〔問1〕		cm
〔問2〕	(1)	倍
	(2)	cm^2
	(3)	cm

都立新宿高等学校　2022年度

◇英語◇

※ 143％に拡大していただくと，解答欄は実物大になります。

1	〔問題A〕	<対話文1>	
		<対話文2>	
		<対話文3>	
	〔問題B〕	<Question1>	
		<Question2>	

2	〔問 1〕	
	〔問 2〕	
	〔問 3〕	
	〔問 4〕	
	〔問 5〕	
	〔問 6〕	

3	〔問1〕	
	〔問2〕	
	〔問3〕	
	〔問4〕	
	〔問5〕	
	〔問6〕	

4	〔問1〕	
	〔問2〕	
	〔問3〕	
	〔問4〕	
	〔問5〕	
	〔問6〕	
	〔問7〕	35語 45語

◇国語◇

都立新宿高等学校　２０２２年度

※ １４９％に拡大していただくと、解答欄は実物大になります。

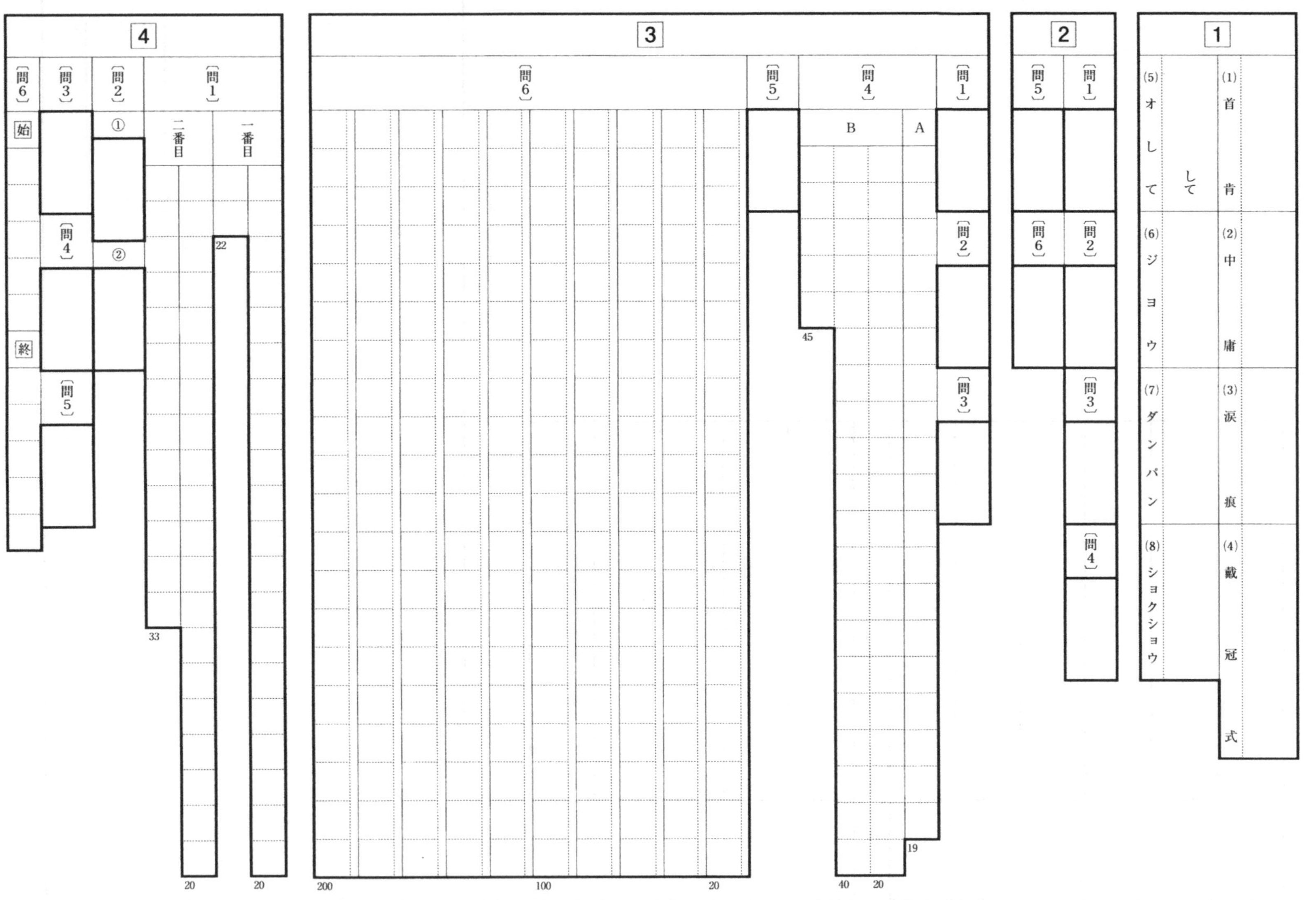

都立新宿高等学校　2021年度

◇数学◇

※ 143％に拡大していただくと，解答欄は実物大になります。

1	〔問 1〕	
	〔問 2〕	
	〔問 3〕	$x=$
		$y=$
	〔問 4〕	
	〔問 5〕	cm^3

1	〔問 6〕

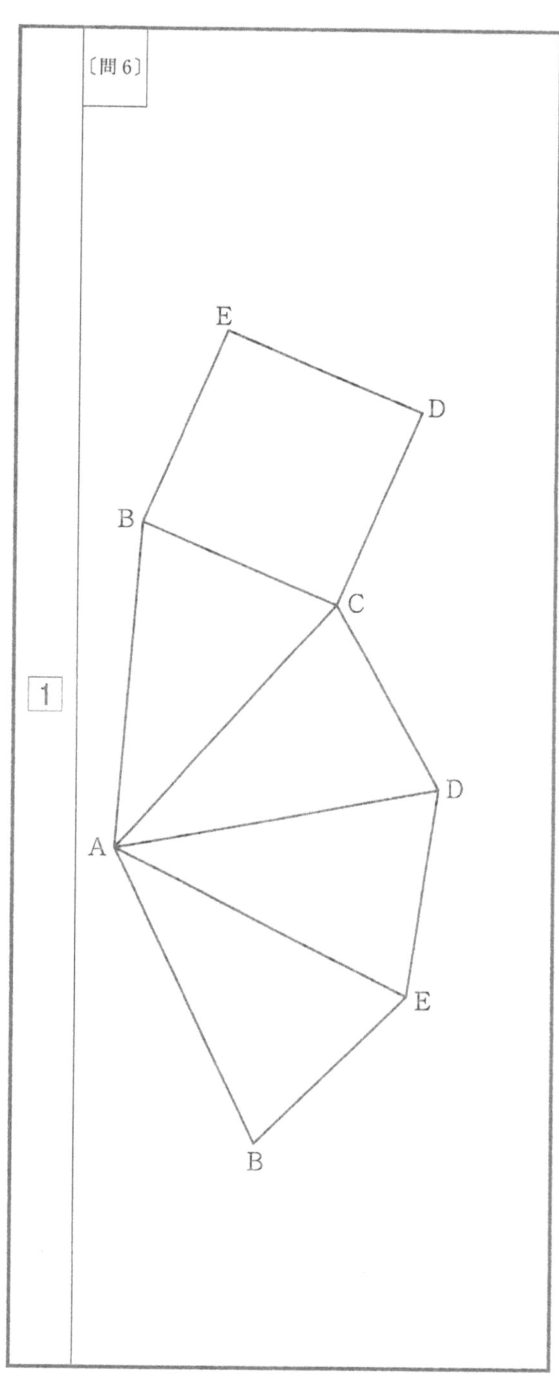

2				
	〔問1〕			cm^2
	〔問2〕	(1)		(四角形 ABQP の面積)：(△APRの面積) ＝　　　　：
		(2)	(あ)	
			(い)	
			(う)	
			(え)	
			(お)	
			(か)	【途中の式や計算など】 （答え）

3				
	〔問1〕			倍
	〔問2〕			度
	〔問3〕	(1)	(a)	
			(b)	
			(c)	
			(d)	
			(e)	
			(f)	
			(g)	
			(h)	
		(2)		cm^2

4		
	〔問1〕	
	〔問2〕	
	〔問3〕	

都立新宿高等学校　2021年度

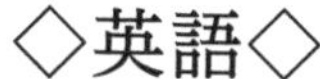

※ 143％に拡大していただくと，解答欄は実物大になります。

1	〔問題A〕	＜対話文1＞	
		＜対話文2＞	
		＜対話文3＞	
	〔問題B〕	<Question1>	
		<Question2>	

2	〔問1〕	
	〔問2〕	
	〔問3〕	
	〔問4〕	
	〔問5〕	
	〔問6〕	

3		
	〔問1〕	
	〔問2〕	
	〔問3〕	
	〔問4〕	
	〔問5〕	
	〔問6〕	

4		
	〔問1〕	
	〔問2〕	
	〔問3〕	
	〔問4〕	
	〔問5〕	
	〔問6〕	
	〔問7〕	35語 45語

◇国語◇

都立新宿高等学校　２０２１年度

※１５４%に拡大していただくと、解答欄は実物大になります。

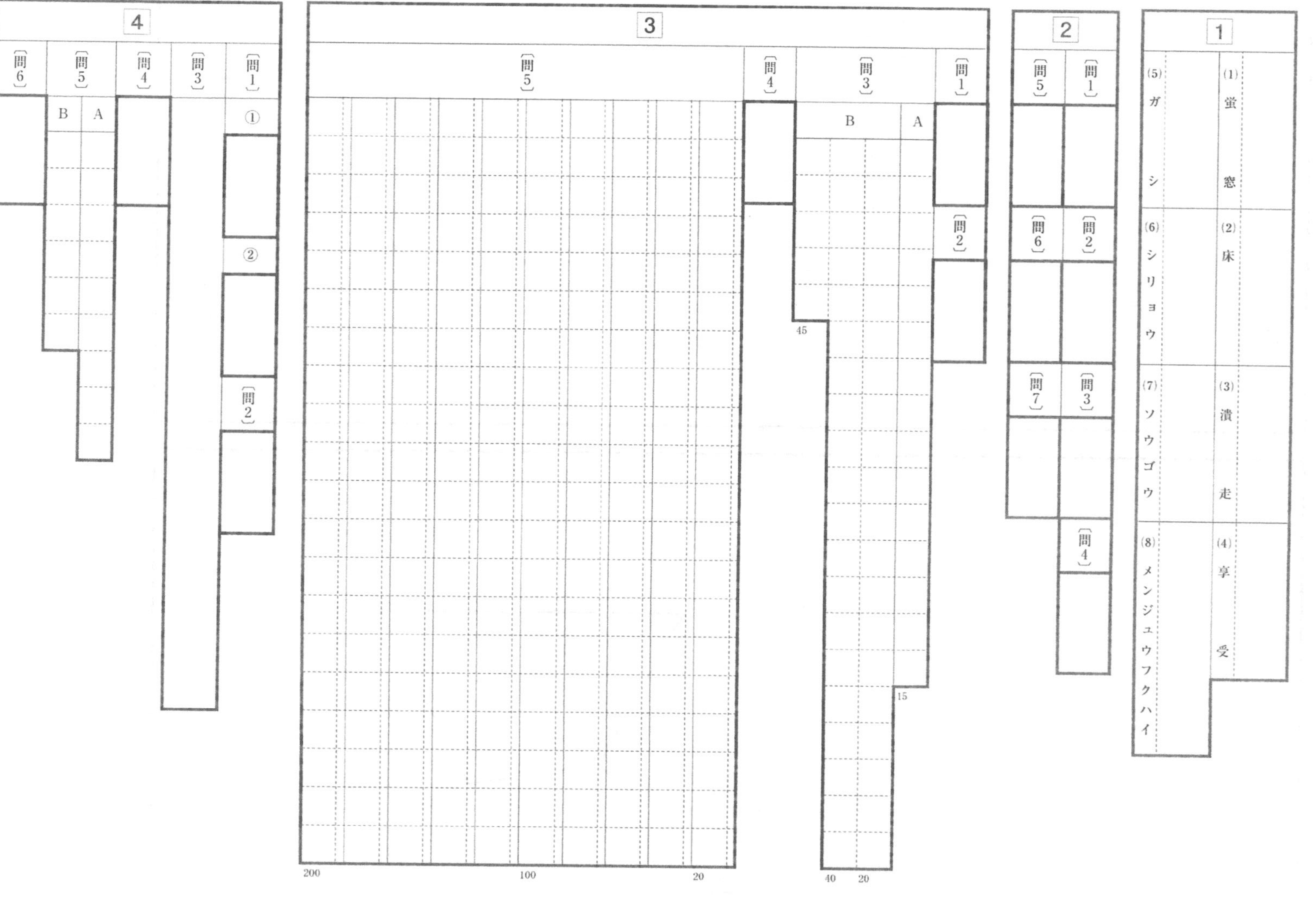

都立新宿高等学校　2020年度

◇数学◇

※ 141％に拡大していただくと，解答欄は実物大になります。

1

〔問1〕		
〔問2〕		
〔問3〕		
〔問4〕		
〔問5〕		度
〔問6〕	(a)	
	(b)	
〔問7〕		

A
D
B
C

2

〔問1〕		$\leqq b \leqq$
〔問2〕		
〔問3〕	(a)	
	(b)	
	(c)	
	(d)	
	(e)	【途中の式や計算など】

（答え）

※ 143%に拡大していただくと，解答欄は実物大になります。

3			
	〔問1〕		cm
	〔問2〕	(*a*)	
		(*b*)	
		(*c*)	
		(*d*)	
		(*e*)	
		(*f*)	
		(*g*)	
		(*h*)	
	〔問3〕		倍

4		
	〔問1〕	cm^3
	〔問2〕	cm^2
	〔問3〕	cm
	〔問4〕	cm^3

都立新宿高等学校　　2020年度

◇英語◇

※ 217％に拡大していただくと，解答欄は実物大になります。

1	〔問題A〕	<対話文1>	
		<対話文2>	
		<対話文3>	
	〔問題B〕	<Question1>	
		<Question2>	

2	〔問1〕	
	〔問2〕	
	〔問3〕	
	〔問4〕	
	〔問5〕	
	〔問6〕	

3	〔問1〕	
	〔問2〕	
	〔問3〕	
	〔問4〕	
	〔問5〕	
	〔問6〕	

4	〔問1〕	
	〔問2〕	
	〔問3〕	
	〔問4〕	
	〔問5〕	
	〔問6〕	
	〔問7〕	35語 45語

◇国語◇

都立新宿高等学校　2020年度

※147%に拡大していただくと、解答欄は実物大になります。

1

(1) 生糸
(2) 彫金
(3) 一幅
(4) 大綱
(5) ヒカク
(6) モクタン
(7) チョゾウ
(8) チョウサンボシ

2

〔問1〕 〔問2〕 〔問3〕 〔問4〕
〔問5〕 〔問6〕 〔問7〕

3

〔問1〕 始 終
〔問2〕 〔問3〕 〔問4〕 〔問5〕
〔問6〕 20 30
〔問7〕 20 100 200

4

〔問1〕 〔問2〕 ① ②
〔問3〕
〔問4〕 〔問5〕

※ 143％に拡大していただくと，解答欄は実物大になります。

解答用紙　理科

部分がマークシート方式により解答する問題です。

マーク上の注意事項

1　ＨＢ又はＢの鉛筆（シャープペンシルも可）を使って，〇の中を正確に塗りつぶすこと。

2　答えを直すときは，きれいに消して，消しくずを残さないこと。

3　決められた欄以外にマークしたり，記入したりしないこと。

良い例	悪い例
●	線　小さい　はみ出し　丸囲み　レ点　うすい

受	検	番	号			
⓪	⓪	⓪	⓪	⓪	⓪	⓪
①	①	①	①	①	①	①
②	②	②	②	②	②	②
③	③	③	③	③	③	③
④	④	④	④	④	④	④
⑤	⑤	⑤	⑤	⑤	⑤	⑤
⑥	⑥	⑥	⑥	⑥	⑥	⑥
⑦	⑦	⑦	⑦	⑦	⑦	⑦
⑧	⑧	⑧	⑧	⑧	⑧	⑧
⑨	⑨	⑨	⑨	⑨	⑨	⑨

1		
	〔問1〕	㋐　㋑　㋒　㋓
	〔問2〕	㋐　㋑　㋒　㋓
	〔問3〕	㋐　㋑　㋒　㋓
	〔問4〕	㋐　㋑　㋒　㋓
	〔問5〕	㋐　㋑　㋒　㋓
	〔問6〕	㋐　㋑　㋒　㋓

2		
	〔問1〕	㋐　㋑　㋒　㋓
	〔問2〕	㋐　㋑　㋒　㋓
	〔問3〕	㋐　㋑　㋒　㋓
	〔問4〕	㋐　㋑　㋒　㋓

3		
	〔問1〕	㋐　㋑　㋒　㋓
	〔問2〕	2時間ごとに記録した透明半球上の・印のそれぞれの間隔は，
	〔問3〕	㋐　㋑　㋒　㋓
	〔問4〕	㋐　㋑　㋒　㋓

4		
	〔問1〕	㋐　㋑　㋒　㋓
	〔問2〕	㋐　㋑　㋒　㋓
	〔問3〕	㋐　㋑　㋒　㋓

5		
	〔問1〕	㋐　㋑　㋒　㋓
	〔問2〕	㋐　㋑　㋒　㋓
	〔問3〕	<資料>から，
	〔問4〕	㋐　㋑　㋒　㋓

6			
	〔問1〕	㋐　㋑　㋒　㋓	
	〔問2〕	①	②
		㋐ ㋑ ㋒ ㋓	㋐ ㋑ ㋒ ㋓
	〔問3〕	㋐　㋑　㋒　㋓	
	〔問4〕	㋐　㋑　㋒　㋓	

※ 149%に拡大していただくと，解答欄は実物大になります。

解答用紙　社会

□部分がマークシート方式により解答する問題です。

マーク上の注意事項

1　ＨＢ又はＢの鉛筆（シャープペンシルも可）を使って，◯の中を正確に塗りつぶすこと。

2　答えを直すときは，きれいに消して，消しくずを残さないこと。

3　決められた欄以外にマークしたり，記入したりしないこと。

良い例	悪い例
●	線　小さい　はみ出し　丸囲み　レ点　うすい

受	検	番	号			
⓪〜⑨	⓪〜⑨	⓪〜⑨	⓪〜⑨	⓪〜⑨	⓪〜⑨	⓪〜⑨

1

	B	C	D	E
〔問 1〕	㋐㋑㋒㋓	㋐㋑㋒㋓	㋐㋑㋒㋓	㋐㋑㋒㋓
〔問 2〕	㋐　㋑　㋒　㋓			
〔問 3〕	㋐　㋑　㋒　㋓			

2

〔問 1〕	略地図中のA〜D		Ⅱのア〜エ	
	Ⓐ Ⓑ Ⓒ Ⓓ		㋐ ㋑ ㋒ ㋓	
〔問 2〕	P	Q	R	S
	㋐㋑㋒㋓	㋐㋑㋒㋓	㋐㋑㋒㋓	㋐㋑㋒㋓
〔問 3〕	略地図中のW〜Z		ⅠとⅡの表のア〜エ	
	Ⓦ Ⓧ Ⓨ Ⓩ		㋐ ㋑ ㋒ ㋓	

3

〔問 1〕	A	B	C	D
	㋐㋑㋒㋓	㋐㋑㋒㋓	㋐㋑㋒㋓	㋐㋑㋒㋓
〔問 2〕	Ⅰのア〜エ		略地図中のW〜Z	
	㋐ ㋑ ㋒ ㋓		Ⓦ Ⓧ Ⓨ Ⓩ	
〔問 3〕				

4

〔問 1〕	㋐㋑㋒㋓ →	㋐㋑㋒㋓ →	㋐㋑㋒㋓ →	㋐㋑㋒㋓
〔問 2〕				
〔問 3〕	A	B	C	D
	㋐㋑㋒㋓	㋐㋑㋒㋓	㋐㋑㋒㋓	㋐㋑㋒㋓
〔問 4〕	A	B	C	D
	㋐㋑㋒㋓	㋐㋑㋒㋓	㋐㋑㋒㋓	㋐㋑㋒㋓

5

〔問 1〕	㋐　㋑　㋒　㋓	
〔問 2〕	ⅠのA〜D	ア〜エ
	Ⓐ Ⓑ Ⓒ Ⓓ	㋐ ㋑ ㋒ ㋓
〔問 3〕	㋐　㋑　㋒　㋓	
〔問 4〕		

6

	A	B	C	D
〔問 1〕	㋐㋑㋒㋓	㋐㋑㋒㋓	㋐㋑㋒㋓	㋐㋑㋒㋓
〔問 2〕	㋐　㋑　㋒　㋓			
〔問 3〕	㋐　㋑　㋒　㋓			

2024年度入試配点表(東京都)

理科	1	2	3	4	5	6	計
	各4点×6	各4点×4	各4点×4	各4点×3	各4点×4	各4点×4(問2完答)	100点

社会	1	2	3	4	5	6	計
	各5点×3(問1完答)	各5点×3(問1~問3各完答)	各5点×3(問1,問2各完答)	各5点×4(問1,問3,問4各完答)	各5点×4(問2完答)	各5点×3(問1完答)	100点

※ 143%に拡大していただくと，解答欄は実物大になります。

解答用紙　理科

□部分がマークシート方式により解答する問題です。

マーク上の注意事項

1　HB又はBの鉛筆（シャープペンシルも可）を使って，〇の中を正確に塗りつぶすこと。

2　答えを直すときは，きれいに消して，消しくずを残さないこと。

3　決められた欄以外にマークしたり，記入したりしないこと。

良い例	悪い例		
●	線	小さい	はみ出し
	丸囲み	レ点	うすい

受検番号						
⓪①②③④⑤⑥⑦⑧⑨	⓪①②③④⑤⑥⑦⑧⑨	⓪①②③④⑤⑥⑦⑧⑨	⓪①②③④⑤⑥⑦⑧⑨	⓪①②③④⑤⑥⑦⑧⑨	⓪①②③④⑤⑥⑦⑧⑨	⓪①②③④⑤⑥⑦⑧⑨

1		
	〔問1〕	㋐ ㋑ ㋒ ㋓
	〔問2〕	㋐ ㋑ ㋒ ㋓
	〔問3〕	㋐ ㋑ ㋒ ㋓
	〔問4〕	㋐ ㋑ ㋒ ㋓
	〔問5〕	㋐ ㋑ ㋒ ㋓
	〔問6〕	㋐ ㋑ ㋒ ㋓

2			
	〔問1〕	㋐ ㋑ ㋒ ㋓	
	〔問2〕	①	②
		㋐ ㋑	㋐ ㋑
	〔問3〕	㋐ ㋑ ㋒ ㋓	
	〔問4〕	㋐ ㋑ ㋒ ㋓	

3					
	〔問1〕				
	〔問2〕	①		②	
		㋐ ㋑		㋐ ㋑	
	〔問3〕	①	②	③	④
		㋐ ㋑	㋐ ㋑	㋐ ㋑	㋐ ㋑
	〔問4〕	㋐ ㋑ ㋒ ㋓			

4		
	〔問1〕	㋐ ㋑ ㋒ ㋓
	〔問2〕	㋐ ㋑ ㋒ ㋓
	〔問3〕	㋐ ㋑ ㋒ ㋓

5			
	〔問1〕	㋐ ㋑ ㋒ ㋓ ㋔	
	〔問2〕	㋐ ㋑ ㋒ ㋓	
	〔問3〕	㋐ ㋑ ㋒ ㋓	
	〔問4〕	①	②
		㋐ ㋑ ㋒	㋐ ㋑ ㋒

6		
	〔問1〕	㋐ ㋑ ㋒ ㋓
	〔問2〕	㋐ ㋑ ㋒ ㋓ ㋔ ㋕
	〔問3〕	㋐ ㋑ ㋒ ㋓ ㋔
	〔問4〕	㋐ ㋑ ㋒ ㋓

※ 149%に拡大していただくと，解答欄は実物大になります。

解答用紙　社会

▭部分がマークシート方式により解答する問題です。

マーク上の注意事項

1　HB又はBの鉛筆（シャープペンシルも可）を使って，〇の中を正確に塗りつぶすこと。

2　答えを直すときは，きれいに消して，消しくずを残さないこと。

3　決められた欄以外にマークしたり，記入したりしないこと。

良い例	悪い例		
●	線	小さい	はみ出し
	丸囲み	レ点	うすい

受	検	番	号			
⓪	⓪	⓪	⓪	⓪	⓪	⓪
①	①	①	①	①	①	①
②	②	②	②	②	②	②
③	③	③	③	③	③	③
④	④	④	④	④	④	④
⑤	⑤	⑤	⑤	⑤	⑤	⑤
⑥	⑥	⑥	⑥	⑥	⑥	⑥
⑦	⑦	⑦	⑦	⑦	⑦	⑦
⑧	⑧	⑧	⑧	⑧	⑧	⑧
⑨	⑨	⑨	⑨	⑨	⑨	⑨

1

〔問1〕	㋐ ㋑ ㋒ ㋓
〔問2〕	㋐ ㋑ ㋒ ㋓
〔問3〕	㋐ ㋑ ㋒ ㋓

2

	略地図中のA～D		Ⅱのア～エ	
〔問1〕	Ⓐ Ⓑ Ⓒ Ⓓ		㋐ ㋑ ㋒ ㋓	
	W	X	Y	Z
〔問2〕	㋐㋑㋒㋓	㋐㋑㋒㋓	㋐㋑㋒㋓	㋐㋑㋒㋓
〔問3〕	㋐ ㋑ ㋒ ㋓			

3

	A	B	C	D
〔問1〕	㋐㋑㋒㋓	㋐㋑㋒㋓	㋐㋑㋒㋓	㋐㋑㋒㋓
〔問2〕	㋐ ㋑ ㋒ ㋓			
〔問3〕	〔(1)目的〕 〔(2)敷設（ふせつ）状況及び設置状況〕			

4

〔問1〕	㋐㋑㋒㋓ → ㋐㋑㋒㋓ → ㋐㋑㋒㋓ → ㋐㋑㋒㋓			
〔問2〕	㋐ ㋑ ㋒ ㋓			
	時期			略地図
〔問3〕	㋐㋑㋒ → ㋐㋑㋒ → ㋐㋑㋒			㋐ ㋑ ㋒
	A	B	C	D
〔問4〕	㋐㋑㋒㋓	㋐㋑㋒㋓	㋐㋑㋒㋓	㋐㋑㋒㋓

5

〔問1〕	㋐ ㋑ ㋒ ㋓
〔問2〕	㋐ ㋑ ㋒ ㋓
〔問3〕	㋐ ㋑ ㋒ ㋓
〔問4〕	

6

	A	B	C	D
〔問1〕	㋐㋑㋒㋓	㋐㋑㋒㋓	㋐㋑㋒㋓	㋐㋑㋒㋓
	Ⅰの略年表中のA～D		略地図中のW～Z	
〔問2〕	Ⓐ Ⓑ Ⓒ Ⓓ		Ⓦ Ⓧ Ⓨ Ⓩ	
〔問3〕	㋐ ㋑ ㋒ ㋓			

2023年度入試配点表(東京都)

理科	1	2	3	4	5	6	計
	各4点×6	各4点×4 (問2完答)	各4点×4 (問2,問3各完答)	各4点×3	各4点×4 (問4完答)	各4点×4	100点

社会	1	2	3	4	5	6	計
	各5点×3	各5点×3 (問1,問2各完答)	各5点×3 (問1完答)	各5点×4 (問1,問3,問4 各完答)	各5点×4	各5点×3 (問1,問2各完答)	100点

※ 143%に拡大していただくと，解答欄は実物大になります。

解答用紙　理　科

□部分がマークシート方式により解答する問題です。

マーク上の注意事項

1　HB又はBの鉛筆（シャープペンシルも可）を使って，〇の中を正確に塗りつぶすこと。

2　答えを直すときは，きれいに消して，消しくずを残さないこと。

3　決められた欄以外にマークしたり，記入したりしないこと。

良い例	悪い例
●	線　小さい　はみ出し　丸囲み　レ点　うすい

受	検	番	号			
⓪①②③④⑤⑥⑦⑧⑨	⓪①②③④⑤⑥⑦⑧⑨	⓪①②③④⑤⑥⑦⑧⑨	⓪①②③④⑤⑥⑦⑧⑨	⓪①②③④⑤⑥⑦⑧⑨	⓪①②③④⑤⑥⑦⑧⑨	⓪①②③④⑤⑥⑦⑧⑨

1	〔問1〕	㋐　㋑　㋒　㋓
	〔問2〕	㋐　㋑　㋒　㋓
	〔問3〕	㋐　㋑　㋒　㋓
	〔問4〕	㋐　㋑　㋒　㋓
	〔問5〕	㋐　㋑　㋒　㋓

2	〔問1〕	㋐　㋑　㋒　㋓
	〔問2〕	㋐　㋑　㋒　㋓
	〔問3〕	㋐　㋑　㋒　㋓
	〔問4〕	㋐　㋑　㋒　㋓

3	〔問1〕	㋐　㋑　㋒　㋓
	〔問2〕	㋐　㋑　㋒　㋓
	〔問3〕	㋐　㋑　㋒　㋓
	〔問4〕	㋐　㋑　㋒　㋓

4	〔問1〕	㋐　㋑　㋒　㋓
	〔問2〕	㋐　㋑　㋒　㋓
	〔問3〕	㋐　㋑　㋒　㋓
	〔問4〕	㋐　㋑　㋒

5	〔問1〕	㋐　㋑　㋒　㋓
	〔問2〕	㋐　㋑　㋒　㋓　㋔　㋕
	〔問3〕	<化学反応式> ＿＿＿＿（酸）＋＿＿＿＿（アルカリ）→ ＿＿＿＿（塩）＋＿＿＿＿
	〔問4〕	㋐　㋑　㋒　㋓

6	〔問1〕	㋐　㋑　㋒　㋓
	〔問2〕	㋐　㋑　㋒　㋓
	〔問3〕	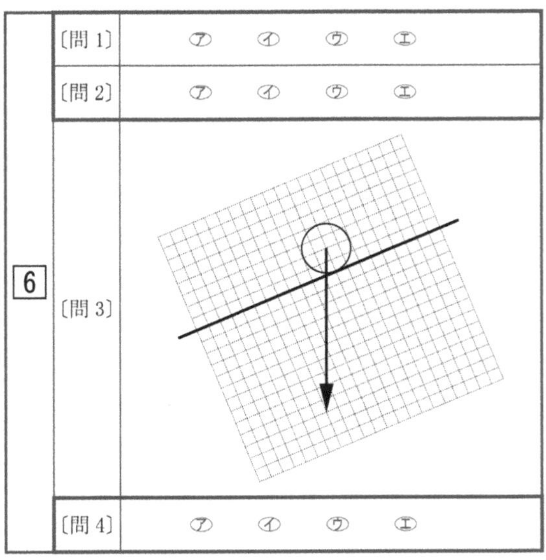
	〔問4〕	㋐　㋑　㋒　㋓

※ 149%に拡大していただくと，解答欄は実物大になります。

解答用紙　社　会

□部分がマークシート方式により解答する問題です。

マーク上の注意事項

1　ＨＢ又はＢの鉛筆（シャープペンシルも可）を使って，〇の中を正確に塗りつぶすこと。

2　答えを直すときは，きれいに消して，消しくずを残さないこと。

3　決められた欄以外にマークしたり，記入したりしないこと。

良い例	悪い例		
●	線	小さい	はみ出し
	丸囲み	レ点	うすい

受検番号						
⓪	⓪	⓪	⓪	⓪	⓪	⓪
①	①	①	①	①	①	①
②	②	②	②	②	②	②
③	③	③	③	③	③	③
④	④	④	④	④	④	④
⑤	⑤	⑤	⑤	⑤	⑤	⑤
⑥	⑥	⑥	⑥	⑥	⑥	⑥
⑦	⑦	⑦	⑦	⑦	⑦	⑦
⑧	⑧	⑧	⑧	⑧	⑧	⑧
⑨	⑨	⑨	⑨	⑨	⑨	⑨

1

〔問1〕	㋐ ㋑ ㋒ ㋓
〔問2〕	㋐ ㋑ ㋒ ㋓
〔問3〕	㋐ ㋑ ㋒ ㋓

2

〔問1〕	略地図中のA～D		IIのア～エ	
	Ⓐ Ⓑ Ⓒ Ⓓ		㋐ ㋑ ㋒ ㋓	
〔問2〕	P	Q	R	S
	㋐ ㋑ ㋒ ㋓	㋐ ㋑ ㋒ ㋓	㋐ ㋑ ㋒ ㋓	㋐ ㋑ ㋒ ㋓
〔問3〕	略地図中のW～Z		IとIIの表のア～エ	
	Ⓦ Ⓧ Ⓨ Ⓩ		㋐ ㋑ ㋒ ㋓	

3

〔問1〕	A	B	C	D
	㋐ ㋑ ㋒ ㋓	㋐ ㋑ ㋒ ㋓	㋐ ㋑ ㋒ ㋓	㋐ ㋑ ㋒ ㋓
〔問2〕	Iのア～エ		略地図中のW～Z	
	㋐ ㋑ ㋒ ㋓		Ⓦ Ⓧ Ⓨ Ⓩ	
〔問3〕	〔変化〕			
	〔要因〕			

4

〔問1〕	㋐㋑㋒㋓ → ㋐㋑㋒㋓ → ㋐㋑㋒㋓ → ㋐㋑㋒㋓
〔問2〕	㋐ ㋑ ㋒ ㋓
〔問3〕	㋐㋑㋒㋓ → ㋐㋑㋒㋓ → ㋐㋑㋒㋓ → ㋐㋑㋒㋓
〔問4〕	㋐ ㋑ ㋒ ㋓

5

〔問1〕	㋐ ㋑ ㋒ ㋓
〔問2〕	㋐ ㋑ ㋒ ㋓
〔問3〕	
〔問4〕	㋐ ㋑ ㋒ ㋓

6

〔問1〕	㋐㋑㋒㋓ → ㋐㋑㋒㋓ → ㋐㋑㋒㋓ → ㋐㋑㋒㋓	
〔問2〕	IのA～D	IのA～Dのア～ウ
	Ⓐ Ⓑ Ⓒ Ⓓ	㋐ ㋑ ㋒
〔問3〕	Ⓦ Ⓧ Ⓨ Ⓩ	

2022年度入試配点表(東京都)

理科	1	2	3	4	5	6	計
	各4点×5	各4点×4	各4点×4	各4点×4	各4点×4 (問3完答)	各4点×4	100点

社会	1	2	3	4	5	6	計
	各5点×3	各5点×3 (問1·問2·問3 各完答)	各5点×3 (問1·問2 各完答)	各5点×4 (問1·問3 各完答)	各5点×4	各5点×3 (問1·問2 各完答)	100点

※ 148%に拡大していただくと，解答欄は実物大になります。

解答用紙　理科

部分がマークシート方式により解答する問題です。

マーク上の注意事項

1　ＨＢ又はＢの鉛筆（シャープペンシルも可）を使って，〇の中を正確に塗りつぶすこと。

2　答えを直すときは，きれいに消して，消しくずを残さないこと。

3　決められた欄以外にマークしたり，記入したりしないこと。

良い例	悪い例
●	線　小さい　はみ出し　丸囲み　レ点　うすい

受	検	番	号			
⓪①②③④⑤⑥⑦⑧⑨	⓪①②③④⑤⑥⑦⑧⑨	⓪①②③④⑤⑥⑦⑧⑨	⓪①②③④⑤⑥⑦⑧⑨	⓪①②③④⑤⑥⑦⑧⑨	⓪①②③④⑤⑥⑦⑧⑨	⓪①②③④⑤⑥⑦⑧⑨

1

〔問 1〕	㋐ ㋑ ㋒ ㋓	
〔問 2〕	㋐ ㋑ ㋒ ㋓	
〔問 3〕	㋐ ㋑ ㋒ ㋓	
〔問 4〕	①	②
	㋐ ㋑ ㋒ ㋓	㋐ ㋑ ㋒ ㋓
〔問 5〕	㋐ ㋑ ㋒ ㋓	
〔問 6〕	㋐ ㋑ ㋒ ㋓	

2

〔問 1〕	①	②
	㋐ ㋑ ㋒ ㋓	㋐ ㋑ ㋒ ㋓
〔問 2〕	㋐ ㋑ ㋒ ㋓	
〔問 3〕	㋐ ㋑ ㋒ ㋓	
〔問 4〕	㋐ ㋑ ㋒ ㋓	

3

〔問 1〕	㋐ ㋑ ㋒ ㋓		
〔問 2〕	①	②	③
	㋐ ㋑ ㋒	㋐ ㋑ ㋒	㋐ ㋑ ㋒
〔問 3〕	①	②	
	㋐ ㋑ ㋒ ㋓	㋐ ㋑ ㋒ ㋓	
〔問 4〕	㋐㋑㋒㋓ → ㋐㋑㋒㋓ → ㋐㋑㋒㋓ → ㋐㋑㋒㋓		

4

〔問 1〕	㋐ ㋑ ㋒ ㋓	
〔問 2〕	①	②
	㋐ ㋑ ㋒	㋐ ㋑ ㋒
〔問 3〕	①	②
	㋐ ㋑ ㋒	㋐ ㋑ ㋒

5

〔問 1〕	①	②
	㋐ ㋑ ㋒ ㋓	㋐ ㋑ ㋒
〔問 2〕	①	②
	㋐ ㋑ ㋒ ㋓	㋐ ㋑ ㋒ ㋓
〔問 3〕	㋐ ㋑ ㋒ ㋓	
〔問 4〕	%	

6

〔問 1〕	㋐ ㋑ ㋒ ㋓			
〔問 2〕				
〔問 3〕	㋐㋑㋒㋓ → ㋐㋑㋒㋓ → ㋐㋑㋒㋓ → ㋐㋑㋒㋓			
〔問 4〕	①	②	③	④
	㋐ ㋑ ㋒	㋐ ㋑ ㋒	㋐ ㋑ ㋒	㋐ ㋑ ㋒

※ 151％に拡大していただくと，解答欄は実物大になります。

解答用紙　社　会

受検番号

受	検	番	号			
⓪	⓪	⓪	⓪	⓪	⓪	⓪
①	①	①	①	①	①	①
②	②	②	②	②	②	②
③	③	③	③	③	③	③
④	④	④	④	④	④	④
⑤	⑤	⑤	⑤	⑤	⑤	⑤
⑥	⑥	⑥	⑥	⑥	⑥	⑥
⑦	⑦	⑦	⑦	⑦	⑦	⑦
⑧	⑧	⑧	⑧	⑧	⑧	⑧
⑨	⑨	⑨	⑨	⑨	⑨	⑨

▭部分がマークシート方式により解答する問題です。

マーク上の注意事項

1 ＨＢ又はＢの鉛筆（シャープペンシルも可）を使って，〇の中を正確に塗りつぶすこと。

2 答えを直すときは，きれいに消して，消しくずを残さないこと。

3 決められた欄以外にマークしたり，記入したりしないこと。

良い例	悪い例
●	線　小さい　はみ出し　丸囲み　レ点　うすい

1

〔問1〕	㋐　㋑　㋒　㋓
〔問2〕	㋐　㋑　㋒　㋓
〔問3〕	㋐　㋑　㋒　㋓
〔問4〕	㋐　㋑　㋒　㋓

2

〔問1〕	Ⅰのア～エ		Ⅱの表のア～エ	
	㋐ ㋑ ㋒ ㋓		㋐ ㋑ ㋒ ㋓	
〔問2〕	P	Q	R	S
	㋐ ㋑ ㋒ ㋓	㋐ ㋑ ㋒ ㋓	㋐ ㋑ ㋒ ㋓	㋐ ㋑ ㋒ ㋓
〔問3〕	ⅠとⅡの表のア～エ		略地図中のW～Z	
	㋐ ㋑ ㋒ ㋓		Ⓦ Ⓧ Ⓨ Ⓩ	

3

〔問1〕	A	B	C	D
	㋐ ㋑ ㋒ ㋓	㋐ ㋑ ㋒ ㋓	㋐ ㋑ ㋒ ㋓	㋐ ㋑ ㋒ ㋓
〔問2〕	W	X	Y	Z
	㋐ ㋑ ㋒ ㋓	㋐ ㋑ ㋒ ㋓	㋐ ㋑ ㋒ ㋓	㋐ ㋑ ㋒ ㋓
〔問3〕	〔地域の変容〕 〔要因〕			

4

〔問1〕	㋐ ㋑ ㋒ ㋓ →	㋐ ㋑ ㋒ ㋓ →	㋐ ㋑ ㋒ ㋓ →	㋐ ㋑ ㋒ ㋓
〔問2〕	Ⅰの略年表中のア～エ		Ⅱの略地図中のA～D	
	㋐ ㋑ ㋒ ㋓		Ⓐ Ⓑ Ⓒ Ⓓ	
〔問3〕	㋐　㋑　㋒　㋓			
〔問4〕	A	B	C	D
	㋐ ㋑ ㋒ ㋓	㋐ ㋑ ㋒ ㋓	㋐ ㋑ ㋒ ㋓	㋐ ㋑ ㋒ ㋓

5

〔問1〕	㋐　㋑　㋒　㋓
〔問2〕	㋐　㋑　㋒　㋓
〔問3〕	

6

〔問1〕	㋐ ㋑ ㋒ ㋓ →	㋐ ㋑ ㋒ ㋓ →	㋐ ㋑ ㋒ ㋓ →	㋐ ㋑ ㋒ ㋓
〔問2〕	A	B	C	D
	㋐ ㋑ ㋒ ㋓	㋐ ㋑ ㋒ ㋓	㋐ ㋑ ㋒ ㋓	㋐ ㋑ ㋒ ㋓
〔問3〕	㋐　㋑　㋒　㋓			

2021年度入試配点表(東京都)

理科	1	2	3	4	5	6	計
	各4点×6 (問4完答)	各4点×4 (問1完答)	各4点×4 (問2,問3,問4各完答)	各4点×3 (問2,問3各完答)	各4点×4 (問1,問2各完答)	各4点×4 (問3,問4各完答)	100点

社会	1	2	3	4	5	6	計
	各5点×4	各5点×3 (問1,問2,問3各完答)	各5点×3 (問1,問2各完答)	各5点×4 (問1,問2,問4各完答)	各5点×3	各5点×3 (問1,問2各完答)	100点

※この解答用紙は147%に拡大していただきますと，実物大になります。

解答用紙　理　科

▭部分がマークシート方式により解答する問題です。

マーク上の注意事項

1　ＨＢ又はＢの鉛筆（シャープペンシルも可）を使って，◯の中を正確に塗りつぶすこと。

2　答えを直すときは，きれいに消して，消しくずを残さないこと。

3　決められた欄以外にマークしたり，記入したりしないこと。

良い例	悪い例		
●	線	小さい	はみ出し
	丸囲み	レ点	うすい

受検番号						
⓪①②③④⑤⑥⑦⑧⑨	⓪①②③④⑤⑥⑦⑧⑨	⓪①②③④⑤⑥⑦⑧⑨	⓪①②③④⑤⑥⑦⑧⑨	⓪①②③④⑤⑥⑦⑧⑨	⓪①②③④⑤⑥⑦⑧⑨	⓪①②③④⑤⑥⑦⑧⑨

1		
	〔問1〕	㋐ ㋑ ㋒ ㋓
	〔問2〕	㋐ ㋑ ㋒ ㋓
	〔問3〕	㋐ ㋑ ㋒ ㋓
	〔問4〕	㋐ ㋑ ㋒ ㋓
	〔問5〕	㋐ ㋑ ㋒ ㋓

2		
	〔問1〕	㋐ ㋑ ㋒ ㋓
	〔問2〕	㋐ ㋑ ㋒ ㋓
	〔問3〕	㋐ ㋑ ㋒ ㋓
	〔問4〕	㋐ ㋑ ㋒ ㋓

3			
	〔問1〕	㋐ ㋑ ㋒ ㋓	
	〔問2〕	㋐ ㋑ ㋒ ㋓	
	〔問3〕	＊ 解答欄は裏面にあります。	
	〔問4〕	①	②
		㋐ ㋑ ㋒ ㋓	㋐ ㋑ ㋒ ㋓

4					
	〔問1〕	①	②	③	
		㋐ ㋑ ㋒ ㋓	㋐ ㋑ ㋒ ㋓	㋐ ㋑ ㋒ ㋓	
	〔問2〕	㋐ ㋑ ㋒ ㋓			
	〔問3〕	①	②	③	④
		㋐ ㋑ ㋒ ㋓	㋐ ㋑ ㋒ ㋓	㋐ ㋑ ㋒ ㋓	㋐ ㋑ ㋒ ㋓
	〔問4〕	＊ 解答欄は裏面にあります。			

5			
	〔問1〕	㋐ ㋑ ㋒ ㋓	
	〔問2〕	①	②
		㋐ ㋑ ㋒ ㋓	㋐ ㋑ ㋒ ㋓
	〔問3〕		
	〔問4〕	溶質の名称	
		結晶の質量	g

6			
	〔問1〕	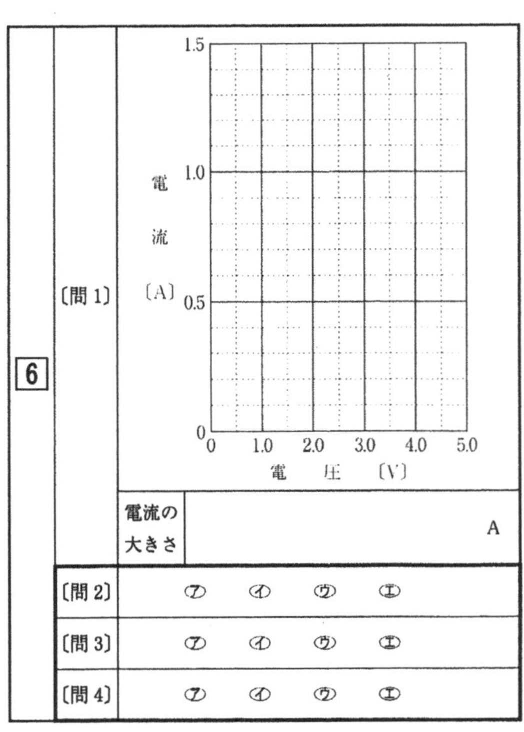 	
		電流の大きさ	A
	〔問2〕	㋐ ㋑ ㋒ ㋓	
	〔問3〕	㋐ ㋑ ㋒ ㋓	
	〔問4〕	㋐ ㋑ ㋒ ㋓	

解答用紙　理　科

受検番号						

3	〔問 3〕	

4	〔問 4〕	

※この解答用紙は145%に拡大していただきますと，実物大になります。

解答用紙　社　会

▭部分がマークシート方式により解答する問題です。

マーク上の注意事項

1　ＨＢ又はＢの鉛筆（シャープペンシルも可）を使って，◯の中を正確に塗りつぶすこと。

2　答えを直すときは，きれいに消して，消しくずを残さないこと。

3　決められた欄以外にマークしたり，記入したりしないこと。

良い例	悪い例		
●	線	小さい	はみ出し
	丸囲み	レ点	うすい

受	検	番	号			
⓪	⓪	⓪	⓪	⓪	⓪	⓪
①	①	①	①	①	①	①
②	②	②	②	②	②	②
③	③	③	③	③	③	③
④	④	④	④	④	④	④
⑤	⑤	⑤	⑤	⑤	⑤	⑤
⑥	⑥	⑥	⑥	⑥	⑥	⑥
⑦	⑦	⑦	⑦	⑦	⑦	⑦
⑧	⑧	⑧	⑧	⑧	⑧	⑧
⑨	⑨	⑨	⑨	⑨	⑨	⑨

1

〔問1〕	㋐　㋑　㋒　㋓
〔問2〕	㋐　㋑　㋒　㋓
〔問3〕	㋐　㋑　㋒　㋓

2

〔問1〕	略地図中のA～D		IIのア～エ	
	Ⓐ Ⓑ Ⓒ Ⓓ		㋐ ㋑ ㋒ ㋓	
〔問2〕	P	Q	R	S
	㋐ ㋑ ㋒ ㋓	㋐ ㋑ ㋒ ㋓	㋐ ㋑ ㋒ ㋓	㋐ ㋑ ㋒ ㋓
〔問3〕	略地図中のW～Z		IとIIの表のア～エ	
	Ⓦ Ⓧ Ⓨ Ⓩ		㋐ ㋑ ㋒ ㋓	

3

〔問1〕	A	B	C	D
	㋐ ㋑ ㋒ ㋓	㋐ ㋑ ㋒ ㋓	㋐ ㋑ ㋒ ㋓	㋐ ㋑ ㋒ ㋓
〔問2〕	P	Q	R	S
	㋐ ㋑	㋐ ㋑	㋐ ㋑	㋐ ㋑
〔問3〕	〔建設された理由〕 〔建設された効果〕			

4

〔問1〕	㋐ ㋑ ㋒ ㋓ → ㋐ ㋑ ㋒ ㋓ → ㋐ ㋑ ㋒ ㋓ → ㋐ ㋑ ㋒ ㋓	
〔問2〕	Iの略年表中のア～エ	IIの略地図中のA～D
	㋐ ㋑ ㋒ ㋓	Ⓐ Ⓑ Ⓒ Ⓓ
〔問3〕	㋐　㋑　㋒　㋓	
〔問4〕	㋐　㋑　㋒　㋓	

5

〔問1〕	㋐　㋑　㋒　㋓
〔問2〕	㋐　㋑　㋒　㋓
〔問3〕	㋐　㋑　㋒　㋓
〔問4〕	㋐　㋑　㋒　㋓

6

〔問1〕	㋐ ㋑ ㋒ ㋓ → ㋐ ㋑ ㋒ ㋓ → ㋐ ㋑ ㋒ ㋓ → ㋐ ㋑ ㋒ ㋓	
〔問2〕	略地図中のA～D	IとIIのグラフのア～エ
	Ⓐ Ⓑ Ⓒ Ⓓ	㋐ ㋑ ㋒ ㋓
〔問3〕		

2020年度入試配点表(東京都)

理科	1	2	3	4	5	6	計
	各4点×5	各4点×4	各4点×4 (問4完答)	各4点×4 (問1,問3各完答)	問4　各2点×2 他　各4点×3 (問2完答)	問1　各2点×2 他　各4点×3	100点

社会	1	2	3	4	5	6	計
	各5点×3	各5点×3 (問1・問2・問3各完答)	各5点×3 (問1・問2各完答)	各5点×4 (問1・問2各完答)	各5点×4	各5点×3 (問1・問2各完答)	100点

東京学参の

中学校別入試過去問題シリーズ

＊出版校は一部変更することがあります。一覧にない学校はお問い合わせください。

東京ラインナップ

あ 青山学院中等部(L04)
麻布中学(K01)
桜蔭中学(K02)
お茶の水女子大附属中学(K07)
か 海城中学(K09)
開成中学(M01)
学習院中等科(M03)
慶應義塾中等部(K04)
啓明学園中学(N29)
晃華学園中学(N13)
攻玉社中学(L11)
国学院大久我山中学
　(一般・CC)(N22)
　(ＳＴ)(N23)
駒場東邦中学(L01)
さ 芝中学(K16)
芝浦工業大附属中学(M06)
城北中学(M05)
女子学院中学(K03)
巣鴨中学(M02)
成蹊中学(N06)
成城中学(K28)
成城学園中学(L05)
青稜中学(K23)
創価中学(N14)★
た 玉川学園中学部(N17)
中央大附属中学(N08)
筑波大附属中学(K06)
筑波大附属駒場中学(L02)
帝京大中学(N16)
東海大菅生高中等部(N27)
東京学芸大附属竹早中学(K08)
東京都市大付属中学(L13)
桐朋中学(N03)
東洋英和女学院中学部(K15)
豊島岡女子学園中学(M12)
な 日本大第一中学(M14)
日本大第三中学(N19)
日本大第二中学(N10)
は 雙葉中学(K05)
法政大学中学(N11)
本郷中学(M08)
ま 武蔵中学(N01)
明治大付属中野中学(N05)
明治大付属八王子中学(N07)
明治大付属明治中学(K13)
ら 立教池袋中学(M04)
わ 和光中学(N21)
早稲田中学(K10)
早稲田実業学校中等部(K11)
早稲田大高等学院中学部(N12)

神奈川ラインナップ

あ 浅野中学(O04)
栄光学園中学(O06)
か 神奈川大附属中学(O08)
鎌倉女学院中学(O27)
関東学院六浦中学(O31)
慶應義塾湘南藤沢中等部(O07)
慶應義塾普通部(O01)
さ 相模女子大中学部(O32)
サレジオ学院中学(O17)
逗子開成中学(O22)
聖光学院中学(O11)
清泉女学院中学(O20)
洗足学園中学(O18)
捜真女学校中学部(O29)
た 桐蔭学園中等教育学校(O02)
東海大付属相模高中等部(O24)
桐光学園中学(O16)
な 日本大中学(O09)
は フェリス女学院中学(O03)
法政大第二中学(O19)
や 山手学院中学(O15)
横浜隼人中学(O26)

千・埼・茨・他ラインナップ

あ 市川中学(P01)
浦和明の星女子中学(Q06)
か 海陽中等教育学校
　(入試Ⅰ・Ⅱ)(T01)
　(特別給費生選抜)(T02)
久留米大附設中学(Y04)
さ 栄東中学(東大・難関大)(Q09)
栄東中学(東大特待)(Q10)
狭山ヶ丘高校付属中学(Q01)
芝浦工業大柏中学(P14)
渋谷教育学園幕張中学(P09)
城北埼玉中学(Q07)
昭和学院秀英中学(P05)
清真学園中学(S01)
西南学院中学(Y02)
西武学園文理中学(Q03)
西武台新座中学(Q02)
専修大松戸中学(P13)
た 筑紫女学園中学(Y03)
千葉日本大第一中学(P07)
千葉明徳中学(P12)
東海大付属浦安高中等部(P06)
東邦大付属東邦中学(P08)
東洋大附属牛久中学(S02)
獨協埼玉中学(Q08)
な 長崎日本大中学(Y01)
成田高校付属中学(P15)
は 函館ラ・サール中学(X01)
日出学園中学(P03)
福岡大附属大濠中学(Y05)
北嶺中学(X03)
細田学園中学(Q04)
や 八千代松陰中学(P10)
ら ラ・サール中学(Y07)
立命館慶祥中学(X02)
立教新座中学(Q05)
わ 早稲田佐賀中学(Y06)

公立中高一貫校ラインナップ

北海道 市立札幌開成中等教育学校(J22)
宮　城 宮城県仙台二華・古川黎明中学校(J17)
市立仙台青陵中等教育学校(J33)
山　形 県立東桜学館・致道館中学校(J27)
茨　城 茨城県立中学・中等教育学校(J09)
栃　木 県立宇都宮東・佐野・矢板東高校附属中学校(J11)
群　馬 県立中央・市立四ツ葉学園中等教育学校・
市立太田中学校(J10)
埼　玉 市立浦和中学校(J06)
県立伊奈学園中学校(J31)
さいたま市立大宮国際中等教育学校(J32)
川口市立高等学校附属中学校(J35)
千　葉 県立千葉・東葛飾中学校(J07)
市立稲毛国際中等教育学校(J25)
東　京 区立九段中等教育学校(J21)
都立大泉高等学校附属中学校(J28)
都立両国高等学校附属中学校(J01)
都立白鷗高等学校附属中学校(J02)
都立富士高等学校附属中学校(J03)
都立三鷹中等教育学校(J29)
都立南多摩中等教育学校(J30)
都立武蔵高等学校附属中学校(J04)
都立立川国際中等教育学校(J05)
都立小石川中等教育学校(J23)
都立桜修館中等教育学校(J24)
神奈川 川崎市立川崎高等学校附属中学校(J26)
県立平塚・相模原中等教育学校(J08)
横浜市立南高等学校附属中学校(J20)
横浜サイエンスフロンティア高校附属中学校(J34)
広　島 県立広島中学校(J16)
県立三次中学校(J37)
徳　島 県立城ノ内中等教育学校・富岡東・川島中学校(J18)
愛　媛 県立今治東・松山西中等教育学校(J19)
福　岡 福岡県立中学校・中等教育学校(J12)
佐　賀 県立香楠・致遠館・唐津東・武雄青陵中学校(J13)
宮　崎 県立五ヶ瀬中等教育学校・宮崎西・都城泉ヶ丘高校附属中学校(J15)
長　崎 県立長崎東・佐世保北・諫早高校附属中学校(J14)

公立中高一貫校「適性検査対策」問題集シリーズ

作文問題編　資料問題編　数と図形編　生活と科学編　実力確認テスト編

私立中・高スクールガイド

THE 私立(ザ)

私立中学＆高校の学校生活がわかる！

東京学参の
高校別入試過去問題シリーズ

＊出版校は一部変更することがあります。一覧にない学校はお問い合わせください。

東京ラインナップ

あ 愛国高校(A59)
青山学院高等部(A16)★
桜美林高校(A37)
お茶の水女子大附属高校(A04)
か 開成高校(A05)★
共立女子第二高校(A40)★
慶應義塾女子高校(A13)
啓明学園高校(A68)★
国学院高校(A30)
国学院大久我山高校(A31)
国際基督教大高校(A06)
小平錦城高校(A61)★
駒澤大高校(A32)
さ 芝浦工業大附属高校(A35)
修徳高校(A52)
城北高校(A21)
専修大附属高校(A28)
創価高校(A66)★
た 拓殖大第一高校(A53)
立川女子高校(A41)
玉川学園高等部(A56)
中央大高校(A19)
中央大杉並高校(A18)★
中央大附属高校(A17)
筑波大附属高校(A01)
筑波大附属駒場高校(A02)
帝京大高校(A60)
東海大菅生高校(A42)
東京学芸大附属高校(A03)
東京農業大第一高校(A39)
桐朋高校(A15)
都立青山高校(A73)★
都立国立高校(A76)★
都立国際高校(A80)★
都立国分寺高校(A78)★
都立新宿高校(A77)★
都立墨田川高校(A81)★
都立立川高校(A75)★
都立戸山高校(A72)★
都立西高校(A71)★
都立八王子東高校(A74)★
都立日比谷高校(A70)★
な 日本大櫻丘高校(A25)
日本大第一高校(A50)
日本大第三高校(A48)
日本大第二高校(A27)
日本大鶴ヶ丘高校(A26)
日本大豊山高校(A23)
は 八王子学園八王子高校(A64)
法政大高校(A29)
ま 明治学院高校(A38)
明治学院東村山高校(A49)
明治大付属中野高校(A33)
明治大付属八王子高校(A67)
明治大付属明治高校(A34)★
明法高校(A63)
わ 早稲田実業学校高等部(A09)
早稲田大高等学院(A07)

神奈川ラインナップ

あ 麻布大附属高校(B04)
アレセイア湘南高校(B24)
か 慶應義塾高校(A11)
神奈川県公立高校特色検査(B00)
さ 相洋高校(B18)
た 立花学園高校(B23)
桐蔭学園高校(B01)
東海大付属相模高校(B03)★
桐光学園高校(B11)
な 日本大高校(B06)
日本大藤沢高校(B07)
は 平塚学園高校(B22)
藤沢翔陵高校(B08)
法政大国際高校(B17)
法政大第二高校(B02)★
や 山手学院高校(B09)
横須賀学院高校(B20)
横浜商科大高校(B05)
横浜市立横浜サイエンスフロンティア高校(B70)
横浜翠陵高校(B14)
横浜清風高校(B10)
横浜創英高校(B21)
横浜隼人高校(B16)
横浜富士見丘学園高校(B25)

千葉ラインナップ

あ 愛国学園大附属四街道高校(C26)
我孫子二階堂高校(C17)
市川高校(C01)★
か 敬愛学園高校(C15)
さ 芝浦工業大柏高校(C09)
渋谷教育学園幕張高校(C16)★
翔凜高校(C34)
昭和学院秀英高校(C23)
専修大松戸高校(C02)
た 千葉英和高校(C18)
千葉敬愛高校(C05)
千葉経済大附属高校(C27)
千葉日本大第一高校(C06)★
千葉明徳高校(C20)
千葉黎明高校(C24)
東海大付属浦安高校(C03)
東京学館高校(C14)
東京学館浦安高校(C31)
な 日本体育大柏高校(C30)
日本大習志野高校(C07)
は 日出学園高校(C08)
や 八千代松陰高校(C12)
ら 流通経済大付属柏高校(C19)★

埼玉ラインナップ

あ 浦和学院高校(D21)
大妻嵐山高校(D04)★
か 開智高校(D08)
開智未来高校(D13)★
春日部共栄高校(D07)
川越東高校(D12)
慶應義塾志木高校(A12)
さ 埼玉栄高校(D09)
栄東高校(D14)
狭山ヶ丘高校(D24)
昌平高校(D23)
西武学園文理高校(D10)
西武台高校(D06)

都道府県別
公立高校入試過去問
シリーズ

- 全国47都道府県別に出版
- 最近数年間の検査問題収録
- リスニングテスト音声対応

た 東京農業大第三高校(D18)
は 武南高校(D05)
本庄東高校(D20)
や 山村国際高校(D19)
ら 立教新座高校(A14)
わ 早稲田大本庄高等学院(A10)

北関東・甲信越ラインナップ

あ 愛国学園大附属龍ヶ崎高校(E07)
宇都宮短大附属高校(E24)
か 鹿島学園高校(E08)
霞ヶ浦高校(E03)
共愛学園高校(E31)
甲陵高校(E43)
国立高等専門学校(A00)
さ 作新学院高校
(トップ英進・英進部)(E21)
(情報科学・総合進学部)(E22)
常総学院高校(E04)
た 中越高校(R03)＊
土浦日本大高校(E01)
東洋大附属牛久高校(E02)
な 新潟青陵高校(R02)
新潟明訓高校(R04)
日本文理高校(R01)
は 白鷗大足利高校(E25)
ま 前橋育英高校(E32)
や 山梨学院高校(E41)

中京圏ラインナップ

あ 愛知高校(F02)
愛知啓成高校(F09)
愛知工業大名電高校(F06)
愛知みずほ大瑞穂高校(F25)
暁高校(3年制)(F50)
鶯谷高校(F60)
栄徳高校(F29)
桜花学園高校(F14)
岡崎城西高校(F34)
か 岐阜聖徳学園高校(F62)
岐阜東高校(F61)
享栄高校(F18)
さ 桜丘高校(F36)
至学館高校(F19)
椙山女学園高校(F10)
鈴鹿高校(F53)
星城高校(F27)★
誠信高校(F33)
清林館高校(F16)★
た 大成高校(F28)
大同大大同高校(F30)
高田高校(F51)
滝高校(F03)★
中京高校(F63)
中京大附属中京高校(F11)★

公立高校入試対策
問題集シリーズ

- 目標得点別・公立入試の数学(基礎編)
- 実戦問題演習・公立入試の数学(実力錬成編)
- 実戦問題演習・公立入試の英語(基礎編・実力錬成編)
- 形式別演習・公立入試の国語
- 実戦問題演習・公立入試の理科
- 実戦問題演習・公立入試の社会

中部大春日丘高校(F26)★
中部大第一高校(F32)
津田学園高校(F54)
東海高校(F04)★
東海学園高校(F20)
東邦高校(F12)
同朋高校(F22)
豊田大谷高校(F35)
な 名古屋高校(F13)
名古屋大谷高校(F23)
名古屋経済大市邨高校(F08)
名古屋経済大高蔵高校(F05)
名古屋女子大高校(F24)
名古屋たちばな高校(F21)
日本福祉大付属高校(F17)
人間環境大附属岡崎高校(F37)
は 光ヶ丘女子高校(F38)
誉高校(F31)
ま 三重高校(F52)
名城大附属高校(F15)

宮城ラインナップ

さ 尚絅学院高校(G02)
聖ウルスラ学院英智高校(G01)★
聖和学園高校(G05)
仙台育英学園高校(G04)
仙台城南高校(G06)
仙台白百合学園高校(G12)
た 東北学院高校(G03)★
東北学院榴ヶ岡高校(G08)
東北高校(G11)
東北生活文化大高校(G10)
常盤木学園高校(G07)
は 古川学園高校(G13)
ま 宮城学院高校(G09)★

北海道ラインナップ

さ 札幌光星高校(H06)
札幌静修高校(H09)
札幌第一高校(H01)
札幌北斗高校(H04)
札幌龍谷学園高校(H08)
は 北海高校(H03)
北海学園札幌高校(H07)
北海道科学大高校(H05)
ら 立命館慶祥高校(H02)

★はリスニング音声データのダウンロード付き。

高校入試特訓問題集
シリーズ

- 英語長文難関攻略33選(改訂版)
- 英語長文テーマ別難関攻略30選
- 英文法難関攻略20選
- 英語難関徹底攻略33選
- 古文完全攻略63選(改訂版)
- 国語融合問題完全攻略30選
- 国語長文難関徹底攻略30選
- 国語知識問題完全攻略13選
- 数学の図形と関数・グラフの融合問題完全攻略272選
- 数学難関徹底攻略700選
- 数学の難問80選
- 数学　思考力―規則性とデータの分析と活用―

〈ダウンロードコンテンツについて〉

本問題集のダウンロードコンテンツ、弊社ホームページで配信しております。現在ご利用いただけるのは「2025年度受験用」に対応したもので、**2025年3月末日**までダウンロード可能です。弊社ホームページにアクセスの上、ご利用ください。

※配信期間が終了いたしますと、ご利用いただけませんのでご了承ください。

高校別入試過去問題シリーズ

都立新宿高等学校　2025年度

ISBN978-4-8141-2956-0

[発行所] 東京学参株式会社
〒153-0043　東京都目黒区東山2-6-4

書籍の内容についてのお問い合わせは右のQRコードから　⇒ 

※書籍の内容についてのお電話でのお問い合わせ、本書の内容を超えたご質問には対応できませんのでご了承ください。

2024年7月26日　初版